제3판

어린이들의 수많은 언어

변환 중인 레지오 에밀리아 경험

Carolyn Edwards · Lella Gandini · George Forman 편집 | 오문자 · 김희진 옮김

도서출판 피란미음

Translated from the English Language edition of THE HUNDRED LANGUAGES OF CHILDREN: The Reggio Emilia Experience in transformation, 3rd Edition edited by Carolyn Edwards, Lella Gandini and George Forman, originally published by Praeger, an imprint of ABC-CLIO, LLC, Santa Barbara, CA, USA

This Korean edition was published by Paranmaum Co., Publishers in 2020
by arrangement with ABC-CLIO, LLC through KCC(Korea Copyright Center Inc.), Seoul.

제2부 관계를 통한 교수와 학습

제5부 맺음말

먼저 이 책에 수많은 귀한 아이디어를 제공한 각 장의 저자와 긍정적인 대화를 할 수 있었던 것에 감사드린다. 우리의 대화는 1판을 준비할 때부터 시작되어 20년 이상 지속되었는데, 이것은 레지오 에밀리아의 교육 실천이 특정 이론이나 실제를 성문화한 고정된 모델이 아니라 지속적으로 진화하는 것임을 보여준다. 자신의 생각을 글로 옮기는 것을 로리스 말라구찌는 특히 힘들어 했는데, 왜냐하면 그가 어린이의 문화와 교육자의 역할을 정의하고 존중하는 것을 이뤄내는 과정에서 그의 생각이 지속적으로 변화했기 때문이다. 이 책은 그의 기억에 대한 헌정이다.

각 장의 저자는 말라구찌의 지적 유산을 계승하고 있으며 어린이를 위한 진보적인 교육체계를 건설하는 데 기여한다. 본 서 저자의 대부분은 이 책에 언급된 3개의 서로 연결된 조직의 일부이다: Reggio Children, Municipal Preschools and Infant-Toddler Centers 그리고 Istituzione of Municipal Reggio Emilia. 우리는 이 기관들이 우리에게 레지오 에밀리아라는 작은 도시에서 생기고 발달한 예외적으로 훌륭한 아이디어를 하나의 통합된 영어 버전의 책으로 만들고, 지금은 이탈리아를 넘어 세계의 교육계로 전파될 수 있게 하는 책임을 맡겨 준 것에 대해 감사한다. 우리는 특히 Amelia Gambetti, Anna Maria Mucchi 그리고 Paola Ricco가 다양한 언어를 사용하는 여러 국가의 저자들과의 복잡한 조정과 의사소통을 촉진해 준 것에 대해 감사한다. 그들의 친절한 헌신이 없었다면 이 책은 완성되지 못했을 것이다. 또한 우리는 Reggio Children의 출판물 중 이 책의 전반에 인용된 것을 재사용하게 허락해 준 Reggio Children에 감사한다. 우리가 이 책에서 사용한 사진과 선화(line drawing)에 대해 유아학교와 영유아센터-Istituzione of Municipal Reggio Emilia의 저작권과 Reggio Children의 저작권을 허락해 준 것에 감사드린다. 이 책에 실린 어린이의 모든 작품은 편집자와 저작권자에게 분명한 서면 허가를 받지 않으면 사용할 수 없다.

이 과업을 완수함에 있어, 우리는 또한 이 책의 유럽과 미국 저자들과의 소중한 협력에 감사한다. 우리는 『*Innovations in Early Education: The International Reggio Exchange*』(북미에서 분기별로 발행되는 레지오 뉴스레터로 Judith Kaminsky가 편집하고, Lella Gandini가 공동 편집하고, Michigan 주 Detroit 소재 Wayne State University에서 발간함)에도

큰 빛을 졌다. *Innovation*은 이 책에 기여한 저자들이 3판을 위해 새로운 또는 업데이트된 장(chapter)을 서술하기 위해 사용한 출판된 인터뷰의 중요한 근원이다. *Innovation*은 감사하게도 이 책에 사용된 많은 인용문이나 자료를 재구성한 형태로 사용할 수 있도록 우리에게 허가해 주었다. 인용 또는 재사용한 자료의 출처는 저자와 제목과 함께 밝혔으며 출판에 대한 정보는 미주 또는 참고문헌에 제시하였다. 마찬가지로 우리는 Vea Vecchi, Carlina Rinaldi, Gunilla Dahlberg가 저술한 책에서 짧은 인용문을 사용하도록 허락해 준 영국의 Taylor and Francis Books에도 감사드린다. 우리는 Jerome Bruner가 2004년 3월 『*Children in Europe-Celebrating 40 Years of Reggio Emilia*』에 쓴 서문을 재사용할 수 있게 허락해 준 Children in Scotland에도 감사드린다. 또한 David Hawkins의 자료를 재조직하고 재사용할 수 있게 허락해 준 Hawkins Center of Learning과 University Press of Colorado에도 감사한다.

사진을 공유하고, 초안을 검토하고, 특정 부분을 추가하는 등의 다양한 방식으로 이 책에 기여한 동료와 대학원 학생들에게 마음 깊은 곳에서 우러나는 감사를 드린다: Jennifer Strange와 Jo Ann Ford(Missouri 주의 Webster University와 Maplewood-Richomond Heights Early Childhood Center), Margie Cooper(Georgia 주의 Rosewell에 있는 Inspired Practices in Early Education), Ellen Hall(Colorado 주의 Boulder에 있는 Boulder Journey School), Cathy Carotta, Jill Dibbern-Manhart와 Kris Mixan(Nebraska 주의 Omaha에 있는 Lied Center for Childhood Deafness), Laura Friedman(Maine 주의 교육자), Mary Ellin Logue(Orono의 University of Maine), Keely Kutaka, Sandie Plata-Potter, Charli Raben, Lixin Ren, Sai Sato Mumm, Yinjing Shen, Xiaoqing Tu와 Ann Watt(University of Nebraska-Lincolon), 그리고 우리의 생각에 영향을 미치고 레지오 경험에 대한 우리의 지식을 확장해 준 수많은 사람들에게 감사한다. Carolyn Edwards는 Unversity of Nebraska-Lincoln과 UNL Instructional Design Center에게 이 책과 관련한 그녀의 작업을 지원해 준 것에 특별히 감사를 보낸다.

지속적으로 지원하고 격려해 준 우리 세 명의 가족에게 깊은 감사와 사랑을 보낸다. 마지막으로 이 책에 기여한 저자들이 그들의 이야기를 말하고 사진과 그림을 공유하게 해 준 교사, 부모, 어린이에게 깊은 존경을 담아 감사의 마음을 전한다. 이 책은 그들을 위한 것이고, 그들 다음에 오는 어린이를 위해서 저술되었다.

Simona Bonilauri, *Pedagogista*, Instituzione Preschools and Infant-Toddler Centers of the Municipality of Reggio Emilia

Jerome Bruner, Research Professor of Psychology and Senior Research Fellow, New York University School of Law, and honorary citizen of Reggio Emilia

Paola Cagliari, *Pedagogista* and Director, Municipal Infant-Toddler Centers and Preschools, Reggio Emilia

Margie Cooper, President, Inspired Practices in Early Education, Inc., Rosewell, Georgia

Gunilla Dahlberg, Professor of Early Childhood Education, Stockholm University, Sweden

Graziano Delrio, Mayor, Reggio Emilia

Carolyn Edwards, Willa Cather Professor, Psychology and Child, Youth, and Family Studies, University of Nebraska-Lincoln

Tiziana Filippini, *Pedagogista*, Instituzione Preschools and Infant-Toddler Centers of the Municipality of Reggio Emilia

George Forman, Professor Emeritus of Education, University of Massachusetts-Amherst, and President, Videatives, Inc.

Brenda Fyfe, Professor and Dean of Education, Webster University, St. Louis, Missouri

Amerlia Gambetti, Consultant, Liaison for Consultancy to Schools and Co-chair International Network, Reggio Children

Lella Gandini, Occasional professor, visiting scholar, and US Liaison for the Dissemination of the Reggio Emilia Approach, Reggio Children

Howard Gardner, Hobbs Professor of Cognition and Education, Harvard University

Elena Giacopini, *Pedagogista*, Instituzione Preschools and Infant-Toddler Centers of the Municipality of Reggio Emilia

Claudia Giudici, *Pedagogista*, President, Instituzione Preschools and Infant-Toddler Centers of the Municipality of Reggio Emilia

David Hawkins (deceased), Professor, University of Colorado-Boulder

Loris Malaguzzi (deceased), philosopher and founding director, Preschools and Infant-Toddler Centers of the Municipality of Reggio Emilia

Deanna Margini, *Pedagogista*, Instituzione Preschools and Infant-Toddler Centers of the Municipality of Reggio Emilia

Peter Moss, Professor of Early Childhood Provision, Thomas Coram Research Unit, Institute of Education, University of London

Sandra Piccinini, *Pedagogista*, former President, Instituzione Preschools and Infant-Toddler Centers of the Municipality of Reggio Emilia

Carlina Rinaldi, *Pedagogista* and President, Reggio Children, and President, Foundation Reggio Children-Loris Malaguzzi Center

Laura Rubizzi, Teacher, Instituzione Preschools and Infant-Toddler Centers of the Municipality of Reggio Emilia

Ivana Soncini, Psychologist, Instituzione Preschools and Infant-Toddler Centers of the Municipality of Reggio Emilia

Sergio Spaggiari, former Director, Municipal Infant-Toddler Centers and Preschool, Reggio Emilia

Vea Vecchi, *Atelierista*, and Consultant for Publication and Exhibits, Reggio Children

서언

하워드 가드너(Howard Gardner)

교육에 대해 근래 발간된 수많은 도서 중 주목할 만한 것이 거의 없다. 지금 당신이 손에 들고 있는 이 책은 두드러진다. 독특한 유아교육 접근에 관해 엮어진 일련의 글들이 담긴 『*어린이들의 수많은 언어*』는 이탈리아 북부 레지오 에밀리아에서 거의 50년 넘게 발전해 온 놀라운 한 집단의 학교들을 기록해 내고 있다. 동시에 이 책은 유아기 인간의 본성과 이 본성이 다양한 문화적 맥락에서 안내받고 자극을 받을 수 있는 방식에 대해 깊이 생각하도록 만든다. 어린이들의 교육에 관심이 있는 사람이라면 누구나 이 책을 읽어야 하며, 책을 읽고 그들의 경험에 영향받지 않는 사람은 거의 없을 것이다.

이 책을 열어주는 페이지에서 여러분은 지적 성향을 지닌 젊은 교사 로리스 말라구찌(Loris Malaguzzi)가 어떻게 제2차 세계대전 직후 새로운 학교를 세우는 일에 관심을 두게 되었는지, 그리고 이처럼 새로운 것을 만드는 일에 한순간 심취했던 것이 어떻게 평생 어린 학생들에 대한 사랑으로 전환되었는지에 대한 놀라운 이야기를 읽게 될 것이다. 의심할 여지없이 말라구찌는 (전 세계 사람들이 그렇게 부르는데) 레지오를 이끄는 천재이며, 그 자신이 영웅으로 여겼던 프뢰벨(Froebel), 몬테소리(Montessori), 듀이(Dewey), 그리고 피아제(Piaget)와 같은 급으로 그 이름이 언급될 만한 사상가이다. 그렇지만 말라구찌는 다른 대다수의 교육사상가보다 훨씬 더 깊이 자신의 삶을 바쳐 하나의 교육공동체를 세웠고, 다양한 유형과 전문성을 지닌 이 환상적인 교사 집단은 부모, 지역사회 구성원 그리고 수천 명의 어린이와 함께 수년 심지어 수십 년을 함께 일을 하면서 실제로 작동하는 시스템을 만들어 내었다.

레지오 시스템을 간결하게 정리하면 다음과 같다. 어린이들을 위한 학교의 집합체로, 그 안에서 개별 어린이의 지적, 정서적, 사회적 그리고 도덕적 잠재력이 섬세하게 함양되고 안내받는다. 주요한 교육 방식으로 아름답고, 건전하며, 사랑이 넘치는 환경에서 어린이들이 장기간 프로젝트에 몰입하는 것이 포함되어 있다. 듀이는 수십 년간 진보주의 교육에 대해 글을 남겼지만, 그가 세운 학교는 겨우 4년 동안만 유지되었다. 이와 극명하게 대조적으로, 말라구찌의 주요 업적은 철학이나 방법보다도 레지오 공동체이다. 세계 어느 다른 곳에서도 학교의 진보주의 철학과 그 실천이 이처럼 매끄럽고 공생하는 관계를 이룬 곳은 없다.

책에서는 필연적으로 말(words)이 주요 매개체가 된다. 이 책의 저자들은 레지오의 특별한 분위기를 환상적으로 재현해 내었으며, 여기 제시된 다양한 사진과 도표(diagrams)들은 그 묘사에 필수적인 시각적 요소를 더해 주었다. 그간 설치된 바 있는 다양한 레지오 전시가 레지오만의 특별한 느낌을 전달하는 데 도움이 되었고, 이제는 필름이나 비디오도 있다. 물론 이런 것들이 레지오 에밀리아 방문을 대체해 줄 수는 없으며, 이 책의 출판으로 인해 풍요롭고 문화적으로 융성한 에밀리아 로마냐 지역은 방문자가 틀림없이 증가할 것이다. 그러나 레지오 모습에 꽤 익숙한 사람들에게도 이 책은 추가적 정보를 많이 제공해 준다. 레지오를 수년 전에 방문하는 특혜를 받았고 그 이후 계속 연락을 주고받았던 사람으로서, 본인 역시 이 투지 넘치는 책의 거의 모든 페이지에서 무엇인가를 배웠다고 말할 수 있다.

『*어린이들의 수많은 언어*』를 읽으면서 많은 메시지에서 새롭게 충격을 받았기 때문에 그중 몇 가지만 언급하고자 한다. 진보주의 교육방법에 대한 글은 많지만, 진보주의 교육의 이념이 실제로 구현되는 경우는 아주 드물다. 아마도 그 이유 중 하나는 일련의 열정적 아이디어들을 실현하기 위해 수십 년 동안 기꺼이 함께 작업하는 팀이 필요하기 때문일 것이다. 그 팀은 질 높은 교육을 이루기 위한 절차를 발전시켜 나가면서 동시에 그 안에 참여하는 구성원 모두의 성장을 도모해야 한다. 어린이 마음의 위력에 대한 글은 수없이 많지만, 이 내용이 실제 실행되는 것을 보기는 어렵다. 레지오에서 교사들은 어린이에게 귀를 기울일 줄 알고, 어린이들에게 주도권을 허용할 줄도 알지만, 또한 어린이들을 생산적인 방식으로 안내할 줄도 안다. 성인 기준에 도달하려고 집착하는 일은 없지만, 공동체가 보여주는 헌신으로 인해 양질의 작업으로 이어지게 마련이다. 그 결과는 두 명으로 할 것인지 세 명으로 할 것인지의 집단 구성, 붓이나 색의 선택, 혹은 놀라운 현상에 대한 감수성과 놀랄 줄 아는 감수성 등, 존재의 모든 측면에 대한 끝없는 배려에서 초래된 것이다. 레지오는 예술 대 과학, 개인 대 공동체, 어린이 대 성인, 즐거움 대 연구, 핵가족 대 대가족과 같은 수많은 잘못된 이분법에 성공적으로 도전해 왔다. 이 대조점들을 연결해 주는 독특한 조화를 이루어내면서, 레지오는 우리가 지니고 있던 경직된 범주 체계를 재구성해 내고 있다.

미국 교육자로서 본인은 몇 가지 모순점에 놀라지 않을 수 없다. 미국에서 우리는 어린이에 집중하고 있다는 점을 스스로 자랑스럽게 여기지만, 어린이들이 실제로 표현하고 있는 바에 대해서는 충분히 주목하지 않는다. 우리는 어린이들 간 협동 학습을 조장하지만, 교사나 행정가들 차원에서 우리가 협동상황을 유지하는 경우는 보기 어렵다. 우리는 예술 작업을 강조하지만, 어린이들을 진정으로 지원하고 영감을 줄 수 있도록 환경을 조성해 주지 않는다. 우리는 부모 참여를 강조하지만 부모와 소유권, 책임, 공을 나누기 싫어한다. 우리는 공동체의 필요성은 인정하지만 금방 이해 집단으로 결집하는 일이 흔하다. 발견학습법(discovery method)을 치켜세우지만, 어린이들이 자신의 직감을 따르도록 허락할 만큼 그들을 신뢰하지 않는다. 우리는 토론을 요구하지만 종종 토론 기회를 일축해 버린다. 우리는 타인에게 귀 기울여 듣기보다는 말하는 것을 더 좋아한다. 우리는 풍요로움을 누리지만, 그 풍요가 지속되고 타인이 풍요로움을 누릴 수 있도록 그 자원을 지키려고 하지는 않는다. 레지오는 이러한 측면에서 우리에게 많은 교훈을 준다. 우리가 흔히 슬로건을 들먹이는 데 몰두하는 상황에서, 레지오 교육자들은 이러한 근본적이며 어려운 이슈들을 풀기 위해 지치지 않고 작업한다.

레지오 에밀리아를 낭만적으로 묘사하고 싶은 유혹에 굴복하기 쉽다. 정말 아름답게 보이며 잘 작동하고 있기 때문이다. 그렇게 한다면 실수를 저지르는 것이다. 이 책에 담긴 글들을 보면 과거에 레지오가 많은 투쟁을 겪었다는 것과 진실로 어떤 역동적인 존재라도 성취를 이루는 과정에서 갈등을 피할 수 없다는 것이 명확하다. 가톨릭 교회와의 관계는 쉽지 않았고, 시, 지역 그리고 국가 차원에서의 정치적 투쟁은 끊임이 없다. 그리고 어린이들이 멋진 출발을 이루어냈다고 할지라도 훨씬 덜 혁신적인 중등 및 고등교육 체제로 옮겨가면서 그것이 위협받거나 약화될 수도 있다. 레지오가 남다른 것은 이러한 문제에 대한 영원한 해결책을 찾았다는 사실보다는, 물론 해결책을 찾은 것이 아니기 때문에 그러한 딜레마를 눈 하나 까딱 않고 인정하면서 그 문제를 진지하고 창의적으로 계속 다루고자 애쓴다는 사실이다.

얼마나 이상적인가와 상관없이 교육 모델이나 교육 체제는 항상 지역적 조건에 뿌리를 내리고 있다. 누구라도 존 듀이가 설립한 뉴잉글랜드 학교를 에밀리아 로마냐 지역에 옮겨 심을 수 없는 것처럼 레지오 시의 디아나 학교를 뉴잉글랜드로 옮겨 올 수 없다. 그러나 전 세계의 예술 작품을 우리가 볼 수 있도록 해주는 '벽 없는 박물관(museums without walls)'을 누릴 수 있듯이, 우리는 '벽 없는 학교(schoolhouses without walls)'를 세우면 전 세계에서 발달해 온 교육적 실천을 볼 수 있다.

본인은 감사하게도 여러 대륙에서 유아교육 센터들을 방문할 기회가 있었고 이 다양한 상황에서 스스로 관찰하며 얻은 배움도 많다. 미국 대도시에 설치된 흥미로운 어린이 박물관들, 스칸디나비아에서 목격한 비경쟁적인 분위기의 학급 환경, 중국에서 본 지원적이며 민감한 예술 기법 훈련, 일본에서 본 공동문제해결 활동에 매우 조직적으로 참여하는 모습 그리고 어린이들에게서 다민족과 다양한 인종집단에 대한 민감성을 함양하기 위해 여러 대륙에서 지금 진행하고 있는 진지한 시도를 보며, 다른 교육 관람객들처럼 본인 역시 감동하곤 했다. 이 교육적 환경들은 각각 개인의 욕망과 집단의 요구 사이, 기술 습득을 위한 훈련과 창의성 함양 사이, 가족 존중과 더 광범위한 공동체 참여 사이, 인지적 성장에 대한 주목과 기질, 느낌, 정신의 문제에 대한 고려 사이에서 나름의 방식으로 투쟁을 거쳐 적절한 안착 지점을 찾아야만 한다.

이와 같은 인간의 충동과 압력을 중재할 방법은 많이 있다. 본인 생각에 현 세계에서 레지오 에밀리아 학교처럼 찬란하게 이 일에 성공한 곳은 없다고 본다. 미국 잡지인 『뉴스위크(*Newsweek*)』가 1991년 10월호에서 그 특유의 절제된 방식으로 '세계 최고의 10대 학교'를 선정하였을 때, 유아교육 영역에서 레지오 에밀리아가 지명 받은 것은 매우 적절하였다. 본인에게 레지오는 효율적이면서도 인간적인 교육을 보여주는 완벽한 사례이다. 그 학교에 다니는 학생들은 인간성 측면에서 지속적인 도제 훈련을 받는 것으로, 이것은 생애 내내 유지될 것이다.

캐롤린 에드워즈(Carolyn Edwards), 렐라 간디니(Lella Gandini) 그리고 조지 포먼(George Forman)의 수고 덕분에, 이 놀라울 만한 교육 사업이 이제 우리의 험난한 세상에 대해 우려하는 시민 공동체 안에서 더 잘 알려지고, 더 나아가 너욱 효과적으로 따라 할 수 있게 되었다.

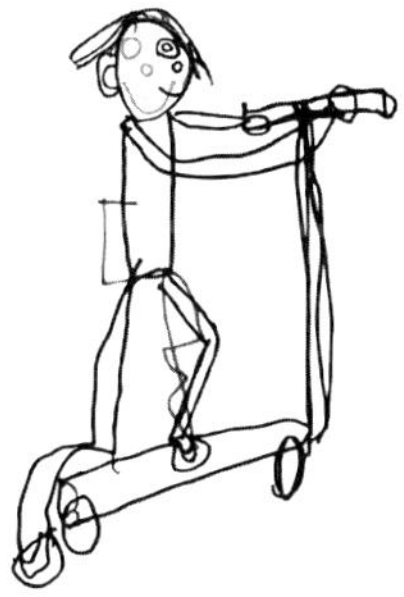

서문
레지오: 정중함, 호기심 그리고 상상력이 가득한 도시

제롬 브루너(Jerome Bruner)

작은 도시가 지닌 비율에는 나름의 매력이 있다. 혼란스러울 정도로 큰 것도 아니고 숨이 막힐 정도로 작지도 않다. 작은 도시들은 상상력, 에너지, 공동체 정신이 생겨나기에 적당하다. 세계에서 가장 유명한 유아학교를 보러 레지오 에밀리아에 초대를 받아 왔을 때, 본인은 '작은 도시' 기적의 최신 사례를 기대했었다. 그러나 발견한 것은 본인의 예상을 넘어섰다. 사실, 본인은 수년 전인 1970년대부터 레지오에 대해 들어왔다. 당시 옥스퍼드(Oxford) 대학 발달 분야의 교수로서(옥스포드의 소문난 미국인), 영국 유아원 개선을 위한 연구 프로그램 수장을 맡아 좋은 사례를 찾아 유럽 전역을 샅샅이 살펴보고 있었다. 당시 훌륭한 이탈리아 유아원을 잠시 방문한 적이 있었던 본인에게조차 레지오는 기대 이상이었다. 그것은 본인이 이제껏 보아왔던 어떤 것보다 더 훌륭한 유아교육 서비스라는 사실 때문만은 아니다. 본인이 기대해 왔던 것도 이런 유형이었으며 유아교육 국제회의에서 그들을 칭송하는 것을 수없이 들어왔다. 레지오 에밀리아가 나에게 가장 인상적이었던 점은 그곳에서 어떻게 상상력이 양성되며 동시에 가능성의 세계(the possible)에 대한 어린이들의 감각을 강화해 주고 있는지를 보게 된 것이었다. 이는 도시 자체에 심오하게 뿌리박혀 있는 그 무엇이 표현된 것으로, 매우 레지오적(Reggiano)인 것이다.

레지오에서 우리는 흔히 볼 수 없는 형태, 상호 존중이라는 소중한 형태의 정중함을 접하게 된다. 아마도 이런 유형의 정중함은 작은 도시에서라면 유지되기 쉬울 것이다. 아마도 사회서비스 분야에서 레지오의 탁월함을 드러내 주는 것일 수도 있다. 그러나 그 근원이 무엇이든지 간에, 그곳에서만 볼 수 있는 특질이다. 그 점을 지금 설명해 보고자 한다.

상상력의 양성이 첫 번째로 떠오르는 것이지만, 그것만으로는 아름다운 이야기를 읽어내기에 충분하지 않다. 상상력은 자명하고 진부한 것, 삶의 일상적 측면으로부터 우리 모두를 구원해 준다. 상상력이 동원되면 사실이 추측으로 변환된다. 심지어 바닥에 드리워진 그림자도 단지 하나의 그림자가 아니라, 신비스러운 수수께끼가 된다. 그림자를 그리려고 하다 보면 깨닫게 될 것이다.

어느 날 레지오 시립 유아학교에서 본인은 만 4살짜리 어린이들과 교사가 그림자를 투사하고 그 그림자를 그려내려고 하는 장면을 관찰하고 있었다. 집중도가 절대적이었

이 서문은 2004년 3월 출판된 『*Children in Europe–Celebrating 40 Years of Reggio Emilia*』에 처음 게재되었다. Copyright Children in Scotland, www.childreninscotland.org.uk

는데, 그보다 더욱 놀라운 것은 무엇이 그림자를 그렇게 신기하게 만드는지, 왜 그림자가 작아졌다 부풀었다 하는지, 혹은 한 어린이의 질문처럼 "그림자가 어떻게 뒤집히게 되었는지?"에 대해 어린이들이 자신의 상상적인 생각들을 표현하며 생각을 자유롭게 나누고 있다는 점이었다. 교사는 마치 노벨상 수상자를 대하고 있는 것처럼 최대한 그들을 존중하는 모습을 보였다. 모두가 자기 생각을 소리 내어 말하고 있었고, 한 어린이는 "뒤집혔다는 게 무슨 말이야?"라고 묻기도 했다. 여기서 우리가 본 것은 개개인의 상상력이 개별적으로 작동하고 있는 모습이 아니었다. 우리가 함께 참여하고 있었던 것은 어쩌면 인간에 관해 가장 인간다운 일로 이것을 심리학자와 영장류 전문가들은 지금 '상호주관성(intersubjectivity)'이라고 부르는데, 이는 타인의 마음에 대해 상호 간 이해에 도달하는 것을 의미한다. 아마도 이것은 우리가 인류로서 진화 과정이 극치로 꽃을 피운 상태일 것이며, 이것 없이는 인간 문화는 발달할 수도 없었고 무엇인가를 가르치려는 의도적 시도는 실패하고 말 것이다.

이런 성향을 양성하기 위해서는 상호호혜적 존중과 지원의 분위기가 필요한데, 레지오 에밀리아 시립 유아학교처럼 성공적인 학교들은 이런 유형의 존중이 이루어진다는 점에서 다른 학교들과 차별화된다.

“다시는 번역을 안 하려고 했는데….”

이 작업에 착수하기로 결정한 당시 두 역자의 마음이었다. 1993년 미국에서 발간된 『어린이들의 수많은 언어: 레지오 에밀리아 교육』 초판의 한국어본이 1995년에 세계에서 가장 먼저 번역 출판되었던 것과 비교하여, 2판과 지금 출간된 3판은 원전 발간 이후 상당한 시간이 흐른 후 국내 번역본 출판이 이루어졌다. 이처럼 후속 한국어판의 발간이 늦어진 것은 두 역자가 초판 발간을 통해 번역이 복합성을 지닌 만만치 않은 도전임을 절감하였기 때문이다. 얼핏 생각에 번역이란 이미 기술되어 있는 내용을 다른 언어로 옮기기만 하면 되므로 자기 생각이 담긴 문장들로 채워가야만 하는 저술과 비교해서 쉬울 것도 같다. 원문을 통해 피력된 저자의 사고 흐름을 따른다는 점에서 역자의 역할이 수동적이고 소극적일 것이라는 인식 때문일 것이다. 그러나 원문에 대한 역자 나름의 이해를 타인이 공감할 수 있는 말과 어법을 선택하여 다시 표현하는 과정은 실상 새로운 창작에 가깝게 느껴진다.

특히 번역 작업에는 필연적으로 해석의 과정이 개입된다는 점은 역자들로 하여금 매번 주저하게 만든다. 역자가 지닌 관련 내용에 대한 충분한 지식과 이해 못지않게 역자의 교육 배경과 이로 인해 형성된 사고의 틀이 본문의 해석에 영향을 준다는 사실을 인식하기에, 우리 역자들은 매 순간 조심스럽고 신중할 수밖에 없다. 역자의 관점이라는 변수 이외에도 문화적 맥락이라는 또 다른 변수가 숨어 있다. 본 서처럼 복수의 저자들이 각기 다른 관점에 따라 다양한 진술 방식으로 서로 다른 내용을 담아낸 편집본의 경우는 더욱 그러하다. 본 서에는 교육접근의 발원지이며 이탈리아에서도 나름의 독특한 지역적 성격을 지닌 레지오 에밀리아 시의 경험뿐 아니라, 영국이나 스웨덴의 경험에 관한 글이 다수 포함되어 있다. 나머지 다수의 장(章)들은 미국이라는 레지오와 다른 역사와 배경을 지닌 문화권의 연구자와 교육자들이 해석하여 실천한 내용으로 채워져 있다. 이미 여러 층의 필터를 거친 내용들이 번역을 통해 다시 한국이라는 역시 또 다른 문화권에서 이해되고 도움이 되도록 옮겨져야 하는 것이다. 결국 번역서는 다양한 차원의 해석과 재해석의 경험을 담고 있다. 이처럼 내재된 다층적 복합성을 인식하고 있기에 본 역자들은 이 작업을 그리도 미루었나 보다.

다양한 해석과 여러 층의 생각들이 난무하는 가운데 일관된 흐름을 찾아 나가야하는 번역 과정을 돌이켜보면, 레지오 교육 원리를 한국 현장에서 실천해 보려는 교사와 교육자들의 도전을 이해하게 된다. 역자들이 번역하며 느끼는 어려움은 단순 언어적 문제라기보다는 결국 외부의 사상을 우리의 현실과 연결 짓는 과정에서 직면하게 되는 어려움이다. 이와 마찬가지로 외부인으로서 제한된 자료와 경로를 거쳐 접해 본 레지오 경험을 우리의 맥락 안에서 풀어내려는 현장 교육자도 매 순간 선택에 대한 갈등을 경험하게 된다. 이 선택의 기준이 되는 것은 결국 철학과 원리에 대한 해석이다. 번역 과정에서 역자가 역사 및 문화, 근간이 되는 철학적 틀을 고려하지 않고 단순히 문장을 직역하는 것은 무모하고 무책임한 것과 마찬가지로, 현장에서 즉각 우리의 눈과 귀를 사로잡은 단편적인 기법이나 환경 설비를 충분한 근거와 원리에 대한 해석의 과정 없이 우리 현장으로 들여오는 것도 바람직하지 않다. 더 나아가 현장 실천을 외형적 모습만을 보며 '레지오를 한다' 혹은 '레지오를 하지 않는다'와 같이 단순 규정짓는 것이나, 하나의 '근사한 테크닉'이나 '영험한 만능약'처럼 알맹이 없이 신비화시켜 포장하는 것 역시 우리 현장의 발전에 전혀 도움이 되지 않는다. 사실 현장 교사도 실천 차원에서 철학과 원리의 해석자이고 번역자이다. 철학과 원리에 대한 해석 과정을 건너뛰거나 맥락에 대한 고려 없이, 자료나 기법만을 그대로 옮겨온다면 레지오 교육은 신기루처럼 영원히 우리 손에 잡히지 않을 것이다.

그러나 최근 피하고 싶었던 일에 다시 도전하도록 역자들은 이끈 몇 가지 이유가 생겨났다. 우선 레지오 교육 실천 자체가 끊임없이 변화와 변신을 거듭하고 있는 상황에서, 역자들이 이전의 이해와 지식수준을 전달하는 것에 만족하고 있을 수만 없었다. 사실 3판의 번역을 하며 우리는 레지오 교육자들이 얼마나 진지하게 역동적 변화를 자신들의 정체성으로 삼으면서 도전을 피하지 않고 적극 대응해 왔는지를 보며 새삼스럽게 놀라움과 존경심을 갖게 되었고, 자신들의 교육을 재형성하는 과정에서 확실하게 지키고자 하는 원칙과 신념, 가치들은 무엇이었는지를 다시금 확인하게 되었다. 개정된 3판을 통해 다각화되고 풍요로워진 그들의 경험을 접하면서 역자들도 역시 새로운 자극을 받았고 도전하고자 하는 마음을 갖게 되었다.

더 중요한 이유는 우리 현실의 변화로 국내 독자들이 레지오 교육을 받아들이는 맥락과 분위기가 변화되었다는 점이다. 국가수준 교육과정/ 누리과정이 아동과 놀이 중심으로 개편됨에 따라, 교육적 경험에서 어린이들의 주체성을 강조하는 레지오 교육은 우리에게 훌륭한 참조점이 될 수 있으리라 판단된다. 결국 책의 영향력과 가치는 독자들의 감수성에 의해 결정되는 것이다. 누리과정 개정에 따른 현실적 요구와 더불어 지난 25년 동안 국내 현장에 레지오 원리를 실천해 본 경험이 누적되어 있기에, 우리는 새로운 제안을 더욱 민감하고 풍요롭게 받아들일 수 있는 준비가 되어 있다. 이제 현장 교사들도 미리 준비된 활동과 교안 수행하기에 머물 수는 없다. 현재의 시점은 우리 교육과 보육의 전반적 지향점을 인식하고 그 흐름 안에서 적극적이며 능동적 참여자로서 실천을 함께 만들어 나가는 교사를 기대한다. 다행스럽게도 본 서의 저자인 레지오 교육자들은 교육철학이나 원리를 실천과 분리된 어려운 용어를 사용하여 설파하거나 신성한 것으로 접근하지 않고 있다. 이번 3판의 내용을 통해 교육적 가치관이 분명한 현장 실천가로서의 경험과 사례로 가득한 이들의 글과 대화를 접하며 우리 교사들도 자신들의 실천을 돌아보며 교육적 관점을 재정비하고 발전시킬 수가 있을 것이다. 또 이미 알고 있다고 생각했던 레지오 교육을 새롭게 읽어내고 이해할 기회가 될 것이다.

사실 역자들에게도 번역은 새로운 지식을 외부로부터 얻어내는 기회만이 아니라, 기존 생각을 꺼내어 새로운 생각들과 비교하며 검토하여 다시 재정리하는 기회가 되기도 한다. 이처럼 소중한 세 번의 기회를 같은 동료와 공동 작업할 수 있었다는 것은 큰 행운이었다. 각자 출발점도 다르고 주 활동 영역도 달랐지만, 서로 존중하고 지원하는 관계였기에 함께 성장하는 생산적 기회가 될 수 있었다. 출판 과정에서 테크니컬한 작업을 도와준 연구원과 대학원 학생들에게 고마움을 표하며, 꼼꼼하게 편집 작업을 해 주신 도서출판 파란마음 편집부, 그리고 번역서 출판을 기꺼이 수락해 주신 사장님에게도 감사드린다. 마지막으로 도전 정신과 혁신적 사고로 가득한 교육자들의 경험을 간접적으로나마 접하며 교육과 보육에 종사하는 모두가 우리의 직업에 대해 자부심을 느끼고 희망을 품는 기회가 되기를 바란다.

역자 일동

1부 출발점

천만에요, 백 가지 있어요!

로리스 말라구찌(Loris Malaguzzi)

어린이는 백 가지로 이루어져 있습니다.

어린이는 지니고 있습니다.
백 가지의 언어
백 가지의 손
백 가지의 생각
백 가지의 생각하는 방법
놀이하는 방법, 말하는 방법을.
백 가지의, 항상 백 가지의
귀 기울여 듣고
감탄하고 사랑하는 방법을.
노래하고 이해하는 것에 대한
백 가지의 기쁨
발견해 나갈 백 가지의 세상
고안해 낼 백 가지의 세상
꿈꾸는 백 가지의 세상을.

어린이는
백 가지의 언어를 지니고 있습니다.
(그리고 수백 배 더 많이)
그렇지만 사람들이 아흔아홉 개를
훔쳐가 버립니다.
학교와 문화는
몸과 머리를 따로 떼어 놓습니다.

사람들이 어린이에게 말합니다.
손을 써서 생각하지 말라
머리를 쓰며 행동하지 말라
듣기만 하고 말은 하지 말라

기쁨은 느끼지 말고 이해만 하라
단지 부활절이나 성탄절에만
사랑하고 감탄하라고.
사람들이 어린이에게 말합니다.
이미 만들어져 있는 세상을 발견하도록 하라고.
그리고 백 가지의 세상 중에서
아흔아홉 개를 훔쳐가 버립니다.
사람들이 어린이에게 말합니다.
작업과 놀이
현실과 환상
과학과 상상
하늘과 땅
논리와 꿈
이런 것들은 같이 섞일 수 없는 것들이라고.

그리고 사람들은 어린이에게
백 가지가 있지 않다고 말하지만,
어린이는 말합니다.
천만에요, 백 가지가 있다고요.

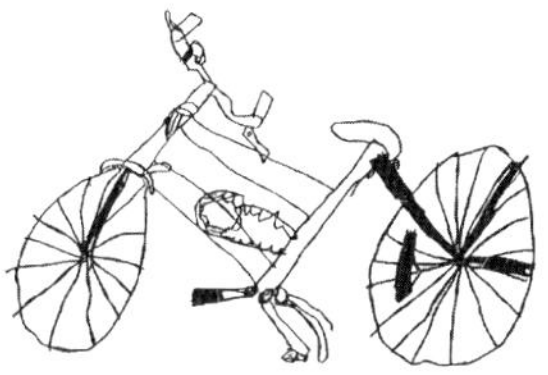

1 서문: 배경과 출발점

캐롤린 에드워즈(Carolyn Edwards)
렐라 간디니(Lella Gandini)
조지 포먼(George Forman)

레지오 에밀리아 경험

독특한 도시와 지역

이탈리아 유아교육의 넓은 맥락

전시의 영감

이 책의 필요성

저자들과 그들이 집필한 장(챕터)

레지오 경험의 역사적 맥락

레지오 에밀리아(Reggio Emilia)는 교육 분야에서 그동안 성취해 온 것과 상징하는 것으로 밝게 빛나는 북부 이탈리아의 작은 도시이다. 지난 50년간 교육자들은 부모 및 시민과 함께 일하면서 보육과 교육의 공공 시스템을 구축해 왔다. 유럽에서는 이 시스템을 오래 전부터 혁신의 중심으로 인정했고, 오늘날에는 전 세계의 교육자들도 참조, 자원, 영감의 근원으로 인식하고 있다(Edwards & Rinaldi, 2009; Mantovani, 2001, 2007; New, 2003; Organization for Economic Cooperation and Development[OECD], 2006; OECD Review Team Italy, 2001). 레지오 프로그램은 사회복지와 교육의 개념을 결합한 것이다. 모든 사회경제적, 교육적 배경을 가진 어린이가 다닐 수 있는데, 이탈리아의 국법에 따라 장애를 가진 유아는 가장 우선적인 입소 순번을 받아 완전통합교육에 참여한다. 시 예산의 14% 이상이 이 유아교육 시스템을 지원하는 데 쓰이며, 현재 교육 시스템에는 만 6세 이하의 어린이에게 서비스를 제공하는 30개 이상의 시립 영유아센터와 유아학교 그리고 그 외의 다수 '산하(affiliated)' 유아학교 서비스 기관이 포함된다.

레지오 에밀리아 시가 표시된 이탈리아 지도

레지오 에밀리아 경험

지난 50년간 이 시스템은 철학적이고 교육학적인 가정들, 학교 조직의 방법들, 환경적 디자인의 원칙들을 독특하고 혁신적인 하나의 집합으로 진화시켜 왔으며, 이를 전체로 묶어 '레지오 에밀리아 경험'이라고 칭한다. 레지오 에밀리아 경험은 상징적 표상에 체계적인 초점을 두어 유아들의 인지적인 발달을 촉진시킨다. 어린 유아들은 그들을 둘러싼 환경을 탐험하고 다방면의 통로와 표현적, 의사소통적, 상징적, 인지적, 윤리적, 은유적, 논리적, 상상적, 관계적(relational) 언어를 포함한 모든 종류의 '언어'를 통해 자신을 표현하도록 격려 받는다(Reggio Children, 2010, p. 4). 몇 가지 방법만 나열하자면 유아들은 구어(spoken language), 제스처, 그리기, 칠하기, 쌓기, 찰흙과 철사 조형, 그림자극, 콜라주, 극화놀이, 음악, 자발적 쓰기 활동 등을 통해 역량을 실험하고 개발한다. 어린 유아가 숙련된 수행을 하게 하는 것과 대조적으로 레지오의 교사들은 개인 고유의 사고 패턴에 대한 개인적 표현과 반성(reflection)의 성취를 강조한다. 예를 들면, 조기에 읽기를 압박하는 대신 교사들은 개인이 집단에 기여할 수 있도록 말이나 다른 방식으로 타인과 소통할 수 있게 하는 능력을 지원한다. 하나의 기술을 오랜 시간 연습하게 하지 않고 주제, 즉 프로젝트의 내용과 의미 있고 감정적인 관계를 맺는 것에 초점이 맞춰진다. 글, 수학 기호, 악보를 각각 구어, 정확한 계산 또는 바이올린 연주로 옮기는 것보다 다양한 매체를 통해 상징을 고안해 봄으로써 의미를 생산하는 것을 더욱 강조한다. 유아는 움직임, 그림, 조형 그리고 컴퓨터 애니메이션 같은 다양한 방법으로 '쓰기'를 한다. 비록 레지오 에밀리아에서 이러한 매체들을 다루기 위한 기술적인 능력도 강조하기는 하지만, 이는 관찰한 것을 그리거나, 작곡한 것을 연주하는데 성인 수준으로 할 수 있게 하기 위해서가 아니라 유아에게 자신의 생각을 가시화할 수 있는 다양한 방법을 알려주기 위해서이다.

나아가 레지오에서는 처음부터 부모, 교육자, 유아 간의 파트너십에 대한 명확한 인식이 있었고, 교실은 학습을 위한 협력적이고 문제해결적인 접근을 지원하는 방식으로 조직하였다. 또 다른 중요한 특징으로는 프로젝트 학습에의 소집단 활용, 교사-유아 연속성(2명의 공동 교사가 같은 학급의 유아와 3년간 함께 지냄), 그리고 지역사회 기반 행정 관리 방법이 있다. 레지오 에밀리아에서 교육을 추론과 토론할 주제를 함께 시작한 유아와 성인 간의 공동 활동으로 보고, 공동 탐험을 통해 생성되는 문화를 공유하는 것으로 여긴다. 이 접근법은 우리에게 학습자로서의 유아의 본성, 교사의 역할, 학교 조직과 관리, 물리적 환경의 설계와 활용 그리고 공동으로 이뤄지고 정답이 정해져 있지 않은 발견과 문제해결 경험으로 안내하는 교육과정 계획 등에 대해 생각할 수 있는 새로운 방법들을 제공해 준다. 이러한 특징들로 인해 레지오 에밀리아 경험은 전 세계 교육자들에게 중요하고 흥미롭다.

지역에 위치한 동굴로의 현장학습 이후 유아는 자신들의 경험 이야기를 표상한다: 헤드라이트가 달린 모자, 낮은 통로, 돌출된 종유석과 석순들, 갑작스런 웅덩이, 심지어 친절한 박쥐까지('어린이들의 수많은 언어' 전시 카탈로그 중, 1996).

레지오 에밀리아의 주요 광장 중 한 곳

독특한 도시와 지역

레지오 에밀리아의 유아교육 경험은 다음의 네 가지 지적 전통에 기인한 독특하고 일관되며 진화 중인 가정과 관점에 기초하여 만들어졌다. 유럽과 미국의 진보주의 교육학파, 피아제의 구성주의와 비고츠키의 사회역사적 심리학, 이탈리아의 전후 좌파 개혁 정치 그리고 유럽의 포스트모던 철학 이 네 가지 지적 전통은 참여 정치의 특성이 강한 지역 성향(즉, 결속과 협력을 위한 시민 연대) 같은 과거와 현재의 역사 및 문화의 요소와 어우러져 있다. 레지오 지역의 교육자들 간의 대화에서 자주 들을 수 있는 단어는 '*시민의(civile)*'이며, 유아에게는 '예의(civility)', '문명(civilization)' 그리고 '시민적 의식(civic conscience)'의 권리가 주어진다고 생각한다(데이빗 호킨스〈David Hawkins〉가 집필한 본 서 제3장 참조).

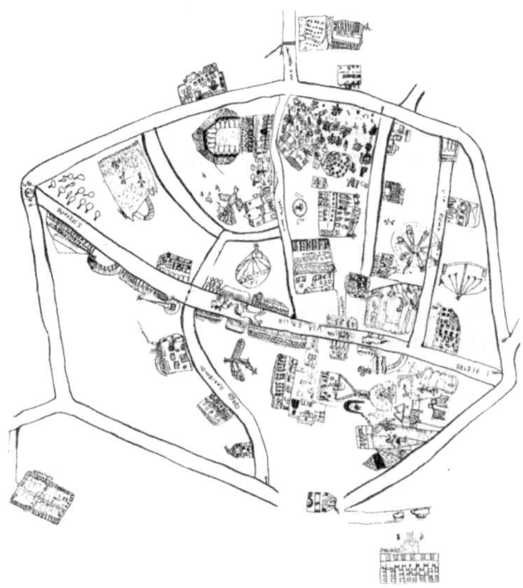

레지오 에밀리아의 중심이면서 제일 오래된 부분을 그린 유아 그림

레지오 에밀리아의 특징은 낮은 실업률과 범죄율, 높은 번영, 정직하고 효과적인 지역 정부 기관, 충분하고도 품질이 좋은 사회복지사업으로, 이탈리아에서 가장 살기 좋은 도시 중 하나로 알려져 있다(Bohlen, 1995). 시(市)가 위치한 에밀리아 로마냐(Emilia Romagna) 주는 굉장히 높은 수준의 '시민 공동체(civic community)'를 갖추었는데, 이는 시민들이 권위나 의존성 등의 수직적 관계가 아니라 사회적 연대, 호혜주의, 협력 등에 의해 수평적인 관계로 묶인다는 것을 의미한다(Putnam, 1993). 로버트 퍼트남(Robert Putnam)은 이탈리아의 20개 주 중에서 에밀리아 로마냐가 시민 책임감과 지역의 기관과 공무원에 대한 기초 신뢰가 가장 높은 지역이라는 것을 밝히는 데이터를 수집했다(이는 투표율, 신문 구독률, 클럽과 단체 회원 수가 높다는 것으로 증명된다.). 참여 민주주의에 대한 대중적인 개념은 사람들이 '주인공(as protagonists)'으로서 자기 자신과 소속 집단을 위해, 자기 자신의 경험을 바탕으로 그리고 그들 자신의 의식 수준에서 목소리를 낼 수 있고 내야 한다고 주장한다. 시민들은 사회적 계층을 넘어 정치적 정당과 경제

적 협력체(농업, 마케팅, 신용, 노동, 생산자, 소비자 연맹과 협동조합)를 통해 사회적 문제를 해결하고자 모이는 대중 조직과 사람들의 전통을 자랑스러워 한다. 이러한 집단 경향성은 근래에 나타난 것이 아니라 중세 14세기의 공예 길드(gilds)나 공동체 공화국(communal republics)까지 거슬러 올라간다. 이는 일반적으로 에밀리아 로마냐 주에서, 특히 레지오 에밀리아 시의 시민들에게서는 강하게 나타나는 정체성의 자원이자 자랑거리이다. 레지오 에밀리아의 교육자들이 자신들의 교육학적인 비전이나 임무에 대해 생각할 때, 그 근본은 참여 민주주의와 시민 공동체에 대한 개념이다(Edwards, 1995). 그러므로 서론에서 이것이 '이탈리아의 유아교육'이라는 보다 큰 맥락에 어떻게 부합하는지에 대해 어느 정도 이해를 하는 것이 중요하다.

이탈리아 유아교육의 넓은 맥락

밀라노 대학교(University of Milan)의 수잔나 만토바니(Susanna Mantovani)는 이탈리아 유아교육 분야의 최고 권위자 중 한 명이다. 그녀는 수년간 국가적 리더십 역할에 헌신하면서 자신의 고향인 롬바르디(Lombardy) 지역에 실용적이고 이론적인 전문지식을 제공했다. 그녀의 관점에서 '*교육(pedagoay)*'이란 우리가 교육에 대해 생각하는 일반적인 골격인데, 이것은 특유의 문화적 맥락과 외부의 힘, 패러다임, 실제 간의 교배로부터 생성된다(Mantovani, 2007). 그녀는 오늘날 이탈리아의 유아교육은 특정한 기본 개념들을 지향한다고 믿는다(pp. 116-117). 이러한 모든 개념이 이 책의 전반을 통해 다루어지는 것에서 알 수 있듯이, 레지오의 교육자들은 이탈리아 유아교육의 기본 개념의 발생과 명료화 과정에 참여하고 기여해 왔다.

- 유아와 유아의 발달을 이해하기 위한 홀리스틱 접근과 구성주의적 접근
- 다중지능의 개념(레지오 에밀리아의 수많은 언어)
- 물리적 환경의 디자인과 아름다움의 중요성
- 가족, 시민, 정책 입안자의 참여와 연대에의 주목
- 다양성의 모든 측면을 존중하면서 포함(inclusion)과 통합(integration)에의 주목
- 모든 유아와 가정을 위한 교육과 보육 서비스의 보편적 접근을 위한 노력

또한 만토바니(2007)는 이탈리아 유아교육 전문가들이 최근 가장 많은 관심을 보이는 지적 경향을 다음과 같이 요약했다. 핵심 문구들은 교육에 관한 토론에서 되풀이되고 또 되풀이된다. 이러한 이탈리아의 모든 핵심 주제들은 이 책 전반을 통해 레지오의 교육자들이 해설하는 교육의 개념과 일치한다.

- *웰빙의 교육(pedagogia del benessere)*: 육체적, 감정적 웰빙 또는 교육과 보육 환경이 매우 편한 교육
- *안목의 교육(pedagogia del gusto)*: 재료, 가구, 이미지(어린이들의 '취향'과 '기호')의 질과 아름다움이 유아로 하여금 환경을 감상하고, 사랑하고, 존중하도록 돕는 교육
- *관계의 교육(pedagogia delle relazione)*: 대인 관계 및 사회적 관계를 자율성, 소속감 그리고 개별 및 집단 학습을 강화하는 수단으로 보는 교육
- *연속성의 교육(pedagogia della continuità)*: 굉장히 높은 수준의 연속성: 여러 해에 걸친 유아와 교사 집단 구성의 연속성과 연결된 교육과정(레지오 에밀리아에서의 프로제따지오네〈progettazione〉 설계)
- *참여의 교육(pedagogia della participazione)*: 밀접한 가정-학교 관계와 부모와 시민의 학교 행정에의 참여
- *기록작업의 교육(pedagogia della documentazione)*: 유아란 무엇인지, 그들이 하는 과정이 무엇인지 기록해서 유아들과 어른들로 하여금 지난 경험을 다시 읽게 함으로써 기억을 재개하고, 다시 생각할 수 있도록 허락하는 것
- *문화적 교육(pedagogia culturale)*: 유아와 교육에 대한 개념과 실제는 문화적 영향을 받는다는 것에 대한 의식

전시의 영감

'어린이들의 수많은 언어'라는 이 책의 제목은 1981년부터 레지오의 교육적 경험에 관한 이야기를 계속 업데이트하며 들려주는 순회 전시회로부터 유래되었다. 이 전시회는 처음에는 로리스 말라구찌(Loris Malaguzzi)와 그의 가장 가까운 동료들에 의해 자신

들의 연구 과정과 유아들에게 나타난 효과에 대한 시각적 기록작업으로 고안되었다. 전시회는 1987년부터 북미지역에서 순회전시되고 있으며, 가장 최근 버전인 '학습의 경이로움: 어린이들의 수많은 언어(The Wonder of Learning: The Hundred Languages of Children)'는 2008년부터 순회 중이다. '학습의 경이로움'은 아름답고 매우 흥미로운 전시로, 교육적인 이야기를 설명하고 있으며 여러 세대의 교사, 어린이, 부모의 경험, 반성, 논쟁, 이론적 전제 그리고 사회적 · 윤리적 이상을 한 데 엮어 주고 있다. 이 전시는 교수와 학습의 순간을 묘사하는 사진, 설명해 주는 스크립트와 패널(유아들의 언어를 많이 담은 글), 유아들이 회화, 그림, 콜라주, 구조물을 만드는 과정 그리고 시청각 자료를 이용해 레지오 에밀리아 경험의 철학과 교육을 설명 또는 묘사–또는 그들이 좋아하는 표현대로 가시화–한다(Cooper, 2008; Gambetti, 2008).

소통의 매체로서 전시는 전문성 개발의 도구로 사용되거나, 레지아 에밀리아의 교육자를 직접 만났을 때 그들이 하는 이야기에 마음을 온전히, 강렬하게, 집중하여 열 수 있는 회의, 컨퍼런스, 워크숍 같은 행사의 자원으로 사용된다. 레지오 전문가가 대중과 전문가 모두에게 정보를 제공하기 위해 만든 전시는 다양한 방법으로 이 접근법의 진수를 보여준다.

먼저, 전시는 핵심을 전달하기 위해 단순성이 아닌 **다원성(multiplicity)**을 활용한다. 이는 관람객을 다양한 단계와 양식을 활용하는 학습 형태로 뛰어들게 한다. 글자, 이미지, 만든 작품을 활용해 만든 크고 매우 자세하게 설명한 패널을 보면 여러 통로를 통해 한 번에 밀려들어오는 정보와 인상들(impressions)에 정신과 감각이 압도된다. 즉, 관람객들에게 '수많은 언어'를 통한 즉각적이고 실재적인 학습 경험을 제공한다. 말라구찌가 카탈로그에 적은 바와 같이 이 전시는 '방해 받지 않은 수백 가지의 주관적, 객관적 경험이 응축된 공간', 즉 그 곳에서 '우리가 흥미진진한 감정의 흐름뿐만 아니라 보다 깊숙이 숨겨진 현실과 일치하는 이미지, 상호작용, 의미를 얻기를 바라는 공간'을 만들어낸다(Reggio Children, 1987, pp. 22-23).

전시의 두 번째 특징은 **순환성(circularity)**이다. 마음대로 전시를 관람하는 동안 관람객들은 지나온 길을 되짚어 가고, 가장 마음에 드는 섹션, 패널, 주제를 향해 반복적으로 재방문하는 동안 매번 이해가 깊어지는 순환의 길 위에 있는 자신을 발견하게 된다. 이와 같은 방식으로 레지오 에밀리아의 교육은 절대 선형적(linear)이지 않다. 대신 그것은 개방적인 나선형이다. 어린 유아들은 순서대로 한 가지 활동에서 다음 활동으로 넘어갈 것을 강요받거나 재촉 당하기보다 핵심 경험을 반복하고, 관찰하고 재관찰하며, 생각하고 또 생각하며, 표상하고 재표상하도록 격려 받는다.

셋째, 이 전시는 **가시성**(visibility)의 가치를 보여준다. 의사소통의 형태로서 가시성은 레지오 에밀리아 교육자들이 *기록작업(documentation)*이라고 하는 것에서부터 직접 비롯됐다. 레지오 에밀리아의 역사 초창기(본 서 제2장, 로리스 말라구찌〈Loris Malaguzzi〉와의 인터뷰 참조)부터 교육자들은 어린이들과 함께 작업한 과정과 결과를 체계적으로 기록하는 것이 유아, 부모, 교육자들에게도 동시에 도움이 된다는 것을 깨달았다. 기록작업은 유아와 성인에게 자신들이 한 말과 행동에 대한 구체적이고 가시적인 '기억'을 제공해 주기 때문에 학습의 다음 단계로 뛰어넘을 수 있게 해 준다. 또한 기록작업은 부모와 대중에게 학교에서 어떤 일이 일어나는지에 대한 상세한 정보를 제공해서 그들의 반응과 지원을 유도하는 수단이 되기도 한다. 마지막으로 기록작업은 교육자들에게 연구의 도구 및 계속적인 개선과 갱신을 위한 열쇠를 제공한다. 이런 대담한 통찰력으로 인해 기록작업은 유아의 학습 경험을 기록한 패널, 책, 슬라이드, CD, DVD 같은 많은 제품을 포함하는 레지오 에밀리아의 전문적인 예술 형태로 발전하였다.

넷째, 이 전시는 **집단성**(collectivity)의 가치를 증명한다. 전시는 개별적으로가 아니라 집단적으로 쓰여지고 설계되었다. 레지오 에밀리아의 시립 유아교육 체제의 창시자이자 다년간 관리자였던 로리스 말라구찌가 처음 전시를 준비하는 과제를 시작했지만, 시 전역에서 일하는 많은 행정가, 교사 또는 사람들이 그들의 시간, 일손, 아이디어뿐만 아니라 자신의 교실에서 기록한 프로젝트 작업의 결과물도 기부하였다(집단 노력의 성과의 질이 전시회를 통해 증명되었다.). 레지오 교육자들은 상호성, 교환, 대화가 성공적인 교육의 핵심이라고 믿는다.

다섯째, 이 전시는 불완전성 또는 **열린 결말**(open-endedness)에 가치를 둔다. 레지오 교육자들은 결코 "자, 이제 다 끝났다. 이제 더 이상의 변화에 대해서는 생각하지 말자."라고 이야기하는 경우는 없다. 대신 전시는 변형을 거쳐 독립적인 버전이나 에디션으로 발현된다. 첫 번째 전시는 1981년도에 시작되어 '눈이 벽을 뛰어 넘을 때(L'occhio se salta il muro)'라는 제목으로 유럽을 돌기 시작하였다. 전시의 제목은 후속 에디션에서는 '어린이들의 수많은 언어(I cento linguaggi dei bambini)'로 바뀌었고 완전히 개정된 2008 북미 버전에서는 다시 '학습의 경이로움: 어린이들의 수많은 언어'로 바뀌었다. 우리는 다양한 에디션을 거치는 동안 전시에 몇 가지 변화가 있었다는 점을 발견하였다. 예를 들면, 초기 전시들과 비교하여 '학습의 경이로움' 전은 패널을 보다 충실하게 설명했고, 관람객들이 시청할 수 있는 DVD를 함께 제공함으로써 교수의 과정을 보다 자세히 볼 수 있도록 했다. 또한 장기 프로젝트의 기록작업을 보충하기 위해 '학습의 경이로움'에 후속 연구에서 훑어보거나 구입할 수 있도록 작은 이야기(micro-stories)들을 한 페이지짜리 요약본으로 각각 인쇄하여 실은 포트폴리오를 마련하였다. 따라서 전시를 관람하는 방식이 서서 신호를 읽는 것뿐만 아니라 앉아서 자료를 검토하는 것까지 포함하는 것으로 변했다.

이러한 방식을 통하여 레지오 에밀리아에서의 교육적인 작업은 결코 고정되거나 틀에 박힌 것이 되지 않고, 항상 재검토와 실험이 이어진다. 따라서 레지오의 교육자들은 자신들의 접근법에 대해 이야기할 때 '모델'이라는 용어를 사용하는 것을 거부하며 대신 '우리 프로젝트' 그리고 '우리 경험'이라고 한다.

마지막으로 전시는 **용기(courage)**의 가치를 증명한다. 첫 전시가 1981년 준비되었을 때 베아 베키(Vea Vecchi)는 자신이 새로운 교수 실제를 개발하고 비범하고 아름다운 방법으로 그것을 소개하는 용감한 작은 조직의 일원이라는 점이 자랑스럽고 신난 개척자가 된 기분이라고 하였다(Vecchi, 2010, p. 170). 2008년에 '학습의 경이로움' 전의 주요 개정을 담당하기 위해 돌아왔을 때, 그녀는 전시가 다양하고 간학문적(interdisciplinary)이 되게 하려고 신중히 조직한 큰 실행 위원회의 일원이 되었다. 그녀는 합의에 이르고 이 복잡한 새로운 전시의 모든 요소를 창조한다는 것은 새롭고 다른 종류의 지적 용기를 필요로 한다는 것을 깨달았다. 왜냐하면 이번에는 그들의 선택과 결정에 대해 안심시켜 줄 훌륭한 로리스 말라구찌(1920~1994)의 안내를 받지 못했기 때문이다. 그녀는 전시 준비 과정의 변화한 특성이 레지오 경험의 진화 과정, 즉 창립 리더와 함께 하던 무명의 개척자에서 새로운 세대와 동료 의식을 갖고 책임의 무게를 느끼며 확립된 시스템으로 변화한 레지오 경험의 진화와 맥을 같이 한다고 생각했다.

이 책의 필요성

로리스 말라구찌, 세르지오 스패지아리(Sergio Spaggiari), 카를리나 리날디(Carlina Rinaldi)가 렐라 간디니(Lella Gandini)로부터 이 책의 초판을 건네받음

전시로 모든 것을 다 성취할 수는 없다. 책과는 달리, 전시는 집으로 가져가 학습하고 반성해 볼 수 없다. 또한 프로그램의 역사와 철학; 교육과정, 계획, 교수행동; 특히 '특별한 권리' 를 지닌 유아를 가진 부모를 포함한 부모들과의 작업; 행정적 조직과 구조 등에 대한 질문에도 답을 다 해 줄 수 없다. 이러한 요구에 답하고자 이 책이 탄생하였다. 본 서는 레지오 에밀리아 접근법의 모든 측면을 보다 확장되고 분석적인 시각으로 다루고 있으며, 이탈리아인들과 북미 사람들 모두에게 레지오 접근법에 대해 알고 있는 것을 이야기할 수 있는 포럼을 제공한다.

1993년에 출판된 초판은 출발점이 되게 하는 의도로 집필되었는데, 논의를 시작하게 하고, 레지오 에밀리아 접근법의 근본적인 핵심을 독자들에세 소개하고, 이 나라에서 이 접근법을 사용하고 적용한 첫 걸음에 대해 설명하는 데 성공했다. 미국의 관심이 급증하고 반성(reflection)이 깊어짐에 따라 2판을 출판하게 되었는데, 미국적 맥락에서 적용하고 해석한 것을 상세히 설명할 뿐만 아니라 이탈리아의 동료들이 미국인들과 접촉하고 대화하며 지낸 수년의 세월에 반응하게 할 목적으로 1998년에 출판되었다.

2판이 출판된 지 10년이 넘었는데, 그 10년 동안 레지오 에밀리아 시, 레지오 에밀리아의 유아교육, 국내 · 외의 관련 단체도 많은 변화를 겪었다. 레지오 교육자들이 한 작업의 영향력이 점차 커졌고, 많은 출판물이 레지오로부터 영감 받아 실시한 실험들과 다양한 문화적, 교육적 맥락에서의 혁신에 대해 기술하였다. 동시에 레지오 시에서의 교육사업도 지속적으로 진화하여 왔다. 역사적으로 이 시기의 세계 여러 나라의 많은 지역사회에서와 같이, 레지오 에밀리아도 인구 증가; 점점 다양해지는 언어, 인종, 배경들; 점점 증가하는 시민들 간의 정치적 대립 같은 변화가 생겼다. 이런 모든 변화에 대응하고 결속과 지속가능성을 증진시키기 위해 새로운 시민적, 정치적 반응이 요구되었다. 더욱이 시스템이 확장되고 나이든 세대들이 은퇴하고 새로운 세대의 교육자들이 유입됨에 따라 전문성 개발과 멘토링 측면에서도 새로운 쟁점들이 소개되었다. 마지막으로 이탈리아와 세계 여러 국가의 모든 종류의 교육자와 지속적이고 상호적인 연구, 교환, 대화에 깊게 참여하고자 하는 강한 열망이 국제적인 측면에 초점을 맞추도록 하였다. 이러한 모든 변화의 과정에서 레지오 에밀리아 시는 굳건한 전통으로부터 새로움과 낯설음을 향해 이동하고 있다.

레지오 에밀리아의 교육자들이 그들의 이론과 실제를 계속해서 진화시키고 있음과 세계 여러 나라의 교육자들과 접촉하고 교환하는 망(web)을 확장시키고 있음을 고려할 때, 이 책의 새롭고 업데이트된-교육적 과정과 변화에 초점을 둔-3판이 나올 시기가 되었다. 3판에서 우리는 레지오 경험이 유기적이고 역동적이라는 점과 인구 다양성의 증가와 새로운 세대의 교육자들의 유입 등과 같은 역사의 힘과 변화하는 사회적 요구에 레지오 경험이 어떻게 반응하는지를 보여주고자 한다. 2010년 인터뷰에서 하워드 가드너(Howard Gardner)가 조지 포먼(George Forman)에게 이야기했듯, 30년 전 교육자들은 주로 학교에만 관심의 초점을 두었다. 사회가 경제적으로 그리고 인구통계학적으로 변화함에 따라 그 초점은 사기업, 재단, 교육기관 등을 포함한 학교와 지역사회 정치를 포함하는 것으로 확장되었다. 오늘날 레지오 에밀리아 접근법은 보다 넓은 세계와 레지오와의 관계뿐 아니라 이러한 측면에도 초점을 둔다.

독자들이 보다시피 레지오 경험이 국제적으로 알려지기는 했으나 이는 단순한 슬로건이나 공식, 레시피나 상업화된 상품, 유행이나 관습이 된 것은 아니다. 이는 결코 임시방편의 한 종류로 생각된 적이(절대로, 그렇게 생각할 수도) 없다. 왜냐하면 교육에서 임시방편이란 절대 소용이 없고, 더욱이 외국에서 가져온 프로그램들이나 모델들은 광범위한 변화나 적응 없이 하나의 문화적 맥락에서 다른 문화적 맥락으로 통째로 옮겨질 수 없기 때문이다. 대신 우리가 레지오 에밀리아에서 보고 배운 것들은 우리가 공립학교의 개선, 불평등한 교육의 질, 열악한 협력, 다른 종류의 유아교육 서비스에의 접근성 부족이나 감당할 수 있는 재정적 여유의 부족 같은 우리 고유의 지속적인 문제들과 실랑이할 때 에너지와 영감의 자원이 되었다. 우리가 교육에서의 이론과 실제에 대해 보다 생산적인 방법으로 논의하고 논쟁할 때 사용할 공통의 어휘와 예시를 개발함에 따라, 에밀리아 경험에 관한 담화는 보편화되고 있으며 강력한 용어들(예 *가시성, 맥락, 교육적 기록작업, 프로젝트화된 교육과정, 유아의 이미지, 관계로서의 교육, 재방문, 인지적 매듭, 참여 등*)의 자원이 되었다.

'어린이들의 수많은 언어' 전시를 열기 위한 앰허스트의 매사추세츠 대학교 방문 당시의 로리스 말라구찌(Loris Malaguzzi), 조지 포먼(George Forman), 티찌아나 필리삐니(Tiziana Filippini), 캐롤린 에드워즈(Carolyn Edwards)

저자들과 그들이 집필한 장(챕터)

■ 편집자들의 관점

편집자들은 원래 1988년 겨울 앰허스트(Amherst)의 매사추세츠 대학교(University of Massachusetts)에서 열렸던 '어린이들의 수많은 언어' 전시와 컨퍼런스에서 함께 작업했다. 이 컨퍼런스 중에, 그리고 직후에 캐롤린 에드워즈가 우리에게 레지오 에밀리아의 시립 유아학교에 대한 책을 협력해서 편집하자고 제안하였고 그것이 이 책의 초판이었다. 우리는 유용하고 의미 있는 책을 내는 데 서로 보완적인 강점이 있다고 느꼈다. 1993년 켄터키(Kentucky) 주 렉싱턴(Lexington)에서도 전시를 열 수 있도록 지원해 준 캐롤린 에드워즈는 문화인류학과 사회성 발달에 관한 방대한 배경지식이 있었고, 유아발달과 교육에 중점을 둔 매사추세츠 대학교 유아실험학교를 책임자로서 기관을 다년간 운영했으며 그 후에는 켄터키 대학교로 옮겼고, 다시 네브래스카-링컨 대학교(University of Nebraska-Lincoln)로 이직하였다. 이탈리아 문화와 사람에 대한 연결과 교량 역할을 해 준 렐라 간디니(Lella Gandini)는 이탈리아, 북미 그리고 세계 전역의 유아교육 시스템을 컨설팅해 주었다. 그녀는 유아 발달과 교육뿐만 아니라 예술 교육에도 탄탄한 배경이 있었다. 조지 포먼은 1960년대 후반 피아제(Piaget) 주의가 발현하기 시작한 시점부터 구성주의를 연구했으며, 매사추세츠 대학교에서 은퇴한 후에는 Videatives Inc.(역자 주: 교육 비디오 제작 회사)를 창립하여 교육자들이 '유아들이 무엇을 아는지 볼 수 있도록' 도와주기 위한 디지털 동영상을 생산하고 있다. 우리 셋은 레지오 에밀리아를 여러 차례 방문하는 동안 이러한 학교들을 관찰하고 연구할 좋은 기회를 가졌다: 렐라는 1976년부터, 캐롤린은 1983년부터, 조지는 1985년부터.

■ 각 장(챕터) 주제의 흐름

이 3판은 이론적인 기초와 오늘날의 실제적인 전략을 알고자 하는 신규 독자들과 재구독 독자들 모두에게 레지오 에밀리아 경험을 소개한다. 너무나 많은 책들이 레지오 에밀리아가 다른 나라에서는 어떻게 적용되었는지 묘사하고 있기 때문에 이 책은 레지오 에밀리아에서 일어나고 있는 진화 중인 작업에 초점을 맞추었다. 대부분의 장(챕터)들은 레지오의 교육자들에 의해 저술되었다. 독자를 이 책으로 초대하는 회상적 의견을 시작하는 페이지와 각 장에 실린 저명한 심리학자 하워드 가드너와 제롬 브루너(Jerome Bruner)는 레지오 에밀리아에 자주 방문하는 귀빈이다.

제1부(Part I) '출발점'은 레지오 에밀리아의 시립 유아교육 시스템을 창시한 로리스 말라구찌의 시로 시작한다. 다음으로 우리는 레지오 경험을 이해하는 데 필요한 배경지식을 제공하고 이탈리아의 맥락에서 레지오의 유아교육 시스템을 소개한다. 다음에는 렐라 간디니가 로리스 말라구찌를 인터뷰한 내용이 이어진다. 말라구찌가 우리의 초판

을 자기 일생의 연구와 레지오 에밀리아의 시립 유아교육 시스템 역사에 관한 종합적인 리뷰를 처음으로 기술할 기회로 여겼다는 것은 환영할 만하였다. 이 부분의 나머지 장(챕터)들은 레지오 에밀리아의 맥락과 유아교육 시스템의 특징이 무엇인지와 레지오 에밀리아의 지도자들이 정치적 · 경제적 · 인류학적 조건 변화에 직면했을 때, 어떻게 강력한 시민 공동체와 삶의 질에의 헌신을 지키기 위해 노력하는지를 보여준다.

제2부(Part II) '관계를 통한 교수와 학습'은 부모와 시민 참여의 시스템을 설명하고 교사와 교육조정관(pedagogical coordinator)들이 모든 유아를 위한 유아교육 서비스의 질을 담보하기 위해 어떻게 함께 일하는지에 관한 많은 일화와 삽화를 사용하여 풍부하고 상세한 정보를 제공한다.

제3부(Part III) '관찰, 반영, 소통의 통합된 절차로서의 기록작업'은 교육적인 기록작업과 '귀 기울임의 교육(pedagogy of listening)'에 관한 상세한 분석을 제공한다. 기록작업은 레지오 에밀리아에서 시작한 가장 중요한 교육전략인데, 특히 교육적 기록작업의 이론과 실제에 관한 국제적 논의를 소개한다.

제4부(Part IV) '어린이들의 수많은 언어에 관한 개념과 그 진화'는 이 개념과 그 진화를 묘사한다. 최근 몇 년간 레지오의 교육자들은 그들이 언어라는 단어를 사람들이 자기 자신을 표현하는 다양한 수단에 대한 은유로서, 그리고 유아들의 놀라운 능력을 보다 넓게 바라보는 관점으로 어떻게 사용하는지에 대해 분명히 밝혔다. 이 부분은 '앎의 방법으로서의 아름다움(beauty as a way of knowing)'의 개념과 이러한 개념이 어떻게 *아틀리에리스타*의 작업, 공간과 환경의 디자인, 유아들의 학습과 교사들의 전문성 개발을 지원하는 기술 혁신적인 수단으로서의 디지털 기술의 활용에 영향을 주는지 탐색한다. 이 부분은 3개 주요 시기인 2006년, 2009년 그리고 2011년에 개관한 로리스 말라구찌 국제센터(Loris Malaguzzi International Center)의 이야기로 마무리된다. 국제센터는 미래를 향한 레지오 에밀리아의 진보적인 비전의 실제적 구현으로서 존재한다. 이를 통해 레지오 칠드런(Reggio Children)은 모든 유아의 권리와 잠재력을 옹호하고 촉진하는 진보적인 이상을 달성하기 위한 방법을 모색한다.

제5부(Part V)는 독자들에게 도움이 될 수도 있는 압축과 종합의 섹션으로, 교사–유아 상호작용의 지도원리 목록뿐만 아니라 우리의 최종적 반성과 새로운 문제와 방향에 관한 생각을 제안한다.

레지오 경험의 역사적 맥락

레지오 에밀리아에서 유아들과 성인들이 경험한 것을 소개하기에 앞서 이 교육적 접근이 지금의 것이 되는 데 기여한 맥락을 살펴볼 필요가 있다. 그렇게 함으로써 우리는 이탈리아의 다른 프로그램들과 공통적인 요소들, 에밀리아 로마냐(Emilia Romagna) 지역과 관련 있는 요소들 그리고 레지오 에밀리아 교육자들의 헌신과 비전의 독특한 산물인 요소들을 더 잘 이해할 수 있을 것이다.

역사적으로 이탈리아에서의 유아교육은 교회와 국가 사이에 얽히고설킨 타래 안에 갇혀 있었다. 수세기의 역사를 지닌 가톨릭 교회와 (1860년에야 형성된) 신생 이탈리아 정부 사이의 거대한 권력 분쟁은 유아교육을 포함한 많은 현대의 산물에 영향을 주었다.

1820년경 이탈리아의 북부와 중부 지역에서는 자선 단체들이 나타나기 시작하였다. 이는 도시 서민의 삶을 향상하고 범죄를 줄이며, 더 좋은 시민을 형성할 의도를 지닌 빈곤층에 대한 관심의 파생물로서 그 당시 유럽 전역에 걸쳐 나타나고 있었다(Cambi & Uliveri, 1988). 다음에 소개되는 현재 이탈리아의 유아교육에서 제공되고 있는 공공 유아교육 프로그램들의 선구자 격인 기관들도 생겨나기 시작하였다. 이는 4개월에서 만 3세까지 다니는 *영유아센터(asili nido)*와 만 3~6세가 다니는 *유아학교(scuole dell' infanzia)*이다.

■ 영유아센터

현대 영유아센터의 초기 형태는 일하는 어머니들의 젖먹이들이나 갓 젖을 뗀 어린이를 위한 *탁아소(presepi)*였다. 제조업자들은 이러한 시설을 공장 안에 두었다. 예를 들어, 피에몬테(Piedmont) 지역의 피네롤로(Pinerolo)에서는 실크 공장에서 탁아소가 운영되기 시작했는데, 공장의 수력 엔진이 요람을 흔들었다. 이탈리아가 통일되기 전에 이탈리아 반도를 함께 공유하던 작은 개별 정부들의 행정부도 이런 기관의 설립을 장려했다. 다른 기관들은 개인 사업가들에 의해 설립되기도 했다(Della Peruta, 1980).

통일된 이후에도 이탈리아의 여러 주에 있는 이러한 기관들은 계속해서 발전했으나 어려움도 있었다. 20세기 초에 이르러서야 사립 단체들이 공공 기금, 주로 시 기금의 지원을 받기 시작하였다. 사적인 방법으로만 분배되는 자선 형태의 지원에서 벗어나 예방과 지원을 결합하고, 사적 영역과 공적 영역 모두에게서 기금을 지원 받는 프로그램을 만들려는 시도를 하였다. 예를 들어, 영아들을 위한 탁아소나 보호소 옆에는 아이를 키우는 데 필요한 간단한 의학 정보를 알려주고 자녀 양육에 대한 교육과 영아 사망률 감소를 목적으로 어머니들을 돕는 센터가 지어졌다. 이러한 시도들이 모여 1925년 국가법인 「유아기 보호와 지원법(the Protection and Assistance of Infancy)」이 통과되었고, 이 법을 기반으로 산모와 영아를 위한 국가 조직(the National Organization for Maternity and Infancy, ONMI)이 생겨났다. ONMI라는 이 기관은 내무부 산하의 유아센터를 늘리고 조직하는 것이 목적이었다.

1922년 이후 이탈리아를 장악했던 파시스트 정권은 사립 또는 박애주의적 지원과의 연결은 살려두면서도 이러한 혁신의 모든 장점을 유지하였다. ONMI 센터들은 그 당시 시내적 트렌드를 지배하던 아동보육의 의료-보건 모델을 채택하였고, 당시 정권의 인구 증가 정책과도 연결된 파시스트의 모성 이데올로기를 채택하였다. 로잘린 살쯔(Rosalyn Saltz)는 1975년 로마의 ONMI 센터를 방문한 후 다음과 같이 언급하였다.

> 센터의 심리적 분위기가 엄격하지 않고, 유아들이 분명한 스트레스 상황에 저한 것이 아니고, 보육자가 어느 정도 어린이를 좋아하는 것으로 보인다면, 영아 발달의 심리-사회적 측면은 적절히 제공될 것으로 추정된다. (Saltz, 1976, p. 130)

ONMI는 이데올로기적인 변화를 겪으면서도, 심지어는 1960년대와 1970년대 초반의 사회적 격동기를 지나면서도 50년간 자리를 지켰다. 그러나 노동조합과 여성 운동의 강력한 지원을 받아 1971년 12월에 새로운 종류의 영유아센터를 도입하기 위한 주요 국가 법률이 최종적으로 통과되었다. 1975년 12월, 이탈리아 전역의 604개 ONMI 센터들은 공식적으로 시의 관리 체제로 편입되었다(Lucchini, 1980).

1971년 법(법률 1044)은 가족을 지원하고 여성 취업을 장려하는 두 가지 대등한 목적하에 만 3세 미만의 영아들에게 사회 서비스와 교육 서비스를 시행하도록 하였다. 「법률 1044」는 후에 가족들이 서비스를 신청하면 부분적으로 재정적인 분담금을 지원받겠지만, 지원은 공익(완전한 사익의 반대 개념)의 사안이라고 명시하였다. 1970년대와 1980년대를 거치며, 이탈리아 전역에서 여성의 취업 기회가 많아짐에 따라 영유아 서비스는 맞벌이 가정의 권리로 많은 사람들이 생각하기 시작하였다. 사실 이러한 서비스가 특별히 발달한 지역에서는 이 서비스를 부모를 위한 서비스일 뿐만 아니라 유아들을 위한 양질의 혜택이라고 생각하기 시작하였다(Mantovani, 2001).

「법률 1044」는 이탈리아의 20개 지방 정부로 하여금 책임지고 법률을 시행하도록 하였고, 기준과 규준을 만들고, 자금을 모으고, 영유아센터를 세우고 조직하는 과제를 주었다. 그러나 정치적 선택, 여성의 역할에 관한 시각, 재정적 자원, 행정적인 효율성에 대한 기준이 상이했기 때문에 센터들 간의 네트워크는 고르게 발달하지 못했다. 이와 유사하게 법의 해석과 적용도 지방자치 단체마다 달랐다. 예를 들면, 도시마다 요금 기준도 달랐고, 어머니 취업, 가족의 수입, 확대가족으로부터의 지원 여부 등에 따라 우선 입학 기준도 달랐다. 1986년에는 1,904개의 영유아센터가 세워졌으며 가장 낮은 비율의 이탈리아 남부 캄파니아(Campania) 지역(0.7%)에서부터 가장 높은 에밀리아 로마냐 주(20%)에 이르기까지 99,000여 명의 영아에게 서비스를 제공하였다(만 3세 이하 이탈리아 유아의 약 6%). 레지오 에밀리아의 지방정부(이곳의 최초 영유아센터는 「법률 1044」가 제정되기 전인 1970년에 수립되었다.)에서 서비스를 받는 만 3세 이하의 영아는 30%에 달했다. 이 시기 이후에도 수십 년간 재정 적자, 실업률, 낮은 경제 성장률 등으로 인한 경기 침체나 위기가 유럽의 경제에 영향을 끼쳤다. 유아들을 위해 지출하고자 했던 경제적 정치적 자본이 감소함에 따라, 유럽 사회는 유아들을 위한 서비스 및 가족 지원을 위한 정부와 노동 관련 정책의 타당성 및 접근성을 평가하기 시작했다(Ghedini, 2001).

마찬가지로 이탈리아에서도 재정 위기 때문에 만 3세 이하 영아를 위한 서비스를 재평가 하였다. 1983년 말부터 영유아 서비스는 더 이상 '공익을 위한 서비스'로 인정받지 못하고 '개인적 요구에 의한 서비스'로 분류되어 비용의 일부를 소비자들이 부담해야 한다고 생각하게 되었다(Fortunati, 2007). 헌신적인 교육자들과 정책 입안자들은 질 높은 유아교육이 유아와 가족 모두에게 이롭다는 연구 결과가 있음에도 불구하고 추세가 또다시 유아의 보호와 교육에 대한 책임을 어머니들-임금 노동자일 가능성이 높은 어머니들-이 짊어지게 한다는 점을 우려하였다. 비록 책임감이 높은 행정부는 영유아센터를 보호하고자 하였으나(실제로 몇몇 지방자치단체에서는 영유아센터를 새로 증설하기도 하였다.) 이러한 논쟁은 사회적 변화기의 부모의 다양한 요구 및 모든 공공 지출을 합리적으로 설명해야 할 필요성을 높였다. 교육자들과 행정가들은 과거의 경험으로부터 얻은 지식과 경험을 바탕으로 새로운 종류의 서비스들을 제공할 수 있는 방법들을 찾았다. 1980년대 중반부터 특히 투스카니(Tuscany), 롬바르디(Lombardy), 에밀리아 로마냐, 움브리아(Umbria)와 같은 지역들에서 융통성과 참여를 강조하는 두 종류의 새로운 서비스를 제공하기 시작했다. ① 하루 최대 5시간까지 18~36개월 영아들을 위한 서비스인 *스파지오 밤비니(spazio bambini)*, '영아들의 공간', 그리고 ② 부모와 영아들이 전문적인 촉진자와 함께 하는 *센트리 페르 밤비니 에 제니토리(centri per bambini e genitori)*, 부모–자녀를 위한 센터(Mussati & Picchio, 2010).

레지오 에밀리아는 새로운 서비스를 향한 이 추세를 따랐으며 첫 번째 공공–민간 협동조합을 1987년에 시작하였다. 1990년대에 학부모들은 시립 유아학교의 영유아들을 스스로 관리하기 위한 아고라 조합(Agora Association)을 조직하였고 이러한 '연계된 서비스'는 도시 전역으로 계속해서 확장되어 나가고 있다(Piccinini & Giudici, 본 서 제5장 참조).

■ 유아학교

만 3~6세가 다니는 현대의 유아학교는 19세기에 그 뿌리를 두고 있다. 만 2~6세 유아들이 다니는 뛰어난 기관이라고 여겨지는 한 기관이 1831년 크레모나(Cremona) 시에서 애봇 페란떼 아뽀르띠(Abbot Ferrante Aporti)에 의해 설립되었다. 이 기관에서는 교수와 학습이 중요했으며 놀이 시간은 종종 남아들의 경우 작업으로, 여아들은 가사활동으로 대치되었다(Della Peruta, 1980). 1867년 이후에 프뢰벨 유아학교의 영향이 뿌리내리기 시작하였다. 20세기 초반 이탈리아가 산업화되고 진보적인 어젠다를 지닌 사회주의 정당이 대두되고 확장되면서 여성 노동자의 요구와 유아들의 보호와 교육에 초점이 맞추어졌다. 진보적인 교육자들도 유아교육에 관여하기 시작하였다. 피스틸로(Pistillo, 1989)는 1904년에서 1913년 사이의 시기를 특히 유아교육이 발전하는 데 중요한 시기였다고 묘사한다. 이 시기 동안 유아를 가르칠 교사들을 준비시키기 위한 교사 훈련 학교가 국법에 의해 세워졌다. 로사 아가찌(Rosa Agazzi)와 캐롤리나 아가찌(Carolina Agazzi) 자매는 유아교육의 새로운 철학과 방법을 열었다. 마리아 몬테소리(Maria Montessori)는 로마에 첫 번째 어린이의 집(Casa dei Bambini, Children's House)을 설립했다.

그럼에도 불구하고 이탈리아의 교육부가 직접적으로 유아학교 교육의 성장을 지원한 것은 아니었고, 비록 출발은 민간 영역에 있었지만 점차 로마 가톨릭 교회가 관리를 많이 하게 되었다. 1922년 이후 파시스트 정권은 몬테소리 교육을 금지하고 교회의 독주와 관리에 견줄 만한 경쟁력이 있는 개혁 학교들만 장려하였다. 가톨릭 교회가 선호한 아가찌(Agazzi) 교수법은 유아들의 교육을 위한 국가의 공식적인 방법으로 선언되었다.

1933년 파시즘의 정점에서 60% 이상의 유아학교들이 수도회에 의해 운영되었다(Olmstead & Weikart, 1994).

그러나 파시즘이 끝난 전후 시기에 사람들은 변화를 맞이할 준비가 되어 있었다. 제2차 세계대전 종료 직후인 1945년과 1946년의 짧은 기간 동안, 사람들은 많은 분야에서 주도권을 갖게 되었다. 중앙 정부는 개편 중이었다. 로리스 말라구찌(본 서 제2장 참조)가 레지오 에밀리아에 대해 생생하게 소개하는 것과 같이, 지역의 주도권 전통이 강한 지역들에서 부모가 운영하는 학교를 설립하고자 하는 자발적인 시도들이 일어난 것도 바로 이 시기였다.

레지오 에밀리아의 공공 유아교육 시스템을 창시한 로리스 말라구찌는 1920년 2월 23일에 북부 이탈리아의 에밀리아 로마냐 주 꼬레지오(Correggio)에서 태어났다(Gandini, 2007). 그는 1923년 아버지가 철도역장을 맡으면서 인근 도시인 레지오 에밀리아로 가족과 함께 이주하였다. 그는 1944년에 결혼하여 훗날 건축가로 성장한 아들 안토니오(Antonio)를 낳았다. 전쟁 시기에 청년이었던 말라구찌는 아펜니노 산맥(the Apennines)의 솔로뇨(Sologno) 마을에서 초등학생들을 가르쳤으며(1939~1941), 레지오 에밀리아에서는 초등학생과 중학생을 가르쳤다(1942~1947). 그동안 우르비노(Urbino) 대학교에서 교육 관련 학위를 취득했으며, 제2차 세계대전 직후 생겨난 부모운영 초등학교 운동을 지원하는 데 에너지를 쏟았다. 렐라 간디니와의 인터뷰에서(본 서 제2장 참조), 말라구찌는 그가 어떻게 레지오 근교 빌라 첼라(Villa Cella) 마을에 처음 생긴 협력학교에 대한 이야기를 듣고 설립에 참여하게 되었는지에 관한 생생한 이야기를 들려준다. 이후 그는 시립 영유아센터와 유아학교 시스템을 생을 마감하던 1994년 1월 30일까지 이끌었다.

- 공공 유아교육의 탄생

1950년대에 이탈리아의 많은 교육자와 학부모가 보다 많고 보다 좋은 유아교육의 필요성을 인식하였다. 또한 그들은 이탈리아를 지배하던 기독 민주당(Christian Democratic Party)이 유아교육의 상태를 변화시킬 의도가 없다는 점도 인지하였다. 프랑스로부터 들어온 '민중 학교(popular school)' 운동이나 셀레스땡 프레네(Celestin Freinet)와 존 듀이(John Dewey) 등과 같은 진보주의 교육자들의 번역서 등 교육에 관한 새로운 개념들이 이탈리아로 유입되고 있었다. 열정적인 논쟁은 교육의 모든 단계를 변화시키고자 하는 사람들의 결심을 고양시켰다. 1951년, 협력조합 교육 운동(MCE; Movement of Cooperative Education)이 조직되었다. 초등학교 교사들로 구성된 이 조직은 프레네(Freinet)의 테크닉을 적용해 보고자 하는 목표가 있었으며 이탈리아식 비판적 토론을 통해 협력을 실천했다. MCE의 수장은 브루노 치아리(Bruno Ciari)라는 이름의 카리스마 있는 교육자였는데, 볼로냐(Bologna)의 좌익 정부가 시립 학교 시스템의 조직과 관리를 그에게 맡긴 것이다. 사실 좌익 행정부가 들어선 도시들에서만 1960년대와 1970년대에 진보적인 시립 유아교육 시스템이 설립되었다. 중도 기독 민주당(Christian Democratic Party)이 우세하던 도시들에서는 가톨릭 교회의 유아교육 독점이 여전히 지속되었다.

치아리(1961)는 그의 저술 및 그가 볼로냐(Bologna) 교사를 위해 조직한 모임을 통해 많은 교육 혁신을 제안하였다. MCE의 다른 구성원들처럼 그는 올바른 종류의 유아교육을 통해 보다 정의로운 사회가 구현될 수 있을 것이라고 확신했다. 그의 저서는 고전이 되었다.

에너지, 열정 그리고 사려 깊은 관심이 쌓여 이탈리아 유아교육이 진일보하게 되었다. 치아리가 독려한 사람들이 주도한 논쟁은 다시 치아리가 자신의 핵심 아이디어들을 고안하는 데 도움을 주었다. 로리스 말라구찌도 이러한 생생한 논쟁에 참여하였으며 이러한 논쟁을 통하여 치아리를 알게 되었다. 치아리로부터 깊은 영감을 받은 말라구찌(본 서 제2장 참조)는 그를 멋진 친구이자 '유아교육 분야에서 가장 명석하고 열정적이며 예리한 지성' 이라고 회상한다. 치아리 주변의 단체는 교육이 유아기의 에너지와 능력을 자유롭게 하고 모든 영역-의사소통, 사회성, 정서발달과 비판적인 과학적 사고 등-에서 유아의 조화로운 전인 발달을 촉진해야 한다는 믿음을 선언하였다. 치아리는 교육자들에게 가족과의 관계를 발전시키고 교사, 부모, 시민들로 구성된 위원회에 참여하도록 독려하였다. 그는 교실마다 한 명보다는 두 명의 교사가 있어야 하고 교사들과 교직원은 계급 의식 없이 단결하여 일할 것을 주장하였다. 그는 유아들이 하루의 일과 중 일정 부분은 동일연령 집단으로 생활하지만, 다른 부분은 개방적인 혼합연령 집단에서 생활하여야 한다고 생각했고, 학급당 유아의 수를 20명으로 제한하고 싶어 했다. 마지막으로 그는 교육의 물리적 환경에 많은 관심을 보였다(Ciari, 1972).

1967년에 로렌조 밀라니(Lorenzo Milani)와 바비아나 학교(Scuola di Barbiana)(1967)가 쓴 충격적인 소논문인 「한 교사에게 쓰는 편지」가 발표되었다. 이는 국가 교육 제도에 만연했던 선택성과 사회계급 차별에 대한 열정적이면서도 확실한 비판이었다. 이 '편지'가 널리 인용되면서 이것은 교육 개혁을 위한 투쟁 과정에서 선언문이 되었다. 1968년 학생 운동이 일어나 학생들이 대학교를 점령하고 거리에서 시위하였다. 이듬해에는 노동자들의 대중 시위가 일어났는데, 많은 도시에서 국가의 노동계약협상을 개선하고자 노동자들이 파업을 하였다. 여성단체들이 목소리를 냈으며 더 나은 사회 복지, 학교, 유아교육을 주장하며 시위대를 이끌었다. 종종 이 모든 집단이 함께 거리를 행진하며 정당과 정부에 압력을 함께 가하였다(Corsaro & Emiliani, 1992).

1968년부터 1977년까지의 10년 동안 다수의 핵심적인 사회적 법률이 제정되었다. 같은 기간 동안 과거와는 비교할 수 없을 정도로 많은 수의 여성이 노동시장으로 진입했고, 자신들의 요구를 이뤄내기 위해 필사적으로 정당과 정부를 압박했다. 새로운 법률들 중 가장 중요한 것들은 다음과 같다.

- 1968 정부 지원 유아교육의 제정
- 1971 출산휴가의 제정(12주 동안 임금의 80~100%를 지급하는 유급휴가와 추가 6개월 동안 임금의 30%를 지급하는 유급휴가)
- 1971 정부 지원 *영유아센터(asili nido)*의 제정
- 1975 여성의 권익을 더욱 보호하는 새로운 가족법 제도
- 1977 남녀 간의 업무 평등(동일 작업에 대한 동일 임금) 제도

이런 괄목할 만한 법적 성취로 인해 변화하는 사회 환경 속에서, 교육자들은 유아를 위한 보육과 교육에 대한 새로운 기대에 관한 안목과 책임에 관한 보상을 받았다. 즉, 시립 유아학교의 수가 1980년대 중반까지 급속도로 증가하였고 그 후에는 조금 더 느린 속도로 증가하였다. 모든 만 3~6세 유아 중 국립, 시립, 사립학교에 취학한 유아는 모두 합하여 1988~1989년에 88.8%였고, 1992~1993년에는 92.7%(Becchi, 1995)였으며 2001년에는 98.1%에 이르렀다(OECD, 2006).

만 3~6세 유아에게 무상교육이 가능해졌다는 측면에서는 1968년에 제정된 법의 약속이 대부분 충족되었지만, 유아들을 위한 서비스 및 교사 재교육의 양과 질 측면에서는 아직도 지역적으로 불균형한 상태이다(Corsaro & Emiliani, 1992; Olmstead &

Weikart, 1994; Pistillo, 1989). 특히 제공된 교육의 질은 광범위하게 다양하다. 몇몇 지방 자치 단체(예 Reggio Emilia, Pistoia, Modena, Parma, Milano, Bologna, Genova, Trento, San Miniato 등)의 시스템은 뛰어나다고 알려져 있다. 몬테소리 학교나 루돌프 스타이너(Rudolph Steiner) 학교 등과 같이 확고한 철학과 교육방법에 기초를 둔 사립학교도 역시 뛰어나다. 그러나 이러한 질적 수준을 대부분의 학교에서 보기란 쉽지 않은데, 그 이유는 아마도 강력하고 대안적인 교육과 가장 친숙한 전통적(자애로운 애정에 기반한 가족 모형이나, 더 많은 경우에 초등학교 교육방식에 기반한) 방법이 잘 융화되지 않기 때문일 것이다.

그러나 혁신의 추세는 항상 전통적 방법과 나란히 존재해 왔다. 새로운 방식들은 논쟁을 불러일으킨다. 예를 들면, 좋은 유아학교 실제에 관한 국가적 기준 수립(1968년의 *Orientamenti*, 또는 '실천 지침'; 1991년의 *Nuovi Orientamenti*, 또는 '새로운 실천 지침'; 그리고 2004년의 *Indicazioni*, 또는 지표)에 대한 논쟁, 1974년에 있었던 지역사회 기반 관리에 대한 논쟁 그리고 장애 유아의 점진적인 통합이나 유럽 이외 국가 출신 가정 유아의 점진적인 포함 같은 논쟁을 불러일으켰다. 최근에는 국가가 운영하는(국립) 유아학교의 시스템과 이 학교의 질을 높이려면 무엇을 해야 할지에 관심이 모여지고 있다.

1980년대 중반을 기점으로 이탈리아 정치가 보수적인 성향을 띠게 됨에 따라 중요한 신규 법률이나 정치적 시도를 어렵게 만드는 긴 세월이 시작되었고, 이는 유아교육 서비스에도 영향을 주었다(Fortunati, 2007). 이러한 장애에도 불구하고 북중부 이탈리아의 진보적인 도시와 주에서 함께 작업하는 교육자들과 시민들은 새로운 종류의 서비스, 교육의 질을 평가할 방법, 서비스 비용을 조달할 방법, 점차 다양해지는 인구를 위한 서비스 형태를 개발하기 위한 그들의 실험을 계속해 왔다.

• 교사 준비와 전문적 발달

우리가 묘사해 온 대부분의 기간 동안 교사들은 특수한 고등학교 프로그램을 다니는 것과 같은 전통적인 경로를 통해 유아학교나 영유아센터의 *교육자(educatrici)* 자격을 받았다. 그러나 많은 교육자들이 1980년대 초반부터 이러한 최소 기준을 넘어서서 대학 과정에 다녔다(Nigris, 2007). 1998년 국가 법률은 유아학교 교사들을 위한 새로운 기준을 제정하였다. 유아학교 교사가 되기 위한 요건은 유아학교 교사와 초등학교 교사 모두를 양성하는 *학위 과정(Scienze della Primaria)*에서 4년 학위를 취득하는 것으로 바뀌었다. 1999년에 이탈리아의 대학 제도는 유럽의 협의에 따라 3년제 과정(*laurea*, 대략적으로 북미의 학사학위와 유사)과 2년제 학사 후 과정(*aurea magistrale*, 대략적으로 북미의 석사학위와 유사)으로 개혁되었다. 2007년을 기점으로 유아학교 교사들을 위한 4년 과정이 다른 모든 학교 급에서의 교사 준비에서와 같이 5년으로 늘어났다. 이탈리아의 대부분 지역은 영유아 교사에게 3년 과정을 요구하는 추세다. 대학교 프로그램의 목표는 이론과 실제가 응축된 다학문적 접근법으로 학습을 제공하고 학교들과의 파트너십에 참여하게 하는 것이다(Nigris, 2007). 이러한 대학교 프로그램 중의 하나가 모데나-레지오 에밀리아 대학교(University of Modena and Reggio Emilia)이다.

결론적으로 이러한 최근의 진전들은 어린 유아들과 함께하는 레지오의 작업에 대해 보다 깊고 명확하게 알고자 하는 전 세계의 교육자들을 이해시킬 기회를 제공한다. 또한 이는 레지오의 교육자들과 시민들이 보여온 헌신과 결심, 연구와 실험, 갱신과 개방성의 독특하고 장대한 조합을 실증하고 보상하는데, 이것들은 수년간의 의사소통과 기록작업 기술에 의해 더욱 강화되어 왔다. 이제 그 이야기로 가서 그 의미와 가능성을 배워보자.

참고문헌

Becchi, E. (Ed.). (1995). *Manuale della Scuola del Bambino dei 3 ai 6 anni [Handbook for the school of the young child, 3 to 6 years of age]*. Milan: Franco Angeli.

Bohlen, C. (1995, March 24). Tell these Italians communism doesn' t work. *New York Times International*. Available at www.nytimes.com/1995/03/24/world/reggio-emilia-journal-tell-these-italians-communism-doesn-t-work.html

Cambi, F., & Ulivieri, S. (1988). *Storia dell' infanzia nell' Italia liberale [Childhood history in liberal Italy]*. Florence: La Nuova Italia.

Ciari, B. (1961). *Le nuove tecniche didattiche [The new teaching techniques]*. Rome: Editori Riuniti.

Ciari, B. (1972). *La grande disadattata [The great maladjusted]*. Rome: Editori Riuniti.

Cooper, M. (2008). Anticipation and reflection of the exhibit. *Innovations in Early Education: The International Reggio Exchange, 15*(2), 14-20.

Corsaro, W. A., & Emiliani, F. (1992). Child care, early education, and children' s peer culture in

Italy. In M. E. Lamb, K. J. Sternberg, C. P. Hwang, & A. G. Broberg (Eds.), *Child care in context* (pp. 81-115). Hillsdale, NJ: Lawrence Erlbaum.

Della P. F. (1980). Alle origini dell' assistenza alla prima infanzia in Italia [At the origins of early childhood assistance in Italy]. In L. Sala La Guardia, & E. Lucchini (Eds.), *Asili nido in Italia [Infant-toddler centers in Italy]* (pp. 13-38). Milan: Marzorati.

Edwards, C. P. (1995). *Democratic participation in a community of learners: Loris Malaguzzi' s philosophy of education as relationship. [Invited lecture]*, Nostalgia del Futuro, symposium honoring the contributions to education of Loris Malaguzzi. University of Milan, Italy. Available at http://digitalcommons.unl.edu/famconfacpub/15

Edwards, C. P., & Rinaldi, C. (Eds.). (2009). *The diary of Laura: Perspectives on a Reggio Emilia diary*. St. Paul, MN: Redleaf Press.

Fortunati, A. (2007). Italy: Quality. Public policies. In R. S. New, & M. Cochran (Eds.), *Early childhood education: An international encyclopedia, Vol. 4: The countries* (pp. 1122-1125, 1150-1154). Westport, CT: Praeger.

Gambetti, A. (2008). The wonder of learning: The hundred languages of children, a new exhibit from Reggio Emilia, Italy-North American version. *Innovations in Early Education: The International Reggio Exchange, 15*(2), 1-13.

Gandini, L. (2007). Loris Malaguzzi. Biographical entry. In R. S. New, & M. Cochran (Eds.), *Early childhood education: An international encyclopedia* (Vol. 2, pp. 497-499). Westport, CT: Praeger.

Ghedini, P. (2001). Change in Italian national policy for children 0-3 years old and their advocacy and responsibility. In L. Gandini, & C. P. Edwards (Eds.), *Bambini: The Italian approach to infant/toddler care* (pp. 38-48). New York: Teachers College Press.

Lucchini, E. (1980). Nasce l' asilo nido di tipo nuovo [The birth of the new type of infant-toddler centers]. In L. Sala La Guardia, & E. Lucchini (Eds.), *Asili nido in Italia [Infant-toddler centers in Italy]* (pp. 191-286). Milan: Marzorati.

Mantovani, S. (2001). Infant-toddler centers in Italy today: Tradition and innovation. In L. Gandini, & C. P. Edwards (Eds.), *Bambini: The Italian approach to infant/toddler care* (pp. 23-37). New York: Teachers College Press.

Mantovani, S. (2007). Italy: Pedagogy and curriculum. Infant/toddler care. In R. S. New, & M. Cochran (Eds.), *Early childhood education: An international encyclopedia, Vol. 4: The countries* (pp. 1113-1118, 1137-1141). Westport, CT: Praeger.

Musatti, T., & Picchio, M. (2010). Early education in Italy: Research and practice. *International Journal of Early Childhood Education, 42*, 141-153. Available at www.springerlink.com/content/124m17173033nq10

New, R. S. (2003). Reggio Emilia: New ways to think about schooling. *Educational Leadership, 60*(7), 34-38.

Nigris, E. (2007). Italy: Teacher training. In R. S. New, & M. Cochran (Eds.), *Early childhood education: An international encyclopedia, Vol. 4: The countries* (pp. 1145-1150). Westport, CT: Praeger.

OECD Review Team for Italy (2001). *OECD country note: Early childhood education and care policy in Italy.* Available at http://www.oecd.org/dataoecd/15/17/33915831.pdf

Olmstead, P., & Weikart, D. P. (Eds.). (1994). *Families speak: Early childhood care and education in 11 countries.* Ypsilanti, MI: High/Scope Press.

Organization for Economic Cooperation and Development (OECD) (2006). *Starting strong II. Early childhood education and care.* Paris: OECD Publishing.

Pistillo, F. (1989). Preprimary education and care in Italy. In P. Olmstead, & D. Weikart (Eds.), *How nations serve young children: Profiles of child care and education in 14 countries* (pp. 151-202). Ypsilanti, MI: High/Scope Press.

Putnam, R. D. (1993). *Making democracy work: Civic traditions in modern Italy.* Princeton NJ: Princeton University Press.

Reggio Children (1987/1996/2005). *The hundred languages of children: Narrative of the possible* (exhibit catalog). Reggio Emilia, Italy: Municipal Infant-Toddler Centers and Preschools of Reggio Emilia.

Reggio Children (2010). *The infant-toddler centers and preschools of Reggio Emilia: Historical notes and general information.* Reggio Emilia, Italy: Municipal Infant-Toddler Centers and Preschools of Reggio Emilia.

Saltz, R. (1976). Infant day care Italian style. In M. L. Hanes, I. J. Gordon, & W. F. Breivogel (Eds.), *Updated: The first ten years of life* (pp. 128-144). Gainesville: University of Florida Press.

Scuola di Barbiana (1967). *Lettera a una professoressa [Letter to a teacher].* Florence: Libreria Editrice Fiorentina.

Vecchi, V. (2010). *Art and creativity in Reggio Emilia: Exploring the role and potential of ateliers in early childhood education.* New York: Routledge.

2

역사, 사상 그리고 기본 원리: 로리스 말라구찌와의 인터뷰

렐라 간디니(Lella Gandini)

우리가 뉴스를 접했을 때

제1부 역사

제2부 철학

제3부 기본 원리

제4부 교시

제5부 유아기에 대한 이미지

제6부 학습 이론

제7부 이론에서 실천까지

제8부 적절한 기대들

결론

우리가 뉴스를 접했을 때

아직도 선명한 이미지와 함께 내게 기억이 남아 있다는 것은 감사한 일이다. 빌라 첼라(Villa Cella)에 시민들이 함께 모여 어린이들을 위한 학교를 세운다는 말이 시에 퍼졌을 때(여전히 뜨겁고 뚜렷하게 기억나는 전쟁을 거치며 애도와 폐허를 통해 습관을 잃어버렸던 우리의 지각처럼, 당시에 소식은 느리게 전달되었고 부정확했다.), 나는 혼란스럽고 믿기 힘들다는 반응을 보였던 것으로 기억한다. 사람들이 폭격 맞은 집에서 벽돌을 끌어내어 학교 벽을 세우는 데 사용하고 있다는 말이 들렸다. 해방된 지 겨우 며칠이 지났고 모든 것은 아직 심하게 뒤죽박죽이었다.

나는 내 친구에게 확인해 보았다. 아무도 확신할 수 없었다. 전화도 없었고, 지형도에서 빌라 첼라는 사라진 듯 보였다.

나는 겁이 나서 망설여졌다. 사건들에 압도된 젊은 초등학교 교사인 나의 논리적 능력으로 살펴볼 때, 만약 그것이 사실이라고 해도(그리고 나는 사실이기를 얼마나 바라고 있었는지!), 나는 이것이 비정상적이거나 그럼직하지 않은 것을 넘어 이 세상 밖의 일이라는 결론을 내렸다. 당원인 아베니레 파테르리니(Avvenire Paterlini)는 내게 기다려 보라고 충고하며 아마도 첼라에서 누군가가 나타날 것이라고 했다. 아무도 나타나지 않았다.

그래서 나는 자전거에 올라타고 빌라 첼라로 갔다. 마을 밖 어귀에서 한 농부가 내게 사실을 확인해 주며, 전방에 멀리 있는 그 장소를 가리켰다. 그곳에는 모래와 벽돌 더미가 있었고, 손수레 안에는 망치, 삽과 곡괭이가 가득했다. 햇빛을 가리기 위해 쳐 놓은 장막 뒤에 두 명의 여인이 벽돌들에서 오래된 회반죽을 떼어내기 위해 망치질을 하고 있었다.

그 소식은 진짜였고, 햇빛이 가득한 이 봄날에 두 여인이 고르지는 않지만 끊이지 않는 망치질을 하고 있는 바로 그곳에서 우리 모두 진실을 목격할 수 있었다. 그중 한 사람이 고개를 들어 나를 쳐다보며 기다렸다. 그들에게 나는 낯선 사람이었는데, 아마도 내가 머리를 갈라 빗은 모습이나 깊이 파인 밤색 신발 때문에 시에서 왔다는 것을 알아챘을 것이다. "우리는 미치지 않았어요! 진짜 보고 싶다면 토요일이나 일요일에 우리 모두 여기 있을 때 와보세요. 우리는 정말로 이 학교를 지을 겁니다!"

나는 집으로 돌아갔다. 나는 행복감보다는 궁금함과 비상함을 더욱 강하게 느꼈다. 나는 초등학교 교사로 5년을 교직에 있었고, 대학교에서 3년간 교육을 받았다. 아마도 나의 직업 때문에 내 생각이 어지럽혀졌을 것이다. 내가 지니고 있던 하찮은 모델들은 모두 기분 좋게 뒤집혔는데, 시민, 여인, 농장 인부, 공장 인부, 농부들이 학교를 지을 생각을 한다는 것 자체가 충격적이었다. 그러나 자신 몫의 돈도 한 푼도 없고, 기술자, 건축 허가, 현장 감독, 교육부나 당에서 나온 감사도 없이 위의 사람들이 자신들만의 힘으로 벽돌을 한 장씩 쌓아가며 학교를 실제로 짓는다는 것이 두 번째 역설이었다.

충격이든 역설이든 상관없이, 이 모든 것은 사실이었고 나는 이 사실이 반가웠다. 이것이 논리와 편견, 교육을 지배해 온 오래된 규칙, 문화를 모두 뒤집어버린 방식, 즉 어떻게 그것이 모든 것을 처음으로 돌아가지 않을 수 없도록 만들었는지를 보며 나는 흥분하게 되었다. 이 사건은 완전히 새로운 사고의 지평을 열어 주었다.

나는 불가능이란 범주를 다시 정의해야 한다는 것을 깨달았다. 마치 전쟁의 종식, 당파적 투쟁, 해방, '5월의 봄', 갱신된 양심, 희망 자체가 그렇듯이 말이다. 나는 심지어 마르크스의 지혜를 흉내 내고 싶었다. "인간은 자신의 역사를 스스로 세우지만, 어쩔 수 없이 자신의 입맛에 맞춰 세우게 마련이다."

내가 가장 강렬하게 느꼈던 것은 이 프로젝트의 사상, 직관, 구현 모든 것이 그곳 빌라 첼라에서, 그리고 농부와 공장 노동자들 가운데서 시작되었다는 사실이 내게도 만족스럽다는 것이었다. 나는 직감적으로 이것은 인간성과 문화에 대한 엄청난 교훈이어서 또 다른 비범한 사건들을 생산해 낼 것이라고 느꼈다. 우리가 해야 할 일은 그저 같은 경로를 따르는 것이었다.

빌라 첼라에서 돌아오는 길은 축제와 같았다.

이것은 단지 빌라 첼라 '시민 유아원'의 시작에 불과했다.

영광스럽게도 그 이야기의 나머지를 나는 어려움, 사소한 고집 그리고 열정과 더불어 경험하게 되었다. 그리고 끊임없는 교훈을 남겨 준 남자와 여자들의 사상은 아직 고스란히 살아 있으며, 그들은 나보다 먼저 이미 오래 전에 어린이들의 운명을 시작으로 역사란 바뀔 수 있으며 역사의 주인이 되면 역사가 바뀐다는 것을 이해했던 것이었다.

– 로리스 말라구찌, 인용 출처

Renzo Barazzoni(2000), *Brick by Brick: The History of the "XXV April" People's Nursery School of Villa Cella*, Reggio Emilia, Italy: Reggio Children (English edition), pp. 13–15. Reprinted with permission from Reggio Children

제1부 역사

"좋아요. 정말 그렇다면 오셔서 우리와 함께 일하세요." 그들이 말했습니다.[1)]

사상, 학교, 탱크, 트럭 몇 대, 말로 이루어진 목록 등 모든 것이 믿기 어려웠습니다. 그들은 나에게 일일이 다 설명해 주었습니다.

"우리는 밤과 일요일에 일해서 우리 손으로 학교를 지을 거에요. 땅은 한 농부가 기부해 주었고, 벽돌과 골조는 폭격당한 집에서 골라낼 것이며, 모래는 강에서 가져올 것이고, 작업은 우리 모두 자원해서 할 거에요."

"그러면 학교를 운영할 돈은 어떻게 하고요?"

한순간 당황함을 보였지만 곧 그들은 "우린 그것도 마련할 거에요."라고 말했습니다. 남자, 여자, 젊은이들은 모두 농부나 노동자였고 수많은 전쟁의 공포에서 살아남은 특별한 사람들로 매우 진지했습니다.

8개월 만에 학교와 우리 사이의 우정도 뿌리를 내렸습니다. 빌라 첼라에서 일어났던 일은 단지 첫 불꽃에 지나지 않았습니다. 교외와 시의 가장 빈곤했던 지역에 다른 학교들도 생겨났는데, 모두 부모들이 세우고 운영하였습니다. 황폐해지고 단지 애도와 빈곤만 만연한 이런 지역에서 학교를 위한 지원을 찾아내기란 길고 어려운 시련이었고, 지금은 생각조차 할 수 없는 희생과 단결이 필요한 일이었습니다. 빌라 첼라의 '탱크 학교(school of tank)' 외에 도시 인근 빈민 지역에 국민해방위원회(National Liberation Committee)의 도움을 받아 여성들이 시작한 일곱 개의 학교가 더 세워지자, 우리는 이 현상은 되돌릴 수 없는 일이라는 것을 깨달았습니다. 그중 몇 학교는 유지되지 못할 것이었습니다. 그러나 대부분은 거의 20년 동안 유지될 만큼 충분한 격정과 힘을 보여주었습니다.

마침내 나는 7년을 가르쳐 온 중학교에서 떠나기로 마음을 정했습니다. 어린이들을 가르치는 것은 보람된 일이었지만, 국가가 운영하는 학교는 계속 그 나름의 경로를 추구하며, 어린이들에 대해 멍청하고 참을 수 없는 무관심, 권위를 향한 기회주의적이고 아부하는 눈길, 자기 위주의 교활함을 고수하고 있었고 미리 포장된 지식을 강요하고 있었습니다. 나는 로마로 옮겨가 국립연구소(National Center for Research)에서 심리학을 공부하였습니다. 다시 레지오 에밀리아로 돌아온 나는 시에서 일하며 학교에 적응하지 못하는 어린이들을 위한 시 운영 정신건강센터를 시작했습니다. 당시 나는 두 가지의 삶을 병행했는데, 오전에 정신건강센터에서 일하는 것이 하나였고 다른 하나는 오후와 저녁에 부모가 운영하는 작은 학교에서 일하는 것이었습니다.

이런 작은 학교에서 일하는 교사들은 유별나게 강한 동기를 보여주었습니다. 그들은 다양한 가톨릭계 학교 또는 다른 사립학교에서 교사 훈련을 받았기 때문에 서로 매우 달랐지만, 그들의 생각은 원대하고 야심찼으며 에너지가 끝없이 솟아났습니다. 나는 이 교사들과 합류하여 어린이들을 가르치기 시작했는데, 어린이들을 가르치면서 우리도 배워 나갔습니다. 곧 우리는 많은 어린이의 건강과 영양 상태가 좋지 못하다는 것을 깨닫게 되었습니다. 또한 이 어린이들의 가족이 오랫동안 사투리를 썼기 때문에 우리가 쓰는 표준어가 어린이들에게는 생소하다는 것도 알게 되었습니다. 우리는 부모에게 도움을 요청하곤 했는데, 모두가 함께 효과적으로 협력하는 방법을 찾는 것은 매우 힘든 일이었습니다. 이것은 의지력 부족이기보다는 경험의 부족 때문이었습니다. 우리는 전통적 패턴을 깨고 있었습니다.

이 용감한 부모들과 함께 일을 시작하면서 우리는 열정과 두려움 두 가지를 다 느꼈습니다. 우리가 얼마나 취약하고 준비되지 않았나 하는 것을 너무도 잘 알고 있었습니다. 우리가 어떤 자원을 지니고 있는지를 우선 살펴보았는데, 이는 어려운 일이 아니었습니다. 우리에게 어려웠던 과제는 우리의 자원을 늘려나가는 것이었습니다. 이보다 더 어려웠던 것은 우리가 이 자원을 가지고 어린이들과 어떻게 사용할지 예측하는 일이었습니다. 크나큰 도전이 있으리라고 상상할 수는 있었지만, 우리의 능력은 물론 어린이들의 능력에 대해서도 우리는 아직 모르고 있었습니다. 우리는 어머니들에게 어린이들과 마찬가지로 우리 자신도 배울 것이 많다고 알렸습니다. 단순하지만 우리를 자유롭게 해 주는 생각이 떠올랐습니다. 즉, 어린이에 대한 것과 어린이를 위한 것을 오로지 어린이들로부터만 배울 수 있다는 것입니다. 우리는 이 생각이 옳기도 하지만 동시에 옳지 않기도 하다는 것을 알았습니다. 그렇지만 우리는 확신과 도움이 될 만한 원칙이 필요했습니다. 이 생각은 우리에게 힘을 실어주었고 우리 공동 지혜의 필수적 부분이 되었습니다. 이것이 최초의 시립 유아학교가 생겨난 1963년을 위한 준비과정이 되었습니다.

빌라 첼라 학교의 어린이와 교사들, 1950년

■ 1963년: 어린이를 위한 최초의 시립학교

간 디 니: 그 사건에 대해 말씀해 주시겠어요?

말라구찌: 그 학교는 어린이 60명을 수용할 만큼 넓은 두 개의 교실로 되어 있었는데 우리는 디포(Defoe)의 소설에 나오는 주인공의 모험을 회상하여 로빈슨(Robinson)이라고 학교 이름을 정했습니다. 1963년 설립된 첫 학교의 탄생이 얼마나 중요한 이정표였는지를 알게 되실 겁니다. 이것은 이탈리아 최초로 사람들이 어린이를 위한 비종교적 학교를 세울 권리를 인정한 것으로, 가톨릭 교회가 어린이들의 조기 교육을 독점해 온 것을 멈추는 정당하고 필요한 조치였습니다. 새롭게 태어나며 심오한 변화를 겪는 사회에 필수적인 조치로, 그 사회의 시민과 가정은 사회복지와 어린이들을 위한 학교를 점점 더 요구하고 있었습니다. 시민들은 새로운 형태의 학교, 즉 교육의 질이 좋고, 자선적 경향을 벗어나며, 단지 보호적인 측면만 강조하지 않고, 어떤 형태로든 차별이 없는 그런 학교를 원했습니다.

비록 그 학교는 시 당국이 우리에게 지정해 준 작은 목조 건물에 들어섰지만, 그 자체로 결정적인 성과였습니다. 사실 시가 운영하는 학교라는 것이 새로웠기 때문에 어린이를 충분히 모집하기도 어려웠습니다. 3년 후에 학교는 어느 날 저녁 불이 나서 무너졌습니다. 시장을 포함해 우리 모두 그곳으로 달려갔고, 재만 남을 때까지 서서 지켜보았습니다. 그러나 1년 뒤에 그 학교는 벽돌과 콘크리트로 다시 지어졌습니다. 당시 우리는 진지하였고 열심히 노력하고 있었습니다. 내가 지금 들려드리고 있는 것은 초기 시민의 결심과 열정으로 가득 찬 뿌리가 점차 확장되어 공적 의식의 일부분이 되기까지 있었던 사건들과 이야기들입니다.

우리의 첫 전문 교사 집단은 부모가 운영하는 학교로부터 물려받았습니다. 우리는 마음 속에 우리의 책임을 명확히 알고 있었습니다. 많은 눈이 우리를 지켜보고 있었지만 모두 우호적이지는 않았습니다. 우리는 가능한 한 실수를 줄여야만 했습니다. 우리의 문화적 정체성을 빨리 찾아야 했고, 우리를 알려야 했으며, 신뢰와 존경을 얻어내야 했습니다. 몇 달 후에 우리를 알릴 필요성이 점점 더 커짐에 따라 행사를 계획했던 기억이 나는데, 이 행사는 매우 성공적이었습니다. 일주일에 한 번씩 우리는 학교를 시내로 옮기곤 했습니다. 말 그대로 교사, 어린이, 필요한 도구를 트럭에 싣고 나가서 노천, 광장, 시립 공원 혹은 시립 극장의 기둥 밑에서 수업을 하고 전시를 열곤 했습니다. 어린이들은 행복해 했습니다. 시민들이 보았고, 놀라워했으며, 질문을 던졌습니다.

우리는 새로운 상황은 과거와의 연속성이 필요하지만 동시에 많은 단절도 필요하다는 것을 알고 있었습니다. 과거의 경험 중 우리가 보전하고자 했던 것은 인간적인 따뜻함과 서로 돕는 태도, 알려지지 않았던 내적 동기 및 자원을 어린이와 가족을 통해 드러내 주는 일을 하고 있다는 느낌, 그리고 전혀 서로 다른 활동을 함께 묶는 데 쓰이는 각각의 프로젝트나 선택의 가치를 인식하는 것 등이었습니다. 우리는 어린이가 주인공이 될 권리와 어린이의 자발적인 호기심을 높은 수준으로 유지해 주어야 할 필요성을 인정하고자 하였습니다. 우리는 전문가적 한계가 허용하는 한 어린이, 사건, 가족들로부터 배우기로 한 우리의 결단 그리고 관점을 변화시킬 준비 자세를 유지하여 결코 지나친 확신을 갖지 않겠다는 우리의 결단을 유지해야 했습니다.

이때는 흥분되는 시기였고, 적응, 아이디어의 지속적인 조정, 프로젝트의 선택 그리고 시도로 가능한 시기였습니나. 이런 프로젝드와 시도들로 인해 많은 것이 산출되고 잘 이루어지리라는 기대가 있었습니다. 이것들은 어린이와 가족의 합쳐진 기대에 부응하고 아직 성숙해 가는 우리의 능력을 반영해 주어야만 했습니다. 우리가 로빈슨 크루소(Robinson Crusoe) 이야기를 토대로 한 프로젝트에 진짜 열중했던 기억이 납니다. 어린이를 포함하여 우리 모두 함께 줄거리, 등장인물, 주인공의 모험을 재구성하기로 계획을 세웠습니다. 우리는 열심히 이야기를 읽고 이야기를 다시 만들어 구현했습니다. 우리의 기억뿐만 아니라 선 그림, 물감 그림, 점토 작업과 목공 기술까지 모두 동원했습니다. 우리는 배, 바다, 섬, 동굴 그리고 연장들을 재현해 냈습니다. 이 구성 작업은 오래 걸렸고 장관이었습니다.

다음 해에 이제 전문가가 된 우리는 피노키오(Pinocchio) 이야기를 토대로 비슷하게 재구성하는 일을 했습니다. 그리고 난 몇 년 후, 우리는 방향을 바꿨습니다. 나는 루소 연구소(Rousseau Institute)와 제네바에 있는 피아제(Piaget)의 '어린이를 위한 학교(the Ecole des Petits)'를 가보았습니다. 피아제에게 영감을 얻어 우리는 수, 수학, 지각 등을 다루기로 하였습니다. 지금도 그렇지만 당시에 우리는 역시 확신하는 바가 있었습니다. 어린이들에게 수, 양, 분류, 차원, 형태, 측정, 변환, 방향, 보존과 변화, 공간과 속도 등을 탐색하도록 하는 것은 어차피 놀고, 생활하고, 협상하고, 사고하고, 말하는 어린이의 일상적 경험 중 자생적으로 다루게 되는 것이므로 어린이에게 강요하는 것이나 인위적인 활동이 되는 것이 아니라는 점입니다. 이탈리아에서 이것은 아주 새로운 도전이었고 우리의 시도는 보상받았습니다. 이는 우리나라 밖에서 들어오는 다양한 심리학 이론을 검토하고 다양한 이론적 근원과 연구를 들여다보며 폭을 넓히게 된 실험적 국면의 시작을 나타내는 것이었습니다.

그렇지만 우리가 분명한 참조점도 없이 진행해 나갔던 그 시기의 경험을 회고해 보면, 지나친 것도 많았고, 우리의 기대에 일관성도 없었으며, 평가와 자기-평가 과정이 미약했던 것이 기억납니다. 우리는 도시, 나라, 정치, 풍습, 요구와 기대 측면에서 많은 것이 변해가고 있다는 것을 알고 있었습니다. 1954년부터 이탈리아 국민은 텔레비전을 시청하기 시작했습니다. 남부에서 북부로 이주가 시작되었고, 그 결과 많은 농촌이 황폐해져 갔습니다. 새로운 취업 기회가 생겨남에 따라, 여성들은 전통과는 다른 욕구와 포부를 일궈 나갔습니다. 출산율의 급증은 많은 것, 특히 어린이를 위한 학교의 역할과 목적을 변화시켰고, 이로 인해 사회적 복지 서비스에 대해 커져만 가는 욕구도 점차 강력해졌습니다. 더욱이 어린 아들과 딸을 유아원에 보내려는 욕구가 점차 커져서 대중적 현상이 되었습니다.

이 모든 것으로부터 새로운 아이디어를 산출해 내고, 새로운 교육적 전략을 실험해 보려는 욕구가 생겨났는데, 이는 부분적으로는 시 당국이 어린이와 가족의 새로 생겨나는 욕구를 만족시키기 위해 더 많은 학교를 세우려는 의지가 점점 커진 것 때문이기도 합니다. 여성 단체, 교사, 부모, 시민의회 그리고 학교 위원회는 이와 같은 발전 상황을 지원하고 도움을 주기 위해서 시 당국과 함께 일하기 시작했습니다.

사람들로부터 많은 압력을 받고 사람들과의 투쟁 끝에, 1967년에 부모가 운영하는 모든 학교가 레지오 에밀리아 시의 행정 관리를 받게 되었습니다. 우리는 1960년부터 1968년까지 8년 동안 투쟁했습니다. 공적 지원을 받는 만 3세에서 6세 어린이를 위한 유아학교를 세우기 위해 이탈리아 전역에 걸쳐 일어난 광범위한 정치적 투쟁의 한 부분으로서, 우리는 어린이를 위한 학교를 국가와 시가 설립할 권한에 대한 논쟁을 이어갔습니다. 국회 대결에서 비종교적 세력이 가톨릭교가 주관하는 교육을 주장하는 세력을 이겼습니다. 우리 도시가 제일 앞서 나갔습니다. 1968년에 12개의 학급이 시에 의해 운영되었습니다. 1970년에는 24개의 학급, 1972년에는 34개 학급, 1973년에는 43개 학급, 1974년에는 54개 학급, 1980년에는 22개의 학교에 설치된 58개의 학급이 생겼습니다.

오늘날 이탈리아에서는 만 3세에서 6세 어린이의 88%가 유아학교에 다닐 권리를 획득했고, 부모는 국립, 시립, 사립 세 종류의 기관 중에서 선택할 수 있습니다. 옛날에 시골과 도시의 주변에서 일어났고, 그로 인해 도시에 사는 사람들이 영감을 받아 어린이와 가족을 위해 본보기가 되는 정책을 발전시키게 해 주었던 먼 옛날의 소박하면서도 강력했던 사건들을 기억해 보는 것은 의미 있는 일로 보입니다.

■ 1976년: 힘들기도 했고 좋기도 했던 해

간 디 니: 어린이 교육은 거의 가톨릭 교회가 독점한 상태였다고 말씀하셨죠? 가톨릭 교회 사람들은 세속학교에 어떤 반응을 보였습니까?

말라구찌: 이미 1970년대 즈음 상황이 바뀌었습니다. 교육과 사회복지는 피해갈 수 없는 국가적 논의거리가 되었고, 이것을 둘러싼 문화적 토론이 점점 활기를 띰과 동시에 시민 중심이 되었습니다. 1963년에 우리가 놀이를 주제로 이탈리아–체코 연합 세미나를 조직했을 때만 해도 상황이 그와 같지 않았습니다. 1968년에 당시 아주 위험한 연결이라고 생각되던 정신분석학, 심리학, 교육 간의 관계를 주제로 심포지엄을 개최했을 때도, 그리고 사실 그 후에 우리가 생물학자, 신경학자, 심리학자, 교육전문가와 모여 어린이들의 도식적 표현에 관한 토론을 하기 위해 회의를 주선했을 때도 그런 상황이 아니었습니다. 다만 마지막에 언급한 회의는 생물학과 신경학에 주목했기 때문에 우리는 물질주의를 너무 강조했다는 비난을 받았습니다.

우리는 경험을 통해 많은 진전을 이루었고, 이탈리아의 많은 교육자에게 우리의 경험은 참조점이 되었습니다. 그때까지만 해도 수녀들이 독점했던 한 직업 분야를 발견한 젊은 교사들이 특히 우리의 경험을 참조했습니다. 1965년경 우리 학교들은 두 명의 멋진 친구를 얻게 되었습니다. 첫 번째 친구는 시인이자 동화작가인 쟌니 로다리(Gianni Rodari)였는데, 그는 자신의 유명한 저서, 『*환상의 문법(Grammatica della Fantasia)*』(1973/1996)을 우리 도시와 어린이에게 헌정했습니다. 두 번째 친구는 유아교육 분야에서 명석하고, 열정적이고, 예리한 지식을 지닌 인물인 브루노 치아리(Bruno Ciari)였습니다. 그와 우리의 우정은 대단한 것이었습니다. 1971년에 우리는 매우 대담하게도 교사만을 위한 전국적 모임을 조직했습니다. 우리가 예상했던 것은 200명이었는데 900명이 참석했습니다. 그것은 극적이고 의기양양할 만한 사건이었는데 이것을 계기로 우리는 유아교육을 주제로 한 첫 번째 작업, 『*어린이를 위한 새로운 학교의 경험(Esperienze per una nuova scuola dell' infanzia)*』(1971)을 출간하게 되었습니다. 몇 달 후 우리는 두 번째 작업, 『*유아학교의 지역사회–중심 운영(La gestione sociale nella scuola dell' infanzia)*』(1971)이 출판되었습니다. 이 두 작업 안에는 레지오 에밀리아와 모데나의 교사들과 함께 투입했던 우리 생각과 경험의 모든 것이 담겨 있었습니다.

1972년 소수의 가톨릭교도를 포함한 시 의회 전체가 우리가 초안을 잡은 어린이들을 위한 유아학교에 관한 규칙과 규율에 찬성표를 던졌습니다. 오랜 기간의 논쟁이 있었던 것 혹은 단순히 인정받지 못했던 것을 생각하면 이는 우리의 10년간의 노력을 정당화시킨 사건이었습니다. 모든 학교에서 우리는 이 기쁨을 나누었습니다.

1975년에 나는 어린이 권리를 주제로 한 에밀리아 로마냐 지역 정부가 조직한 또 다른 회의에 기조 강연자로 초대되었습니다. 이것은 매우 시의적절한 일이었습니다. 나는 루소 연구소와 피아제의 '어린이를 위한 학교'를 방문하고 방금 돌아왔던 때였고, 앞서 언급했듯이 피아제 견해에 대한 존경과 계획들로 들뜬 상태였기에, 곧바로 그 계획을 학교에 적용하기 시작했습니다.

1976년은 힘들고 예기치 못한 일이 일어났던 해였습니다. 11월에 정부가 지원하는 라디오 방송을 통해서 가톨릭교를 지지하는 정부 대변인이 시가 운영하는 어린이 학교, 특히 우리 학교를 반대하는 캠페인을 시작했습니다. 우리 학교들은 어린이를 타락시키는 교육 모델이고, 사립 및 종교적 유아학교를 박해하는 정책의 본보기라고 공격을 받았습니다. 이 캠페인이 시작된 지 7일이 지나자, 우리는 이에 대응해야겠다고 느꼈습니다. 나는 교사들의 정규 활동계획 짜기를 잠시 중단하였고, 이 지역의 사제를 우리 학교에서 열리는 공개 토론에 참여하도록 하였습니다. 이 공개 토론은 5개월이나 이어졌습니다. 시간이 지나면서 아이디어가 떠오르기 시작하고 상호 이해가 싹트기 시작하자 지독한 반대는 점차 수그러들었고 양쪽 모두 솔직해졌습니다. 이 모험이 끝나고 나서 우리는 고통이 사라졌다는 느낌이 들며 완전히 지쳤는데, 양쪽 편 모두 이러한 안도감을 느꼈을 것으로 생각합니다. 남은 것은 인간적이고 풍요로운 느낌이었습니다.

이 사건을 역사적 관점에서 회고해 볼 때, 몇몇 교회 행정가들이 더는 교육을 독점하지 못하는 데 대해 느끼는 깊은 불안감에서 이 추한 사건이 야기되었다는 것을 알 수 있습니다. 또 그 시기에는 종교적인 직업을 선택하는 사람들의 수가 감소함에 따라서 일반인 교사가 더욱 많이 필요하게 되었고 그 결과로 교회는 증가하는 학교 운영비를 해결해야 하는 상황에 직면해 있었습니다. 게다가 이탈리아 헌법은 종교 학교를 지원하는 데 국가의 돈을 쓰는 것을 금지하고 있었습니다. 그러므로 교회는 지역 정부로부터 재정 지원을 받으려고 시도했던 것이었고 후에 이것은 승인되었습니다.

내 견해로 우리 학교들이 공격을 받게 된 또 다른 요인은 우리의 경험이 문화에 끼치는 영향력이 급속히 커졌기 때문입니다. 우리가 하는 일, 세미나, 회의, 출판물 모두가 시가 운영하는 우리의 학교들을 전국적으로 인식시키는 데 도움이 되었습니다. 시립 학교와 더불어 어린이를 위한 국립 학교도 있었지만, 국립 학교들의 성장은 느렸고 중앙정부로부터 많은 통제를 받았습니다. 그러므로 우리의 프로그램은 약간의 예외적인 경우를 제외하고는 오래되고 시대에 뒤떨어진 보호적 교육을 벗어나는 것이 불가능한 종교적 학교의 한계를 더욱 드러나게 하였습니다.

위의 사건으로 인한 결과 중 하나로 '국립 교수센터(the National Teaching Center)'라는 정부 기관이 우리와 연대를 맺고, 그들의 모임에 나를 초청하였습니다. 이 연대는 아직도 계속되고 있습니다. 또 다른 결과는 한 주요 출판사가 나에게 새로 발간되는 저널인 『*0세에서 6세(Zerosei)*』(1976~1984)와 추후 어린이 교사를 대상으로 하는 『*어린이(Bambini)*』(1985~현재)의 발간을 위임했습니다. 나는 지금도 이 일에 참여하고 있습니다.

결국 1976년의 고통스러웠던 충돌과 다행스러운 결말은 우리를 더욱 강하게 만들었고 우리가 그간 해 온 일에 대해 더욱 잘 깨닫게 했으며, 이 일을 계속하려는 열정을 더욱 부채질하였습니다. 1980년대에 우리는 '눈이 벽을 뛰어넘을 때(When the Eye Jumps Over the Wall)'라는 제목으로 스웨덴으로 날아가 우리의 첫 편집판 전시를 개최하였고, 이를 시작으로 세계의 여러 나라에서 순회 전시를 개최하게 되었습니다.

■ 전문가로서의 선택과 인생의 선택

간 디 니: 당신은 어린이의 교육과 돌봄을 위해 일생을 바치기로 선택하신 것처럼 보이는데요. 언제 이런 인생의 선택을 하게 되었습니까?

말라구찌: 다른 사람들이 그랬듯이 나도 당신이 묻지 않을 때는 알았는데 물어보니 이제는 모르겠다고 말하면서 대답을 그냥 회피할 수 있습니다. 당신이 한 선택 중 어떤 것은 폭파 직전일 때 당신에게 다가옵니다. 반면에 다른 선택은 당신에게 슬며시 스며들어 고집 센 빛처럼 점차 명백해지는데, 이런 종류의 선택들은 분자들과 생각들이 섞이기 때문에 당신의 삶이 진행되는 동안 당신 안에서 천천히 자라게 되지요. 이 경우는 두 번째와 같은 것이 틀림없습니다. 어떤 전쟁도 마찬가지겠지만 제2차 세계 대전의 비극적 어리석음을 경험한 것이 다시 시작하고 미래를 위해 살고 일하는 한 수단으로 인간을 교육하는 직업을 선택하도록 영향을 주었을지도 모릅니다. 전쟁이 드디어 끝나고 전쟁터의 파괴력과 비슷한 강도로 생명의 징후가 다시 나타나면서 이런 욕망이 한 인간을 뒤흔들었습니다.

나는 확실히는 모릅니다. 그렇지만 아마 거기에서 시작점을 찾아야 할 것 같습니다. 전쟁 직후, 어린이, 성인, 전쟁 수용소에서 온 퇴역 군인, 레지스탕스 운동에 참여했던 사람들 그리고 파괴된 세상에서 고통 받는 사람들에 대해 나는 연민을 느꼈습니다. 그러나 사람을 정지시켜서 현재에 머무르게 했던 생각과 감정보다 미래를 향한 생각과 감정이 훨씬 강한 것처럼 느껴지자 그런 모든 고통은 봄날 하루아침에 사라졌습니다. 마치 어려움은 없었고 극복하지 못할 장애물이 없는 것처럼 보였습니다.

이것은 두터운 감정의 망에서, 그리고 내가 막 깨닫기 시작한 새로운 창의력을 약속해 주는 가치와 지식이 얽힌 복합적인 망에서 생성되는 강력한 경험이었습니다. 이때부터 나는 나의 위치를 종종 재평가했고 항상 나에게 적합한 장소에 남아 있으려 했습니다. 나의 선택과 그것을 위해 내가 포기한 것을 한 번도 후회한 적이 없습니다.

간 디 니: 당신 프로그램의 역사를 회상할 때 어떤 느낌이 들고 당신이 한 경험에 대해 어떤 견해를 가지고 계십니까?

말라구찌: 렐라, 군용 탱크, 여섯 마리의 말, 세 대의 트럭들로부터 어린이를 위한 학교

를 만들어 낸 것을 목격한 것은 예외적인 경험이었다는 점에 동의하실 것입니다. 그렇게 시작된 학교에서 최소한 기대할 수 있는 것은 그 학교들이 아직도 남아 있고 잘 운영되고 있다는 사실입니다. 더 나아가 이 소중한 역사를 살펴보면 새로운 교육적 경험은 가장 기대하지 않은 환경에서 시작될 수도 있다는 것을 확인하게 됩니다.

우리가 이 예외적인 출발을 계속 살펴보는 것은 처음부터 지금까지 계속 우리가 느껴왔던 직관, 생각, 느낌들을 아직도 이해하고자 하기 때문일 것입니다. 이것은 존 듀이(John Dewey)가 말한 '정신의 기초' 또는 레프 비고츠키(Lev Vygotsky)가 말한 '의식의 대여' 에 상응합니다. 특히 우리가 어려운 결정을 내려야 할 때나 장애를 극복해야 하는 순간에 우리는 이런 개념을 항상 염두에 두고 있었습니다. 전쟁이 끝나는 때에 이런 예외적인 경험을 통해 얻은 첫 번째 철학은 인간 존재에 위엄 있는 *시민적* 의미를 부여하는 것, 명쾌한 마음과 목적을 가지고 선택할 수 있도록 하는 것 그리고 인류의 미래를 꿈꾼다는 것입니다.

그러나 동일 사건들은 우리에게 곧바로 다른 사명을 부여해 주었는데, 우리는 이것을 항상 애써서 지켜왔습니다. 그것은 어린이들이 자신의 삶이자 관심이었던 아빠들과 엄마들이 요구한 것이었습니다. 그들은 자신들의 손으로 세운 이 학교가 다른 유형의 학교, 즉 과거와는 다른 방법으로 교육할 수 있는 학교가 되기를 요구하였습니다. 특히 이런 욕구를 표시했던 것은 여성들이었습니다. 공식은 단순했습니다. 만약 어린이들이 정당한 권리를 가졌다면 어린이는 당연히 자신의 지적 능력을 발달시켜서 그들을 비껴가지 않고 또 비껴가서는 안 되는 성공을 위해 준비할 기회를 누려야만 합니다. 이것은 부모들의 이념으로 어린이에 대한 보편적인 열망, 어린이의 잠재력을 무시하는 것에 대항하는 선언, 어린이를 진지하게 다루고 어린이들을 믿어야 한다는 경고를 표현하고 있습니다. 이 세 가지 개념은 교육을 다루는 어떤 책에도 적합합니다. 그리고 우리에게도 잘 맞습니다. 부모로부터 출발한 이념들은 이 이념이 지닌 함의를 잘 이해하는 다른 사람들과 나누어졌습니다. 우리의 노력이 오랫동안 계속 이어질 수 있었던 것은 바로 이 공동의 지혜 때문입니다.

■ 우리 영감의 근원

간 디 니: 어떤 이론이나 사상적 흐름이 당신들의 접근법 형성에 영향을 주었다고 생각하십니까?

말라구찌: 누가 우리에게 우리 접근법이 어떻게 시작됐고, 어디에서 유래한 것이며, 우리 영감의 근원이 무엇인지를 묻는다면, 우리는 긴 명단의 이름들을 암송할 수밖에 없습니다. 소박하면서도 아주 특별한 우리의 근원들을 이야기하고 그 근원으로부터 지금까지 우리 작업을 지탱하는 이론적 원리를 추출해냈다고 우리가 설명할 때면, 상당한 흥미와 적지 않은 의구심을 접하게 됩니다. 교육적 이념과 실천은 오로지 공식적 모델이나 이미 인정받은 이론에서만 도출될 수 있다는 믿음이 사라지기가 얼마나 어려운지를 보면(정당성이 없는 것은 아닐지라도) 신기합니다.

그렇지만 곧 우리 접근법도 복합적인 문화적 배경에서 발생되었다는 점을 밝히고자 합니다. 우리는 역사의 흐름에 스며들어 있고, 여러 가지 신조, 정치, 경제적 위력, 과학적 변화, 인간 드라마에 둘러싸여 있으며, 항상 생존을 위해 어려운 협상을 진행하고 있습니다. 이러한 이유로 우리는 투쟁하며 때로는 우리의 방향을 바꾸고 수정해야 했지만, 지금까지는 모욕적인 타협이나 배반을 해야 할 경우는 없었습니다. 지나친 확신에 사로잡혀 있는 대신, 교육 이론의 위력이 상대적이라는 점과 교육 이상을 실천에 옮기는 것이 어렵다는 점을 잘 인식하는 것이 교육학에서 중요합니다. 피아제는 교육학의 실수와 해악은 과학적 데이터와 사회적 적용 사이의 균형을 이루지 못하는 것에서 생겨난다는 것을 우리에게 이미 경고한 바 있습니다.

우리 자신을 준비시키는 일은 어려웠습니다. 우리는 읽을 자료를 찾아 나섰습니다. 몇 군데 되지 않았지만 다른 도시의 소중한 혁신적 경험에서 아이디어와 시사점을 얻으려고 여행을 했고, 친구들과 전국 교육 분야에서 가장 열정적이고 혁신적인 인사들과 교류하기 시작했습니다. 우리는 실험을 시도하였고, 스위스와 프랑스 동료들과 교류를 시작했습니다. 첫 번째 집단인 스위스 동료들은 능동적 교육과 피아제 학파 쪽으로 치우쳐 있었고, 두 번째 집단인 프랑스 동료들은 프레네(Freinet)의 협동교육에 영향을 받아서 학생들이 집단으로 작업하며 자신들의 실수를 통해 배우도록 격려 받아야 한다고 생각했습니다. 프랑스 집단 중 다른 사람들은 아주 특이한 학교를 창안해 내었습니다. 이 프랑스 학교는 3년마다 새로운 장소로 옮겨 다녔고, 버려진 낡은 농장을 다시 건설하는 것이 어린이들과 하는 교육 작업의 기초가 되곤 하였습니다. 이같이 우리가 진행해 감에 따라 점차 모든 것이 모여 일관성 있는 형태를 이루기 시작했습니다.

어린이와 교사가 시민들이 관찰하도록 학교를 시민 광장으로 옮겨간다.

■ 1960년대의 어린이 교육

간 디 니: 1960년대 이탈리아에서는 어린이 교육에 대한 새로운 의식이 싹튼 것으로 알고 있습니다. 그것에 수반된 문화적 상황은 어떠했습니까?

말라구찌: 1960년대에는 어린이를 위한 학교를 둘러싼 이슈가 열띤 정치적 토론의 중심을 차지했습니다. 어린이를 위한 학교의 필요성은 누구도 부인할 수 없었지만, 토론의 쟁점은 과연 학교가 사회복지로서 존재해야 하는가였습니다. 교육에 대한 많은 본질적인 고려는 뒷전으로 밀려나 있었습니다. 실제로 이탈리아는 교육 전반에서 많이 뒤떨어져 있었습니다. 20년간의 파시스트 통치 하에서 사회과학 연구는 억압되었고, 유럽과 미국의 이론과 경험은 배척당했습니다. 1960년대에는 그와 같은 고립 상태에서 벗어나고 있었습니다. 존 듀이, 앙리 왈롱(Henri Wallon), 에드워드

클라파레드(Edward Claparede), 오바이데 디크롤리(Ovide Decroly), 안톤 마카렌코(Anton Makarenko), 레프 비고츠키(Lev Vygotsky) 그리고 이후에는 에릭 에릭슨(Erik Erikson)과 유리 브론펜브레너(Urie Bronfenbrenner)의 연구가 점차 알려지기 시작했습니다. 또 우리는 피에르 보베(Pierre Bovet)와 아돌프 페리에르(Adolfe Ferriere)가 집필한 『*신교육(The New Education)*』을 읽었으며, 프랑스의 셀레스땡 프레네(Celestin Freinet)의 교수 기술, 뉴욕의 달튼 학교(Dalton School)의 진보주의 교육 실험, 그리고 제네바에서 피아제와 동료들에 의해 실시된 연구에 대해서도 배우고 있었습니다.

강한 메시지를 담고 있는 이 연구 문헌들은 우리의 선택을 안내해 주었으며, 계속하려는 우리의 의지는 우리 경험을 이어주는 동력이 되었습니다. 우리는 교육의 내용과 방법의 관계에 대한 논쟁에서 좌익 정치 이론가들이 10년 이상 헤어나지 못했던 마비 상태를 피해갔습니다. 그 논쟁은 우리 사회의 일부이기도 한 다양성을 고려하지 않았고, 능동적 교육에서는 내용과 방법이 본유적으로 연결되어 있다는 사실을 무시했기 때문에 우리에게 의미가 없는 것이었습니다. 또 우리의 공동 프로젝트에 점차 더 참여하고 있는 가족, 어린이, 교사의 다원성을 인식하게 되면서, 우리는 능동적 교육에 대해 점차 강한 신념을 갖게 되었습니다. 이러한 인식으로 인해 우리는 다른 정치적 입장도 존중하게 되었습니다. 우리는 점차 편견과 편협함에서 해방되어 갔습니다.

회고해 보면 교육적 프로젝트를 발전시켜 나가면서 우리가 존중하기로 선택한 것이 우리의 자율성을 강화해 주었고, 많은 대비되는 압력들에 저항하는 데 도움이 되었던 것으로 보입니다.

이탈리아 전통은 20세기 초부터 두 명의 중요한 인물인 로사 아가찌(Rosa Agazzi)와 마리아 몬테소리(Maria Montessori)에 의지하고 있습니다. 몬테소리는 파시스트에 의해 처음에는 찬양의 대상이 되었지만, 그녀가 교육에 과학적으로 접근했다는 것 때문에 나중에는 배척당했습니다. 아가찌가 모델로 채택이 된 것은 그녀가 주장하는 어린이에 대한 이미지가 가톨릭의 아동관과 유사했기 때문이었습니다. 이 두 사람을 넘어 더욱 발전하기 위해서는 몬테소리와 아가찌의 글들을 다시 깊이 고찰해 보아야 한다고 아직도 나는 생각합니다.

한편, 실천 현장에서는 로마 가톨릭 교회가 유아교육을 거의 독점하고 있었는데, 교회는 가난한 어린이를 돕고 보호적인 서비스를 제공하는 데 주력했으며, 사회적이고 문화적 변화에 대응하려고 하지 않았습니다. 전형적인 학급은 40명에서 50명으로 구성되어 있고 한 명의 수녀가 담당하고 있었는데, 이 수녀는 교육학 학위도 없었고 봉급도 받지 않았습니다. 수치를 보면 그때의 상황을 잘 알 수 있습니다. 1960년에는 어린이 중 3분의 1만 학교에 다녔고, 학교에서 가르치는 교사는 22,917명으로 그중 20,330명이 수녀였습니다.

■ 영감의 근원에 대한 보충

간 디 니: 당신 자신에게 영향을 주었던 근원의 첫 번째 물결에 대해 말씀하셨습니다. 당신에게 중요했던 다른 근원에 대해 좀 더 이야기해 수시겠습니까?

말라구찌: 1970년대에 우리는 두 번째 물결의 학자들에 귀를 기울였는데, 심리학자인 윌프레드 카(Wilfred Carr), 데이빗 셰퍼(David Shaffer), 케네스 케이(Kenneth Kaye), 제롬 케이건(Jerome Kagan), 하워드 가드너(Howard Gardner), 철학자인 데이빗 호킨스(David Hawkins), 이론가인 세루즈 모스코비치(Serge Moscovici), 찰스 모리스(Charles Morris), 그레고리 베잇슨(Gregory Bateson), 하인스 폰 푀르스터(Heinz Von Foerster), 프란치스코 바렐라(Franciso Varela) 등이 포함되었고, 그 이외에 역동적 신경과학 분야에서 일하는 사람들도 포함되어 있었습니다. 우리 영감의 근원이 되는 조직망은 몇 세대에 걸쳐 있었는데, 우리가 장기간 해 온 선택과 결정을 반영합니다. 이런 근원으로부터 우리가 얻은 아이디어들은 오래 유지되었던 것도 있고 아닌 것도 있는데, 이것들은 토의 주제, 연관을 지어야 하는 이유, 문화적 변화와의 부조화, 토론의 기회, 교육의 실천과 가치를 확인하고 확장하는 자극제가 되었습니다. 전반적으로 우리는 이론과 연구가 다채롭다는 느낌을 받았습니다.

그러나 교육(어린이의 교육을 포함해서)에 대한 논의는 위에서 언급된 문헌에만 국한되어서는 안 됩니다. 교육에 대한 논의는 정치적이기도 하므로, 주요한 사회적 변화 및 경제, 과학, 예술, 인간관계와 관습의 변환을 다루어야만 합니다. 이 모든 거대한 힘이 심지어 어린이를 포함한 인간이 삶의 현실을 어떻게 '읽어내고' 다룰지에 영향을 줍니다. 이것은 일반적이고 지역적 차원 모두에서, 교육적 내용과 실천의 새로운 방법뿐만 아니라 새로운 문제와 심오한 질문의 생성을 결정짓습니다.

■ 아주 어린 어린이들을 위한 교육적 접근을 찾아서

간 디 니: 이탈리아에서는 아주 어린 어린이(4개월~만 3세)의 집단 보육이 집합적 환경에서 매우 성공적으로 발달했습니다. 레지오 에밀리아에서는 이것이 어떻게 시작되었습니까?

말라구찌: 레지오 에밀리아에서 만 3세 이하의 어린이를 위한 최초의 영유아센터(asilo nido)는 1971년 이런 유형의 서비스에 관한 국가법이 공포되기 1년 전에 세워졌습니다. 이 법률은 10년의 투쟁 끝에 얻어낸 이탈리아 여성의 승리였습니다. 새로운 법제는 일과 양육을 양립시키고자 하는 여성과 핵가족 안에서 자라는 어린이의 공동 욕구에 부응하려는 시도였습니다.

영유아센터를 옹호하는 사람들은 제2차 세계 대전 직후 어머니와 어린이의 분리 경험이 주는 악영향을 연구했던 존 보울비(John Bowlby)와 르네 스피츠(Rene Spitz)의 연구물이 재발견되면서 생겨난 논쟁에 대응해야 했습니다. 또 가족의 붕괴로 인한 위험과 병적 측면을 두려워했던 가톨릭 교계의 저항에도 맞서야 했습니다. 이것은 아주 민감한 문제였습니다. 우리가 지닌 만 3세에서 6세 어린이들과의 경험은 유용한 참조점이 되기는 하지만 동시에 완전한 해답이 될 수는 없었습니다. 보호적 돌봄의 측면에서 생각하기보다 우리는 아주 어린 어린이들을 교육하기 위해서는 그들의 발달 단계에 적절한 전문적 지식, 돌봄 전략, 환경이 필요하다고 주장했습니다.

우리는 두려운 점이 많았고 그럴 만한 이유도 충분했습니다. 그러나 이 두려움이 우리에게 도움이 되었습니다. 우리는 아주 젊은 교사들 및 부모들과 함께 신중하게 작업했습니다. 부모와 교사는 부모와 가정의 '집중 애착'에서 영유아센터의 성인과 사물을 포함하는 '공유 애착'으로 어린이들이 옮겨가는 것을 아주 조심해서 다루도록 배웠습니다.

모든 것이 예상보다 순조롭게 진행되었습니다. 우리는 첫 번째 센터의 환경을 아주 뛰어난 건축가와 설계할 수 있는 행운도 누렸습니다. 어린이들도 우리가 예상했던 것보다 일찍 집과 센터 두 장소가 모두 안락하고 쾌적한 장소라는 것을 이해하였습니다. 두 장소 모두에서 어린이들은 전에는 간과되었던 욕구, 즉 또래와 함께 성장하고 싶은 욕구와 또래 친구에게서 참조점, 이해, 놀람, 정서적 결속 그리고 그늘짐과 불안감을 없앨 수 있는 즐거움을 찾고 싶은 욕구를 표현할 수 있게 되었습니다.

우리, 어린이, 가족에게는 영유아센터부터 유아학교에 이르기까지 길고 연속적 기간을 함께 살아갈 가능성, 즉 5년에서 6년 동안 상호호혜적 신뢰와 작업을 할 가능성이 열렸습니다. 우리는 이 시간이 귀중한 자원이며, 교육자, 어린이, 가족 사이에 상승작용을 가져올 잠재력이 생겨났다는 것을 깨달았습니다.

오늘날 우리 시에서는 적령기 어린이 중 30%가 시립 영유아센터에 다니고 있고, 공간만 있다면 약 10에서 20%는 더 다니게 될 것입니다. 이 경험을 통해 우리가 얻은 것이 무엇이겠습니까? 20년간의 경험을 통해서 우리는 아주 어린 어린이들도 사회적 존재라는 것을 확신하게 되었습니다. 어린이들은 선천적으로 그러한 성향을 보이며, 태어날 때부터 부모 이외의 (그렇다고 해서 부모들의 특별한 의무나 권한을 상실하는 것은 아니지만) 다른 양육자와도 의미 있는 관계를 맺을 준비가 되어 있습니다.

어린이들이 또래와 상호작용적 놀이에서 얻는 혜택이 분명히 있다는 점은 집단 경험의 가장 안심되는 측면 중 하나로서, 아직 그 가치를 제대로 인정받지 못하고 있지만 폭넓은 함의가 있습니다. 결과적으로 어머니가 전업주부의 역할을 선택할지 직업을 가진 엄마의 역할을 선택할지가 중요한 것이 아니라, 어머니가 자신의 선택에 만족감과 충만감을 느끼고 가족, 보육센터, 주변 문화로부터 최소한일지이라도 지지받는 것이 중요하다고 주장하는 미국 심리학자들(e.g. Ellen Hock, Urie Bronfenbrenner)에 우리도 동의합니다. 부모와 어린이 간 관계의 질이 단순히 함께 지내는 시간의 분량보다 더 중요해집니다.

제3부 기본 원리

■ 교육적 선택과 조직 사이의 구조적 조합

간 디 니: 어린이를 위한 학교에서 혁신적인 아이디어들을 실천하는 데 있어서 어떤 조직이 도움이 됐습니까?

말라구찌: 우리는 어린이를 위한 학교가 하나의 총체적인 유기체이며, 많은 성인과 어린이들 간에 삶을 공유하고 관계를 유지하는 장소라고 생각합니다. 우리는 학교란 일종의 움직이는 구조물로서, 끊임없이 스스로 조정한다고 생각합니다. 물론 해적선이 바다에서 항로를 유지하면서도 돛을 수리해야 하듯이, 우리도 유기체가 나름의 삶의 경로를 향해해 나가는 동안 때때로 우리 체제를 조정해야만 합니다.

또 학교라는 살아 있는 체제가 알고 참여할 권리를 가진 가족의 세계로 확장된다는 것은 우리에게 항상 중요했습니다. 그리고 어린이들을 자신들만의 특별한 권리의 소유자이며 수혜자로 받아들이라고 시를 향해 우리가 계속 촉구해 왔기 때문에, 우리 학교는 나름의 삶, 나름의 발달 패턴, 나름의 조직을 갖춘 시로까지 확장됩니다.

■ **호감이 가는 학교를 만드는 것이 가능할까요?**

간 디 니: 당신들 학교를 방문하면 언제나 발견과 평온함의 느낌을 받습니다. 이런 분위기와 긍정적 긴장감을 만들어 내는 데 필요한 요소는 무엇입니까?

말라구찌: 우리 학교는 교육 프로그램과 작업의 조직 및 환경을 통합하여, 최대한의 움직임을 허용하고 상호의존과 상호작용이 가능하도록 만들려는 시도를 보여준다고 믿습니다. 학교는 지치지 않는 역동적인 유기체로서, 그것만의 곤경, 쟁점, 환희 그리고 외부로부터의 방해를 잘 처리할 능력 등을 모두 가지고 있습니다. 중요한 것은 학교가 나아가야 할 방향에 모두가 동의해야 하고, 모든 형태의 계략과 위선이 접근하지 못하게 해야 한다는 것입니다. 우리가 항상 추구할 목적은 어린이, 가족, 교사가 편안함을 느낄 수 있어 호감을 주는 환경을 만들어 내는 것입니다.

그러면 환경에서부터 시작해 봅시다. 현관에서는 정보를 알려주고 기록작업이 일어나며, 학교의 형태와 조직을 예측할 수 있게 합니다. 현관은 식당으로 연결되는데, 여기서 부엌이 잘 보입니다. 현관은 중앙 공용 공간 또는 *피아짜(piazza)*라고 불리는 곳으로 연결되는데, 이곳은 만남의 장소, 우정을 키우는 장소, 게임과 교실에서 하지 못한 다른 활동을 할 수 있는 곳입니다. 교실과 다용도실은 중앙 공용 공간과 조금 거리를 두고 연결되어 있습니다. 각 학급은 인접한 두 개의 방으로 나뉘어 있는데, 이것은 피아제(Piaget)가 제시한 몇 가지 안 되는 실천적 제안 중 하나를 따른 것입니다. 피아제의 생각은 어린이들이 원하면 혼자 있거나 아니면 교사와 함께 있

타이핑을 하면서 단어에 무슨 철자를 넣을지 결정하려고 애쓰는 경우처럼, 함께 배우기는 문해력 초기 기술을 배우는 데 긍정적인 방법이다.

을 수 있도록 허용해 주고자 하는 것이었지만, 우리는 이 두 공간을 다양한 방법으로 사용하고 있습니다. 우리는 교실 외에도 스튜디오 겸 실험실인 *아틀리에(atelier)*를 만들었는데, 이곳은 여러 가지의 시각 언어를 결합하거나 개별적으로 조작하고 실험하는 장소로서, 때로는 시각 언어가 별도로 혹은 구술 언어와 같이 사용되기도 합니다. 각 교실 옆에는 *미니 아틀리에(mini-atelier)*가 있는데, 장기 프로젝트가 가능한 곳입니다. 음악과 문서 보관을 위한 방도 있는데 이곳에는 교사나 학부모가 만든 비상업적이며 크고 작은 유용한 물건이 많이 있습니다. 학교 전역에서 벽은 어린이와 교사가 창조해 낸 것을 영구적 또는 임시로 전시하는 장소로 사용됩니다. 그래서 우리 학교의 벽은 말하고 기록합니다.

각 교실에서는 두 명의 교사가 공동 교수팀이 되어 함께 일하고, 교사들은 다른 교사나 가족들과 함께 계획을 세웁니다. 학교의 모든 직원이 일주일에 한 번씩 모여서 서로의 아이디어를 토론하며 아이디어를 확장하고, 현직 교육에 다 함께 참여합니다. *페다고지스타(pedagogisti)*로 구성된 팀이 있어서, 이들은 사람들 간 관계를 촉진하고 전반적 아이디어와 세부사항 모두를 고려합니다. 가족들은 개인적으로나 집단으로 혹은 학교 전체 모임을 통해 자신들끼리 만나거나 교사와 함께 만납니다. 각 학교 학부모들은 지문위원회를 조직해서 한 달에 두세 번씩 모입니다. 도시, 시골 그리고 인접한 산 등은 우리에게 부가적인 교육 장소가 되어줍니다.

그러므로 우리는 각각 별도로 필요한 시점이 있으면서 아이디어와 행동을 유발하기 위해서는 서로 교환될 수 있는 장소, 역할, 기능을 결합하여 하나의 기제를 만들었습니다. 위의 모든 것은 협동과 상호작용의 조직망 안에서 이루어지는데, 이 조직망은 성인과 무엇보다도 어린이들이 생동감 있고 따뜻하게 반겨주며, 진정한 세상에 속해 있다는 느낌을 만들어 냅니다.

■ **상호관계에 기초한 교육을 위하여**

간 디 니: 학교와 관련된 모든 사람 간의 상호작용, 관계 그리고 협동을 어떻게 만들어 내고 유지합니까?

말라구찌: 우리 체제에서는 어린이에게 초점을 맞추고 어린이가 중심이 되는 것이 필수적이라는 것을 알고 있지만, 우리는 그것으로 충분하지 않다고 느낍니다. 우리는 교사와 가족 역시 어린이 교육의 중심으로 간주합니다. 따라서 우리는 이 세 가지 요소(어린이, 교사, 가족) 모두를 우리 관심 가운데 두기로 선택합니다.

우리의 목적은 호감이 가는 학교를 만들어서, 그 안에서 어린이, 교사, 가족 모두 편안하게 느끼도록 하는 것입니다. 그런 학교를 만들기 위해서는 동기, 절차, 흥미에 대해 신중히 생각하고 계획하여야 합니다. 학교는 서로 잘 지내는 방법, 이 세 주역 간 관계를 강화하는 방법, 교육 문제에 온전히 주목하도록 확실히 하는 방법 그리고 참여와 연구를 활성화하는 방법을 포함해야 합니다. 이것이 어린이, 교사, 부모와 관련된 모든 사람이 더욱 단합하고 서로 도움이 되는 부분에 대해 인식하도록 하는 데 가장 효과적인 방법입니다. 또 이것들은 협동에 대해 긍정적으로 느껴서 조화 속에서 더 높은 수준의 결과를 낳을 수 있도록 하기에 가장 효과적인 수단입니다.

교육 프로그램을 시작하는 사람이면 누구나, 무슨 행위를 하면 현재 상황을 새롭고 바람직한 상황으로 전환할 수 있을지를 생각합니다. 우리 접근법에서 계속 앞으로 나아가기 위해서는 인지, 정서, 상징 영역과 연결된 계획을 짜고 생각을 해봅니다. 우리는 의사소통 기술을 가다듬고, 항상 변화에 대해 개방된 상태에서 다른 많은 참여자와 함께 매우 적극적으로 탐구하고 창조합니다. 이런 방식으로 할 때 비록 목적이 계속 함께 공유되지만, 역시 가장 소중한 측면은 사람들 간의 만족감입니다.

심지어 우리가 마음먹은 구조가(어린이, 교사, 가족의 중요성) 결점과 어려움을 드러내고 각 구성원의 참여도가 다를 때조차도, 학교의 고무적인 분위기로 인해 관련된 모든 사람은 긍정적으로 받아들여지고 있다는 느낌을 받습니다. 학교가 아이디어의 교환을 격려하고, 개방적이고 민주적인 스타일을 가지고 있으며, 마음을 서로 열게 만드는 경향이 있어서 이런 현상이 일어납니다.

점점 더 현대 사회생활의 일부가 되어 가는 고립, 무관심, 폭력의 측면들은 우리 접근법과는 너무나 대조적이어서 우리를 더욱 앞으로 매진하게 합니다. 가족들도 똑같이 느껴서, 현대적 삶의 소외적 측면은 가족들이 우리의 제안에 더욱 열려 있고 열성적으로 반응하도록 해 주는 이유가 됩니다.

이 모든 것이 관계와 참여에 기초한 교육을 조직해 내도록 만듭니다. 실천적 차원에서, 우리는 계속해서 의사소통과 만남의 조직망을 유지하고 재창조해야 합니다. 우리는 교육과정을 토론하기 위해 가족들과 모입니다. 교육 활동을 조직하고, 학교 공간을 설치하며, 새로 입학하는 어린이들을 위한 환영 행사 준비하는 일에 가족들의 도움을 청합니다. 우리는 모든 어린이에게 다른 어린이들과 담임 교사의 전화번호와 주소를 배부합니다. 우리는 어린이들끼리 간식을 먹으러 서로의 집으로 방문하거나 부모의 직장을 방문하라고 격려합니다. 우리는 부모들과 소풍이나 견학, 예를 들면, 수영장이나 체육관 가는 일을 조직하기도 합니다. 또 우리는 부모들과 함께 가구나 장난감을 만듭니다. 우리의 프로젝트와 연구에 대해 논의하기 위해서, 그리고 학교에서의 저녁이나 축하행사를 조직하기 위해서도 부모들과 만납니다.

부모와 관련된 이런 유형의 접근은 우리의 철학과 기본적 가치를 잘 드러냅니다. 이 안에는 상호작용적이고 구성주의적 측면, 관계의 강도, 협동 정신, 연구실행에 있어서 개인과 집단의 노력 같은 것이 포함됩니다. 우리는 다양한 맥락을 소중히 여기고, 사회적 상호작용 내에서 개인의 인지적 활동에 세심한 주의를 기울이며, 정서적 연대를 맺습니다. 쌍방적 의사소통의 과정을 배워감에 따라, 우리는 영아기에 관한 정치적 선택에 관해 더 폭넓은 인식을 얻고, 어린이와 성인 간의 상호 적응을 격려하며, 성인의 교육적 능력의 성장을 촉진합니다. 진정 우리는 어린이가 인지와 물리적 사물에만 집중하는 자기중심적인 존재라는 견해를 버렸고, 어린이의 느낌과 정서를 과소 평가하고 경시하는 시각도 버렸습니다.

■ 관계와 학습

간 디 니: 당신이 묘사했던 풍요로운 관계의 맥락 속에서, 어린이의 학습은 어떤 특별한 방식으로 일어난다고 보십니까?

말라구찌: 능동적 교육의 과정에서는 관계와 학습이 함께 일어난다는 것이 본인의 견해입니다. 관계와 학습은 어린이의 기대와 기술, 성인의 전문가적 유능함 그리고 더 포괄적 의미로는 교육의 과정을 통해 합쳐집니다.

그러므로 우리는 우리 실천에서 다음과 같이 섬세하고도 결정적 요점에 대해 깊이 고찰해 보아야만 합니다. 즉, *어린이들이 배우는 것은 우리가 가르친 것의 자동적인 결과로 나오는 것이 아닙니다. 오히려 학습은 대부분 어린이 자신의 행위로 일어나며, 그들의 활동과 자신이 지닌 자원의 결과로 이루어집니다.*

어린이들이 학교에 들어오기 전에 학교 교육에 영향을 받지 않고 구성해 내는 지식과 기술에 대해 생각해 볼 필요가 있습니다. 이러한 지식 기반은 (마치 이 지식은 별도의 경험인 것처럼) 비고츠키가 언급한 '사전역사(prehistory)' 가 아니라, 현재 진행 중인 어린이의 사회적 발달에 속하는 것입니다. 어떤 맥락에 있더라도 어린이들은 자신에게 질문하고, 사고 전략, 원리 혹은 감정을 형성하기를 주저하거나 기다리지 않습니다. 항상 어디서나, 어린이들은 학습과 이해를 구성하고 획득하는 데 능동적인 역할을 합니다. 미국 심리학자 넬슨 굿먼(Nelson Goodman)이 말했듯이, 배운다는 것은 만족감을 주는 경험이지만 이해한다는 것은 소망, 드라마, 정복이기도 합니다. 그래서 많은 상황, 특히 도전적 상황에서 어린이는 어떤 경로를 거쳐 이해에 도달할지를 스스로 알고 있다는 것을 우리에게 보여주는 것입니다. 일단 어린이들이 스스로 저자 혹은 발명가로 인지하도록 도와주고, 어린이들이 탐구의 기쁨을 발견할 수 있도록 도와주면, 어린이들의 동기와 흥미는 폭발하게 됩니다. 어린이들은 불일치와 놀라움을 기대하게 됩니다. 교육자로서 우리는 어린이들의 긴장감을 인정해야 합니다. 조금만 생각해 보면 (새로움과 어리둥절함이 주는 생동적 측면이 약해지거나 사라지지 않는 한) 우리 성인도 마찬가지로 느낀다는 것을 알 수 있기 때문입니다. 유아기는 그 이후 이어지는 어느 시기보다도 더욱 그러한 기대감으로 가득 찬 시기입니다. 어린이들이 실망하게 되면 후일 어떤 촉구로도 끌어낼 수 없는 가능성을 그들로부터 빼앗는 것입니다.

그러나 어린이를 찬양하기는 하되, 우리는 1970년대의 맹목적 순진함으로 되돌아가려는 것은 아닙니다. 그 당시 어린이가 사건을 조직해 내는 데 능동적 역할을 한다는 것과 어린이-성인 상호작용에서 양방향으로 인과관계가 작동한다는 것을 새롭게 발견하게 되면서, 성인의 역할이 이상하게도 평가절하되는 결과를 낳았습니다. 또 우리는 어린이-성인 상호작용에서 어린이의 지배권을 과대 평가하려는 것도 아닙니다. 현실에서 상호작용의 양방향성은 빼놓을 수 없는 원리입니다. 우리는 이 상호작용을 탁구 시합이라고 상상해 봅니다. (혹시 여러분은 훌륭한 형태 심리학자 막스 베르트하이머〈Max Wertheimer〉가 『*생산적 사고(Productive Thinking)*』(1945)라는 문헌에서 멋지게 소개했던, '두 명의 남자 어린이 간의 배드민턴 게임'을 기억하시나요?) 게임이 이어지려면 성인과 어린이의 기술이 적절하게 조정되어야만 하고, 그 과정에서 어린이가 기술을 배워서 성장이 일어납니다.

이런 점을 고려해 보면, 성인이 어린이와 함께 지내는 방식은 어린이 동기 유발과 어린이 배움에 영향을 준다는 점을 상기하게 됩니다. 어린이를 위한 환경은 인지적 영역과 관계 및 정서적 영역이 서로 접점을 이루도록 마련되어야 합니다. 또 발달과 학습 사이, 서로 다른 상징적 언어들 사이, 사고와 행동 사이 그리고 개인적 자율성과 대인 간 자율성 사이에 연결성이 있어야 합니다. 맥락, 의사소통적 과정을 중요시해야 하고, 어린이들 사이와 성인과 어린이 사이에 상호호혜적 교환의 넓은 망을 구성하는 것도 중요시되어야 합니다.

그러나 성공에 가장 중추적인 것은 명확하고 개방적인 이론적 개념을 고수하는 것으로, 이를 통해 우리의 선택, 실제적 적용 그리고 지속적인 전문성 성장에 있어 일관성이 보장됩니다.

■ 의사소통망의 확대

긴 디 니: 당신의 접근법에서는 관계가 중요하다는 것을 아주 상세히 말해 주셨습니다. 그러면 이 접근법이 관계 하나만을 기초로 합니까?

말라구찌: 물론 아닙니다. 관계는 우리 체제를 연결해 주는 핵심적 차원입니다만, 관계를 단지 따사로운 보호막으로 이해하기보다 공동의 목적을 향해 상호작용하는 여러 가지 힘과 요소들의 역동적 연결점으로 간주해야 합니다. 우리 체제의 장점은 관계

와 상호작용이 일어나도록 하는 데 필요한 조건을 명확히 밝히고 강화하는 방식에 있습니다. 우리는 기대, 갈등, 협동, 선택이 더 잘 이어지도록 만들고, 인지적, 정서적, 표현적 영역에 관련된 문제들이 분명하게 드러나도록 하는 데 더 도움을 주는 그러한 사회적 교류를 지원하고자 합니다.

우리 접근법의 목표 중 하나는 또래와 성인으로부터 인정을 받아 어린이가 자신의 정체감을 강화하는 것으로, 그것으로 인해 어린이 각자가 충분한 소속감과 자신감을 가지고 학교에서 일어나는 여러 활동에 적극적으로 참여할 수 있도록 하는 것입니다. 이런 방식으로 우리는 어린이들의 의사소통망이 확장되도록 촉진하고 어린이들이 모든 수준과 맥락적 사용의 차원에서 언어에 숙련되고 언어의 가치를 인식하도록 격려합니다. 그 결과, 어린이들은 의사소통이 어떻게 개인과 또래 집단의 자율성을 증진해 주는지를 발견하게 됩니다. 그 집단은 대화와 의견 교환을 통해 묶인 특별한 실체를 이루며, 그 집단 나름의 사고와 의사소통하고 행동하는 양식에 의존합니다.

관계에 기초한 접근법은 한 학급이 어떻게 독립적인 개인들뿐만 아니라 서로 다른 기술과 친밀도를 가진 하위 집단이나 연합체들로 구성되어 있는지를 가장 잘 보여 줍니다. 의사소통적 풍경이 다양해지는데, 우리는 다른 어린이보다 의사소통에 적게 참여하는 어린이에 주목합니다. 참여관찰자인 교사는 자신이 본 바에 따라 특정 어린이에게 질문하고, 면대면 교류를 시도하며, 다른 방향으로 활동을 유도하고, 그들의 상호작용 강도나 방법을 수정하는 방식으로 반응합니다. 2명에서 4명의 어린이가 참여하는 소집단 활동은 가장 바람직하고 가장 의사소통의 효율이 높은 단위입니다. 이런 유형으로 학급을 조직하는 것이 관계에 기초한 교육에 가장 우호적으로 작용합니다. 소집단은 생산적인 갈등, 조사탐구 그리고 각 어린이가 전에 언급했던 바에 연관된 활동뿐 아니라 자기 조절적인 적응을 촉진합니다.

이 내용을 체제적 관점에서 살펴보는 것이 도움이 될 수 있습니다. 우리 학교의 관계 체제는 실재적인 동시에 상징적입니다. 이 체제 안에서 각 개인은 다른 사람들과 공식적인 역할 관계를 맺고 있습니다. 성인의 역할과 어린이의 역할은 상호보완적이어서, 서로에게 질문하고, 듣고, 대답합니다.

이러한 관계의 결과로 우리 학교 어린이들은 의사소통과 구체적 경험을 통해 배우는 흔치 않은 특권을 누리고 있습니다. 나는 관계 체제는 그 자체로 그리고 저절로 교육하는 사실상 자율적 능력이 있다는 것을 말하고 있습니다. 관계 체계는 어떤 안정감을 주는 거대한 담요(데이빗 위니콧〈David Winnicott〉이 말하는 '전이 사물')도 아닙니다. 또 어린이들을 마술적 장소로 데려다주는 날아다니는 담요도 아닙니다. 오히려 관계 체제란 그 현장에 있는 영원히 살아서 존재하는 것이며, 앞으로 나아가기 어려울 때면 더욱 절실한 것입니다.

■ 연합이 성공하려면 필요한 것

간 디 니: 당신들의 프로그램을 이야기할 때면 나오는 많은 질문 중 하나는 어떻게 그렇게 높은 수준의 가족 참여를 끌어내고 유지하는 데 성공하였는가 하는 것입니다.

말라구찌: 방문자들이 가장 먼저 물어보는 첫 질문도 그것입니다. 철학, 사회학, 윤리학을 참조하지 않고 이 질문에 대답하겠습니다. 가족 참여에는 많은 것이 필요하지만 무엇보다도 교사가 아주 많은 조정을 해야 합니다. 교사들은 자신들이 확실하다고 생각하는 것에 대해서 의문을 갖는 습관이 있어야 합니다. 민감성, 자각, 만남의 가능성을 키우고, 비판적 방식의 연구와 어린이에 관한 지식을 끊임없이 보강하는 자세를 취해야 합니다. 부모 역할에 대해 풍부하게 평가하며, 말하고 듣는 기술과 부모로부터 배우는 기술을 소지해야 합니다.

이런 모든 요구에 부응하려면 교사가 끊임없이 자신의 교수 행위에 대해 질문을 해야 합니다. 교사는 아무 흔적도 남기지 않는 고립과 침묵 속에서 일하는 습관을 버려야 합니다. 대신 교사는 학교에서 어린이의 발전되어 가는 경험을 기록하고 알리는 방법을 찾아내야 합니다. 교사는 부모를 염두에 두고 준비하지만, 어린이와 교사에게도 인정받을 만한 양질의 정보를 끊이지 않게 제공하기 위해 준비해야 합니다. 이처럼 기록작업들이 오고 가게 되면 부모들은 높은 수준의 앎을 접하게 되어서 자신들이 현재까지 갖고 있던 기대 수준을 현저히 바꾸게 됩니다. 부모들은 부모로서 역할에 대한 자신들의 기존 관념과 어린이들이 살아내는 경험에 대한 자신의 관점을 다시 검토하게 되어서, 학교에서 하는 모든 경험을 새롭게 인식하고 호기심을 갖고 살펴보게 됩니다.

어린이와 관련해서도 기록작업이 계속 보급되면 새롭지만 역시 만족할 만한 시나리

오가 생겨납니다. 어린이들은 자신들이 성취해 낸 것의 의미를 깊게 생각해 봄에 따라 점점 더 호기심이 많아지고, 흥미를 느끼며, 자신감을 보입니다. 어린이들은 부모들이 학교를 방문하면 마음 편하게 느끼고, 교사들과도 편안하며, 학교에서 있었던 일과 앞으로 일어날 일에 대해 잘 알고 있다는 것을 알게 됩니다. 부모 중 한 사람이 "오늘 저녁 선생님과 이야기를 나누러 학교에 갈 거야." 또는 "오늘 자문위원회에 갈 거란다."라고 말할 때, 혹은 부모가 학교의 행사 준비를 도우러 갈 때 어린이가 아무렇지 않게 부모의 말을 받아들이는 것을 보면 우리가 견고한 우정을 쌓아왔다는 것을 알게 됩니다.

끝으로 교사들이 함께 많은 일을 한다는 것을 부모와 어린이가 아는 것이 중요합니다. 부모와 어린이들은 교사가 얼마나 자주 만나서 때로는 조용하게 때로는 시끌벅적하게 토로하는지 알아야 합니다. 부모와 어린이들은 교사들이 연구 프로젝트나 다른 활동을 할 때 어떻게 협력하는지, 얼마나 많은 인내심을 가지고 신중하게 어린이들의 작업을 기록하는지, 얼마나 카메라와 비디오카메라를 능숙하게 다루는지, 어떤 친절한 마음으로 자신들의 근심을 숨기고 어린이의 놀이에 참여하며 책임을 지는지를 알아야 합니다. 이런 모든 것이 어린이들에게 강한 인상을 남겨주는 일련의 모델들로 보입니다. 어린이들은 사람들이 진정으로 서로 돕고 사는 세상을 보게 됩니다.

'새들을 위한 놀이 공원' 프로젝트의 한 부분으로, 분수대 구조물을 만드는 동안 물 테이블에서 실험하는 어린이들

■ 교사들의 동료 간 작업

간 디 니: 당신들의 학교에는 교사 간의 위계가 없는 것 같은데요. 정말 그렇습니까?

말라구찌: 공동 교수, 그리고 더 일반적 의미로 말해서, 동료 간 작업은 우리에게 전통적으로 내려온 교사들의 직업적이며 문화적 고립과 격리로부터 의도적으로 결별하는 것을 의미합니다. 이와 같은 고립은 학문적 자유라는 이름으로 잘못 이해되고 합리화되어 왔습니다. 그 결과 교사의 잠재력과 자원이 저하되고 고갈되었으며 교사가 양질의 교육을 해 내는 것이 어렵고 불가능해졌습니다.

그러나 내가 기억하기에 우리가 일을 시작할 당시 한 명의 교사가 한 학급을 담당하는 전형적 형태가 너무 강하게 고착되어 있었기 때문에, 공동 교수팀(co-teaching pairs)이라는 우리의 제안이 처음에는 교사들에게 즉각적으로 받아들여지지 않았습니다. 과도한 스트레스에서 벗어나게 해 주어 환영받을 만한 것이었는데도 말이죠. 그러나 이 제안을 수용한 사람들은 이것의 명백한 장점을 곧 발견했고 따라서 불안감이 사라지게 되었습니다. 두 사람이 팀을 이루어 일하는 것과 그 팀들이 함께 일하는 것은 교육적으로나 심리적으로나, 성인에게나 어린이에게나 많은 장점이 있습니다. 게다가 짝을 지어 함께 가르치는 것은 지역사회-중심 운영과 부모와의 동반자 관계로 나아가도록 다리를 만들어 주는 초석이 되었습니다.

지역사회-중심 운영은 우리 역사의 중요한 한 부분이었고, 우리가 하는 일의 버팀목이었습니다. 때로 이것은 우리의 재활성화, 단결 그리고 문화적 교육에 결정적인 힘이 되었습니다. 또 다른 경우에는 시 정부와 정치 단체와의 관계에서 주요한 조정자 역할을 하기도 하였습니다. 그러므로 지역사회-중심 운영은 항상 우리의 입장을 강화해 주는 데 필수불가결한 것이었습니다.

지난 수년간 항상 유감스러웠던 점은, 어린이들도 이 점에 공감하는데, 남자 교사를 많이 확보할 수 없었다는 것입니다. 몇 년 전까지도 이탈리아 법률은 남성이 학령 전 유아가 다니는 학교에서 어린이를 가르치는 것을 금지했었는데, 우리는 말도 안 되는 이 법률을 공개적으로 어겼고 교육부로부터 받은 견책과 경고도 무시했었습니다. 이제 이 법률이 없어졌지만, 아직도 다른 이유로 인해 어린이를 위한 교육기관에서 남자 교사를 채용하는 것이 어렵습니다. 설상가상으로 유럽의 다른 여러 나라와 마찬가지로 이탈리아에서도 오늘날 유아 교사가 되려는 여성의 수도 점차 줄고 있습니다. 교사가 되어도 다른 일을 하기 위해 교직을 쉽게 떠납니다. 이와 같은 현상이 일어나는 데는 다양한 이유가 있는데 그 원인을 신중하게 연구할 필요가 있습니다. 그러나 그 결과는 분명하여 어린이들은 그 대가를 치르고 있고 학교, 교사 그리고 문화 전반의 위상은 실추되었습니다.

■ 교사의 교육과 재교육

간 디 니: 당신 학교에서는 교사 발달을 어떻게 지원하고 있습니까?

말라구찌: 지속적인 전문성 훈련 이외에는 다른 대안이 없습니다. 지능은 많이 사용할수록 좋아지듯이 교사의 역할, 지식, 전문성, 유능성은 직접 적용해 봄으로써 더욱 향상됩니다. 어린이나 다른 모든 사람과 마찬가지로 교사도 능력을 증진할 필요성을 느낍니다. 교사들은 경험을 사고로, 사고를 반영으로, 반영을 다시 새로운 사고와 행동으로 전환하기를 원합니다. 또 교사들은 예측해 보고, 여러 가지를 시도해 보며 그리고 시도해 본 결과를 해석해 보고자 합니다. 해석하는 행위가 가장 중요합니다. 교사들은 기다려서 결과를 평가하기보다는 진행되고 있는 과정을 해석하도록 배워야 합니다. 마찬가지로 교육자로서 그들의 역할에는 어린이를 소비자로서가 아니라 생산자로서 인식하는 것이 포함됩니다. 교사는 어린이가 스스로 배울 수 있는 것 이외에는 아무것도 가르쳐서는 안 된다는 것을 알아야 합니다. 그리고 더 나아가 어린이가 성인과 성인의 행위에 대해 어떻게 받아들이고 있는지를 교사는 의식하고 있어야 합니다. 어린이들과 생산적이면서도 동시에 우호적이고 흥분을 자아내게 하는 관계를 맺으려면, 교사는 너무 성급하게 자신의 판단을 드러내는 것이 위험하다는 것을 알고 있어야 합니다. 교사는 어린이들과 같은 시간의 틀로 들어가서 보조를 맞춰야 하는데, 어린이들의 흥미는 활동하는 과정이나 활동에 필요한 협상을 하는 과정 중에만 발생하기 때문입니다. 또한 교사는 어린이의 의견에 귀를 기울이는 것이 얼마나 중요하며 동시에 도움이 되는지를 깨달아야 합니다. 교사는 피아노의 건반처럼 많은 경험이 있어야 한다는 것, 그리고 어린이는 선택 사항이 무한히 제공될

때 지적 행위가 무한대로 작동된다는 것을 알아야 합니다. 더욱이 교사는 실천이 교수 목표나 가치와 분리될 수 없다는 점, 전문적 성장이 일부는 개인적 노력으로 이루어지기도 하지만 동료, 부모, 전문가들과의 토론을 통해서 훨씬 더 풍요로운 방식으로 이루어진다는 점을 깨달아야 합니다. 끝으로 교사는 어린이의 발달이나 경험에 관한 종단적 관찰이나 소규모 연구 프로젝트와 같은 도전에 참여하는 것도 가능하다는 것을 알 필요가 있습니다. 진정 연구나 혁신이 없는 교육은 흥미 없는 교육입니다.

이상에 열거한 것만으로도 적지 않은 요구입니다! 그러나 교사는 자신이 가르칠 다양한 내용 영역에 관한 기본 지식을 지니고 있어야지만 이 지식을 100개의 언어로, 그리고 어린이와 함께하는 100개의 대화로 변형시킬 수 있습니다. 만약 이런 기본 지식이 없다면 시작조차 불가능합니다. 현재 우리가 원하는 만큼 교사를 준비시킬 방법은 제한적이지만, 우리 안에서 스스로 방법을 찾고 우리가 현재 하는 일에서 영감을 얻으려 노력하고 있습니다.

■ 자극 제공의 장소로서의 *아틀리에*

간 디 니: 당신들의 교육 프로젝트에서 *아틀리에*라는 아이디어와 설치는 어떻게 이루어집니까?

말라구찌: 우리가 *아틀리에*를 도입하면서 얼마나 많은 기대를 걸었는지에 대해 숨기지 않겠습니다. 그 이상의 것을 요구하기란 불가능하리라는 것을 우리는 알고 있었습니다. 그렇지만 만약에 할 수 있었다면, 한 걸음 더 나아가 학교 전체가 *아틀리에*와 유사한 실험실들로 만들어진 새로운 유형의 학교를 창조했을 것입니다. 우리는 어린이들의 손이 적극적으로 '어지를 수 있는'(추후, 데이빗 호킨스〈David Hawkins〉가 더 잘 설명해 줄 것입니다.) 공간으로 구성된 새로운 형태의 학교를 만들었을 것입니다. 지겨워할 가능성이라고는 하나도 없이 어린이의 손과 마음은 생물학적이며 진화론적으로 미리 갖고 태어난 신나고 해방감을 주는 유쾌함으로 서로에게 열중했을 것입니다.

비록 우리가 이런 정도의 실현 불가능한 이상에 도달하지는 못했지만, *아틀리에*는 항상 우리에게 보답했습니다. 우리가 희망한 대로 *아틀리에*는 모든 것을 뒤집어 버렸으며 복잡성과 새로운 사고의 도구를 생성하였습니다. 이것은 다양한 상징적 언어들 사이에 풍요로운 결합과 창의적 가능성이 일어나도록 해 주었습니다. *아틀리에*는 우리 시대의 길고 긴 연설과 교훈적인 이론(젊은 교사들이 받은 유일한 준비!)으로부터 우리를 보호해 주었을 뿐만 아니라, 인간의 마음을 채워져야 하는 일종의 '그릇'으로 보는 우리 시대에 널리 퍼진 행동주의적 신념으로부터도 우리를 보호해 주었습니다.

*아틀리에*는 우리의 다른 욕구도 역시 만족시켜 주었습니다. 우리의 가장 시급한 문제는 부모와 어떻게 효과적인 의사소통을 할 수 있는가 하는 것입니다. 우리는 학교에서 진행되는 모든 것을 부모에게 알리기를 원하는 동시에 어린이와 함께 한 작업을 기록할 수 있는 의사소통 체제를 확립하기를 원했습니다. 우리는 어린이가 어떻게 생각하고 자신을 표현하는지, 무엇을 자신의 손과 지능으로 만들고 창안해내는지, 어떻게 놀고 서로에게 농담하는지, 어떻게 가설을 토론하는지, 어떻게 어린이들의 논리가 작동하는지를 부모들에게 보여주고 싶었습니다. 우리는 일반적으로 생각하는 것보다 어린이들이 풍요로운 자원과 더 많은 기술을 가졌다는 것을 부모들이 보기를 원했습니다. 우리는 또한 우리가 어린이들을 얼마나 소중히 여기는지도 부모가 이해하기 바랐습니다. 그러면 그 답으로 부모에게 우리를 돕고 우리 편이 되어 달라고 요구하는 것이 공평할 것이라고 우리는 느꼈습니다.

자료, 도구, 전문가적 유능함을 가진 사람으로 가득한 장소인 *아틀리에*는 기록에 관련된 우리 작업에 많이 도움이 되었습니다. 이 작업은 우리가 어린이와 함께 지내려면 어떻게 해야 할지를 조금씩이지만 매우 강력하게 알려주었습니다. 또한 이 작업은 아주 멋진 방식으로 우리가 관찰하고 기록하는 방법을 다듬도록 해주었기 때문에 어린이의 학습 과정이 부모와 우리가 나누는 대화의 토대가 되었습니다. 마지막으로, 우리가 *아틀리에* 안에서 했던 작업으로 인해 지금은 어린이들의 작업과 교사들의 지식과 연구의 보고가 되는 기록보관소가 생겨났습니다. 그러나 여기서 내가 강조하고 싶은 것은, *아틀리에*는 표현 예술의 언어들이 산출될 수 있는 유일한 장소가 아니며, 결코 격리되어 특별한 위상을 지닌 장소가 되도록 의도하지 않았다는 것입니다.

그 대신 우호적이고 평화로운 분위기 속에서 어린이의 다양한 언어를 어린이들이 탐색할 수 있고 우리도 연구할 수 있는 장소였습니다. 우리와 어린이들은 대안적 표현 양식, 기법, 도구, 자료로 실험할 수 있었고, 우리가 제안하거나 어린이가 선택한 주제를 탐색할 수 있었으며, 때로는 집단으로 큰 벽화를 만들었고, 말과 삽화를 통해 간결한 진술을 전달하는 포스터를 제작하기도 하였으며, 건축가들의 기술을 훔쳐다가 축소된 스케일로 작은 프로젝트를 완성해 내는 그런 일을 할 수 있었습니다. 중요한 것은 어린이들이 자신의 재능과 발견한 내용 모두를 친구들과 교환하는 그들만의 방식을 찾도록 돕는 것이었습니다.

그러나 무엇보다도 *아틀리에*는 연구를 위한 장소였고 앞으로도 연구가 계속되고 증가하리라 생각합니다. 우리는 모든 것을 연구했습니다. 즉, 여러 형태와 색의 유사점이나 차이점에서부터 이야기와 논쟁의 복합적인 목적에 이르기까지, 이미지를 말에서 사인으로 전환시키는 것에서 부터 그 반대 경우까지, 어린이들이 대중매체에 노출되어 오염된 방식에서부터 상징적이며 표현적 선호에 나타난 성별의 차이에 이르기까지 많은 것을 연구해 왔습니다. 우리는 이미지를 가지고 연출해 낼 수 있는 매력적인 여러 가지 게임들을 접할 수 있다는 것을 항상 특권으로 여겨왔습니다. 예를 들면 양귀비꽃 한 송이를 하나의 점, 하나의 빛, 날고 있는 한 마리 새, 불 밝힌 유령, 초록색과 노란색 밀로 가득 찬 벌판 속에 있는 한 줌의 붉은 꽃잎들로 전환하는 것입니다. 우리의 경험이 너무도 긍정적이고 확신을 주는 것이었기 때문에, 우리는 자연스럽게 *아틀리에*를 영유아센터의 가장 어린 집단까지 확장해서 활용하도록 했습니다.

■ 창의력의 기원과 의미

간 디 니: 어린이가 보여 주는 창의적 행동과 창의적 작품을 논하는 수많은 글이 있지만 포착하기 어려운 주제입니다. 이 주제에 대해 어떻게 생각하십니까?

말라구찌: 1950년대 미국에서 방금 도착한 창의력이라는 주제를 접했을 때, 우리는 모두 준비가 안 되어 있었고 아주 취약했습니다. 우리는 길포드(J. P. Guilford)와 토런스(Paul Torrance)의 이론을 열심히 읽었던 기억이 납니다. 또 추후 이 이론들이 브루너와 피아제 같은 인지주의자, 신 프로이드 계열의 학자, 마지막 게슈탈트 심리학자인 커트 르윈(Kurt Lewin) 그리고 인문주의적 심리학자인 칼 로저스(Carl Rogers)

와 에이브라함 매슬로우(Abraham Maslow)와 같은 사람들의 관점에 의해 다시 읽혔고 재해석되었던 것도 기억납니다.

당시는 힘들었지만 신나는 시기였습니다. 우리는 이런 제안들이 많은 힘과 잠재력을 가지고 있다고 느꼈습니다. 창의력에 관한 연구는 인간과 삶의 철학적인 차원과 사고의 생산성과 같이, 많은(거의 너무 많은) 것을 흔들어 놓은 것 같았습니다. 이 제안들은 더 나아가 창의력이 심지어 무의식, 우연 그리고 정서-느낌 등과 연결되어 있다고 암시하기까지 했습니다. 그러나 이 이론들이 주는 찬란한 매력에도 불구하고, 여러 해에 걸친 연구 후 우리만의 경험과 더불어 우리가 관찰하고 어린이와 성인의 연구가 진행된 것을 살펴보면 우리는 매우 신중하고 생각을 많이 하며 접근해야만 한다고 솔직히 말씀드립니다.

어린이들과 일하기로 선택했기 때문에 우리는 창의력의 가치와 유용성을 가장 민감하게 판단할 수 있는 최고의 평가자는 어린이라고 말할 수 있습니다. 어린이들은 자기 아이디어에 지나치게 집착하지 않고 끊임없이 구성하고 다시 고안해 내는 특권을 갖고 있기 때문에 이것이 가능한 것입니다. 어린이들은 쉽게 탐색하고, 발견하고, 자신의 관점을 바꾸며, 스스로 변신하는 형태와 이미지에 빠져듭니다.

그러므로 우리는 창의력을 신성한 것으로 여기지 않듯이 특별하게 여기지 않으며 오히려 일상적 경험에서 생겨날 수 있는 것으로 간주합니다. 이제는 여러 사람이 이 견해에 동조하고 있습니다. 우리가 믿는 바를 요약하면 다음과 같습니다.

① 창의력은 분절된 정신적 능력이 아니라 우리가 생각하고, 알아가고, 선택하는 방식의 특징으로 간주되어야 한다.

② 창의력은 수많은 경험, 잘 지원받아 발달된 개인적 자원, 그리고 이미 알려진 것을 넘어 모험하려는 자유로움이 만나 결합될 때 나타나는 것으로 보인다.

③ 창의력은 인지적, 정서적, 상상적 과정을 통해 드러나는 듯하다. 이 모든 것이 함께 모여서 예측하고 생각하지 못한 해결책에 도달하는 기술을 지원한다.

④ 창의력 발달에 가장 우호적인 상황은 개인 간 상호작용으로, 이에 수반되는 갈등의 조정, 아이디어와 행위의 비교가 결정적인 요소이다.

⑤ 창의력이 가장 강력한 위력을 발휘하는 것은 성인이 처방식의 교수법에 얽매이기보다 문제 상황의 관찰자이자 해석자 역할을 할 때인 듯하다.

⑥ 창의력은 교사, 유아학교, 가족, 지역사회, 사회가 갖는 기대와 이 기대를 어린이가 지각하는 방식에 따라 선호되기도 하고 선호되지 않기도 한다.

⑦ 행위와 이해의 다양한 영역에서 어린이가 이루어 낸 결과보다는 어린이의 인지과정에 성인이 더 관심을 둘 때 창의력은 더 잘 드러난다.

⑧ 지적이며 표현적 활동들이 증식과 동시에 통합의 가능성이 있다고 교사가 확신할수록, 창의력이 상상 및 환상과 우호적으로 교류할 가능성이 커진다.

⑨ 창의력을 위해서는 *알아가는 학교*와 *표현하는 학교* 간의 연결성을 찾고, 우리의 슬로건이기도 한 어린이들의 다양한 언어에 문을 열어주는 것이 필요하다.

위의 아이디어를 시작으로 우리는 이 생각들이 어떻게 수정되어야 하는지를 이해하려고 애써왔습니다. 그러면서 창의력의 통념에 종종 따라오는 자발성이란 통념에 잘못 이끌리지 않으려고 노력했습니다. 미국이 선호하는 연구 주제인 기본 지적 능력과 창의력 사이에서, 이 둘의 관계는 서로 대립적이 아니라 상호보완적이라고 우리는 확신하고 있습니다. 놀이 정신 또한 사고의 형성 및 구성에 스며들 수 있습니다.

종종 우리를 방문하여 어린이들을 관찰한 사람들은 우리가 어떤 마술을 사용했는지 묻습니다. 우리는 그들이 놀랐듯이 우리도 놀랐다고 대답합니다. 창의력이요? 창의력이 평범한 옷을 입고 갑자기 나타났다 사라졌다 할 수 있는 능력이 있을 때는 항상 알아채기가 어렵습니다. 창의력에 관해, 우리의 임무는 어린이들이 자신의 산에 올라갈 수 있을 만큼 높이 오르도록 돕는 일입니다. 누구도 그 이상 할 수는 없습니다. 우리는 창의력에 대한 사람들의 기대가 학교를 부담스럽게 해서는 안 된다는 것을 의식하고 있기에 자제하고 있습니다. 학교의 기능과 위력을 지나치게 확장하게 되면, 이는 해낼 수 없는 독점적인 역할을 학교에 부여하는 것이 됩니다.

제5부 유아기에 대한 이미지

■ 유아기의 매몰

간 디 니: 오늘날 유아기가 처해 있는 곤경에 대해 쓰인 글이 많이 있습니다. 이것에 대해 어떤 견해를 갖고 계십니까?

말라구찌: 유아교육의 특징적인 극적 모순이 끊임없이 생각납니다. 나는 우리가 어린이에 대해 아는 것과 모르는 것뿐만 아니라, 알면서도 어린이들과 함께 또는 어린이들을 위해 실행하지 않는 것을 이야기하고 있습니다. 그렇지만 인류와 인류의 지능 및 인간성의 낭비가 개입되어 있으므로, 문제는 더욱 포괄적입니다. 교육 체제는 조직, 선택, 학습 및 지식과 관계 맺는 방법의 측면에서, 인간 능력의 본질과 잠재력을 잘못 대변하고 있습니다.

학자, 연구자, 교사처럼, 어디에서나 어린이를 진지한 태도로 연구하기로 한 모든 사람은 어린이의 약점과 한계보다는 고갈될 줄 모르는 표현과 실현의 욕구와 연결된 어린이들의 놀랍고도 예외적인 힘과 능력을 결국 발견하게 됩니다.

그러나 발달의 새로운 측면에 대해 묘사해 주며 현장 적용과 윤리적, 철학적 고려를 위해 끝없는 가능성을 열어주는 이러한 학문적 탐구의 결과들을 교육자들은 충분히 포착하여 활용하지 않았습니다. 그 대신 이렇게 지식의 활용이 지연되는 동안 은유와 이미지가 다시 출현하는데, 유아기를 극단적인 두 방식 중 하나로 묘사합니다. 즉 비어 있고, 무력하며, 성인에 의해 만들어지는 존재, 혹은 반대로 성인 세계를 제어할 힘을 자체적으로 획득할 수 있는 존재의 두 가지 방식입니다. 우리는 유아기 문화를 제대로 인정하지 못해 왔고, 우리의 모든 사회적, 경제적, 정치적 선택과 투자에서 그 대가를 치르고 있습니다. 이것은 인간 자원에 대한 공격과 배반의 전형적이며 무서운 사례입니다.

구체적인 사례들이 유럽과 나머지 서구 사회에서 분명하게 드러납니다. 예산 삭감, 정책과 계획의 부재, 어린이를 가르치거나 연구하는 사람들의 전반적인 지위 저하, 그리고 그로 인한 젊은 사람들의 이직 현상과 아동 학대의 증가를 우리는 보고 있습니다. 아직 우리 지구와 양심을 파괴하는 전염병이나 전쟁과 같은 재앙에 대해 언급하지 않고서도, 우리는 어린이에게 나쁜 영향을 주는 소식들에 대해 많이 이야기할 수 있습니다.

이것은 고통스러운 이야기입니다. 금세기 초 동일 상황에 직면했던 존 듀이는 실용주의 철학, 새로운 심리학적 지식, 교수자의 내용 숙련을 어린이들의 탐구적이고 창의적 경험과 결합하여 만든 교육 방법을 강력하게 권하기에 이르렀습니다. 이 모든 것을 마음속에 구상하면서, 그는 또한 교육적 연구와 사회 문화적 연구 간의 새로운 관계를 추구하였습니다. 내 생각에 이 마지막 측면은 민주적 과정에서 미처 완성하지 못한 부분이기는 하지만 진정한 문화적 성취를 나타내는 것으로, 유아기와 다음 세대는 이것을 기대할 권리가 있습니다. 듀이가 "인간 제도는 그 교육적 영향력과 인간의 지식과 능력을 확장시킬 수 있는 정도에 따라 평가받아야 한다."라고 말했던 것과 같습니다.

내가 알기로 현재, 즉 과학, 역사 그리고 일반인의 인식이 어린이를 우리가 앞서 언급했던 덕목, 자원 그리고 내재적 권리를 부여받은 존재임을 만장일치로 인정하는 것처럼 보이는 이 순간에는 모든 것이 일어날 수 있습니다. 그러나 역설적으로 그렇게 부여받은 어린이가 그 창조자의 손에서 폭발합니다. 그와 같은 어린이는 철학, 과학, 교육 그리고 정치 경제가 감당해 내기에 힘겹습니다. 사회가 그와 같은 어린이에 적절히 반응할 수 없다면, 어린이에 관한 우리의 동기가 과연 고귀한 것인지를 의심하게 되는 것 같습니다.

다른 사람도 역시 때로는 자신들의 진짜 이기적인 관심을 심지어는 자신 스스로에게도 숨겨버립니다. 호러스 월폴(Horace Walpole, 1762~1771)이 『*영국 회화에 얽힌 일화(Anecdotes of Painting)*』에서 우리에게 말했듯이, 엘리자베스 여왕은 굉장한 수집가였지만 그녀가 회화 예술을 선망했거나 사랑했다는 증거는 없습니다. 여기서 분명 확실한 것은 여왕이 자신을 그려낸 초상화들을 정열적으로 사랑했다는 것입니다.

■ 어린이들 간의 개인차

간 디 니: 레지오 학교를 방문하는 사람들을 헷갈리게 하는 한 측면은 사회적 관계와 집단 작업을 중시하면서 어떻게 어린이들의 각기 다른 능력과 욕구에 반응할 수 있는가 하는 것입니다.

말라구찌: 우리는 타고난 어린이들의 차이점은 물론, 환경의 긍정적 혹은 부정적 영향에 따라 축소되거나 확장될 수 있는 차이점도 잘 인식하고 있습니다. 그러나 나의 신념이기도 한데, 어린이들에게는 앞서 내가 언급한 바와 같이 잠재력과 유능함이라는 공통적인 선물이 있습니다. 우리는 지구상의 어느 장소, 어느 문화권에서 태어난 어린이에게도 이것이 적용된다고 주장합니다. 그렇지만 어린이의 잠재력이 보편적이라고 인정하게 되면 새로운 문제가 제기되는데, 이 문제는 레지오 에밀리아에 사는 우리에게는 생소한 것이지만 현시대의 다문화적 현상들로 인해 우리를 절실하게 압박해 오고 있습니다.

나는 인지적 스타일과 책략의 차이점에 대해 매우 조심스럽게 접근하고자 합니다. 사람들은 이것이 일생의 한 시기, 특히 마음이 발달하면서 변화와 재조직이 빠른 속도로 일어나는 영아기의 특성이라고 성급히 결론을 내립니다. 우리가 관찰한 스타일들은 개인들에 관해서 객관적인 사실입니다. 그러나 그 이상으로 이 스타일들은 또한 역사적이고 문화적인 맥락을 반영하기도 합니다.

우리가 어린이들에게 제공하는 가능성의 범위가 넓을수록 어린이들의 동기는 더 강렬해지고 경험도 더 풍부해질 것입니다. 우리는 소재와 목표의 범위, 우리가 제공하는 상황의 유형 및 구조화 정도, 자원과 자료의 종류와 이것들의 결합, 그리고 사물, 또래, 성인과의 상호작용 가능성을 확장해야 합니다. 더욱이 어린이에게 가능성의 범주를 확장해 주는 것은 다른 사람들에게도 영향을 미칩니다. 이로 인해 교사들은 더 주의를 기울이고 깨어 있게 되며, 어린이들의 몸짓과 말을 관찰하고 해석하는 일에 더 유능해집니다. 그러므로 교사는 어린이의 피드백에 더욱 민감하게 반응하고, 어린이를 향한 자신들의 표현적 반응을 더욱 잘 조절하며(과도한 단조로움이나 흥분을 수정하며), 어린이들의 일에 더 개인적으로 개입하게 됩니다. 이 모든 것은 교사가 잠시 멈추어 스스로 평가해 보는 것이 수월하게 만들어 줄 것입니다.

우리가 신속하고 임시적인 해결책을 제공하는 것으로부터, 그리고 개인차에 성급하게 반응하는 일에서 거리를 두면 둘수록, 우리에게는 더 많은 가설이 열립니다. 우리가 어린이들을 분류해 내려는 유혹을 잘 견딜수록, 우리는 계획을 변경하고 다양한 가능성이 생겨나도록 하는 데 더욱 유능하게 됩니다. 그렇다고 해서 어린이들 간의 차이점에 주목할 책임이 없거나 주목하는 것이 쓸모없다는 것은 아닙니다. 우리는 차이점을 고려하고 그 차이점에 주목하여야 합니다. 그러나 교사는 수준이나 등급을 매기지 않은 채, 항상 신중해야 하고 더 잘 평가하고 관찰하도록 배워야 합니다. 덧붙여 내가 말하고 싶은 것은, 평가에 관한 연구 문헌을 읽으면 시간이라는 요인이 제대로 다루어진 적이 없다는 것입니다. 페르디난도 페소아(Ferdinando Pessoa, 1986)는 시계에 의한 측정은 잘못된 것이라고 말합니다. 진정한 교수와 학습이 일어나는 상황과 주관적 경험이 이루어지는 유아기의 상황에서, 특히 어린이의 시간을 시계로 재는 것은 분명히 잘못된 것입니다. 우리는 성숙의 시간, 발달의 시간, 실행하고 이해할 시간, 어린이의 능력이 완전히, 천천히, 과장되게, 맑게, 끊임없이 변화하며 나타날 시간을 존중해 주어야 합니다. 이것은 문화적이고 생물학적인 지혜에 따른 측정입니다.

한 어린이가 자기 그림자 크기를 확인해 본다.

만약 자연이 모든 동물 중에서 인간의 유아기를 가장 길게 만들었다면–톨스토이 말에 따르면 무한히 길게–그것은 건너야만 하는 강과 다시 따라가야 할 길이 많이 있다는 것을 자연이 알기 때문일 것입니다. 자연은 실수가 수정되고(어린이와 성인 모두에 의해), 편견이 극복되며, 어린이가 잠시 쉬면서 자신과 또래, 부모, 교사, 세상에 대한 자신들의 이미지를 회복할 수 있는 시간을 마련해 줍니다. 만약 오늘날 기계와 이윤에 따른 시간과 리듬이 인간의 시간과 리듬을 지배하는 시기에 우리가 살고 있다면, 심리학, 교육 그리고 문화가 설 자리는 과연 어디인지 알고 싶습니다.

■ 의미의 구성

간 디 니: 어린이 학습에서 성인의 역할에 관한 논쟁은 교육에서 결코 결론이 나지 않을 것 같습니다. 당신은 이것에 대해 어떻게 생각하십니까?

말라구찌: 나는 마음의 소통이 일어나도록 하는 의미 체제-의미론적 구조를 어린이에게 제공하는 면에 있어서, 성인이 갖는 결정적인 역할을 축소하고 싶지 않습니다. 그러나 동시에 어린이 자신의 참여도 강조하고 싶습니다. 어린이들은 자율적으로 계획하기, 아이디어 통합하기, 추상하기가 포함된 정신적 행위를 통해 자신들의 일상 경험에서 의미를 추출할 수 있는 능력을 지니고 있습니다. 의미란 결코 정적이거나 단일하거나 최종적이 아니며, 항상 또 다른 의미를 생성해 낸다는 점을 기억하십시오. 그러므로 성인의 핵심적 역할은 모든 학습의 기초가 되는 어린이의 의미 생성 능력을, 특히 간접적으로 활성화하는 것입니다. 자신들의 의미 및 해석과 어린이들의 의미 및 해석을 함께 모아 유익한 대화로 이끌기 위해서, 성인들은 적절한 순간을 포착하고 적절한 접근 방법을 찾아내려고 애써야 합니다.

■ 우리의 피아제

간 디 니: 피아제가 당신의 연구에 영향을 주기도 했지만 동시에 당신의 견해는 피아제의 견해와는 여러 면에서 다르다고 말씀하셨습니다. 어떤 영향을 받았으며 어떤 차이가 있는지 좀 더 말씀해 주시겠습니까?

말라구찌: 우리가 피아제에게 감사하는 마음은 그대로 남아 있습니다. 쟝 자크 루소(Jean Jacques Rousseau)가 어린이들을 한 번도 접하지 않고서 유아기에 대한 혁신적인 개념을 창안해 냈다면, 오랜 시간 동안 어린이를 관찰하고 어린이와 이야기를 나누어 본 피아제는 어린이의 발달에 대한 자세한 분석에 기초해서 어린이란 어떤 존재인가를 밝힌 첫 번째 사람입니다.

하워드 가드너는 피아제를 일컬어 최초로 진지하게 어린이를 다룬 사람이라고 했고, 데이빗 호킨스는 피아제를 훌륭하고 생생하게 어린이를 표현한 사람으로 묘사했으며, 제롬 브루너(Jerome Bruner)는 어린이를 이끄는 논리에 내재된 원칙들은 과학자들이 연구에서 사용하는 원칙과 같은 것이라는 것을 피아제가 보여주었다는 점에서 공로를 인정했습니다. 사실 레지오에서는 어린이들이 창의력을 도구로 이용하여 탐구하고 질서를 찾으며 심지어는 주어진 의미 도식에 위배되는 행동을 할 수도 있다는 것(피아제는 자기 생의 마지막에 이르러, 아주 어린 영아들도 이런 능력이 있다고 주장했다.)을 우리는 알고 있습니다. 또한 어린이들은 필연성과 가능성의 세계 안에서 자신의 발달을 위한 도구로 창의력을 이용할 수 있습니다.

단순한 탐욕에서 우리 교육자들은 종종 피아제의 심리학 이론에서 피아제 자신은 교육에 적용할 만하다고 생각하지도 않았던 것들을 추출해 내기 위해 애써왔습니다. 피아제는 아마도 그의 발달 단계 이론, 질량 보존 등을 가지고 교사들이 무엇을 할 수 있을지 의아스럽게 생각할 것입니다. 그의 주요 저서인 『*생물학과 지식(Biology & Knowledge)*』(1971)에서 알 수 있듯이, 피아제 학파의 사고에서 가장 풍부한 가능성은 인식론의 영역에서 찾을 수 있습니다. 그렇지만 교육의 의미를 재고해 보고 발전시키기 위한 많은 제안을 그의 연구로부터 직접 또는 간접적으로 끌어낼 수 있습니다.

피아제의 가장 헌신적인 제자인 바벨 인헬더(Barbel Inhelder)는 이 대가가 사망한 뒤 친구에게 “피아제의 업적에 대해 자유롭게 쓰고, 수정하고, 그의 생각을 보다 구체적으로 만들어보라. 그러나 우리가 그의 독창적인 이론의 기본 구조를 뒤엎기란 쉽지 않을 것이다.”라고 말했습니다. 우리 레지오에서는 인헬더의 충고를 따르고 있습니다. 피아제의 관심은 인식론에 있고 그의 주요 목적은 보편적이고 불변하는 지적 구조의 기원을 추적하는 것이라는 점을 우리가 이해하고 난 후, 피아제에 대한 우리의 흥미가 높아졌습니다. 피아제는 야심 찬 이 연구를 위해 많은 것을 포기했습니다. 그러나 마음속에서 여러 방향으로 동시에 탐구하고자 하는 열정이 있었는지, 도덕적 판단 연구처럼, 연구를 깊이 이어가지는 않았더라도 다른 연구 경로를 열어 놓았습니다. 피아제는 무심코 버려놓았던 이런 연구 경로 중 몇 가지를 나중에 재발견하여 연구하곤 했습니다.

이제 우리는 피아제의 구성주의가 어떻게 어린이를 고립시키는지 명확히 볼 수 있습니다. 따라서 우리는 다음 측면들, 즉 인지발달을 촉진하는 데 있어서 성인의 역할이 평가절하된 점; (추론에 관해 보여준 높은 관심과 달리) 사회적 상호작용과 기억에 관심을 적게 둔 점; 사고와 언어를 분리해 취급했다는 점(비고츠키는 이 점에 대해 비판을 했고, 피아제(1962)는 이에 반론을 제기했다.); 구성주의에서는 발달 단계가 고정되어 있고 선형적이라고 한 점; 인지, 정서, 도덕 발달이 분리되고 평행한 길로 취급된 점; 구조화된 단계, 자기 중심성, 유목화 기술이 지나치게 강조된 점; 부분적으로 발달한 능력에 대한 인식이 부족한 점; 논리-수학적 사고를 극단적으로 중시했던 점; 생물학과 물리학에 사용하는 패러다임을 지나치게 많이 사용한 점 등을 비평적으로 바라봅니다. 그러나 이처럼 비판한 것에도 불구하고, 오늘날 많은 구성주의자들은 인지발달에서 사회적 상호작용의 역할에 관심을 기울이고 있다는 점을 우리는 인식하고 있어야만 합니다.

■ 학습과 교수 사이의 딜레마

간 디 니: 학습과 교수가 항상 조화를 이루는 것은 아닙니다만 당신은 어린이들이 자신의 학습을 구성할 수 있도록 돕는 방법을 찾으셨습니다. 어떻게 학습과 교수 사이의 균형을 유지하십니까?

말라구찌: 어린이에 대해 많은 것을 이야기했지만, 자신의 자아와 지식을 구성해 나가는 데 있어서 어린이들이 담당하는 역할과 이 문제에 있어서 성인으로부터 어린이들이 받는 도움에 대해 우리는 더 충분히 토론해야 합니다. 학습과 교수 중 우리가 학습을 더 중시한다는 것은 분명합니다. 이것은 우리가 교수를 외면한다는 것이 아니라, 우리는 "잠시 옆으로 비켜서서 학습이 일어날 여유를 주고, 어린이가 하는 것을 자세히 관찰하십시오. 만약 당신이 잘 이해했다면 아마도 당신의 교수 방법은 이전과 달라질 것입니다."라고 말하는 것입니다.

피아제는 『*이해한다는 것은 고안해 내는 것이다*(To Understand is to Invent)』(1974)라는 저서에서 인지적 구조와 도식을 직접 가르칠 것인지 아니면 능동적인 어린이가 탐구하는 과정에서 스스로 배울 수 있도록 풍부한 문제 해결 상황을 제공해 줄 것인지에 대해 우리가 결정해야 한다고 경고한 바 있습니다. 교육의 목표는 어린이가 고안하고 발견해 낼 가능성을 높이는 것입니다. 말이 지식에 도달하는 지름길로 사용되어서는 안 됩니다. 피아제와 마찬가지로, 우리도 교수의 목표는 학습이 일어날 조건을 제공하는 것이라는 점에 동의합니다.

때때로 교육에 관한 토론에서 교수와 학습은 거의 같은 의미를 지닌 것처럼 취급됩니다. 현실에서는 가르치는 사람의 조건 및 목적은 배우는 사람의 조건 및 목적과 일치하지 않습니다. 만약 교수가 일방통행적이고 어떤 '과학'에 따라 엄격히 구조화된 것이라면, 교수는 점점 참을 수 없고, 편파적인 것이 되며, 교사와 학습자 모두의 위엄에 손상을 주게 됩니다. 그러나 심지어 자신을 민주적이라고 자칭하는 교사들의 행동도 비민주적인 교수 책략으로 가득 차 있는 것을 너무나 자주 보게 됩니다. 이런 책략 안에 지시, 의례적 절차, 평가 체제(벤저민 블룸〈Benjamin Bloom〉은 이것에 의해 교육 모델이 이끌어져야 한다고 믿습니다.), 미리 준비된 각본과 강화 요소로 완벽히 갖춰진 경직된 인지적 교육과정 등이 포함됩니다. 이 책략은 쓸데없는 낭비와 학습자가 겪는 괴로움에 대해 전문가적 정당성을 제공해 주고, 동시에 인상적인 체제라는 환상을 만들어 내서 생각할 수 없을 정도로 성인들을 안심시킵니다. 공식적으로 어떤 것을 채택하기란 쉽습니다. 그러한 패키지나 체제의 단점이 드러날 때쯤이 되면, 때는 이미 늦었고 어린이들에게는 손상이 가해진 것입니다.

결론적으로 말하자면, 학습은 새로운 교수 방식의 기초가 되어야만 하는 주요 요소이며, 새로운 교수는 어린이에게 보완적 자원이 되어야 하고, 다양한 선택 사항, 암시적인 아이디어, 지지의 근원을 제공해야 합니다. 학습과 교수는 서로 반대편 둑에 서서 그저 강물이 흘러가는 것을 지켜봐서는 안 됩니다. 그 대신 물길을 따라 흘러가는 여정에 함께 나서야 합니다. 능동적이고 상호호혜적 교환을 통해, 교수는 배우는 방법 배우기(learning how to learn)를 강화해 줄 수 있습니다.

■ 우리의 비고츠키

간 디 니: 어린이가 학습을 향해 한 걸음 도약할 준비가 되어 있는 섬세한 순간을 교사가 포착할 수 있는 것이 중요하다고 말씀하셨습니다. 좀 더 자세히 말씀해 주십시오.

말라구찌: 이 시점에서 비고츠키의 중재, 즉 우리가 해석한 비고츠키 이론이 그 부분과 앞의 문단에서 제기된 다른 문제를 명료화하는 데 필수적입니다. 비고츠키는 아이디어를 형성하고, 행동을 위한 계획과 그 행동을 수행하고, 통제하며, 기술하고, 토론하기 위한 계획을 세우는 데 있어서 어떻게 사고와 언어가 함께 작용하는지를 우

리에게 상기시켜 줍니다. 이것은 교육에 도움이 되는 소중한 통찰입니다.

그러나 어린이–성인 관계를 꿰뚫어 보고 교수와 학습이라는 주제로 다시 돌아오면서, 러시아의 심리학자인 비고츠키(1978)는 우리에게 *근접발달지대(zone proximal development)*가 지닌 이점을 이야기합니다. 근접발달지대란 어린이가 현재 보여 주는 능력 수준과 성인이나 조금 앞선 또래의 도움으로 도달할 수 있는 잠재적 발달 수준 간의 거리를 의미합니다.

이 문제는 약간 모호한 점이 있습니다. 어떤 능력을 지니고 있지 않은 사람에게 그 능력을 준다는 것이 가능할까요? 바로 이 제안은 우리가 쫓아 버리려고 애썼던 오래 전 교수법의 유령을 다시 받아들이는 것처럼 보입니다. 그러나 우리가 주장하는 *순환성*(circularity, 비고츠키 글에서 사용된 용어는 아닙니다.)의 원리를 고수하면 전통적인 교수로 되돌아가는 위험을 배제할 수 있습니다. 좀 더 간단히 말하면, 우리는 성인이 이미 아는 것을 어린이도 곧 깨우치려 하는 상황을 찾아냅니다. 각자가 본 것들 간의 간격이 작아서 그 간격을 좁히는 것이 가능해 보이면, 어린이의 기술과 성향은 그 간격을 뛰어넘을 준비와 기대감을 형성하게 됩니다. 이런 상황에서 성인은 어린이에게 지식과 판단을 대여해 줄 수 있고 대여해 주어야만 합니다. 그러나 이 대여는 조건이 따르는 것으로, 다시 말해 어린이가 다시 갚는다는 것입니다.

어린이가 준비되어 있는지를 관찰하는 것이 너무 어렵다는 주장은 쓸데없는 것입니다. 이것은 정말 볼 수 있습니다! 우리는 기대한 것만 보게 되는 경향이 있으므로, 우리가 그것을 볼 준비가 되어 있어야 합니다. 그러나 급히 서둘러도 안 됩니다. 오늘날 우리는 시계의 노예가 되어 가고 있는데, 이 시계는 어린이와 성인의 자연스럽고 주관적인 시간을 부정하는 도구입니다.

비고츠키의 제안은 가치가 있으며 교사의 광범위한 개입을 정당화해 줍니다. 우리 레지오 입장에서, 비고츠키 접근법은 교수와 학습 사이의 딜레마를 바라보는 우리의 방식과 맥을 같이하고, 인간이 지식에 도달할 수 있는 생태학적 방식과도 조화를 이룹니다.

■ 작게 생각하지 않는 전문적인 직업

간 디 니: 당신이 생각해 내거나 접하게 된 많은 아이디어와 영감을 어떻게 교육 실천에 적용하십니까?

말라구찌: 이론의 효용은 영감을 주기도 하지만 동시에 저주가 되기도 합니다. 특히 우리가 소매를 걷어붙이고 교육적 실천에 임할 때는 더욱 그렇습니다. 가장 처음 생각나는 두려움은 행정적, 법적, 문화적 현실과 얽혀서 더욱 복잡해진 일상의 객관적인 문제들과 이론을 연결짓는 능력 혹은 수용력을 상실하는 것입니다.

그 밖에도 더 많은 두려움이 있습니다. 예를 들면 우리에게 필요한 이론적, 이념적, 윤리적 원리들과 연결을 끊게 만들 수도 있는 맹목적 경험주의에 빠져 길을 잃지나 않을까 하는 두려움, 교사로서 자신이 받은 훈련과 선택에 의문을 제기할 수도 있는 새로운 이론과 접근법의 도전에 시달리지 않을까 하는 두려움, 그리고 마지막이지만 여전히 중요한 것으로 학교가 어린이들에게 최선의 것을 제공하는 것은 물론 가족의 요구와 기대에 부응해야 한다는 약속을 못 지키지는 않을까 하는 두려움도 있습니다. 우리가 하는 과업에서 대충의 결과에 만족한다는 것은 있을 수 없으므로, 그리고 우리의 선택은 대단히 중요하고 개혁적인 기능을 하는 학교를 만들려는 것이었기 때문에 이런 두려움은 피할 수 없는 것입니다. 우리는 그저 만족감 없이 어린이들을 돌보는 사람이 되기를 원하지 않았습니다.

우리가 선택한 이론들은 다양한 분야에서 가져왔고, 우리는 이런 이론들뿐만 아니라 우리 앞에서 직접 일어나는 사건들에 대해서도 신중하게 생각해 봅니다. 그러나 교육행위의 모든 현상을 묶어 요약한 하나의 통일된 교육 이론은 존재하지 않고 앞으로도 존재하지 않을 것입니다. 그렇지만 레지오 에밀리아의 접근 방식에는 한 가지 흔들리지 않는 핵심이 있는데, 이것은 능동적 교육에 관한 이론 및 경험에서 직접 도출된 것이며, 어린이, 교사, 학교, 가족 그리고 지역사회에 대한 우리의 특정 이미지 속에 이 핵심이 구현되어 있습니다. 이 모든 것이 합쳐져서 개인적 성장과 사회적 성장을 적극적이고 창의적으로 연결해 주는 문화와 사회를 만듭니다.

로리스 말라구찌가 디아나 학교를 방문하였을 때 잠시 멈춰 한 어린이의 신발 끈을 묶어줍니다.

그리고 페리에르, 듀이, 비고츠키, 브루너, 피아제, 브론펜브레너 그리고 호킨스의 이론은 아직도 우리 안에 존재하고 있는데, 성인의 지도 역할에 대한 케이(Kaye)의 최근 제안점, 언어와 사회적 상호작용의 관계에 대한 쉐퍼(Shaffer)의 견해, 표상의 기원과 대인 간 인지적 구성의 중요성에 대한 세르주 모스코비치(Serge Moscovici)와 가브리엘 뮤니(Gabriel Mugny)의 견해, 그리고 지능의 형태와 열린 마음들에 대한 가드너의 견해도 우리에게 영향을 주고 있습니다. 이와 같은 방식으로 우리는 또한 성인과 어린이들이 어떻게 의미의 맥락들을 공동 구성해 가는지에 대한 사회언어학 연구뿐만 아니라 구성주의, 상징적 상호작용주의 그리고 사회적 구성주의 시각에 기초한 인지 연구도 찾아봅니다. 모두 합쳐서 이 연구 문헌들은 인간 행위의 창의적이고 주체적인 위력을 단순하고 읽어낼 수 없는 행동 차원으로 축소 환원해 버린 행동주의 이론에 대항하는 것입니다.

■ 이론의 성공 여부는 현장 실천에서 드러난다

간 디 니: 그렇지만 구체적으로 어떻게 이 모든 이론이 학교에서 실제로 일어나는 일과 관련되어 있습니까?

말라구찌: 우리가 하나 또는 여러 개의 이론을 가지고 있는 것처럼 진행하고 있다는 것

은 잘 알려진 바입니다. 교사도 이 점에서는 마찬가지인데, 스스로 알든 모르든 간에, 교사는 개인적 이론에 따라 생각하고 행동합니다. 문제는 어떻게 이런 개인의 이론들이 어린이 교육, 학교 내에서의 관계, 업무의 조직 등과 연결되는가 하는 것입니다. 일반적으로 동료와 긴밀하게 함께 일하고 공동의 문제를 함께 나눈다면, 행동들의 정렬과 개인적 이론의 수정이 촉진됩니다. 우리는 항상 이것을 격려하고자 노력해 왔습니다.

교육 이론과 실천에 관해 말하기 시작하면 끊임없이 계속할 수 있습니다. 나는 이론에서 실천적 측면이 배제될 위험이 있으므로 이론에 대해 너무 많이 토론하는 것은 피하는 것이 좋다는 윌프레드 카(Wilfred Carr, 1986)의 말에 동의합니다. 사실 이론은 교육 실천에서 발현되고 교육자가 해결할 수 있는 문제들을 다룰 때만 타당합니다. 이론의 역할은 교사가 문제의 성격을 잘 이해할 수 있도록 돕는 것입니다. 이렇게 되면 현장 실천은 이론의 성공을 위해서 필수적인 수단이 됩니다. 같은 맥락에서 이와 같은 사고를 한층 더 발전시켜서, 데이빗 호킨스(1966, p. 3)는 "실천가들이 지닌 개인적 지식은 학계 연구자의 믿음이나 글에 담겨 있는 어떤 사고보다 현저하게 심오하다."라고 했습니다. 그러므로 교사는 연구의 대상이 아니라 교육현상의 해석자로 취급되어야 합니다.

이처럼 교사의 실천적 작업은 우리가 유일하게 가치를 두는 풍요로운 '교과서'이며, 우리는 이것에 의지해서 교육적 고찰을 발달시켜 나가는 데 도움을 받습니다. 더욱이 교사의 작업은 홀로 남겨지지 않거나 기관의 지원과 동료 및 가족들의 연대 없이 버려지지 않는다면, 매일의 교육적 경험을 창출해 낼 수 있을 뿐만 아니라 비평적 검토의 대상이자 동시에 주체가 될 수 있습니다.

■ 연구에서 실천 행위로 나아가기

간 디 니: 교사가 연구자이기도 해야 한다고 말씀하셨는데, 이 점을 어떻게 격려하십니까?

말라구찌: 우리가 하는 일이란 어린이와 함께 배우고 다시 배우는 것입니다. 우리는 어린이가 경험으로 만들어지는 것이 아니라, 경험을 만드는 주체가 되는 방식으로 진행해 나갑니다. 우리가 어린이의 학습 과정을 살펴보고 그것을 도와줄 수 있는 실마

리를 찾는 데는 다음의 두 가지 방식이 있습니다. 한 가지는 어린이가 활동에 참여하여 사고와 행동 전략을 발달시켜 나가는 방식이고, 또 다른 한 가지는 개입된 물체가 변형되는 방식입니다. 성인과 어린이는 다른 방식으로 배워 나갑니다. 서로 다른 절차를 사용하고, 서로 다른 원리를 소중하게 여기며, 서로 다른 추측을 해내고, 서로 다른 발자국을 따라갑니다.

우리 교사들은 혼자 또는 동료 교사와 함께 어린이들의 작업에 도움이 되는 전략이나 어린이들이 사용할 수 있는 전략을 생각해 내기 위해 연구합니다. 그들은 연구를 행동으로 옮깁니다(그리고 그 반대도 일어납니다.). 학교의 모든 교사가 한마음이 되면 프로젝트, 전략 그리고 작업 방식이 서로 조화롭게 얽히게 되어, 진정으로 이전과 다른 학교가 됩니다. 몇몇 교사들은 다른 교사와 비교할 때 좀 더 분명한 의도성과 더 나은 방법을 사용해서 연구를 진행합니다. 이런 교사들의 노력을 통해 산출된 기록물과 문서들은, 행동으로 옮기기 위한 즉각적 요구를 뛰어넘을 정도로 의미가 있어서 점차 공동 연구의 대상이 되는데, 때로는 학교를 넘어 더 광범위한 청중들에게서 흥미를 유발하기도 합니다. 그 결과 이 교사들은 더욱 성장하여 높은 수준의 전문성을 이루고자 하는 의욕을 갖게 되고, 다른 교사들이 이런 동기를 느끼도록 해 줍니다. 이 과정에서 우리 교사들은 이미 알고 있는 것을 어린이들이 자신들에게 되돌려 주기를 기대하는 유혹을 뿌리쳐야 하고, 그 대신 그들도 어린이들이 발견의 과정에서 경험하는 것과 같은 경이감을 유지해야만 한다는 것을 깨닫게 됩니다.

이런 전체적 접근으로 해서 어린이들은 자기 교사들에 의해 더욱 잘 파악이 됩니다. 그러므로 어린이들은 도전해 볼 마음이 생기고, 특이한 상황에서 또래와 더 잘 협력할 수 있게 되며, 더욱 끈기가 생깁니다. 이것은 어린이들이 마음먹은 것을 시도해 볼 수 있다는 것을 깨닫게 되기 때문입니다. 어린이들은 자신의 목적을 추구하는 과정에서 스스로 선택할 수 있음을 알고 있고, 그렇게 하는 것이 자신들을 자유롭게 하고 다시 활기차게 하는 것임을 압니다. 이것이 바로 우리가 어린이와 가족 그리고 우리 자신에게 한 약속입니다.

우리의 작업 방식에 의하면 다양한 상호작용 양식 중 선택이 가능합니다. 어린이들로 구성된 소집단이 동시에 작업하는 것이 학교 어디에서나 발견되는데, 이와 같은 방식의 작업 조직은 사회적, 인지적, 상징적 구성을 촉진해 줍니다. 사실 우리 어린이들은 다양한 선택을 할 수 있습니다. 어린이들은 홀로, 소집단 또는 대집단으로, 교사와 함께 또는 교사 없이 머물 수 있는 장소가 있으며, *아틀리에*, *미니-아틀리에*, 커다란 *피아짜*, 또는 날씨가 좋으면 크고 작은 놀이 구조물들이 설치된 외부 정원에서도 지낼 수 있습니다. 그러나 소집단 안에서 함께 탐구하는 작업을 선택하게 되면 어린이와 교사 모두가 만족감을 느낍니다. 그런 이유로 해서 교실은 여러 개의 시장 진열대와 같은 책상들이 배치되어 있는 하나의 커다란 공간으로 변화되었고, 각 책상에서는 어린이들 각각의 프로젝트와 활동들이 일어나고 있습니다. 이런 방식의 배치는 협력학습 및 아이디어의 교환과 교역에 관해 유기적으로 전개되는 연구와 관찰을 가능하게 해 줍니다.

우리 학교에 이처럼 공간 배치가 되어 있는 것을 우리는 좋아합니다. 우리가 사는 도시는 전통적으로 광장과 기둥으로 가득한 회랑이 많은데, 이런 것들은 다양한 인간들 간의 만남, 협상 그리고 대화의 좋은 모델을 제공합니다. 게다가 우리 도시의 중앙 광장은 일주일에 두 번씩 수많은 상품 진열대가 놓인 시장으로 바뀝니다. 이 시장은 브루너가 언급했던 '*공공의 장(forum)*'과 같은 기능을 하고, 우리 학교에서도 동일 현상이 발견됩니다.

■ 계획 세우기보다 많이 정찰 나가기

간 디 니: 만약 교육과정 계획이라는 요소가 있다면, 레지오 에밀리아에서는 어떤 종류의 교육과정 계획을 활용하는지 많은 사람이 질문하곤 합니다.

말라구찌: 없습니다. 우리 학교에는 행동주의자들이 선호하는 단원과 소단원(수업 계획)으로 이루어진 계획된 교육과정은 과거에도 없었고 지금도 없습니다. 계획된 교육과정은 우리 학교에서 학습이 일어나지 않는 교수가 행해지도록 만들 것입니다. 출판사들이 무수히 발행해 내는 온갖 서식, 복사물, 소책자를 제공해 준다면 이는 학교와 어린이들을 보욕하는 것이 될 것입니다.

그 대신 매년 각 학교는 일련의 연관성이 있는 프로젝트들을 기술해 내는데, 어떤 것은 짧기도 하고 다른 것은 길기도 합니다. 프로젝트 주제는 기본 뼈대의 역할을 하지만, 그 건물이 기둥 위의 오두막이 될지 혹은 아파트가 될지, 아니면 다른 어떤 것이 될지는 어린이, 사건들의 경로 그리고 교사에게 달려 있습니다.

그렇다고 해서 물론 영유아센터와 유아학교 교사들이 매년 처음 원점부터 시작하는 것은 아닙니다. 배후에는 재능, 지식, 실험, 연구, 기록물 그리고 성공과 실패를 보여 주는 많은 선례 등 물려받은 자산이 많습니다. 교사들은 계획을 따라가는 것이 아니라 어린이를 따라갑니다. 목표가 중요하며 목표가 시야에서 사라지면 안 되지만, 더욱 중요한 것은 왜 그리고 어떻게 목표에 도달해야 하느냐 하는 것입니다.

'정찰(reconnaissance)'은 우리 어휘목록에서 아주 중요한 단어입니다. 우리 학교는 모든 인간적, 환경적, 기술적, 문화적 자원에 대한 정보를 수집하는 정찰 비행에서 시작합니다. 그리고 상황을 보다 전면적으로 이해하기 위해 더 많은 정찰 임무가 이루어지기도 합니다. 학교 내와 학교 간 정찰을 하기도 하며, 가정과 자문위원회, 교육조정팀, 시 행정부 및 선출된 관리들에게도 찾아가서 정찰 임무를 수행할 것입니다. 또한 교사들도 워크숍, 세미나 그리고 여러 분야의 전문가들과의 회의를 통해 정찰 여행을 합니다.

새로운 아이디어의 토론, 제안, 착수를 통해 교육자들은 전문가적 도구뿐만 아니라 집단의 한 부분이 되고 대인 간 유대감을 갖게 되며, 동시에 지적 자율성을 강화하게 되는 것에 더 가치를 부여하는 일련의 직업윤리도 얻게 됩니다. *순회 정찰 교육(itenerant reconnaissance education)*의 결과로 얻게 되는 지지는 우리에게 많은 힘과 도움을 줍니다. 정찰 교육의 과제는 우리 자신을 놀라게 해서 새로운 길로 가도록 만드는 것입니다. 우리 작업을 평가하는 데 이것보다 더 좋은 방법은 없습니다.

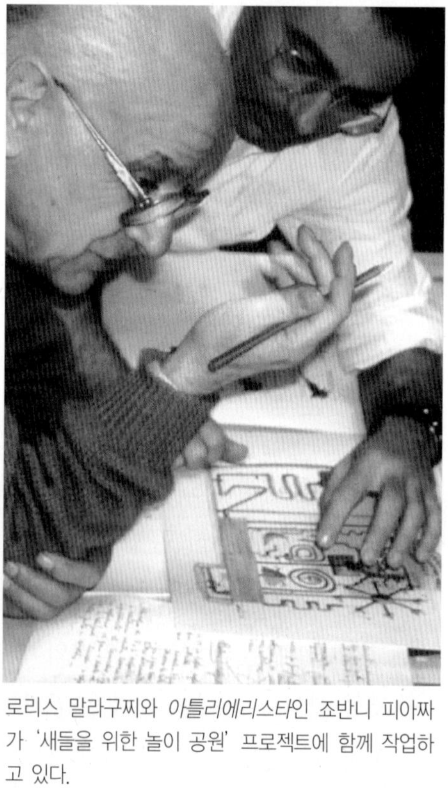

로리스 말라구찌와 *아틀리에리스타*인 죠반니 피아짜가 '새들을 위한 놀이 공원' 프로젝트에 함께 작업하고 있다.

■ 만약 교육과정이 어린이들에게서 발견된다면

간 디 니: 어린이들은 경험에 따라 만들어지는 것이 아니라 자신들의 학교 경험을 만들어 가는 존재입니다. 이 원리는 어린이에게 어떤 경험을 제공할 것인가를 선택하는 데 어떤 영향을 미치는지요?

말라구찌: 만약 유아를 위한 학교가 초등학교 준비를 위한 것이고 초등학교와의 연계성을 제공해야 한다면, 교육자로서 우리는 이미 깔때기로 귀결되는 모델에 갇혀버린 것입니다. 게다가 내 생각에 깔때기란 혐오스러운 물체이며 어린이들도 이것을 좋아하지 않습니다. 깔때기의 목적은 큰 것을 작은 것으로 좁히는 것입니다. 이렇게 목을 죄는 기구는 자연스럽지 않습니다. 만약 그것을 뒤집어서 엎어 놓으면 쓸모가 없어집니다.

어린이들을 위한 학교는 당연히 어린이에게 반응해야 한다고만 말해 둡시다. 학교는 어린이들이, 진짜 또는 가상의 것이든, 백 마리 말을 어떻게 타는지를 배우는 거대한 로데오 경기장 같아야 합니다. 말에 접근하는 방법, 말을 쓰다듬어 주고 말 가까이 머무는 방법은 모두가 '예술'의 측면이고 배울 수 있는 것입니다. 만약 규칙이 있다면 어린이들은 이것을 배울 것입니다. 만약 말에서 떨어지면 어린이들은 다시 올라탈 것입니다. 만약 특별한 기술이 필요하다면 어린이들은 더 잘하는 또래 친구가 하는 것을 자세히 보고, 문제를 함께 토론하거나, 성인의 경험을 빌려달라고 할 것입니다.

우리에게 교수 계획이나 교육과정이 없다는 것은 사실입니다. 그러나 우리는 물론 누구나 갖고 싶어 하는 기술이기는 하지만, 즉흥적 연출에 의존하는 것은 아닙니다. 아직 우리가 모르고 있는 것이라도 어느 정도 예측이 가능하다는 확신이 있으므로, 우리는 운에 의지하지 않습니다. 우리는 어린이들과 함께 일하는 것은 1/3의 확실함과 2/3의 불확실함 및 새로움을 가지고 작업하는 것임을 알고 있습니다. 확실한 1/3이 우리가 이해하도록 해주고 이해하려고 노력하게 만듭니다. 우리는 학습에는 그 나름의 흐름, 시간, 장소가 있는지; 학습은 어떻게 조직될 수 있고 격려될 수 있는지; 어떻게 학습에 유익한 상황을 준비할 수 있는지; 어떤 기술과 인지적 도식이 지지할 가치가 있는지; 어떻게 말, 그림, 논리적 사고, 신체 언어, 상징 언어, 환상, 서사적 이야기 그리고 논쟁을 발전시킬 수 있는지; 어떻게 놀이하는지; 어떻게 다른 무엇인 척하는지; 어떻게 우정이 생겨나고 없어지는지; 어떻게 개인과 집단 정체성이 발달하는지; 어떻게 유사점과 차이점이 나타나는지 등을 알고 싶습니다.

위에 열거된 지혜는 우리가 모르는 것을 보충해 줄 수는 없습니다. 그러나 모른다는 것은 우리가 계속 연구하도록 만드는 조건이 됩니다. 이 점에서 우리는 어린이들과 같은 상황에 놓여 있습니다. 어린이들은 우리를 도와줄 준비가 되어 있다고 우리는 확신할 수 있습니다. 어린이들은 우리에게 아이디어, 제안, 문제, 질문, 실마리 그리고 따라갈 길을 제공함으로써 우리를 도울 수 있습니다. 그리고 어린이들이 우리를 믿고 우리를 자원으로 생각할수록 우리에게 더 많은 도움을 줍니다. 어린이들이 제공하는 것이 우리가 그 상황에 끌어들이는 것과 합쳐지면, 자원의 멋진 자산이 됩니다.

지난 몇 년 간 우리는 여러 가지 탐구를 진행했습니다: 만 5세 어린이가 컴퓨터에 접근하는 방식; 남녀 어린이가 그림에서 보여 주는 차이점; 선 그림의 상징적 의미; 논리-조직적 사고의 구성적 능력(이것을 재방문하여 조지 포먼은 기록물 영상을 만들었습니다.); 의사소통 맥락에서 읽기와 쓰기 능력의 획득; 측정과 수에 관한 학습에서 사용된 사고의 형태; 놀이를 통한 협동학습(캐롤린 에드워즈, 렐라 간디니, 존 니모〈John Nimmo〉와의 협력 작업을 통해); 부분적으로 구조화된 상황에서 만 2세 영아의 행동에 관한 연구 등을 들 수 있습니다. 이 연구 결과들은 융통성 있는 프로젝트를 구성해 내는 데 도움을 줍니다. 그러나 실험하고 기록하는 데는 또 다른 이유가 있는데, 다시 말해, 유능한 어린이의 이미지를 온전히 밝혀줄 필요성입니다. 이것은 결국 우리를 비방하고 깎아내리는 사람들과 공식적 프로그램 및 실천을 신비스럽게 만들어 현혹하는 것에 맞서 우리의 입지를 강화해 줄 것입니다.

지금 세계를 순회하는 우리의 기록물, 문서, 전시 안에 우리의 모든 이야기가 담겨 있습니다. 이것은 성인들, 프로젝트들, 발현되는 교육과정 그리고 무엇보다도 어린이들의 역사에 관한 것입니다.

제8부 적절한 기대들

■ 무엇이 좋은 프로젝트를 만드는가?

간 디 니: 많은 교사들이 레지오 에밀리아 어린이들이 수행한 훌륭한 프로젝트 작업에 대해서도 질문을 합니다. 당신 관점에서 볼 때, 좋은 프로젝트를 만드는 데 기여하는 요소들에는 어떤 것이 있습니까?[2)]

말라구찌: 어린이들의 능력과 자원을 믿고 의지하는 것이 우리의 철학적 관점을 나타내주기 때문에 우리는 프로젝트를 활용합니다. 학교란 어린이들에 반응하여 자신을 끊임없이 변화시키는 능력이 있어야 하며, 그렇지 못하다면 계속 뱅글뱅글 돌면서 제자리에 남아 있게 됩니다.

좋은 프로젝트를 만들어 내려면, 무엇보다도 우리는 사전에 형성된 적절한 기대를 지녀야만 하는데, 어린이들 또한 이것을 느껴야만 합니다. 이 기대가 있으면, 성인들은 주의 기울이기, 선택, 개입 방법, 참여자들 간의 관계에 관해 어떤 조치를 할 것인지의 측면에서 도움을 받습니다.

간 디 니: 착수할 프로젝트를 선택하는 것에 대해 말씀해 주실 수 있나요? 프로젝트들은 종종 이미 진행되고 있는 경험을 토대로 이루어지나요?

말라구찌: 그렇습니다. 때로 우리는 이미 어린이들이 참여하고 소속되어 있는 것을 추적하기도 하지만, 다른 경우에는 새로운 것을 따라가기도 합니다. 어린이들은 계속해서 자신들이 무엇에 흥미를 느끼는지, 그리고 무엇을 더 깊이 있게 탐색하고 싶은지를 우리에게 제시해 주기 때문에, 교사는 오로지 어린이들을 관찰하고 그들에게 귀 기울일 필요가 있습니다. 어린이들의 관심이 성인들의 관심과 일치해서 성인들이 어린이들의 동기와 즐거움을 수월하게 지원할 수 있다면 이는 좋은 일입니다.

좋은 프로젝트가 되려면 몇 가지 필수적인 요소들이 있습니다. 우선 어린이들이 발동 걸릴 만한 초기 동기를 만들어 내거나 촉발할 수 있어야만 합니다. 각각의 프로젝트에는 일종의 서막과 같은 국면이 있어서, 집단 내에서 정보와 아이디어들이 제공되고 서로 나누어집니다. 이런 것들은 추후 어린이들이 자신들의 의도를 성인들의 의도와 더불어 확장해서 최종 목표를 제안하는 데 도움이 되도록 활용될 것입니다.

간 디 니: 시작 국면에서 어린이들의 기억, 생각 그리고 바람을 모으기 위한 토론은 매우 효과적인 출발점이 될 것 같습니다.

말라구찌: 그렇습니다. 이것이 다음 국면에 무슨 일이 일어날 수 있을지에 대해 성인들이 가설을 세우고 예측하도록 도와주기 때문입니다. 이러한 기대 중 몇 가지는 살아남지 않을 것이지만, 다른 것들은 프로젝트의 경로 중 어린이들과 함께하는 여정 동안 살아날 것입니다. 그리고 성인만 기대와 가설을 세우는 것이 아닙니다. 어린이들도 자신들의 능력을 활용해서 기대를 형성해 낼 수 있고, 이들이 세운 기대와 가설들도 작업을 조직해 내는 데 필요합니다. 어린이들이 프로젝트에 착수하면서 가졌던 강한 동기는, 몇 가지는 버리고 다른 몇 가지는 시도해 보기도 하며 많은 다양한 경로를 거치는 과정에서 어린이들이 편안하게 느끼도록 도와줄 것입니다. 어린이들은 이 과제에 다양한 유형의 지능과 자세를 가지고 다가와서 아이디어들을 각별하게 꽃피우고 또 (협상을 통해) 수렴하기도 할 것인데, 그 과정에서 아이디어들은 더 선명해지고 엄선됩니다. 어린이들은 실수를 두려워하거나 자신의 아이디어를 무너뜨리는 것을 두려워하지 않기 때문에 자유롭게 그런 일을 할 수 있는 것입니다. 프로젝트의 목표는 항상 그곳에 있는 영원한 신호등의 역할을 해 줍니다. 이는 어린이들이 도달해야 하는 곳이 어딘지를 알려주기에 그들에게 무한한 에너지를 줍니다.

프로젝트 내내 성인들은 가능한 한 개입을 줄여야 합니다. 그 대신 성인들은 상황을 설정해 주고, 어린이들의 작업을 촉진하는 선택을 해야 합니다. 어린이들의 동기 수준을 높게 유지하기 위해 성인들은 계속해서 이제껏 일어났던 일에 대해 재방문을 하고, 그들 사이에서 발견해 낸 내용을 토론하며, 자신들이 알아낸 것을 사용해서 어떻게 그리고 얼마나 행위에 참여해야 하는지를 결정해야 합니다.

동기에 관해 과학적 이론들이 많지만, 내 생각에 교사들은 어린이들과 함께 작업하면서 동기 유발에 관해 많은 것을 알아낼 수 있습니다. 어떤 어린이들은 게임에 곧바로 뛰어들어서 준비가 필요 없습니다. 또 다른 어린이들은 첫 활동 중에 준비가 되기도 합니다. 또 다른 어린이들은 대단한 아이디어의 교류가 일어나는 상황에서 무엇인가 자신들의 아이디어에 도전해 올 때가 되어야만 준비되기도 합니다.

■ 토론에서 도식적 표상으로

간 디 니: 어린이들 간 토론으로 시작된 서막은 종종 어린이들이 도식적 표상을 하는 것으로 이어지고, 이것은 다시 또 다른 토론으로 이어지는 등 이런 일이 계속 일어납니다. 당신은 한 표현 양식이 다른 양식에 영향을 주고, 역방향으로 영향을 주는 일에 대해 어떻게 생각하십니까?

말라구찌: 언어적 토론은 분명 집단 안에서, 여기서는 소집단을 말하는데, 협상을 조정해 주는 지렛대 역할을 해서 함께 작업하는 것을 가능케 합니다. 언어적 능력이 취약한 어린이들은 이 대단한 게임에 적극적으로 들어서는 데 어려움을 느낄지도 모릅니다. 그래서 우리는 그들에게 매우 주의를 기울여야만 합니다. 우리는 또한 어린이들의 느낌으로 인한, 예를 들면 한 어린이가 다른 어린이들과 함께 그 집단에 속하지 못한다고 느낀다면, 의사소통의 장애가 있는지 주목해 보아야만 합니다.

말은 아이디어를 전달해 줄 뿐만 아니라 아이디어들의 협상과 전환이 일어나도록 해주므로 강한 위력을 가지고 있습니다. 말을 도식적 표상으로 전환하는 문제는 그 과정에 강력한 선택 과정이 개입되어 있기에 단순한 일이 아닙니다. 때때로 어린이들은 종이 위에 자신들의 생각을 담아내고 타인이 볼 수 있도록 가시화하기에 앞서, 아이디어들을 명료하게 만들기 위해 잠시 멈춰 볼 필요가 있을 것입니다.

아이디어들을 도식적 표상의 형태로 담아내는 것은 어린이들이 자신들의 행위가 소통할 수 있다는 사실을 이해하도록 해줍니다. 이것은 대단한 발견인데, 왜냐하면 이로 인해서 어린이들은 소통하려면 그들의 도식을 타인들도 이해할 수 있어야 한다는 것을 깨닫게 되기 때문입니다. 우리가 보기에 도식적 표상은 말보다 더 단순하고 명료한 의사소통의 도구입니다.

간 디 니: 지금 말씀하신 것이 매우 마음에 듭니다. 왜 어린이들이 자신들의 생각을 종이 위에 옮길 필요성을 느끼게 되는지 설명이 됩니다. 나는 이곳 교사들이 종종 어린이들에게 무엇을 그렸고 왜 그렸는지를 설명해 달라고 요구하면서, 이런 과정을 어린이들과의 다음 대화를 위한 토대로 사용하는 것을 보았습니다. 또 어린이들에게 이런 과정을 친구와 짝을 짓거나 집단 안에서 해보라고 제안하는 것을 보았습니다.

말라구찌: 이는 우리가 항상 따르는 절차입니다. 어린이들에게 이런 방식으로 진행하도록 요구하면, 어린이들과 그들을 관찰하고 있는 성인들은 일어났던 일에 대해 재방문해 볼 수 있습니다. 성인들은 어린이들의 생각을 대필해 주어야 하며 어린이들이 말하거나 행동하는 것의 자세한 사항들을 포착해서 기록해야 합니다. 교사들은 이렇게 적어놓은 것을 어린이들과 다시 이야기할 때 사용할 수 있습니다. 어린이들에게 "오늘 너희들은 이런 작업을 했고, 여기에 다다랐어. 내일 아침 우리는 여기에서 시작할 거야."라고 말해 줄 수 있습니다.

간 디 니: 도식적 표상의 위력에 대해 좀 더 말씀해 주시겠습니까?

말라구찌: 도식적 표현의 사용은 명료함을 얻고자 하는 필요성에서 나온 것입니다. 또한 어린이는 이 새로운 부호가 이제부터 무엇을 생산해 낼 수 있는지에 대해 직관적으로 깨닫게 되는 것도 사실입니다. 어린이들은 하나의 상징 언어에서 다른 상징 언어로 옮겨가면서, 매번의 전환이 새로운 것을 생성해 낸다는 것을 발견합니다. 이는 상황을 복잡하게 만들면서 어린이들을 앞으로 나아가게 만듭니다. 어린이들은 자신들의 아이디어를 구성해 나감에 따라, 상징들과 다양한 부호들을 구성해 냅니다. 그러므로 그림을 그릴 때 어린이들은 단지 도식적 개입을 하는 것만이 아니라 아이디어들을 선별하고, 과하게 남아도는 혹은 잘못된 방향을 제시하는 아이디어들을 제거해 냅니다. 어린이들은 문제의 틀이나 윤곽들을 재수립하고 명료히 해야 합니다. 매번의 단계를 거치며 어린이들은 더 멀리 더 높게 나아가는데, 이것은 마치 수차례의 단계를 거치며 우주선이 매번 로켓을 우주로 더 깊숙이 밀어주는 것과 같습니다.

어린이들이 도식적 표현을 거치려는 또 다른 이유는, 도식적 표현이 다른 어린이들과 생각, 행위, 관점의 연대감을 견고하게 해주는 것이라고 느끼기 때문입니다. 도식적 표현은 협력적 능력에 도움이 되는 하나의 연결 끈 역할을 해 주어서, 학습이라는 게임이 어린이들 사이에서 발견이 계속 이어지며 일어나도록 해 준다고 말할 수 있습니다.

간 디 니: 분명 당신은 어린이들이 표상적 수단들 혹은 다양한 상징 언어들 사이를 오고 가는 것이 가치가 있다고 생각하시는군요. 하나의 상징체계에서 다른 상징체계로 가는 것이 어린이들이 의사소통하는 데 도움이 됩니까? 이 일은 어린이들 자신이나 어린이 주변의 다른 사람들에게 만족스러운 일인가요?

말라구찌: 나에게 상징은 다른 어떤 것을 나타내는 단어 혹은 이미지입니다. 내 생각에 이것이 우리의 작업 정의가 될 수 있으며, 이것은 부차적인 측면을 선택하고 유지하는 핵심입니다. 상징들은 감정, 느낌 그리고 관찰을 통해서 수량화될 수 없는 많은 것들과 심오한 관련성을 가지고 있습니다.

간 디 니: 그러면 상징적 언어에 대해 어떤 말을 할 수 있습니까?

말라구찌: 우리는 지금 학교 이야기를 하고 있기에, 어린이들이 문화를 습득하고 성장하고 의사소통하는 데 상징들이 사용되는 방식을 말하고 있습니다. 나는 상징적 언어의 영역을 단지 읽기, 쓰기 그리고 숫자들에만 국한하고 싶지 않습니다. 상징들은 음악가, 이야기꾼 그리고 다른 사람들에 의해서도 사용됩니다.

간 디 니: 어린이들이 사용하는 다양한 언어를 이야기할 때, 당신은 어린이들이 다른 수단들을 이용하여 개념들을 다시 쓴다고 말하고 있습니다. 어린이들은 자신의 감정과 그들이 지적으로 지각한 것 모두를 다시 씁니다. 그러므로 어린이 지식의 성장은 하나의 상징 언어에서 다른 상징 언어로 여러 차례 거치면서 일어납니다.

말라구찌: 상징들을 통해 어린이는 경제적인 표현 수단을 배웁니다. 어린이는 개념들을 가까이 두어 다른 상황이나 맥락으로 전이시키기 쉽게 유지하는 방법을 배웁니다. 어린이들은 동시에 여러 가지의 상징 언어들을 연결 지을 수 있는 놀랄 만한 능력을 지니고 있습니다. 어린이들은 텔레비전을 보고, 인형이나 기차를 가지고 놀며, 책을 뒤적이고, 방에서 떠나갔다가 다시 돌아오며, 그리고 일어나는 현상을 각별한 논리와 정확성을 가지고 재구성해 낼 수 있습니다.

■ 집단에 속한다는 것은 대단한 특권을 지닌 상황이다

간 디 니: 어린이들 간의 협동을 생각한다면, 소집단이 함께 작업한다는 것은 어떤 의미입니까?

말라구찌: 사회와 문화가 고립시키는 경향이 있는 지금과 같은 시점에, 어린이들이 수년 동안 함께 지내고 긴밀하게 함께 작업할 가능성을 부여해 준다는 것은 구급용 비상 뗏목과 같습니다. 그들의 관계는 가족 내의 긴밀한 관계나 전통적인 학교의 통상적인 또래 관계와는 다르고 정말 새로운 것입니다. 어린이들 간의 이와 같은 새로운

협력적 관계가 지닌 교육적 잠재력의 측면에서는 아직 충분히 연구된 바가 없습니다. 이런 관계는 어린이들에게 자신들의 아이디어는 서로 다르며 자신들만의 고유한 관점을 가지고 있다는 것을 깨닫게 되는 기회를 제공합니다. 동시에 어린이들은 세상은 다원적이며 다른 어린이들이 아이디어의 협상을 통해 부각될 수 있다는 것을 깨닫습니다. 단지 느낌과 우정만을 통해서 상호작용하는 대신, 어린이들은 아이디어를 교환하고 그로 인해서 자신들이 처한 환경을 변화시키는 것이 얼마나 만족감을 주는 일인지를 발견합니다.

그러나 발달상의 차이가 너무 크지 않아야 합니다. 교환과 협상을 산출해 낼 수 있으면서도 동시에 과도한 불균형 상태를 만들지 않을 만큼의 적정한 간격이 있어야 합니다. 그러므로 여러 곳에서 일어난 경험들을 통해 우리가 배운 바와 같이, 어린이들은 발달 수준상 차이가 존재해야 하지만, 그 차이가 너무 크지 않은 편이 좋습니다.

어린이들은 협상을 통해 타인과의 충돌이 잦아들 수 있다는 것을 깨닫게 됩니다. 어린이들은 자신의 아이디어를 기꺼이 바꾸는데, 성인이 아닌 또래로부터 아이디어를 바꾸라는 압력이 있을 적에는 특히 그러합니다. 어린이들이 함께 일하고 놀이할 때, 가끔 어떤 순간 그들의 목적은 진실로 좋은 관계를 수립하는 것일 때가 있습니다. 어린이들은 집단 안에 머무는 것에서 즐거움을 찾습니다. 설사 서로 생각이 달라도 어린이들은 그것을 드러내지 않기도 합니다.

간 디 니: 어린이들은 다른 사람들이 다른 관점을 가지고 있다는 것을 알 수 있고, 적절한 순간이 될 때까지 이러한 차이점을 표현하거나 차이점에 맞서기를 늦출 수도 있다는 말씀이신가요?

말라구찌: 어린이들이 협동하고 있는 것을 보면, 일종의 윤리와 같은 것이 포착되는데, 어린이들은 최선을 다해 상황을 지속시키고 안정을 유지하려고 합니다. 몇몇 어린이들은 다른 어린이들과 비교해서 이런 능력이 더 발달해 있습니다. 그런 어린이 중 한 명이 제안하거나 제의하면, 다른 어린이들은 그 제안을 성인이 했을 때보다 더 기꺼이 받아들입니다. 그들 중 많은 어린이는 자신의 관점이 상대적이라는 것과 자신의 아이디어를 조심스럽게 드러내는 방법을 배웁니다. 그들은 "내 생각엔" 혹은 "내 시각에서 보면" 혹은 "내 생각이 모두에게 맞는지는 몰라."라고 말합니다.

물론 갈등은 존재합니다. 원칙과 아이디어의 대립은 풍요로운 기회가 될 수도 있지만, 반드시 직접적인 대립을 통해 표현될 필요는 없습니다. 때로 어린이들은 서로의 관점에서 차이를 느끼지만 참기도 하는데, 이는 집단 기능이 조화롭게 유지되도록 하기 위한 것입니다. 추후 서로 대비되는 관점이 나타날 수도 있습니다. 인지적 갈등들은 항상 대립을 통해서 표현될 필요가 없으며, 그 대신 사랑의 행위, 평화롭고 차분한 수용의 행위를 통해서 해결될 수도 있습니다. 사교적 감정은 이 복합적인 발달에서 강력한 역할을 하고 있습니다.

이 모든 것은 왜 어린이들의 대화를 기록하고 전사하는 것이 중요한지를 설명하는 데 도움이 됩니다. 성인들은 이 기록된 텍스트 안에 있는 여러 층의 의미들에 민감해지도록 스스로 훈련해야 합니다. 명료함을 찾아 안개를 걷어내면 어린이들의 사고에 대해 많은 정보를 끌어낼 수 있습니다. 사려 깊은 해석을 통해 우리는 어린이들은 계속해서 사물 간의 연결성을 끌어내며 그로 인해 성장하고 배우고 있다는 것을 알게 됩니다.

그러므로 어린이들에게 집단 안에 머문다는 것은 마치 거대한 변형이 일어나는 실험실 안에 있는 것처럼 대단한 특권을 지닌 상황입니다.

로리스 말라구찌가 앰허스트 소재 매사추세츠 주립대학이 개최한 '어린이들의 수많은 언어' 전시회 개막 행사에서 강연하고 있으며, 렐라 간디니가 통역을 하고 있다.

결론

간 디 니: 이제 우리 대화의 마지막에 이르렀습니다. 당신은 많은 사고의 양식을 주셨지만, 더 알고자 하는 욕구를 잠재우지는 않았습니다. 당신, 그리고 당신과 함께 일하고 있는 멋지고 유능하면서도 따뜻한 사람들과 이야기 나눌 기회를 다시 갖고 싶습니다. 당신이 레지오 에밀리아 어린이들에게 가져다 주었던 밝고 희망찬 많은 아이디어와 경험들이 지금 당신이 사는 이 도시의 경계를 넘어 멀리 여행하고 있습니다.

말라구찌: 이 경험과 그에 대한 나의 설명은 끝이 없습니다. 내가 한 이야기에는 우리처럼 어린이들이 고개를 높이 들도록 도와주고자 하는 미국 친구들, 우리가 문화적으로 도움을 많이 받은 친구들에 대한 환영의 메시지가 담겨 있습니다.

마지막에 아직도 메시지가 필요하다면 그것은 회상의 메시지입니다. 나는 성인의 세계가 진정 어떤 모습인지 모릅니다. 내가 아는 것은 가난한 사람들은 무엇을 어떻게 숨길지도 모르는데, 반대로 부유한 성인의 세계는 많은 것을 숨기고 있다는 것입니다. 성인의 세계가 가장 철저하고 냉혹하게 숨기는 것 중 하나가 바로 어린이들의 상태입니다. 죽음과 절망에 관한 자세한 자료는 나열하지 않겠습니다. 내가 지금까지 한 이야기는 사치라는 것을 알고 있으며, 내가 지금까지 말한 어린이들은 풍요로운 세상에 살고 있으므로 이는 특권입니다.

그러나 이 세상에서도 기만은 계속됩니다. 때로는 냉소적이고 폭력적이며, 때로는 더 섬세하고 세련되며, 위선과 편협한 이론으로 장식되어 있습니다. 기만이 심지어 유아교육 제도에까지 침투했습니다. 우리 일을 지속해 주는 동기는 사실, 비록 소박한 방법이기는 하지만, 기만에 저항하고 유아기에 대한 새로운 인류 문화를 향한 희망을 펼치기 위한 시도였습니다. 우리 시도의 동기는 미래와 인간을 향한 강한 향수에서 그 근원을 찾을 수 있습니다.

끝으로 이제 나의 사심을 여러분이 받아들여 준다면, 하워드 가드너와 엘렌 위너(Ellen Winner)의 막내아들 벤자민(Benjamin)을 위해 축배를 들고 싶습니다. 가드너는 내가 막 감정을 담아 읽기를 끝낸 『*창의성의 열쇠를 찾아서(To Open Minds)*』(1989)라는 그의 책에서 중국 여행 이야기를 썼습니다. 왜 벤자민을 위해 축배를 들까요? 그 책에서 열쇠 구멍에 열심히 열쇠를 끼우려는 모습을 보면, 벤자민은 어떤 면에서는 지금까지 우리가 이야기해 온 어린이들을 대표하기 때문입니다. 가까이 다가가서 그의 행동을 관찰하고 그의 모험에 참여합시다. 이것이 그의 희망이며, 우리의 희망이기도 합니다.

새로 건립된 닐데 이오티(Nilde Iotti) 영유아센터에서 교사가 음악을 연주하는 모습을 한 어린이가 벽 모퉁이 뒤에 숨어 내다보고 있다.

노트

1 이 인터뷰의 대부분은 1989년부터 1991년까지 3년 동안에 걸쳐 이루어진 것이다. 그러나 마지막 부분은 우리가 조지 포먼과 함께 '새들을 위한 놀이 공원' 프로젝트를 기록하였던 1992년에 이루어졌다. 로리스 말라구찌는 종이 위에 적힌 자신의 아이디어에 만족하는 것을 힘들어 했다. 그가 일했던 어린이를 위한 학교들에서 있었던 수천 가지의 경험들을 돌이켜 보면서, 그의 생각은 어린이 문화에 대한 존중감과 교사의 역할에 관해 더 폭넓은 성의를 찾아가는 계속적이고 명료한 진행 상태에 있었다. 그동안 여러 차례에 걸쳐, 말라구찌는 나를 불러서 내가 검토해 달라고 보냈던 전사록을 버리라고 말했고, 다시 시작하고 싶어 했다. 그래서 나는 그가 요청할 때마다 그렇게 했다. 그러나 그와의 대화가 계속되었기에 이 프로젝트가 생겨날 수 있었다. 사실, 1991년에는 약속했던 결론을 기다리고 있었는데, 대신 당시 미국을 방문했던 카를리나 리날디(Carlina Rinaldi)를 통해 더 진행된 작업물을 보내왔고, 그것과 함께 이 부분이 인터뷰에 어떻게 연결되어 담겨야 하는지에 대한 윤곽도 같이 전달되었다. 나는 레스터 리틀과 캐롤린 에드워즈의 편집에 도움을 받아 번역했다(Lella Gandini, 2011).

2 인터뷰의 이 부분은 1992년 4월에 진행되었는데, 렐라 간디니와 조지 포먼이 '새들을 위한 놀이 공원' 프로젝트에 참여하고 관찰하고 있었던 때였다. 로리스 말라구찌는 인터뷰를 만족스럽게 여겼고, 다른 부분을 편집했던 것과 달리, 이번 인터뷰 전사록을 편집하지는 않았다.

참고문헌

Barazzoni, R. (2000). *Brick by brick: The history of the "XXV Aprile" people's nursery school of Villa Cella* (J. Costa, Trans.). Reggio Emilia, Italy: Reggio Children.

Bruner, J. (1986). *Actual minds, possible worlds*. Cambridge, MA: Harvard University Press.

Carr, W. (1986). *Becoming critical: Education, knowledge, and action research*. Philadelphia, PA: Falmer Press.

Gardner, H. (1989). *To open minds: Chinese clues to the dilemma of contemporary education*. New York: Basic Books.

Hawkins, D. (1966). Learning the unteachable. In L. Shulan, & E. Keislar (Eds.). *Learning by discovery: A critical appraisal* (pp. 3-12). Chicago: Rand McNally.

Malaguzzi, L. (1971). *Esperienza per una nuova scuola dell' infanzia*. Rome: EditoriRiuniti.

Malaguzzi, L. (1971). *La gestione sociale nella scuola dell' infanzia*. Rome: EditoriRiuniti.

Pessoa, F. (1986). *Il libro del inquietudine*. Milano: Feltrinelli.

Piaget, J. (1962). *Comments on Vygotsky's critical remarks*. Cambridge, MA: MIT Press.

Piaget, J. (1971). *Biology and knowledge*. Chicago: University of Chicago Press.

Piaget, J. (1974). *To understand is to invent*. New York: Grossman.

Rodari, G. (1996). *The grammar of fantasy: An introduction to the art of inventing stories* (translated and with an introduction by Jack Zipes). New York: Teachers and Writers Collaborative. (Originally published as Grammartica della fantasia by Giulio Einaudi Editore, Torino, Italy, 1973)

Vygotsky, L. S. (1978). *Mind in society: The development of higher psychological processes*. Cambridge, MA: Harvard University Press.

Wertheimer, M. (1945). *Productive Thinking*. New York: Harper and Row.

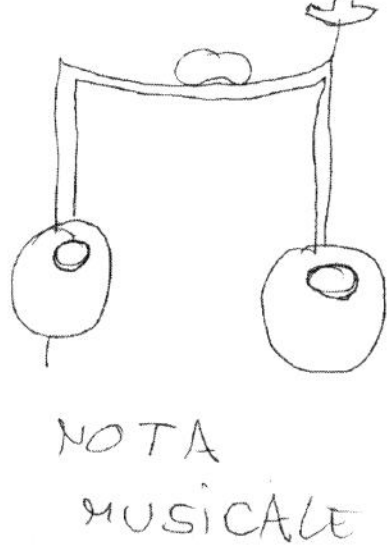

3 말라구찌의 이야기, 다른 이야기들 그리고 어린이들에 대한 존중

데이빗 호킨스(David Hawkins)

놀라운 이야기 그리고 만남

다른 이야기들: 유럽과 미국 진보주의 교육의 발달

시민 의식: 공동체에서의 진지한 멤버십

미국과의 평행이론: 프로젝트를 통한 학습

유아를 단순히 사랑하는 것에서 존중하는 것으로 옮겨가기

데이빗 호킨스(1913~2002)는 볼더에 위치한 콜로라도 대학교(University of Colorado at Boulder)의 저명한 철학 전공 교수이자, 교육적 논쟁과 혁신의 격동적이지만 흥미로운 시기였던 1960년대 미국의 진보주의 학교 혁신의 형성을 지원한 영향력 있는 학자였다. 그와 유아교육 분야의 저명한 전문가인 그의 아내 프랜시스(Frances)는 초등학교의 활발한 지적 탐험과 과학교육을 촉진하고자 환경교육을 위한 마운틴 뷰 센터(Mountain View Center for Environmental Education)를 설립했다. 호킨스는 생애 동안 많은 존경을 받았으며 정치사회이론, 수학, 물리학, 생물학, 철학에 이르는 그의 방대한 지식을 활용하여 교육 이론 사상가들에게 영향을 끼쳤다.

호킨스의 배움에 대한 철학에는 두 가지 기본적인 개념이 있다(Hawkins, 1974). 첫 번째는 그들이 가르치는 어린이들과 똑같은 호기심, 흥미, 경이로움, 놀람을 가지고 조사 과정에 참여하고, 세상을 만나는 학습자로서의 교사의 중요성이다. 첫 번째 개념과 강하게 연결된 두 번째는 어린이들과 어른들이 탐구와 조사를 시작하고 지지할 수 있도록 해 주는 재료인 '일상적인' 재료들로 가득한 학습 환경의 가치, 호킨스의 말을 인용하자면 어린이들이 '되는대로 다루어볼 수 있는' 재료를 강조한다.

호킨스는 로리스 말라구찌를 비롯한 많은 중요한 사상가들에게 영향을 끼쳤다. 두 사람은 렐라 간디니(Lella Gandini)가 소개하여 1988년 처음 만났는데, 그 후 호킨스는 레지오 에밀리아(Reggio Emilia)를 두 번 방문하였다. 첫 번째는 1990년 국제 컨퍼런스 참여자로서, 두 번째는 1992년 학교 방문을 위해서였다. 진정한 '사상의 만남'이었던 이 방문들은 말라구찌와 레지오 교사들에게 깊은 인상을 주었다(Gandini, 2008). 이러한 상호관계성과 아이디어 확산을 위해 다음에 제시된 호킨스 사상의 샘플을 이 책에 포함시켰다.

놀라운 이야기 그리고 만남

렐라 간디니와의 인터뷰에서 로리스 말라구찌가 들려준 놀라운 이야기는 나(David Hawkins)에게 그와의 첫 만남을 떠올리게 하였다. 그것은 1990년 3월 위대한 레지오 에밀리아 컨퍼런스에서 그가 컨퍼런스의 주제였던 '아동의 잠재력과 권리'에 대해 통렬한 연설을 하고 있을 때였다. 그의 이야기는 내가 각기 다른 시간과 장소에서 들어본, 혹은 들어봤을 법한 다른 이야기들도 떠오르게 하였다. 모두가 유아들의 다양한 능력을 키우는 데 최소한이라도 부합하는 교육적 실제의 새로운 패턴을 창조하고자 하는 성공적인 노력들에 대해 이야기했다. 대부분의 이러한 성공들은 규모 면에서 그리고 슬프게

본 장의 소개글은 데이빗(David)와 프랜시스 호킨스(Frances Hawkins)의 글과 사진 다수를 포함한 기록물을 보관하고 있는 콜로라도(Colorado) 볼더(Boulder) 시 소재 호킨스 학습센터(Hawkins Center of Learning)의 설립 이사회 멤버인 엘렌 홀(Ellen Hall)에 의해 캐롤린 에드워즈(Carolyn Edwards)와 공동으로 준비되었다. 본 장의 본문은 이 책 2판에 있는 호킨스(Hawkins)의 서문, 그가 1998년 6월 콜로라도의 볼더 시에서 했던 기조연설 구절들, 그리고 콜로라도 대학교 출판사(University Press of Colorado)와 호킨스 학습센터(Hawkins Centers of Learning)의 허가 하에 프랜시스 호킨스(Frances Hawkins)의 자서전 『*어린이들과의 여정: 한 교사의 자서전(Journey with Children: The Autobiography of a Teacher)*』(1997)에 실린 그의 후기와 통합(홀〈Hall〉과 에드워즈〈Edwards〉가 살짝 편집)하여 작성된 것이다.

도 지속성 차원에서 한계가 있었다. 그러나 이 성공들이 한데 모아지면 어른들이 다른 일에 신경을 쓰느라 무관심했던 수십 년의 세월이 황금실로 엮인다. 비록 교육이 인류가 해온 실습 중 가장 오래되고 중요한 것이지만, 교육의 성공은 비주류의 전통에 의해서만 지지되어 왔고 주류사회로부터는, 심지어 과학적 호기심과 연구의 주류로부터도 무시되어 왔다. 이러한 일이 사실이라는 점은 역설적이다. 그러므로 레지오 에밀리아에서와 같은 눈부신 예외는 큰 즐거움을 불러온다.

어린이들이 라 빌레타(La Villetta) 유아학교에서 로리스 말라구찌와 데이빗 호킨스가 겨루는 체커 경기(checkers match)를 지켜보고 있다.

다른 이야기들: 유럽과 미국 진보주의 교육의 발달

나는 이러한 몇몇 다른 이야기를 회상하는 것이 가치가 있다고 생각한다. 말라구찌는 이 이야기 중 몇 가지를 주로 이론가에게 언급했었다. 나는 다른 이야기를 하고자 한다. 교육학 분야에서, 다른 많은 분야에서와 마찬가지로, 좋은 이론은-나는 과감하게 이렇게 말하는데-추수처럼 성공적인 실제에 반영되어 나타난다. 과거의 실제로부터 수확된 이론은 다시 새로운 실제를 위한 안내가 되어줄 수 있다. 이러한 이중적인 관계의 뛰어난 예를 존 듀이(John Dewey)가 보여줬다.

거의 백년 전인 듀이의 시대에 미국에는 유아교육의 훌륭한 실제를 보여주는 비주류 전통이 이미 존재해 왔다. 그 전통은 프뢰벨 유치원(Froebel Kindergarten)들로부터 진화하여 온 것이었다. 나의 친어머니도 1870년대에 프뢰벨 유치원에서 기본적인 교육을 받았는데, 미국에서는 이 시기에 이러한 학교의 수가 2~3배로 늘어나고 있었다. 강한 여성 교사들이 프뢰벨의 기본적인 사상을 기본으로 하여 어린이들을 교육하였으나, 다행히 프뢰벨의 개척적인 '시스템'이 갖는 독특한 엄격성에서는 벗어난 상태였다(훗날 몬테소리의 영향도 이와 유사하였다.). 이러한 발달 과정에 참여했던 초기의 교사들은 새로운 이론적 인식과 안내가 필요했다. 그들은 이미 통찰력 있는 철학자이자 심리학자였던 존 듀이에게서 그 답을 찾았다. 그러나 처음에는 그들이 심오한 재능을 가진 학생 듀이를 교육시켜야 했다! 듀이가 말하는 실제는 대학에서 강의를 하는 사람의 것이어서, 그의 영혼과 통찰을 이미 이해한 사람이 아닌 사람에게는 깊이 있고 반성적인 것이기는 했으나 먼지만큼이나 무미건조한 것이기도 했다. 많은 현대인이 듀이 이론의 명확성에 진심으로 감동받지만, 미국에서 그의 영향력은 유아교육의 축소와 함께 많이 잊혀졌다. 이 위대한 교육 철학자가 이탈리아에서는 아직도 건재하다는 것이 나를 기쁘게 한다. 더 과거를 돌아보면, 프뢰벨은 자신을 이론적 측면에서는 철학자 조지 W. F. 헤겔(Georg W. F. Hegel)과 연결 지었으며, 실제와 헌신 측면에서는 그의 멘토인 요한 페스탈로찌(Johann Pestalozzi)(레지오 에밀리아에서 한참 북쪽인 취리히 출신)와 연결 지었다. 200년도 전인 1798년 페스탈로찌는 나폴레옹 군에 의해 고아가 된 어린이들을 구했고, 그 결과 그들의 삶과 능력을 기르는 것과 관련된 깊은 통찰을 발전시켰다.

다시 시간을 앞으로 돌려서 보면, 이러한 긴 발달의 과정은 불규칙적이라는 것을 알 수 있다. 그 실제적인 영향은 캐나다와 유럽 대륙에서 커졌는데, 독일과 그 주변국(벨기에와 네덜란드), 프랑스, 스칸디나비아에서 다르게 발달하였다. 미국에서도 한때는 영향력이 있었지만, 점차 학교가 본래의 개념을 따르기보다는 진보적 개념인 '킨더가르텐(Kindergarten)' 또는 '어린이의 정원'이라는 이름만 사용하는 상황이 되고 있다. 세계 여러 나라에서 공통적으로 나타나는 이런 경향은 없어져야 한다.

여기에 나는 19세기 프뢰벨의 영향을 필두로 훗날 듀이와 마가렛(Margaret)과 레이첼 맥밀란(Rachel McMillan) 자매의 영향을 받기까지 미국과 유사한 주요 발달과 역사를 밟아온 영국에 관한 이야기를 덧붙이고자 한다. 제2차 세계 대전 이후 이 진화 과정이 미국에서는 방치되고 거부되었으나 영국에서는 번창하였다. 몇몇 주에서는 만 5세에서 7

세 이상의 어린이들이 다니는 유아학교(Infant School) 중 많은 곳이 혁신적으로 변화했고, 만 7세에서 11세 이상 어린이들이 다니는 주니어 스쿨(Junior School, 역자 주: 초등교육에 해당) 중 몇 곳이 혁신적으로 변화했다. 이러한 좋은 교실을 방문한 손님들은 그 안에서 많은 기쁨과 생각할 거리를 발견할 수 있었다. 보다 최근에는 정치적인 이데올로기 때문에 이런 진보가 억눌리거나 무시되고 있다. 그러나 새로운 교수와 학습이 완전히 없어진 것은 아니다. 새로운 방법은 성공적이고, 여전히 존재하며, 이것들로부터 배울 것도 많다.

영국과 공유하고 있는 역사를 여기에 언급하는 것은 고유의 좋은 전통을 잃어버리고 고통에 시달리고 있는 미국인들이 큰 관심을 보였기 때문이다. 그러나 나타난 결과는 '영국 유아학교(English Infant School)'를 모방하려는 유행이었다. 이들은 따라 하기에는 긴 세월동안 이뤄져 온 발전, 즉 비행기에 실어져 옮길 수 없는 뿌리 깊은 나무를 간과한 것이었다. 우리는 우리 고유의 강한 전통이 있고, 그것을 구제해야 한다.

시민 의식: 공동체에서의 진지한 멤버십

역사적으로 우리 미국인은 세계 여러 지역에서 지속적으로 유입되는 이민자들과 함께 새로운 사회로 구성하였다. 우리에게 '삶, 자유 그리고 행복의 추구'라는 슬로건이 있었지만, 결코 '공동체 안에서의 진지한 멤버십'이라는 슬로건은 가져본 적이 없다. '공동체'의 가치는 어떤 측면에서는 개인적인 자유와 반대적인 입장에 있다. 나는 우리의 가치 있는 전통이 여러 가지 측면에서 많은 가치가 있지만 미래를 위한 계획을 함께 수립하는 능력 면에서는 그다지 잘하고 있지 못하고 있다는 비판적인 생각이 든다. 우리는 이것을 정치라고 부르며, 우리 중 많은 이가 이를 회피하고자 한다.

레지오 에밀리아를 방문한 이래 이탈리아와 미국에서 가지고 있는 공동체 개념의 차이가 나의 뇌리에 계속 맴돌았으며, 나는 제2차 세계대전 종전 이후 우리와 북부 이탈리아가 공통적으로 겪은 역사에 대해 논하고자 한다. 두 가지의 상황이 벌어졌는데, 하나는 사회 전반에 걸친 실질 소득률 감소이고 다른 하나는 여성의 해방이다. 이 두 가지 상황이 합쳐져서 더 많은 여성들이 전문적, 비즈니스적, 실질적 직업 분야로 진출하였고, 이것은 선택이 아니라 필수적인 것이었다. 이탈리아에서는–특히 북부 이탈리아에서는–이러한 트렌드가 대중의 논의와 만나 그 지역에서 발달하던 유아 보육에 대한 관심을 불러일으켰다. 미국에서는 보육을 필요로 하는 유아들이 매우 많았고 부적절한 보육만이 종종 제공되고 있었음에도 불구하고 가정 밖에서 이루어지는 보육에 관해서는 아무런 계획도 세우지 않았다는 점에서 그 영향이 꽤 달랐다.

이는 무척이나 대조적이다. 이탈리아의 역사를 살펴보면, 이러한 종류의 *공동체주의적(communitarian)* 사회가 존재한 기나긴 역사가 있었다는 것을 볼 수 있다. 우리가 흔히 말하는 용어인 *시민 의식(civility)*에 대해서도 이야기해 보자. 우리가 흔히 '시민성을 보이자(Let us be civil).' 고 하는 말은 '예의를 지키자(Let us be polite).' 를 뜻한다.

그러나 *시민성(civil)*이 진정으로 의미하는 것은 다음과 같다. 역사를 거슬러 올라가 보면, 부족–혹은 씨족–에 속하면서 수렵–채집을 하거나 농사를 지었던 사람들이 초기에는 서로 떨어져 살았으나 나중에는 도시(cities)라고 하는 곳에 모여들기 시작하였다. 도시를 지칭하는 라틴어는 '*civis*' 이며, 이 단어에서 '*시민 의식(civility)*' 과 '*시민의(civic)*', '*시민(citizen)*', '*문명(civilization)*' 등과 같은 수많은 단어가 파생되었다. 서로 다른 씨족들은 서로와 더불어 사는 방식을 습득해야 했고, 시민 의식이 사회적으로 실현되기까지 많은 연습을 해야 했다. 나는 여기에서 이탈리아의 에밀리아 로마냐(Emilia Romagna)처럼 고대로부터 계속 뿌리내려져 온 삶의 터전은 우리의 것과 같이 더 흩어지고 다양하며 유동적인 사회와 큰 차이가 있다고 생각한다.

시민 의식은 예의바름을 의미하는 것이 아니고, 함께 할 수 있는 능력을 의미한다. 함께 하기 위해서는 항상 예의 바를 필요는 없지만 단합해야 하고, 교류하고 싶어 해야 하며, 상식을 형성하고 싶어 해야 한다.[1)]

미국과의 평행이론: 프로젝트를 통한 학습

이러한 역사의 회로를 지나 다시 레지오 에밀리아 및 유아교육이 유사하게 발전하고 번영한 이탈리아의 다른 공동체들의 매혹적인 역사로 돌아가 보자. 우리처럼 유아교육이란 특별한 분야에 몸담고 있는 사람들은 레지오의 역사와 지속적으로 발전하는 실제로부터 배울 점이 많다. 공동의 지원 아래 이루어진 발전이라는 점은 특히 미국인들이 신중하게 연구해야 할 성취이다. 그러나 우리가 그저 레지오 경험을 수입할 수 있다고 생각하는 것은 영국 유아학교(English Infant School)를 모방하고자 했던 사례처럼 큰 실수가 될 수도 있다. 평판에 의하면 우리는 손쉬운 해결책을 찾고자 하는 경향이 있다. 이러한 태도는 미국이 동경하는 레지오의 성취를 깎아내리게 될 것이다. 여러 제도적, 문화적 차이들 가운데 미국의 우리는 특히 결속, 지속적인 공동사회, 그리고 말라구찌의 설명처럼 어린이를 위한 보다 나은 교육을 요구하는 방법으로 우리를 재형성하는 것에 대해 알지 못한다. 우리의 사회적 환경이 다르므로 우리의 투쟁방법도 달라야 한다.

데이빗과 프랜시스 호킨스(Frances Hawkins)

비록 아직도 우리 중 다수가 레지오 실제의 분명한 풍요로움과 만날 기회가 적지만, 나는 용기를 내어 미국, 영국 그리고 다른 곳에 사는 우리도 레지오 경험에 기여하기도 하고 기여 받기도 할 수 있다는 의견을 내어본다. 나는 특히 유아들의 호기심과 창안을 위한 '프로젝트 작업'을 개발하는 실제에 대해 언급하고자 한다. 이는 수년 전 캘리포니아에서 성공적으로 개발된 전략과 유사하다. 나의 아내 프랜시스 호킨스(1997)는 그곳에서 교편을 잡았으며 지루한 일일 '수업들'[2]보다 훨씬 진보한 그 전략의 발전에 기여하였다.

몇몇 유아들이 놀이나 토의 과정에서 보인 흥미에 기반을 둔 프로젝트는 유아들의 참여와 열의를 이끌어 낼 수 있다. 그러나 이러한 유아의 열의가 다른 유아들의 숨겨진 혹은 덜 발달된 능력을 어느 정도까지 지원할 수 있을지 혹은 오히려 가릴지에 대한 근본적인 질문들이 남아 있다. 다양한 학습경로를 가진, 분명한 자기표현이 부족한 어린이들을 인정하고 격려하기 위해서는 지속적으로 도전해야 할 것들이 남아 있다.

우리는 위의 질문이나 도전이 유아기 학습에 대한 우리의 지적 호기심 전반에 스며있어야 한다고 배웠다. 우리는 잘해야 손쉽게 유지되는 정도인 우리의 프로젝트 방법보다, 훨씬 더 많은 작업의 다양성을 동시에 지원할 수 있는 수업의 실제를 발전시켜야 할 필요성을 보게 되었다. 자주는 아니더라도 때로는 이처럼 보다 다원적이고 풍부한 환경으로부터 나온 아이디어와 창안을 모두가 공유할 수 있다. 그러나 이러한 프로젝트의 정의와 지속 기간은 항상 상황에 따라 바뀌는 종속적이고 제한적인 변수이다.

내가 이 특별한 주제–프로젝트–에 대해 언급하는 것은 내가 로리스 말라구찌의 매우 개방적이고 매력적인 반응을 읽으면서, 유아교육의 보다 넓은 역사에 대해서 뿐만 아니라 레지오 에밀리아의 교육자들이 전통적인 이탈리아의 교육 실제와 맞서는 모든 과정에 포함된 세부사항들, 논쟁, 문제들에 대해서도 생각하게 되었기 때문이다. 예를 들어, 나는 '프로젝트 작업' 의 기원과 활용이 아직 미결의 단계에 있을지도 모른다는 점을 제안해 왔다. 우리 자신을 위해서도 우리는 레지오에서 있었던 논쟁, 회고적인 평가, 점진적인 발전에 대해 더 잘 알아야 한다. 우리는 논쟁에 합류해야 한다!

동시에 우리가 헌신적인 교사이론가의 놀라운 이야기와 헌신적인 공동체가 이뤄낸 성취와 발달에 경의를 표하는 것만으로도 충분하다.

유아를 단순히 사랑하는 것에서 존중하는 것으로 옮겨가기

나는 이 글을 유아를 존중하는 것에 대해 언급하는 것으로 마치고자 한다. 왜냐하면 이는 나에게도 마찬가지이지만 말라구찌의 철학에도 너무나 기본적인 것이기 때문이다.

유아기에 관한 제대로 된 그리고 진지한 연구라면 우리 사이에 널리 퍼진 하나의 경향성에 대해 의문을 제기해야 한다고 생각한다. 크리스토퍼 몰리(Christopher Morley)의 판타지 소설『*Where the Blue Begins*』(1922)에서, 한 무리의 어린이들이 마법에 걸려 어른이 된 한 아이를 어른 세계에 스파이 또는 밀사로 보내기로 결정한다. 나는 같은 맥락에서 우리 어른도 아동기 단계로 밀사 또는 메신저를 보낼 필요가 있다고 제안한다. 그러나 그 또한 절반의 요구만 충족할지도 모른다. 우리는 우리가 받아들일 준비가 된 것만 너무 쉽게 배운다. 임무 수행 중 유아를 대하는 제도적 방식의 뻔한 형식성과 빈약함 때문에 우리의 임무가 저지당하면, 다수의 어른은 온화함과 사랑이라는 쉬운 양방향 의사소통을 위해 준비된 연합 패턴을 찾거나 옹호하는 반응을 보인다. 이것이 절반의 이야기라면 이는 나머지 절반의 이야기를 듣고 난 후 재정의가 필요한 절반이다.

미국의 심리학자 브로노 베틀하임(Bruno Bettleheim)이 정서적으로 불안한 어린이들의 치료에 관한 유명한 저서 『*사랑만으로 충분하지 않다(Love is Not Enough)*』(1950)를 출간하기 오래 전에, 독일의 위대한 윤리 철학자 임마누엘 칸트(Immanuel Kant)도 인간사와 다른 모든 것에서, 사랑으로는 충분하지 않다는 명제에 대해 지대한 지지를 표명하였다. 그 자체가 목표인 것으로서, 자신의 학습과 행동과 삶의 실제적이고 잠재적인 장인으로서, 그리고 다시 자신의 학습과 행동에 기여하는 것으로서의 마법적인 선물은 사랑이 아니라 자신과 타인을 향한 존중이다.

어린이 세대를 향한 존중은 소극적이거나 참견하지 않는 태도가 아니다. 존중하기 위해서 우리는 자원을 제공해야 한다. 어린이 세대의 삶을 촉진하기 위해서 때로 우리는 항변과 개입을 해야 할 때도 있다. 존중은 촉진이라는 내재적인 목표 차원에서는 사랑과 유사하나 존중이 없는 사랑은 눈을 멀게 하거나 속박할 수 있다. 존중이 타인과의 모든 도덕적 관계에 내재된 것이라면, 사랑은 사적이고 자발적인 것이다.

유아에 대한 존중의 마음을 가진다는 것은 추상적인 차원에서 그들의 잠재력을 인정하는 것을 넘어, 어른의 일반적인 기준으로 봤을 때 아무리 작아 보이는 것이라도 그들의 성취를 찾아내고 가치롭게 여기는 것을 의미한다. 그러나 우리가 이런 생각의 경로를 실천하기 위해서는 중요한 한 가지가 더 있다. 우리는 유아의 흥미와 능력을 끌어내고 실제와 사고에서 유아들의 참여를 더욱 깊이 있게 만드는 그런 종류의 환경을 제공하여야 한다. 자기 자신을 둘러싼 환경으로부터 자신을 소외시킨 '사랑하는 성인들'로 구성된 환경은 교육적인 진공 상태이다. 인류와 자연의 세계와 연결된 성인은 그 세계를 유아에게 가져다주어야 한다. 그러나 주의할 것은 가져다줄 때 세계를 경계 짓고 안전하게 만드는 동시에 그 자체의 풍요로움이나 진기함을 잃지 않은 상태로 가져다주어야 한다는 것이다.

노트

1 말라구찌(Malaguzzi)의 관계로서의 교육에 관한 철학 중 시민 공동체에 대한 심도 있는 토의의 언급을 보려면 캐롤린 에드워즈(Carolyn Edwards, 1995)를 참조할 것

2 프로젝트 접근법, 그리고 이와 관련 있는 발현적 교육과정은 릴리안 캐츠와 실비아 차드(Lilian Katz & Sylvia Chard, 1989), 그리고 베티 존스와 존 니모(Betty Jones & John Nimmo, 1994)의 연구를 통해서도 유아교육자들에게 널리 알려져 있다.

참고문헌

Bettleheim, B. (1950). *Love is not enough: The treatment of emotionally disturbed children.* Glencoe, IL: Free Press.

Edwards, C. P. (1995). *Democratic participation in a community of learners: Loris Malaguzzi's philosophy of education as relationship.* [*Invited lecture*], Nostalgia del Futuro, symposium honoring the contributions to education of Loris Malaguzzi. University of Milan, Italy. Available at http://digitalcommons.unl.edu/famconfacpub/15

Gandini, L. (2008). Meeting of minds: Malaguzzi and Hawkins. In L. Gandini, S. Etheredge, & L. Hill (Eds.), *Insights and inspirations from Reggio Emilia* (pp. 36-37). Worcester, MA: Davis.

Hawkins, D. (1974). *The informed vision: Essays on learning and human nature.* New York: Agathon Press.

Hawkins, F. P. (1997). *Journey with children: The autobiography of a teacher.* Boulder: University Press of Colorado.

Jones, E., & Nimmo, J. (1994). *Emergent curriculum.* Washington, DC: National Association for the Education of Young Children.

Katz, L. G., & Chard, S. C. (1989). *Engaging children's minds: The project approach.* Norwood, NJ: Ablex.

Morley, C. (1922). *Where the blue begins.* Garden City, NY: Doubleday Press.

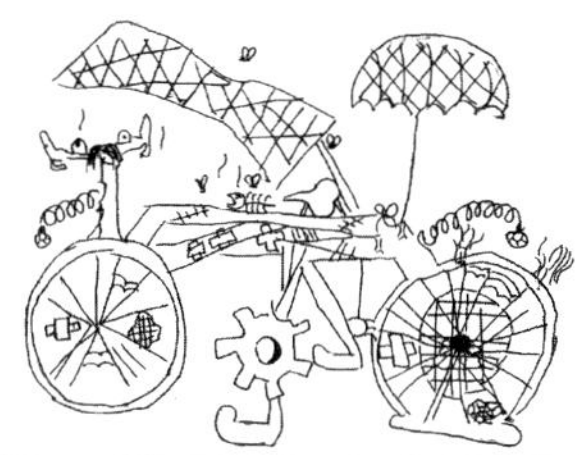

4

유아를 향한 그리고 유아들의 공동체를 향한 우리의 책임

그라지아노 델리오(Graziano Delrio)

그라지아노 델리오(Graziano Delrio)는 2004년 이래 레지오 에밀리아(Reggio Emilia)의 시장직을 맡아왔다. 그는 직업상 내분비학자이자 모데나-레지오 에밀리아 대학교(University of Modena and Reggio Emilia)에서 교수직을 맡고 있다. 사랑받는 남편이자 아버지로서 그는 "9남매의 아버지 노릇을 한다는 것이 쉬운 일은 아니지만 내가 23세에 처음 아버지가 되었을 때에 얼마나 부적격했는지를 돌이켜 생각해 보면 이는 내게 다른 사람들을 함부로 판단하지 않을 것과 인정할 것을 가르쳐줬다."라고 이야기하였다. 두 번에 걸친 시장 임기 동안, 그는 공동체와 사람에 집중했다. 첫 번째 임기는 '레지오 에밀리아, 고요하고 안정되며 단합된 도시를 위한 집단 선(善)'이라는 개념으로 특징 지어진다. 국제적인 경제 위기의 기간 동안에 있었던 두 번째 임기는 '강한 공동체, 안전한 미래'라는 개념에 기초하여 교육, 지식 그리고 혁신을 레지오 에밀리아 시의 국제적 발전을 위한 기반으로 보는 데에 초점을 맞추었다.

오늘날 우리는 우리에게 중요한 이슈인 유아를 향한 책임에 초점을 맞추고 있다. 우리에게 이것은 시민권에 대한 유아의 권리에 관한 논의를 의미한다. 우리는 유아를 도시의 시민으로 그리고 권리의 선구자(전조)라고 표현한다. 우리는 성인이 유아에게 시민적 책임(civil liability), 윤리적 책임(ethical liability), 정치적 책임(political liability)이라는 세 가지 종류의 책무를 진다고 본다.

우리에게 있어 *시민적 책임(civil liability)*이란, 유아에게 교육과 동등한 기회를 주는 것을 의미하며 인간 발달의 모든 장애물을 제거하는 것을 의미한다.

이탈리아 헌법 조항 3: 모든 시민은 동등한 사회적 존엄성을 지니며, 성별, 인종, 언어, 종교, 정치적 성향, 개인적·사회적 조건에 따른 차별 없이 법 앞에 평등하다. 시민의 자유와 평등을 속박해서 인간의 전인 발달과 국가의 정치적, 경제적, 사회적 조직에 속한 모든 근로자의 효과적인 참여를 방해하는 경제적, 사회적 장애물을 제거하는 것이 국가의 의무이다.

이 선언문은 1776년 토마스 제퍼슨(Thomas Jefferson)이 독립 선언문에서 적은 것과 유사하다.

모든 사람은 평등하게 태어났고, 조물주는 몇 개의 양도할 수 없는 권리를 부여하였으며, 그 권리 중에는 생명과 자유와 행복의 추구가 있다는 것을 자명한 진리라고 우리는 생각한다.

본 장 앞부분의 초기 버전은 2010년 6월, 시카고에서 열린 북미 레지오 에밀리아 연합(the North American Reggio Emilia Alliance)의 여섯 번째 연례회의(Innovations in Early Education: The International Reggio Exchange, 17[4], 1-5로 출간)에서 발표된 것으로 미시건(Michigan) 주 디트로이트(Detroit)에 위치한 웨인 주립대학교 교육대학(Wayne State College of Education)에서 출판되었다. 두 번째 부분은 2009년 렐라 간디니(Lella Gandini)와의 서면 인터뷰를 바탕으로 하였다. 허가 하에 재인쇄하였다.

레지오 에밀리아의 우리는 평등한 공동체를 세우고, 평등한 존엄성과 평등한 권리를 보장하기 위한 공동 선을 위해 행동하는 목적을 가지고 우리의 도시를 관리하는 것이 옳다고 믿는다. 비록 이탈리아의 학교 체제는 유아학교 어린이를 위한 교육의 권리를 인정하지 않지만, 우리는 유아가 출생하면서부터 교육받을 권리가 있다고 주장한다. 이탈리아의 많은 지역에서는 아직도 출생에서 만 3세까지의 영아를 위한 유아교육 서비스에 대한 조항이 제한적이다.

레지오 에밀리아에서는 가족이 요청하는 많은 서비스를 충족시켜 주기 위해 열심히 일하고 있다. 특히 요즘과 같은 경제적 위기 시기에는 학교 행정가와 정치인이 이러한 요구를 들어주는 데 전념해야 한다. 유아교육 서비스는 고리 중에서 약한 부분인데, 이는 부모 중 한 사람이 실직하면 가족이 종종 포기하는 분야이기 때문이다. 그러나 이는 유아로부터 교육받을 권리와 학교에서 친구와 관계를 맺을 권리를 박탈하는 결과를 낳는다. 이 때문에 우리 시는 경제적 위기의 영향을 받은 가족을 지원하기 위해 가족이 유아교육 서비스를 받는 데 내야 하는 비용을 줄여준다.

어린이를 향한 책임은 건물을 짓는 것 이상이 되어야 한다. 우리는 우리가 어린이와 가족에게 제공하는 교육의 질, 도구와 자원의 질, 그리고 특히 이 접근법의 풍부함에 관심을 둔다. 우리는 부유층을 대상으로 하는 학교를 만들어 내는 것을 목표로 하지 않는다. 레지오 에밀리아 접근법은 아무것도 없더라도 존중, 경청 그리고 시간이 있다면 가능하다. 이는 교육의 질이 초등교육에서 중등교육으로 확장된 미국에서보다 이탈리아에서 더 중요하다. 제롬 브루너(Jerome Bruner)는 "오늘날 레지오 에밀리아는 유아학교뿐만 아니라 교육 시스템의 모든 단계에 영향을 끼치기 위해 시가 지금까지 해온 것을 일반화시킬 방법을 찾아야 한다."라고 하였다. 작년에 우리는 로리스 말라구찌 국제센터(Loris Malaguzzi International Center)에 초등학교를 개교했으며, 우리는 모든 어린이에게는, 모든 소년과 소녀에게는, 교육의 질에 관한 권리가 있다고 믿기 때문에 학교에 대한 투자를 계속할 것이다.

유아에 대한 우리의 두 번째 책임은 *윤리적 책임(ethical liability)*과 관련 있다. 유아를 향한 윤리적 책임이란 유아를 시민으로서 존엄성을 가진 존재, 시와 관련된 권리를 지닌 존재로 인식한다는 것을 의미한다. 그러므로 유아는 유능한 시민이다. 그 또는 그녀(즉, 각 유아)는 시를 위한 책임을 지는 데 유능하다. 나는 종종 미국의 두 번째 대통령이었던 존 애덤스(John Adams)의 선언을 인용한다.

레지오 에밀리아의 작은 광장을 커다란 석상 사자가 내려다보고 있다.

> 시민이 공공의 선과 공공의 삶에 대한 책임을 질 때 공공의 행복이 존재한다. 도처에 늙거나 젊은, 부자이거나 가난한, 크거나 작은, 현명하거나 우둔한 남성, 여성, 어린이가 존재한다…, 모두가 그를 둘러싼 사람과 그를 아는 사람이 그(또는 그녀)를 보아주고, 이야기를 들어주고, 고려해 주고, 인정해 주고, 존중해 주기를 원하는 욕구에 의해 굉장히 동기부여된다.

우리 역사의 이 단계에서 시민권이라는 개념은 영유아센터와 유아학교의 정체감–즉 소속감, 서로를 돌보고자 하는 의지, 참여의지, 세계 공동체의 번영을 향한 변화의 과정에 활발히 참여하고자 하는 욕구 등으로 구성된 정체감–형성에 강한 영향을 주었다. 영유아센터와 유아학교는 여러 세대가 함께 생활하는 공간이다. 이 공간은 대중이 미래에 대한 강한 지각 그리고 참여, 공존, 다른 사람을 돌봄에 관한 강한 생각을 가지고 함께 성장하는 사람의 공동체가 되고자 하는 공공의 공동구역이다. 우리는 배려는 배려를 낳고 관심은 관심을 낳으며 신뢰를 받은 유아는 신뢰를 할 것이라고 믿는다. 타인과 공동구역(common spaces)에 대한 돌봄은 공동체에 대한 소속감의 표현이다. 학교는 학교를 발생시킨 사회를 반영하기도 하지만, 학교는 새로운 사회를 발생시킬 수도 있다. 돌보는 학교는 돌봄에 대한 상호적인 감각을 발생시킨다.

『*하버드 비즈니스 리뷰*(Harvard Business Review)』에 실린 2007년 인터뷰에서 하워드 가드너(Howard Gardner)는 다음과 같이 말했다.

> 윤리적 공동체에 관한 예로 내가 가장 좋아하는 사례는 북부 이탈리아의 레지오 에밀리아라는 작은 도시입니다. 시민들에게 질 높은 서비스와 문화적 이득을 제공하는 것 외에도 이 도시는 훌륭한 영유아센터와 유아학교를 제공합니다. 유아는 공동체에 의해 보호받는 기분을 느낍니다. 그래서 이들이 성장하면 이러한 생각을 다른 사람을 돌보는 것으로 갚습니다. 이들은 좋은 근로자와 좋은 시민이 되는 겁니다. (Fryer, 2007)

우리는 교육의 목적이 단순히 당신에게만 관련된 것이 아니라 우리, 공동체와 타인에게도 관련되어 있음을 이해한다. 우리가 레지오 에밀리아에서 하고 있는 것을 하도록 추진시키는 힘은 무엇일까? 우리는 믿음이 있기 때문에 이를 실행한다. 우리는 인간의 아름다움과 독특성에 대한 믿음이 있다.

우리의 세 번째 책임은 *정치적 책임(political liability)*과 관련이 있으며, 나는 특히 다양한 문화의 상호공존에 초점을 두고자 한다. 유아를 향한 책임은 또한 정치적이기도 하다. 미국에서 오래 전 그랬듯 유럽에서도 국가마다 굉장한 여론의 주제가 되는 이민 현상을 경험하고 있다. 이민의 실상은 가족과 유아 모두에게 어렵다. 국제적인 문제들은 도시가 즉각적으로 해결할 수 없는 지역적인 문제가 된다. 레지오 에밀리아는 EU 국가별로 문화 공존의 우수한 실제를 보여주는 한 도시를 선발하여 구성한 문화 간 도시 네트워크(Intercultural Cities Network)에 소속된 이탈리아의 유일한 도시이다. 나는 그들이 우리 시를 선택한 것은 시립 영유아센터와 유아학교에서 이민자 유아와 가족을 위해 노력한 덕분이라고 믿는다.

오늘날의 시대정신(*zeitgeist*, 시대의 정신, 한 시대의 분위기)이 다름(differences)이 문제라고 말할 때, 우리 사회는 두 가지 종류의 관계 중에서 하나를 택할 수 있다: 결합하기(bonding) 또는 가교되기(bridging). 우리는 집단을 하나로 엮고, 소속감을 강화하는 결속을 만들어내는 집단 안에 머물러 있을 수 있다. 그와는 대조적으로 우리는 나머지 사람들, 우리와는 다른 사람들에 대한 개방성을 자극하여, 풍부하고 긍정적인 변화를 위한 과정에서 다른 사람에 대한 지식을 습득하게 하고 그들에 대한 호기심을 자극할 수 있다. 이것이 지식을 증가시키는 다중연결, 브리징 접근법(bridging approach)이다. 브리징 접근법은 북미 레지오 에밀리아 연합(North American Reggio Emilia Alliance, NAREA) 웹사이트에 탑재된 레지오 어린이들의 그림을 통해 예증된다.

유아는 다양성의 가치를 인정하고 그에 의해 자극을 받는다. 유아가 다름을 문제가 아닌 선물이라고 믿는다는 점에서 우리에게는 선생님과 같다. 가드너는 "어린이에게는 세계주의 유전자와 다름을 포용하는 기술이 있다."고 믿는다. 우리 모두는 다양한 나라에서 온 어머니들이 자녀와 관련해서는 같은 두려움, 같은 걱정, 같은 바람이 있다는 것도 알고 있다. 우리 어린이와 우리 공동체의 미래로 향하는 열쇠는 다중인지, 백 가지 언어, 다문화의 상호공존 그리고 다학제에 주의를 기울이는 데에 있다.

레지오 에밀리아의 시립 영유아센터와 유아학교에서 다른 문화권에 대한 개방성은 공동체적 경험이 되어 왔다. 뉴욕 대학교(New York University)의 캐롤라 수아레스-오로스코(Carola Suárez-Orozco)와 마르셀로 수아레스-오로스코(Marcelo Suárez-Orozco)는 "유아학교에 다니면서 이민자 가족이 경험한 공동체(어린이의 미래 발달에 주의를 기울이는 공동체)에 대한 이해는 다문화 상호공존과 시민권에 대한 굉장한 경험이자, 공공선의 집단 이해에 대한 참다운 경험"이라고 이야기하였다.

우리가 어린이를 위해 제공해 주고자 하는 문화적인 환경은 다름은 문제가 아니라 오히려 기회라고 이야기할 수 있는 그러한 환경이다. 다름은 '인생의 빛나는 줄기를 따라가는 여정에서 매혹적인 동반자' 다(Joseph Conrad, 1907~1997, p. 116). 우리는 유아와 함께 문화적 환경을 만들어가야 한다는 윤리적인 책임이 있다. 우리는 존 스튜어트 밀(John Stuart Mill)이 그의 에세이 『*자유론(On Liberty)*』에서 한 이야기를 잊고 싶지 않다. "우리 모두는 각자 육체적이든, 정신적이든, 영적이든 간에 자신의 건강을 책임지는 올바른 수호자이다. 인류는 서로가 남들이 보기 좋도록 살기를 강요하기보다는 각자 자기 자신에게 만족스럽도록 인고하며 살아간다는 점에서 위대한 승자다" (Mill, 1869, p. 13).

렐라 간디니: 시장님은 레지오 에밀리아 시의 많은 신규 이민자에 대한 말씀을 하셨습니다. 현재 레지오 에밀리아 시의 많은 다양성을 지닌 새로운 시민의 참여를 이끌어내기 위해 어떤 일을 해야 한다고 생각하십니까?

델리오 시장: '많은 다양성' 이라고 표현한 것이 옳다고 생각합니다. 많은 다양성에는 그에 상응하는 많은 다양한 접근법이 있어야 한다고 생각하기 때문에, 우리는 다양한 방법과 과정을 수용하는 방향으로 나가고자 합니다. 레지오 에밀리아에서 현재 볼 수 있는 다양성은 인류학적, 사회적 그리고 문화적 다양성입니다. 그 방향성의 시작점은 한 곳일 수밖에 없는데, 그것은 평등, 결속 그리고 자유의 원리를 기반으로 한 민주주의의 근본적인 권리를 보장하는 이탈리아 헌법입니다. 이를 기본으로 하여

도시 중심에 있는 공원에 모여 있는 엄마들

우리 레지오 에밀리아 시는 권리와 의무, 공통의 규칙과 함께 사는 것에 대한 존중, 호혜주의와 협력을 비탕으로 하는 고유한 스타일을 수립하였습니다. 이것이 공공유산이 되면 함께 살아가는 것은 보다 쉬워집니다. 레지오 에밀리아는 '다름'이 여정을 함께 할 동반자로 환영받는 다양한 문화에 개방적인 도시가 되고 싶습니다.

이 시점에서 다양성의 가장 큰 가시적인 근원은 출신국, 특히 1세대 이민자의 출신국입니다. 우리의 유아학교 시스템은 자녀가 있는 이민자 가정이 공동체의 일원이 될 수 있는 아주 뛰어난 통로입니다. 유아는 사회를 매우 근원적인 방법으로 파악하며 유아는 위대한 동력입니다. 유아는 개방적이고 우호적인 사회를 기대하며; 서로를 아는 것, 함께 사는 것, 대립하는 대신 누군가 또는 무엇인가를 지지하는 것 외에는 우리에게 별개의 다른 목적지가 없다는 것을 인지합니다. 레지오의 학교가 접근하는 방식은 '수많은 언어'를 완전한 방법으로 실행에 옮기는 방식이고, 학교에 존재하는 다양한 세대와 배경을 서로 연결시키는 방식입니다. 학교 생활에 참여하는 이민자 어머니는 레지오 어머니가 됩니다. 왜냐하면 어머니의 마음은 자기 자녀뿐 아니라 자기가 현재 생활하고 있는 환경에도 반응하기 때문이죠. 그녀는 이 도시에 완전히 속하게 되고, 편안해지며 호기심이 생기게 됩니다.

렐라 간디니: 시장님은 사람들이 머무르고, 앉고, 쉬고, 레지오 에밀리아의 광장과 분수를 즐길 수 있도록 초대하는 보행자 전용 공간을 창조하는 데에 행정의 우선권을 두고 있습니다. 이것이 왜 중요한가요?

델리오 시장: 당신이 오늘날 보는 것은 우리 시민들에게 제대로 인정받고 있는 것으로, 다음의 지도 원리-공동체와 시민이 자신의 공간, 즉 공공 공간을 요구할 수 있도록 하라는 원리-에 영감을 받아 오랫동안 시행한 의도적이고 헌신적이고 열정적인 연구와 분석 작업의 결과입니다. 공간을 사람에게 돌려주는 일은 쉽지 않습니다. 많은 세월 동안 우리 시는 때로는 공간을 사유화하고 공공의 공간을 방치하는 반대의 방향으로 움직여 왔습니다. 공간을 자금원으로만 생각하여 개인에게 임대하거나 때로는 주차된 차량, 쓰레기 용기, 표지판으로 채워진 정체성 없는 '아무것도 아닌 공간(nonplaces)' 으로 두기도 했습니다.

우리는 도시에 대해 '사람을 중심에 두는 공동체로서의 개념' 을 가지고 일하기 시작하였습니다. 저의 도시에 대한 개념은 '친목적인' 도시인데, 이 도시는 함께 살아가고 우호적인 방법으로 공간을 사용하는 도시입니다. 우리는 꽤 강도 높은 작업을 해야 했는데, 많은 저항과 뿌리 깊이 박힌 나쁜 습관을 극복해야 했습니다. 우리는 다양한 공간을 사용했던 방식을 바꿔야 했으며, 그 장소에 더 높은 질과 많은 가치를 부여해야 했습니다. 개인 소유자, 상점 주인, 상인 등 많은 사람이 풍부한 제안과 제의를 해왔습니다. 우리는 어린이, 노인, 장애인 그리고 다른 사회적 약자가 쉽고 안전하게 보행하고 방향을 쉽게 찾을 수 있는 방법을 찾았습니다. 우리는 공간이 방해물 없이 직관적이기를 바라며, 때로는 그늘을 즐기고 때로는 테이크아웃 커피를 마실 수 있도록 사람들이 앉고 쉬도록 초대하고 싶습니다. 음악이 나오는 의자라고 왜 안 되겠습니까?

저에게 있어 최고의 만족은 재공사 이후 이 공간이 개선되자마자 사람들이 즉각적으로 그 공간에서 너무나 자연스럽게, 마치 그 공간이 항상 그래왔다는 듯이 생활하는 것을 본 것입니다. 저는 시립 극장 근처의 새로 보수된 분수 앞에서 어린이들이 기뻐하는 것을 보면 항상 감동받습니다. 과정의 끝에서 되찾은 잘 채워진 아름다운 공간을 보면 이 과정이 단순하고 명백한 것이었던 것처럼 보일 수 있습니다만, 오히려 전혀 그렇지 않았습니다. 이는 마치 한 편의 시와 같습니다. 더 아름답고 함축적

일수록 그 글이 나오기까지 더 많은 생각과 노고가 투입되는 것이지요.

렐라 간디니: 레지아 에밀리아 시로 이렇게 많은 전 세계의 사람을 유인하는 교육의 발달에 대해서는 어떻게 생각하십니까?

델리오 시장: 레지오 에밀리아의 시장으로서, 그리고 시민으로서 저는 질적으로 뛰어난 우리의 유아교육 시스템에 굉장한 자부심을 느낍니다. 또한 저는 이 시스템을 끌고 나가는, 시스템의 핵심이자 새로운 세대도 꼭 그들처럼 동기부여가 되고 열정적일 수 있도록 준비시켜야 한다는 과제를 안고 있는 시민들이 자랑스럽습니다.

비록 이 시스템에 너무나 많은 스포트라이트를 비추며 "여기에 집중하십시오. 이것이 우리의 첫 번째 우선순위입니다."라고 강조한 것이 어느 정도의 반대 의견도 불러일으켰지만, 저는 제가 내린 결정에 대한 확신이 있습니다. 제가 이렇게 한 것은 사람들은 익숙해지면 우리가 가진 최고의 장점을 마치 당연한 것으로 생각하고 더 이상 주목하지 않는 습성이 있기 때문입니다. 이렇게 되면 우리가 가진 좋은 점을 유기하게 되는 결과를 낳을 수도 있습니다. 우리 도시 정체성의 큰 부분을 차지하며 전 세계적으로 알려진 우리의 교육 시스템은 아직도 위대한 잠재력을 지닌 신행 과정 중에 있는 다름, 대화, 교환에 개방적입니다. 나는 이러한 관계가 공립학교에서 대학에 이르기까지 모든 관련 교육기관에 적용될 수 있다고 믿습니다. 바로 그러한 이유로 우리는 함께 작업할 공유된 맥락을 만들기 시작하였습니다. 이런 시도를 '교육 포럼(Officina Educativa)'이라 칭했고, 우리 도시의 교육과 관련된 모든 기관들을 최대한 포함시키고자 하였습니다. 교육 포럼은 공동체와 밀접한 관계를 맺으며 마치 공유된 삶인 듯 공동체와 함께 모든 단계의 지식 습득을 증가시켜야 할 것입니다.

제가 주장하고 싶은 것은 우리의 교육 시스템은, 예를 들어 백 가지 언어를 가진 유아를 그 핵심에 두는 관광, 출판, 연구, 건축, 디자인 그리고 문화적 시도를 통해 경제적 부흥을 유도할 수 있는 우리 도시의 가장 중요한 자원이라는 것입니다. 틀림없이 말라구찌 국제센터(Malaguzzi International Center), 레지오 칠드런(Reggio Children) 그리고 우리의 영유아센터와 유아학교 시스템은 계속해서 조사하고, 대화하고, 결코 멈추지 말아야 할 운명입니다. 이것이 바로 이 접근법이 탄생한 정신이며 로리스 말라구찌가 우리 모두 도달하기를 바랐던 안전한 항구입니다. 그렇기 때문에 저는 재주 있고 열정적인 사람들은 모두 우리의 현실 세계에 몰입하여 계속해서 연구하고, 지속적으로 호기심을 느끼며, 미래를 내다봄으로써 이 접근법을 계속 특별하게 유지시키고 우리 모두의 인간애를 풍부히 해야 한다고 생각합니다.

참고문헌

Conrad, J. (1907). *The secret agent*. Online at Project Gutenberg Etext 1997, agent10.txt

Fryer, B. (2007). The ethical mind: A conversation with psychologist Howard Gardner. *Harvard Business Review*, *85*(3), 51-56.

Mill, J. S. (1869). *On liberty*. London: Longman, Roberts & Green.

5 레지오 에밀리아: 변화하는 도시

산드라 피치니니(Sandra Piccinini)
클라우디아 주디치(Claudia Giudici)

> 도시는 배우들이 모든 시민인 자연적이고 인간적 무대를 나타낸다. 여성과 남성, 젊은이와 노인은 매일매일 도시 풍경을 변화시키는 데 참여한다. 도시는 사건, 시장, 종교적이고 공공의 축하행사, 컨퍼런스와 미팅, 상업과 음악으로 이루어진 무대이다. (Piccinini, 2002, p. 13)

길고도 모험으로 가득 찬 여정이 유아교육을 레지오 에밀리아 시에 연결해 준다. 이 여정은 주로 여성, 그렇지만 남성 역시 함께 했던 비범한 모험이었고, 이들은 지혜와 열정을 갖고 매일매일 노력하면서 이를 가능하게 만들었다. 이 경험은 사회적 변화와 어린이에 대한 새로운 과학적 배움에 대한 인식으로 인해 시간이 지나면서 새로워졌다. 때로는 도전이 되기도 하고 때로는 힘들기도 한 이 경험은 오늘날도 이어지고 있지만, 이 경험은 많은 어린이들에게 기쁨과 배움을 주었고, 미래에 큰 희망을 약속하며, 어린이와 도시 간의 지속적 대화를 산출해 내고 있다.

우리 역사는 힘든 작업, 환희, 갈등 그리고 지속적인 토론으로 이루어져 있다. 하워드 가드너는 "역동적 실체 안에는 갈등이 없을 수 없다."라고 말한 바 있는데, 우리 역사도 분명 이에 해당된다. 예를 들면, 특히 초창기에 가톨릭 교회와의 관계가 쉽지 않았다(Loris Malaguzzi, 본 서 제2장 참조). 시 차원에서 다수 의원과 소수 의원 간 정치적 갈등은 도전이 되어 왔고 오늘날도 이어지고 있다.

레지오 에밀리아는 BC 2세기경에 로마인에 의해 창설되었고, 1797년 이탈리아 국기가 탄생한 곳이다. 레지오 에밀리아 시민들은 항상 자립적 성격이 강했다. 20세기에 레지오 에밀리아 시민들은 파시즘과 나치 점령에 항거하는 저항 운동에서 중요한 역할을 했고, 이로 인해 도시는 군사적 용맹으로 이탈리아 최고의 국가 훈장 메달을 받았다. 도시의 많은 유적이 도시 역사에서 이 시기를 추모하고 있다.

레지오 에밀리아는 북부 이탈리아의 포(Po) 계곡 안에 자리 잡고 있으며, 요즘 유럽에서 가장 산업이 발달된 지역이다. 그러나 50년 전만 해도 이 지역은 주로 농경사회였다. 현재 고도의 산업화(주로 패션 산업과 농산물 가공업) 도시이기 때문에, 레지오 에밀리아는 이탈리아의 새로 건설된 고속철도에도 연결되어 있다. 레지오 에밀리아는 음식으로 잘 알려져 있고, 가장 중요한 농산물은 세계 전역에 알려져 있다. 파르미지아노 레지아노(Parmigiano Reggiano)라는 매우 고품질의 치즈와 람브루스코(Lambrusco)라는 스파

본 장의 내용은 2010년에 렐라 간디니(Lella Gandini)가 클라우디아 주디치(Claudia Giudici)를 인터뷰하여 번역한 것과 편저자들이 참고문헌에 나와 있는 출판물을 모아 수정한 것에서 나온 것이다.

클링 와인이 유명하다.

역사의 현 국면에 처해 있는 세계 많은 도시와 마찬가지로, 레지오 에밀리아는 변화 중인 도시로 급격한 변화가 일어나고 있다. 이 진화 경로에서 도시는 확고하게 정립되어 있던 전통에서 새롭고 생경한 것으로 옮겨가고 있다. 변화의 징후를 도시의 풍경과 건물들에서도 발견할 수 있는데, 사회적 변화는 눈에 드러나지는 않지만 더욱 중요하다.

신속하게 성장하는 도시

레지오 에밀리아는 성장하는 도시로 그 어느 때보다 어린이, 노인 그리고 이민자가 더 많다. 1991년에 도시 안에는 133,000명이 거주하고 있었는데, 2009년에 167,000명이 되었다. 지난 20년간 35,000명 이상이 증가한 것이다. 이 괄목할 만한 증가의 주요 원인은 우선, 이탈리아와 유럽 전역에서 기대수명이 증가한 것이고, 둘째, 주변 다른 도시와 비교할 때 유독 레지오 에밀리아에서 출산율이 증가한 것이며, 셋째, 인력을 유인하는 경제 상황 때문에 남부 이탈리아와 유럽 밖의 많은 국가에서 온 이주자가 심각하게 증가한 것이다.

이 요인들을 좀 더 깊이 살펴보도록 하자. 유럽 전역에서 기대수명이 높다는 것은 이 대륙 전반에서 노인의 수가 증가하고 있다는 것을 의미하는 것으로, 유럽의 평균 수명은 여성이 81세, 남성이 75세이다. 이탈리아에서 여성의 평균 수명은 83세이며 남성의 경우는 77세이다. 기대수명이 증가한 것은 우리 도시 안에 많은 노인이 있다는 것을 의미한다. 도시 인구의 26%가 만 60세 이상이며 16%가 만 18세 이하이다.

레지오 에밀리아의 출산율 증가는 1986년에 시작되었다. 한때 레지오는 북부 이탈리아에서 가장 출산율이 낮은 도시 중 하나였다. 사실 이탈리아 전체가 저출산율 국가로 알려져 있다. 이탈리아 전체의 인구증가율은 1965년에 2.67에서 1994년에는 1.22로, 그리고 1998년에는 1.19로 감소했다(Organization for Economic Cooperation and Development Review Team for Italy, 2001). 이 경향은 레지오 에밀리아를 포함하여 전국적인 현상으로, 출생 어린이 수가 1970년대 전체와 1980년대 상반기에는 점차적으로 감소하였다. 그러나 출산율이 다시 오르고 있고, 현재 출산율이 1970년대의 출산율에 접

레지오 에밀리아는 미래 지향적 도시로, 새로운 거주자들과 새로운 건축이 생겨나고 있다.

근하고 있다. 2008년에 대략 1,900명의 어린이가 레지오 에밀리아에서 태어났는데, 이 수치는 이미 높았던 2007년 출생 아동 수를 능가하는 것이었다. 이로 인해 젊은 도시가 생겨났다. 2009년에는 도시 인구의 약 6%가 0세에서 만 5세 어린이이며, 이는 에밀리아 로마냐 주의 다른 지역에 비해 약간 높은 수치이다.

유럽 전역과 마찬가지로, 레지오 에밀리아에서 인구가 증가하는 것은 이민자 때문이다. 레지오 에밀리아에서 2009년 인구의 14%가 비 이탈리아인이었고, 이것은 다른 주변 지역보다 훨씬 높은 비율이다. 전반적으로 이민자들은 나머지 인구와 비교해 젊으며, 이들이 어린이의 다수를 차지한다. 2008년에 레지오 에밀리아에서 태어난 29%의 어린이들은 이탈리아 국적을 소지하고 있지 않다. 그렇지만 많은 동화가 도시 안에서 일어나고 있다. 오늘날 결혼의 거의 3분의 1이 혼합 결혼으로, 부모 중 적어도 한 명은 이탈리아인이 아니다. 레지오 에밀리아 거주자의 출생국가 중 이탈리아를 제외하고 가장 많은 곳은 알바니아, 모로코, 중국, 가나, 우크라이나, 튀니지, 이집트, 나이지리아, 루마니아 그리고 다른 나라들도 있다. 시립 영유아센터와 유아학교에 다니는 어린이들이 가장 많은 출생국가는 나이지리아, 모로코, 가나, 알바니아 그리고 튀니지이다.

변화하는 도시를 위한 새로운 기관

이러한 변화에 직면하여 도시는 몇 가지 주요한 모험을 하고 있다. 우리가 해야만 할 결정에 대해 상당히 우려하고 있다. 이 우려는 우리가 이미 가지고 있던 것을 잃을지도 모른다는 두려움에 근거한 것일까? 레지오 에밀리아처럼 건전한 경제와 활력이 넘치는 사회 시스템을 갖춘 도시는 보수적이 되고 안이해질 수도 있다. 우리의 과제는 보수성을 향한 어떤 움직임에도 저항하는 것이라고 우리는 믿는다. 그 어느 때보다 지금은 영유아센터와 유아학교가 공적 장소로서 그 안에서 가정이 중요한 사회적이며 문화적 관계들을 구성해 내는 곳이라는 점을 인정하고 확인하는 것이 적합하다. 학교는 통합과 연대를 만들어 내고 고립을 줄여준다. 부모 참여는 하나의 시민적 책무를 나타내며, 이를 통해 시민들은 시민의 자질을 구성하고, 이 과정은 사회적 응집력을 안정시키고 강화한다.

■ 모데나-레지오 에밀리아 대학

무엇보다도 우리는 개개 시민에게 문화적 투자를 해야만 한다. 시민들이 높은 수준의 문화와 높은 교육 수준을 지닌다면 다양한 사회가 주는 복합성에 더 잘 직면할 수 있다고 우리는 느낀다. 역사적으로 레지오에서는 양질의 공적 서비스와 역동적 경제(시민 12명당 1개 사업)가 사회적 단결과 발달 체계를 지원해 왔다. 레지오 에밀리아의 실업률은 낮다. 그러나 레지오는 새로운 도전에 직면해 있는데, 이는 높은 수준의 이민 때문만 아니라 대학 학위를 지닌 거주자가 우리 도시의 10%도 되지 않기 때문이다.

이 새로운 현실에 대응하려는 노력에서 레지오 에밀리아는 모데나-레지오 에밀리아 대학을 유치하였고, 이것을 지역사회 경제공동체가 지원해 왔다. 이 대학에는 두 도시 시민 모두 다닐 수 있으며 농학, 예술과 인문학, 생명과학, 경영과 경제학, 의사소통학, 교육학, 공학, 법학, 수학과 자연과학, 의학 그리고 약학 분야의 교수진이 포함되어 있다.

■ 로리스 말라구찌 국제센터

여러 면에서 볼 때, 이제 새로운 레지오 에밀리아라는 도시가 존재한다. 이 새로운 레지오는 앞으로 몇 년 후에 이 변화의 상징이 될 장소들의 변환을 통해 더 가시화될 것이다. 주요 변환은 전통적으로 거대 산업이 자리 잡고 있던 도시 북부 지역에서 이루어질 것이다. 레지오 에밀리아 시는 이 지역의 오래된 공장을 매입해서 '무용의 집(House of Dance)'을 만들었다. 시는 또 오래된 로카텔리(Locatelli) 치즈 창고도 매입하여 로리스 말라구찌 국제센터(Loris Malaguzzi International Center)를 만들었다. 세계의 많은 도시가 현재 버려진 산업 공간을 다른 용도로 전환하고 있다. 레지오 에밀리아는 그런 공간들의 문화적 사용을 추구하면서 문화가 '생산적'이 되도록 하고 있다. 지난 세기의 작업 장소가 오늘날의 작업 장소로 변환되며, 함께 작업하고 함께 생각하는 것이 강조되고 있다.

우리 도시나 학교를 위해서도 로리스 말라구찌 국제센터는 질적 우수함과 지속가능성에 도움이 되는 선택이다. 진정으로 각각의 질은 다른 것의 질에 직접 연관되어 있다. 국제센터의 질적 우수성은 센터가 제공하는 문화적이며 연구적 기회와 국제적 교류를 통해 어린이들을 위한 서비스를 강력하게 만들어 준다. 질적 우수성은 우리 체제를 위한 안전장치, 방어막 그리고 보안과 확장의 원천이 된다. 예를 들면, 1991년 『*뉴스위크(Newsweek)*』 잡지가 디아나 학교(Diana School)를 '세계에서 가장 우수한 유아학교'로 인정한 것이 어린이를 위한 시 서비스의 중요성을 축소하려는 정치적 시도를 우리가 모면하는 데 도움이 되었다. 우리는 항상 레지오 에밀리아 안의 교육적 대화에서 국제적 차원을 구축해 왔고, 오늘날 국제센터는 그러한 국제적 대화에 더 높은 가치와 힘을 제공해 주며 우리 도시의 교육 체제를 활성화하고 있다.

더욱이 영유아센터와 유아학교의 질적 우수성은 호혜적으로 레지오 칠드런(Reggio Children)과 국제센터에 힘을 보태어 준다. 센터들과 학교들은 성장을 위한 모체-'DNA'-를 제공하며, 이것은 그 학교와 센터의 영향력이 유아기를 넘고, 학령기를 넘으며, 심지어 도시를 넘어 퍼져나가도록 한다. 어린이 문화를 일으켜서 국제센터에 신뢰성을 부여하고 레지오를 방문하는 사람들에게 다른 종류의 학교를 희망하도록 만드는 실재적 근거를 제공해 준다.

가장 어린 시민에 대한 도시의 책무를 재정의하기

이민자가 증가하면서 레지오 에밀리아는 역사상 처음으로 서로 다른 문화들이 마주치게 되는 경험을 하고 있다. 레지오의 오래된 거주자 중 일부는 이러한 만남에 대한 반응으로 두려움, 즉 변화의 두려움, 익숙한 생활 수준을 잃을 거라는 두려움을 느낄 것이라는 점을 우리는 우려하고 있다. 또한 우리는 사람들이 지역사회로부터 소외된다고 느끼면 갈등의 위험이 증가한다는 것도 알고 있다. 이러한 이유로 우리는 우리 지역사회의 모든 어린이를 위한 교육 서비스를 창출해 내기에 전념하고 있는데, 이는 그라지아노 델리오(Graziano Delrio) 시장이 강력하게 지원하는 목적이기도 하다. 이미 전 시장인 안토넬라 스패쥐아리(Antonella Spaggiari) 재직 당시, 인구 구성의 변화에 대해 반응하기 시작했다. 스패쥐아리 시장은 지역사회 안에서 형성되어가는 공포감을 피하기 위해서는 가정과의 투명한 대화를 강화하는 것이 중요하다는 생각을 했다. 시장은 그 가정들과 만나는 기회를 많이 가졌는데, 장소는 영유아센터와 유아학교였고, 주제는 레지오 에밀리아 안의 변화하는 가정과 노동력에 대한 것이었다.

우리는 레지오 에밀리아 안에서 강력한 시민 참여를 유지할 방법에 대해 끊임없이 작업하고 있다. 이처럼 거대한 변화 중에는 공유 가치를 당연하게 여길 수 없으므로 우리는 시민과의 합의 내용을 재정의할 필요가 있다. 상당 기간 북미 사회는 이와 같은 도전을 직면해 왔다. 그러나 어느 장소와 시간에도 적용되는 미리 정해진 해법은 없다는 것을 우리는 알고 있다. 각 지역사회는 경험의 교환을 통해 다른 지역사회와의 관계 안에서 길을 찾을 수 있어야만 한다.

진화하고 있는 도시 안에서 계속 참여하게 만들려면 어떻게 해야 하는가? 만약 변화가 혁신을 낳기 위한 것이고 바라는 결과가 갱신이라면, 시간의 흐름에 따라 참여 형태가 달라져야 한다. 1970년대, 1980년대, 1990년대 동안 시립 영유아센터와 유아학교의 가정과 어린이는 어린이 교육과 도시 통치에 참여하는 효율적 책략을 수립해 왔다. 이와 같은 긍정적 영향력이 지속 가능할까? 우리는 가능하다고 믿었고, 학교 자문위원회(advisory council)와 상호위원회(intercouncil) 네트워크를 통해 부모와 시민 참여를 새롭게 바꾸어왔다.

레지오 에밀리아에서는 출생부터 만 3세 이하 영유아의 41%(1,830명)가 보육에 참여하는데, 이 수치는 이탈리아 안에서 가장 높은 비율 중 하나이다. 만 3세에서 6세 사이 레지오 어린이의 90%(4,783명)가 유아학교를 다닌다. 진화하고 있는 도시에서 가장 적절한 유형의 서비스는 무엇일까? 수년에 걸쳐서 유아 서비스는 우리 지역사회의 문화적 성장에 기여해 왔다. 오늘날 다민족 사회에서 이러한 서비스는 새롭고 섬세한 과제를 수행해야만 한다. 그런 서비스는 다름을 두려워하지 않고 가치롭게 여겨야 하며, 제외되는 사람 없이 모두에게 기회를 제공해야 한다. 더 많은 시설이 제공되어 유아학교나 영유아센터에 다니지 못하는 사람이 없도록 해야 한다.

세계 경제 차원에서 구조적 위기를 맞고 있는 이런 시기에, 유아기에 투자한다는 것은 미래를 위해 확고한 경제적, 문화적 그리고 사회적 기초를 세우겠다는 우리의 결의를 나타낸다. 그런 투자가 현명하다는 것이 수많은 국내 및 국제적 연구를 통해 드러난다. 우리는 교육을 그저 보편적인 욕구나 흥미가 아니라 권리라고 단언한다. 도시의 역사로부터 드러난 이 단언의 관점에서 볼 때, 레지오 에밀리아 시 행정부는 오랜 시간에 걸쳐 0세에서 만 6세 어린이들을 위한 통합 공적 체제를 구축해 왔다. 이 서비스 안에는 시 운영 영유아센터와 협동조합 영유아센터가 있고, 시 운영, 국영, 협동조합 운영, FISM(로마 가톨릭 이탈리아 유아원 연합)의 유아학교가 포함되어 있다. 더욱이 시 행정부는 교육을 도시의 전략적 임무, 즉 경제적, 사회적 그리고 문화적 발달의 핵심요소로 삼았다.

통합 공적 체제에서 해석하는 '공적(public)'의 의미는 협약을 통하여 이루어진다는 것으로, 다양한 기관이 포괄적으로 따라야 하는 구체적인 방식이 제시되는데, 예를 들면 성별, 성적 취향 그리고 민족적, 종교적, 문화적, 사회적 출신에 관한 입학 기준과 같은 것이다. 협약 안에는 또한 질에 대한 공유 기준척도도 포함되는데, 이 기준척도는 지역사회에 의해 구성되고 시 대의원들과(상호위원회를 통한) 가정의 참여를 통해 재가되어야 한다. 이 체제는 시와 시 주변 지역이 제공하는 서로 다른 능력과 책임을 통합해 준다. 협력을 통해 시너지가 생성되는데 이것은 어린이의 교육에 대한 권리에 부응하는 것이며 지식과 경험의 교환을 통해 영유아센터와 유아학교의 질을 높인다.

역사적으로 어린이를 위한 서비스에는 다양한 조직이 개입되어 왔다. 우리 도시는 그와 달리 하나의 통합된 공적 체제를 만들기로 선택을 했고, 상호 협약에 따라 함께 묶인 서로 다른 기관들이 약속을 유지하도록 하고 있다. 그와 같이 다원적이고 지속이 가능하며 사회 참여적인 선택을 했기에 다양한 관점들의 요구에 부응할 수 있었다. 대화와 상호교환을 통해 개인, 시 차원 그리고 국가 기금을 투자하여, 우리는 양, 질 그리고 서비스의 접근성을 증가시킬 수 있었다. 또한 우리는 어린이 문화를 만들어 내고 사회복지를 증진하는 데 있어서 영유아센터와 유아학교의 역할이 무엇인지에 대해 서로 대비되는 견해들도 절충할 수 있었다. 레지오 에밀리아 시의 통합 공적 체제는 어린이의 교육받을 권리라는 원칙을 토대로 창설된 것으로, 오늘날에도 여전히 필수적이라고 우리가 주장하는 공유된 신념을 기초로 번창해 왔다. 이 신념들은 현재 그리고 미래의 선택을 뒷받침하는 가치의 원천이다. 이 가치들은 다음과 같다.

- 어린이, 가정 그리고 교사의 상호보완적 권리: 서비스의 존재와 질은 관련된 모두의 안녕을 극대화하기 위해 협력하는 태도에 달려 있다.
- 시 행정부의 역할: 이 측면은 체제의 질에 대한 보증서로, 지역사회와 연구 및 혁신 자료의 유산인 집합적 '비결(know-how)'을 산출해 내는 과정에서 스스로 드러난다.
- 교육적 조직: 서비스 안에 다양한 성인 인사들이 동료로 존재하고 있는 것은 가정의 참여와 더불어 교육 질의 사회적 측면을 보장해 준다.
- 어린이와 가정의 욕구에 부응하는 유연성: 서비스 스케줄은 가정의 다양한 욕구에 반응하기 위해 융통성을 갖는다. 그러나 이 유연성은 집단을 이루고 집단이 되고자 하는 어린이와 성인의 권리에 의해 조절되는데, 어떻게 함께 배우는지를 아는 공동체가 발현되기에 충분한 함께하는 시간을 확보하려는 것이다. 공동체는 모든 연령대의 어린이를 위한 목표이자 가치이며, 생애 첫 달부터 시작된다.

어린이와 가정을 위한 새로운 서비스는 삶의 질에 중요하다. 빛줄기 *아틀리에*(The Ray of Light Atelier)는 로리스 말라구찌 국제센터의 한 부분이다.

이스티투찌오네*

2003년에 우리 지역사회의 모든 어린이에게 교육을 제공하기 위해 하나의 사적–공적 체제가 탄생되었다. 이 체제는 레지오 에밀리아 시의 유아학교와 영유아센터 이스티투찌오네(Istituzione)이며, 0세에서 만 6세 어린이를 위한 교육 서비스를 관장하는 협력적 동반자 관계의 산물이다. 이스티투찌오네는 이탈리아 법에 따라 공적 서비스를 운영하는 하나의 방편인데, 레지오 시만의 특별한 이스티투찌오네는 학교를 운영하는 기관으로 처음이다.

우리 생각에 이스티투찌오네는 이 새로운 실체에 자율성과 예산상의 책무를 보장해 주는 최적의 조직 형태이다. 시 정부는 다양한 책무가 있지만, 이스티투찌오네는 0세에서 만 6세 어린이를 위한 서비스를 독점적으로 지원하기 위한 것이다. 오늘날 유아교육 및 보육을 제공하는 다양한 유형의 서비스들이 모두 이스티투찌오네를 중심으로 조직되어 있으며, 어린이 한 명도 이 서비스 제공에서 제외되지 않도록 한다는 장기적 목표로 가득 차 있다. 이 목표에 도달하기 위해서 시 지도부는 시의 변화하는 성격을 의식하는 것이 필요하며, 지역사회 안에 사는 사람들에 대해 잘 알아야 하고, 우리 시의 이러한 측면이 레지오 에밀리아 내부 우리 문화와 우리 사회의 진보에 어떻게 기여하는지에 대해 깨달아야만 한다. 우리는 우리 역사를 이해하는 것도 우리의 현재와 미래를 이해하는 데 필수적이라고 믿는다. 시 정부는 우리 사회의 새로운 시민들과 시의 새로운 경제적 현실에 대해 주의를 기울여야만 하는 책임을 갖고 있다. 우리는 계속 하나의 시로서 우리 역사의 강점이 되어 왔던 지역사회 삶에서 참여수준을 어린이와 가정이 유지하도록 해 주는 적절한 새로운 책략을 찾아내야만 한다.

이스티투찌오네는 6천 명의 어린이들에게 교육 서비스를 제공하는 80개 이상의 학교를 지칭하는 기관이다(Istituzione, 2010).

■ 시립 영유아센터와 유아학교

이스티투찌오네는 만 3세에서 6세 어린이들을 위한 유아학교 21개와 출생부터 만 3세

* 역자 주: 시 유아 서비스를 지원하는 '이스티투찌오네(Istituzione)'는 레지오 시에만 존재하는 독특한 기관의 고유 명칭이다. 원래 단어의 의미는 '기관'에 가깝지만, 담당업무가 특정되지 않은 '기관'이라는 번역은 어색하게 느껴져 원어 발음 그대로 표기하였다. 시가 설립 운영하고 교육과 보육이 일원화된 체제로, 이는 시 '유아서비스청' 혹은 '유아교육청'에 가장 근사한 개념이다.

까지 어린이를 위한 영유아센터 13개를 직접 운영하고 있다(Istituzione, 2010). 21개 유아학교 전체와 9개 영유아센터는 전일제(오전 8시부터 오후 4시까지)로 운영된다. 대다수는 오후(오후 6시 20분까지) 연장반을 운영하고 오전에는 일찍(오전 7시 30분부터) 개원을 하는데, 직장에 다니고 증빙 서류를 제출하는 가정의 어린이를 위한 것이다. 시립 영유아센터 중 3곳은 반일제(오전 8시부터 오후 1시까지)로 운영된다. 학년은 9월 1일에 시작하여 6월 30일에 끝나며, 크리스마스 시즌에 2주와 부활절에 1주 동안은 운영하지 않는다. 7월에 유아학교와 영유아센터에서는 특별 요청을 하는 가정을 위해 특별 여름 학기를 운영한다.

■ 협동조합센터

이스티투찌오네는 또한 15개의 가맹 협동조합을 감독하는데, 창업 육성과 부모 운영에 의한 새로운 시도의 결과로 그 수가 늘어가고 있다. 가장 처음 레지오에 있던 공적-사적 협동조합 투자는 1986년에 시작되었다. 1990년대에 초창기 협동조합은 창업 육성을 경험한 젊은 여성들이 운영하는 협동조합과 합쳐졌다. 레지오 칠드런(Reggio Children)은 젊은 이탈리아 여성을 위한 과정을 제공하여 교육 분야에서 새로운 일자리를 만들어 주었다. 같은 시점에 부모가 운영하는 흥미로운 경험들이 시작되었다.

협동조합이 운영하는 유아를 위한 프로그램은 레지오 에밀리아에서 1980년대 후반과 1990년대 이후 나타났는데, 이것은 어린이들을 위한 서비스, 특히 만 3세 이하의 어린이들을 위한 고품질의 서비스에 접근성을 넓혀주기 위한 하나의 해결안으로 시작된 것이다(Gandini & Kamisky, 2007). 15개의 가맹 프로그램은 이스티투찌오네의 일부로, 서로 다른 사회적 협동조합(예를 들어, Coopselios, Pantarei, Sila, Totem)에 의해 운영되고 있다. 그 프로그램들은 전일제 혹은 반일제기도 하지만, 일반적으로 그들의 연간 일정은 역시 9월에서 다음 해 6월까지이다. 협동조합은 법적으로 인정받는 합법적이고, 공식적인 조직이다. 협동조합과 이스티투찌오네 간의 관계는 협약에 의해 규제되며, 학교 운영일정, 교직원 자격, 교사/어린이 비율, 가정의 월별 부담금, 가정의 참여와 같이 양질의 서비스를 위한 필수적 요건과 특징을 규정한다. 레지오 에밀리아 시는 협동조합에 일부 지원금을 부여하지만 그들의 재정을 관리하지 않는다. 교직원의 전문성 교육은 교사들의 근무 일정 안에 포함되어 계획되어 있으며, 협동조합 안에서 자체적으로도 이루어지지만 시립 영유아센터와 유아학교 교육자들과 함께 하도록 조직되기도 한다. 협동조합들과 시립센터들 간의 교류 기회는 네트워크 조직을 통해 점점 더 강화되고 있는데, 이 네트워크는 그 어느 때보다 더 강력하게 하나의 통합된 체제로서 기능하고 있다. 레지오 에밀리아를 방문하는 스터디 투어(study tour) 안에는 정기적으로 협동조합센터가 포함되어 있어서 방문자에게 이곳을 관찰할 기회가 제공되고 있다.

수년 동안 공적 유아교육 및 보육의 비용 증가는 국가적인 우려 사항이 되고 있는데, 이와 동시에 만 3세 이하 어린이들을 위한 고품질의 돌봄에 대한 가정의 요구도 증가하고 있다. 몇몇 이탈리아 도시에서는 영유아센터에 입학할 수 있는 어린이의 비율이 25%로(2007/ 2008학년도 에밀리아 로마냐 지역과 같이) 매우 높은 편이지만, 이탈리아 반도의 북부와 남부 사이의 격차가 심해서, 이탈리아 전체의 만 3세 이하 어린이가 보육 서비스를 받는 비율은 약 10% 정도에 그친다(Istituzione, 2010).

이것이 이탈리아의 상황이다. 레지오 에밀리아라는 도시는 진보적인 지역 행정을 유지해 왔고, 유아교육의 높은 질로 전 세계적으로 명성이 있으며, 협동과 자원봉사의 전통적 기반이 튼튼해서 항상 새로운 사회적 발달과 변환에 대한 흥미가 높았다. 최근에는 젊은이들의 창의적 잠재력을 지원하고 기회를 제공하기 위한 새로운 길을 찾고자 노력해 왔다.

맺으며

분명 이처럼 커다란 서비스 체제를 만들어서 철저하게 조직해 온 도시에서, 질을 낮추지 않으며 동시에 연구와 전문성 발달을 보장하고, 가능하면 겉으로 드러나지 않는 숨은 욕구에도 반응하면서 모든 장소를 네트워크 안에서 항상 열려 있도록 하기란 매우 도전적인 일이다. 우리 앞으로 다가올 힘든 시기는 교육을 위한 협약이 필요한데, 그 협약을 위해 교사, 직원, 부모, 관리자, 기관 그리고 국제적 네트워크[1]를 포함하여 관련된 모든 관계자가 힘을 모아야 한다. 그와 같은 협약은 이상적으로는 가치를 지켜주고 미래 세대를 위한 서비스를 강화해 준다. 지속가능성은 재정적 자원을 보존하는 것뿐만 아니라 존재하는 문화적 유산을 풍요롭게 해서 미래 세대에게 남겨줄 유산이 되도록 하는 것을 의미한다.

노트

1 2011년 9월 29일, 레지오 칠드런-로리스 말라구찌 센터 재단(the Foundation Reggio Children-Loris Malaguzzi Center)이 설립되었는데, 그 사명은 국제적 교류, 연구 그리고 참여 안에서 레지오 에밀리아와 세계의 모든 사람을 위해 자체적인 질적 요소를 지닌 교육을 홍보하는 것이다.

참고문헌

Gambetti, A. (2002). The evolution of the municipality of Reggio Emilia: An interview with Sandra Piccinini, *Innovations in Early Education: The International Reggio Exchange, 9*(3), 1-3.

Gandini, L., & Kaminsky, J. (2007). Cooperative early childhood education services in Reggio Emilia: An innovative solution for a complex society. *Innovations in Early Education: The International Reggio Exchange, 14*(1), 1-13.

Istituzione Scuole e Nidi d'Infanzia, Municipal Infant-Toddler Centers and Preschools of Reggio Emilia (2010). Documents: (1) *Infant-toddler centers enrollment school year 2009-2010 for children born in 2007, 2008, 2009;* (2) *Preschools for children enrollment school year 2009-2010 for children born in 2006, 2005, 2004.* (3) *Historical notes and general information;* (4) *Scuole e Nidi d'Infanzia Istituzione del Comune di Reggio Emilia: Bilancio Sociale 2008.*

Organization for Economic Cooperation and Development Review Team for Italy (2001). *OECD country note: Early childhood education and care policy in Italy.* Available at http://www.oecd.org/dataoecd/15/17/33915831.pdf

Piccinini, S. (2002). A city, its theater, the children: An ongoing dialogue. In V. Vecchi (Ed.), *Theater curtain: The ring of transformations* (pp. 12-15). Reggio Emilia, Italy: Reggio Children.

Piccinini, S. (2005). Projecting toward the future of a changing world with respectful consideration of the past. *Innovations in Early Education: The International Reggio Exchange, 12*(4), 1-9.

6

미시적 프로젝트와 거시적 정책: 관계를 통한 학습

피터 모스(Peter Moss)

지역적 경험, 세계적 영향력

오늘날의 상황: 늘어나는 서비스, 늘어가는 표준화

레지오 에밀리아: 민주적 실험주의에 대한 지역적 프로젝트

미시와 거시

유아교육 및 보육을 위한 합리적 합의 혹은 모두스 비벤디

지역적 경험, 세계적 영향력

레지오 에밀리아 시와 그 시립학교 네트워크는 유아교육 및 보육(ECEC)* 영역의 교육적 사고와 실천에 지대한 기여를 해왔다. 그들이 강조하는 관계와 경청의 교육, 유아기의 수많은 언어 이론, 교육적 기록작업 과정, 그리고 *아틀리에리스타*와 *페다고지스타*와 같은 혁신적 역할들, 그 이외에도 더 많은 것들이 북부 이탈리아의 중간 크기 도시를 훌쩍 넘어서 큰 영향력을 행사해 왔다. 세계 곳곳의 많은 사람들이 레지오 에밀리아 경험으로부터 영감을 받아 일하고 있다. 몇몇 국가에 끼친 영향은 아주 각별하게 강력하였는데, 예를 들면 원로 스웨덴 공무원은 스웨덴의 유아학교 역사에 대해 저술하면서 레지오 에밀리아 접근법이 스웨덴의 유아학교에 '새로운 영감을 주는 사고'를 가져다 주었다고 언급하고 있다(Korpi, 2007). 비슷한 맥락에서, OECD가 20개 국가의 유아 교육과 보육을 살펴본 최종 보고서인 「*Starting Strong II*」(OECD, 2006)는 레지오 에밀리아의 교육 작업에 명확히 주목하면서 전 세계에 준 영향력을 인정하고 있다.

> 레지오 에밀리아의 영향은 현재 13개 국가에 네트워크를 갖고 있지만 점차 확대되어 가고 있으며, 특히 교육에서 민주적 실천에 대한 실험, 연구 그리고 반영에 열려 있는 환경에서는 더욱 각별하게 커지고 있다. 레지오 유아학교들은 그들의 사회적이며 역사적 맥락(이탈리아의 파시즘의 후유증)에 크게 영향을 받은 것으로, "스스로 생각하고 행동할 수 있는 어린이"(Dahlberg et al., 1999)라는 비전을 유지하는 것에 관심이 있다. 어린이와 어린이의 자유를 위하여, 레지오는 유아교육 서비스를 교직원이나 부모들과 논의하지 않거나 어린이들의 흥미, 경험, 선택을 무시하면서 미리 정해진 결과를 산출해 내는 장소로 간주하는 지배적인 교육 담론에 맞서고 있다. 레지오는 '귀 기울임의 교육'을 채택하여, 어린이들이 자신의 경험에 의미를 부여하고자 하는 노력을 존중하고, 교육이 지식 전달과 재생산 혹은 학교를 위한 준비단계라는 점차 지배적이 되어가는 교육에 대한 관념을 반박하고 있다. (Rinaldi, 2006, p. 64)

그러나 본 장에서 필자는 영감을 불러일으키는 그들의 교육적 작업의 질을 넘어, 왜 레지오 에밀리아가 더 광범위한 의미가 있는지의 더 깊은 이유를 탐구하고자 한다. 레지오 에밀리아는 한 공동체가 새로운 시각과 새로운 작업 방식의 가능성을 탐구하기 위

* 나는 본 장에서 '유아교육' 및 '보육'이라는 용어를 사용했는데, 이제 이 용어가 출생부터 만 5, 6세 어린이들에게 '보육과 교육'을 제공하는 포괄적 서비스를 지칭하는 말로 국제적 연구에서 사용되고 있기 때문이다. 본인은 '유아교육'이라는 용어를 선호하는데, 그 안에서 교육은 넓은 의미에서 학습, 돌봄 그리고 웰빙의 모든 측면을 포함하는 총체적인 개념으로 이해된다. 이와 같은 의미로 유아교육을 이해하는 뉴질랜드와 같은 국가에서는 통합된 유아 서비스로 이전해 갔으며(Kaga, Bennett, & Moss, 2010), 본인이 알기에, 레지오에서도 0~6세를 위한 시립 서비스가 교육안에 통합되었다.

해서 집단으로 혁신적인 실천에 기꺼이 몰입하였다는 점에서 민주적 실험행위의 결정적 사례라는 것이 본인의 주장이다. 동시에 레지오 에밀리아의 경우가 참여 민주주의와 교육적 실험행위에 큰 가치를 부여하면서, 교육에 있어서 국가와 지역 사이, 일관성과 다양성 사이, 시 차원의 미시적 프로젝트와 국가 수준의 거시적 정책 사이에 새로운 관계가 가능한지에 대해 시사하는 바가 있을지를 본인은 고려해 보고자 한다.

오늘날의 상황: 늘어나는 서비스, 늘어가는 표준화

오늘날 많은 도시에서 유아교육 및 보육은 정치인들과 정책 입안자들의 주목을 받고 있다. 2002년 바르셀로나 정상회담에서, 유럽연합은 2010년까지 만 3세에서 의무교육 전 연령 어린이들의 최소 90%와 만 3세 이하 어린이의 최소 33%에게 돌봄을 제공하는 것을 목표로 설정했다. 실제로 유아교육 및 보육의 확대는 세계적 추세이다.

> 세계 전역에서 학령 전 시설에의 접근성이 서서히 증가하고 있다. 유아교육 및 보육 프로그램에 등록된 어린이들이 1999년에는 1억 1천 2백만 명에서 2006년에는 대략 1억 3천 9백만 명이 되었는데…, 2006년 등록률은 선진국 어린이의 79%와 개발도상국 어린이의 36%에 해당한다.
>
> (UNESCO, 2008, p. 50)

이와 같은 성장은 노동시장의 필요성과 널리 퍼져 있는 믿음(본인 생각에, 조기 교육의 영향력에 대해 과도하게 긍정적으로 바라보는 주장에 근거한 것)에 의한 것이다. 국가들은 점차 경쟁이 심화되는 세계 경제에서 살아남고 1970년대 이후 신자유주의의 재기로 인해 생겨난 불평등과 사회적 분열의 결과를 줄이기 위해 애쓰는 과정에서, 유아교육 및 보육 서비스가 자신들이 직면하고 있는 사회적이며 경제적인 다양한 문제들을 해결해 줄 수 있다고 믿은 것이다. 이로 인해 고도로 도구화되고 기술적 방식으로 유아교육 및 보육에 접근하게 되었으며, 미리 정해놓은 결과를 가장 효과적으로 산출해 내도록 강력한 '인간 기술'(human technology, Rose, 1999)을 발견하고 적용하게 되었다. '무엇이 통할지'를 찾는 노력은 그런 기술적 해결책에 선행되어야만 하는 중요한 질문들, 예를 들면 교육이 추구하는 것이 무엇인가에 대한 질문들을 공적으로 숙고해 보는 작업으로 이어지지 못했었다. 거드 비에스타(Gerd Biesta)는 다음과 같이 진술한다.

> 정확히 말하자면, 민주적 사회에서 교육의 목적은 주어지는 게 아니라 지속적인 토론과 고려의 대상이 된다…. 많은 서방 국가들의 현재 정치적 분위기는 교육의 목적에 대한 민주적 토론이 일어나기 점차 어렵게 되어 가고 있다. (2007, p. 18)

그에 덧붙인다면 지식과 배움의 의미에 관한 토론, 교육 자체의 개념에 관한 토론, 그리고 어린이, 교육자, 유아교육 기관의 이미지에 관한 토론도 점차 어려워지고 있다.

이처럼 과도한 도구성과 기술적 실천은 관리주의가 점차 지배적이 되는 것에 힘을 받아 유아교육 및 보육 서비스를 받는 어린이 수의 증가를 가져왔고, 방법과 결과가 점차 표준화되도록 하였다. 펜들러(Fendler)는 *'사전 선정된'* 결과가 다른 어느 것보다 우선시되는 이 과정을 기술하면서, 다음과 같이 관찰하고 있다.

> 발달적 목표가 구체적으로 명시되어 있기 때문에, 발달적 적합성에 따라 '정상'으로 명시되는 것 이외에 그 대상이 다른 어떤 특성이나 성격을 지닐 수 있는 이론적 가능성이 없다. 그렇다면 융통성의 개념이 상호작용의 과정에는 존재할지도 모른다. 그러나 결과 자체에서는 융통성이나 변형은 불가능하다. (2001, pp. 133-134)

우리는 과도한 개인주의 시대에 살며, '선택'이나 '다양성'이라는 공격적인 수사법을 사용하고 있을지도 모른다. 그렇지만 우리가 실제 경험하는 것은 질, 수월성, 결과, 평가, 벤치마킹 등과 같이 표준화를 지향하는 관리적 언어로 표현된 보편적 기준에 비교할 수 없는 정도로 순응하고 있는 현상이다. 세상은 복합적, 다원적, 우발적임에 불구하고, 우리는 궁극적으로 우리가 접하는 모든 것을 미리 정해진 범주 안에 넣고 '다름'을 '같음'으로 만들게 되는데, 범주 안에 속하지 않고 익숙하거나 당연하지 않은 것들은 극복하거나 무시되어야 한다.

레지오 에밀리아: 민주적 실험주의에 대한 지역적 프로젝트

과학이 발견하고 관리를 통해 결과를 내놓을 수 있는 하나의 정답이 존재한다는 믿음에 근거한 표준화와 정상화라는 이 맥락을 고려할 때, 레지오 에밀리아의 지역 프로젝트와 전 세계가 이것에 매력을 느낀다는 점은 매우 중요하다. 유아교육-사실 어떤 교육이라도-을 발달시키는 또 다른 접근 사례를 보여 주기 때문에, 레지오 에밀리아 사례는 민주적 실험주의의 지역적 혹은 미시적 프로젝트[1]라고 본인은 생각한다. 여기서 본인은 *민주적 실험주의(democratic experimentalism)*란 용어가 본인 고유의 것이 아님을 서둘러 밝히고자 한다. 이는 브라질의 사회 이론가인 로베르토 웅거(Roberto Unger)의 용어를 빌려온 것으로, 그는 다음과 같이 적고 있다.

> 공적 서비스를 제공하는 것은 혁신적 집단 실천이어야 한다…. 효율성이나 생산은 기계적으로 혁신적 아이디어가 위로부터 아래로 전달되어 이뤄진다고 이해하고 있는 우리의 현재 사고 안에서 이런 일은 더 이상 일어날 수 없다. 이것은 아래에서부터 시작되는 집단 실험적 실행의 조직을 통해서만 일어날 수 있다…. 민주주의는 내가 주창하는 기관 혁신을 위해 하나 더 추가되어야 하는 지형에 그치지 않는다. 이는 가장 중요한 지형이다. (2005a, p. 179, p. 182)

웅거(Unger)에게 이와 같은 실험주의는 '고-에너지' 민주주의의 한 특징으로, 높은 수준의 조직적 시민 참여를 격려하여서 사람들의 창의력을 방출하여 높이고 "우리의 실험적 역량, 즉 우리 사이에서 대안적 방식을 시도해 볼 능력을 강화하고자 하는 것이다" (Unger, 2004, p. 1xxii). 레지오의 교육적 작업이 풍요로운 어린이의 이미지에서 출발하듯이, 웅거 역시 풍요로운 시민의 이미지를 내세운다: "평범한 남성과 여성이 지닌 특별한 재능을 알아보는 것이 민주주의의 핵심 원칙이다"(p. 1xxii).

민주적 실험주의에 대한 웅거의 토론은 인간성에 힘을 실어주기 위해 현대사회를 어떻게 개조할 것인가를 상상하는, 보다 광범위한 프로젝트의 한 부분이다. 그는 오늘날 우리 사회에서 어떻게 진정한 변화를 가져올 수 있을지 묻고 있다. 그는 두 유형의 정치라고 명명한 것을 제외해 버리는데, 그중 하나는 *혁명적(revolutionary)* 유형으로, 국가 위기 상황에서 하나의 기관이나 체제를 다른 것으로 전면 대체하는 것과 같이 갑작스럽고, 폭력적이며, 전체적 변화를 바라는 것이고, 다른 하나는 *개혁적(reformist)* 유형으로, 대중의 우려에 주변적이며 본질적으로 사소한 반응을 보이는 것이다. 후자는 그가 묘사하기로는 '염세적 개혁주의'로 그 안에서는 "우리가 피할 수 없는 것들을 인간적 차원에서 접근할 수밖에 없게 된다"(Unger, 1998, p. 20). 위의 두 가지 유형 대신 그는 '급진적' 혹은 '혁명적 개혁'을 주장하는데, 구조적 변화가 한 단계씩 이루어져서 점진적이지만 누적적이고 실질적인 변화를 가져오는 것을 말한다: "제도를 구성하고 있는 구조 및 실행 신념과 같은 한 사회의 기본적 배열을 다루고 변화시킬 때 개혁은 급진적이다. 이것이 개혁인 이유는 한 번에 이 구조의 분리된 한 부분을 다루기 때문이다" (Unger, 1998, pp. 18-19). 그가 지닌 이상의 중심에는 "어디로?"라는 질문이 자리 잡고 있는데, 분명한 방향감이 필요하다는 점을 부각시킨다. 그는 "계획에 따른 논쟁은 방향과 다음 단계에 대한 비전이다."라고 제안한다(Unger, 2005a, p. 164).

민주적 실험주의는 이와 같은 폭넓은 맥락에서, 좋은 삶에 대한 비전을 향해 나가는 '다음 단계'는 어떤 것이 가능할지를 탐색하여 급진적 개혁에 도움을 주는 하나의 수단으로 조명되어야 한다. 여기서 비전이란 방향성은 제공해 주면서도 수정이 가능한 것으로, 수단이나 종착점이 고정되어 있지 않으며 새로운 관점, 새로운 이해 그리고 새로운 관계에 열려 있는 것을 말한다. 나의 주장의 핵심은 레지오 에밀리아의 교육 프로젝트는 그와 같은 민주적 실험주의의 지속적이며 중요한 사례라는 점이다. 진정 레지오 자체는 항상 민주주의와 실험정신을 중심 가치로 강조해 왔고, 민주적이며 실험적 실천을 통해 표현해 왔다.

민주주의는 모든 차원에 해당이 되는 하나의 통치 형식이다. 그러나 그 이외의 측면도 많다. 이는 함께 살아가고 다른 사람과 관계를 맺는 방식이고, 삶의 방식이자 주체성의 한 형태이다. 내가 보기에 레지오 에밀리아는 민주적 학습, 민주적 의사결정, 민주적 평가라고 칭할 수 있는 다양한 차원에서 본 민주주의의 수많은 사례를 제공해 주는 것처럼 보인다. (민주주의의 의미와 민주주의가 유아교육센터에서 어떻게 실천될 수 있는지에 대한 더 풍부한 토론을 보려면 Moss(2009)를 참조) 교육적 기록작업을 예로 들면, 말라구찌의 전기를 쓴 작가는 이것을 민주적 용어로 기술하고 있다.

어린이들은 도시광장 안에 있는 사자상에 올라 타기를 좋아한다.

> 실천의 이면에는 투명한 학교와 투명한 교육이라는 이념적이고 윤리적 개념이 자리 잡고 있다고 믿는다…. 학교가 하는 일은 반드시 공적 가시성이 있어야 한다는 정치적 이념도 드러나는데, 즉 도시가 학교에 투자한 것을 다시 도시에 '돌려주기'를 말한다…. 다양한 형태를 지닌 기록작업은 모두 대화, 교환 그리고 공유를 위한 특별한 도구를 의미한다. 말라구찌에게 이는 '모든 것을 모두와 함께' 토론하고 대화할 가능성을 의미한다. (Hoyuelos, 2004, p. 7)

카를리나 리날디(2006, p. 59)는 이 실천에 대해 유사한 용어로 이야기하고 있다. "기록작업을 공유한다는 것은 학교 안이나 밖 모두에서 민주주의의 진정한 행위에 참여하고, 어린이의 문화와 가시성을 유지하는 것을 의미한다. 이는 교환과 가시성의 산물인 민주적 참여, 혹은 '참여적 민주주의'인 것이다."

레지오 에밀리아와 관련되어 여기서 사용된 실험작업(experimentation)이란, 엄밀하게 변수를 통제하여 대안적 가설을 제외하는 것이 목적인 특정 형태의 실험방법과 혼동되어서는 안 된다. 오히려 하나의 가치로서 실험작업은 사고, 지식, 프로젝트, 서비스, 혹은 손에 잡히는 산물이든 새로운 어떤 것에 활기를 불어넣는 것이다. 실험작업이란 고안하고 다르게 생각하고 상상하며 다른 방식으로 일하기를 기꺼이 시도해 보고자 하는 마음, 사실은 욕망을 나타낸다. 이것은 이미 존재하는 것을 넘어서고자 하는 욕구, 아직 밝혀지지 않은 영역으로 모험을 떠나려는 욕구, 주어지고, 친숙하고, 이미 예정된 것, 기준에 구애받지 않으려는 욕구로 인해 움직인다. "실험작업이란 항상 생겨나는 과정 중에 있는 것으로, 진실의 출현을 대체하고 그것보다 더 부담이 큰 것으로, 새롭고 놀랄 만하고 흥미로운 것이다"(Deleuze & Guattari, 1994, p. 111). 실험작업에서는 결론이 열려 있어 닫히지 않으려 하고, 생각이 열려 있어 예상치 못한 것을 반기며, 마음이 열려 있어 차이에 가치를 둔다.

레지오 에밀리아를 특징짓는 실험작업의 유형은 시민적 학습의 한 형태로서 이해할 수 있다. 이 학습은 프로젝트 작업 및 '귀 기울임과 관계의 교육론'에 근거하여 자신들만의 지역적 지식을 집합적으로 공동구성하면서 일어나는데, 이 교육론은 시립학교의 교실 안에서 어린이와 교육자 간 관계의 지침이 되기도 한다. 이 교육적 접근은 어린이와 성인 모두에 대해 아래와 같은 관점을 지니고 있다.

> 이해한다는 것은 해석을 정교화시키는 것을 뜻하며, 우리는 이를 '해석적 이론'이라 부르는데, 세상 사물과 사건에 의미를 부여해 주며 임시적일지라도 만족감을 주는 설명이라는 의미에서 하나의 이론이다. 이는 단순히 하나 혹은 한 묶음의 아이디어 이상의 무엇이다. 우리에게 만족스럽고

> 설득력이 있으며, 우리의 지적, 정서적 그리고 심미적 욕구를 충족시키며 쓸모가 있어야 한다. 즉, 우리에게 심미감과 만족감을 발생시키는 일체감을 주어야 한다.
> 어떤 면에서 이론은 가능하다면 타인에게도 만족스러워야 하고, 타인들은 이 이론에 귀 기울여 들어줄 필요가 있다. 이로 인해 본래 개인적이던 세상이 변환을 거쳐 공유된 것이 될 수 있다. 나의 지식과 나의 정체성은 타인에 의해 구성된다. 이론을 공유하는 것은 불확실함과 고립에 대한 대응이다. (Rinaldi, 2006, pp. 113–114)

이처럼 실험작업은 방향 없이 진행되지 않는다. 방향성을 갖고 있으며, 이는 "어디로 향할까?"라는 질문에 대한 대답이 될 것이다. 레지오에서 많은 학문 영역과 패러다임 영역에서 열정적으로 경계 넘나들기를 하고 있듯이, 실험작업은 기존 이론들을 갖고 작업하기도 하지만 새로운 이론들을 구성하기도 한다. 이것은 공식처럼 정형화된 것은 아니지만, 그렇다고 엄밀함이 부족하지도 않다. 다른 사람들이 관찰, 해석, 이론들을 경청하고 존중해 주기도 하지만, 동시에 이것들은 질문의 대상이 되고, 비평과 반박을 감당해야만 한다. 맥락 내에서 사고하고 복합체를 고려하라는 에드가 모린(Edgar Morin)의 경고를 염두에 두고 따르면서, 이들은 '서로 분절되어 있고 나뉘어 있는 것을 다시 연결하고, 통일성을 인정하면서 다양성을 존중하며, 상호의존성을 밝혀내고자 노력하는 방식의 사고'(Morin, 1999, p. 30)를 창출해 낸다.

레지오의 총체적 교육 프로젝트는 여러 수준에서 작동하는 실험작업의 한 사례이다. 시 차원에서, 시는 자기 도시 어린이 교육에 책임을 지고 지역사회만의 교육 프로젝트를 시작하는 실험을 하기로 민주적 절차를 거쳐 결정하였고, 잘 알려진 "우리는 어린이에 대해 어떤 이미지를 갖고 있는가?"라는 결정적 질문에서 출발하였다. 학교와 집단 차원에서, 그 프로젝트 자체는 실험작업의 이론과 실천을 근거로 한 교육적 실천을 가치롭게 여겼고 장려해 왔다. 실험작업의 언어는 교육자들이 지식과 학습에 대해 언급할 때 널리 사용된다. 예를 들어, 여기 레지오 *아틀리에*의 역할에 대해 글을 쓴 한 명의 *아틀리에리스타*가 있다.

> *아틀리에*는 예술, 건축 그리고 디자인 세계와 마주 닿아 있고 *아틀리에리스타*는 종종 현대적 이슈에 예민한 촉각을 지니고 있기에, *아틀리에리스타*의 임무는 이처럼 흥미로운 문화적 흐름을 학교 안으로 받아들여 와서, 가능하다면 적절한 방식으로 재가공을 해서 어린이들과 실험작업을 하는 데 쓰일 수 있는 부분을 밝혀내는 것이다. (Vecchi, 2010, p. 126)

실험작업이 물론 민주적일 필요는 없다. 예를 들어, 실험작업은 상업적 이점과 이윤 향상을 추구하는 회사나 전문 영역의 지식을 추구하는 과학자들이 수행할 수 있다. 그러므로 민주적 실험주의란 매우 특정 형태의 실험작업으로, 그 안에서 실험작업을 하고자 하는 욕구와 방향이 함께 모여서 심사숙고하는 과정에서 도출되며, 예를 들어 생성된 지역적 지식과 같은 실험작업의 이득이 모이면 공유 자산이 된다.

민주적 실험주의는 선택 사항인데 요즘 많은 나라, 도시, 기관 그리고 학교들은 이를 거부하거나, 더 아쉽게도 고려조차 해보지 않는다. 그 결과는 매우 심각해서 끝없이 이어지는 재생산의 회전 안에 우리를 가두며, 그로 인해 미리 처방된 동일 수단이 반복적이고 예측 가능하며 생명력 없는 과정을 거쳐, 이미 알려진 동일 종착점에 이르게 된다. 민주적 실험주의는 결과에 가치를 두고 이를 추구하지만, 이 결과가 예상 밖이거나 놀라우며 새로운 이해와 의미를 산출할 수도 있다는 점을 인정한다. 그리고 경이로움, 놀람, 흥분이라는 감정을 만끽한다. 물론 미리 결정된 결과도 필요할 수 있지만, 혁신적이고 창의적인 것을 억압하거나 사소하게 만들어버릴 수 있으므로, 어느 정도 의구심을 갖고 이 결과들을 다루어야 한다. 그런 결과는 "진리를 향한 우리의 의지는, 이 첫 경우에 확실한 결과를 바라는 의지로 생각될 수 있는데, 비트겐슈타인(Wittgenstein)이 지적하듯이 현재의 기찻길을 따라 의사소통이 일어나도록 만들어서 개방적이고 실험적인 세상과 연결하는 대안적 방법을 방해한다."(Roy, 2004, p. 302)는 것을 나타낸다. 민주적 실험주의는 두 다리로 걷는 법을 터득해야 한다!

미시와 거시

내가 주장해 온 바에 의하면 레지오 에밀리아는 민주적 실험주의의 미시적 지역 프로젝트이며, 혹은 이탈리아의 또 다른 시 혁신사례를 다루는 책의 제목처럼 '지역사회 프로젝트로서 어린이 교육'(Fortunati, 2006)의 흥미롭고 중요한 사례이나. 그 실험 결과는 유별나게 풍요로웠으며 널리 공감을 얻었다. 그 중 세 가지 사례만 예로 든다면, 수많은 언어 이론을 학습에 적용하는 유아교육에서 *아틀리에*의 역할, 연구, 평가, 전문성 계발, 계획, 민주적 실천의 도구로서 교육적 기록작업의 개발, 그리고 유능한 어린이라는 개념에 새로운 의미를 부여해 준 기록으로 남겨진 수많은 복합적인 프로젝트 작업 사례들이 포함된다.

우리는 거기에서 멈출 수도 있었다. 그러나 관리주의와 표준화를 답답한 마음으로 수용하게 되는 상황에 직면하게 되면서, 나는 우리가 좀 더 깊이 들어가서 "민주적 실험주의가 미시적 프로젝트를 넘어 거시적 정책의 중요한 부분으로 확장될 수 있을까?"라고 물어야 한다고 생각한다. 다른 말로 하자면, "국가적 차원에서 민주적 실험주의를 장려할 수 있을지, 그렇다면 어떻게 해야 하는지?"가 될 것이다. 레지오 에밀리아는 이 질문에 대한 답을 주기에는 한계가 있다. 그 이유는 이 지역 기반 프로젝트는 국가 정부가 관심을 보이고 상상력을 발휘한 결과도 아닐 뿐더러 지원조차 받아본 적이 없었기 때문이다. 레지오를 비롯하여 이와 유사한 지역 프로젝트에 착수했던 다른 이탈리아 도시나 군들이 이루어 낸 것은 이탈리아 정부 때문이 아니라 이 정부의 존재를 무릅쓰고 해낸 것이다. (여기서 레지오는 시 주관 실험작업을 한 독자적인 사례가 아니라는 점을 기억하는 것이 항상 중요하다. 예를 들어 Catarsi, 2004; Corsaro, 2005; Fortunati, 2006; Gandini & Edwards, 2002를 참조하라.)

몇몇 저자들은 국가가 실험작업을 격려하는 역할을 맡아야 한다는 생각을 제안해 왔다. 예를 들어, 웅거가 말하는 민주적 실험주의는 가끔 자기 마음이 내킬 때 우리 주변에서 항상 발견되는 시스템의 제약에서 떨어져 나와 수행하는 즉석 지역 프로젝트 이상이다. 그는 고-에너지 민주주의를 추구하려는 의지의 한 부분으로서 실험작업을 국가가 적극적으로 격려할 수 있다고 생각한다. 국가는 이 목적을 이루기 위해 다양한 방법을 행할 수 있는데, 그 안에 포함되는 것은 혁신적 서비스를 창출해 낼 수 있는 '새로운 사회적 대행 주체 산출하기'; 모니터하고 지원하며 '가장 성공적 실천사례를 널리 알려서 작동하지 않는 것 안에서 실험적 걸러내기의 과정을 촉진하기'; 그리고 마지막이자 현재 상황에서 가장 놀랄만한 것으로 '지나치게 혁신적이고, 힘들거나 시장으로부터 직접적인 보상을 받지 못하는 서비스들을 골라 직접 제공하기' -정부 자체가 실험 중인 것 등이다(Unger, 2005b, p. 179).

국가 정부가 실험작업을 지원하는 한 예로, 최근 뉴질랜드는 지난 20년간 유아 서비스를 변화시켜 와서 '유아교육'의 통합적 개념을 토대로 통합 체제를 발달시켰는데, 여기서는 유아교육이 '가장 넓은 의미의 교육'으로 이해되었고, 어린이의 교육과 보육, 부모 지원 그리고 지역사회의 지속가능성에 관심이 있었다(Meade & Podmore, 2010). 2002년 발표된 '*유아교육을 위한 10개년 책략-미래로 가는 길: Ngā Huarahi Arataki*'의 중요한 특징은 혁신센터 프로그램이었으며[2], 선발된 센터들이 교수 학습의 혁신과 연관된 실행 연구를 착수할 수 있도록 자금과 다른 자원을 제공해 주며, 또한 다른 서비스 기관들과 그들이 이룬 혁신적 작업과 연구 결과를 나누었다. 선발된 센터들은 3년 동안 지원을 받아 교사들이 전문성 발달과 적절한 준비를 하기 위해 연구하도록 업무에서 벗어나도록 하고, 필요한 자문과 지원을 받도록 연구원 비용을 제공해 주었다. 다음에 이어지는 센터 선정은 마오리(Maori) 서비스처럼 특정 주제에 집중되어 있었으며, 정보소통기술을 교육과정에 통합시켰으며, 다문화 어린이 및 가족(*whānau*)을 위한 통합 교육에 집중하였다(문화적 통합과 특수아 및 영재 어린이들의 통합도 포함된다.).

실험적 국가란 미시적 프로젝트들이 제공한 자극이 거시적 정책의 핵심 강령이 된 경우로, 이것이 가능해지려면 이전보다 훨씬 더 깊은 사고와 신중한 고민 그리고 실험작업이 필요하다. 우리에겐 국가적 (아니면 지역적) 레지오 에밀리아가 필요한데, 이 국가나 지역은 실험작업이 어떻게 능동적으로 양성되고, 기록되고 평가될 수 있는지를 탐구할 준비가 되어 있어야 한다. 이 탐구는 지속가능성의 문제로 유용하게 확장될 수 있다. 어떤 실험도 영원히 계속될 수는 없지만, 너무 많은 혁신 프로젝트들이 충분한 시간을 갖지 못하고 끝나버려서 그들이 했던 실험적 작업은 유지되고 전개되며 심화되기까지 이어질 수가 없다. 50년 이상 지역의 교육 프로젝트를 운영해 온 레지오는 표준이라기보다 예외적인 경우이다. 작업의 새로운 방향을 만들어 내고 새로운 학문 영역과 이론들의 경계를 넘나들기 위해 레지오가 그간 보여 준 능력들과 함께, 이렇게 오래 이어진 지속가능성은 분명 더 깊이 연구될 필요가 있다.

이러한 연구는 다양한 방법론이 투입될 필요가 있을 것인데, 접근성, 작업 인원 그리고 비용과 같은 이슈를 조명하기 위한 양적 작업; 책략적으로 선택된 결정적 사례를 위한 질적 연구작업; 그리고 연구의 도구로서 교육적 기록작업의 광범위한 사용 등이 그 안에 포함될 것이다. 또한 지식을 창출하고 평가하기에 있어서 연구의 역할과 사용에 대해 분명히 해야 할 필요가 있다. 내가 보기에 민주적 실험주의는 다음과 같은 관점을 갖추어야 한다. 광범위한 영역의 연구를 존중하면서도 연구에서 밝혀진 내용은 지역적 지식으로, 항상 특정 맥락에서 산출되고, 항상 편파적이고, 관점에 따라 다르며, 임시적이고, 항상 숙고, 대화, 해석이 가능한 것으로 취급하는 관점을 지녀야 한다. 다시 말하면, 어떤 연구도 시민들이 생각해 보고 의미를 이해해야 할 의무를 면제해 줄 수 없고 주어도 안 된다. 덴마크의 도시연구가인 벤트 플리버그(Bent Flyvbjerg)처럼, 내가 주장하고 있는 것도 '사회과학의 실천지 모델' 을 채택하는 것으로 그 목적은 다음과 같다.

> 우리가 현재 어디에 있는지, 어디로 가고자 하는지, 그리고 다양한 가치와 흥미에 따라 어떤 것이 바람직한지를 밝혀서 사회의 실천적 이성에 기여하고자 하는 것으로, … (그리고) 구체적이고 경험적인 분석과 실제적인 철학적-윤리적 고려의 결합을 통해서 … 가치-합리적인 숙고와 행위를 할 수 있는 사회의 역량에 기여하려는 것이다. (Flyvbjerg, 2006, p. 42)

유아교육 및 보육에 대한 우리의 민주적 숙고는 적극적으로 실험작업을 추구하면서 생겨나는 중요한 윤리적이고 정치적 이슈들을 이에 수반되는 민주적 탈중심화와 함께 다룰 필요가 있다. 예를 들어, 서로 다른 지역공동체와 기관들은 실험하고자 하는 의지와 역량에 있어서 차이가 있을 것인데, 어떻게 이것을 수용할 것인가? 중앙에서 명령하여 실험작업을 강요할 수 없다. 오히려 실험하고자 하는 사람들이 실험할 수 있는 조건을 만들어 주어야 한다. 그러나 그렇게 하고 싶지 않은 사람은 어떻게 할 것인가? 옆에서는 실험작업을 추구해 나갈 동안, 그들은 일종의 표준화된 교육 '프로그램' 을 따르도록 내버려 두어야 할 것인가? 아니면 그들의 다소 취약한 실험적 잠재력을 강화할 방법이 있을까?

만약 실험작업에 대해 제약을 둔다면 어떤 것이 될까? 어떤 제안 방향이 사회 전반과 그 민주적 기구들에 의해 윤리적이나 정치적으로 받아들여질 수 없다고 여겨질까? 어떤 종류이건 간에, 극단적인 정부가 시정을 장악하고 교육적 이론과 실천을 실험해 보자고 말한다고 가정해 보자. 그 경계는 어디까지이며, 누가 그 경계를 지을 것인가?

그러면 다양성과 응집성 사이, 내가 미시적 프로젝트와 거시적 프로젝트라고 칭하는 것들의 관계에 대한 질문이 남는다. 민주적 실험주의를 옹호하는 국가에 있는 모든 시 자치제와 센터들에 공통적인 것은 무엇인가? 교육과 관련하여 국가의 시민권이란 무엇을 의미하는가? 국가가 교육적 틀을 만들어 특정 공동 가치, 목표, 자격 그리고 구조를 수립하고 그 국가의 모든 시 당국, 센터 혹은 학교가 이것들에 영향을 받으면서도 지역적 해석과 실험작업의 여지가 상당히 남아 있는 것과 같은 폭넓은 그림이 어렴풋이 그려진다. 여기서는 국가와 개별 학교 혹은 센터 간의 관계뿐 아니라, 시 자치제-민주적으로 선출된 지방 정부와 그 지역공동체의 정치적 표현-와 개별적 학교 혹은 센터 간의 관계가 중요한 이슈이다. 내 견해로는 민주적 교육에는 국가, 시 자치제, 학교의 능동적 역할과 상호 지원적인 관계가 필요하다. 그러나 이렇게 하려면 시 자치제의 입장, 민주적 실험주의에서 시의 역할이 무엇이 될 수 있고 되어야 하는지 그리고 어떻게 그 역할이 잘 수행될 수 있는지에 좀 더 주목해야 한다.

물론 다양성과 응집성 사이 그리고 서로 다른 수준들 사이의 어떤 관계도 영원한 평형상태에 도달할 수 없다. 관계는 항상 긴장되고 불안정한 것이고 그래야만 하며, 계속 비평과 돌아보기 그리고 재-창조에 열려 있어야 한다. 악마는 디테일에 있다-적용 시점에 폭넓은 원칙이란 정확히 무슨 의미를 지니는가? 민주적으로 행동할 역량과 의지를 지니고 있고, 다른 참여자를 믿고 지원하며, 배우려는 열린 자세를 드러내는 수준에 따라 관계는 달라진다.

그리고 관계는 그것과 더불어 거시적 정책에 의해 지원받는 미시적 프로젝트에 대한 가능성도 민주주의에 관한 공유된 이해에 따라 달라진다. 영국 정치철학자 존 그레이(John Gray)는 자유주의에 관련된 토론에서 흥미롭고 중요한 변별점을 제안한 바 있다. 그의 주장에 따르면 자유 민주주의에는 두 가지의 흐름이 있다. 한 흐름은 '삶의 이상적 형태를 찾는 데 있어서…, 최고의 삶의 방식에 대한 합리적인 합의가 있다는 이상'을 고수한다(Gray, 2009, pp. 21-22). 이 흐름은 일반적 법칙과 원리-'보편적 제도를 위한 처방'-을 추구하고 가치롭게 여긴다. 다른 흐름은 합의보다는 공존을 주장하는 프로젝트로서, 종종 동의하지 않기로 동의할 필요성이 불가피하다는 점을 인정하는 것이라고 그레이는 주장한다. 이 흐름은 함께 살아가며 번창하는 여러 가지 삶의 방식과 관점, 즉 '자유 다원주의 철학 혹은 공존을 위한 협정(modus vivendi)'을 추구하고 가치롭게 여긴다(p. 49).

관용은 이 두 흐름 모두에서 중요하지만, 전자에서는 보편적 이상을 이해하지 못하거나 동의하지 않은 사람, 잘못된 판단을 내린 사람을 용인하는 것이다. 후자에서는 서로 갈리는 가치와 관점으로 인해 야기된 정당한 차이점을 용인하는 것이다. *모두스 비벤디(Modus Vivendi)*는 얕보는 태도가 아니라 존중하면서 다양성을 용인하는 것으로, 이는 모든 유형의 원리주의(fundamentalism)에 적대적이다(Gray, 2009, p. 41). 이는 종교, 공산주의와 같은 정치적 신조, 혹은 시장이나 경쟁처럼 모든 것에 대한 또 다른 이론인 신자유주의, 우리를 괴롭히는 문제들에 대한 최종적이고 총체적인 해결을 주장하는 이론들을 거부한다. 모두스 비벤디 흐름의 저변에 자리하고 있는 다원주의 가치를 받아들인다면, 그레이의 말에 따라, 우리는 '종을 위한 최선의 삶에 대한 모든 주장을 와해시켜 버리며 체제를 뒤집는 신조'를 받아들이는 것이다(pp. 40-41).

유아교육 및 보육을 위한 합리적 합의 혹은 모두스 비벤디

오늘날 유아교육에서 자유주의의 여러 흐름들이 명백해지고 있는 것으로 보인다. 전자는 합리적 합의를 신봉하는데, '최고의 실천'을 수행하는 '양질의 서비스'라는 언어로 표현된다. 이 언어들은 수단과 목표에 대한 보편적 동의와 공통적 관점, 공통된 질문 그리고 그 질문들에 대해 모두가 동의한다는 가능성(바람직함)에 근거를 둔다. 후자인 모두스 비벤디는 레지오 에밀리아 같은 장소에서 드러나며, 이곳에서는 실험적 프로젝트를 추구한다. 자신들의 가치, 이미지 그리고 목적으로부터 출발하고, 미리 정해져 있는 결과를 향해 선형적으로 진보해 간다는 관념을 거부한다. 우리가 감히 말하건대, 전자는 순응성과 예측 가능성을 원하고, 후자는 경이로움과 놀람을 바란다.

카를리나 리날디는 레지오 에밀리아 시립학교에서 일어나는 어린이들과의 '*프로젝트 작업(progettazione)*'에 대해 다음과 같은 용어로 글을 쓰고 있다.

> 이것은 역동적 과정이라는 아이디어를 상기시키는데, 불확실성과 다른 사람들과의 관계 안에서 항상 생겨나는 우연이 포함된 여정과 같다. 프로젝트 작업은 많은 방향으로 퍼져가는데, 미리 정해진 진행경로도 없고, 여정이 시작되기 전에 결정된 결과도 없다. 이는 곧 어린이들이 하는 예측 불가능한 탐사와 연구 결과에 민감하다는 것을 의미한다. 이처럼 프로젝트 코스는 짧거나, 중간 길이이거나, 길어질 수도 있고, 연속적이거나 계속 이어지지 않을 수도 있으며, 항상 수정과 방향 변화에 열려 있다. (Rinaldi, 2005, p. 19)

위에 적힌 글은 레지오 에밀리아 고유의 어린이 교육을 위한 시 자치제 미시적 프로젝트를 기술하기에도 역시 적절해 보인다. 사실 시 프로젝트 자체도 어린이, 교육자 그리고 학교가 수행하는 수많은 미시적 프로젝트들로 이루어져 있으며, 모두 강한 실험적 성격을 지니고 있다는 공통점이 있다. 다른 공동체가 교육 프로젝트에 착수하게 된다면, 레지오 에밀리아가 그랬듯이 이들도 과연 그리고 어떻게 창의성과 독창성을 발휘할 수 있는지 전망해 보는 것은 버거운 일이겠지만 흥분감을 자아낸다.

노트

1 나는 프로젝트라는 용어를 작업 방식을 정의하기 위해 사용하는데, 이는 시 자치제 혹은 교실에 동등하게 적용될 수 있으며, 레지오 교육자들이 많이 사용하는 이탈리아 단어인 'progettazione'에 상응한다. 미리 정해진 결과에 도달하기 위해 미리 결정되어 있는 단계를 거쳐 선형적 코스를 따른다는 의미를 지닌 '*programmazione*(program)'라는 용어와 달리, '*progettazione*(project)'는 보다 열려 있고 탐문적 접근을 취하면서 초기 가설은 있지만, 작업이 진행되어 감에 따라 수정과 방향의 변화가 가능하다. 그것은 시 자치제가 될 수 있고, 학교, 혹은 한 집단의 어린이와 교육자들에 의한 것일 수도 있다.

2 나는 여기서 과거형인 '*was*'를 사용했는데, 그 이유는 2009년도에 정부가 전면적인 비용 절감을 위한 조치로 그 프로그램의 종료를 선언했기 때문이다.

참고문헌

Biesta, G. (2007). Why "what work" won't work: Evidence-based practice and the democratic deficit in educational research. *Educational Theory, 57*(1), 1-22.

Catarsi, E. (2004). Loris Malaguzzi and the municipal school revolution. *Children in Europe, 6*, 8-9.

Corsaro, W. A. (2005). *I compagni: Understanding children's transitions from preschool to elementary school*. New York: Teachers College Press.

Dahlberg, G., Moss, P., & Pence, A. (1999). *Beyond quality in early childhood education and care: Postmodern perspectives*. London: Falmer Press.

Deleuze, G., & Guattari, F. (1994). *What is philosophy?* (H. Tomlinson, & G. Burchill, Trans.). London: Verso.

Fendler, L. (2001). Educating flexible souls: The construction of subjectivity through developmentality and interaction. In K. Hultqvist, & G. Dahlberg (Eds.), *Governing the child in the new millennium* (pp. 119-142). London: Routledge Falmer.

Flyvbjerg, B. (2006). Social science that matters. *Foresight Europe* (October 2005-March 2006), 38-42.

Fortunati, A. (2006). *The education of young children as a community project: The experience of San Miniato*. Azzano San Paolo, Italy: Edizioni Junior.

Gandini, L., & Edwards, C. P. (Eds.). (2002). *Bambini: The Italian approach to infant and toddler caregiving*. New York: Teachers College Press.

Gray, J. (2009). *Gray's anatomy: John Gray's selected writings*. London: Allen Lane.

Hoyuelos, A. (2004). A pedagogy of transgression. *Children in Europe, 6*, 6-7.

Kaga, Y., Bennett, J., & Moss, P. (2010). *Caring and learning together: A cross-national study of integration of early childhood care and education within education*. Paris: United Nations Educational, Scientific and Cultural Organization.

Korpi, B. M. (2007). *The politics of pre-school—intentions and decisions underlying the emergence and growth of the Swedish pre-school*. Stockholm: Ministry of Education and Research.

Meade, A., & Podmore, V. (2010). *Caring and learning together: A case study of New Zealand*. Paris: United Nations Educational, Scientific and Cultural Organization. Available at http://unesdoc.unesco.org/images/0018/001872/187234.pdf

Morin, E. (1999). *Homeland Earth: A manifesto for the new millennium*. Cresskill, NJ: Hampton Press.

Moss, P. (2009). *There are alternatives! Markets and democratic experimentalism in early childhood education and care*. The Hague: Bernard van Leer Foundation.

Organization for Economic Cooperation and Development (OECD) (2006). *Starting strong II*. Paris: OECD Publishing.

Rinaldi, C. (2005). Is a curriculum necessary? *Children in Europe, 9*, 19.

Rinaldi, C. (2006). *In dialogue with Reggio Emila: Listening, researching and learning*. London: Routledge.

Rose, N. (1999). *Powers of freedom: Reframing political thought*. Cambridge, England: Cambridge University Press.

Roy, K. (2004). Overcoming nihilism: From communication to Deleuzian expression. *Educational Philosophy and Theory, 36*, 297-312.

Unger, R. M. (1998). *Democracy realized*. London: Verso.

Unger, R. M. (2004). *False necessity: Anti-necessitarian social theory in the service of radical democracy* (2nd ed.). London: Verso.

Unger, R. M. (2005a). *What should the left propose?* London: Verso.

Unger, R. M. (2005b). The future of the left: James Crabtree interviews Roberto Unger. *Renewal, 13*, 173-184.

United Nations Educational, Scientific and Cultural Organization (2008). *Overcoming inequality: why governance matters (Education for all global monitoring report 2009)*. Oxford, England: Oxford University Press.

Vecchi, V. (2010). *Art and creativity in Reggio Emilia: Exploring the role and potential of ateliers in early childhood education*. London: Routledge.

2부 관계를 통한 교수와 학습

7

부모의 학교 운영 참여: 세르지오 스패쥐아리와의 인터뷰

렐라 간디니(Lella Gandini)

지역사회 경영은 우리가 모든 기관의 일부분인 참여, 민주주의, 공유된 책임, 문제와 선택에 대한 점검의 전 과정을 포용하고자 할 때 사용하는 조직적이고 문화적인 형태이다.

(Loris Malaguzzi, 『*Charter of the City & Childhood Councils*』, 2002, p. 9에서 인용)

나는 시 아동위원회(City and Childhood Council)에의 참여를 책임에 대한 전제조건이라고 이해한다…. 그 책임은 문명화된 지역사회 또는 집단적-사회에 대한 소속과 기여의 시민 의식에 기인한다.

(Domenico Giannantonio, 『*Parent, quoted in Charter of the City and Childhood Councils*』, 2002, p. 9에서 인용)

나에게 있어 그것은 내가 부모로서 내 아이에 보다 가까워지고 우리가 시민으로서 함께 성장할 수 있도록, 공유된 반성의 시간을 통해, 상호 교환의 기회를 통해, 서로의 관점을 비교해 보며, 우리의 반성을 더욱 진전시켜 성장할 것을 기대하는 것이다.

(Anna Frank Preschool Council의 회의록 중에서, 『*Charter of the City and Childhood Councils*』, 2002, p. 25에서 인용)

그것은 사람들이 질문을 물어보는 위원회예요. 누군가 질문을 하고 다른 누군가가 대답을 하면서 긴 연설을 해요, 이것처럼요! … 저는 그건 무슨 의회 같은 거라고 생각해요. 네, 네, 의회요.

(어린이, 미켈란젤로 유아학교〈Michelangelo Preschool〉)

간 디 니: 레지오 에밀리아에서 사용하는 어린이를 위한 교육적 접근 중에서 가장 이해하기 어려운 조직적 개념 중 하나가 '사회적'(또는 지역사회) 참여입니다. 이 개념이 어떻게 대두하게 되었는지 설명해 주시겠습니까?

스패쥐아리: 그것은 긴 이야기입니다. 1970년대 이후부터 교육에서의 지역사회 참여가 공식적으로 인식되기 시작했다는 점을 강조하면서 이야기를 시작해 보지요. 지역사회 참여는 혁신을 육성하고, 지나친 관료주의의 위험에 대항하여 교육 기관들을 보호하며, 교육자와 부모들 간의 협력을 북돋우는 수단으로 여겨져 왔습니다. 이러한 참여는 두 가지 형식으로 진화하였습니다. 첫째는 시에서 운영하는 영유아센터와 유아학교에서 사용하는 지역사회 중심의 경영 시스템(우리는 이것을 *지역사회 중심의*

본 장은 미시건 주 디트로이트의 웨인 주립대학교 교육대학(Wayne State College of Education in Detroit)에서 발행한 『*Innovations in Early Education: The International Reggio Exchange*』에 수록된 간디니(Gandini, 2009), 간디니와 카민스키(Gandini & Kaminsky, 2007), 그리고 스패쥐아리(Spaggiari, 2004)의 인터뷰를 바탕으로 하였다. 가장 최근의 정보를 반영하기 위해 편집자가 집약하고 업데이트하였다. 본 장은 그가 오랜 시간 영유아센터와 유아학교에서 *페다고지스타(pedagogista)*와 교장으로서의 오랜 공헌(1995~2010년)을 마무리지으며 했던 공공 발언으로 결론을 내린다.

*운영 체제〈gestione sociale〉*라고 부릅니다.)을 통해, 둘째는 모든 단계에서의 초·중·고등 공립학교 위원회를 통해서입니다. 저는 이 두 가지 중 첫 번째 것에 대해 이야기하겠습니다.

영유아센터와 유아학교에서의 지역사회 기반의 참여 역사는 오래 전으로 거슬러 올라갑니다. 우리는 그 뿌리를 이탈리아의 특정 지역 에밀리아 로마냐(Emila Romagna)와 토스카나(Toscana)에서 1945년, 이탈리아 해방 직후에 교육과 복지 서비스의 촉진에 직접 관련된 여성단체, 전 저항군(전 빨치산), 연합, 조합들의 창시와 참여 덕분에 발달한 특별한 교육적 경험으로 추적할 수 있습니다. 이러한 창시는 가지각색의 사회적 스펙트럼에 걸친 사람들을 포용했으며, 그 시초부터 협력과 관여의 가치를 강조했습니다.

간 디 니: 사실 당신은 교육에서의 사회적 참여의 뿌리를 찾고자 더 뒤로 가셨네요. 방금 말씀하신 '협력적 움직임'은 사람들이 자원을 공유하고 나누기 위해, 서로를 돕기 위해 모이는 것으로 북부 이탈리아에서 아주 오랜 시간 동안 강하게 존재해 왔습니다.

에밀리아 로마냐의 첫 번째 지방 조합은 1883년 시작했습니다. 그것은 소비자 조합으로서 사람들이 먹을 것이 필요했으나 음식을 살 수 없었던 절박했던 경제적 시기에 반응하여 시작된 것이었습니다. 이 조합에서 모든 조합원들은 동등한 권리를 지녔었습니다. 차츰 조합의 움직임은 경제의 모든 영역-노동자 조합, 소비자 조합, 상점들, 도시와 시골의 협동조합은행들-에 뿌리 내리기 시작했습니다. 이탈리아의 조합들-특히 에밀리아 로마냐 지역에 형성된 것들-은 진보적인 이상에서 영감을 얻었습니다. 처음부터 조합들의 의도는 극심한 요구가 발생한 상황에서 상호지원 네트워크를 형성하는 것이었으나 시간이 흐름에 따라 혜택 받지 못하는 인구의 일반적 복지나 문화적 향상에도 기여하는 역할을 하였습니다.

조합은 파시스트 시기 동안 매우 억압되어 있었으나 제2차 세계대전 이후 희망과 복원의 풍조에서 다시 살아났습니다. 그 이후 수십 년간 조합은 새로이 발전을 거듭해 왔습니다. 조합 연합들은 건강관리, 전문적 발달, 문화적 사회적 서비스를 제공하기 시작했습니다. 또한 이들은 레지오 에밀리아의 유아교육 시스템의 강력한 지원자가 되어 왔습니다.

스패쥐아리: 참여의 첫 번째 사례인 '학교-도시' 위원회는 어린이를 위한 학교를 민주적으로 관리하기 위하여 특별히 만들어진 것으로 학교와 관련된 사람들 그리고 그 주변에 있는 사람들을 관여시켰습니다. 이 조직은 학교를 운영할 때뿐 아니라 어린이의 권리를 지키는 데에도 부모, 교사, 시민, 지역사회 단체를 참여시키는 학교를 '발명' 하겠다는 특정한 목적으로 가지고 만들어졌습니다.

가장 활동적이고 활기찬 참여모델이 정치적 진보주의자들과 좌파들이 이끄는 지방자치단체의 행정부에 의해 시작되었지만, 우리가 중요하게 기억해야 할 것은 이러한 모델들과 천주교 교구(parochial) 학교의 확장된 네트워크를 통해 검증된 것에서 알 수 있듯이 로만 가톨릭(Roman Catholic)이 강조해 온 가족과 지역사회에의 전통적 지원 간에는 분명한 연결고리가 있다는 점입니다.

간 디 니: 정확히 커뮤니티 기반 운영의 역할은 무엇이고, 그것은 어떻게 발달되고 형성되었나요?

스패쥐아리: 1971년에 영유아센터에 관한 법률이 통과되면서 드디어 참여의 개념이 공식화되었습니다. 이 개념은 수십 년 동안 차츰 진화해 왔고, 최종적으로 커뮤니티 기반 운영의 법적인 형식화를 이끌어냈습니다. 이는 오래 전부터 수많은 정당과 정치적 논쟁이 지속해온 일관적인 구호를 구체적으로 현실화시킨 것이었습니다. 중앙정부가 사회적 기금을 제공하고, 지방 정부는 전체적인 계획을 책임을 지며, 자치단체는 커뮤니티 기반 운영을 책임지라는 요구였습니다.

커뮤니티 기반 행정의 경험은 새로운 문화적, 사회적 상황에 적응하는 데 그 참된 가치를 보여주었는데, 예를 들면, 새로운 사람의 유입, 정치적/ 관념적이 아닌 개인적 관점에서 세계를 바라보는 부모들의 현대적 경향, 우리의 학교에 유입되는 새로운 물결이나 새로운 세대의 교사, *페다고지스타(pedagogisti)*, *아틀리에리스타(atelieristi)*에 잘 반응하여 왔습니다.

간 디 니: 커뮤니티 기반 경영의 개념이 레지오 에밀리아의 교육적 접근 전반과는 어떻게 일치하나요?

스패쥐아리: 이 시점에서 커뮤니티 기반 경영의 목표는 우리의 교육적 접근의 내용과 방법에 절대적인 부분입니다. 이것들은 여기 레지오 에밀리아의 영유아센터와 유아

학교의 교육적 경험에 핵심입니다.

이러한 센터와 학교에서 하는 커뮤니티 기반 경영은 교육자, 유아, 학생 그리고 지역사회 간에 강력한 상호작용과 커뮤니케이션을 촉진하는 것을 추구합니다. 커뮤니티 기반 경영은 의사소통과 결속력의 가치에 기원과 목표를 둔 교육적 접근의 가치를 높여줍니다. 가족의 참여는 어린이와 교육자의 참여만큼이나 필수적입니다.

명백히 이러한 세 집단 시스템은 크게는 커뮤니티의 한 부분인데, 이 자체가 다시 네 번째 요소가 되어 고유한 영향력과 가치를 지닙니다. 요컨대, 커뮤니티 기반 경영은 행정의 수단이라기보다는 전체 교육 경험의 모든 차원에 스며들어 있는 철학적 이상입니다.

이러한 맥락에서 볼 때, 일반적으로는 참여, 구체적으로는 커뮤니티 기반 경영은 교육적 경험에 핵심적인 요소입니다. 다시 말하면, 이것과 분리해서 영유아센터와 유아학교의 교육 내용이나 교육 방법을 결정할 수 없습니다. 모든 어린이, 특히 이 또래 어린이의 개별적 성장은 동등한 중요성과 무게를 지닙니다. 미래를 내다보는 사회라면 출생에서 만 6세까지의 시기를 책임감 있게 투자할 준비가 되어 있어야 할, 인간의 잠재력에 귀중한 자원으로 보아야 할 것입니다.

간 디 니: 이탈리아에서는 지난 30년간 출생률이 하락하여 젊은 가정의 구조에 변화를 가져왔습니다. 이러한 현상이 참여에는 어떤 영향을 미쳤나요?

스패쥐아리: 출생률 하락의 결과로 어린이는 희귀하고 소중한 존재로 인식됩니다. 그러나 이탈리아 또한 나이가 들어가는 사회이기 때문에 어린이의 요구와 권리를 중시하지 않는 세계에서는 어린이가 지장을 주는 존재, 심지어 방해자로 여겨지기도 합니다. 이러한 이유로 인해 이 또래 어린이를 교육하는 것은 가장 어렵고 복잡한 과제입니다. 이 과제의 어마어마한 책임을 가족이나 학교가 독자적으로 맡을 수는 없습니다.

오늘날 부모들은 자녀를 가르치는 일에는 많은 지원과 연대 의식, 많은 아이디어 공유, 많은 만남, 다양한 관점 그리고 무엇보다 다양한 능력이 관여되어야 한다는 것을 강하게 인식하고 있습니다. 외동아를 둔 가정에서는 소외감을 느끼기 때문에 특히 다른 사람과 만나고 함께 일하는 것을 먼저 시도합니다. 참여와 커뮤니티 기반 경영에서 오는 그룹 지원의 형태는 이러한 가정의 심리적 요구에 반응합니다. 그들은 부모와 자녀, 교육자와 부모, 교육자 집단과 다양한 가족 간의 대화를 촉진하고 차츰 전체 커뮤니티를 관여시킵니다. 이탈리아의 많은 교육 프로그램에서 하듯 해결책을 집단적으로 찾아보려는 아이디어는 가족이 대개 문제를 좁고 사적인 문제로 보려는 경향이 있다는 대중적인 생각과는 상반됩니다.

간 디 니: 물론 가족의 이슈와 요구는 시대에 따라 변화합니다. 저는 이 점이 커뮤니티 경영의 조직을 위한 새로운 헌장 또는 규약을 만들고자 하는 의지로 이끌었다고 생각합니다. 학교기반 위원회의 명칭도 '자문위원회(Advisory Council)'에서 '시 아동위원회(City and Childhood Councils)'로 바뀌었고, 한 집단은 위원회가 정체성을 가지고 어떤 역할을 해야 하는지에 대해 숙고했습니다. 2002년에 출간된 새로운 강령은 교육 서비스에서의 사회적 경영과 관련된 모든 집단은 사회 맥락이 바뀌면 스스로를 개혁할 수 있어야 한다고 선언하는 것으로 시작합니다. 이런 식으로 이 집단은 그 잠재력을 재표현하고 신선한 생각과 생명력으로 생존할 수 있을 겁니다. 우리에게 시 아동위원회에 대해 말씀해 주시겠습니까?

스패쥐아리: 말씀하신 변화의 측면에서 보면, 시 아동위원회는 시간의 흐름에 따라 진화하여 왔습니다. 도시의 요구를 지원하는 것 이외에 시 아동위원회의 주요한 역할은 행정적 관심(예 등록, 요금)과 정치적 선택(예 새로운 서비스나 센터)에서부터 가족과 교육자의 요구에 반응하는 것으로 이동하고 있습니다. 그러므로 시 아동위원회는 그 모든 복잡한 차원에서 참여의 시작점이자 주요한 매개물이 되었습니다.

우리는 유아를 자신의 권리, 능력 그리고 경쟁력을 교육의 과정 안으로 함께 가지고 들어올 수 있는 개인이라고 믿습니다. 그러나 내면에 이러한 것을 가지고 있는 것은 유아만이 아닙니다. 부모도 이러한 능력, 아이디어, 지식과 경쟁력을 가지고 들어옵니다. 우리는 항상 가족이 교육적인 과정의 핵심적인 요소라고 여겨왔습니다. 많고 많은 학교가 부모를 자녀 교육에 주역이자 중심인물로 여기지 않고 운영합니다. 심지어 학교는 부모를 탓하고 그러면 부모는 교육의 과정에 진입할 수가 없기 때문에 떳떳하지 못하고 부적절한 느낌을 가지게 됩니다. 부모가 참여하지 않는다면 그렇게 만든 것은 학교의 책임이고, 부모가 자녀와 함께 경험하게 하는 모든 전략을 사용하지 않았기 때문이라고 믿습니다. 부모가 참여하지 않고 있다면 그 첫 번째 책임은 학교에 있습니다.

간 디 니: 시 아동위원회를 구성하는 것은 누구인가요?

스패쥐아리: 3년마다 부모, 교육자 그리고 마을사람이 각 영유아센터와 유아학교의 시 아동위원회의 대표자를 선출합니다. 이러한 각 서비스마다 시 아동위원회가 하나씩 있습니다. 그 시 아동위원회는 상호위원회(Intercouncil)라고 불리는 총괄 위원회에 참여할 대표를 보냅니다. 상호위원회에는 이 외에도 제가 역임했고 현재는 파올라 칼리아리(Paola Cagliari)가 담당하고 있는 시립 유아학교 및 영유아센터 담당 국장(Director of Municipal Preschools and Infant-Toddler Centers), *행정 담당 시·도 공무원(Assessore)*, Reggio Children, International Association Friends of Reggio Children(역자 주: Reggio Children의 활동을 지원하는 시민들의 자원봉사단체명)의 대표와 레지오 시립 유아학교와 영유아센터의 대표가 배석합니다.

최근에는 75% 이상의 부모가 시 아동위원회 선거에 투표를 했습니다. 그리고 참여에 대한 동기가 있고 자신의 관심사를 알리고 싶어 하는 많은 분이 봉사를 했지요. 예를 들어 2008년에 우리의 시립 유아교육 서비스를 이용하는 5,909가족들 중 756명의 부모가 선출되었는데, 이는 8가족 중 한 명이 영유아센터와 유아학교 운영에 참여했다는 것입니다. 이 2008년 선거에서는 3,058명의 학부모, 431명의 마을 주민, 그리고 415명의 운영진이 포함되었는데, 이는 선출 과정에 광범위한 참여가 있었음을 의미합니다.

75명의 원아가 다니는 유아학교의 시 아동위원회는 19명의 부모, 13명의 교직원, 7명의 마을 주민으로 구성될 수 있습니다. 각 위원회마다 자원봉사자 집단이 행정을 책임집니다. 그들은 안건과 긴급한 계획을 제안하고, 부모의 관심사와 제안을 처리하는 등의 일을 합니다. 다른 멤버들은 특별한 목적을 가진 다양한 작업 그룹(working group)에서 봉사합니다. 예를 들어, 부모의 참여를 극대화시키기 위한 전략을 연구하거나 이행하고, 유아의 수면 문제나 학교 식당을 다시 칠해야 하는 필요성 같은 특별한 주제에 관한 회의를 준비하고, 영유아센터에서 유아학교로 또는 유아학교에서 초등학교로의 전이를 쉽게 하게 하는 활동을 고안합니다. 또한 그들은 작업 시간을 조정하고 이행된 것을 모니터하며, 작업의 결과를 평가하기도 합니다.

오늘날 시 아동위원회의 정체성

- 위원회에 선출된 부모, 교육자 그리고 시민은 교육적 프로젝트의 핵심 가치를 공유한다(참여, 책임을 받아들이는 것, 관계와 의견 교환에 대한 개방성, 변화를 감수하고 숙고할 의지 등).
- 시 아동위원회는 3년마다 공공 선거로 선출하는데, 특별히 설계된 투표 형식으로 개별적인 무기명 투표로 이루어진다. 투표는 공공 선거 총회 날과 그 다음 날에 치러진다.
- 모든 영유아센터의 부모와 직원은 투표권이 있으며, 선거 총회에 참여한 모든 시민 또한 그렇다. 시민들은 특별히 디자인된 광고를 통해 시에서 공공 선거를 한다는 것을 볼 수 있다.
- 후보로 자원하는 모든 부모와 시민들은 선출될 수 있다. 모든 교직원은 계약형태에 관계없이 그들이 근무하는 학교의 위원회 멤버가 될 자격을 가진다.
- 각 학급마다 하나씩 만들어진 부모, 교직원, 시민으로 구성된 선출 리스트는 각 학교와 각 영유아센터의 새소식 구역에 부착되며 또한 가족과 특별한 회의를 하는 동안에도 제시된다.
- 각 부모와 교사는 각자의 학급 리스트에 올라간 사람을 대상으로 투표한다. 주방 직원, 보조 직원, *아틀리에리스타*, *페다고지스타* 그리고 지역사회 사람은 다양한 학급 리스트에 따라 나뉜다. 학교에 한 명 이상의 자녀를 보내는 가정에서는 한 부모가 자녀의 학급당 투표권을 가진다.
- 선거권을 가진 사람은 특정 후보에만 선호를 표현하거나 학급 리스트에 올라간 사람들 전체에 찬성표를 던질 수도 있다.
- 선출되는 후보의 수에는 제한이 없다.
- 선거 후 다음 선거 때까지 자녀가 학교를 졸업한 부모는 위원회에 시민으로서 자리를 유지할 수 있으며, 자녀가 새로 학생이 된 부모는 호선의 절차를 거쳐 위원회에 합류할 수 있다. 이는 학급 모임에서 위원회에 참석하고 싶다고 자원한 학부모의 명단을 읽고 영유아센터와 유아학교의 새소식 구역에 부착하여 공지함으로써 이루어진다. 비록 이 과정이 형식적인 투표를 포함하지는 않지만, 민주적으로 선출된 본체에 새로운 부모들의 합류를 허락한다는 사실에서 타당성을 획득한다.
- 각 위원회는 추구하는 목표에 따라 고유의 조직형태를 자유롭게 선택할 수 있다. 목표는 위원회 회의에서 결정하며 다양한 규모와 지속 기간을 가진 그룹들에 위임될 수 있다. 이 그룹들은 작업 그룹(working group)으로 알려져 있다.
- 위원회 또는 작업 그룹을 위한 회의는 동의가 이루어진 프로젝트와 작업과 관련하여 영유아센터나 유아학교의 교직원에 의해 또는 시 아동위원회의 회원에 의해 소집될 수 있다.

– 시 아동위원회 헌장, 2002, pp. 48-50에서 발췌
(레지오 칠드런〈Reggio Children〉의 허락 하에 재인쇄)

간 디 니: 영유아센터와 유아학교는 어떤 특별한 방법으로 부모를 참여시킵니까?

스패쥐아리: 무엇보다도 각 학교에서 논의와 의사결정이 집단적으로 이루어지기 때문에 부모는 깊이 참여할 수밖에 없습니다. 이 밖에 참여의 영역을 넓히기 위해 커뮤니티 기반 경영에 참여하는 교육자는 모든 종류의 성인–교사, 요리사, 보조원–을

포함시킵니다. 이 모두는 교육자의 커뮤니티에 속했다는 데에서 유래하는 책임감을 공유해야 할 사람들이죠. 가족이 학교에 가지고 오는 아이디어와 기술, 더 중요하게 부모와 교사 간의 의견교환은 새로운 교육방법의 구성을 촉진하고 교사가 가정의 참여를 위협이 아닌 협력관계의 본질적 요소 그리고 다양한 지혜의 통합으로 바라보도록 도와줍니다.

자녀를 데려가기 위해 로리스 말라구찌 국제센터에 있는 유아학교로 도착하고 있는 학부모

이것을 성취하기 위하여, 로리스 말라구찌가 제안하였듯 유아가 학교에 오기도 전부터 오랫동안 유아, 부모, 교육자에게 상호작용을 위한 많은 경험들을 제공하는 것이 필요합니다(본 서 제2장 참조). 학기가 일단 시작하면 많은 참여의 기회가 있습니다.

① 개별 학급 수준에서의 회의

학급 교사는 특정한 그룹에 속한 유아에게 있었던 해프닝들, 그 그룹의 교육적 실제적 방향, 이루어졌던 활동의 예(슬라이드쇼, 작업물 전시 등을 통해), 교육적 경험의 평가 등과 같은 일을 논의하기 위해 부모와 만납니다. 되도록 이러한 모임은 저녁이나 대다수 가족이 모이기 좋은 시간에 하는 것이 좋습니다. 제안에 대한 동의가 이루어져야 하고 부모들은 충분히 미리 통지를 받아야 합니다. 이러한 종류의 모임은 최소한 1년에 5~6번 반복되어야 합니다.

② 소집단 회의

교사는 학급 구성원 중 소집단의 부모와 만납니다. 참여자 수를 제한하는 것은 보다 특정한 가족과 특별한 유아의 요구와 문제를 더 친밀하고 보다 개인적으로 논의하는 것을 가능하게 합니다. 교사는 모든 가족이 최소한 연 1회 이상 참여할 때까지 이러한 모임을 갖는 것이 유용합니다.

③ 개별적인 부모-교사 협의

이러한 협의는 가정의 요청에 의해 또는 교사의 제안에 의해 이루어지며 특정한 가정이나 유아에 관련된 구체적인 문제를 다루거나 유아의 인성발달과 관련된 깊이 있는 논의를 할 기회를 제공합니다.

④ 주제에 대한 회의

이 모임은 부모와 교사에 의해 시작되고 실행되는데, 특정한 주제에 대한 논의를 하거나 지식을 넓히는 데 관심이 있는 학교와 관련된 모두에게 개방됩니다. 주제에는 아버지의 역할이나 유아의 두려움, 그 밖의 다양한 것이 포함될 수 있습니다. 그 날의 주제는 참석한 모든 사람들에 의해 논의되고 분석되기 때문에 서로의 아이디어와 관점을 교환할 수 있는 기회를 제공합니다.

⑤ 전문가와의 만남

이러한 만남은 강의 형식이나 라운드테이블 토의 형식을 띠며, 여러 학교가 참석할 수 있습니다. 이러한 모임은 공통의 관심사-예를 들어 동화, 유아의 성 의식, 유아를 위한 도서, 유아의 식이요법 등-인 문제나 이슈에 대한 모두의 지식을 키워주는 데에 그 목적이 있습니다.

⑥ 작업 시간

이 시간은 학교의 개선에 구체적으로 기여할 수 있는 기회입니다. 부모와 교사가 함께 모여 가구와 장비를 만들고, 교육 공간을 재정비하며, 학교 마당을 개선하고, 학급 재료를 유지 보수합니다.

⑦ 실습

이 '실행을 통한 학습' 모임을 통해 부모와 교사는 종이를 이용한 작업(종이접기), 손인형 만들기, 그림자극 활동, 사진 장비 활용 등과 같이 교육적 잠재력이 높은 기법을 습득하게 됩니다. 일례로 '요리 실습'이 있는데, 요리사와 신입 유아의 부모가 함께, 그들에게 익숙하지 않았던 메뉴의 요리를 준비하는 것입니다.

⑧ 휴일과 기념일

이는 유아, 부모, 조부모, 친구 그리고 마을 사람들이 함께 하는 집단 활동입니다. 때로는 학교 전체가 참여하고 때로는 특정 학급만 참여합니다. 잘 알려진 행사에는 유아의 생일, 조부모 방문, 학년말 행사 또는 계절적 행사 등이 있습니다.

⑨ 다른 가능한 모임들

마을로의 나들이, 소풍, 여행, 종종 시 소유의 호스텔에서 이루어지는 바닷가나 산속에서의 단기 휴가 등이 가능합니다. 하나의 특별한 행사는 '학교에서의 하루' 인데, 부모가 하루 종일 자녀의 학급에서 생활을 합니다. 다른 활동으로는 소집단이 서로의 집을 방문하는 것, 또는 대집단이 특정한 장소, 예를 들어 체육관, 수영장, 도시 중앙 광장, 시장 등에서 시간을 보내는 것이 있습니다.

간 디 니: 지난 10~15년 동안 부모 참여의 차원에서 달라진 것은 무엇입니까?

스패쥐아리: 간단히 말하면, 가장 많이 달라진 것은 부모의 참여의 이유와 동기입니다. 다시 말하면, 지금은 과거의 이데올로기와 거창한 이상이 위기에 처해 있습니다. 이러한 이데올로기와 이상이 낳은 신뢰와 확신은 오랫동안 사람들이 사회적 공적으로 참여하게 하는 원천이었습니다. 그러나 오늘날에는 사람들이 이상적 열정이나 정치적 신념에서가 아닌 개인적 성장이나 자녀의 성장 기회를 추구하기 위해, 의미 있는 경험을 추구하고 강화와 도움을 주고받기 위하여 교육 분야에도 참여하고 관여한다는 것이 명백합니다.

만 5세 아이가 그린 투표. 투표용지에는 NO(아니오) 대신 SI(네)에 줄을 그어 표시하였다.
(디아나 학교, 1999에서)

이러한 것의 뿌리는 의미 있는 참여를 향한 강한 요구입니다. 이는 사람이 서로를 만나고 상호작용하고자 하는 것, 고독과 익명성에서 벗어나고자 하는 것, 결속력과 상호주의의 새로운 감정을 경험하고자 하는 것에 대한 욕구가 늘어가는 것과 피상적으로가 아니라 밀접하게 관련 있습니다.

간 디 니: 최근 몇 년 간 부모 참여가 특별히 중요했던 예를 들어주실 수 있습니까?

스패쥐아리: 2001년과 2006년 사이에 이탈리아의 국법과 법규는 레지오뿐만 아니라 다른 곳에서도 공공 서비스와 시립 학교에 대한 새로운 투자나 신규 고용을 불가능하게 했습니다. 이 시기 동안 우리의 유아학교와 영유아센터들은 단기 계약을 한 임시직(교사, *아틀리에리스타*, *페다고지스타*, 요리사, 보조 직원)으로 직원을 채워야 했습니다. 그 전에는 교사나 직원이 은퇴를 하면 우리는 일반적인 공채를 통해 또 다른 유자격자를 안정적인 계약으로 채용할 수 있었으나 그 시기에는 불가능했습니다.

우리의 부모와 시 아동위원회는 이러한 상황에 대해 매우 경계하고 염려하게 되었습니다. 2006년 3월에 이르자 우리의 유아학교와 영유아센터 직원의 45%는 임시직이었고 이직률도 높았습니다. 법에 의하면 임시직은 정기적으로 다른 곳으로 이동해야 합니다. 이것은 가족과 교육자에게 굉장한 불안감을 주었습니다. 왜냐하면 이는 우리 시스템에 필수적인 관계의 지속성을 유지하는 것을 어렵게 했기 때문입니다. 유아학교와 영유아센터를 집합적 그룹으로 경영하는 교사들은 그룹과 작업 조직에 대한 감을 유지하는 것이 어려웠습니다. 더욱이 교육적인 계획이나 설계(프로제따지오네, *progettazione*)는 제 기능을 할 수 없었습니다. 임시 교사들은 자신들이 얼마나 오래 머무를지 몰랐고, 미래를 위한 프로젝트를 세우기 어려웠기 때문입니다.

부모들은 적극적으로 저항하기 시작했습니다. 이런 직업적 불안정성은 교육의 질을 위태롭게 하기 때문에 부모들은 시 행정위원회(City Governing Council)에 제출하기 위한 탄원서에 수천 명의 서명을 모았습니다. '*불안정에는 질이 없습니다(Non c'é qualitá nella precarietá)*'가 그들의 슬로건이었습니다. 2006년 6월, 부모 대표가 레지오 에밀리아 시 위원회(Reggio Emilia City Council)에 참석하여 어린이를 대상으로 하는 서비스만이라도 시정부가 중앙정부에 법을 수정할 것을 주장하라고 하는 그들의 공식적인 요구를 내놓았습니다. 시정부가 이 임무를 맡음에 따라 중앙정부에서도 호의적인 변화가 있었고, 유아교육 서비스에서는 이전과 같이 공개채용과 경쟁을 통해 교직원을 채용할 수 있게 하는 법이 통과되었습니다.

2007년과 2008년 사이에 우리는 터널 끝의 빛을 볼 수 있게 되었습니다. 우리는 모든 학교와 센터가 그 기능을 잘 할 수 있도록 유아학교와 영유아센터 교사, *페다고지스타*, *아틀리에리스타*, 요리사, 보조 직원을 경쟁을 통해 채용했습니다. 그 결과 많은 신규 인력을 채용했습니다.

간 디 니: 이것의 중요성이 대단하겠습니다!

스패쥐아리: 저는 이러한 차원의 교육적 경험 또는 깊은 인간의 헌신과 관련된 모든 경험은 스스로를 쇄신하지 않는 한 흐지부지된다고 확신합니다. 새로운 힘과 에너지의 도입은 필수불가결한 것입니다. 이러한 변화는 이 같은 새로운 사람들의 존재를 통해 이루어질 것입니다.

간 디 니: 미래를 바라본다면, 이와 같은 참여의 정신에 대한 생각과 실천 그리고 공유된 경험이 진화하게 될 핵심 포인트는 무엇입니까?

스패쥐아리: 몇 가지 핵심 개념들이 있습니다. 그 첫 번째는 *주관성*입니다. 사람들의 태도에서도 잘 드러나는 주관성에 대한 늘어가는 요구를 현대사회는 검토해야 합니다. 그것의 기원이 무엇이든 간에 신개인주의(neo-individualism)는 개인의 정체성을 확인하고 개인적 권리를 존중받고자 하는 강한 의지를 감춥니다. 우리가 해야 하는 과업은 조정의 가능성을 유지하고 개인의 요구, 권리 그리고 욕구를 집단의 것과 상치하지 않은 것입니다. 사실, 최상의 결과를 가져다주는 참여와 협력은 다양한 개인적 기여를 수용하고 그것에 개방적일 때 가능해집니다. 그 이유는 참여하는 것도 개인이며, 참여에 대한 이유를 찾아야 하는 것도 개인이기 때문입니다. 오늘날 각 개인의 정체성에 대한 고려는 참여를 가치 있게 하는 핵심적인 조건입니다. 참여와 협력이 요구되는 활동에 사람을 끌어들이고 그 활동을 가치 있게 하기 위해서는 자신의 개별성은 희생해야 한다는 개념에 기초하기보다는 그 활동이 즐겁고 유용하며 개인에게 의미 있다는 개념에 기초해야 합니다.

영유아센터에서의 교육적 경험이 얼마나 부모와 공유될 것인가는 만들어진 사회화 및 교류의 기회가 개인 부모의 기대 수준에 얼마나 부응할 수 있으며 각 개인의 기여를 얼마나 존중할 수 있는지 여부에 달려 있습니다.

게다가 유아를 위한 기관이 독특하고 유례가 없는 곳이 되는 것은 각 기관이 독특한 방법을 사용하기 때문입니다. 우리는 '공유된 경영'의 절차가 각 학교의 스타일과 과정에 따라 매우 다르게 나타남을 보아 왔습니다. 각 학교마다 특색이 있다는 것은 각 학교의 행정 절차가 개별적인 결정과 해결의 산물이라는 것을 증명합니다.

간 디 니: 그리고 두 번째 개념은요?

스패쥐아리: 양육입니다. 오늘날 부모의 역할이 극적으로 달라졌다는 것은 의심할 여지가 없습니다. 일반적으로 예전에 그랬던 것처럼 우연히 부모가 되는 경우는 없습니다. 대신 자녀의 출생은 보통 숙고되고, 소망되고, 계획됩니다. 아이를 갖고자 하는 결정은 경제적 상황, 삶의 방식, 부부 간의 안정성, 직업적 보증, 확실한 도움 등을 고려한 후 내립니다. 그러므로 일반적으로 부부는 자녀에게 최선의 것을 제공할 수 있다는 판단이 들 때 자녀를 갖기로 결정합니다. 이 모든 것들은 부모의 어깨에 높은 수준의 책임과 기대를 얹어줍니다. 자녀의 출현은 부부의 생활을 크게 변화시킬 것이라는 인식이 있으며, 부모가 되면, 특히 어린이의 부모가 되면 특별한 경험을 하게 되는데, 때로는 피곤하고 걱정으로 가득하지만 무엇보다도 자녀를 향한 교육적 책임과 의무로 가득한 특별한 경험을 하게 될 것이라는 것을 압니다.

오늘날에는 어린이의 생애 초기 몇 년이 그 사람의 미래를 형성하는 데 매우 중요하며, 이 시간이 그 사람의 긍정적인 발달 차원에서 거의 결정적이라는 믿음이 널리 퍼져 있습니다. 이러한 신념은 부모로 하여금 특히 그 시기에 많은 시간과 자원을 투자하도록 이끕니다. 그러나 오늘날 부모는 교육적 부담에 대해 많은 책임을 느끼지만 준비가 되어 있지 않을 뿐 아니라 문의하거나 도움을 청할 곳이 없다는 역설적인 상황에 처해 있습니다. 조부모의 교육적인 노하우는 더 이상 활용하기가 어렵고, 부모를 위한 매뉴얼에서 제공하는 일반적인 조언은 개별적인 상황의 독특성이나 특정한 본성을 고려하지 않기 때문에 거의 소용이 없습니다. 자녀의 교육적 경험의 질에 관한 부모의 이러한 중대 관심사는 영유아센터에 참여함으로써 자녀에 보다 가까워지고, 교육적 선택을 다룰 준비가 더 잘 될 뿐 아니라 부모로서의 능력을 보강할 수 있을 것이라는 신념을 기반으로 많은 부모를 영유아센터에 참여하도록 유도하였습니다. 이를 배경으로 하여 이 지역의 학교는 대화와 협력의 전제 위에 세워진 교육적 커뮤니티에 교직원, 부모, 어린이가 일상적으로 기여할 수 있는 만남과 사회적 교류의 특권이 있는 좌석이 됩니다.

간 디 니: 그리고 세 번째 핵심 개념은요?

스패쥐아리: *의사*소통입니다. 지속적으로 성장하는 사회적 상호작용망과 교류의 네트워크 위에 세워진 커뮤니티의 사람들에게 의사소통 그 자체는 참여의 전체 구조에 가장 중요한 연결기(connector), 즉 우리가 유아를 위한 센터 또는 학교라고 부르는 다양하고 복잡한 사회적 시스템에서 이러한 다양성의 가장 다양한 요소들을 묶어주는 통합 대행자가 됩니다. 이미 몇 해 전 로리스 말라구찌가 사려 깊은 통찰력으로 '의사소통의 교육(pedagogy of communication)'이라는 이론을 개발했을 때, 그는 의사소통 방법의 중요성을 지지하였으며, 이러한 방법을 우리 도시의 유아교육 프로그램의 계획과 실행을 위한 기초로 받아들였습니다.

의미 있고 효과적인 의사소통은 오늘날 사회적 또는 교육적 경험의 질을 결정하고 측정하는 방식으로 인식됩니다. 그러나 현대는 이러한 의사소통의 교육학을 실행에 옮기기 위한 전략에 대한 깊은 이해와 명확한 정의를 알아야 하는 더 절박한 필요성이 있습니다. 우리는 인간관계, 소속감과 정체성, 일상적 대화의 정제(refinement), 애착과 안심의 느낌에 초점을 두는 열정적이고 민감한 의사소통의 긍정적인 심리적 결과에 대해 잘 알고 있습니다.

그러나 우리는 의사소통의 통합된 시스템을 창조하고자 하는 프로그램이라면, 영유아센터와 유아학교의 모든 측면에 직접적으로 참여시켜야 한다는 것을 깨달았습니다. 교직원과 부모 사이의 의사소통의 질을 결정하는 요인 중에는 집단적 의사결정, 작업과 작업장의 조직, 학사 일정의 계획, 행정당국과 어린이 간의 관계, 교육 프로그램과 재료의 활용, 학교와 커뮤니티 간의 상호작용, 그리고 가족과의 만남을 위한 시기와 조직이 있습니다. 현재 수준에서 우리는 아직도 실수로부터 배우고 있습니다. 의사소통이 많은 사람들의 직업이 되어버린 세계(신문, 방송, 광고 등)에서, 우리는 어쩌면 단지 호사가에 불과할지 모릅니다. 정보의 폭탄 속에 있는 사회에서 어쩌면 우리도 의사소통의 기술을 남용하고 오용하는 위험을 무릅쓰고 있는지도 모르겠습니다.

동등한 파트너로서 부모를 참여시키기

파올라, 부모들이 동등하게 학교에 참여하는 것에 대한 페다고지스타로서의 당신의 관점은 무엇입니까?

파올라 카바쪼니(Paola Cavazzoni): 참여를 실천하고 싶은 영유아센터나 유아학교는 어린이와 부모가 학교에 오기 전부터 개인 또는 집단적으로 교류를 할 기회를 주어야 합니다. 교사는 시간이 경과함에 따라 변화하는 부모 아이디어의 흐름을 따라가고 아이디어의 발달을 지원하기 위한 도구(노트북, 다이어리 등)를 계획하고 조직할 수 있어야 합니다. 교사는 영유아센터와 유아학교의 공간을 어떻게 하면 환영하는 환경이자 현재뿐만 아니라 과거에 다녔던 부모의 흔적, 증언, 목소리 등이 담긴 공간으로 조직할 수 있는지를 알아야 합니다. 레지오 에밀리아는 부모기를 지내고 있기 때문에 강하고 영향력을 가지는 부모를 믿기로 선택했으며, 이 믿음이 우리가 부모의 학교 참여를 가치 있게 여기도록 만듭니다. 이는 교사가 가장 이상적인 모델에 가까운 유형의 부모를 찾기보다는 가족과 부모를 개별적으로 인식하고 각각의 가치를 존중해야 한다는 것을 의미합니다. 이는 그들의 질문, 의심, 요구에 귀 기울이고, 부모에 맞게 교사의 접근을 조정함과 동시에 부모 각자가 가진 질문을 활용해 교육의 가치에 대해 함께 논의할 기회로 활용해야 함을 의미합니다.

교실 안의 성인들 또는 부모나 학교의 보다 큰 지원 커뮤니티의 멤버들이 레지오 교육 철학의 특정 차원에 대해 동의하지 않거나, 반성적 사고 과정에 참여하지 않거나, 유아의 학습을 지원하는 방식을 이해하기 위해 노력하길 원하지 않은 적이 있나요?

파올라 카바쪼니: 우리의 센터를 찾는 대부분의 성인들은 이러한 형식의 학교에 대한 준비가 전혀 되어 있지 않기 때문에 우리의 교육 방식에 대한 그들의 믿음은 서서히 발전합니다. 우리는 우리의 교육적 경험에 노출되거나 자녀가 우리 영유아센터나 유아학교에 다니는 모든 성인을 중요한 파트너라고 생각합니다. 그들은 우리가 제공하는 서비스의 철학과 조직에 대한 정보를 제공받을 권리가 있다고 생각합니다. 저는 가족이 학교가 제공하는 긍정적인 경험의 정도를 측정하기 위해 사용하는 질적 지표에 대해 학교와 논의할 권리가 있고, 그들이 동의하지 않거나 이해하지 못하는 교육적 과정의 어떤 측면에 대해서도 토의하자고 요청할 권리가 있다고 생각합니다.

그러므로 부모는 논의와 의견 교환이 가능함을 알아야 하고 그들이 동의하지 않음을 표현할 수 있음을 알아야 합니다. 왜냐하면 이것은 민주적 참여의 중요한 사례이기 때문입니다. 부모가 이렇게 할 수 있다고 느끼면, 이것은 일반적으로 그들이 자신의 의견과 의문점들을 표현하는 것을 학교로부터 적법하게 인정받았다고 느낀다는 것을 의미합니다. 질문을 통해 문의한 것을 대면하는 것이 교사와 *페다고지스타*를 포함한 많은 사람들의 직업이라고 생각합니다. 부모와 만남을 준비하는 것은 각 상황에 따라 다를 수 있겠지만 매우 중요합니다. 어떤 경우에는 개별적인 인터뷰가 문제를 사적인 방법으로 해결하는 데 더 유용할 수 있습니다. 다른 경우에는 다른 부모들에게도 열린 폭넓은 모임이 보다 효과적이고 질도 높을 수 있습니다. 두 가지 사례 모두에서 학교가 해야 할 일은 특정 학교 커뮤니티의 가치에 대한 소속감과 인식을 육성하고 증가시키는 것입니다.

– 파올라 카바쪼니와의 인터뷰 중에서

(Gambetti, Sheldon-Harsh, & Kitchens, 2000, pp. 5-6)

간 디 니: 또 다른 게 있나요?

스패쥐아리: *조직*의 가치를 생각해 보았으면 합니다. 조직의 가치에 대해 논하는 교육자나 교육학 저서는 거의 없습니다. 많은 사람이 조직을 학교의 행정적인 문제라고 생각을 하지만 우리는 교육적 절차의 필수적인 요소라고 생각합니다. 이는 우리 프로젝트의 결정적인 요소입니다. 조직화는 그 자체로 교육적인 생각입니다.

간 디 니: 그렇다면 성공적인 참여의 프로그램을 유지하는 데 있어 필수적인 조건은 무엇이라고 생각하는지 결론적으로 요약해 주실 수 있습니까?

스패쥐아리: 하나의 조건은 다양한 가족의 다양한 흥미, 요구, 열망에 부응할 수 있는 다양한 활동입니다. 다른 조건은 학교에서의 교육적 경험에 관심 있는 사람들이 조우할 수 있는 자연스러운 장소로, 그리고 커뮤니티의 보다 넓은 삶에 관여하기 위한 시작점으로서 학급 단위에 초점을 두는 것입니다.

우리가 레지오 에밀리아에서 본 것은 굉장한 교육적 경험이었고 지금도 그렇습니다. 그러나 가장 놀라운 점은 이 경험이 거의 반세기 동안 유지되어 왔다는 점입니다. 성인이나 영웅에 의해 유지된 것이 아니라 우리 학교의 일상에서 매일 존재하는 교사, 요리사, 보조 직원, *아틀리에리스타*, *페다고지스타*, 부모와 가족에 의해서 유지되었습니다. 이 참여자들의 마음 속에는 강하고 뿌리 깊은 신념이 있습니다. 그들은 모든 사람을 차별 없이 존중하고 가치롭게 여기며, 이러한 존중이 교육적인 서비스의 중추라는 것을 깨달았습니다.

노벨경제학상 수상자인 제임스 해크먼(James Heckman)은 우리에게 어려운 처지에 있는 어린이와 젊은이에게 변화의 희망을 줄 수 있는 세 가지 조건에 대해 이야기해 주었습니다. 첫째, 교육적인 개입은 아주 이른 시기에 시작되어야 합니다. 둘째, 그 교육은 질이 높아야 합니다. 셋째, 학교는 부모의 참여를 보장해야 합니다. 이러한 조건들은 사회적 참여와 부모를 완전한 주역으로 만드는 투자를 강화합니다.

참여는 쉽거나 편한 선택은 아닙니다. 단언컨대, 이는 '참여를 위한 관청(Office for Participation)'에 위임하여 포스터, 팸플릿, 전화, 문자 메시지, 이메일, 페이스북을 통해 가족들과 소통한다고 해서 성취될 수는 없습니다. 참여는 사회적 관심이라는 문화의 형성 여부에 달려 있습니다. 이러한 문화는 우리의 교육적 경험을 풍부하게 하고 우리가 인간의 품위를 높이고, 희망을 퍼뜨리며, 해방을 조장하는 역할을 하게 합니다. 우리가 정중함(civility)을 우리의 일에 끌어들일 힘이 생기면, 그 때는 파울루 프레이리(Paulo Freire)가 이야기했듯이 우리는 사람의 운명을 해방시켜 줄 해방군에 합류하고, 유아, 가족 그리고 지역사회가 변화하고 성장할 기회를 권하여, 영유아센터와 유아학교를 평화와 인류의 진정한 연구실로 변형시킬 수 있습니다.

참고문헌

Gambetti, A., Sheldon-Harsch, L., & Kitchens, H. (2000). The nature of professional development in the Reggio Emilia municipal infant-toddler centers and preschools: An interview with Paola Cavazzoni, part 2. *Innovations in Early Education: The International Reggio Exchange, 7*(4), 1-6.

Gandini, L. (2009). Renewal and regeneration of an educational community: An interview with Sergio Spaggiari. *Innovations in Early Education: The International Reggio Exchange, 16*(2), 1-6.

Gandini, L., & Kaminsky, J. A. (2007). Cooperative early childhood education service in Reggio Emilia: An innovative solution for a complex society. *Innovations in Early Education: The International Reggio Exchange, 14*(1), 1-5.

Scuole e Nidi d' Infanzia Istituzione del Comune di Reggio Emilia (2009). *Bilancio sociale 2008*. Reggio Emilia, Italy.

Spaggiari, S. (2004). The path toward knowledge: The social, political and cultural context of the Reggio municipal infant-toddler center and preschool experience. *Innovations in Early Education: The International Reggio Exchange, 11*(2), 1-5.

Study Group on "Identities and Functions of the City and Childhood Councils." (2002). *Charter of the City and Childhood Councils*. Reggio Emilia, Italy: Documentation and Educational Research Center, Infant-Toddler Centers and Preschools, Municipality of Reggio Emilia.

8 교육조정팀과 전문성 개발

파올라 칼리아리(Paola Cagliari)
티찌아나 필리삐니(Tiziana Filippini)
엘레나 쟈코피니(Elena Giacopini)
시모나 보닐라우리(Simona Bonilauri)
데안나 마르지니(Deanna Margini)

이탈리아에서 *페다고지스타(pedagogista)* 혹은 교육조정관이라는 직업이 생겨난 것은 1970년대였는데, 당시는 몇 군데의 시-볼로냐(Blologna), 모데나(Modena), 파르마(Parma), 피스토이아(Pistoia) 등-가 처음에는 유아학교, 그리고 다음에는 영유아센터로 이루어진 자신들만의 체제를 열기 시작하던 때였다. 비록 천천히 그리고 고르지는 않았지만, 이 과정이 이탈리아 전역에 퍼졌고, 그 결과 북부 이탈리아에서 *페다고지스타*들이 처음이자 가장 많이 발견되었는데, 그들이 수행하는 소임은 지역에 따라 다르게 규정되어 있었다.

레지오 에밀리아 *페다고지스타*의 역할은 교사들, 다른 학교 관계자, 부모들, 시민들, 행정관들, 공직자들 그리고 다른 외부 청중들과의 관계 체제 안에 단단히 자리 잡고 있다. *페다고지스타*는 그 체제의 한 부분과만 상호작용하고 나머지 부분을 제쳐놓을 수는 없다. 그렇게 하면 전체 체제가 손상되기 때문이다. 2011년 현재, 교육조정팀(Pedagogical Coordinating Team) 안에 13명의 *페다고지스타*가 있고, 이들은 자신들만의 동료 작업 집단 안에서 일하고 있을 뿐 아니라, 각 학교 내 '집합체(collectives)' 혹은 작업 집단(working groups)(교사, *아틀리에리스타*, 멘토 교사, 문화중재자, 부속직원, 요리사, 그리고 다른 직원), 그리고 레지오 에밀리아 유아교육 '프로젝트' 내 이해관계자들인 행정관, 관리자, 공공 집단과도 접속하여 일하고 있다.

현재 10명의 '직접' *페다고지스타*가 시립 영유아센터와 유아학교 관련 업무를 조정하고 있다. 통상적으로 우리는 각자 영유아센터/ 유아학교 네 곳(다른 특별한 임무를 담당하고 있는 몇 명은 이보다 적은 수)을 담당하고 있다. 그 이외 또 다른 '직접' *페다고지스타*인 이바나 손치니(Ivana Soncini)는 특별한 권리를 지닌 어린이들의 통합을 책임지고 있다(본 서 제11장 참조).

11명의 *페다고지스타*를 아우르며 모두를 연결하는, 혹은 '횡단하는' 두 명의 *페다고지스타*가 있어 전체의 복합적 차원에 걸쳐 교육 체제를 조정하고 있다. 티찌아나 필리뻬니와 엘레나 쟈코피니는 레지오 에밀리아 시의 이스티투찌오네 내부 교육 조정 업무

본 장은 본 서의 편저자들이 여러 인터뷰 내용들을 토대로 수집한 것이다. 2010년 10월 렐라 간디니(Lella Gandini)가 수행과 번역을 담당한 파올라 칼리아리(Paola Cagliari)와 시모나 보닐라우리(Simona Bonilauri)와의 인터뷰 내용; 2009년 10월 렐라 간디니(Lella Gandini), 캐롤린 에드워즈(Carolyn Edwards), 조지 포먼(George Forman)이 티찌아나 필리뻬니(Tiziana Filippini)를 인터뷰한 내용; 2010년 5월 캐롤린 에드워즈와 페니 팔먼(Penny Falman)이 아르코발레노(Arcobaleno) 영유아센터에서 안젤리카 리우치(Angelica Liuzzi)와 한 대화 내용; 2010년 5월 캐롤린 에드워즈가 스터디 투어의 일환으로 안나 프랭크 학교(Anna Frank Preschool)를 방문하여 수집한 내용; 그리고 참고문헌에 올려진 장들과 문헌들에서 발췌한 내용들이 포함되어 있다.

와 교직원들의 교육을 담당하고 있다. 그 외에도 티찌아나 필리뻬니는 교육작업소(Officiana Educativa)라는 새로운 시 사업에 협업할 책임을 맡고 있고, 엘레나 쟈코피니는 에밀리아 로마냐 지역의 *페다고지스타*들과 만나고 연결하는 일에 힘쓰고 있다. 전체를 가로질러 담당하는 *페다고지스타*는 이 체제에 새롭게 도입된 것으로 지속적으로 일어나는 전문성 계발에 필수적 역할을 한다.

교육조정팀

교육조정팀에 소속된 우리는 시립 체제 내 유아 서비스의 질을 보장하고 그 서비스가 일관되고 통일되도록 유지할 책임을 맡고 있다. 레지오 에밀리아 시립 영유아센터와 유아학교는 현장기관에 상주하는 원장이 없다. 그 대신 행정적이고 감독적 기능은 시스템에 골고루 분산되어 있다. 교사와 직원 채용, 어린이 입학, 부모부담금 징수는 모두 중앙사무실에서 담당한다. 그리고 각 센터나 학교 안에 교사와 교직원은 수준 높은 서비스 제공을 위해 하나의 집합체로 일한다. 이를 달성하기 위해, 이들은 자신들에게 배정된 *페다고지스타*와 그 이외의 조정팀에 의지하여 많은 선택과 결정을 하고 부모들이나 대중들과 상호작용에 있어서 지원을 받는다.

교육조정팀 소속인 우리 모두가 작업하는 모습을 흔히 볼 수 있는 것은 센터나 학교지만, 우리는 매주 함께 만나서 우리 유아 서비스 전체 네트워크에 관련된 문제나 정책을 토론한다. 학교 안에 무슨 일이 일어나고 있는지, 새로운 실천과 이론적 변화, 정치적 상황 전개에 대해 정보를 계속 나눈다. 체제 내 교사들과 직원들에게 기대하는 바와 같이, 우리 모두 유연하고, 민감하며, 열려 있고, 변화를 예상할 수 있고자 노력한다.

우리는 스스로가 서로 교류하면서 끊임없이 변화하고 전문적으로 성장하고 있다고 본다. 우리는 서로에게 명료하고 개방적이고자 끊임없이 노력하며, 통합에 힘을 보태고자 노력하고 있다. 우리의 작업에서는 시 행정가들과 많은 유형 종사자들(선출직 관리, 시 서비스 종사자 그리고 문화와 연구 집단의 대표들)의 제안을 함께 모으는 것이 필수적이므로, 우리는 이들과 만나고 교류한다. 더 나아가 우리의 존재는 영유아센터와 유아학교 안에서 두드러지는데, 이는 우리가 교사들과 함께 어린이 경험의 다양한 측면(예를 들면, 전통적 사고에 의하면 별도로 분리된 영역들로 나누어지는 학습 경험)을 지원하고 통합하기 때문이다.

교육조정팀의 모든 구성원은 시스템의 다양한 차원에서 활발하게 활동하기 때문에, 우리의 능력은 다면적이다. 우리는 우리 일에 체제적 관점과 고도의 융통성을 갖고 접근한다. 예를 들면, 우리는 시 정부의 정치적 및 행정적 부서에서 동료들과 일하면서, 경영적이고 관리적 기능에 도움을 준다. 우리 임무의 또 다른 중요 부분은 교사와 직원들과 함께 계획한 현직 교직원을 위한 지속적 전문성 개발이다.

오늘날, 개별 *페다고지스타*는 다른 사람과 함께 합류하여 일정 수의 영유아센터와 유아학교를 지원하며, 또한 각자 체제 안의 특정 임무도 맡고 있다. 예를 들어, *페다고지스타* 한 명은 우리 시 소재 국립 유아학교들과의 연락관으로 일하고, 다른 *페다고지스타*는 커뮤니케이션 분야의 신기술 등의 흐름을 따라가며 파악하고 있다.

그러나 오늘날 어느 때보다 전문성 개발에 관해 더 많은 업무가 요구되는데, 이것은 레지오 에밀리아 유아 체제 안으로 들어온 새로운 유형의 어린이와 가족, 새롭게 고용된 교사들, *페다고지스타*들 그리고 다른 직원들이 증가하고 있기 때문이다. 레지오 에밀리아 시립 영유아센터와 유아학교의 새 담당관이 된 파올라 칼리아리(Paola Cagliari)와 시 이스티투찌오네 대표인 클라우디아 주디치(Claudia Giudici)는 함께 긴밀하게 일하면서 교사 전문성 개발 체제에 변화를 기획하고 이끌어 나갔으며, 이것을 *확산형 페다고지스타 체제(diffuse pedagogical system)*라고 부른다. 이 전문성 개발의 확산형 체제는 선형적이고 하향식 전달을 위해 고안된 것이 아니다. 그 대신 확산형 체제는 지식 창출과 교환이 일어나는 수많은 동료 간 합의 영역을 만들어서, 거기서 이상적으로는 젊은 세대와 나이 든 세대 간에, 직업 영역들과 무관하게, 지속적인 관심의 대상이 되는 교육적 이슈들을 중심으로, 학습을 촉진하는 장(forum) 안에서 능력이 심화 및 확장되도록 한다. 이 새로운 체제는 과거 경향을 증폭시키고 이전에 강조했던 바들을 가다듬으며, 또한 레지오 유아 체제가 진화하고 새로운 조건과 도전에 적응할 수 있는 능력을 드러내 준다.

전문성 개발의 확산형 체제는 조직만이 아니라 내용 초점에서도 새로운 배치가 필요하다. 조직의 차원에서 보면, 한 명의 *페다고지스타*가 각각의 영유아센터와 유아학교를 만나는 대신, 몇 가지 전문성 개발 상황을 만들어서 그 안에서 두 명 혹은 그 이상의 *페다고지스타*가 한 곳 이상의 학교에서 온 교사와 멘토 교사들로 이루어진 소집단과 상호작용한다. 이와 같은 방식으로 서로가 새로운 얼굴들을 가까이 만나게 된다. 그들 작업의 첫 초점은 서로 함께 소속감을 느끼는 것이다. 그들은 모두 자신의 관점을 피력할 자격이 있고 격려를 받아 자신의 경험을 제공하며 서로 아이디어를 받고 서로에게 배운다. 이 목표를 달성하기 위해, 그들은 서로 만나 반복적으로 마주하며 신뢰와 관계를 형성한다.

내용을 살펴보면 현재 전문성 개발의 지적 내용은 '개념적 매듭'에 집중되어 있는데, 이것들은 다양한 역할을 맡은 교육자들 간 협력을 통해 탐구될 수 있다. 이 '매듭들'이란 일상적이면서 계속 마주치게 되는 까다로운 교수적 이슈들이다. 즉, 어떻게 그리고 무엇을 관찰할 것인가, 어린이들은 어떻게 상호작용하며 배우는가, 어린이, 동료, 부모들의 근접발달 영역을 접하게 되는 방식, 그리고 어떻게 교육 행동에 참여하고 기여할 수 있는가 등이 그 안에 포함된다. 이 내용들은 임시적으로나마 레지오 교육자들이 준비한 많은 출판물과 전시회 주제에서 집중적으로 다루어진 장기 프로젝트(예를 들어, 외부에 잘 알려진 것을 몇 가지만 들자면, '비 오는 도시', '그림자다움', '멀리 뛰기', '나 자신을 들여다보는 것의 중요성', '새들을 위한 놀이 공원', '레지오 전체', '극장막')에 집중하는 현상에서 벗어나 있음을 보여준다. 그렇지만 *프로제따찌오네*와 기록작업과 같은 유형의 유산을 놓칠 수는 없다. 오히려 현대적 연구를 통해서, 그리고 과거에 다루었던 주제들을 어린이들과 함께 재방문하고, 안내받기 위해 학교들과 기록작업 및 교육연구센터(the Documentation and Educational Research Center)에 보존된 기록물을 되새겨보기도 하면서 이 유산들은 살아 유지될 것이다.

궁극적 의도는 교육조정팀과 교사들이 호혜적으로 서로의 발달을 돕고 서로에게 알려주도록 하는 것이다. 교류와 학습의 상호적 흐름을 지원하면서, 그들은 함께 전문성을 발달시켜 나갈 것이다. 이것의 핵심은 *언제* 혹은 *어떤 규모와 구성*의 집단으로 교육자들이 만나는가가 아니라, *어떻게* 만나는가, 즉 만남의 형태와 정신에 있다. 진정성 있고 열린 마음으로 만남이 이루어진다면, 회합은 누구나 가져오거나 제공할 수 있는 모든 생각을 동등하고 최대한으로 소중히 받아들이고자 하는 의도를 이룰 수 있다. *페다고지스타*들의 책임이자 특별한 소임은 모든 기여를 가치롭게 받아들이고, 대화 속에서 주역들이 제공한 모든 기여를 통합해 내는 것이다. 그들은 자신들을 모두의 생각과 제안에 조화시키고 소중히 여겨야 하며, 그 조언을 통합하여 집단에 되돌려 주어야만 한다. 이는 그들이 어린이들과 일하는 것에서 뿐만 아니라, 부모나 가족들과 작업하는 방식과도 함께 가고 유사한 것이다. 만약 이것이 잘 이루어지지 않으면, 교육자는 참여를 구성할 기회를 잃는다. 진실로, 이것이 참여의 본질이다.

일상적으로 마주치는 '중추적' 상황 다루기

우리가 학교에서 하는 일은 모든 성인(교사, 직원, 부모)과 상호작용을 하면서 전반적인 교육 프로젝트의 철학을 유지하고 해석하도록 돕는 것이다. 우리는 각각의 영유아센터와 유아학교 안에서 일어나는 교육 경험 전반에 깊숙이 개입하고 있다. 우리는 거기에서 관계를 지지하고 교환과 토론의 가치를 함양하면서 학교 내 성인들이 일상적 문제와 이슈들을 직면하여 헤쳐 나가도록 도움을 주고 있다. 많은 일상적 이슈들에는 기본적 운영과 일과의 조직이 포함되는데, 이것들은 체제를 살아 있는 유기체로 개념화할 때 '중추(backbone)'에 상응한다. 몇 가지를 예(Filippini, 1998)로 들자면, *페다고지스타*는 스케줄, 직원의 배정과 임무, 업무량 그리고 교대 근무와 관련된 문제를 다룰 수 있다. 또 물리적 환경에 대한 이슈들도 다루는데, 예를 들면 부모와 교사의 요구사항과 목표를 고찰해 보고, 이 고찰한 바를 건물 개조를 위한 디자인 작업 중인 건축가 혹은 새로운 가구나 장비를 만들고 있는 부모나 교사들과 함께 나눌 수 있다. 한 부모가 자신의 아이의 학교 적응이나 다른 어린이들과의 상호작용에 관해 우려하고 있다는 것을 접하게 될 수도 있다. 이런 상황에 대응하기 위해, 우리는 대인관계를 지원하고 작업, 시간, 공간의 일상 조직을 통해서 효과적인 연대 의식과 결속감을 형성해 내도록 돕는다.

관찰과 기록작업에 관해 교사들과 작업하기

우리 *페다고지스타*들은 어린이들과 관련된 모든 종류의 교육적 이슈와 문제에 관해 특정 영유아센터나 유아학교에 근무하는 작업 집단들과 긴밀하게 협력하는데, 그들의 문제를 넘겨받아 대신 해결해 주는 것보다는 교사의 자율성을 함양하는 것이 우리의 궁극적 목표이다. 엘레나 쟈코피니(2007)와 파올라 카바쪼니(Gambetti, Sheldon-Harsch, & Kitchens, 2000)가 기술한 바와 같이, 관찰, 해석 그리고 기록작업은 이 작업 집단 안에서 정기적인 '정찰'이 요구되는 과정이다. 우리는 영유아센터와 유아학교에서 어린이들의 학습을 증진하고자 하는 모든 성인들(교사, *아틀리에리스타*, 멘토 교사, 문화중재자, 요리사 그리고 보조원)의 집합체, 혹은 작업 집단을 키우고 유지하는 것에 힘을 쏟는다. 현재 진행되고 있는 어린이들의 경험이나 탐문에 대해서, 우리는 이론과 실천 간의 관계, 그리고 탐구 초기의 논지가 어린이들의 현재 경험들과 어떻게 연결되는지에 대해 교사들과 함께 생각해 본다. 이러한 이슈들은 어린이들이 스스로 밝히려는 문제 영역이나 기술들과 관련지어 고려되어야 한다. 목표는 제한점 및 모순점뿐 아니라 어린이들의 작업이나 교육 경험의 전개 과정에서 드러나거나 드러나지 않을지도 모를 그런 측면들도 함께 발견해 내는 것이다.

기록작업을 함께 반추해 볼 때 우리의 역할은 기록작업의 마지막 단계, 예를 들어 포스터, 소책자, 슬라이드 혹은 다른 결과물 같은 것을 통해 경험을 가시화시키는 일에만 집중되는 것이 아니라 전 과정에 걸쳐 작용하는 것으로, 어린이들의 프로젝트 구성과 전개되는 가설의 기록작업에 귀를 기울이며 도움을 주는 것이다(Cagliari, 2004). 교사와 작업하는 우리의 역할은 전문가보다는 활발한 토론자로서, 교사들의 비판적인 해석이 계속 이루어지도록 돕고, 진행 중인 프로젝트와 관련된 질문이나 답변을 제안하여 교사들의 담화적이고 해석적 능력이 충분히 발휘되도록 하는 것이다. 그 의미는 예를 들면, 어떤 프로젝트의 논지와 그 논지가 경험 안에서 구현되고 이미지들(교사들이 선택하고 생산하는)로 표현되는 방식의 관계에 관하여 교사들과 함께 대화하기, 어린이와 성인이 함께 수행하는 연구의 복잡성과 가치를 고찰해 보고 드러내기에 가장 효과적인 매체가 무엇인지를 교사와 함께 선택하기와 같은 것이다. 우리의 역할에는 좀 더 의식적으로 학교의 일상적 작업이 풍요롭게 유지되도록 교사들의 학습 과정과 연관 지어 새로운 토론과 교환을 제안하는 것도 포함되어 있다.

교사들이 기록작업을 준비하면서 함께 작업하고 있다.

교사와 함께 가정과의 동반자 관계 증진시키기

레지오 교육자들은 교사-부모 간 친밀한 관계 형성이 효과적인 교수의 선행조건 중 하나라고 믿는다. 우리 *페다고지스타*들은 의사소통 과정과 책략에 초점을 둔 현직 교사 교육을 통해, 교사와 교직원들이 부모들과의 교류만이 아니라 부모들 간의 교류도 활성화하는 능력과 타인의 견해에 귀를 기울이려는 태도를 지원하고자 애쓴다.

또한 우리는 영유아센터와 유아학교가 가족을 반기고 가족에게 모든 것을 공개하는 환경이 되도록 하는 데 지대한 관심을 쏟고 있다(Giacopini, 2007). 이런 상태를 유지하고자 계속 노력하고 있으며, 교육조정팀은 학교의 작업 집단마다 자신들이 선호하는 소통 방식을 찾도록 지원한다. 개별 어린이뿐 아니라 집단 전체에 관련된 기록작업은 시간이 흐름에 따라 바뀌어 최근 모습을 보여주어야 하며, 누구도 들여다보지 않을 쓸모없는 종이나 사진이 아니라 살아 작동하는 교류의 수단이 되어야 한다. 몇몇 학교들은 교실이나 학교 안에서 일어나는 사건을 말해주는 일지(daily diary)를 작성하여 비치하기도 한다. 다른 학교들에서는 어린이와 교사들이 특별하게 중요하거나 흥미롭다고 여기는 것에 초점을 맞춘 일일 기록지(daily journal)가 있다. 부모들은 이 일지나 기록지에 코멘트를 달기도 하고 집에 가져가기도 한다. 이것들은 학교 안 일 년의 삶을 돌아보는 데 유용한 도구가 되며, 신입 직원들이 학교 안 경험에 대해 알아보는 데에 각별하게 도움이 된다. 이와 같은 소통의 경로를 발전시키는 것은 노력과 시간이 드는 일로, 교육조정팀은 교사들의 이 작업을 도와준다.

예를 들면, 몇 명의 교사가 부모들은 어린이들이 무엇을 먹었고 잠은 어떻게 잤는지와 같은 일상에 대해서만 묻는다고 생각한다는 것을 알아채면, 우리는 부모들이 교사들과 어떻게 대화를 열어가고 교사는 이에 어떻게 대답을 하면 좋을지에 대해 교사들이 생각해 보도록 도와주고, 더 나아가 더 풍요롭게 할 방법을 제안하거나 다양한 고려사항들을 토론한다. 이 과정은 어린이에 대해 흥미로운 생각들을 나누고 새로운 질문을 불러오게 할 수도 있다. 이런 방식을 통해 우리는 교사와 부모들이 서로에게 귀를 기울이며 배우도록 돕는다.

학교 안에서 다문화적 사고 촉진하기

최근 학교 내 어린이와 가족의 다양성이 증가하는 현상은 관심의 초점이 되었고, 우리 교육조정팀 중 몇 명은 교사들 간 다른 문화에 대한 민감성을 키우도록 돕고 학교 내 간문화적 인식과 존중을 증진하는 일에서 지도력을 발휘해 왔다(Margini, 2006, 2010). 우리는 영유아센터와 유아학교의 교직원들과 매주 만나서 교사들이 자기 생각을 편안하게 드러내도록 격려하는 것이 중요하다는 것을 깨달았다. 우리는 교사들에게 특정 가족들이 어떻게 지내고 참여하는지를 물어볼 수도 있다. 교사들이 그 어린이들의 경험을 어떻게 설명할지와 가족들과의 관계가 어떻게 발전되어 가는지를 도와줄 수 있다. 오해가 생기거나 가족과 신뢰가 생겨나지 않는 상황에 접하게 되면 어느 교사라도 당연히 마음을 매우 심각하게 다칠 수도 있다. 그러므로 우리는 긍정적이지 않거나 교사로서 불편함을 느낀 에피소드, 아니면 문화 간의 미묘한 뉘앙스를 이해할 수 없었던 에피소드에 대해 교사들이 얘기하도록 격려하기도 한다. 때로는 다른 국가나 문화에서 온 어떤 가족 구성원이 취한 행동을 교사가 오해할 수도 있다. 이에 대응하기 위한 절차로, 사람들의 경험을 더 잘 이해하고 교직원이 과소 평가했거나 간과했던 의사소통의 측면에 어떻게 더 관심을 기울일 수 있을지를 직원회의에서 교육자들이 함께 돌아보는 것이 도움이 될 것이다.

우리는 학교가 마련한 경험에 가족들이 참석하지 않았을 때 교사들이 실망감을 극복하도록 도와줄 수도 있다. 한 가족이 참석하지 않았다면 우리는 예를 들어, 가족이 초대받은 방식에 대해 논의해 볼 수 있다. 목표는 교사들과 함께 모든 가족이 참석하도록 만드는 책략에 집중하는 것이다. 가족들에게 참여할 수 있는 다양한 가능성이 있다는 것과 이런 초대에 대해 그들이 알도록 해 주어서, 그들이 준비될 때 어떻게 참여할 것인지 선택할 수 있도록 해 주는 것이 중요하다. 특히 우리에게 어떤 학교 모임에서 있던 특정 사례가 기억나는데, 한 교사가 이민 가족들의 참여가 저조하다는 것을 아쉬워하며 언급했다. 그 자리에 있던 남미에서 온 한 부모는 "걱정하지 마세요. 모임에 참석하지 않는 것은 우리가 아직 시간이 필요하다는 것입니다. 그렇지만 우리를 잊지 말고 계속 초대하는 것이 중요합니다!"라고 말했다. 이 말들은 신뢰를 다시 구축하도록 만들었다.

최근 레지오 에밀리아 시 공적 서비스에 문화중재자라는 새로운 역할이 생겨났다. 유아 서비스 체제 안에서 일하는 여섯 명의 문화중재자는 다양한 국가에서 이민 온 여성들로(가족들 간에 높은 대표성을 보이는 사람들), 문화중재자가 되기 위한 훈련을 받았다. 이들은 친밀한 개인 차원에서 어린이와 가족 그리고 교육자들과 접촉을 하며, 교육자들이 다양한 문화를 포용하도록 중재하는 능력을 개선해 준다.

문화중재자가 어떻게 일하는가를 보여 주는 예를 여기서 살펴보자. 한 학교에는 알바니아 출신의 문화중재자가 주 1회 방문한다. 이 사람은 알바니아어를 가르치러 오는 것이 아니라 언어와 문화를 끌어내고 지원하며, 이 세상에는 많은 언어가 존재한다고 생각하도록 만든다. 사람들은 상대방의 언어에 능통하지 않더라도 서로 대화할 수 있다. 한 어린이가 엄마에게 자신이 알바니아 사람이라는 것을 말하지 말라고 하는 것을 중재자가 목격하게 되었다. 자신을 창피하게 느끼고 있는 것이 분명했다. 중재자는 알바니아 어린이들 7명이 구성원인 교실로 들어가서 알바니아어로 인사와 몇 가지 말을 건네었지만 아무도 대꾸하지 않았다. 이상하다고 생각했고, 혹시 어린이들이 모국어를 아는지 궁금해졌다. 그렇지만 다음 날 학교에 갔을 때, 모든 알바니아 부모들이 중재자를 반겨주었다. 어린이들은 집에 기쁜 마음으로 돌아가서 "우리 학교에 알바니아어를 하는 사람이 있어!"라고 전한 것이다. 이 사건을 계기로 유아학교에서 어린이들 사이에서 모국어 나누기와 관련된 다른 많은 우호적인 경험들이 생겨났다.

그들이 접한 간문화적 경험의 결과로 우리 레지오 에밀리아 내 교육조정팀, 문화중재자, 교사와 교직원들은 이민자 부모들의 관점을 좀 더 잘 이해할 수 있게 되었다. 예를 들어, 가족들이 개인적으로 학교에 나타나기 시작하여 개인적이거나 문화적 자원을 제공하고 자신들의 삶을 나눌 때, 교사들은 얼마나 많은 것을 파악할 수 있는지를 깨닫게 되었다. 이들은 가족마다 거쳐 온 이민자로서의 경로, 그들이 지닌 개인적 질문들, 여기 가족이 정착해도 될지에 대한 걱정들, 같은 나라에서 이민 온 다른 가족들과의 관계에서 생겨난 문제들, 이탈리아 법과 법체계가 이민자로서의 일상적 삶에 계속 제기하는 장애들을 나누곤 한다. 함께 우리는 진정으로 공유되고 가능한 한 폭넓은 동의와 관점의 다양성이 존중받는 가운데 선택과 결정이 이루어지는 그러한 교육적 경험을 생성해 가는 데 있어서 촉진자의 역할을 하고 있다.

두 명의 교사와 한 명의 *페다고지스타*가 어린이가 한 작업과 경험을 부모들과 함께 나누고 있다.

전문성 개발의 촉진을 위해 함께 작업하기

전문성 개발은 언제나 *페다고지스타*가 맡은 역할의 핵심이었다. 우리 교육조정팀은 교사들의 근무 일정에 반드시 현직 교육의 기회가 포함되도록 해왔는데, 그 시점과 양식은 개인적 욕구와 선호를 항상 존중하는 방식으로 이루어졌다(Filippini, 1998). 예를 들어, 역할이 복합적이라는 점을 고려하면 교사들에게는 교육학 이론, 교수 기법, 건전한 사회관계와 의사소통을 다루는 다양한 회합이 그들에게 도움이 된다는 것을 우린 알고 있다. 교사들은 어린이들을 관찰하고 어린이들에게 귀 기울이기, 프로젝트 기록하기, 자신들만의 연구를 수행하기에 필요한 자신들의 역량을 증진시킬 수 있도록 지속적인 지원을 해 주기를 바란다. 한 해에 걸쳐 우리는 아동발달과 다양한 연령층에 필요한 안내와 같은 이슈들에 관련해서는 영유아센터 교사와 유아학교 교사를 위해 별도의 모임을 준비하지만, 그 이외에 두 교사 집단의 합동 모임도 준비한다. 또한 우리는 프로젝트 작업을 가시화시키고 부모나 방문객들에게 학교의 조직과 기능을 설명하기 위해 기록작업을 디자인하고 준비하는 것과 같은, 기술적 숙달을 위해 마련된 워크숍을 하기도 한다. 또 다른 사례는 관심 주제에 대해 외부 전문가를 초청하는 강연이다. 서비스 체제는 통상적으로 봄이 되면, 현대 과학적이고 문화적인 논쟁에 대한 열린 토론이나 포럼을 주최하여 교사, 교직원, 부모 그리고 시민들이 참여할 수 있도록 한다.

결론

*페다고지스타*란 레지오 에밀리아의 유아 체제 안에서 일하는 전문가들로, 이론과 실천을 *분리하지 않는* 방식으로 자신들이 담당하는 학교 안에서 교육과정 및 교육과 연관된 작업을 *포괄적으로* 지원하고 있다(Vecchi, 2010, pp. 54-55). 우리의 역할은 복합적인데, 그 이유는 체제 안의 모든 차원과 모든 이해 당사자들과 매일 접촉하고, 가장 추상적인 것에서부터 가장 구체적 측면까지 아우르는 이슈들의 함축적 의미를 항상 고려해야 하기 때문이다. 예를 들어, 교사와 부모들과 이야기를 할 때 우리는 우리 시의 시장의 영감을 주는 비전뿐만 아니라 재무부가 설명해 준 재정적 제약도 염두에 둘 필요가 있다. 이는 지역사회의 모든 다양한 부분들의 각기 다른 요청들, 필수적 사항들, 꿈들 그리고 희망들 사이에서 균형을 잡아야 하고, 더 나아가 변화하는 사회에 부응하는 진정한 방식으로 이론과 실천을 통합시켜야 하는 어려운 일이다. 그러나 어린이와 가족들의 복지를 위해서, 우리는 지나치게 일상적 근심거리에 함몰되거나 이론적 논쟁에 빠져 방향성을 잃지 않아야만 한다. 우리는 사람들을 향한 신선하고 개별화된 공감력과 우리가 신봉하고 발전시켜 나가는 협력의 철학에 대한 솔직하고 비평적인 평가 사이에서 균형을 유지해야만 한다.

페다고지스타 되어 가기

안젤리카 루이찌(Angelica Luizzi)는 교육조정팀에서 가장 젊고 최근에 합류한 구성원 중 한 명이다. 그녀의 이야기는 개인이 페다고지스타가 되어가는 다양한 경로를 보여 줄 뿐 아니라 레지오 에밀리아에서 일하는 모든 사람들의 전형적 특징인 헌신과 열정을 드러낸다.

나의 교육 관련 경로는 그다지 선형적이지 않았다.

우리 어머니는 벨렐리(Bellelli) 영유아센터의 교사였다. 어린 시절 나는, 처음에는 센터에 다니는 영아로서, 그리고 커서는 학교 방학 때마다 방문하곤 하며 행복한 시절을 그곳에서 보냈다. 그러나 중학교에서 나는 수학을 매우 잘하였기에 향후 공학을 전공할 진로 계획을 세웠다. 그렇지만 시간이 흐름에 따라, 내가 진정 원하는 것은 공학이 아니라는 것을 깨달았다. 그리고 나에게 좀 더 의미 있는 것을 찾아 방향을 바꾸고 싶어졌다.

우리 가족은 나의 마음이 변한 것과 나의 미래 전망이 밝을지에 대해 염려하였다. 매우 힘든 결정이었지만, 나는 결국 교육학 전공 학위를 받아 졸업하기로 마음을 먹었다. 그리고 볼로냐 시에서 *페다고지스타*로 자리를 잡았다. 거기서 나는 많은 것을 배웠는데, 그중에는 파시즘에 맞선 이탈리아 저항 운동과 레지오 에밀리아 유아학교 설립에서 여성의 역할에 대해서도 알게 되었다. 나는 교육자로서 다양한 연령의 어린이들, 성인들과 젊은 엄마들과 일을 하였고, 어린이 도서 출판사에서 근무한 경험이 있다.

나는 레지오 에밀리아에서 신입 *페다고지스타*를 선발한다는 얘기를 듣고, 국가 경쟁 고시(Concorso)에 응시했다. 시험을 준비하면서 나는 레지오 칠드런(Reggio Children)의 출판물들을 공부하게 되었다. 나는 갑자기 내가 읽고 있는 모든 것들을 나의 오래된 기억들과 같은 맥락에서 연결 지을 수 있었고, 이 모든 것이 내게 매우 놀라웠다. 나의 옛 경험으로 인해, 내가 배우고 있는 새로운 개념들에 대해 마음이 열려 있다는 것을 깨달았다. 나와 함께 많은 사람들이 시험에 응시했지만, 나는 매우 좋은 성적으로 시험에 통과하였다.

당시 레지오 에밀리아 시 영유아센터와 유아학교 이스티투찌오네 디렉터인 세르지오 스패쉬아리가 나를 불러 나의 시험 결과에 대해 매우 만족스럽게 생각한다고 말했다. 그가 말한 바에 의하면 나는 영유아센터에 다닌 적이 있는 어린이가 *페다고지스타*가 된 몇 명 안 되는 사람 중 하나였다. 시는 여섯 명의 *페다고지스타*를 새로 채용할 수 있었고, 나도 그 안에 포함되었다. 다른 다섯 명은 경험이 많은 교사들이었고, 이미 *페다고지스타*로서 일을 하고 있었다. 나에게는 새로운 직책이었다.

현재 나는 내 일에 매우 만족하며 내가 추구하던 모든 것을 찾았다고 느낀다. 그리고 레지오 에밀리아 시립 영유아센터와 유아학교 안의 *페다고지스타*라는 직업 안에서 나는 계속 배워 나가고 있다.

참고문헌

Cagliari, P. (2004). The role of observation, interpretation and documentation in understanding children's learning processes. *Innovations in Early Education: The international Reggio Exchange, 11*(4), 1-5.

Filippini, T. (1998). The role of the pedagogista: An interview with Lella Gandini. In C. Edwards, L. Gandini, & G. Forman (Eds.), *The hundred languages of children: The Reggio Emilia approach, advanced reflections* (2nd ed., pp. 127-147). Westport, CT: Ablex.

Filippini, T., & Castagnetti, M. (2006). The documentation and Educational Research Center of the Istituzione Scuole e Nidi d'Infanzia, Municipality of Reggio Emilia. *Innovations in Early Education: The International Reggio Exchange, 13*(3), 1-11.

Gambetti, A., Sheldon-Harsch, L., & Kitchens, H. (2000). The nature of professional development in the Reggio Emilia municipal infant-toddler centers and preschools: An interview with Paola Cavazzoni. *Innovations in Early Education: The International Reggio Exchange, Part 1, 7*(3), 1-3, part 2, 7(4), 1-6.

Giacopini, E. (2007). Observation, documentation, and interpretation as strategies for knowledge. *Innovations in Early Education: The International Reggio Exchange, 14*(3), 1-8.

Margini, D. (2006). A difference in ethics of an ethics of difference? Interview with Lella Gandini. *Innovations in early Education: The International Reggio Exchange, 13*(2), 1-11.

Margini, D. (2010). Social justice and multicultural aspects in the Reggio Emilia experience. *Innovations in Early Education: The International Reggio Exchanges, 17*(3), 1-7.

Scuole e Nidi d' Infanzia Istituzione del Comune di Reggio Emilia (2009). *Bilancio sociale 2008*. Reggio Emilia, Italy.

Vecchi, V. (2010). *Art and creativity in Reggio Emilia: Exploring the role and potential of ateliers in early childhood education*. London: Routledge.

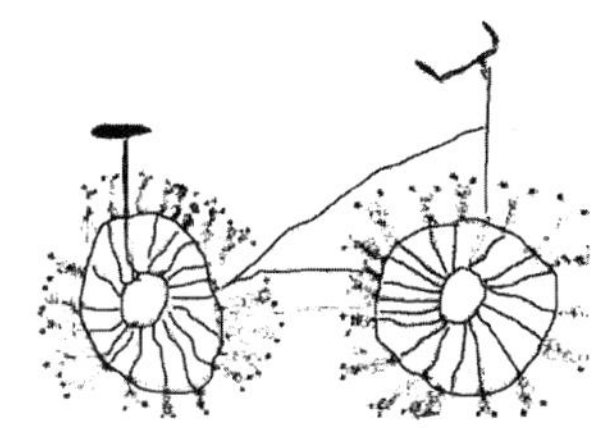

9

교사와 학습자, 파트너와 가이드: 교사의 역할

캐롤린 에드워즈(Carolyn Edwards)

레지오 에밀리아에서 교사의 역할에 대한 정의

나선형 학습과 공유된 통제

교사 역할의 특별한 어려움

확장된 상호 비판과 자기 반성의 방법

교사 행동의 사례들

결론

> 어린이에 대한 우리의 이미지는 더 이상 그들을 고립되어 있거나 자아 중심적으로 보지 않고, 단순히 사물을 가지고 하는 행동에만 몰입한다고 보지 않으며, 인지적 측면만을 강조하지 않고, 어린이의 감정이나 논리적이지 않음을 과소평가하지 않으며, 양가감정을 가지고 감정의 역할을 고려하지 않는다. 대신, 어린이에 대한 우리의 이미지는 잠재력이 풍부하고, 강인하고, 영향력 있고, 경쟁력 있으며, 무엇보다도 성인이나 다른 어린이와 연결되어 있다는 것이다.
>
> (Malaguzzi, 1993, p. 10).

> 우리는 때로는 감독이고, 때로는 무대 디자이너이며, 때로는 커튼과 배경막이자, 때로는 프롬프터인 교사가 필요하다. 다정한 동시에 엄격하며, 전기기술자이며, 페인트를 나눠주는 사람이며, 가끔은 관객-관람을 하고, 때로는 박수를 쳐주고, 때로는 숨죽이고, 감정으로 가득하고, 때로는 회의감을 가지고 판단하기도 하고, 다른 때에는 열정을 가지고 박수를 쳐주는 관객이기도 한 교사이다.
>
> (Loris Malaguzzi & Rinaldi, 2006, p. 89에서 인용)

"교사의 직무에 대한 완전한 윤곽을 그리는 것은 쉽지 않다."라고 로리스 말라구찌(Loris Malaguzzi)는 언급하였다(1995, p. 18). 실제로 레지오 에밀리아 교사의 역할은 복잡하고 광범위하며, 필수적으로 유동적이어야 하며, 변화하는 시대와 어린이, 가족, 사회의 요구에 반응적이어야 한다.

그럼에도 교사 역할의 중심은 교수와 학습이기 때문에 그것부터 이야기하고자 한다. 레지오 에밀리아에서는 학습을 지원하는 교사의 역할이 핵심적이고 변함없는 흥미와 관심을 불러일으키는 주제이다. 지난 50년간 교사와 행정가는 공립 아동 보호 체제에서 교사가 대면했던 책임, 목표, 어려움과 기회에 대해 논의하였고 고려하였다. 그들은 조직, 환경적 디자인, 교육학 그리고 교육과정의 모든 측면들이 그러하듯이, 교육적 가치뿐 아니라 학습자로서의 어린이의 본성-또래, 가까운 성인, 그들이 사는 커뮤니티와의 상호호혜주의 안에서 학습하고 발달하는 어린이-에 대한 명확한 철학에 기초하여, 매일의 일상에 대한 진실과 아름다움을 찾는 데 초점을 두고, 학급 안팎에서의 교사 역할에 대한 일관성 있는 사고와 대화를 발전시켜 왔다(본 서 제4부 참조). 교육에 대한 이러한 언어는 레지오 시스템 안의 모든 구성원을 조직하고 결집시키는 데 기여한다. 본 장은 교사와 어린이의 행동을 잘 보여주는 관찰 기록과 출판물과 '학습의 경이로움: 어린이들의 수많은 언어(The Wonder of Learning: The Hundred Languages of Children)' 전시(역자 주: 두번 째 전시회의 이름)에 기반하여 교사 역할에 대한 관점을 설명한다. 교사와 어린이의 언어는 레지오 에밀리아에서 경험하게 되는 독특한 의미와 아이디어를 잘 정리해서 다른 사람들과 의사소통하는 방법을 전달해 준다.

레지오 에밀리아에서 교사의 역할에 대한 정의

유아를 위한 학급에서 교사의 역할은 무엇인가? 이 질문에 답하기 위한 좋은 출발점은 북미의 학급을 위한 유아교육 서적에 통상적으로 나열된 다양한 중요한 측면을 분석하고 목록화해 보는 것이다. 이러한 역할은 전형적으로 다음을 포함한다.

- 유아 발달의 모든 영역을 촉진하기 위한 교육과정 계획
- 프로그램 전반에 대한 계획과 환경 준비
- 놀이와 적절한 교수를 통해 학습을 촉진하기 위한 유아들과의 상호작용
- 유아들에게 양육과 생활지도 제공
- 유아 관찰과 진보에 대한 평가
- 부모 교육과 가족 개입 격려
- 외부의 청자들에게 유아교육의 가치를 소통하기 위한 옹호에 참여

이런 역할과 유사한 것을 레지오 에밀리아의 교사 업무에서도 볼 수 있지만, 교수에 대해 이야기할 때 독특한 방식으로 이야기하기 때문에 새로운 의미의 뉘앙스를 띤다. 수잔 프레이저(Susan Fraser)와 캐롤 게스트위키(Carol Gestwicki, 2000, pp. 51-53)가 한 말을 보면 새 뉘앙스를 느낄 수 있다.

- 교육과정 계획자로서의 교사 역할은 *지식의 공동구성가 역할*의 뉘앙스를 가짐
- 프로그램 계획자로서의 교사 역할은 *제3의 교사로서 환경을 창조*하는 *역할*을 강조하는 뉘앙스를 가짐
- 놀이 촉진자로서의 교사 역할은 *이해의 교류자 역할*의 뉘앙스를 가짐
- 안내 제공자로서의 교사 역할은 유능한 *유아에 대한 지원자 역할*의 뉘앙스를 가짐
- 관찰자로서의 교사 역할은 *기록자와 연구자의 역할*로 확장되는 뉘앙스를 가짐
- 부모 교육자로서의 교사 역할은 *부모와의 파트너 역할*로 변화하는 뉘앙스를 가짐
- 외부 청자들과의 의사소통가로서의 역할은 *청자(listener), 선구자(provocateur), 의미의 교섭자(negotiator of meaning) 역할*로 변화하는 뉘앙스를 가짐

그들이 속한 환경이나 사회와 무관하게, 전문적인 유아 교사는 교사가 가지는 기본적인 책임에 동의하고 있다. 그러나 그들은 책임에 관해 같은 방식으로 생각하지는 않는다: 어떻게 우선순위를 매기는지, 어떻게 그 의무를 구체적인 과제로 만들 것인지 그리고 그들이 행동한 이유에 대해 어떻게 설명하는지는 다양하다. 예를 들어, 교사의 역할을 정의 내리라고 하면 레지오의 교육자는 여러 가지 차원의 리스트를 가지고 하는 북미의 교사와 같은 방식으로 시작하지 않는다.

디아나 학교에서 한 쌍의 교사가 *아틀리에리스타*와 만나고 있다.

대신 레지오의 교사들은 전체적인 관점에서 시작하고 종종 이상화된 이미지에 대해 이야기한다. 더 정확히 말하자면, 이상화된 이미지의 쌍인 교사와 유아, 교사로서 성인의 역할은 학습자로서 유아의 역할을 보완한다. 말라구찌가 이야기했듯, "유아에 대한 당신의 이미지는 교수가 시작되는 곳입니다"(1994, p. 52). 학생의 본성, 권리 그리고 능력에 대한 공유된 의미를 창조함으로써, 커뮤니티의 구성원은 이러한 유아를 교육하고 제공하기 위해 어떤 종류의 교사가 필요한지에 대한 동의에도 다다를 수 있다.

■ 유아와 교사에 관한 이미지

학습하는 유아를 어떻게 정의할 것인가? 레지오 에밀리아의 교육자는 종종 유아가 파워풀하고, 활동적이며, 그들 스스로의 성장에 있어 유능한 *주인공*이라고 이야기한다. 유아는 귀 기울여질 권리, 참여할 권리, 그룹의 일원일 권리, 그들 자신만의 특수한 경험과 자의식 수준을 기반으로 다른 사람과 함께 행동을 취할 권리를 지닌 사회의 주인공이다. 유아에 대해 고려할 때 결코 구체적인 현실과 분리된 추상적이고 일반화된 방식으로 고려해서는 안 된다. 각각의 독특한 유아는 시공간의 조건들과 긴밀히 결합되고 연결되어 있다. 모든 유아는 그들의 정체성을 실현하고, 그 구체적인 맥락 안에서 목소리를 내고자 노력한다. 그들 특유의 맥락이 그들 정체성의 자원이다. 이를 통해 유아는 그룹 안에서의 대화와 상호작용을 이용하여 자신을 표현하고 주변의 성인에게 파트너, 자원, 안내자의 역할을 하도록 요구한다.

유아에 대한 이러한 본질적인 사회적 관점–독특한 개인적, 역사적, 문화적 정체성을 가진 주인공–은 성인에 대해서도 같은 관점을 가진다는 것을 의미한다. 교사 또한 주인공이다–시간과 역사의 한 순간마다 유아 그리고 부모와 함께 참여하는 참여자인 것이다.

> 전문가로서의 교사 정체성에 관한 정의는 추상적인 용어를 사용해 설명하지 않고 맥락 안에서, 동료, 부모, 무엇보다도 어린이와의 관계 안에서 설명한다. 또한 교사 고유의 정체성과 개인적이고 교육적인 배경과 경험과 관련지어서도 설명한다. (Rinaldi, 2006, p. 41)

그러므로 교사의 역할에 대한 정의는 한 번 결정되면 그만인 것이 아니라 상황과 부모, 유아가 변하고, 그들의 관심과 교류의 역동성이 변하고, 교수와 학습의 근본적인 과정에 대해 이해해야 할 것이 많아짐에 따라 변한다. 교사가 무엇을 할 수 있으며 무엇을 해야 하는지에 대한 질문은 결코 최종적인 답을 구할 수 없으나, 시작점의 문제로 계속적으로 되돌아와야 할 것이다. 오늘날의 교실에 실제적으로 존재하는 *우리의* 어린이들에게 필요한 것은 어떤 교사인가?

■ 유아에게 귀 기울이기

카를리나 리날디(Carlina Rinaldi)는 '듣기'라는 행위를 교육의 심장이라고 하였다(본서 제13장 참조). 교사는 유아를 단순히 강하고 유능하다고만 볼 것이 아니라 어린이 스스로도 이러한 이미지를 마음속 깊이 공유하도록 해야 한다. 설득할 수 있는 방식으로 행동하여야 한다. 듣기는 나중에 유아나 부모와 함께 의사결정 하는 기초로 활용하는 것을 의미한다. '듣기'란 일어나고 있는 적극적인 학습을 따르고 참여하려고 노력하는 것을 의미한다. *페다고지스타인* 티찌아나 필리삐니(Tiziana Filippini)는 그녀의 초창기 미국 강의 중 하나에서 이를 묘사하였다.

> 성인은 가끔은 유아의 그룹 안에서 일하고 가끔은 그룹 주변에서 일하기 때문에 수행할 많은 역할이 있습니다. 가장 상위에 있는 성인의 역할은 학습 상황에서 유아가 사용하는 전략을 듣고 관찰하고 이해하는 것입니다. 교사는 *기회의 분배자(dispenser of occasions)* 역할을 해야 합니다. 어린이들은 교사를 심판이 아니라 어떤 제스처나 단어를 빌려야 할 때 찾아갈 수 있는 자원으로 느껴야 합니다. 비고츠키(Vygotsky)에 의하면, 어린이가 **a**지점에서 **b**지점까지 갔고, **c**지점에 매우 가까워지고 있다면, 가끔은 **c**지점에 닿기 위해 바로 그 특별한 순간에 성인에게서 도움을 빌려야 합니다. 교사가 한편으로는 조직자(organizer)와 자극자(provoker)가 되는 방식을 이해하고 싶고, 다른 한편으로는 발견의 공동작업자가 되는 방식을 이해하고 싶다면, 교사는 유아의 탐험 과정에 참여해야 합니다. 어린이에 대한 우리의 기대는 매우 유연하고 다양해야 합니다. 우리는 어린이가 자주 그러하듯, 경이로워하고 즐길 줄 알아야 합니다. 우리는 어린이가 우리에게 던져주는 공을 받아, 어린이가 우리와 게임을 지속하고 싶게 하는 방식으로 다시 토스해 줄 수 있어야 합니다. 어쩌면 그렇게 하는 동안 새로운 게임들을 개발하면서 말이죠. (Filippini, 1990)

그러므로 교사는 어린이 집단과 지적인 대화에 참여하여 그들의 흥미와 호기심을 함께 공유할 수 있어야 한다. 비록 학습은 진지한 문제이지만, 교사는 존중뿐만 아니라 즐거운 기분으로 접근해야 한다. "어린이가 우리에게 던져주는 공을 받아, 어린이가 우리와 게임을 지속하고 싶게 하는 방식으로 다시 토스한다."는 은유는 레지오에서 인기 있는 은유이다. 교사-유아 상호작용을 배드민턴 게임으로 생각하는 것은 원래 게슈탈트 심리학자인 막스 베르트하이머(Max Werthrimer)[1)]가 말라구찌에게 제안한 것이다. 말라구찌는 '게임이 지속되기 위해서는 유아가 가진 기술에 대해 배움으로써 성장해야 하는데, 성인과 어린이의 기술 모두를 적절히 조절할 수 있는지' 에 대해 이야기하였다(본 서 제2장 참조).

이러한 반응적인 교수의 한 사례가 디아나 학교(Diana Preschool)에서 출간한 『*태양은 지구의 친구야(The Sun Is the Earth's Friend)*』(1998)(역자 주: 생태적 관점의 프로젝트)라는 작은 책자에 기록되어 있다. 세 살짜리들이 한 말과 그림이 수록된 이 책자에는 교사의 질문도 포함되어 있다. 교사는 매일 어린이들이 생각할 만한 가치가 있는 새로운 질문을 제시했는데, 이 질문은 아주 어린 연령의 의인화된 생각과 다른 존재들에 대한 그들의 흥미를 반영한 것이었다. 예를 들어, 어린이들은 태양이 어디에 있는지, 어떤 일을 하는지, 어떻게 하늘에 떠 있는지에 대한 아이디어를 탐색하였다. 태양한테 친구가 있을지, 그 친구가 누구일지도 궁금해 하였다. 태양과 달을 비교하고, 밤이나 비가 오는 날에는 태양이 어디로 가는지, 자신들이 태양을 만질 수 있는지, 태양에서 살 수 있는지에 대해서도 궁리하였다. 밖이 어두울 때 태양에게 어떤 일이 생기는지에 대해 어린이들은 다음과 같이 이야기하였다.

"쿨쿨 자러 가요."

"사라져요."

"자기 집에 가는데, 노랗고 멀어요."

"밤에는 지구로 가는데, 땅 속으로, 바다 속으로, 그리고 별들이 나오고, 그리고 낮에는 별들이 바다로 들어가요."

"밤에는 달이 있어요."

반응적인 교수의 또 다른 버전은 어린이가 자신의 이론을 명료화할 수 있게 하기 위해 자신의 추측을 따라갈 기회를 주거나 어린이의 그림을 조사해 보는 것이다. 이러한 모든 지원적인 성인 개입은 게임의 리듬에 초점을 맞추는 것과 배려와 주의를 기울이는 태도를 보여주는 것을 기반으로 한다. 교사는 유아의 지적인 지구력과 주의의 폭을 확장시키고 조사 전략의 폭을 넓히고 집중력과 노력을 강화하고자 노력한다. 동시에 교사는 어린이들이 그 게임 안에서 충분한 즐거움과 기쁨을 느낄 수 있도록 허용한다.

교사가 유아들의 작업을 직접적으로 이끌지 않으면서 기록하기 위해 작업 그룹 가까이에, 그러나 그룹 바로 바깥에 머물러 있다.

나선형 학습과 공유된 통제

교사의 역할은 어린이 간의 대화를 민감하게 경청하고, 그들의 대화나 공동 작업 지식의 공동 구성을 자극하는 것을 통해 학습의 기회를 제공하는 것이다. 북미에서와 마찬가지로 이러한 최적의 교수는 복잡하고 섬세하며, 여러 수준을 포함하며, 많은 전문성과 지속적인 자기반성을 필요로 하는 다면적인 과제로 이해된다.

카를리나 리날디(Carlina Rinaldi)는 교육자의 역할에 중요한 통찰을 제공하였다. 여러 논의에서 그녀는 교사의 역할이 왜 정치적 신념과 주장에 기초를 두어야 하는지를 강조하였다. 이러한 관점은 리날디의 정치적인 철학에 뿌리를 두는데, 좌편향 진보주의와 이상주의는 그녀가 사는 도시와 이탈리아 지역에서는 흔한 일이다. 리날디는 그녀가 사는 지역–농경문화와 대형 협동 농가의 전통에 뿌리를 둔 지역–이 개별적인 사업보다는 공동주의의 특성을 가졌다는 오랜 유산에 대해 자랑스러워 한다(예 Hellman, 1987; Putnam, 1993 참고). 그녀는 인간의 웰빙을 진보시키고 개선시키기 위해서는 시민들이 공적 자원을 어린이의 복지에 투자하고, 자신이 사는 도시와 사회 전반을 위해 어린이들과 함께 하는 지속적이고 영구적인 지식 창조 과정에 동참해야 한다고 믿는다. 또한 그녀는 교사의 역할이 분절적(segmented)이고 선형적(linear)인 용어가 아니라 총체적(holistic)이고 순환적(circular)인 용어로 생각되어야 한다고 믿는다. 이러한 순환성–더 좋게는 나선형–은 학습 과정에서 빈번히 나타나는 요소인 재방문에서 엿볼 수 있다. 교사의 행위는 고정된 순서에 의해 일어나거나 한 번만 일어날 것으로 기대되는 것이 아니라, 재방문과 재표상의 사이클 안에서 반복될 것으로 기대된다.

이러한 관점에서 교사는 큰 사이클(주간, 월간, 심지어 연간) 안의 짧은 주기인 며칠 간의 사이클 안에서 어린이에게 어떠한 일이 일어나고 있는지를 사정하고 평가한다. 선형적이 아니라 나선형적인 사고방식과 절차는 레지오 교육자들의 특성이다. 이런 특성은 교사가 어린이의 학습과 발달의 과정을 묘사하거나, 특정한 교육과정 프로젝트에 대해 설명하거나, 실제의 한 측면을 조명하는 이론적인 지점들 사이로 굽이쳐 나아가거나 혹은 여기에서처럼 교육자의 역할에 대해 생각할 때 공통적으로 발견된다.

레지오의 교육자는 교사와 유아가 함께 통제한다는 신념이 있다. 예를 들어, 교사는 개인 유아의 아이디어를 사용해서 집단 활동의 틀을 잡는 방식으로 집단 어린이의 학습을 이끌어 간다. 교사는 때로 그룹 모임을 이끌고, 어린이가 이야기하는 것을 받아 적으면서 '스파크'를 일으킬 만한 것이 무엇인지 찾고, 어린이가 한 코멘트를 다시 읽어주어서 유아가 한 걸음 더 나아간 질문을 하고 그룹 활동에 대한 동기가 높아지도록 한다. 때로 교사는 앉아서 들으면서 도발적이거나 통찰력 있는 코멘트가 나오는지 찾고, 그것들을 반복해서 들려주거나 명확하게 해줌으로써 유아가 자신의 이야기나 활동을 유지할 수 있도록 돕는다. 말라구찌는 교사가 유아들이 정확히 뭐라고 이야기하는지(언어적으로건 비언어적으로건) 들어야 아이디어를 찾아서 어린이에게 되돌려 줄 수 있고 결과적으로는 그들의 토론과 활동을 보다 의미 있게 만들 수 있다고 강조하였다. 이것은 유아가 전진해 나아갈 수 없을 것 같이 보일 때 특히 중요하다. 유아가 하는 활동의 기세가 꺾이거나 흥미가 없어질 수 있다. 교사는 어쩌면 한 아이가 부분적이고 분명하지 않게 표현한–당연히 자기 자신이나 그룹 전체에게도 명확하지 않았을–통찰과 질문을 분명히 하도록 도와줄 수 있다. 교사는 전체 그룹을 재자극할 수 있는 그 아이디어의 잠재력을 알아차리고 인정하며, 그 아이디어를 보다 분명하고 보다 명확한 언어로 재진술해 주어서, 결국 그 통찰이 후속 이야기와 활동을 위한 지적인 스파크의 일종으로 유아에게 이용되게 한다.

> 이러한 방식으로 참여의 역할과 의사소통의 역할이 구현된다. 물론 의사소통은 당신의 도움 없이도 일어날 수 있지만, 그러한 상황을 놓치지 않는 것이 중요합니다.
>
> (베아 베키〈Vea Vecchi〉, 그룹토의(1990. 6. 15.), 디아나 학교〈Diana Preschool〉)

또 다른 때에는 특히 오전 활동의 마무리에, 그룹으로 진행될 다른 일과 활동의 기초가 될 아이디어–특히 어린이 간의 지적인 토의나 논쟁에서부터 발현한 아이디어–를 어린이가 찾도록 돕기 위해 교사의 개입이 필요하다. 교사는 이 아이디어에 대한 가설을 세워 맞는지 확인해 볼 수 있고, 실제 경험을 통해 비교해 볼 수 있고, 표상으로 표현해 볼 수 있도록 도와주어야 한다. 한 어린이가 생성한 질문, 가정, 혹은 주장을 검토하는 것은 모두를 위한 질문을 제기하고 답하는 지속적인 과정의 일부가 된다. 교사의 도움으로 한 어린이가 한 질문이나 관찰은 다른 유아들이 전에는 보지 못했던, 어쩌면 생각지도 못했던 영역을 탐색하도록 이끈다.

프로젝트가 진행됨에 따라 교사는 재료, 활동, 방문, 도구 그리고 다른 자원들을 이용하여 주제를 정교화하고 확장시킬 수 있도록 하기 위해 가능한 방법을 반영하고, 탐색하고, 공부하고, 연구하며 함께 계획한다. 그리고 이러한 아이디어들을 다시 교실로 가져가 조사한다. 교사들은 각 교실에서 공동 교수하는 쌍으로 작업한다. 공동으로 교수하는 것은 두 명의 성인이 서로에게 적응하고 지속적으로 편의를 도모해야 하기 때문에 어렵지만, 공동 학습과 의사결정 과정을 통해 각 성인이 동료 협력에 익숙해지고, 지적인 성장은 사회적인 것이라는 가치를 배우고, 어린이들(과 그들의 부모)을 더 잘 도울 수 있기 때문에 꼭 필요하다.

교사는 현재의 주제에 대해 부모와 의사소통하고 부모가 자녀에게 필요한 자료를 찾아주고 교사와 협력해서 물리적 환경을 개선하고, 필요한 책을 찾아주는 등의 방식으로 자녀의 활동에 참여할 것을 격려한다. 이런 과정을 통해 부모는 자녀에 대해 가진 이미지를 수정하고, 유아기를 보다 풍부하고 복합적인 방식으로 생각할 수 있도록 자극받는다.

2명의 교수팀은 다른 성인들(때로는 *아틀리에리스타*, 때로는 *페다고지스타*)과 긴밀히 작업하며 일어난 것을 기록하고 다시 계획한다. 기록은 학교마다 다른 방식으로 이루어지지만 일반적으로는 어린이들의 대화나 그룹 토의를 녹음하거나 전사할 뿐만 아니라 손으로 기록하고, 핵심 순간이나 활동을 비디오나 사진으로 찍어서 인쇄하거나 슬라이드로 만들고, 어린이가 만든 결과물이나 구조물을 모은다.

프로젝트 전반에 걸쳐(다른 일과 작업과 마찬가지로) 교사는 그룹의 '메모리' 역할을 하고 기록한 것을 가지고 어린이들과 논의한다. 이것은 어린이가 자신과 타인의 감정, 지각, 관찰, 반성을 체계적으로 재방문할 수 있도록 하고 그것을 보다 깊은 방식으로 재구성하고 재해석하도록 한다. 사진과 비디오 녹화를 통해 지난 과정을 다시 보면서 어린이는 자신이 한 노력에 대해 자부심을 느끼고 확인 받으며 어린이에게 부족한 기억능력도 보충 받는다.

교사는 때로는 유아 그룹 안에서, 때로는 바깥에서, 때로는 주변에서 작업한다. 어떤 관점에서건 간에, 교사는 유아의 말, 행동, 흥미, 경험 그리고 활동을 관찰하고 선별적으로 기록한다. 교사는 자신의 말과 행위도 관찰하고 기록한다. 이러한 관찰은 어린이에게 어떤 일이 일어나고 있는지를 해석하고, 향후의 전개 방식에 대한 예측과 전망을 하기 위해 필요하다. 이를 바탕으로 교사는 개입하고 유아가 하는 경험과 활동에 동참하며 학습을 위한 다음 상황을 촉진하거나 자극하는데, 이 과정에서 항상 어린이와 협의하고 동의를 구한다.

> 프로젝트의 방향을 어떻게 잡을 것인지에 대해 모두 함께 특별한 아이디어를 찾는다. 그리고 그 아이디어가 가치 있고 작업의 결과가 좋으면 프로젝트는 꽤 오래-심지어 몇 주나 몇 달도-지속될 수 있다. (Malaguzzi, 1995, p. 10)

교사는 지속적으로 유아의 활동에 주의를 기울인다. 교사는 어린이가 흥미를 느끼는 문제에 대해 작업할 때는 조사하고 싶은 질문을 자연스럽게 생성해 낼 것이라고 믿는다. 교사의 역할은 어린이가 그들 자신의 문제와 질문을 발견하도록 돕는 것이다.

교사는 준비된 해결책을 주는 것이 아니라 어린이가 직면한 문제나 어려움에 집중하도록 하거나 가설을 생성하도록 돕는다. 교사의 목표는 '순조롭거나 쉬운' 방식으로 학습을 '촉진' 하는 것이 아니라 문제를 보다 복잡하게 만들어서 '자극' 하는 데 있다. 교사는 어린이가 생각한 방법이나 가설이 '정답' 이 아니라는 것을 알고 있을지라도 그 실험을 진행하기 위해 무엇이 필요한지 질문한다. 교사는 파트너로서의 역할을 하면서 어린이가 지속하도록 돕고, 어려움에 직면했을 때는 다시 시작할 수 있도록 도움, 자원, 전략을 제공해 준다. 교사는 어린이에게 무엇인가를 계속하도록 격려하고, 현재 하고 있는 것을 마치거나 거기에 무엇인가를 더 해보도록 제안한다. 교사는 어린이가 혼자만의 힘으로 작업을 마치도록 내버려 두는 것을 선호하지 않고 어린이가 목표를 이루도록 같이 협력하고 노력한다.

어린이 집단과 함께 작업하며, 교사는 자신의 말과 행동에 대한 묘사를 포함해 다양한 것에 대해 기록을 한다. 기록한 것을 가지고 항상 타인과 논의할 것이므로 기록은 다른 사람이 이해할 수 있고 다른 사람과 소통할 수 있는 방식으로 작성되어야 한다. 논의는 다양한 크기의 집단으로 이루어지는데, 몇 명(협력 교사, *아틀리에리스타*, *페다고지스타*)과 하는 논의에서부터 전체 학교 교직원 회의, 특정 교사들을 위해 준비된 워크숍, 시 전체의 교육자를 위한 대형 회의에 이르기까지 다양한 수준에서 이루어진다. 이러한 회의는 교육과정 계획뿐 아니라 교사의 전문성 신장에도 필수적이다. 분석적이고 비판적인 활동은 개별 교사의 발달, 그리고 궁극적으로 레지오 에밀리아의 시스템 전체를 위해 필수적이다. 체계적인 기록작업은 교사가 연구의 생산자, 즉 확실성과 전통의 단순한 소비자가 되기보다는 교육과정과 학습에 대한 새로운 아이디어를 생성하는 사람이 되게 한다.

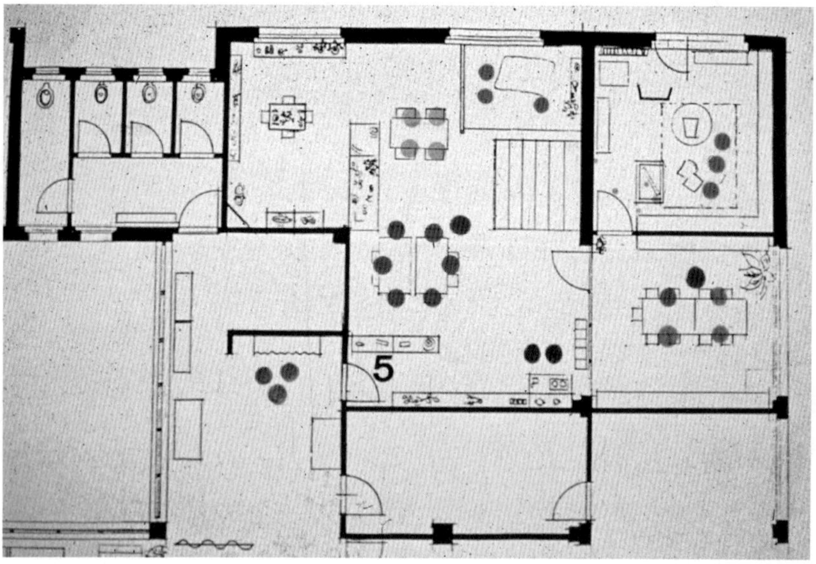

오전 활동 중 디아나 학교의 만 5세 반 교실 지도. 점들은 하루 중 어린이와 교사들이 위치할 만한 지점을 나타낸다. 한 교사는 4명의 어린이와 가까이에서 작업하며, 다른 교사는 다른 모든 어린이 사이로 돌아다닌다(하지만 현재는 6명의 어린이와 함께 있다.).

교사 역할의 특별한 어려움

레지오 에밀리아의 교육자는 교사의 역할을 교사가 해야 하는 일에 대한 흑백의 정답이 있는 쉬운 것으로 보지 않는다. 그들은 지난 50년간 레지오 에밀리아에서 단결하여 개발한 학습에 대한 그들의 접근 방식이 맞는 방식이라는 자신감과 안도감을 가진다. 교사 라우라 루비찌(Laura Rubizzi)가 이야기했듯이 "이것은 타당하기만 한 것이 아니라 옳은 작업 방식입니다"(인터뷰, 1989. 11. 11.). 디아나 학교에서 일하는 그녀의 동료 파올라 스트로찌(Paola Strozzi)도 "우리는 어린이와 함께 하는 프로젝트의 일부이고, 이 방법이 좋은 학습 방법이라는 확신이 있습니다."라고 말했다(인터뷰, 1990. 6. 14.).

■ 도전적이면서 만족스러운 문제 찾기

발현적인 혹은 '프로젝트가 된(projected)' 교육과정을 운영하기 때문에 지속적인 도전과 의사결정이 일상적으로 이루어진다. 교사의 역할은 어린이가 해결하는 데 시간을 두고 생각해야 하고 최선의 에너지를 쏟아야 하는 충분히 크고 어려운 문제를 찾도록 돕는 것이다. 매일 많은 일이 일어나지만 그 중 몇 가지만 가치 있을 수 있다. 교사는 지나가는 순간 중에서 중요한 것과 기대할 만한 것을 발견하고자 노력하고 어린이가 거기에 생명을 더 불어 넣을 수 있도록 돕는다.

■ '매듭' 찾아내기

큰 프로젝트만 해결할 만한 가치가 있는 과제를 가진 것이 아니라 일상적인 프로젝트도 이상적으로는 장애물이나 '매듭'을 가지고 있기 마련이다. 한 마디에 3개 이상의 잎이 돋아나서 톱질을 방해하거나 실의 매듭(엉킴)이 바느질을 멈추게 하듯이 어린이를 멈추게 하고 그들의 행위를 막는 모든 문제는 일종의 인지적인 매듭이다. 이런 매듭은 의견의 충돌이나 진행하는 데 필요한 정보나 기술의 부족으로 인해 생길 수 있다. 그러나 이런 매듭을 혼란과 짜증나는 부정적인 순간 이상으로 취급해야 한다. 오히려 이 순간은 다시 분류해서 묶기, 가설 실험하기, 그리고 아이디어를 인지적으로 비교하기 같은 긍정적인 가능성을 담은 인지적 불균형의 순간이다. 매듭은 사회화뿐 아니라 새로운 지식을 구성하는 데에도 건설적인 상호작용을 유발할 수 있다. 교사의 역할은 이러한 매듭을 알아차리고 더 자세히 보도록 중심 무대로 가져오는 것인데, 여기서부터 다음 활동이 다시 이어진다.

■ 언제 개입할지 결정하기

레지오의 교사들은 어린이들의 사고를 매 순간 분석해서 결정해야 하기 때문에 어떻게 언제 개입해야 할지 어려움을 느낀다. 교사인 마그다 본다발리(Magda Bondavalli)와 마리나 모리(Marina Mori)가 이야기했듯이:

> '가르치는 것의' 어려움을 우리는 지속적으로 경험합니다. 우리가 어린이에게 할 수 있는 것을 제안하는 방식은 모든 것을 개방된 상태로 두는 방식입니다. 우리는 끊임없이 재조절하며 어린이와 함께 합니다. 확실하거나 완전한 것은 아무것도 없습니다. 우리는 항상 어린이의 몸짓, 말, 행동을 통해 그들이 어떤 경험을 하고 있는지 분석하려고 하며, 거기에서 시작합니다. 그것은 정말 어려워요! (인터뷰, 1990. 6. 14.)

미국에서도 교사들은 얼마나 그리고 언제 개입해야 할지, 해결책을 제공하지 않으면서 어떻게 문제해결을 지원할 수 있을지 걱정한다. 어린이는 "그들이 원하는 것의 존재(presence)와 그들이 원하지 않는 것의 억제(repression) 사이의 고비에 위험하게 서 있다"(Malaguzzi, 1996, pp. 28-29). 그러므로 교사는 너무 지나치게 개입해서는 안 되며, 동시에 가치 있는 교수의 순간을 놓치지도 말아야 한다.

> 그러나 당신은 항상 그 중요한 순간을 놓칠까 두렵죠. 그것은 정말 잘 균형을 잡아야 하는 일이에요. 나는 개입이 중요하다는 것을 알지만 어린이는 내가 알려주려고 했던 방식이 아닌 방식으로 종종 문제를 해결하기 때문에 나 개인적으로는 기다리는 경향이 있어요. 어린이는 내가 전혀 생각하지 못한 방식으로 해결책을 찾아내곤 해요. 하지만 때로는 기다린다는 것은 그 순간을 놓친다는 것을 의미하기도 하지요. 따라서 결정을 빨리 내려야 하지요.
>
> (베아 베키〈Vea Vecchi〉, 그룹토의(1990. 10. 18.), 디아나 학교〈Diana Preschool〉)

그들이 여기에서 말하려 하는 것은 미세하게 조작해서 프로젝트가 특정 종착점에서 마무리되도록 하는 것이 아니라 발현적 교육과정을 실현하려는 진실한 태도이다. 교사는 어린이 집단이 프로젝트를 어떻게 마무리할지 정말 알지 못한다. 비록 이러한 개방성이 교사의 업무를 더 어렵게 만들기도 하지만 더욱 흥미롭게도 만든다.

> 나는 어린이들의 종착역이 어딘지 모르기 때문에 불확실성의 상태에서 일하지만, 그건 굉장한 경험이에요! (인터뷰, 1989. 11. 11.)

> 그건 마치 우리가 함께 항해를 떠나는 것 같아요. 짧을 수도 있고, 길 수도 있어요. 하지만 거기에는 함께 한다는 것에 대한 열망이 있지요.
>
> (베아 베키〈Vea Vecchi〉, 그룹토의(1990. 10. 18.), 디아나 학교〈Diana Preschool〉)

프로젝트 작업은 예상치 못했던 방향으로 뻗어 나가는 학습에 대한 지원적인 맥락을 제공하며 다음의 것을 이야기한다.

> 역동적인 과정, 즉 다른 사람과의 관계에서 일어나는 불확실성과 기회를 포함하는 과정을 야기한다. 프로젝트 작업은 미리 결정된 진행방향이 없기 때문에, 여정이 시작하기 전에는 어떤 결과도 결정된 바 없이 많은 방향으로 성장한다. (Rinaldi, 2006, p. 19)

흥미롭다는 것 이외에도, 이러한 방식으로 작업하는 것에는 지원적인 구조가 내재되어 있다. 교사는 항상 다른 성인과 협력하는 구조 내에서 일하기 때문에 무엇을 해야 하는지를 혼자서 알아낼 필요가 없다.

그건 정말 이 학교가 존재하는 방식이에요. 우리는 서로의 노트를 끊임없이 비교하고 서로 의논해요.
(마그다 본다발리〈Magda Bondavalli〉와 마리나 모리〈Morina Mori〉, 인터뷰, 1990. 6. 14.)

이러한 협의는 거의 매일 일어나는데 교사와 협력 교사, 교사와 *아틀리에리스타* 간에 짧은 회의 형식으로 이루어지기도 하고, 점심 시간에 다른 학급 교사가 모여 비공식적인 논의의 방식으로 이루어지기도 한다(Strozzi, 2001). 교사들은 공개적으로 논의를 함으로써 어린이와 부모에게 협력과 참여의 모델을 보일 수 있고, 개방적이고 직접적인 커뮤니케이션의 분위기를 촉진한다고 믿는다. 보다 공식적이고 깊이 있는 분석은 개별 학교의 교직원 회의나 행정가들, 다른 학교의 교사들, 때로는 외부 방문객이나 강사가 참여한 보다 대규모의 회의에서 이루어진다.

확장된 상호 비판과 자기 반성의 방법

레지오 에밀리아에서의 분석과 피드백에는 지원과 비판이 모두 포함된다는 것을 아는 것이 중요하다. 감정적으로 상처받을까 걱정하거나 아이디어에 대한 소유권을 주장하는 것 때문에 확장된 조사나 논쟁을 피하는 시스템과는 대조적으로 레지오 에밀리아에서는 지적인 갈등이 성인과 어린이 모두에게 유쾌한 것으로 여겨진다. 파올라 스트로찌는 "나는 무엇을 어떻게 해야 하는지에 대해 동의하는 과정에 일종의 즐거움이 있다고 확신해요."라고 말했다(인터뷰, 1990. 6. 14.). 논의의 핵심은 다양한 관점을 발표하는 것이 아니라 모두가 무엇인가를 배웠고, 각자의 생각이 변했다는 것이 명확할 때까지 계속하는 것이다. 논의는 해결책이나 다음 단계가 명백해질 때까지 계속된다. 그러면 긴장이 사라지고 새롭게 공유된 이해가 기초가 되어 미래의 공동 활동이나 노력이 다시 시작된다.

교사와 교직원은 서로에게 구체적인 제안과 주언뿐 아니라 감정적인 지원과 격려를 제공한다. 그러나 교사(들), 멘토 교사, *페디고지스타*, *아틀리에리스타*가 소규모로 함께 일하면서 유아 집단을 관찰하고 기록하고, 오랜 기간 논의하고 분석하며, 자신의 관점과 비교하는 과정에서 일어나는 상호 비판이나 자기 반성은 레지오 에밀리에에서 일상적인 것이며 교사 전문성 신장에도 중요하다(Rubizzi, 2001). 다음의 작업은 교사 역할의 네 번째로 중요한 차원, 즉 *자기 자신에게 중요한 질문 제안하기*에 대해 묘사한다 (Malaguzzi, 1994).

외부인들에게 설명하기 어렵기 때문에 레지오 에밀리아를 방문하는 그룹에게 이 집약적인 과정을 시뮬레이션해서 보여주기도 한다. 이 시뮬레이션에는 일반적으로 어린이와의 경험을 계획하고 진행하고 기록한 소그룹이 관객이나 참여자가 설명을 이해할 수 있도록 맥락을 소개하는 단계가 포함된다. 다음으로 반성(reflection)하는 단계의 포맷과 구조를 설명한 후 기록작업을 보여준다. 그 후에 청중은 그 기록작업에 대해 심도 있게 반성하는 것에 참여하여 (어느 한 사람이 지배하는 일 없이) 모두가 참여할 권리를 가진다는 절대적인 윤리를 준수하면서 발표하는 사람의 이야기에 귀 기울인다. 최종적으로 자리한 모든 교육자는 청중이 발표한 것에 대해 코멘트를 하고, 반성 과정에서 나온 의견을 통합하고, 최종 코멘트를 하고, 제안된 많은 통찰과 제기된 새로운 질문들을 인정할 것이다.

예를 들어 베아 베키(Vea Vecchi, *아틀리에리스타*), 마리나 모리(Marina Mori, 멘토 교사) 그리고 로레타 베르타니(Loretta Bertani, 교사)는 이러한 시뮬레이션을 2009년 10월에 상급 스터디 그룹을 위해 실행하면서 로빈슨 유아학교(Roboinson School)에서 찰흙을 가지고 작업하는 소그룹의 유아들에 대한 27분짜리 비디오 테이프 기록물을 사용하였다. 마리나는 필요한 배경 지식을 제공하면서 왜 소그룹이 어린이뿐만 아니라 성인도 가장 선호하는 학습 맥락인지 설명하였다. 이어서 비디오 테이프 시청과 참여자의 개별적인 반성(각 그룹마다 기록자가 있는 세 개의 소그룹으로 나뉨), 그룹 간의 반성 공유 그리고 최종적으로 레지오 교육자의 반응과 요약 코멘트가 이어졌다.

레지오 에밀리아에서는 매년 또는 상황마다 소그룹 포맷의 세부적인 특성은 달라지지만, 교육조정팀(Pedagogical Coordinating Team)에서 생성하는 연간 전문성 신장 계획에 따라 교수와 학습을 기록한 기록작업을 가지고 비판적인 반성을 하는 것을 여러 해 동안 해왔다. 소집단 형태로 반성 과정을 실시하는 것은 초임 교사와 경력 교사 모두가 가치를 인정하는 방식이다. 한 경력 교사가 다음에 기록한 바와 같이,

> 개인적으로 나는 우리가 [우리의 소그룹 안에서] 토론을 굉장히 많이 했다고 생각한다. 하지만 내가 토론하는 동안 결코 내가 불충분하거나 작게 느껴지지는 않았다. 그리고 나는 당신이 전문성을 가지고 토론을 하지 않으면, 성장을 할 수 없을 것이라고 생각한다. (기록, "The Teachers Speak〈교사들이 이야기한다〉")
>
> (멘토 교사와 작업하는 것에 대한 교사들의 피드백, 레지오 에밀리아, 2009)

지적인 갈등은 레지오에서 모든 성장의 엔진으로 이해된다. 그러므로 교사는 관점이 달라서 생기는 어린이 간의 갈등을 억누르기보다는 끄집어내려고 노력한다. 교사도 의견의 불일치를 수용할 자세가 되어 있고 심도 있는 논의와 건설적인 비판이 있을 것을 예상한다. 이것이 발전을 위한 가장 좋은 방법이다. 함께 일하는 것이 즐겁다는 것을 보여주는 것과 의견의 불일치를 수용하는 것은 어린이와 부모에게 모범이 된다.

로리스 말라구찌가 교사가 기록한 것에 대해 논의하며 집단을 이끌다

어린이 간의 협력이 성장해 나가는 것을 연구하는 우리 연구팀은 렐라 간디니(Lella Gandini), 존 니모(John Nimmo) 그리고 캐롤린 에드워즈(Carolyn Edwards)로 구성되었는데, 1990년 10월 디아나 학교에서 성인으로 구성된 그룹을 관찰하고 비디오 테이프로 녹화하였다. 각 모임은 3일간 어러 시간 동안 이루어졌으며, 교사, *아틀리에리스타*, *페다고지스타*, 보조 교직원 그리고 로리스 말라구찌가 참여하였다.

말라구찌는 첫 모임에서 함께 비디오 테이프를 보면서 해석의 범위('아이디어의 원')를 결정하는 것의 이로운 점을 설명하고 공동의 이해나 관점을 찾도록 하였다. 교사 중 한 명인 라우라 루비찌(Laura Rubizzi)는 3명의 만 4세 남아들이 함께 작업하면서 찰흙으로 공룡을 만드는 과정을 찍어서 편집한 것을 보여주었다. 루비찌는 남아들이 작업하는 과정을 찍어서 보면서 그녀가 자신에게 던졌던 질문에 대해 이야기했는데, 그녀의 머리 속에 교수의 어떤 측면이 가장 많은 부분을 차지했는지, 어떤 점이 어려웠는지 같은 것이었다. 어린이와 함께 논의를 해야 했는데, 그러지 않았는가? 한 어린이가 동물의 목을 만들고자 노력했지만 문제를 해결하지 않고 포기해버린 것을 알아차리는 데 실패하여 중요한 '매듭'을 놓쳤는가? 어린이들이 3차원 찰흙 구조물을 고정시키는 데 필요한 기술적인 지식을 얻도록 돕기 위해 어떤 일을 했어야 하는가?

두 번째 모임에서 교사 파올라 스트로찌는 4명의 만 3세 어린이들이 새로운 재료를 두 번째로 접했을 때의 활동을 찍은 후 편집한 비디오 테이프를 보여주었다. 파올라는 새로운 재료(철사)를 어떻게 어린이에게 제공하였는지, 어떤 질문을 어린이에게 하였는지 그리고 개별 유아의 통찰을 어떻게 그룹에게 되돌려주었는지에 대해 설명하였다. 설명을 들은 후 교사들은 파올라의 교육적 결정에 대해 많은 비평을 하였다. 어린이들이 만든 구조물에 대해 언어적 이미지를 만들도록 파올라가 지나치게 '이끌어' 간 것은 아닌가? 어린이들이 철사의 특성을 비교하고 분석할 수 있을 만큼 다양한 철사를 충분히 제공하였는가? 다음 날 철사 활동을 어린이들과 반복하면서 철사의 굵기에 관한 보다 많은 선택권을 어린이에게 제공하였는데, 이런 변화가 어린이가 보다 많은 실험을 하고 가설을 세우도록 이끌었는가?

세 번째 모임에서 교사 마리나 카스타네티(Marina Castagnetti)는 컴퓨터의 로고 커서를 이용하여 큰 종이에 성을 그리려는 2명의 만 5세 남아를 찍은 비디오 편집본과 행동 분석을 제시하였다. 그녀는 행동 코드를 생성하여 시각적으로 그들의 전체 상호작용을 차트로 표상하였다. 그녀가 프레젠테이션을 한 후에 역시 장시간의 토의가 이어졌다. 어린이가 문제를 해결하기에 적절한 준비가 되었는가? 그들이 컴퓨터의 명령어를 다룰 수 있었는가? 측정의 개념을 촉진하기 위해 가까이에 자를 두어야 했던 것은 아닐까? 교사의 도움 없이 너무 긴 시간 동안 어린이끼리 몸부림친 것은 아닌가? 마리나가 '뜨거운 순간'을 놓치거나 어린이들을 너무 오래 '버려' 두었는가? 같이 하자고 빈번히 말하는 것("이렇게 하자.", "이렇게 해보자.", "어디 보자.", "우리 ~해야 해." 등)은 생산적인 협력을 나타내는 것인가 아니면 쌓여가는 절망감을 나타내는 것인가? 마리나는 마침내 "교사로서 내가 했어야 하는데 안 한 일이 무엇인가요?"라고 질문하였지만 확실한 정답이 결코 주어지지는 않았다. 토의의 핵심은 어려운 질문에 대해 비판적으로 생각을 하는 것이지 종결에 이르는 것이 아니었다.

우리 연구팀은 진행된 토론의 깊이와 교사의 방어적이지 않은 태도에 감명 받았다. 최종 모임의 마지막에 우리가 느낀 점을 교사 집단에게 요약해서 들려주었고 그들이 보여주었던 비판적 반성 방식에 대해서 코멘트하였다. 로리스 말라구찌는 마리나를 향한 명백한 애정을 담아 "네. 우리는 항상 닿을 수 있는, 하나는 만족을 위한 그리고 나머지 하나는 불만족을 위한 두 개의 주머니가 있어야 하지요."라고 하였다. – 그룹토의(1991. 10. 16.)

교사 행동의 사례들

전체적인 그림을 보여주고 앞서 언급한 추상적인 원칙에 대한 구체적인 사례를 제공하기 위해 다양한 자원에서 확보한 몇몇 짧은 사례들을 제시하고자 한다. 사례는 레지오 에밀리아의 영유아센터와 유아학교에서 흔히 볼 수 있는 다양한 교사 유형을 보여준다.[2)]

■ 교사가 분쟁을 공유된 조사로 바꾸다

- 9월 29일: 인형 경쟁

둘 다 정확히 11.5개월인 라우라(Laura)와 실비아(Silvia)는 아르코발레노(Arcobaleno) 영유아센터의 작은 어린이(*Piccoli*) 방의 카펫에 나란히 앉아 있다. 라우라는 안에 딸랑이가 든 부드러운 인형을 들고 있다.

실비아가 그것을 보자 가지고 싶어서 라우라에게서 뺏으려고 한다. 라우라는 짧게 저항한 후 인형을 포기하고 절망적인 울음을 터뜨린다. 실비아는 그냥 이를 지켜본다. 라우라가 우는 것을 보지만 계속해서 인형을 쥐고 있다.

인형의 눈, 코, 머리를 짚어 보라고 하는 한 교사의 개입으로 두 어린 소녀는 다시 진정되었다.

라우라가 장난감을 가지고 다투는 것은 이번이 처음이다.

(교사 엘루치아 포르기에리〈Eluccia Forghieri〉에 의한 관찰, Edwards & Rinaldi, 2008, pp. 39-40 중에서)[3]

■ 교사가 유아의 의도적인 장난과 호기심(두 가지 모두)이 발생한 것을 관찰하다

- 10월 12일: 서랍 탐험하기

책상 서랍이 반쯤 열려 있고 라우라는 궁금해서 가까이 간다. 라우라는 수일 전에 걷기 시작했는데 책상까지 갔다. 서랍을 조금 더 열고 탐색한 후에 고개를 기울여 종이 조각을 잡는다. 그것은 끈끈한 라벨이 붙은 매우 긴 종이인데, 라우라는 종이가 다 나올 때까지 큰 팔동작으로 끄집어내고 또 끄집어낸다. 라우라의 발은 종이로 완전히 덮였고 서랍은 비었다. 그녀는 이제 발끝의 긴 종이 띠를 보고 집어 올리시만 이 놀이가 매우 재미있다고 생각하지는 않는 것 같다. 만족스런 재미있는 놀이는 '비우는' 놀이이기 때문에, 이어서 (우리 생각에는 꽤 용감한) 다른 서랍을 연다. 라우라는 당황한 듯 보인다. 왜냐하면 그 서랍이 비어 있기 때문이다. 그녀는 확신이 없어서 다시 그 위의 첫 번째 서랍을 열고 확인하고 실망한 채로 자리를 뜬다.

(교사 이베타 포르나치아리〈Ivetta Fornaciari〉에 의한 관찰 Edwards & Rinaldi, 2008, pp. 46-47 중에서)[4]

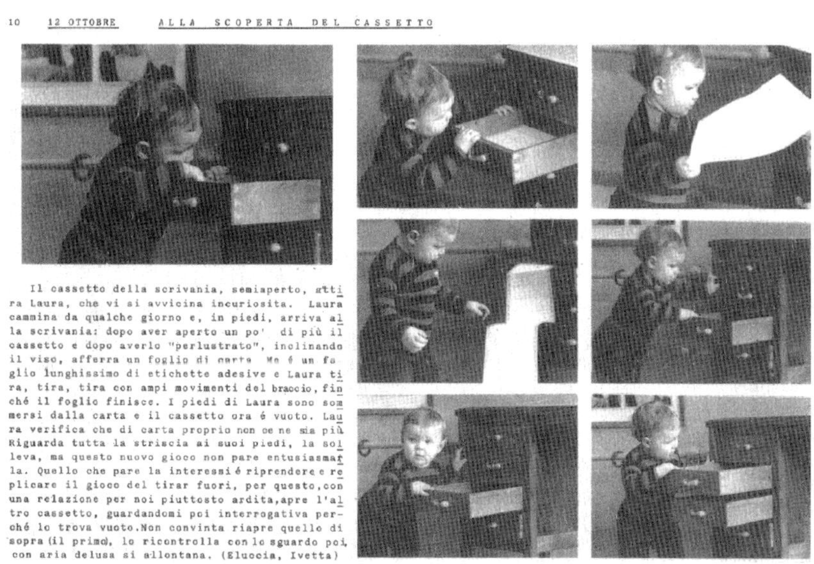

10 12 OTTOBRE ALLA SCOPERTA DEL CASSETTO

Il cassetto della scrivania, semiaperto, attira Laura, che vi si avvicina incuriosita. Laura cammina da qualche giorno e, in piedi, arriva alla scrivania: dopo aver aperto un po' di più il cassetto e dopo averlo "perlustrato", inclinando il viso, afferra un foglio di carta. Ma é un foglio lunghissimo di etichette adesive e Laura tira, tira, tira con ampi movimenti del braccio, finché il foglio finisce. I piedi di Laura sono sommersi dalla carta e il cassetto ora é vuoto. Laura verifica che di carta proprio non ce ne sia più. Riguarda tutta la striscia ai suoi piedi, la solleva, ma questo nuovo gioco non pare entusiasmarla. Quello che pare la interessi é riprendere e replicare il gioco del tirar fuori, per questo, con una relazione per noi piuttosto ardita, apre l'altro cassetto, guardandomi poi interrogativa perché lo trova vuoto. Non convinta riapre quello di sopra (il primo), lo ricontrolla con lo sguardo poi, con aria delusa si allontana. (Eluccia, Ivetta)

영아의 탐색과 놀람을 말해주는 '라우라 이야기' 원본 중 한 쪽

■ **교사들이 유아의 흥미를 따라가다**

이 사건이 일어난 날, 디아나 학교의 만 3세반 쌓기 영역은 두 학급 교사들이 '협력 에피소드'를 촬영할 수 있게 세팅되어 있었다. 교사는 매력적인 블록, 튜브 그리고 다른 흥미를 일으킬 만한 구성 재료를 준비하였다. 그런데 예측하지 못했던 일이 발생하였다. 어린이들이 블록 사이로 기어 다니는 벌레를 발견한 것이다. 방해하거나 흥미를 없애는 대신 교사는 꽤 많은 유아가 참여하는 문제해결적인 협업이 되도록 유아의 흥미를 따라간다. 그들이 발견한 벌레의 종류, 살았는지 죽었는지, 위험한지 무해한지, 집을 수 있는 가장 좋은 방법은 무엇인지, 벌레가 우리를 무서워할지, 이름이 있는지, 약한지 센지, 나쁜지 좋은지, 징그러운지 아름다운지, 수컷인지 암컷인지에 대한 많은 질문들-다른 날에도 연속할 수 있을 만한 질문들-이 어린이들의 말과 행동을 통해 은연 중에 노출된다. 심지어 새로운 어린이들이 그룹에 참여하여 벌레를 구하려고 할 때에도 그들은 즉각적으로 원래의 주제를 알아차리고 협력의 원 안에서 정교화한다.

관찰 초반에 두 여아가 보이는데, 여기서는 비안카(Bianca)와 로사(Rosa)로 부르겠다. 그들은 블록 사이에서 벌레를 보고 놀란다. 교사들은 가까이에 있었지만(한 명은 그 장면을 녹화하는 중), 조용히 지켜보고 있다.

비안카는 "우웩! 아 징그러워. 이거 진짜 파리야[말파리]!"라고 이야기하고, 로사는 "그거 큰 파리는 아니야. 왜냐하면 파리들은 날아."라고 반응한다.

비안카는 관찰을 하며 "봐, 이거 죽었어."라고 하지만, 로사는 동의하지 않으며 "아니야, 꼬리가 움직이고 있어."라고 이야기한다.

로사는 "침이 있어! 멀리 떨어져!"라고 외치고 또한 걱정스러워 하면서 "안 돼, 안 돼, 죽이자!"라고 한다. 로사는 재차 "봐, 너 쏘일 수 있어."라고 반복하고 비안카는 자기가 먼저 냈던 아이디어를 꾸며낸다. "어. 그런데 내가 우리가 그거 죽이자고 했잖아. 우리 집에 진짜 총 있어. 죽이자! 움직였어! 그거 안 죽었어. 도와줘! 도와줘!" 로사는 이제 중얼거리며 "어, 그거 죽었어. 한 번, 여보세요, 여보세요 해봐."

비안카가 로사에게 명령한다, "네가 죽여. 네가 바지 입었잖아." 로사는 답한다, "싫어, 저게 나 쏠 거야." 하지만 비안카는 받아치며 "아니야, 너가 옷을 입고 있어서 못 쏴."라고 한다. 로사는 이것을 받아들이지 않고 "바지를 뚫고 나를 쏠 수 있어."라고 하지만 비안카는 "아니야. 바지를 뚫고는 못 쏴."라고 이야기하고 로사는 "천을 뚫고 나를 쏠 수 있어."라고 주장한다.

가장 가까이에 있던 교사가 개입을 한다. "내 생각에는 벌레가 자기 발로 서고 싶어할 거 같은데. 내 생각에는 얘는 스스로 뒤집을 수 없으니까 너희들이 뒤집어 주면 어때? 마당으로 데리고 나가는 건 어때? 그러면 얘를 살려줄 수 있을 거 같은데."

어린이들은 이 재구성을 받아들인다. 로사는 "겁먹지 마. 얘, 안 쏴. 내가 얘를 밖으로 옮기는 것을 좀 도와줘. 우리가 얘를 밖으로 들고 갈 수 있게 이 종이 조각을 [같이] 들어줘. 우리 손으로 안 해도 돼."

이 소란이 다른 어린이를 끌어들였다. 한 아이가 이야기한다. "우리가 종이로 그 벌레 옮길 수 있어. 아그네스(Agnes), 나 좀 도와줄 수 있어?" 아그네스는 "그래!"라고 한다.

로사는 이제 이 벌레에 대한 새로운 생각을 말한다. 그녀는 큰소리로 "와! 정말 아름답다!"라고 이야기한다. 그녀는 벌레를 편안하게 하며 "겁먹지 마. 우리는 너를 도와주는 거야."라고 한다. 어린이들은 벌레를 종이 조각으로 들어 올리려고 한다. 어린이들은 다양한 말을 한다. "아니, 그렇게 말고! 아, 불쌍해. 종이 이 쪽 끝을 잡아. 걔, 걸을 줄도 알아. 죽이면 안 돼. 알았어, 뭔 소리야, 내가 도와줄게. 봐, 걸어! 걔, 걸을 수도 있어. 나 봤어? 나 잘했어? 어디 갔지? 걔, 여기 [가리키며] 안에, 종이 안에 있어. 여기 아님 여기? 보자. 그거 [둘둘 말린 종이] 열어보자. 어디 갔지? 아, 저기 있다.", 로사는 찾아보고 이야기한다. "어디? 그거 쪼그매. 아, 저기 있다!"

어린이들은 벌레를 들고 가다 떨어뜨린다. 교사가 한 아이에게 "너는 [옮기는 걸] 도와주는 게 아닌데."라고 말하지만 아이는 "나 도와주고 있어요."라고 항변한다. 또 다른 아이가 외친다. "도와줘, 안 도망가게 도와줘. 빨리, 도와줘. 됐다, 가뒀다."

두 번째 교사가 이야기한다. "당연히 도망가지. 너희는 어떻게 하고 싶어? 걜 밖으로 데려가려면."

어린이들은 벌레를 밖으로 데려가려고 노력한다. 여러 아이가 외친다. "아 떨어졌다. 다쳤어. 걔 [벌레] 착해. 벌레가 겁먹었어. 아니야, 겁 안 먹었어. 겁먹은 거 맞거든. 떨어졌어. 아니야. 걔 겁먹었어." 누군가 외친다. "네가 걔를 죽였어." 이 말은 그룹에게서 더 많은 반응을 불러일으킨다: "걜 살리려면 신앙이 있어야 해. 봐 봐. 걜 죽게 해서는 안 돼. 어, 재 정말 아름답지. 걔 되게 아름답고 착해. 나 재 안 죽었으면 좋겠어. 걔 여기다 두자. 이 안에 둬. 우리 얘 죽게 하지 말자. 밟지 마."

한 여자 아이가 벌레에게 이름을 붙여서 부르려고 한다. "이리와 이쁜아. 이쁜아, 이리와, *큰 생쥐(Topolone)*." 다른 아이가 그녀에게 반응한다. "오고 싶지 않대. 조심해.

안 그러면 찌그러져서 죽어."

어린이들은 벌레의 상태를 체크한다. 한 남자아이가 외친다. "걔 아직 살아있어." 두 번째 교사가 확인시켜 준다. "아직 살아있다." 그녀는 어린이들을 격려한다. "자, 그럼, 잡으러 가자." 한 소녀이 이야기한다. "책상 밑으로 들어갔어요." 그리고 두 번째 교사는 안내한다. "좋아, 잡아서 밖으로 데려가자."

어린이들은 의기양양하다. "우리가 생포했다! 우리가 생포했어, 걔 [종이 아래로] 내려오고 싶지 않은가봐. 우리가 잡았다! 우리 멋지다!" 밖에 나가자, 어린이들은 벌레를 놓아주며 "얘, 안 내려와. 여기다 두자, 불쌍해. 찌그러뜨리면 안 돼. 얘, 예쁘다. 얘, 어디 갔지?"

(에드워즈, 간디니 그리고 니모의 협력연구 비디오 테이프 중, Edwards, Gandini, & Nimmo, 1994)

■ 교사가 도구 사용법과 기술을 가르치다

1988년 5월의 아침 디아나 학교의 *피아짜(piazza)*에서 교사 파올라 노타리(Paola Notari)가 8명의 만 3세 유아와 함께 예술가용 점토 덩이를 가지고 작업을 하고 있다. 그녀는 어린이를 촉진, 지원, 격려하기 위해 재료와 도구의 올바른 사용법에 대해 설명하였다. 그렇게 한 이유에 대해 질문을 받았을 때, 어린이가 재료 때문에 좌절하지 않고 자신의 예술적이고 표상적인 목표를 성취할 수 있게 하는 데 필요한 도움과 조언을 주기 위해서라고 답하였다. 예를 들어, 어린이가 찰흙을 너무 얇게 밀면, 굽는 동안 부서지고 그러면 속상해 할 것을 알기 때문에 가르친다고 대답했다.

파올라가 일어서서 어린이 사이로 움직여 다니는 동안, 어린이는 긴 직사각형 책상 주변에 앉아 있다. 각 어린이 앞에는 찰흙 작업을 할 큰 나무 판이 놓여 있다. 파올라는 각 어린이에게 납작한 찰흙 조각을 준비해 주고 있다. 그녀는 찰흙 덩어리를 떼어 내서 롤링 핀으로 얇게 굴려내고, 테두리를 잘라 단정한 사각형으로 만들어 어린이에게 나누어 준다. 그녀는 칼을 사용하여 찰흙을 잘라내며, "이 도구는 찰흙이 두껍고 매끄러운 경우 찰흙을 자를 때 사용할 수 있는 거에요."라고 말한다.

어린이 주변에는 자르고 굴리는 데 사용하는 여러 도구가 있다. 어린이는 '표면에 순간을 표상하기' 라는 과제를 수행하고 있다. 칼을 이용해서 찰흙 조각을 잘라내고 접어 올려 찰흙 판의 표면에 동적인 느낌을 줄 수 있다. (그녀는 몇몇 어린이는 찰흙 판에 동적인 느낌을 주는 데 실제로 성공하지는 못했다고 후에 설명한다. 하지만 파올라는 방해하거나 움직임에 대한 그녀의 의견을 주장하지 않는다. 어린이 모두 자신의 작업에 몰입해 있기 때문에 교사도 자신의 아이디어를 강요하지 않는다. 그러나 찰흙을 어떻게 굴리고 잘라내는지 또는 도구를 어떻게 사용하는지 같은 기술적인 문제에 관해서는 지도한다.)

교사는 유아가 찰흙을 가지고 하려는 무언가에 도움이 필요함을 알아차린다. 먼저, 그녀는 가리키고 일러준다.

다음으로 그녀는 자신이 한 말이 무엇인지 실제로 보여줄 필요가 있다고 판단한다.

에피소드의 초기에 파올라는 한 어린이에게 새로 굴린 찰흙 덩이를 건네는 데 주격을 사용하였다. “너 이거 필요하니?”라고 묻는다. 그녀는 또 다른 유아에게 “너 너무 세게 누른다. 너무 세게 누르면 들어 올릴 수가 없고, 그러면 그걸 가마에서 구울 수가 없어. 너무 세게 누르지 말자.”라고 말한다. 다른 유아가 그녀에게 돌아서 “이건 괜찮아요?” 라고 묻자 파올라는 “그래, 잘했구나. 찰흙 덩이가 더 필요하면 준비해 줄 수 있어.”라고 한다.

그녀는 두 유아 간의 작은 의견 불일치를 관찰한다. 한 명이 다른 아이가 사용하고 있던 페이스트리 커터가 필요하다고 한다. 그 아이는 저항한다. “내 거야. 내가 먼저 썼어.”, “그렇지만 여기에 있는 것들이 다 똑같단다.” 파올라는 다른 커터들을 가리키며 말한다. “진짜로 다 똑같아.” 그녀가 가까이 다가서자 첫 번째 어린이는 자신과 다른 유아가 원하는 그 커터가 찰흙에 다른 칼들과는 다른 흔적을 남긴다는 것을 보여준다. 그래서 그녀는 의견을 수정하여 “아, 알겠다. 도구 상자 안을 찾아보면 이거랑 정확히 똑같은 걸 찾을 수 있을 거야.”, 어린이는 기쁘게 도구를 찾으러 간다. 그녀는 여아 중 한 명에게 줄 찰흙 덩이를 준비하기 시작하고, 그렇게 하면서 맞은 편의 어린이를 쳐다본다. “너는 뭘 하고 있니?” 그녀가 질문한다. 남아가 보여주자, 파올라는 “그거 멋지구나.”라고 이야기한다.

새로운 찰흙 덩이를 완성한 그녀는 그것을 필요로 하는 여아에게 갖다 주러 간다. 여아의 첫 번째 작품을 보며 파올라는 “멋지구나! 이제 어떤 다른 것을 만들지 생각해봐. (새로운 덩이에) 먼젓번에 했던 것과 똑같은 무늬를 새겨도 돼. 아니면 이 조각들을 접거나 세워서 놓을 수도 있어.” 교사는 작은 찰흙 조각을 이용하여 시범을 보인다. 여아는 손에 페이스트리 커터를 들고 아무 말 없이 찰흙 덩이 위로 움직인다. 파올라는 계속한다. “이 작은 바퀴로 자르는 일만 하고 싶구나, 그렇지? 그건 진짜 아름다운 자국들을 만든단다.”

파올라는 책상 반대 편에 어려움을 겪고 있는 듯이 보이는 다른 유아가 있는 곳으로 이동한다. 그녀는 그 남아에게 “내가 매끈하게 해줘도 될까?”라고 질문을 한다. 교사는 점토액을 이용하여 덩이를 매끄럽게 정리해 준다. 교사는 “이건 일종의 지우개 같은 거야. 그리고 이제 이 도구[커터]를 어떻게 사용하는지 보여줄게. 이걸 이용해서 얇은 띠를 만들어서, 이렇게 접어 올리거나 들어 올릴 수 있어.”라고 설명한다. 교사는 남아에게 한쪽 끝을 들어 올리는 것을 보여준다. 그 다음에 커터를 남아의 손에 쥐어 주고 뒤에 서서 양손을 어떻게 사용하는지 말로 안내한다. “이 손으로는 찰흙을 잡아. 이제 이

나머지 손으로 아주 세게 눌러. 더. 이렇게. 됐지? 이제 네가 할 수 있어."

잠시 후에 그녀는 모든 어린이에게 큰 소리로 물어본다. "찰흙 더 필요하니? 더 가져다 줄 수 있어." 어린이가 소리친다. "저도요!", "저도요!" "좋아요." 파올라는 답한다. "가서 더 가져올게." 그녀는 어린이만 남겨둔 채 몇 분간 교실을 비운다. 돌아온 후에도 관찰은 같은 방식으로 계속된다.

(캐롤린 에드워즈〈Carolyn Edwards〉 수집품인 비디오 테이프 중에서)

■ 교사가 개념적인 이해를 비계설정하다

베아 베키(Vea Vecchi)가 묘사한 에피소드(2010)에서 디아나 학교의 마리나 모리(Marina Mori) 선생님 교실의 유아들은 같은 반인 쎄바(Sewaa)를 그린다. 레지오에서는 보통 그릴 모델 주변에 유아를 나눠 앉게 해서 다른 관점으로 그릴 수 있게 한다.

라우라(Laura)가 돌아다니다가 쎄바의 옆에 앉은 마티나(Martina)에게 이야기하기 위해 멈춰 선다. 라우라는 마티나가 그린 것이 맞지 않다고 알려준다. 친절하게 그녀는 "너는 쎄바를 이렇게 네 앞에 있는 것처럼 그렸잖아…. 그거 말고 너는 얘를 이렇게…, 옆에서…, 프로필처럼 …… 눈도 하나만 있고, 다리도 하나, 귀도 하나만 있는 것처럼 그렸어야 해." 그녀는 마티나에게 자신의 측면 그림을 보여주고 비교할 수 있게 나란히 둔다. 마티나는 처음에는 놀랐지만 조금씩 라우라가 자신에게 보여주려고 하는 바가 무엇인지 이해하는 듯이 보인다.

교사인 마리나가 마티나에게 다가와 친절하게 "네가 그린 그림이 아름답구나." 그녀는 잠시 쉬었다가 이야기를 이어간다. "그런데 이렇게 보기 위해서 너는 어디에 앉아 있었어야 할까?" 마티나는 그 방면에서 쎄바를 볼 수 있는 그룹을 향해 가리킨다. "저기, 저쪽 테이블이요."

베아 베키는 마리나의 개입의 방식에 대해 이렇게 분석한다.

> 교사는 그림이 잘못되었다고 말해주는 대신 그 그림이 멋진 작품이라는 것을 강조했고, 그 어린이에게 다시 그리라고 요구하지 않으면서 질문을 통해서 두 가지 관점, 정면과 측면의 차이를 볼 수 있게 하였다. 유아의 미적 감각을 충분히 존중하였고 동시에 그림에서의 후속 시험, 즉 다시 그려보게 하는 것도 즉각적으로 요구하지 않았다. 왜냐하면 마티나의 대답을 통해 단순히 그리기의 문제가 아닌 개념적 문제를 이해하는 첫 단계에 접어들었다는 것을 교사는 알 수 있었기 때문이다. 그 여아가 막 획득한 이 인식을 진보시킬 다른 기회가 있을 것이다. (Vecchi, 2010, p. 52)

(사진 및 어린이들의 그림이 함께 설명된 전제 이야기는 베키〈Vecchi, 2010, pp. 51-53〉에 묘사되어 있다.)

■ 교사가 프로젝트를 재출범하다

수학적인 사고가 포함된 활동에서 디아나 학교의 유아들은 실생활의 문제에 직면하였는데, "목수에게 어떻게 필요한 모든 측량 치를 주어서 예전에 쓰던 것과 정확히 똑같은 작업 테이블을 만들어 줄 수 있게 할 것인가?"였다. 만 5세 반의 다섯 명의 남아와 한 명의 여아가 이 문제를 함께 해결해 보기로 자원하였다.

초기 모임 중 하나에서 교사인 마리나 카스타네티(Marina Castagnetti)는 유아들을 옛 테이블 주변에 서도록 하고 측정 방법에 대한 생각을 제안하도록 한다. 알런(Alan)이 제안한다. "손가락으로 세고 재요. 한 손가락 다음에 다른 손가락에 놓고, 한 손으로 5까지 세고, 다른 손으로 10까지 세어요." 어린이들은 이 아이디어에 따라 그림을 조금 그려본 후에 신체를 활용해 테이블을 잰다. 그러나 차츰 손가락에 대한 아이디어를 버리면서 그들은 주먹, 손 뼘, 그리고 최종적으로는 다리를 이용해서 재어 보려고 한다. 한 유아는 심지어 머리를 이용하려고 한다. 어린이들은 분명한 선택 없이 하나의 측정 단위에서 다른 측정 단위로 넘어갔다. 어린이들은 다소 난관에 봉착하였다.

어린이는 자신의 신체 부분을 이용하여 테이블의 길이를 측정하려고 노력한다. 그들은 자신의 손가락, 손, 발, 심지어 다리를 이용해서 재려고 노력한다. 차츰 그들은 난관에 봉착한다. 이 유아들을 돕기 위해 교사는 무엇을 할 것인가?

마리나와 베아 베키는 함께 앉아 지금껏 수집된 관찰기록을 살펴보며 유아를 지원할 수 있는 아이디어를 떠올리기 위해 노력한다. 유아가 자신의 사고에 내재된 모순을 알아차릴 수 있도록 돕기 위해, 즉 '유아를 그들이 창조한 무질서 안으로 더 밀어 넣을 수 있도록' 두 사람은 기록물과 가설을 다시 읽는다. 아마도 이는 유아가 자신들이 이해할 수 있는 방법으로 진보할 수 있도록 도울 것이다.

다음 모임에서 마리나는 유아에게 멀리 뛰기를 하고 그것을 재어보도록 제안한다. 그녀는 유아에게 질문한다. "너희들의 점프를 어떻게 잴 거니?" 유아들은 대답한다. "두 개의 표시가 있어야 해요. 하나는 출발점이고 하나는 도착점이고, 발을 이용해서 재요."

토마쏘(Tommaso)는 점프를 해서 한 발 앞에 다른 발을 놓으며 거리를 잰다. 그의 점프는 네(4) '발' 길이다. 이제 마리나가 같은 거리를 자기 발로 쟀는데, 그 길이는 세(3) '발' 길이다.

마르코(Marco)와 다니엘라(Daniela)가 다음으로 점프를 하고 두 번 모두 유아들이 잰 길이는 마리나가 잰 길이보다 길다. 결국 유아들은 무슨 일이 일어나고 있는지 깨닫는다. 그들은 그녀에게 이야기한다. "선생님 발이 더 크잖아요. 그래서 더 자리를 많이 차지하는 거에요. 우리는 발이 작다고요."

이 프로젝트는 유아가 측정의 표준 단위의 필요성을 이해하며 그들이 스스로 지식을 구성하고 인류의 역사를 거슬러 올라가 조사하며 줄, 자기 신발, 그리고 차츰 자기들이 그린 종이 측징 막대를 이용하는 여러 과성으로 지속되었다. (사진 및 어린이들의 그림이 함께 설명된 전체 이야기는 마리나 카스타녜티와 베아 베키〈Marina Castagnetti & Vea Vecchi, 1997, pp. 19-31〉에 묘사되어 있다.)

결론

레지오 에밀리아에서 교사의 역할은 미국에서 교사의 역할이라고 생각하는 것과 유사한 점이 많다. 두 나라 모두에서 목표는 높게 설정된다-이상은 실제에서 도달하고 지속하기 어려운 것으로 기대되기 때문에. 두 나라 모두 유아교육은 다수의 유권자들(유아, 부모, 동료, 정부, 대중)과의 복잡한 상호작용 그리고 유아의 학습과 발달을 최적의 학교 조직, 물리적 환경, 교육과정 및 교육적인 디자인을 통해 이루려 한다. 그러나 레지오 에밀리아에서는 영유아센터 유아학교 교사가 항상 협력교사와 함께 일을 한다. 한 쌍으로 이 둘은 다른 교사들, 보조 교직원, 교내 *아틀리에리스타*와 관계를 맺고, 나아가 기록물 및 교육연구센터(Documentation and Educational Research Center)나 창의적 재활용센터(REMIDA), 그리고 다른 실험실이나 연구센터의 직원뿐 아니라 *페다고지스타*와 멘토 교사, 문화적 중재자로부터 지원을 받는다. 또한 학교 안에서 그들을 지원하고 참여하는 학부모와 계속적인 상호작용과 대화를 한다.

유아와 상호작용할 때 레지오의 교사는 어린이의 안녕(well-bing)을 촉진하고 모든(인지적, 신체 운동, 사회적 그리고 정서적) 영역에서의 학습을 격려한다. 동시에 유아가 다양한 상징적이고 예술적인 매체로 자신이 생각한 것을 표현하는 데 필요한 정교한 도구와 재료 사용법을 가르치고, 핵심적인 순간을 이용하여 유아를 지도하려고 노력한다. 교사는 자신의 역할의 핵심을 유아의 말과 그들 간 의사소통을 듣고, 나중에 유아 간의 논의와 공동 활동을 재자극하고 확장시킬 수 있도록 그것들을 다시 그 집단에 제안하여 한 명 또는 그 이상의 유아들의 지적 성장의 '기회를 자극' 하는 것으로 인식한다. 이러한 교수 방법을 중요하고, 복잡하고, 섬세하며, 계속 진화하고 변화하며, 집단적 노력과 관심의 이슈라고 여긴다. 동료와 함께 자신의 교수 행위에 대한 확장된 상호 비평과 자기 반성을 하려는 경향은 레지오 에밀리아 교육자의 특징이다. 교사는 유아가 의사소통, 갈등, 그리고 공동 활동을 통해 가장 잘 학습한다고 보는 것처럼 자신도 이러한 방법으로 학습한다고 본다. 그들은 교사의 업무와 발달을 학교, 커뮤니티, 문화 안에서의 공유된 생활 안에서 발생하는 공적인 행위로 간주한다. 그들은 학교 안팎으로 의사소통하고 상호작용을 하는 것에 높은 가치를 둔다. 이러한 이상을 실현하고자 노력하는 것이 어렵다는 것을 잘 알지만, 또한 보람이 있고 기운을 주며 사회의 발전과 인간의 웰빙에 절대적이라는 것도 그들은 잘 안다.

노트

1 막스 베르트하이머(Max Wertheimer, 1982)는 두 소년이 배드민턴을 치는 모습을 본 것에 대해 유명한 묘사를 하였다. 소년 중 한 명은 다른 한 명보다 실력이 훨씬 좋았고, 게임이 진행되면서 나이가 더 많은 소년이 계속 쉽게 이겼고, 어린 소년의 경기력은 점점 더 악화되었다. 그러고 나서 소년들은 새로운 게임을 하기로 결정하였는데, 목표는 셔틀콕이 몇 차례나 공중에 떠있는지 보는 것이었다. 이제 두 소년 모두 상호 보완적인 방식으로 작업하며, 형이 동생의 노력에 맞추며 게임 방식을 조절하였다. 더 어린 소년의 실력은 개선되었고 두 소년 모두 노력과 즐거움을 가지고 경기하는 데 전념하였다.

2 교수 행동의 또 다른 선명한 사례는 이 책의 두 번째 에디션에 출판되었다. 이는 '파트너, 교사 그리고 안내자: 레지오 에밀리아의 교수 행동 사례(Partner, Teacher, and Guide: Examples of Teacher Behavior in Reggio Emilia)' 에서 찾아볼 수 있다. http://digitalcommons.unl.edu/psychfacpub/503에서 이용 가능

3 에드워즈와 리날디(Edwards & Rinaldi, 2008)에서 인용

4 에드워즈와 리날디(Edwards & Rinaldi, 2008)에서 인용

참고문헌

Edwards, C. P., Gandini, L., & Nimmo, J. (1994). Promoting collaborative learning in the early childhood classroom: Teachers' contrasting conceptualizations in two communities. In L. G. Katz, & B. Cesarone (Eds.), *Reflections on the Reggio Emilia approach* (pp. 82-104). Urbana, IL: ERIC Clearinghouse on Elementary and Early Childhood Education.

Edwards, C. P., & Rinaldi, C. (2008). *The diary of Laura: Perspectives on a Reggio Emilia diary*. From a project originally by Arcobaleno Municipal Infant-Toddler Center, Reggio Emilia, Italy, in collaboration with Reggio Children. Minneapolis, MN: Redleaf Press.

Filippini, T. (1990, November). *The Reggio Emilia approach*. [*Paper presentation*] The annual meeting of the National Association for the Education of Young Children, Washington, DC.

Fraser, S., & Gestwicki, C. (2000). *Authentic childhood: Experiencing Reggio Emilia in the classroom*. Albany, NY: Delmar Publishing.

Hellman, J. A. (1987). *Journeys among women: Feminism in five Italian cities*. New York: Oxford.

Malaguzzi, L. (1993). For an education based on relationships. *Young Children, 49*(1), 9-12.

Malaguzzi, L. (1994). Your image of the child: Where teaching begins. *Child Care Information Exchange, 3*, 52-56.

Malaguzzi, L. (1995). Introductory remarks. *In The Fountains* (pp. 6-23). Reggio Emilia, Italy: Reggio Children.

Malaguzzi, L. (1996). *The Hundred languages of children: Narrative of the possible*. Catalog of the exhibit "The Hundred Languages of Children." Reggio Emilia, Italy: Reggio Children.

Malaguzzi, L. (1997). The invisibility of the essential. In M. Castagnetti, & V. Vecci (Eds.), *Shoe and meter* (pp. 10-13). Reggio Emilia, Italy: Reggio Children.

Malaguzzi, L., Castagnetti, M., & Vecchi, V. (Eds.). (1997). *Shoe and meter: Children and measurement*. Reggio Emilia, Italy: Reggio Children.

Putnam, R. D. (1993). *Making democracy work: Civic traditions in modern Italy*. Princeton, NJ: Princeton University Press.

Rinaldi, C. (2006). *In dialogue with Reggio Emilia: Listening, researching and learners*. New York: Routledge.

Rubizzi, L. (2001). Documenting the documenter. In Harvard Project Zero and Reggio Children, *Making learning visible: Children as individual and group learners* (pp. 94-115). Reggio Emilia, Italy: Reggio Children.

Stozzi, P. (2001). Daily life at school: Seeing the Extraordinary in the ordinary. In *Making Learning visible: Children as individual and group learners* (pp. 58-77). Reggio Emilia, Italy: Reggio Children.

Vecchi, V. (2010). *Art and creativity in Reggio Emilia: Exploring the role and potential of ateliers in early childhood education*. New York: Routledge.

Wertheimer, M. (1982). *Productive thinking*. Chicago: University of Chicago Press. (Originally Published in 1945.)

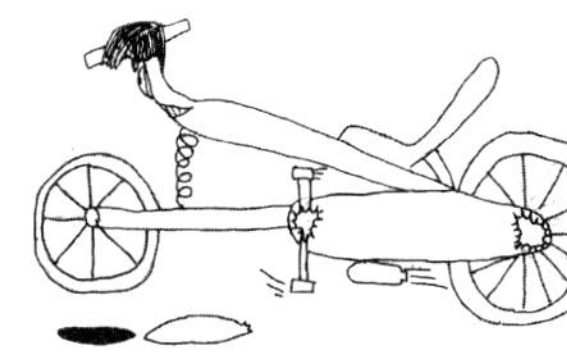

10

관찰력이 뛰어난 교사: 전문성 개발의 상호호혜적 도구인 관찰

- 아멜리아 감베티와의 인터뷰

렐라 간디니(Lella Gandini)

편집자 주: 아멜리아 감베티(Amelia Gambetti)는 레지오 에밀리아 시립 유아학교에서 교사로 25년을 근무한 이후, 1992년부터 미국에 있는 교사들의 전문성 개발을 지원하는 데 시간을 쏟기 시작했다. 컨퍼런스나 교육 관련 모임을 통해서 뿐 아니라, 레지오 에밀리아 학교들에 영감을 받아 혁신적인 작업을 경험하기로 선택한 학교들이 발전해 나가도록 지원하고자 하였다. 감베티는 레지오 칠드런(Reggio Children)에서 국제 교류 담당자로서 역할을 하면서 북유럽, 아시아, 남아메리카, 아프리카 그리고 중동에서 협력작업을 할 기회가 있었다. 다음에 나오는 대담은 우선 자신의 전문성 개발에 참여했던 한 명의 교사로서 자신의 경험에 초점을 두고 있으며, 다음으로 자신이 배운 바를 어떻게 미국이라는 맥락으로 전이시켜서 구체적인 상황 안에서 교사들이 서로 그리고 어린이들과 함께 배워 나가는 과정을 관찰하고 지원하였는지에 초점을 맞추고 있다.

간디니: 우선 레지오 에밀리아에서는 어떻게 교수와 학습이 일어나는가를 관찰하러 미국에서 방문한 사람들과 당신이 만나기 시작했던 때를 묘사하면서 시작해 주시기 바랍니다.

감베티: 당신도 1980년대 초 여러 차례 방문했기에 아시겠지만, 우리 학교에 일찍이 몇 차례의 방문들이 있었습니다. 그 후 미국뿐 아니라 유럽 국가들에서 정기적인 집단 방문이 시작되었고, 자주 나도 관찰의 대상이 되기도 했습니다. 그 중 특히 집중적인 방문들이 있곤 했는데, 예를 들면 배지 랜킨(Baji Rankin)은 1989~1990학년도에 레지오에 와서 일 년을 인턴으로 지냈고, 그 이후 1991~1992학년도에는 루이즈 캐드웰(Louise Caldwell)이 왔었습니다. 그리고 1992년도에 당신과 조지 포먼이 함께 '새들을 위한 놀이 공원' 프로젝트를 관찰하러 방문하여 우리가 협력작업을 했던 것도 기억납니다. 우리가 어린이들과 했던 작업을 함께 얼마나 깊이 분석하곤 했는지 기억하시죠?

그렇지만 분명히 밝히는데, 우리는 이전부터 관찰 대상이 되어 당시 우리의 *페다고지스타*였던 카를라 리날디(Carla Rinaldi)와 함께 이를 돌아보며 배우고, 그리고 관찰 대상이 된다는 것이 어떤 의미인지를 알아가는 경험을 많이 했습니다. 라 빌레타 유아학교(La Villetta School)에서 카를라는 우리를 관찰하고, 우리 교사들은 서로뿐 아니라 *아틀리에리스타*도 관찰하였습니다. 이는 어린이들과 어떻게 작업하는 것이 가장 좋은지를 다른 사람으로부터 그리고 다른 사람들과 함께 배울 수 있는 한 방법입니다. 우리는 각자 하는 일을 관찰하면서 동시에 관찰의 대상이 되곤 했습니다.

간디니: 제 생각에 카를리나의 기본적인 의도는 당신의 전문성 개발에 도움을 주고자 하는 것이며 교사로서 성장에 서로가 어떻게 도움이 될 수 있는지를 보여주고자 하는 것이었다고 봅니다. 여기서 주목할 것은 라 빌레타 학교에서 근무하는 당신들 모두가 카를리나의 의도를 공유하게 되었다는 것이죠.

감베티: 물론이죠. 이런 일은 우리 학교 자체의 주별 모임이나 때로는 공식적으로 모든 학교를 대상으로 준비된 집단 전문성 계발 기회에 이루어졌는데, 우리 작업의 보편적 목표를 보다 의식하도록 하는 것이 목적이었습니다.

관찰이 대상이 된다는 것을 받아들이고 그 중요성을 이해하려면, 당신은 전문가로서 역할과 개인적 감정을 분리할 줄 알아야 합니다. 물론 자신의 정체성이나 인격을 잊으면 안 되겠지요. 어린이들과 작업하는 당신을 관찰하고 있는 사람에 대해서 감정이 배제된 태도를 지녀야 합니다. 이는 비디오를 통해 자신을 다시 볼 때도 역시 마찬가지입니다. 동료나 *페다고지스타*가 당신을 비평적으로 바라볼 때, 당신도 스스로 비평합니다. 이 과정이 당신 작업의 질을 높여주므로, 생산적인 방식으로 타인의 제안을 받아들일 줄 아는 것이 중요합니다. 타인의 관점으로 인해 당신이 취하는 행위에 대한 책임감이 높아지기도 합니다. 사실, 비판을 받아들이고 자아비판도 할 수 있어야 합니다. 때로는 당신의 동료가 언급하기도 전에 스스로 어떤 점이 부족한지를 알게 되는 것도 사실입니다.

사실 관찰을 더 잘하기 위해 우리는 비디오 녹화를 계획했고 활용했습니다. 동료들이 모여 녹화 내용을 함께 돌려보고, 어린이들과 한 작업에 대해 비평하는 것이 도움이 되었습니다. 토론 중에 드러난 모든 관점은 다양한 상황들에 대한 평가 공유에도 포함되었습니다.

간디니: 제가 보기에 비디오를 사용하여 서로를 관찰하고 생산적으로 비평하기로 한 상호호혜적 방식이 성장에 매우 강력한 도구가 되는 것 같습니다. 그러려면 분명히 아주 강력한 상호 존중과 신뢰가 바탕이 되어야 하고, 이 출발점으로 코치이자 중재자로서 교육조정관들의 지원이 필수적이겠네요.

감베티: 비디오를 활용하면 우리 스스로 동료들 간의 대화 중 우리 생각을 어떻게 표현하는지를 이해하는 데 도움이 됩니다. 당신은 다른 사람들이 생각이나 의견을 표현하고 드러내어 말하도록 얼마만큼의 여지를 주나요? 비디오를 사용하면 대화 중 소리 내어 생각하기가 당신에게 어떻게 작용하는지를 이해하게 되기도 합니다. 당신은 다른 사람들이 자신의 목소리를 드러낼 여지를 얼마나 남겨주나요? 사람들은 어떻게 다른 사람의 말을 고려하지 않고 자신의 의견을 표출하는지요? 이 모든 교류에서 당신이 귀를 기울여주는 사람이 되겠다는 의지가 있다면, 긍정적인 태도와 덜 긍정적인 태도를 포착하기는 쉽습니다.

간디니: 이런 경향은 당신이 동료들 사이에서 아니면 아멜리아 당신 스스로에게서 발견한 것인가요?

감베티: 제 생각에 우리는 모두 배우고 있으며, 협력을 심오한 자원이라고 간주하고 있습니다.

간디니: 제가 보기에 이 모든 것은 많은 시간과 많은 만남이 필요한 아주 복잡한 작업 방식 같습니다.

감베티: 그렇죠. 하지만 어린이들도 이렇게 하며 같은 것을 배웁니다. 아주 많은 시간이 아니라 효율적인 시간 사용이 필요한 것이고, 따라서 더 많이 일하는 것이 아니라 더 잘 일하는 것이라 봅니다. 어린이들이 이미 서로 친숙하고, (이는 과정입니다.) 집단 안에서 작업하며 무엇인가를 토론할 때, 그들의 대화를 보면 마치 이어달리기와도 같습니다. 어린이들은 대화를 이어나가기 위해 또래의 말들과 생각들을 참조합니다. 사실 집단이 의사소통 책략에 유능할수록, 그들은 더욱 정교하고 의미 있는 디테일로 가득한 대화를 이어갑니다. 교사가 타인의 사고 과정을 의식하는 모습을 보이면 어린이들도 같은 모습을 보이고, 부모도 관심 가지고 상황을 잘 알게 됩니다.

간디니: 관찰하면서 동시에 관찰의 대상이 되는 작업 방식이 어떻게 발생되었는지 말해줄 수 있나요? 이것이 의도적 계획이나 책략에 따른 것인지, 그리고 이 과정이 얼마나 점진적인지요?

감베티: 이론과 실천이 견고하게 서로 엮인 경험을 토대로, 카를리나 리날디는 관찰

적 태도가 우리 작업 방식에 내포되어야 한다는 것을 항상 강조해 왔습니다. 우리는 누구나 강점과 약점을 지니고 있어서, 학교에서 작업하는 모습을 서로 관찰하게 되면 다른 사람들이 다르게 하는 것과 왜 그렇게 하는지를 보며 배우게 됩니다. 이 모든 것들이 모여 경쟁적인 태도가 아닌 협력과 동료 간 협조의 태도를 형성하는 데 작용합니다.

간디니: 조지 포먼과 내가 로리스 말라구찌에게 프로젝트가 진행되는 과정 중 교사들을 관찰하러 가도 되는지 물었던 때가 생각납니다. 우리는 당시 어린이들과 함께 배움을 구축해 가는 교사의 역할을 어떻게 기술하고 기록할 수 있을지에 관심을 두고 있었습니다. 그래서 매우 근접해서 관찰할 기회를 찾고 있었죠. 라 빌레타 학교는 대충 선택된 것이 아니라 카를라가 열심히 애쓴 결과로 상호호혜적 관찰의 과정이 그곳에는 이미 자리 잡고 있었기 때문입니다.

아멜리아 감베티가 한 어린이에게 어떻게 물이 분수로 들어간다고 생각하는지 묻고 있다('새들을 위한 놀이 공원'에서 발췌).

감베티: 라 빌레타 학교가 우연히 선택된 것은 아니었습니다. 관찰 과정은 우리가 일상적으로 하는 작업에서 큰 부분을 차지하였지만, 특히 *'사자상 초상 만들기(To make a portrait of a lion)'* 라는 비디오를 제작하면서 이미 더욱 공식적이고 집중된 방식으로 관찰 과정이 시작되었습니다. 라 빌레타 학교의 *아틀리에리스타*인 조반니 피아

짜(Giovanni Piazza)와 나는, 카를리나 리날디와 로리스 말라구찌가 우리를 관찰하는 동시에 서로를 관찰하는 경험을 이미 해 왔습니다. 그들은 프로젝트 형성 과정이 어떤 방식으로 기록화될 수 있는지를 알아보고자 했던 것입니다. 나는 과정으로서 기록작업은 예전에도 그리고 아직도 우리 일상적 작업의 한 부분으로 남아 있다는 점을 진정으로 강조하고 싶습니다.

'*사자상 초상 만들기*' 경험은 우리에게 큰 발전적 행보가 되었습니다. 그 과정에서 많은 문제가 발생하였고 그에 대응하기 위해 우리가 찾아낸 책략들이 생산적인 배움을 가져다주었고 무한히 유용했기 때문입니다. 이 책략들은 항상 이론과 실제를 결합하여 생겨난 것으로, 우리의 목적은 한 특정 프로젝트의 전개 과정을 통째로 기록으로 남겨서 우리의 작업 과정을 가시화시키는 것이었습니다. 즉, 우리에게 일어나고 우리가 접하게 되었던 다양한 경험들 안에서 소통의 정점들을 비디오를 사용하여 보여주고자 한 것입니다. 이 경험들은 어린이들의 수많은 언어 이론과 매우 밀접하게 연관되어 있는데, 어린이들은 수많은 방법을 통해 상황들 안에서 자신을 표현하고, 이야기하며, 실험한다는 것이 비디오로 인해 드러났습니다.

관찰의 대상이 된다는 것과 관련하여 사자상 초상 만들기 이후, 레지오 여러 학교들이 참여했던 '도시와 비(The city and the rain)' 라는 거대한 프로젝트도 언급하지 않을 수 없습니다. *사자상 초상 만들기*와 마찬가지로, 이 프로젝트 역시 기록으로 남겨져서 '어린이들의 수많은 언어' 전시에 포함되었습니다.

간디니: 로리스 말라구찌가 그 프로젝트에 특히 정성을 많이 쏟았던 것이 기억납니다. 그는 아주 몰입해서 자연의 변화와 비로 인해 생겨난 도시의 변화들에 대해 어린이들이 생각해 볼 수 있는 모든 관계와 해석들을 고려하였습니다. 1988년 미국 매사추세츠 대학에서 개최된 '어린이들의 수많은 언어' 전시 안에 '도시와 비' 프로젝트가 포함되었고, 당시 그곳을 방문했던 말라구찌는 그 프로젝트에 대해 특별한 해설을 붙였습니다. 우리 세 명의 편집자들은 거기서 운좋게도 그의 심층적이며 다양한 생각을 불러일으키는 분석을 들을 수 있었습니다.

감베티: 당신이 어린이들과 함께 있는 모습이 관찰로 남겨진 상황은 또한 질문 책략과 어린이들에게 어떻게 개입하고 상호작용 할지를 배우는 데 도움이 됩니다. 어린이들을 잘 파악하고 있지 않다면 당신이 취할 수 있는 다양한 개입 방식 사이에

서 적정 지점을 찾기는 매우 어렵고, 게다가 당신 앞에 펼쳐지는 상황은 항상 복합적입니다. 만약 어린이를 잘 안다면, 당신은 직관에 따라 귀를 기울이며 그 맥락 안으로 들어갈 수 있습니다. 다시 말해 당신은 개입하기에 가장 적절한 순간을 알아챌 수 있는 위치가 될 수 있습니다. 감히 말하자면 그 어린이를 잘 알기에 직관이 작동합니다. 당신이 배우게 되는 것은 어떻게 배우는지, 그리고 더 나아가 어떻게 매우 개방적인 질문을 구성 하는지입니다. 질문 구성하기 안에는 대화 혹은 담화가 계속 이어지도록 하려면 목소리 톤을 어떻게 조정할 것인지에 대한 탐구도 포함됩니다. 이는 '시간적 여유 갖기' 혹은 열려 있는 시간에 가치를 부여하는 것과 같은데, 이는 생각의 연결 고리를 통해 어린이들이 질문을 구성할 기회를 제공하기 위한 것입니다. 때로는 어린이들이 본의 아니게 당신을 안내해서 어떤 질문이 가장 좋은 질문인지를 알려주기도 하고, 또 어떤 때는 그들의 목소리 톤이나 태도가 질문을 제안해 주기도 합니다.

관찰하고 관찰의 대상이 되는 방식은 다양합니다. 사진을 찍거나 비디오를 사용하는 책략을 통해서 관찰할 수 있고 관찰의 대상이 되기도 합니다. 예를 들어, '도시와 비' 프로젝트에서 우리가 함께 작업할 때는 사진을 이용해 서로를 관찰했습니다. 카를리나 리날디와 로리스 말라구찌는 동일 프로젝트를 수행하는 다른 학교들도 추적해야 하므로, 항상 우리와 함께할 수 없었습니다. 나는 어린이들과 작업하고 그 상황을 조반니가 사진을 찍으며 관찰할 때, 우리는 두 차원의 관찰을 기록하고 있었습니다. 사진을 함께 들여다보며 우리는 이 점을 깨닫게 되었습니다. 우리는 조반니가 찍은 사진을 보았고, 그 결과 그가 무엇을 선택한 것인지도 보게 되었습니다. 그리고 조반니의 관점에서 볼 때, 그는 어린이들과 내가 상호작용을 어떻게 하고 있는지를 관찰하고 있었지만, 사진들은 내가 어떤 선택을 했는지를 보여주었습니다.

간디니: 비디오, 사진, 오디오 녹음, 노트하기와 같은 다양한 관찰 도구들을 비교한다면, 당신에게 모든 도구가 다 소중한지, 아니면 선호하는 도구가 있는지요?

감베티: 제 경험에 의하면 이들은 모두 강력한 도구로, 관찰하고 관찰 받는 법을 배우도록 해줍니다. 이 도구들은 관찰되는 특정 맥락 안에서 우리가 어떻게 행동하는지를 파악하도록 도와줍니다. 각자의 선택과 연관된 자신만의 동기를 이해하도록 도

와줍니다. 더욱이 이 도구들로 인해 우리가 어린이들, 동료들이나 다른 성인들과 일하는 방식이 발전하고 있다는 것을 깨닫게 됩니다.

자신만의 작업 방식에 대해 스스로 파악해 가는 것이 중요합니다. 점차 잘 알아갈수록, 자신이 하는 작업에 대해 더 잘 평가할 수 있습니다. 이와 같은 비평적 태도가 필요하다고 생각이 되는데, 왜냐하면 교육자로서 우리의 책임은 어린이, 가족 그리고 동료들과 작업에서 최선을 다하는 것이기 때문입니다. 시작할 때 항상 도움이 되었던 것은 나를 관찰하고 내 작업을 비평하던 사람은 내게 화가 나거나 나를 싫어하는 것이 아니라는 확신이었고, 그것은 의심의 여지가 없었습니다. 항상 복합성으로 가득한 맥락 안에서 작업할 때는 우리가 할 수 있는 한 최선을 다하는 것이 가장 중요합니다. 어린이들과의 작업에서 양질의 관계를 창출하려면 항상 자신의 잠재력을 최대한 끌어내야만 합니다. 그러므로 그 수준에 도달하기 위해 우리 자신의 행동 방식을 세밀한 부분까지 모두 파악해 내야만 합니다. 나는 이처럼 주목하고 경청하는 자세로 일하는 것이 모든 교육자가 작업을 훌륭히 해내기 위한 기본이라고 굳게 믿습니다.

이런 깨달음은 쉽게 오지 않았습니다. 일의 초반에 관찰의 중요성을 이해하기까지는 많은 에너지를 쏟았습니다. 때로 이 과정은 특별히 즐겁지 않았지만, 태도를 연구하는 것은 교사로서 나의 역할을 만들어 가는 데 쓸모가 있었습니다. 예를 들어, 어린이들이 하려는 것을 제지하거나 곁에 있는 어린이의 생각을 흔드는 어떤 말을 한다면, 그리고 귀 기울여 경청하는 태도를 지니고 있다면, 무엇이 잘 작동되지 않았는지를 이해하고, 곧 어떻게 긍정적인 방향으로 의사소통을 회복시킬지를 곧 알 수 있습니다. 이런 태도는 교사가 어린이뿐 아니라 성인과 관계의 질을 개선하는 데 도움이 됩니다.

전문가로서 삶을 돌아보면, 나는 운 좋게도 많은 다양한 방법으로 많은 관찰의 대상이 되었다고 생각합니다. 매우 어린 나이에 일을 시작했던 나로서는, 누군가가 나의 작업을 관찰해 주었던 것이 개인적이나 직업적 차원에서 나를 성장시켰습니다. 주로 로리스 말라구찌와 카를리나 리날디를 통해 교사로서 전문성을 발달시킬 수 있었던 것은 나에게 큰 행운이었습니다. 카를리나와 로리스 두 분 모두 다양한 교사들의 성격을 잘 분석할 수 있었으며, 우리와의 지속적인 작업을 통해 우리의 지식뿐 아니라 그들 자신의 지식도 풍요롭게 만들겠다는 목표를 가지고 있었습니다. 성격적으로 나는 고집이 세고 매우 강인하며 끈질긴 성격을 갖고 있어서, 어려움을 만나도 포기하지 않는다는 것이 특징이었습니다. 그렇지만 나의 전문가적 성장 과정은 매우 복합적이었고 항상 즐겁지만은 않았던 것도 사실입니다. 한 인간으로서 나는 항상 더 잘하고 더 많은 것을 해내기 위해 스스로 몰아붙이곤 합니다. 말라구찌와 카를리나는 곧바로 나의 이런 특징을 파악하였기 때문에 그들이 교사로서 전문성 발달을 위해 나에게 많이 투자하게 되었다고 생각합니다.

간디니: 교사로 성장하면서 그와 같은 역량, 헌신 그리고 비전을 지닌 사람들과 함께할 수 있었다는 것은 놀라운 경험이었겠네요.

감베티: 그 시기 동안 내가 부정적으로 반응하는 것을 볼 때면 그들은 내게 다음과 같이 얘기하곤 했습니다. "좀 더 잘 들여다봐요. 귀 기울여 듣긴 하되 너무 섣불리 판단하지는 말아요. 이해하려고 애쓰고 관찰하세요." 나 자신을 평가하는 법을 배울 때 이 책략은 내게 조금밖에 도움이 되지 않았습니다. 그래서 나는 그런 실수를 저지른 나 자신에게 화가 나곤 했습니다. 물론 나도 낙담할 때가 있었지만, 한 교사로서 그리고 한 인간으로서 그 좌절감을 나 자신의 작업을 향상시키는 동력으로 활용하곤 했습니다. 결국 어린이뿐 아니라 진정 모든 사람을 위해 나는 최선을 다하고 때로는 그 이상을 해야 한다는 점을 이해하게 되었습니다.

나는 이런 생각들을 당시 나의 동료들과 공유하곤 했고, 지금도 다른 교육자들을 만나 협업을 할 때면 여전히 나눕니다. 교육자는 대충 작업하는 것에 만족해서는 안 됩니다. 어린이들이 행하거나 이해할 수 있는 것은 단지 조금뿐이라고 생각할 수는 없는 것입니다. 즉, 우리는 '그저 조금만'에 만족하면 안 됩니다. 교육자들이 조금에 만족하게 된다면, 어린이는 단지 작은 목표만 이룰 수 있다고 생각하게 될지도 모릅니다. 그렇게 한다면 우리는 어린이에 대한 우리의 비전을 축소시키는 것입니다. 대신 만약 교육자들이 어린이들의 잠재력과 능력에 조금 더 투자한다면, 이는 기회와 가능성을 어린이에게 제공해 주는 것뿐 아니라 교육자로서 자신들에게도 더 많은 것을 부여하는 것입니다. 나는 항상 어린이들은 더 많은 것을 할 수 있다는 것을 목표로 추구해 왔습니다. 즉, 내 생각에 교사로서 더 많은 것을 해보려고 노력하지 않는다면, 어린이들이 무슨 잠재력을 지니고 있는지를 결코 알아내지 못할 것입니다.

한 어린이가 물레방아가 어떻게 작동하는지를 아멜리아에게 설명하는 과정에서 자신이 만든 구조물을 수정할 필요가 있다는 점을 깨닫는다('새들을 위한 놀이 공원'에서 발췌).

간디니: 우리가 교사들과 함께 한 전문성 개발 시간을 마무리할 때면 (최근 있었던 것처럼), 아멜리아 당신은 교사들의 작업을 인정해 주는 말을 찾아내어 해주곤 했습니다. 그렇지만 즉각적으로 교사들이 한 작업은 충분하지 않으며 더 많은 것을 할 수 있었다는 점을 지적하곤 했습니다.

감베티: 그렇습니다. 왜냐하면 사실 더 할 수 있는 게 있었으니까요. 자신들이 한 일에 대해 사람들이 만족스럽게 생각한다면, 삶에 대해 덜 호기심을 갖게 되고 무엇을 더 할 수 있는지에 관심이 적어질 위험성이 있습니다. 만약 내가 레지오 에밀리아에서 해왔던 모든 일에 대해서 생각한다면, 전국적이며 국제적 차원에서 우리가 그간 쌓아온 흥미를 생각한다면, 우리가 만족감을 느끼기 시작해서 우리 작업 그리고 혁신적 연구에 있어서 더 이상 발전하려고 노력하지 않는다면, 이는 곧 우리 자신에게 혹은 이탈리아 각지와 전 세계에서 레지오를 찾아오는 모든 교육자들에게 우리의 임무를 다 하지 않는 것이 될 것입니다. 우리에게는 변화하는 사회에 발맞추어 앞으로 계속 나아가고 발전해야만 할 책임이 있습니다. 우리는 어린이들, 우리 자신, 지역공동체 그리고 사회에 이런 의무가 있습니다.

이제 최근 우연히 우리가 같이 보았던 학교처럼, 어린이의 하루 계획이 칠판에 적혀 있고 커리큘럼에 따라 주어진 과제를 15분 단위로 돌아가며 하고, 비좁은 공간에 책상이 줄지어 놓여있는 그런 학교를 내가 보게 되면, 나는 어린이, 교사 그리고 부모들의 지성을 존중하지 않는 공간에 있다고 느끼고, 우리 모두 슬프고 낙심하게 된다는 것을 알고 있습니다. 그러나 곧 나는 이와 유사한 경우에 말라구찌가 하곤 했던 말을 기억해 냅니다. "나는 이런 학교들을 보면 마음이 괴롭습니다…. 우리는 어린이나 인간이 존중받지 못하는 상황을 보면 더는 무관심할 수 없으며, 내가 보기에 이는 특별히 어린이에게 가해진 일종의 폭력이라 봅니다."

나는 레지오에서 발견할 수 있는 혁신을 추구하여 연구를 계속하겠다는 결심과 강한 의지를 이해하며 공감합니다. 이것이 얼마나 힘들고 지치게 만드는지를 알고 있지만, 이 방향으로 지속하려면 더 해야만 하는 마땅한 일입니다. 우리의 교육 체제 안에 새로 유입된 사람들이 있습니다. 그들은 젊은 교사들로 우리의 역사를 알지 못하지만, 지금 그 역사의 한 부분으로 살면서 질이 어떤지를 직접 볼 수 있습니다. 내 생각에도 나는 로리스 말라구찌와 카를리나 리날디를 알고, 함께 일하며 배웠다는 점을 고려하면 매우 운이 좋은 사람입니다. 그들과 함께 우리는 연구에 함께 참여하였고, 항상 더 잘하는 것을 목표로 우리가 하는 일에 가치를 부여하고 그 과정이 중요하다는 것을 이해하며 일할 기회가 있었습니다.

간디니: 나름의 소소한 방식으로, 나 역시 부분적으로 로리스 말라구찌가 미국을 방문했을 때 통역사로 그와 함께 일한 것이 행운이라 생각합니다. 이 나라에서 당신이 한 경험을 이야기해 주세요.

감베티: 나는 미국에서의 경험을 포함하되, 레지오 에밀리아와 연관 지어 이야기하고 싶습니다. 왜냐하면 그곳에서 나의 교사로서의 발달과 역사가 아직도 내 마음속에 생생하고, 또 나는 레지오 칠드런(Reggio Children)을 위해 일하면서 이스티투찌오네의 자문위원회(Advisory Board of the Istituzione)의 구성원이기 때문입니다. 내가 교사들과 일한 방식은 나 혼자가 아니라 개입된 다른 교육자들과 같이 결정한 것입니다. 새로운 맥락에서 일을 시작할 때, 나는 레지오에서 교사로 일했던 나의 경험과 특정 새로운 맥락에서 내가 살고 있는 경험을 연결 지으려고 노력합니다. 내가 협업하는 학교들은 교육적 작업을 진행하면서 다른 유형의 과정을 거칠지도 모릅니다. 때로는 협업의 맥락을 지지해 주는 조직적 구조가 준비되어 있고, 특히 그 맥락

안에서 교사, 어린이 부모 간 교류가 이미 자리 잡혀 있다면 덜 힘들 수도 있습니다. 그런 상황은 우리가 협력작업을 통해 도달할 수 있는 긍정적인 질적 수준을 지지하고 유지해 줄 수 있습니다. 때로는 이 과정을 거치고 있는 학교들은 관계를 통한 배움을 증진하고자 애쓰고 있는 다른 학교들이나 다른 경험과 대화하면서 경험의 폭을 넓히려고 시도할 수도 있습니다.

그런 이유로 나는 마지 쿠퍼(Margie Cooper)와 함께 조지아(Georgia) 주와 사우스 캐롤라이나(South Carolina) 주에서 일하기를 좋아합니다. 이 네트워크 안에는 서로 다른 유형의 학교들이 서로 다른 정체성을 이용해서 공통의 공유된 자원을 구성하려고 매우 애써왔습니다. 일련의 학교들이 모여 작업의 질적 향상을 추구하고자 한다면, 레지오 에밀리아로부터의 교육적 혁신사례 혹은 교사들의 작업 과정을 교육자나 부모에게 소개하는 회합들을 조직할 수도 있으며, 나는 이런 방식이 매우 생산적인 선택과 태도라고 생각합니다. 여기서 나는 어린이나 사람들을 지역공동체나 사회의 한 부분으로 존중하는 양질의 경험을 말하고자 합니다. 이러한 질은 전문성 발달에 지속적인 투자를 해야만 얻어질 수 있습니다. 이런 모든 작업은 경험들을 생동감 넘치게 만들고, 그 결과로 다른 양질의 경험들을 생산해 냅니다.

애틀랜타(Atlanta)의 몇 군데 학교들이 이와 같은 경험에 참여하고 있습니다. 마지 쿠퍼는 계속 연구 프로젝트를 기반으로 한 전문성 개발 과정을 통해 학습이 깊어져 가는 것을 지켜보며 어떻게 각 학교가 더 자율성을 갖춰 종국에는 리더 역할을 할 수 있을지에 주목하고 있습니다. 학교에서 교사들과 작업하면서 내가 확신하게 된 것은 도달하고자 하는 목표 수준을 높게 잡는 것이 필요하다는 것입니다. 이런 방식으로 일하면서 교사들은 높은 질의 교육이라는 목표를 향해 더 노력하려 태도와 의지를 구성할 동등한 기회를 접하게 됩니다.

내가 처음 미국에서 경험을 시작한 곳은 앰허스트 매사추세츠 주립대학으로, 그 후로 워싱톤 D.C. 소재 모델 유아학습센터(Model Early Learning Center)와 미주리 주 세인트 루이스의 레지오-세인트 루이스 공동체(Reggio-St. Louis Collaborative), 캘리포니아 주 산타모니카의 제일 장로교회 유아원(First Presbyterian Nursery School), 플로리다 주 마이애미의 라뜰리에 스쿨(L'atelier School), 미네소타 주 세인트폴의 맥도널드 몬테소리 스쿨(MacDonald Montessori School)로 이어졌습니다. 이 학교들은 분명히 교육의 질을 위해 노력하는 흥미로운 사례들을 보여줍니다. 우리가 함께 한 작업은 연속성과 연구를 기초로 하며, 서로 다른 맥락 간 대화에 가치를 둡니다. 또 일리노이 주 시카고(Chicago)의 시카고 공립학교들과 시카고 커먼즈(Chicago Commons), 콜로라도 주 볼더의 볼더 저니 스쿨(Boulder Journey School)과도 작업하였는데, 특히 '학습의 경이로움(The Wonder of Learning)' 전시회 개최라는 경험을 함께 한 바 있습니다. 캘리포니아 주 샌프란시스코에서는 수잔 리온(Susan Lyon)이 주관하는 혁신적 교사 프로젝트(Innovative Teacher Project)와 협업을 하면서 1990년대 초반 베이 에리어(Bay Area)에서 원탁토론(Roundtable Discussions)을 시작하기도 했습니다. 이런 프로젝트들은 레지오 에밀리아 접근에 영감을 받은 전문대학원들을 중심으로 아직도 유지되고 있습니다. 최근에는 오클라호마 주 털사(Tulsa)의 리버필드 스쿨(Riverfield School), 뉴욕의 블루 스쿨(Blue School)과 비기닝즈 스쿨(Beginnings School), 워싱턴의 세인트존스(St. John's), 미주리 주 세인트루이스에서는 웹스터 대학교와 함께 작업하는 메이플우드(Maplewood) 공립학교와도 접촉하고 있습니다.

서로 다른 정체성을 지닌 학교들과의 작업은 아주 복잡합니다. 서로 다른 학습 과정을 지원하는 것도 힘듭니다. 이미 성취해낸 수준을 유지하는 것만으로 가치 있는 일이라 하더라도, 새로운 목표를 향해 열려 있으려면 잘 조직되어 있고 강인하며 점진적인 변화를 기꺼이 지지해 주는 행정적 구조가 필요합니다. 그러므로 학교가 높은 수준의 질을 확보하고자 한다면 혁신을 토대로 성장하려는 의도가 있는 다른 학교들과 관계망을 넓히는 것이 좋은 기회가 됩니다. 이러한 시도들은 유익할 뿐만 아니라, 새로운 상호작용을 지탱해 주고, 새로운 연결 고리를 만들며 교육자와 어린이들 작업에 희망을 주기도 합니다.

간디니: 학교 간 네트워크를 만들어서 전문성 계발의 양과 질이 공유되고 동시에 증가할 수 있다면 이는 매우 이상적인 책략이 된다고 생각합니다.

감베티: 한 집단의 교육자들과 함께 전문성 개발 프로그램을 계획할 때, 그 작업을 내가 안내하지 않으려고 노력합니다. 물론 레지오에서 했던 나의 작업이나 경험과 즉각 연결 짓지 않는다는 것이 오히려 힘들지만, 난 나와 함께 일하는 교육자들의 작업 리듬을 존중해야만 한다고 생각하고 확신합니다. 이런 연유로 나와 함께 상호작

용했던 학교들이 각기 자신들의 작업 방식을 발달시키게 된 것입니다. 어떤 학교는 자신들의 경험을 분석하고 우리가 함께 토론했던 작업을 기록으로 남기는 과정을 통해 자신들의 경험을 가시화하면서 나와의 협업을 구성해 나갈 만큼 유능했습니다. 대중과 만나는 상황에서 모든 교육자들은 제기된 질문에 답변할 수 있었고, 자신들의 선택과 경험 이면의 동기가 무엇인지를 포함해서 자신들이 하는 일을 잘 파악하고 있었습니다. 이 정도 수준에 이르면, 교육자들은 더 높은 수준을 추구하고자 하는 욕구를 느낍니다. 또 다양한 관점을 공유하고 받아들이게 되며, 무엇보다도 자신의 작업과 생각에 대해 드러낼 수 있고 기꺼이 그럴 것입니다. 사실, 교사들의 태도가 바뀌게 되고 교사들은 가르치면서 동시에 배운다는 것이 얼마나 중요하고 필요한지를 이해하게 됩니다.

간디니: 당신과 마지 쿠퍼가 이 학교들과 작업하면서 시도했던 과정과 여정에 대해 좀 더 설명해 주시겠습니까?

감베티: 유아학교 몇 곳과 영유아센터 한 곳은 각기 다른 맥락임을 존중하면서도 모두 같은 경로를 거쳤습니다. 그러다가 또 다른 유아학교와 협업하기 시작했습니다. 많은 교육자들이 레지오 에밀리아를 방문했었고요. 각기 다른 맥락에서 일하는 교사들의 전문성 개발에서 레지오 에밀리아 여행을 다녀오는 것이 매우 중요한 단계인 것 같고, 교사들에게도 그 시점이 결정적인 포인트가 된다는 생각이 듭니다. 그들에게 영감을 준 경험의 근원지를 방문하는 것은 중요하고, 이제 그런 일이 일어나고 있습니다.

간디니: 공동 구성과 관계를 통한 학습의 경험을 어느 정도 한 다음에만 레지오를 방문하는 것이 더 좋은지 궁금합니다. 만약 레지오를 알아가는 초기 단계에서 방문한다면, 놀람과 경이로움에 너무 짓눌려서 레지오 에밀리아 학교들에 깊이 내재된 것을 잘 관찰하는 것에 오히려 방해되지 않을지요?

감베티: 저는 두 가지 경험을 모두 지켜보았습니다. 어느 경우라도 강한 정서적 반응이 항상 따라옵니다. 때로는 레지오 에밀리아를 방문한 교육자들은 자신들의 학교에서는 드러나지 않던 중요한 삶의 가치를 깨닫기도 합니다. 아마도 그간 그와 같이 복합적인 기회들을 접해보지 못했기 때문일 것입니다. 그런 요소들은 종종 자신들이

일하는 맥락의 정체성과 연결되어 있습니다. 비록 동일 철학에 영감을 받았더라도, 레지오 학교들은 각기 서로 다르다는 것 때문에 그 철학적 원칙을 해석하는 방식이 달라지고, 따라서 그 학교들은 자신의 정체성을 다른 모습으로 드러냅니다. 레지오를 방문한 후조차, 자신이 하는 일에 깊이를 더하지 않고 나에게 '레지오 하는 법'을 묻는 교사들이 있습니다. 그때마다 나는 그들에게 자신의 맥락을 이해하고 정체성 찾기에 집중하면서, 과연 자신들이 레지오 경험과 교류할 의사가 있는지, 그리고 언제, 얼마나 교류하고자 하는지를 내게 말해 주어야 한다고 얘기하곤 합니다.

하워드 가드너가 말했던 것처럼, 레지오 에밀리아에서 이루어진 것을 마치 튤립 구근을 옮겨 심듯이 다른 장소로 이식할 수는 없습니다. 그렇지만 사람들이 자신들의 맥락을 변화시키고 싶다면, 자신들이 처한 맥락이 무엇을 제공하는지 그리고 그 안에 존재하는 소속감을 관찰하는 것에서 시작해야 합니다.

간디니: 관찰의 위력으로 다시 돌아가서, 당신이 기술한 바가 교육자들이 자신들의 맥락에서 스스로 관찰하도록 이끌어줄까요?

감베티: 나는 교육자들에게 자신을 관찰하고 자신이 처한 맥락을 관찰하며 연구적 태도를 지니라고 강력히 권고합니다. 자신의 작업에 대한 태도 변화에 대해서 아주 길고 진지하게 반영해 볼 수 있습니다. 때로는 한 집단의 교육자들이 함께 반영하기를 추구하는 동안 교직원 이동이 있어서 이 작업이 더 어려워지기도 합니다. 지금 구체적인 미국의 경우를 말하고 있습니다. 예를 들어, 마이애미 주 라뜰리에 스쿨(L'atelier School)에서 내가 시모네따 치타디니(Simonetta Cittadini) 원장과 함께 협업할 당시, 여러 이유로 인해 교사 변동이 컸습니다. 그렇지만 시모네따는 질적 수준을 확보하려는 의욕이 매우 강한 사람이었기에, 잔류하는 교사들 몇 명이 교육조정자 역할을 하도록 많은 투자를 하였고, 이들의 존재가 그 학교에 긍정적 연속성을 제공해 주었습니다. 그러므로 나는 충분한 투자가 이루어져서 협력, 연대감 그리고 항상 작업의 실이 확보된다면 그 경우에는 인력의 교체로 야기된 어려움에 대처할 수 있다고 봅니다.

간디니: 교사들이 어렵고 문제가 있다고 간주하는 것에 관해 이야기 나누기 전에 관찰을 아주 많이 하고 들어가는 것이 중요하다고 당신이 말했던 기억이 납니다.

감베티: 나는 학교를 처음 방문한 후 시간이 좀 지나서야 어린이와 교사들이 활동하고 있는 교실이나 공간을 관찰하곤 합니다. 그리고 이것은 매우 민감한 일이기 때문에 그 학교의 교육자들과 함께 협의를 거쳐 결정하게 됩니다. 이는 우리가 관찰하게 되는 상황에 대한 엄청난 존중감이 요구되는 일입니다. 특히, 자신의 관찰 내용 보고에서 섣부른 판단을 내리지 않도록 주의하고 그 대신 교사들이 관찰된 자신들의 태도에 대해 스스로 해석해 보도록 격려해야 합니다. 나는 일종의 책략으로 항상 교사, 원장 혹은 교육조정관에게 서로를 관찰하라고 격려합니다.

어쨌든 관찰할 때면 나는 일어난 모든 일에 대해 귀를 기울이는 사람의 역할을 합니다. 때로는 나도 왜 어떤 일은 효과가 없고 어떻게 하면 더 나아질 수 있을지를 예측해 볼 수도 있습니다. 하지만 나는 어떤 일이 잘 작동할지 아닐지를 말해 주는 존재가 아니라 교사들과 함께 생각하고 추론하는 동반자가 되어 그 과정에서 교사들이 생각을 나누면서 그들 스스로 깨닫게 되도록 하고자 노력합니다.

간디니: 당신이 한 이야기를 검토해 보면, 레지오 에밀리아와 미국의 두 곳의 관찰 경험에서 당신은 다양한 국면을 거쳐 온 것 같습니다.

감베티: 내가 외국을 여행하며 지낸 거의 20년 동안은 내게 항상 배움의 과정이었습니다. 실수하고, 모험하거나, 나 자신의 작업을 분석하면서도 배움이 일어났습니다. 처음에 나는 마음이 급했고, 내 생각을 나누면서도 너무 직설적이었습니다. 아마도 내가 영어 어휘력이 제한적이어서 적절한 용어를 모른다는 사실 때문에 지나치게 강한 말을 사용했다고 생각됩니다. 점차 나는 어떤 상황에서는 사람들이 이해하도록 돕기보다는 성급하게 평가한 것으로 보였을 수 있겠다고 이제는 생각됩니다. 나는 특히 내가 보여준 반응과 관점을 검토하고 돌아보면서 나 자신이 변화하기 시작했습니다. 실제로 나는 작업 과정 중 나 자신을 기록하는 법을 배웠던 것입니다. 이런 방식으로 나는 학교가 끝나면 내가 적어놓은 메모를 다시 읽고 내가 한 작업과 나에게 귀를 기울여 듣는 사람들의 반응에 대해 관찰한 것을 글로 적습니다. 때로는 내가 관찰한 교사의 입장에서 볼 때 나의 개입이 도움이라기보다는 평가에 더 가까웠다는 것을 알았습니다만, 한 번도 나에게 반발한 사람을 만난 적이 없었고 나의 관점은 항상 긍정적으로 받아들여졌습니다.

그렇지만 그 이후 나의 이런 태도는 내가 어린이와 성인들과 함께 어떻게 보고 행동할지 알고 있는 유일한 사람이라는 인상을 주어서, 결과적으로 내가 교사들에게 어떻게 작업할지를 가르치는 위험성을 갖고 있다는 점을 깨달았습니다. 더 많이 나에 대해 재고하고 관찰할수록 나를 바꾸는 데 더 성공적이었고, 내가 관찰하고 있는 상황을 이해하려는 과정에 더 많은 시간을 투자할수록 이런 시간적 투자가 교사들이 더 많은 것을 이해하도록 만들었습니다. 우리는 함께 상황을 진단하는 법을 배웠습니다.

간디니: 어떤 면에서 당신은 어린이들과 일할 때 했듯이 함께 일하는 교사들을 대하려고 하는 것을 볼 수 있습니다.

감베티: 이제 나는 정말 이런 방식을 이어나가려고 합니다. 교사들이 내게 보여준 것에서 출발해서 나도 제안을 하는 것이죠. 나는 나와 함께 일하는 사람들이 상황을 분석하고 깊이 생각하기를 찾아내고 요구합니다. 이처럼 '속도 늦추기' 뿐 아니라 우리 관계의 지속성으로 인해 우리의 역할과 상호작용이 더 가치를 지니게 되고 진실해졌습니다. 학교에서 일하게 되면 나는 다른 사람에게 속한 맥락 안에서 일하는 것이고, 그 맥락은 존중받아 마땅한 존엄성을 지니고 있습니다. 이런 이유에서 나는 진심으로 바라보며 이해하려 하고, 교사들의 작업 방식을 존중하려고 합니다.

간디니: 당신이 미국에서 쌓아온 역사와 앰허스트(Amherst)에서 출발한 이후 긴 시간을 생각해 볼 때, 사람들은 당신이 교사들과 (그리하여 어린이와 가정과) 작업하는 방식을 이해하긴 했지만, 그 사람들 모두가 거기서 얻은 지식을 다른 사람에게 전해줄 수 없었습니다. 아직도 나는 당신이 사람들을 도와서 점차 자신이 하는 것을 깊이 인식하여서 다른 사람들도 더 깊이 이해할 수 있게 도와주도록 지원하는 당신의 방식에 대해 생각하게 됩니다. 예를 들면, 나는 메리 베스 랏키(Mary Beth Radke)가 생각나는데, 메리 베스는 처음에 당신과 일하였고 이제는 읽기와 배움의 즐거움에 특화되어 있습니다. 그리고 제니퍼 아자리티(Jennifer Assariti)와 그가 자료와의 만남에 있어서 교사들을 돕는 방식도 생각나는데, 제니퍼는 특히 교사들로부터 최선을 끌어내는 능력이 있습니다.

당신이 뿌려놓은 씨앗이 많습니다. 교사들이 어떻게 더 깊이 깨달으며 작업하고 어린이들을 존중하며 작업하는 방식을 찾아내는지, 그래서 그들이 근무하는 학교를 높은 수준의 혁신적 연구의 장소로 변화시키게 되는지를 말해 주셨습니다.

감베티: 내가 미국에서 함께 협업했던 사람들은 정말 다양합니다. 그들은 직장에서 리더의 역할을 하고 자신들의 학교에 양질의 교육을 창출해 낼 수 있었습니다. 이 학교들에서 우리는 어린이, 교사 그리고 부모는 유능하다는 이미지를 발견할 수 있습니다. 이런 현상은 당연히 일어나지는 않습니다. 개입된 모든 사람의 욕구와 권리에 가치를 부여하려면 시간이 투자되어야 합니다. 이는 연속성, 지구력, 윤리 의식을 지닌 노력, 진정성, 엄밀함, 책임감, 상호 존중이 요구되는 일입니다.

11 포함시키는 사회

이바나 손치니(Ivana Soncini)

어린이 간의 다름: 복합적인 교육적 맥락 창조하기
판별과 의뢰: 서비스 간에 관계의 끈을 증진하기
우리 시스템 안에서 보편적인 장애 유형: 모든 어린이는 예외적이다
전이 과정: 길고도 점진적인 진입
가족과의 파트너십: 어린이에 대한 이미지 교환하기
교실 조직과 커뮤니티: 미래를 꿈꾸기 시작하는 친구들
어린이들의 수많은 언어: 언어의 팔레트를 키우기
사회적 구성주의: 삶에 대한 자신의 접근방법을 보여주는 어린이
전문성 신장: 교사의 보는 능력 향상하기

편집자 주: 이탈리아는 정신 및 지체 장애인의 통합(integration)과 포함(inclusion, 역자 주: 한국에서의 통합)을 위한 보편적 움직임 측면에서 선두주자로 인정받고 있다. 1970년대 중반 이후로 국제기구들은 이탈리아의 장애 유아교육을 유럽 전체 국가 중에서 가장 포괄적인 것으로 인정해 왔다(Begeny & Martens, 2007; Gobbo, Ricucci, & Galloni, 2009; Phillips, 2001; Vitello, 1991). 통합과 포함을 위한 이러한 움직임은 장애가 있거나 정신적으로 취약한 이들을 위한 기관이 문을 닫고 보건 서비스가 각 지역으로, 즉 지방분권으로 재조직된 1960년대에 시작하였다. 레지오 에밀리아는 이러한 움직임에서 뒤처지지 않고 그 시대의 동향에 적극적으로 반응해 왔다. 장애인을 시설에 수용하지 않는 경향은 장애 학생의 분리정책에 반대하는 교육 방향과 맥을 같이 했으며 오늘날에는 이민자 가정과 자녀들을 포함시키는 과업과도 맞닿아 있다.

1971년에 이탈리아 의회는 장애아의 교육에 관한 첫 번째 법안을 통과시킴으로써 장애아가 공립학교에서 반편견교육을 받을 권리를 수립하였다. 이 법안과 1977년의 후속 법안은 만 6세에서 14세까지의 어린이가 일반 학급에서 학습하는 것이 불가능할 정도로 장애가 심각하지 않은 한 포괄적인 교육을 받을 수 있는 권리를 지향한다. 그러나 보건과 교육의 권위자들은 조기 개입의 필요성을 인식해서 여러 지역에서 오래 전부터 6개월에서 만 6세까지의 영유아를 대상으로 하는 포괄적 프로그램을 유지해 왔다(Cecchini & McCleary, 1985; McCleary, 1985). 2004~2005학년도에는 10,084명의 장애 유아가 이탈리아의 주립(연방) 유아학교 시스템에 다니고 있는데, 이는 전체 학생의 1.04%이다. 다양한 유형의 장애-정신 및 지체 장애(9,270명), 시각 장애(299명), 청각 장애(515명)-가 있는 어린이가 다니고 있고(OECD, 2006, p. 36), 나머지 수많은 장애 유아는 시립 및 사립 유아학교에 다니고 있다.

1971년의 이탈리아 법에 의하면 장애를 가진 유아는 생활 연령에 따른 기술과 행동을 마스터하는 데 있어 영구적인 어려움을 가진 자로 정의된다. 이 정의는 다운증후군, 뇌성마비, 정신지체(IQ 60 미만), 실어증, 소아정신병, 심각한 언어 장애 그리고 심각한 학습 장애로 진단된 유아를 포함한다. 청각 장애와 시각 장애는 후에 포함되었다. 진단의 책임은 기관이 소재한 지역 보건 서비스에 있다. 평가는 대개 다양한 세팅 안에서 시행되는 관찰과, 신경학 · 심리학적 평가 그리고 적용 가능하다면 표준화된 테스트를 기반으로 이루어진다. 지역 보건 서비스는 오랜 기간 동안 유아, 가족, 교사와 지속적으로 팀이 된다. 대개 같은 사람들이 팀원으로 남기 때문에 지속적인 서비스를 제공할 수 있고, 다음 학교 급으로 진급할 때도 도움을 제공할 수 있다. 유아에 대한 총체적인 접근이 강조되며, 대부분의 경우 행동 조절을 위해 정신병에 쓰이는 약이나 엄격한 행동주의는 잘 받아들여지지 않는다(McCleary, 1985).

캐롤린 에드워즈(Carolyn Edwards)가 엮은 본 장은 렐라 간디니(Lella Gandini)가 이바나 손치니(Ivana Soncini)와 2009년과 2010년에 수집한 인터뷰와 자료들, 이바나 손치니와 간디니와 카민스키(Ivana Soncini, Gandini, & Kaminsky, 2006), 카민스키(Kaminsky, 1997), 팔셔(Palsha, 2002) 그리고 스미스(Smith, 1998)와 나눈 인터뷰에 기반한다. 우리는 네브래스카(Nebraska) 주 오마하(Omaha)의 캐씨 커라터(Cathy Carotta) 박사의 비판적 의견에 감사를 전한다.

1977년에는 공립학교에서의 통합교육 시행에 관한 전략을 구체화하는 또 하나의 국가 법안이 통과되었다. 한 학급당 최대 2명의 장애아가 통합될 수 있으며 통합학급의 학생 수는 20명을 초과할 수 없다. 교육과정 이외의 특별활동은 모든 학생이 참여할 수 있도록 해야 한다. 장애아와 일하기 위한 특별 훈련을 받은 지원 교사(support teacher)가 통합학급에서 일반 교사와 짝을 이루며, 두 교사 모두 학생 전체와 상호작용한다. 가벼운 학습장애나 행동 장애를 가진 학생은 구체적 도움이 필요하지 않지만, 교사와 보건 서비스팀원들은 표준보다 늦게 발달하는 학생이 낙인찍히는 불이익을 당하지 않도록 주의를 기울여야 한다(McCleary, 1985). 이 법안의 결과로 이탈리아는 의무교육 대상 학생 거의 대부분이 일반 교실에서 기초교육을 받을 수 있는 환경을 조성했다. 최근의 연구와 사례 보고는 이탈리아의 부모와 교육자 대다수가 학생의 학업결과에 관한 정확한 연구 자료가 없음에도 불구하고 통합을 지지한다는 것을 확인시켜준다(Vitello, 1991, 1994).

이탈리아의 장애유아를 위한 교육시스템은 의무교육 모델을 아래 방향으로 펼친 것, 즉 의무교육을 장애유아에게까지 적용한 것이다. 장애유아를 위한 교육 시스템과 의무교육 시스템 모두에서, 통합은 물리적 통합(학교 일과 중 최소한의 '주류화')으로 시작하여 유아가 교육과정의 활동에 포함되고 학급 커뮤니티의 일원으로 수용되는 완전통합으로 진보하였다. 이탈리아는 결핍 모델을 배척하고 교육환경의 본질을 모든 어린이를 위한 것으로 변화시키는 데에 초점을 두었다(McGrath, 1999).

특수교육에 전문성을 가진 몇몇 외부 관찰자는 레지오 에밀리아 유아학교의 환영과 존중의 분위기, 교육환경이 감각과 지각을 자극하고, 다양한 능력을 가진 모든 유아의 발달적이고 사회적인 요구를 지원하는 방식에 주목하였다(예 Nurse, 2001; Palsha, 2002; Philips, 2001; Smith, 1998). 또한 이 관찰자들은 다음과 같은 질문을 스스로에게 제기하였다. 유아에 관한 일반적인 기록작업(documentation)의 발전을 모니터하고 개별 유아에게 적절한 목표를 수립하는 데 어느 정도까지 사용될 수 있는가(Philips, 2001), 그리고 교사는 이탈리아에서는 특수아로 인지되지 않겠지만 영국의 보다 광범위한 정의 하에서는 특수교육 대상자로 포함되는 유아의 학습과 행동 문제에 어떻게 접근하는가(Nurse, 2001).

장애 또는 특별한 요구를 지닌 유아는 레지오 에밀리아에서는 종종 '특별한 권리를 지닌 어린이'로 언급된다. 이바나 손치니(Ivana Soncini)는 이 모든 용어들을 섞어서 사용한다.

나, 이바나 손치니(Ivana Soncini)는 레지오 에밀리아 시립 유아학교와 영유아센터의 교육조정팀 일원이다. 나는 특별한 권리가 있는 유아가 레지오 에밀리아의 시립 영유아센터와 유아학교에서 통합교육을 받도록 하는 책임자다. 나는 심리학 학위가 있지만 심리학이 필요조건은 아니고 내가 교육이나 교육학과 같은 다른 분야에서 훈련을 받았어도 이 업무를 맡을 수 있었을 것이다. 나의 구체적인 역할은 레지오 에밀리아의 시립 영유아센터와 유아학교에 장애유아의 통합을 촉진하는 것이다. 나는 모든 학교 그리고 장애아가 있는 모든 가정과 함께 일한다. 우리의 설립자 로리스 말라구찌는 우리의 학교에 '특별한 권리'를 지닌 유아를 포함시키는 것이 중요하다고 여겼다. 그는 이러한 통합의 결과로 우리가 우리의 교육적 경험과 모든 유아에 대한 이해를 개선시킬 수 있을 것이라고 느꼈다.

어린이 간의 다름: 복합적인 교육적 맥락 창조하기

우리는 어린이 간의 다름을 무시하는 것이 아니라 끌어안고 싶었다. 우리는 다양한 유아를 만나고 싶었고 그들이 우리에게 무엇을 가르쳐줄 수 있는지 이해하고자 노력하고 싶었다. 로리스 말라구찌는 특별한 권리를 가진 유아가 원내에 있으면 우리를 교사로서 자극하여, 모든 유아를 위한 광의의 교육학적 접근의 관점에서 생각할 수 있도록 하고, 모든 어린이를 위한 우리의 지평을 넓혀줄 것이라는 강한 신념이 있었다. 말라구찌는 다름이 새로운 생각과 아이디어를 자극할 수 있다고 생각했다. 왜냐하면 모든 어린이의 다름에 반응할 때 단일 방식을 사용할 수 없기 때문이다. 다름을 맞닥뜨리면 건강한 불확실성이 자극을 받는다. 이는 더욱 더 해석하게 하고, 이해하게 하고, 관찰하게 한다. 교육적인 맥락에 이러한 다름이 있을 때 교사는 새로운 사고방식을 모든 유아에게 적용할 수 있게 되는 태도를 갖게 된다.

우리는 장애를 특정한 어린이가 지닐 가능성이 있는 다름 중 하나일 뿐이라고 본다. 우리의 관심은 어떻게 이 어린이가 그 장애를 자신의 삶 안에 통합하였는지 그리고 어떤 전략을 사용하였는지 들여다보는 것에 있다. 우리는 이 어린이를 알고 싶은 것이다–그 어린이의 주관성, 살고 있는 세계 그리고 가족이 그 어린이에 대해 어떻게 생각하고 있는지. 우리는 우리가 다른 어린이에 대해 관심 있어 하는 동일한 것에 관심이 있는 것이다. 우리는 이 모든 예외들과 조우하고 싶다. 모든 유아는 본인만의 예외사항이 있다. 교실에 특별한 권리를 가진 유아가 있다는 것은 교사로 하여금 필연적으로 기회, 가능성, 그리고 모든 어린이와의 의사소통 코드를 확장시킬 수 있게 한다. 이는 교사가 보다 복합적인 교육적 맥락을 창조하게끔 한다.

판별과 의뢰: 서비스 간에 관계의 끈을 증진하기

우리는 시스템 안에 특별한 권리를 지닌 유아를 최대한 일찍 통합시키고자 한다. 우리는 장애를 판별하는 지역 보건 서비스와 밀접하게 협력하고 있기 때문에 부모가 우리 프로그램에 지원하기 전부터도 이 어린이가 누구인지 알고 있다. 오늘날 레지오 에밀리아에는 통합을 지향하는 강력한 문화가 형성되어 있는데, 이런 문화는 우리와 장애아를 가진 가족의 존재 방식에 실제적 변화를 야기했다. 한 세대 전에는 장애아를 가진다는 것은 가족의 평형이 완전히 무너진다는 것을 의미했다. 예를 들어, 많은 여성이 이 아이를 돌보기 위해 직업을 포기했다. 그러나 가족이 충분한 교육적인 지원과 사회복귀를 위한 지원을 받으면 이 평형은 무너지지 않는다. 우리는 특별한 권리를 가진 유아가 있는 가족이 서로를 돕고 서로에게 자원이 되어주는 몇몇 굉장한 상황들을 목격해 왔다. 이는 오로지 부모가 지원받고 있다고 느낄 때에만 일어날 수 있는 일이다.

판별의 과정은 보통 병원에서 출생할 때 시작된다. 출생 직후 의사가 검진할 때 장애가 의심되면 바로 가족의 소아과 주치의에게 아기를 의뢰한다. 국가 보건 서비스(National Health Service)는 해당 어린이가 특별한 서비스가 필요한 장애를 가졌음을 문서로 증명해 준다. 자폐나 몇몇 장애 같이 출생시에 판별되지 않는 경우도 있다. 병원은 의뢰인의 역할을 하는데, 이는 이탈리아에서 잘 수행되고 있다. 이탈리아의 국민이 아닌, 영주권을 가진 이민자도 장애 자녀가 있다면 무료 보건 서비스를 이용할 권리가 있다. 국가 보건 서비스를 통해 어린이에게 제공 가능한 특별 서비스에는 언어치료, 물리치료, 심리운동치료 그리고 사회적 서비스가 포함된다. 레지오에서는 이 모든 보건 및 다양한 지원적 서비스가 이런 가정에게 제공되며 모두 공적(public) 서비스이다.

특별한 권리를 가진 어린이는 시립 영유아센터나 유아학교에 입학할 수 있는 최우선권이 주어진다. 우리는 장애를 가진 어린이 선발에 어떤 특별한 기준도 적용하지 않는다. 가족은 여타 가족과 마찬가지로 수입에 따라 영유아센터나 유아학교 등록금을 지불한다.

영유아센터와 유아학교의 통합을 촉진하기 위해 매년 등록 기간이 시작되기 전에 나는 영아를 검진하고 선별하는 국가 보건 서비스의 의사를 방문한다. 국가 보건 서비스 네트워크 덕분에 거주자로서의 지위가 없는 경우를 제외하고는 우리가 놓치는 어린이는 없다. 소아과 의사는 가족에게 자녀가 영유아센터나 유아학교에 다닐 수 있다고 설명해 준다. 어린이가 매우 심각한 상황이 아닌 한 소아과 의사는 가족에게 우리 영유아센터와 유아학교 시스템에 지원할 것을 독려한다. 나는 판별된 장애아 목록을 가지고 있기 때문에 부모가 등록하면 누가 지원하지 않았는지 알아낼 수 있다. 나는 등록 안 한 어린이의 소아과 의사에게 연락하여 우리 프로그램에 입학시키는 것을 논의하는 자리에 부모가 오도록 독려할 수 있는지 알아본다. 따라서 시스템 간의 친밀한 관계와 협력은 중요하다.

등록 시 우선권을 부여받는 것 외에도 특별한 요구를 지닌 유아의 가정은 그들의 자녀가 다닐 유아학교나 영유아센터를 선택할 권리가 있다. 부모는 학교의 위치, 친구의 존재, 또는 학교의 물리적 구조를 고려해 선택한다. 예를 들어, 맹인 자녀를 둔 한 가정은 3층 건물에 좁은 계단이 있는 라 빌레타 유아학교(La Villetta Preschool)를 선택하였다. 우리는 그들의 결정이 염려되어 부모에게 이에 대해 질문하였고 그들은 이렇게 답하였다. “우리는 아이가 학교의 교직원과 어린이들의 조심스러운 안내를 받으며 라 빌레타의 환경을 마스터한다면, 그의 나머지 인생에 맞닥뜨릴 모든 다른 환경도 극복할 수 있는 자신감이 생길 거라고 생각해요.”

태양과 강

로렌조(Lorenzo) 作
로렌조 바라보기(Looking at Lorenzo)
지로톤도 영유아센터-유아학교
(Girotondo Infant-Toddler Center-Preschool, 2003-2004)에서 발췌

로렌조(Lorenzo)하고 내가 공을 가지고 학교 뒤에서 놀고 있어요

페데리코(Federico) 作
로렌조 바라보기(Looking at Lorenzo)
지로톤도 영유아센터-유아학교
(Girotondo Infant-Toddler Center-Preschool, 2003-2004)에서 발췌

*페다고지스타*로서의 역할을 할 때 나는 학교, 가족, 보건 서비스 그리고 치료적 서비스 간의 관계의 끈을 유지한다. 내가 교육조정팀에 있기 때문에 다른 *페다고지스타*와도 협력한다. 우리는 다양한 전문가와 치료사가 적절한 순간에 센터나 학교의 일상적인 맥락에서 어린이와 함께 하길 원하지, 특정한 목적을 가진 사무실(예 치료실)에서 함께 하길 원하지 않는다. 다양한 전문가와 치료사가 학교 안에서 어린이와 함께 보내는 시간은 어린이의 평범하고 일상적인 경험과 조화를 이루기 바란다. 예를 들면 물리치료사도 학교에 이미 갖추어진 장비와 가구를 사용한다. 나는 전문가나 치료사와의 연락을 담당하고, 이들과 함께 이러한 치료가 얼마나 필요한지 결정을 내리고, 그들이 학교 안에서 어린이와 하는 일을 조정한다. 삶의 일부분인 학교 시스템 안에서 특정 어린이가 어떻게 지내는지를 아는 것은 그들에게도 유용하다.

우리 시스템 안에서 보편적인 장애 유형: 모든 어린이는 예외적이다

과거에 우리가 이런 레지오 유아에게 가장 흔하게 볼 수 있었던 장애 유형은 다운증후군, 마비를 포함한 운동기능 장애, 정신 이상, 정신분열증, 자폐, 시각 장애, 청각 장애, 염색체 이상에 의한 발달지체 그리고 정서적 · 심리적 문제들이었다(Smith, 1998). 대조적으로 오늘날 레지오 에밀리아에서 장애로 판정된 유아의 과반수 이상은 자폐 또는 자폐 스펙트럼 장애를 가지고 있다. 나머지 어린이의 대부분은 지적 · 인지적 장애가 있다. 이 두 가지 유형이 가장 흔하다. 이탈리아의 보건 시스템은 '아동기 장애'의 모든 유형, 예를 들면 주의력 결핍이나 언어 지체를 공식적으로 포함시키지는 않는다(이 점은 다른 몇몇 국가와 차이가 있다.). 그럼에도 불구하고 우리는 영유아센터와 유아학교 맥락에서 그러한 어린이의 개별적인 학습과 정서적 요구에 반응한다. 사실 우리는 모든 어린이의 독특한 강점과 요구에 반응적이고자 노력한다.

다운증후군 유아의 수는 우리의 맥락에서는 급격히 감소하였다. 심각한 뇌성마비의 사례는 조금 있다. 현재는 시각 장애아는 거의 없으며, 정신 이상으로 진단된 유아는 전무하다. 자폐 스펙트럼 장애와 지적 · 인지적 장애가 오늘날 가장 흔한 문제 유형이다. 예를 들어, 현재 우리의 시립 영유아센터와 유아학교에 특별한 요구가 있는 것으로 식별된 40명의 유아 중에 20명이 자폐 스펙트럼 장애로 진단받았다.

자폐 스펙트럼 장애를 가진 어린이의 수적 증가 경향은 놀랄 만한데, 레지오의 초등 학령기 어린이뿐 아니라 에밀리아 로마냐(Emilia Romagna) 지역과 다른 지역의 어린이에게서도 같은 경향을 발견할 수 있다.[1] 이런 경향은 우리가 걱정할 만한 경향이다. 나는 이렇게 급증하는 수치가 우려스럽다. 지난 10년간 적은 사례에 불과했던 것이 어떻게 이토록 높은 수치를 가진 사례가 되었는가? 내가 종종 듣는 답변은 우리가 과거보다 유사자폐 행동을 더 잘 인지하고 관찰할 수 있게 되었기 때문이라는 것이지만, 이는 내게는 불충분한 설명이다. 나는 어린이 간에 나타나는 광범위한 차이를 관찰해 왔지만, 불과 몇몇 사례만 자폐에 대한 고전적인 임상적 정의와 일치했었다. 물론 자폐로 진단된 어린이들 간의 차이는 크다. 나는 이 점이 후속 연구의 초점이 되어야 한다고 생각한다.

전이 과정: 길고도 점진적인 진입

레지오 에밀리아의 모든 어린이는 영유아센터와 유아학교에 들어오기까지 길고도 점진적인 전이 과정을 거친다. 특별한 권리를 가진 어린이가 분리를 편안하게 하고 애착을 형성할 수 있게 하기 위해 전이 과정이 더 길 수도 있다. 예를 들어, 한 자폐아의 경우 어린이가 프로그램에 공식적으로 참여하기 1년 전부터 부모와 자녀가 한 해 동안 센터를 자주 방문했다.

우리는 신입 유아와 가족의 오리엔테이션을 위해 다양한 일을 하는데, 수면과 식사습관에 특별히 주의를 기울인다. 부모와 회의를 할 때 자녀가 학교생활을 시작하는 것에 대해 부모가 가질 수 있는 두려움을 완화시켜주고자 우리는 노력한다. 부모와의 관계는 조심스럽고 신중하게 설계되어야 한다. 긍정적인 관계를 쌓는 것이 초기 단계에서 가장 중요한 부분이다. 모든 계획은 유아와 가정 모두를 최우선에 두고 준비되어야 한다. 우리가 자녀에 대해 많은 질문을 하면, 부모는 우리가 자녀의 필요와 요구, 좋아하는 것과 좋아하지 않는 것에 대해 이해하고 싶어 한다고 느낀다고 말한다. 이는 특히 영아기 자녀를 가진 경우와 자녀를 다른 사람에게 맡기고 간다는 점에 대해 이미 죄책감이나 거리낌을 느끼고 있는 경우 더욱 그러하다. 또한 질문 과정은 부모에게 일종의 시범이 되기 때문에 그들이 자녀에 대해 궁금해 하도록 자극한다.

특별한 권리를 가진 어린이와 작업한다는 것은 나 자신, 부모, 어린이의 학급 교사,

영유아센터나 유아학교의 *페다고지스타*와 함께 하는 공유하는 교육과제이다. 이는 우리의 모든 작업과 마찬가지로 우리가 관찰하고 기록작업을 하는 것에서 시작한다는 것을 의미한다. 관찰과 기록작업은 언제나 기본적인 것이지만 특별한 권리를 지닌 어린이를 교육하는 데는 특히 도움이 된다.

우리는 이렇게 일한다. 특별한 권리를 지닌 어린이가 처음 학급에 올 즈음에, 우리는 그 어린이가 어떤 장애로 진단을 받았는지도 알고 부모와의 면담과 인터뷰를 통해 알아낸 것도 있다. 그러나 우리는 그 어린이가 새로운 상황에 어떻게 적응할지와 센터나 학교 환경에서 어떤 관계를 맺을지는 모른다. 따라서 우리는 우선 어린이에 대해 알아나가려 한다. 어린이가 어떤 것을 선택할지와 어떤 것을 요구할지 알아야 하기 때문에 학년을 시작할 때 우리는 어린이에게 많은 것을 제안한다. 꽤 오랜 기간의 초기 관찰과 기록작업 후에 우리는 함께 '의도 진술(Declaration of Intent)'이라고 부르는 것을 작성한다. 이것은 학교, 부모, 보건 서비스팀이 협력을 유지하기 위한 서면 계약이다. 이 의향서에는 우리가 작업을 어떻게 진행할 것인가에 대한 아이디어뿐 아니라 사용할 가능성이 있는 방법과 자료에 대한 진술도 포함된다. 초점은 사람, 사물 그리고 환경과의 관계에 둔다. 의향서의 마지막 페이지에는 그 학년 교육계획의 개요가 있고, 유아와 가족, 학급 친구, 교사 그리고 어린이의 교육을 지원할 보건 서비스 팀원에 대한 목표가 포함되어 있다.

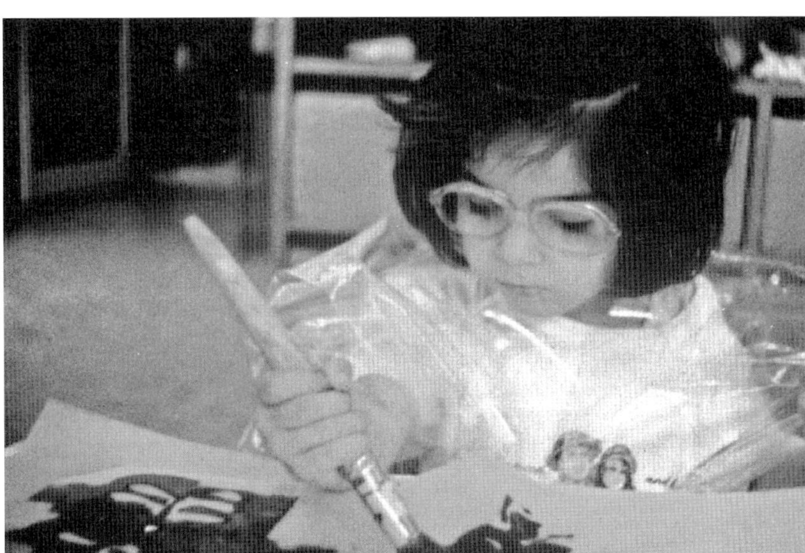

때로는 큰 손잡이가 달린 붓과 강렬한 색의 물감이 어린이가 만족스럽게 작업하도록 돕는다.

특별한 권리를 가진 어린이를 위한 의향서는 스태프들이 융통성 없이 따라야 하는 고정된 문서가 아니다. 우리가 어린이를 알아감에 따라 교사는 학교 *페다고지스타*와 나의 감독 하에 어린이의 프로그램을 지속적으로 개정하고, 재해석하고, 정교화한다. 계획의 초점은 어린이의 장애뿐 아니라 엄청난 가능성에 초점을 두는 것이다. 우리에게 중요한 것은 많은 풍부한 가능성을 제공하고 높은 기대를 가지는 것이다. 우리의 일은 어린이가 길을 찾을 수 있도록 돕는 것인데, 동기 유발과 흥미를 통해 찾도록 돕는다.

보건이나 교육 시스템 안에 관찰 가능하고, 반복 가능하며, 측정 가능한 기대가 있는지 여러분은 궁금할 수 있다. 우리는 통계적 목적으로 평가할 수 있는 자료를 수집하기 위해 어린이를 추적하는 것이 의사와 보건 시스템의 역할이라고 생각한다. 영유아센터와 유아학교 안에서 우리는 표준화된 평가를 지양하고 우리의 교육학적인 도구를 사용한다. 처음에 어린이는 보건 시스템의 평가를 통해 장애와 진보를 진단 받는다. 그 정보도 중요하지만 우리는 더 나아간다. 우리가 보건 시스템과 쌓은 협력은 강력하며 우리는 끊임없고 지속적인 관계를 맺고자 노력한다.

가족과의 파트너십: 어린이에 대한 이미지 교환하기

가족이 편안하게 느끼고 그들의 생애 중 이 사건(즉, 레지오의 시스템에 보낸 것)을 다른 사람과 나누는 것이 가능하다고 느끼면, 자녀의 일에 참여하고자 하는 욕구가 강해지고 자녀와의 관계를 맺는 질에 대해서도 흥미를 가질 가능성이 크다. 예를 들어, 여러 해 전에는 특별한 권리를 지닌 어린이가 학교에서 하루 종일 지냈었다. 지금은 가족이 자녀를 집으로 일찍 데려가 함께 시간을 보내고자 하는 경향이 증가한 것을 보게 된다. 또한 가족이 놀라운 전략을 실행하고 전혀 예상하지 못했던 자원을 활용하여 그들이 처한 상황에 대처하는 것을 보았다. 우리는 가족에게 새로운 무언가를 가르쳐야 한다는 태도를 바꿔야 한다. 우리는 그들이 집에서 자녀를 데리고 있었고 우리 기관에 오기 전에 1~2년은 더 키웠기 때문에 우리에게 가르쳐줄 것이 많다는 점을 잊어서는 안 된다. 우리가 가족을 향해 가져야 하는 태도는 함께 교류하고, 어린이에 대한 서로 다른 관점을 제공하여, 종합적인 교육 프로젝트를 만들려는 태도이다. 어쩌면 교사로서의 우리 관점은 조금은 더 공정할 수 있다. 왜냐하면 우리는 부모만큼 자녀에 대해 감정적으로 관여되어 있지 않기 때문이다.

두 견해 모두 가치가 있다. 예를 들어, 복합적인 지체 장애를 가진 많은 어린이는 학교에서 스스로 먹는 법을 배울 것이다. 어머니는 우리에게 자녀가 숟가락을 어떻게 드는지, 어떻게 앉는지에 대해 많은 것을 가르쳐준다. 그러나 또한 어머니는 “고형식은 주지 마세요. 질식할 수 있어요.”라고 이야기할 수 있다. 반면 보건 서비스에서는 학교 측에 이 어린이에게 고형식을 제공해도 된다고 이야기했을 수 있다. 따라서 이 어린이에게 고형식을 제공하기 위해 노력하는 과정에서 우리는 어머니가 먼저 시작한 것에 다른 것을 보탠다. 우리의 경험을 본 후에 어머니는 집에서도 자녀에게 고형식 주는 것을 시도할 수 있다. 이것이 끊임없는 교류의 한 유형이다.

우리는 몇몇 가정은 다른 부모와 학급 모임에 참여하는 것을 어려워하고, 몇몇은 참여 자체를 거부하는 것을 가끔 본다. 이는 우리로 하여금 “왜 이런 일이 생길까?”라고 질문하게 하고, 다른 전략을 세우게 한다. 이러한 가족이 있으면 가족, 교사, 내가 함께 하는 모임을 더 자주 계획한다. 예를 들어 우리는 그들에게 우리가 그들의 자녀와 함께 한 것을 찍은 비디오나 다른 기록물을 보여줄 수 있다. 비디오는 특별한 권리를 가진 유아를 더 잘 알아가고 가족과 논의할 때 사용할 수 있는 강력한 도구이다. 비디오가 있으면 우리는 어린이의 변화 중 아주 작고 세밀한 부분을 잡아낼 수 있다.

매일의 교환 외에도 우리는 가정과 학교가 정보 교환을 하는 전반적인 상황을 매우 가까이에서 지켜볼 수 있다. 특별한 요구를 가진 어린이에게 학교에서 일어나는 일을 기록하고 그들의 가족과 함께 관찰한 것을 공유하는 것은 매우 중요하다. 우리는 교육적 맥락에서 어린이가 어떻게 활동하는지와 다른 어린이들과 어떤 관계를 맺는지를 사진으로 찍어 두어야 한다. 부모가 교사에게 묻기 두려운 것이 있는데, 예를 들면 다른 어린이들이 그들의 자녀를 어떻게 보는지 같은 것이다. 그리고 그들은 어떤 일이 일어나는지와 다른 어린이들이 자기 자녀를 어떻게 다룰지 계속 상상을 한다. 이 경우 주로 부정적인 상황을 상상하기 때문에 질문하기 어려운 것이다.

우리의 목표는 가족에게 자녀에 대한 새로운 이미지를 구성할 수 있게 하는 것이다. 가족이 병원에서 집으로 갈 때 장애아만 데려가는 것이 아니라 자녀가 할 수 없는 수많은 것에 대한 목록을 함께 가져간다. 우리가 원하는 것은 가족에게 어떤 일이 일어날 수 있고 어떤 것이 가능할 것인지 상상하도록 자극하는 것이다. 이는 어린이가 교육적인 맥락에 있을 때만 가능하다. 어린이는 그들 자체의 성장과 발달로 존중받을 권리가 있다; 그들은 변화하고 배운다.

말로 의사소통을 하지 않고 연필 끝으로 종이를 두드려 점을 찍었던 한 소녀의 이야기를 해보겠다. 교사들은 이로 인해 짜증이 났다. 한 번은 우리가 이 어린이를 동영상으로 찍으면서 다른 어린이들에게 물었다. "쟤는 뭐하고 있는 거 같아?", 어린이들이 이 행동을 기괴하게 생각하고 있다는 징후는 없었다. 어린이들은 "표시를 남기고 있어요. 흔적을 남기고 있어요."라고 말했다. 이 소녀와 오래도록 작업했던 심리학자는 그들의 관점에 완벽히 동감했다. 이것이 이 소녀가 자기 자신의 흔적을, 그녀의 정체성을 남기는 유일한 방법이었으며, 이를 알아차린 것은 또래였다. 그 결과, 우리는 그 어린이를 위해 미리 계획했던 교육 프로젝트의 방향을 바꾸었다. 우리는 그 기록물을 가족과 공유하였다.

교실에서 이루어지는 모든 경험을 기록한 것에는 특별한 권리를 가진 유아가 등장하며 따라서 다른 가족과 마찬가지로 그들의 가족도 볼 수 있다. 나는 학급 모임에 참여하기를 어려워하거나 주저하는 것은 자녀 때문이 아니라고 생각한다. 나는 이것이 부모가 자녀가 태어나기 전에 가졌던 자녀에 대한 이미지, 자녀가 어때야 하는지에 대한 생각을 얼마나 버릴 수 있는지에 달렸다고 생각한다. 몇몇 부모는 이러한 점에 대해 이야기했는데, 그들이 원했던 자녀를 가진 다른 부모와 만나는 것이 어려울 수 있다. 우리는 이러한 가정을 완전히 도울 수는 없다. 왜냐하면 이는 매우 어려운 상황이고 문제의 깊이가 깊기 때문이다.

현재에도 가족과 지역 보건 서비스와 맺은 우리의 파트너십은 지지되고 지속되어 왔다. 레지오 에밀리아의 보건 서비스에서 일하는 전문가들은 어린이의 성장과 발달에 의학적 측면의 치료뿐 아니라 교육적 측면도 매우 중요하다고 인정한다. 자폐아는 1주일에 두 번 치료실에 가서 자발적으로 말하도록 하는 언어치료를 받는다. 또한 그들은 가볍고 유연한 행동수정, 일명 *구조화된 교육*(*structured pedagogy*)이라고도 하는 행동교정을 받는다.

자폐아와의 일하는 방식에 관한 모델은 많은데, 우리가 레지오 에밀리아에서 선호하는 모델은 덴버 모델(Denver Model)이라고 하는 미국식 접근법이다[2](Rogers & Dawson, 2009). 오늘날 우리는 교육과 보육 그리고 보건 서비스에도 적용되는 관계에 기반한 철학인 '집단 유전자(collective DNA)'를 가지고 있다. 우리의 영유아센터와 유아학교에서 관계와 관계의 질은 굉장히 중시된다. 따라서 치료적인 환경에서도 어린이와 성인 간의 강한 관계, 재미있는 관계, 어린이가 누구인가를 고려하는 관계를 맺는 것이 중요하다. 예를 들어, 자폐 유아가 구조화된 상호작용에 참여하고 싶어 하지 않거나 다른 사람을 따라하고 싶어 하지 않을 때 결코 강요해서는 안 된다. 어린이는 원인-결과를 이해하거나 성인과 치료적인 관계를 맺는 데 도움이 되는 활동을 하도록 격려 받는다.

보건 전문가들은 이런 종류의 형식적인 성인-어린이 개입이 상호작용의 전부가 되어서는 안 된다고 확신한다. 왜냐하면 어린이가 치료적인 환경 안에서 배운 것이 모두 다른 환경에 일반화될 수 없기 때문이다. 보건 전문가들은 학교 또한 강력한 치료적인 영향과 공헌이 있다는 것을 인지한다. 따라서 보건 서비스는 치료 교사 한 명을 각 자폐아에게 할당하여 매주 한 번 영유아센터나 유아학교에서 그 어린이를 만나도록 한다. 자폐 분야의 전문성을 가진 교사가 센터나 학교의 일반 교사와 함께 일하면서 어린이와 어떻게 이야기하고 행동하는지에 대한 모델을 보여준다. 레지오의 영유아센터와 학교에서는 덴버 모델의 원리를 특별한 권리를 가진 어린이와 교수적인 상호작용을 할 때 적용한다. 우리는 이 원리가 어린이의 이야기를 듣고 언어를 격려하는 데 유용하다고 생각한다. 물론 우리는 그 원리들을 우리의 상황에 맞게 다시 맥락화한다. 이러한 사례는 마테오(Matteo)를 관찰한 기록에 잘 드러나 있다.

최종적으로 파트너십의 원(circle)을 완성하기 위해 지역 보건 서비스는 교육자를 고용하여 가정방문을 하게 함으로써 어린이가 자신의 고유한 맥락에서는 어떻게 살고 있는지 보고 부모에게 자녀를 다루는 유용한 전략을 알려주도록 하였다. 이러한 모든 개입을 하는 데는 비용이 많이 들지만 우리도 충분한 돈을 가지고 있지는 않다. 우리가 요구해서 올해(2010년)부터 보건 서비스는 특별한 권리를 가진 자녀를 돌보는 것과 관련한 문제를 지원하기 위해 부모교육, 더 좋게 말하면, 그룹 상담과 치료를 위한 모임을 계획했다. 예를 들어, 어떤 부모는 자신의 친척, 심지어는 자신의 부모에게도 자녀가 어떤 진단을 받았는지 말하는 것을 어려워한다. 또 다른 부모는 친구와 어울리는 것이 어렵다. 그룹 모임은 이러한 부모가 느끼는 어려운 감정과 문제를 다루는 것을 지원하기 위한 시도이다. 지금이 이를 위한 적기다! 지금까지 우리 레지오 에밀리아에서는 미국에서 하듯이 특별한 조건이 있는 자녀를 둔 가정을 대상으로 형식적인 그룹 상담이나 치료 서비스를 제공하지 않았다. 스스로 자조그룹에 참여한 몇몇 가정이 있었지만, 우리가 심리학자나 치료사가 함께 하는 조직화된 프로그램을 제공하지는 않았었다.

마테오와 그의 지원 교사

마테오는 자폐 스펙트럼 장애로 진단된 5살짜리 어린이다.* 그는 라 빌레타(La Villetta) 유아학교에 3년째 다니고 있다. 처음에는 말을 하지 않았고, 가까이에 있는 물건을 집어 던졌지만 지금은 매우 발전하였다. 지금은 간식 시간이다. 지원 교사가 세 개의 의자와 탁상 하나를 대부분의 유아가 앉아 있는 자리 앞에 준비한다. 마테오는 교사 옆에 앉아 다른 어린이들이 앉은 자리를 마주 하고 앉는다. 마테오는 선생님 얼굴을 만진다. 로지(Rosi)는 마테오 손을 잡고 부엌으로 데려가 접시에 과일을 담도록 안내한다. 로지가 접시를 집으면 마테오는 그 뒤를 따라간다. 마테오가 접시에서 포크를 집어 로지가 가는 쪽이 아닌 곳으로 간다. 로지는 그에게 "어디 가는 거야?"라고 질문하는 사이 교사가 나서서 마테오를 막아선다. 그들은 어린이들이 앉아 있는 자리 앞에 선다. 마테오는 선생님과 로지 사이에 놓인 의자에 앉는다.

교사가 "친구들을 불러봐."라고 한다. 로지는 마테오에게 각 어린이의 사진이 있는 카드를 한 장씩 건네준다. 마테오는 각 사진을 본다. 마테오는 모여 있는 친구를 쳐다본 후 각 친구의 이름을 부른다. 이름이 불린 유아는 즉각적으로 반응하여 탁자 위에 놓인 과일접시에서 포크를 이용하여 과일을 덜어간다. 마테오가 이름을 부른 후 사진 카드를 로지에게 건네면 그 카드를 모을 작은 상자에 넣는다. 교사는 미소 짓고, 모든 유아는 각자 과일을 받으러 나오는 것이 만족스러워 보인다. 두세 번 마테오의 주의가 흐트러졌을 때 로지가 그의 얼굴을 쓰다듬는다. 그는 미소 짓고 다시 과제를 수행하며, 어린이들도 친절하게 반응한다. 매번 그가 이름을 부르면 교사나 어린이 중 한 명이 "브라보!" 또는 "최고야, 토마쏘(Thomasso)! 브라보!"라고 외친다(이 경우 토마쏘가 맞았다는 것을 확인시켜주는 것이다.).

특정 시점에서 선생님이 카드를 마테오에게 건넸을 때 손가락으로 가리키며 "봐!"라고 한다. 마테오는 이름을 말한 후 "집에 있어."라고 보탠다. 여러 어린이가 "최고야!"라고 한다. 한 어린이는 "그 애를 찾아보지도 않았어!"라고 한다. 마테오가 자기 카드에 이르렀을 때 "이건 나야!"라고 한다. 로지는 그를 포옹하고 웃으며, 사진 카드를 그녀가 들고 있는 상자에 넣는다. 마테오는 포크로 사과를 찍는다. 다 끝나자 마테오와 로지는 함께 일어나 남은 사과 조각들을 버리러 간다.

* 본 장에 소개된 손찌니의 사례와 이야기들 외에도 특별한 권리를 지닌 레지오 에밀리아의 어린이들에 관한 출판된 사례연구가 두 개 더 있다. 루카의 이야기(Luca's story)(Gandini & Gambetti, 1997 참조) 그리고 스텔라의 이야기(Stella's story)(Smith, 1998, pp. 209-213).

교실 조직과 커뮤니티: 미래를 꿈꾸기 시작하는 친구들

특별한 권리를 가진 유아가 학급에 배정되면 제3의 '지원' 교사도 학급에 배정된다. 이 교사는 특수 교육과 관련된 교사가 아니라 일반 교사이다. 따라서 나는 특수 교육에 대한 전문성이 없는 교사를 준비시키는 역할을 해야 한다. 일반 교사를 준비시키는 것은 단점이 아니라 장점이다. 왜냐하면 우리는 특별한 권리를 지닌 어린이를 그룹의 일원이나 또래 집단 중 한 명의 어린이로 여기기 때문이다. 우리는 어린이를 다양한 관점에서 관찰할 때 어린이 간의 상호작용을 중시한다. 지원 교사는 정규 교사로 채용되기 위한 경쟁에 참여했던 교사 목록 안에서 선택한다. 대학에 학위 과정이 있지만 현재 우리 시스템에서는 장애유아와 일하는 데 특별한 학위를 요구하지 않는다. 그러나 가족이 지원 교사가 전문성을 가질 것을 요구하기 때문에 이러한 상황은 오래 지속되지 않을 것이다.

제3의 (지원) 교사는 특별한 권리를 지닌 유아가 소집단에서 활동할 수 있게 해준다. 소집단 맥락에서는 성인이 모든 유아를 더 가까이에서 관찰하고 주의를 기울일 수 있게 해준다. 소집단은 친밀한 맥락이기 때문에 우정과 관계의 시작과 공고화를 가능하게 한다. 이는 성인과 다른 어린이들이 특별한 권리를 가진 어린이와 관계를 형성할 수 있게 해준다. 우리는 반복적인 일상과 작은 매일의 활동이 교환이나 오리엔테이션이 이루어지게 하는 훌륭한 기회이고, 발현되는 능력에 가치를 부여한다는 것을 발견하였다.

일반적으로 영유아센터나 유아학교에서는 학급당 한 명의 특별한 권리를 가진 유아만 배정한다. 간혹 두 명인 경우도 있지만 절대 같은 장애를 가진 유아를 배치하지는 않는다. 두 어린이를 비교하는 것을 바라지 않기 때문이다. 학급의 교사는 특별한 권리를 지닌 유아가 이 맥락에서 생활하고 지낼 수 있도록 하기 위해 즉각적으로 반응하고 사용 가능한 다양한 표현 전략(예를 들어 발성, 사인, 몸짓, 눈길, 얼굴 표정, 몸의 자세 등)을 다 사용한다.

학급에 특별한 권리를 지닌 유아가 있다는 것은 다른 유아들에게도 매우 교육적인데, 왜냐하면 이 유아와 상호작용하기 위해 자신의 행동, 언어, 의사소통 방법 그리고 심지어는 신체적 접촉 방식도 조정해야 하기 때문이다. 이 과정은 유아에게 더 많은 융통성을 요구하기 때문에 지식 습득에도 공헌한다. 이런 경험은 유아에게 특별한 권리를 지닌 어린이와의 조우가 가능하다는 것을 깨닫도록 자극한다. 나는 통합 학급에서 어린이들 간의 특별한 만남을 관찰해 왔지만 어떠한 어린이도 신체적 운동적 어려움을 가진 어린이를 아프게 하거나 해를 끼치는 것을 결코 본 적이 없다. 나는 아래의 글상자에 묘사된 마르코(Marco) 이야기처럼 공감과 돌봄의 인상적인 사례를 여럿 봐왔다. 나는 또한 제한된 표현 언어를 가진 어린이와 의사소통하기 위해 어린이들이 다양한 몸짓 언어를 사용하는 것을 봐왔다. 어린이들은 자신과 그 어린이와의 차이(다름)에 부정적인 의미를 부여하지 않는다. 대신 어린이들은 차이를 인지하고 인정한다. 이것은 교사가 어린이에게서 배우는 다양한 사례 중 하나일 뿐이다. 특별한 권리를 가진 유아와 함께 작업하기 위한 전략이나 접근법을 제안하는 것은 항상 어린이다. 어린이는 우리가 생각해내지 못한 전략을 생각해낸다. 이것이 로리스 말라구찌가 "어린이에 대한 것과 어린이를 위한 것은 언제나 어린이에게서만 배울 수 있다."라고 항상 말한 이유이다.

마르코와 학급 친구들

마르코가 안나 프랜크 유아학교(Anna Frank Preschool)에 도착했을 때 그는 이미 한 해를 살바도르 아옌데 영유아센터(Salvador Allende infant-toddler center)에서 보내고 온 후였다. 그 일년 동안의 목표는 그의 사회적 관련성을 증진시키고, 그가 자신을 둘러싼 세계와 사람들과 상호작용을 하도록 돕는다는 것이었다. 안구엽 없이 태어난 그는 인공눈을 착용했는데 정기적으로 세척하여 다시 맞춰야 하는 것은 어려운 과정이었다. 그의 가족은 고립되어 살았기 때문에 다른 어린이들과의 접촉이 없었다. 그의 부모는, 특히 어머니는 슬픔과 우울의 감정에 시달리고 있었다. 마르코를 가르치는 선생님들은 궁금했다. 마르코의 관점은 무엇인가? 마르코는 누구였고 누구인가? 어떻게 교실 공간에서 자기 자리를 찾아갈 수 있도록 도울 수 있을까? 성인으로서의 우리를 어떻게 하면 마르코가 인지하고 알게 할 수 있을까? 마르코가 말을 하게 할 수 있을까? 마르코가 손으로 할 수 있는 탐색활동은 어떤 유형일까? 소리로 구분 가능한 영역을 향해 마르코가 걸어갈 수 있도록 동기화시켜 줄 수 있는 것은 무엇일까?

영유아센터는 특별한 소리와 재료의 울림으로 구분이 가능한 공간을 선택하여 마르코의 반응을 보고 그를 알아가기로 결정하였다. 예를 들어 교사는 한쪽에 타악기를 두었고, 다른 쪽에 있는 암벽에 종을 달았으며, 금속과 나무와 관련된 건축 재료를 또 다른 곳에 두었고, 모임 시간에 앉을 수 있는 부드러운 털 재질로 된 베개를 배치하였다. 또한 그들은 두꺼운 테두리가 있어 기어 다닐 때 쉽게 느낄 수 있는 깔개를 찾아 다른 어린이들과 함께 놀 수 있는 자리에 배치하였다.

살바도르 아옌데에서의 일 년은 마르코에게는 재탄생과 같았다. 그는 구어를 사용하기 시작했으며, 무엇보다도 도움을 청하기 위해 말(어구)을 구성하기 시작하였다. 예를 들어 그는 "나를 도와줘.", "나 일어나고 싶어.", "나 앉고 싶어.", "나 서고 싶어." 등의 말을 했다. 그는 또한 성인이 동행하면 걸어 다니기 시작했으며 움직이는 데 어려움을 내색하지 않았다. 그러나 아직 사물에 이름을 붙이기 위해 자발적으로 언어를 사용하지는 않았고, 손을 이용한 재료의 탐색도 매우 제한적이었다.

그가 안나 프랜크 유아학교에 입학했을 때, 마르코는 매일 문 앞에서 자신이 도착했을 때 반겨주고 옷 벗는 것을 도와주는 학급 친구들을 만나는 것을 기뻐했다. 그의 어머니도 매우 만족스러워하였다. 개인 사물함에도 삼차원 형태의 작은 동물이 있어 찾기 쉬웠다.

안나 프랜크 유아학교의 교사와 어린이들은 마르코의 어려움에 대해 논의하고 한 장소에서 다른 장소로 독립적으로 이동할 수 있는 해결책을 찾고자 하였다. 교실과 바로 연결된 화장실까지 가는 길을 어떻게 알려줄 수 있을까? 마르코가 교실에서 식당, 그리고 *피아짜(piazza)*까지 가는 길을 어떻게 하면 깨달을 수 있게 해줄까? 마르코가 너무 좋아해서 또래와 함께 광장에서 놀고 싶게 하는 그 무엇을 어린이들이 광장에서 찾거나 광장에 놓아줄 수 있을까? 이 모든 질문은 적절하였다. 왜냐하면 마르코는 아직도 혼자서 이동하거나 걸어 다니려는 시도를 거의 하지 않았으며, 어린이들이 마르코가 사용할 수 있게 해준 사물을 손으로 자발적으로 탐색하는 일이 거의 없었기 때문이다.

마르코가 화장실까지 가는 길을 찾을 수 있게 하기 위해 어린이들은 촉각 길을 만들자는 아이디어를 냈다. 요철이 있는 튼튼한 플라스틱 깔개를 이용하면 걸어가는 동안 안심하고 발로 느낄 수 있는 것이었다. 어린이들은 제일 좋다고 생각되는 것을 찾을 때까지 눈을 감고 걸어보며 다른 종류의 표면과 카펫 종류로 실험을 하였다. 식당으로 가는 길에 종이 달린 밧줄을 설치할 것을 생각해 냈으며, 이것은 교실 문 밖에서부터 벽을 따라 설치되었다. 끝으로, 교실과 광장 사이를 오가는 것에 대해 어린이들은 광장과 교실에서 마르코가 특히 좋아하는 요소를 골라냈다. 교실 문 가까이에는 흔들 목마를, 광장에는 피아노를. 어린이들의 아이디어는 많았으며 굉장히 다양한 시도를 해보았다. 그리고 그들은 변화무쌍하게 변하는 마르코의 요구와 자신들이 점차 겪게 될 어려움도 고려하였다.

교사에게 중요한 것은 어린이들이 마르코와 노는 것을 원했고 '마르코에 대해 생각하고 마르코처럼 생각' 하려고 노력한다는 점이었다. 어린이들은 그와 공감하였고 마르코가 가진 제한점과 가능성을 자신이 가진 것처럼 생각하고 행동했다. 어린이들은 소집단 또는 대집단으로 문제점과 가능한 해결책에 대해 논의했다. 마르코는 소집단 논의에 참여하여 자신의 의견을 말했다. 이러한 논의를 통해 마르코는 몇몇 순간에 자발적이고 독립적으로 움직이게 되었다. 특히-우리는 이것을 동영상으로 기록하였다-마르코는 피아노 건반을 이용했으며, 저음에서 고음까지의 서로 다른 음조를 발견했다. 그는 한두 명의 친구가 함께 있을 때 소리를 가지고 놀기 시작했으며, 피아노에서 내소적인 음조의 건반에 닿기 위해 일어서는, 스스로의 힘으로 움직이는 것에 굉장한 흥미를 보이기 시작하였다. 그는 심지어 친구와 함께 소리의 대화(자극과 답변)와 리듬 패턴으로 이루어진 게임을 고안하였다. 이 모든 것은 마르코의 지속적인 발전을 보여주는 사례이다.

중요한 질문은 우리가 어떻게 해야 특별한 요구를 가진 어린이 주변에 소그룹의 또래가 형성되고, 그 어린이가 소속감을 가질 수 있도록 어떻게 촉진할 수 있는가이다. 아침에 교사가 그 날의 다양한 가능성을 어린이들과 나누는 시간에 소집단이 자연스럽게 형성되는 경우가 많다. 예를 들어, "루아나(Luana) 선생님은 오늘 아침에 점토활동을 할 거예요. 누가 같이 할래요?", 그 그룹에서 활동하기로 선택하는 것은 어린이들이며, 특별한 권리를 지닌 어린이를 포함하기로 결정하는 것도 어린이들이다. 교사가 그룹을 구성할 때에는 특별한 권리를 지닌 어린이를 의사소통을 잘하고 기술이 좋은 어린이들 사이에 두려는 경향이 있다. 그러나 어린이들 사이에는 매우 강한 우정이 형성되었고, 우리는 스스로 그룹을 조직하는 그들의 능력을 존중한다.

움베르토(Umberto)라는 소년의 발달에 대해 이야기해 보겠다. 이 어린이가 4년 전에 우리 프로그램에 왔을 때, 그는 앉을 수 없었고 누워서 시간을 보냈다. 우리는 그가 손을 건드리는 것은 참지 못했지만 얼굴을 건드리는 것은 그렇지 않다는 것을 발견하였다. 교사는 학급의 다른 어린이들과 함께 노력하여 그와 상호작용하고 관계를 형성하도록 격려하였다. 한 번은 움베르토가 같은 반에 있는 두 명의 여아와 함께하는 아름다운 상호작용을 관찰할 수 있었다. 그들은 함께 부드럽고 몽환적인 음악을 듣고 있었고, 두 여아는 다양한 색깔의 얇은 천을 그의 얼굴에 씌우고 있었다. 두 여아는 그를 위해 종도 연주해 주고 있었다. 움베르토는 바닥에 앉아 있었고 그가 뒤로 넘어지면 다시 앉을 수 있도록 도와주고 있었다. 교사는 상황에 드나들면서 두 여아를 격려하는 것이 중요하다고 느꼈을 때나 제안이 필요하다고 느꼈을 때 상호작용을 하였다. 교사는 움베르토에게 어떻게 해야 앉아 있을 수 있는지 이야기하고 여아들에게 그를 도울 수 있는 방법을 제안하였다. 한 번은 움베르토가 뒤로 넘어지려고 하다가 균형을 잡았을 때 교사는 교실 맞은편에서 큰소리로 "*브라보*! 움베르토, *브라보*!"라고 외쳤다. 움베르토는 두 여아와의 그 시간을 매우 즐겼다. 그는 웃었고 박수쳤으며 입으로 소리를 냈다. 두 여아도 그와 함께 있어 매우 행복했다. 두 여아는 그의 얼굴을 만졌고, 가끔은 그가 스스로 천을 잡아 내렸다. 두 여아는 코 푸는 것을 도와주기도 했고 그를 돌보고 싶어 하였다.

다른 어린이들이 특별한 권리를 가진 어린이와 함께 작업하는 것에 대한 아이디어와 제안을 하는 경우도 많다(자신이 그 경우라면 어떻게 대응하거나 저항할지 말하는 것처럼). 예를 들어, 어린이들에게 "우리는 움베르토와 이것을 해야 해. 우리가 이걸 어떻게 할 수 있을까?"라고 물을 수 있다. 어린이들은 종종 우리가 고려하지 않았던 아이디어나 제안을 생각해 내거나 특별한 권리를 지닌 어린이가 사용하는 제스처나 기타 비언어적 방법을 포함한 의사소통적 신호를 알아차린다.

다른 어린이들은 특별한 권리를 지닌 어린이가 어디든 갈 수 있다는 것을 배운다. 어린이가 혼자서 움직일 수 없을지라도, 그 어린이를 가까이에 둘 수 있다. 이 어린이에게 모든 가능성을 제안하는 것의 중요성은 그 어린이가 우리 사고의 일부가 되고, 결과적으로 다른 어린이들의 사고의 일부가 되기 때문이다. 이 어린이가 시간의 흐름에 따라 어린이들 생각의 일부가 된다는 것은 엄청난 변화이다. 어린이들은 그 어린이가 결석을 하면 알아차린다. 어린이들은 특정 재료를 가지고 작업을 하면서 "카트리나(Caterina)가 와서 우리랑 이거 같이 해야 하는데…."라고 말한다. 영유아센터와 유아학교의 공간들은 분리된 공간이 아니라 만남과 조우를 격려하는 공간이다. 어린이들이 메시지를 주고받을 수 있는 메시지 상자가 항상 있는데, 특별한 권리를 가진 어린이가 메시지 박스에 가장 많은 메시지를 받는 경우가 빈번하다. 이 모든 것이 이 어린이가 그룹 안에 그리고 그룹 구성원의 생각 안에 머무른다는 증거이다.

소속감은 초반에 생기도록 해야 한다. 특별한 권리를 가진 유아가 유아학교 교실에 들어설 때 우리는 먼저 어린이들과 이야기를 하고 공개 토론을 한다(우리는 누구라도 학급에 새로 들어올 때는 학급이 새로운 친구를 환영하게 한다.). 우리는 새로운 친구에 대한 정보를 공유하고 다른 어린이들을 참여시킨다. 우리는 예를 들어 이렇게 이야기할 수 있다. "새로 오는 우리 반 친구는 너희처럼 이야기를 할 수 없어. 그러니까 그 친구와 의사소통하기 위해서 우리가 할 수 있는 일은 무엇일까?"

학년 말에는 그 어린이가 초등학교에 진학을 한다면 그의 다음 번 선생님에게 무엇을 알려줄 수 있는지 함께 이야기를 해볼 수 있다. 한 사례에서 우리는 학급 또래에게 그들의 특별한 친구 프란체스코(Francesco)에 대해 초등학교 선생님에게 어떤 점들을 전달해야 할지 질문하였다. 이것은 우리가 '다리 프로젝트(Bridge Project)' 라고 부른, 유아학교에서 초등학교로 올라갈 때 보낼 자료를 수집하는 프로젝트의 일부였다. 어린이들은 프란체스코가 성취하기까지 비록 시간이 오래 걸리기는 하지만 그가 읽기와 쓰기를 배울 수 있는 가능성이 있다는 것을 인지하였다. 그들은 3년간 함께 지내면서 그가 겪은 모든 작은 변화를 기억하였다. 우리는 학급 친구들이 특별한 권리를 가진 그들의 친구에 대한 꿈을 가진다는 것이 중요하다고 믿는다. 그들은 미래에도 계속 동료와 중재자로 있어줄 것이다.

어린이들의 수많은 언어: 언어의 팔레트를 키우기

우리가 의사소통의 익숙한 코드-주로 구어-를 사용할 수 없을 때, 이는 우리 각자가 세계와 조우하고 의사소통할 수 있게 하는 다양한 감각 기관을 가지고 태어났다는 점을 기억하게 한다. 아이가 구어를 사용하지 못할 때, 교사는 서서히 변화하는 아이의 의사소통 방식을 해석해야 하는 엄청난 책임이 있다. 이러한 상황에 있다는 것은 또한 우리에게 모든 아이는 배움에 관한 고유의 타이밍과 전략이 있다는 것을 상기시킨다.

차이를 포함시키는 것, 즉 장애아를 포함시키는 것은 일반적인 교육 맥락을 또 다른 방식으로 개선시킨다. 어린이들이 학습하는 과정에서 우리는 최종 산물이나 결과만 얻기를 원하지도 않고 그렇게 되지도 않는다. 우리는 초점을 아이를 동기화시키는 것과 아이가 결과에 도달하기까지 실행한 전략에 둔다. 장애아에게 일어나는 변화는 미미할 수 있지만, 이러한 변화가 일어났을 때 가치 있게 취급해야 한다. 따라서 그들의 존재는 우리가 세심한 관찰자가 되도록 가르친다. 우리는 그들을 포함시키는 것이 우리의 교육적 접근과 경험의 질에 굉장히 기여한다는 점에서 그 어린이들에게 빚이 있다.

실외 정원은 서로 다른 능력을 가진 어린이가 함께 놀 수 있도록 초대한다.

이 특별한 사례는 안데르센 유아학교(Anderson School)에서 2년째 지내고 있는 엔리꼬(Enrico)라는 4살짜리 어린이의 이야기다. 그는 확인되지 않은 유전적 조건 때문에 일반적인 정신 지체가 있는 것으로 진단되었다. 그의 운동 기술은 개선되었지만, 다른 어린이들에 비하면 덩치가 많이 작았다. 그는 언어적으로 의사소통을 하지 않았지만, 의사가 우리에게 알려준 것보다 훨씬 많이 알아들었다! 그는 자신만의 복합적인 신호 언어 시스템을 개발하였는데, 이는 그가 개념을 연결할 수 있다는 것을 의미한다. 예를 들어, 그가 다른 사람에 대해 이야기하고 싶어 할 때 그는 자기에게 두드러지게 느껴지는 그들의 특성을 가리켰다. 우리는 그와 의사소통할 때 구어를 사용했지만, 우리의 구어는 그의 신호 언어 덕분에 풍부해졌다.

같은 해에 어린이가 자신들이 사는 도시의 정체성에 대해 어떻게 여기는지 모든 센터와 유아학교에서 조사하고 있었다(Davoli & Ferri, 2000). 교사는 어린이에게 질문하였고 그들의 대답을 통해 그 도시에 대한 유아의 이미지를 이해하려고 노력하였다. 안데르센 유아학교에서 우리는 엔리꼬가 도시를 바라보는 방식을 우리가 어떻게 이해할 수 있을지 자문했다. 어떻게 엔리꼬가 도시에 대해 생각하는 것을 우리와 의사소통하게 할 수 있을까? 그것은 큰 도전이었다. 도시 주변으로 현장학습을 갔을 때 어린이들과 도시 사진을 찍어두었다. 학교로 돌아와서 이 현장학습 중에 찍은 10개의 이미지를 스크린에 투사하고 엔리꼬에게 레지오의 어떤 점이 좋은지 가리키도록 했다. 우리는 그에게 손으로 가리키거나, 그림으로 그리거나, 소리를 이용해서 그가 선택할 것을 알릴 수 있음을 알려주었다. 놀랍게도 엔리꼬는 도시의 소리와 소음을 가리켰고, 특히 길모퉁이에서 색소폰을 연주하는 사람에게 특별한 관심을 보였다. 이 상황의 맥락을 이해하는 것이 중요하다. 어떻게 말로 의사소통을 할 수 없는 어린이가 그의 선택과 '도시의 이미지'를 가리킬 수 있을까? 언어의 팔레트는 그의 생각을 표현하기에 매우 커야만 했다.

사회적 구성주의: 삶에 대한 자신의 접근방법을 보여주는 어린이

나는 장애아가 상호주관적으로 자신에 대해 긍정적인 표상, 즉 지속적으로 진화해 가는 표상을 할 수 있도록 허용해 주는 학교에 다닐 권리가 있다고 믿는다. 우리는 관찰의 중요성과 기록 과정의 중요성을 강조하고, 또한 지식이 타인과의 상호작용을 통해 쌓인다는 구성주의를 강조한다. 지식의 대상이나 관찰의 대상을 관찰을 하는 주체와 따로 분리하여 생각할 수 없다. 특별한 권리를 지닌 어린이를 이해하는 것은 어렵다. 따라서 어린이와 함께 하는 작업 과정에서 상호작용을 하고 지식을 구성하기 위해, 우리는 지속적이고 조심스럽게 위에 언급한 철학적 전제를 반영해야 한다. 우리는 성인의 의미론적 이해와 이해를 구성해 가는 방법에 주의를 기울여야 한다. 특별한 권리를 지닌 어린이는 우리가 자기-평가(self-evaluation)에 주의를 기울이게 하고, 우리가 그들과의 관계를 평가할 수 있게 하는 도구를 찾도록 한다. 우리는 제롬 브루너(Jerome Bruner)와 프란코 케이어(Franco Kayer)의 사상에 동의하는데, 그 이유는 우리가 구조물이나 비계를 설정하고, 그 어린이와의 의사소통을 해독하고, 해체하고, 구성할 책임이 있다고 믿기 때문이다. 우리에게 가장 중요한 것은 우리의 해석적 행동에 주의를 기울이고, 우리의 제한점과 창조적인 잠재력을 인식하는 것이다.

우리는 일반 유아보다 특별한 권리를 지닌 유아의 정서와 인지가 서로 밀접하게 연결되어 있다는 것을 배웠다. 우리는 앞서 언급했듯이 구어 이외의 다른 언어에도 주의를 기울여야 한다는 것을 배웠다. 어린이는 우리가 그들의 시간과 리듬을 존중하도록 동기화시켰을 뿐 아니라 변화의 의미에 대해 우리가 해석한 것도 다시 분석하도록 동기화시켰다. 우리는 변화를 어떻게 해석하는가? 전통적으로 변화는 장애아가 정상아가 되어가는 움직임으로 받아들여졌다. 역사적으로 목표는 특별한 권리를 지닌 어린이가 최대한 정상적인 상태에 가깝도록 하는 것이었다. 변화에 대한 이런 해석은 어린이의 결핍에 초점을 맞춘 것이다.

레지오에서는 변화를 볼 때 어린이와의 관계에서 현실적으로 무엇이 가능하고 무엇이 불가능한지를 본다. 이러한 변화의 개념은 특히 장애가 복합적인 어린이에게 적합하다. 이 과정은 특히 자녀에게 변화가 일어나는 것을 보고 싶어 하는 가족에게는 긴 과정이다. 종종 가족은 변화를 정상의 상태로 가는, 즉 전통적인 방식으로 생각한다. 어린이가 레지오 시립 영유아센터와 유아학교에 최장 6년간 다닐 수 있기 때문에 오랜 시간 동안 어린이를 추적할 수 있다. 따라서 우리는 가족이 자녀의 가능성과 제한점을 현실적으로 볼 수 있도록 도와줄 수 있다. 어린이는 가족보다 자신의 제한점을 받아들일 준비가 잘 되어 있다. 우리는 그간의 경험을 통해 기대치에 대한 우리의 기준으로 가족에게 영향을 미치기보다는, 가족에게 세심한 주의를 기울이고 그들의 기대치를 이해하려고 노력해야 한다는 것을 배웠다. 기대치에 관한 가족과의 대화는 민감하다. 왜냐하면 우리가 그들의 기대치를 이해하지 않으면 그것은 서로의 이야기를 들을 수 없는 사람들 간의 대화가 되어버리기 때문이다. 우리는 교육자로서 가족의 견해에 귀 기울이는 것을 배워야 한다.

우리가 유아 간의 다름, 특히 특별한 권리를 가진 유아의 다름에 주의를 기울이면, 각 유아마다 자신만의 존재방식이 있다는 것을 배울 수 있다. 각 어린이의 삶에 대한 접근방식을 우리에게 보여줄 수 있게 하는 것은 중요하다. 그들의 접근법을 통해 우리는 그들과 함께 하는 방법을 배운다. 삶에 대한 어린이의 접근법은 그들을 둘러싼 세계를 이해하기 위한 일종의 연구, 세계를 알고자 하는 매우 인간적인 방법이다. 특별한 권리를 지닌 어린이와 한 우리의 경험은 우리가 보다 나은 관찰자가 될 수 있도록 함으로써 우리 작업의 질을 향상시킨다. 우리는 스스로의 제한점과 기대치에 대해 논의하는 것과 어린이의 흥미를 보다 깊이 고려하는 측면에서 향상되었다. 어린이의 신체적 상태 때문에 그들이 가진 흥미를 감지하는 것은 어려운 일이다.

그러나 레지오에서는 어린이가 상호주관성을 획득하는 각자의 방식이 있다는 것을 안다. 우리는 교육학적 지식과 치료적 전략을 결합해서 어린이가 타인을 인식하도록 돕고자 하였다. 우리는 자폐 성향이 있는 어린이는 자극이 풍부한 상황에서 동작과 움직임을 통해 상호주관적으로 탐색을 한다는 것을 발견하였다. 예를 들면, 바구니에 공을 던질 때 차례를 지키는 것을 보고 이 어린이가 타인을 인식한다는 것을 알 수 있다. 어떤 어린이라도 셋이서 점토 책상에 앉으면 서로를 흘깃 보곤 한다. 한 사례에서는 한 어린이가 원 대형으로 앉아 있는 것에 압도되어 어쩔 줄 몰라 했기 때문에 그를 원에서 분리시키려 했었다. 그러나 이 어린이는 그 자신만의 해결책을 찾아냈다. 원 대형에 앉아 있으면서 그는 자기 손으로 눈을 가렸고 차츰 손가락을 벌려 또래 집단을 천천히 바라보았다. 그는 집단을 자신만의 시간 안에서 받아들이고 있었으며, 이는 다른 사람과의 교환도 가능하다는 것을 의미한다.

전문성 신장: 교사의 보는 능력 향상하기

■ 레지오 에밀리아에서

우리 같은 시스템에서 그동안 이루어 온 발전이 유지되고 지속되기 위해서는 전문성 신장이 매우 중요하다. 나의 역할은 특별한 요구가 있는 어린이와 관련된 교육과 재활 프로그램을 담당하는 심리학자와 *페다고지스타*로 봉사하는 것이다. 그러나 내가 가족, 교사 그리고 지역 보건 서비스와의 관계에 관한 문화와 역사를 유지하는 유일한 사람이 될 수는 없다. 따라서 시에서는 교육조정팀(Pedagogista Coordinating Team)에 소속된 젊은 *페다고지스타*를 내게 배정함으로써 그녀의 전문성이 신장되도록 하였다.

훈련에 필요한 공공재원이 감소하는 시대임을 고려하여, 영유아센터와 유아학교에서 일하는 지원 교사(그리고 다른 사람들)의 전문성도 함께 신장시킬 방안도 모색하였다. 우리는 초등학교에서 일하고 있는 지원 교사도 참여시켰다. 이들 모두는 시에 소속되어 있었고, 출생부터 만 10세까지의 특별한 요구가 있는 어린이를 위해 봉사하고 있었기 때문에 전문성 신장을 위한 네트워크를 만들기 위해 노력했다. 이런 교류는 어린이의 과거, 현재, 미래를 연결할 수 있는 방법이기 때문에 매우 중요하다. 예를 들어, 그 어린이가 더 어렸을 때는 어땠었는지를 초등학교에서 어린이를 지원하는 교사가 알 수 있게 해준다.

우리는 점점 더 의도적으로 지원 교사의 전문성을 신장시키려고 노력했고, 그들이 하는 업무에 적절한 관찰 도구를 제공하였다. 우리는 다양한 맥락에서 유아를 관찰할 수 있다. 예를 들어, 인지 발달이 지체된 어린이는 블록으로 타워를 쌓거나 점심을 먹기 위해 상을 차릴 때 관찰할 수 있다. 두 과제 모두 이런 특성을 가진 어린이에게는 어려운 과제이다. 관찰 후에는 항상 지원 교사와 학급 교사가 함께 어린이에게 어떠한 개입과 지원을 제공할 것인지에 계획하기 위한 토론을 한다. 나는 대학교의 허락을 받아 우리 지원 교사들(그리고 다른 교사들)이 아동기 장애에 관한 과정을 청강하거나 참여할 수 있게 하기도 하였다.

관찰할 때 우리는 모든 어린이에게 적용해 온 동일한 방법을 사용하기도 하지만, 우리의 구성주의적 신념뿐 아니라 우리의 오랜 경험도 활용한다. 예를 들어, 한 지원 교사가 여러 측면에서 발전이 있었지만 아직도 블록 쌓기를 어떻게 시작해야 하는지 또는 그림을 어떻게 그려야 하는지에 대해서는 전혀 모르는 4살짜리 유아에게 접근한다고 가정하자. 어린이는 처음에는 "이 블록으로 우리가 무엇을 할 수 있을까?" 또는 "방금 그렇게 했네. 우리가 다음에는 뭘 해야 한다고 생각해?" 또는 "그 아이디어를 어떻게 그릴 수 있을까?"와 같은 고차원적인 추론을 이끌어내려는 질문에 당황할 수도 있다.

모든 어린이를 대할 때 우리는 그들이 선택과 가능성을 깨닫고 그들의 경험을 표상할 수 있는 방법을 찾는다. 정신적인 표상은 학습이고 알아가는 방식이다. 계획을 하거나 표상을 하는 능력이 부족한 듯 보이는 어린이를 위해 교사가 개입하여 계획 세우는 것을 돕거나 가장 흥미로웠던 것에 대해 그림을 그려보라고 격려할 수 있다. 우리가 질문을 하여 부드럽게 제안하고 점차 어린이가 집중할 수 있게 도와준다면 우리는 로리스 말라구찌에 영감을 받은 우리의 철학, 그리고 레프 비고츠키(Lev Vygotsky)와 제롬 브루너(Jerome Bruner)의 심리학적 이론과 일치하는 방식으로 일을 하고 있는 것이다. 우리는 어린이가 어려움을 느끼는 그 정확한 지점에서 도움을 주는 것을 배워야 한다. 이것은 마치 비록 우리가 평소 나아가던 걸음보다 더 느릴지라도 우리가 보다 집중하면서 나아가겠다는 선택을 한 것과 같다.

이 논의와 관련 있는 사실은 우리의 시스템 안으로 새로운 교사가 유입되었다는 점이다. 새로운 교사가 유입되면서 어린이가 어떻게 학습하는가에 대한 기본 지식을 다시 공부할 필요성이 생겼다. 어린이와 밀접한 관련을 맺고 작업하는 과정에서 생성된 좋은 교육 사례를 통합하면서 발전한 우리와 교육 시스템은 시간이 흐르면서 현재 우리와 같은 시대를 사는 현대의 어린이와 가족에 대한 깊은 이해나 지식과 동떨어진 교육을 하는 위기가 발생할 수 있다. 섣불리 어떤 전략을 사용할 것인지 결정하기보다는 다양한 어린이가 학습하는 과정을 다시 살펴봐야 한다고 생각한다. 교사도 새로운 세대이고, 어린이도 20년 전보다 훨씬 다양하다. 부모의 교육 방식도 변화하고 있다. 우리에게 오는 어린이는 다양한 나라와 경제적 배경을 지니고 있다. 따라서 개별 유아를 관찰하고 각자가 학습과 발달에 독특한 방식이 있다는 근본 가정으로 회귀하는 것이 중요하다.

우리의 연구 결과가 장애아의 장기적 발달에 관한 문헌이 풍부해지는 것에 기여하길 원한다. 이 새로운 시도를 시작할 때, 협력 과정에서 우리를 지원하기 위해 꽤 많은 시간을 헌신한 티찌아나 필리삐니(Tiziana Filippini)의 도움을 받았다. 교육 포럼(Officina Educativa, Educational Forum)이라고 불리는 기록작업은 출생에서 만 10세까지의 장애아와 관련된 일을 하는 교육자 간의 협력 시스템이 될 것이다. 또한 우리는 정부(국립) 유아학교에서 근무하는 레지오의 지원 교사도 참여시키고자 노력하고 있다.

오래 전에 로렌조 밀라니(Lorenzo Milani)는 『한 교사에게 쓰는 편지(*Lettera a una Professoressa*)』(Scuola di Barbiara, 1967)에서 대중적이고 민주적인 학교는 모두에게, 모든 차이(그리고 사회적 불평등)를 고려하여 각자에게 최선의 가능성을 제안하는 기회를 제공해야 한다고 적었다. 학교는 빈곤층에 비해 부유층에게 혜택을 주어서는 안 된다. 모든 어린이는 배경에 상관없이 동등한 가능성을 지닐 권리가 있다. 밀라니(Milani)의 메시지는 레지오 에밀리아에 영향을 미쳐왔지만, 젊은 세대 교사는 이러한 유산을 모른다. 따라서 우리는 이를 되찾아 젊은 교사에게 제공해 주어야 한다. 나이가 든 우리는 우리 안에 이러한 역사를 가지고 있기 때문에 젊은 교육자가 그 역사와 조우할 수 있도록 도와줄 수 있다. 예를 들어, 오늘날 우리의 학교에서 볼 수 있는 다양성으로 인해 차이에 대한 심사숙고는 필수적이다. 우리가 작은 도시에서 살고 있기 때문에 이것이 가능하다. 우리는 전문성 신장을 통해 학습 모임을 확장시켜 나가고 각 분야에서 필요한 지식을 교환할 수 있다.

■ 레지오 에밀리아 너머로 뻗어 나가기

우리 도시 안에서 실시하는 전문성 신장 외에도 우리는 종종 레지오 밖의 이탈리아 학교에서도 전문성 신장 연수를 주재한다. 전문성 신장 연수에 참여한 학교 중 한 곳의 사례를 비디오 테이프로 보면서, 우리는 이 학교 교사들이 특별한 권리를 지닌 어린이들을 잘 돌보고 있음을 알 수 있었다. 그러나 우리는 장애를 가진 어린이가 때로는 다른 또래와 전혀 상호작용을 하지 않는다는 것도 발견하였다. 다른 곳에서 온 교사들은 레지오 학교의 비디오를 보고 많은 어린이가 특별한 권리를 지닌 어린이와 상호작용을 하는 것에 놀란다. 그들은 우리에게 다른 또래를 무서워하기 때문에 말을 못하는 장애아에게 자기 반 유아들이 접근하지 않는다고 하였다. 말을 못한다는 것은 물론 상호작용을 어렵게 만든다. 하지만 그것은 마치 교사가 자신의 해석을 어린이에게 떠넘기는 듯 보였다. 즉, 일반 어린이가 접근하면 장애아가 두려워할 것이고 그 어린이들과는 의사소통을 할 수 없을 것이다라는 교사들의 신념을 떠넘기는듯 보였다.

특별한 권리를 지닌 어린이가 또래를 멀리서 보기만 한다면 어떻게 상호주관성과 자아 개념을 형성할 수 있을까? 우리는 많은 경우 어린이가 요구하기도 전에 교사와 치료사가 미리 해 주고, 곁에 가까이 있으면서 보디가드처럼 행동하고 있다는 것을 깨달았다. 성인들은 아이의 잠재력에 대한 믿음보다는 동정심에서 돕는 듯 보였다. 다른 상황에서는 너무 치료적으로 접근해서 어린이가 받은 진단에만 맞춰 협소한 틀에서만 행동하기 때문에 성인이 생각하기에 적절하거나 가능하다고 생각하는 것만 요구하는 경우도 있었다.

두 가지 상황 모두에서 인공적인 장벽이나 제한이 자아 개념을 발달시키려는 특별한 권리를 지닌 어린이에게 영향을 미친다. 성인으로서 우리는 우리가 어린이의 주관성 발달에 장애가 될 수 있다는 것을 인지해야 한다. 긍정적인 자아 개념을 발달시키는 것을 지원하기 위해 교사, 다른 성인, 다른 또래가 할 수 있는 가장 중요한 것은, 특별한 권리를 지닌 어린이가 교실과 가정에서 스스로 상호작용하고 배우기 위해 기울이고 있는 노력과 시도를 인정하는 것이다.

때로는 교사가 마치 눈이 멀기라도 한 듯, 특별한 권리를 가진 어린이의 능력을 보지 못하고 놓치는 경우도 있다. 우리가 이런 경향이 있다는 것을 인정한다면 이를 고치기 위한 조치를 취할 수 있다. 관찰과 기록작업은 필수적이다. 우리가 더 많은 상황에서 어린이를 관찰한다면, 점점 더 많은 것을 볼 수 있다. 예를 들어, 어떤 어린이는 재료를 탐색해야 하는 상황에서는 멈춰버릴 수 있지만 탁자에서 게임을 하는 상황에서는 마음을 열 수도 있다. 그러므로 우리는 많은 상황을 준비해야 하고 기록하고 해석해야 한다. 나는 교사가 어린이의 행동이 상황마다 다르다는 것을 알아차릴 때 고무된다. 왜냐하면 이는 교사가 어린이의 머릿속에서 일어나는 것을 밝히기 위한 다양한 방법이 있다는 것을 인식했음을 보여주기 때문이다. 특히 비디오는 교사가 그 순간에 쉽게 인지하기 어려운 미세한 변화와 노력을 기록한다. 비디오는 시각적 도구 없이는 깨닫기 어려운 순간을 연구하고 재검토할 수 있게 해주는 것이다. 우리는 비디오를 어린이의 장기적인 변화를 밝히는 데에도 사용한다. 우리는 지원 교사 역할로 교실에 배치될 교사를 위한 전문성 신장 연수를 할 때, 전년도의 특별한 권리를 가진 어린이와의 경험을 녹화한 비디오를 보여주는 것이 매우 효과적임을 발견하였다. 이 시간 동안 신규 교사의 해석과 전년도에 그 어린이와 함께 일했던 교사의 해석을 통합시킬 수 있다.

특별한 권리와 능력을 지닌 어린이와 일하는 것에 대해 우리가 배운 모든 것을 기반으로, 우리는 우리의 경험을 도시 전반으로 확산하여 특별한 권리를 가진 어린이를 환영하는 다른 장소와 공간을 만들어 사회 전체가 그들에게 보다 개방적으로 접근 가능하게 되길 바란다. 어린이들이 우리의 영유아센터와 유아학교 안에서만 통합되고 그 벽을 나서면 소외된다는 생각은 결코 하고 싶지 않다. 개척자로서 우리는 막대한 책임이 있다. 우리는 이 문제를 사회 전반적으로 끌어내기 위해 도시 계획자, 건축가, 디자이너와 직접적으로 더 많은 대화를 해야 한다.

노트

1 1943년에 처음 묘사된 자폐는 드물고 낙인찍히는 장애로 더 이상 여겨지지 않는다. 사실 오늘날 '자폐 스펙트럼 장애'로 알려진 일련의 발달 장애는 세계적으로 증가세에 있다. 혹자는 이러한 사례가 '폭발'하는 뒤에는 환경적 독소물질이나 다른 요인이 있을 것이라고 보았고, 다른 이들은 발생률 증가는 대중의 경각심이 높아진 것, 진단 기준이 발달한 것, 그리고 보고 사례가 증가한 것을 반영한다고 생각한다. 몇몇 국가에서의 자폐아 가정의 경험에 관한 묘사를 포함하여, 이 장애에 대한 역사적 문화적 요소에 관한 후속 논의를 위해 편집자들은 로이 리처드 그링커(Roy Richard Grinker, 2007)의 최근 저서를 추천한다.

2 덴버 모델(Denver Model), 또는 얼리 스타트 덴버 모델(Early Start Denver Model)은 본래 당시 콜로라도 대학교(University of Colorado)에 재직했던 샐리 로저스(Sally Rogers) 박사에 의해 개발된 자폐 치료를 위한 발달적 접근법이다. 그녀는 처음에 '플레이 스쿨 모델(play school model)'이라는 자폐아를 위한 유아학교 개입 모델을 제시하였는데, 이 명칭은 개입 모델이 어린이의 놀이 활동을 기반으로 개발되었기 때문에 붙여진 것이다. 이 접근법의 이론적 기초는 피아제의 인지발달 이론이었다. 세월의 흐름에 따라 덴버 모델(Denver Model)은 일부 행동주의적 절차 또는 응용행동분석(Applied Behavioral Analysis)을 포함시켰지만, 자폐아의 사회적 이니셔티브를 강조하는 것은 여전하였다. 다른 관계 치료법과 마찬가지로 덴버 모델은 어린이 고유의 관심사와 타인과의 관계수립에 초점을 둔다.

참고문헌

Begeny, J. C., & Martens, B. K. (2007). Inclusionary education in Italy: A literature review and call for more empirical research. *Remedial and Special Education, 28*, 80-94.

Cecchini, M., & McCleary, I. D. (1985). Preschool handicapped in Italy: A research-based developmental model. *Journal of Early Intervention, 9*(3), 254-265.

Davoli, M., & Ferri, G. (Eds.). (2000). *Reggio tutta: A guide to the city by the children*. Reggio Emilia, Italy: Reggio Children.

Gandini, L., & Gambetti, A. (1997). An inclusive system based on cooperation: The schools for young children in Reggio Emilia, Italy. *New Directions for School Leadership, 3*, 63-76. Also published in *Innovations in Early Education: The International Reggio Exchange, 1997, 5*(3), 7.

Gandini, L., & Kaminsky, J. (2006). To know a child with special rights: An interview with Ivana Soncini. *Innovations in Early Education: The International Reggio Exchange, 12*(1), 1-11.

Gobbo, F., Ricucci, R., & Galloni, F. (2009). *Inclusion and education in European countries. Final report 7: Italy*. INTMEAS Report for Contract. Lepelstraat, Netherlands: DOCA Bureaus for the European Commission' s Directorate General for Culture and Education.

Grinker, R. R. (2007). *Unstrange minds: Remapping the world of autism*. New York: Basic Books.

Kaminsky, J. A. (1997). An interview with Ivana Soncini. *Innovations in Early Education: The International Reggio Exchange, 5*(3), 1-6.

McClealy, I. D. (1985). Overview, Italy. *Journal of the Division for Early Childhood*, 203.

McGrath, B. (1999). *National policy on inclusion of students with special educational needs in Italy, Ireland, and the United State* (unpublished paper). Available at http://www.eric.ed.gov/PDFS/ED436875.pdf

Nurse, A. (2001). A question of inclusion. In L. Abbott, & C. Nutbrown (Eds.), *Experiencing Reggio Emilia: Implications for pre-school provision* (pp. 62-71). Philadelphia: Open University Press.

Organization for Economic Cooperation and Development (2006). *Starting strong II*. Paris: OECD Publishing.

Palsha, S. (2002). An outstanding education for all children: Learning from Reggio Emilia' s approach to inclusion. In V. R. Fu, A. J. Stremmel, & L. T. Hill (Eds.), *Teaching and learning: Collaborative exploration of the Reggio Emilia approach* (pp. 109-130). Upper Saddle River, NJ: Merrill Prentice Hall.

Philips, S. (2001). Special needs or special rights? In L. Abbott, & C. Nutbrown (Eds.), *Experiencing Reggio Emilia: Implications for pre-school provision* (pp. 48-61). Philadelphia: Open University Press.

Rogers, S. J., & Dawson, G. (2009). *Early Start Denver Model for young children with autism:*

Promoting language, learning, and engagement. New York: Guilford Press.

Scuola di Barbiana (1967). *Lettera a una professoressa [Letter to a teacher]*. Florence, Italy: Libreria Editrice Fiorentina.

Smith, C. (1998). Children with "special rights" in the preprimary schools and infant-toddler centers of Reggio Emilia. In C. Edwards, L. Gandini, & G. Forman (Eds.), *The hundred languages of children. The Reggio Emilia approach: Advanced reflections* (2nd ed., pp. 199-214). Greenwich, CT: Ablex.

Vitello, S. J. (1991). Integration of handicapped students in the United States and Italy: A comparison. *International Journal of Special Education, 6*, 213-222.

Vitello, S. J. (1994). Special education integration: The Arezzo approach. *International Journal of Disability Development and Education, 41*, 61-70.

막간의 이야기
메시지에서 쓰기로: 문식성 경험

라우라 루비찌(Laura Rubizzi)는 레지오 에밀리아에서 가장 경험이 많은 교사 중 한 사람으로, 디아나 학교에서 교사를 역임했다. 시모나 보닐라우리(Simona Bonilauri)는 디아나 학교의 *페다고지스타*이며 어린이들의 발현적 문식성(emergent literacy) 연구에서 라우라를 지원해 주었다. 오랜 기간 레지오 교사들은 어린이들의 메시지 보내기를 지원해 왔다. 유아학교를 방문하게 되면 항상 어린이들이 서로 소통을 위해 사용하는 메시지 상자를 발견하게 된다. 이런 방식으로 어린이들은 점점 글쓰기의 중요성을 알아가게 되고, 교사들은 받는 사람을 의식하며 메시지를 나누는 것은 상징이 어떻게 작용하는지를 계속 배워가는 어린이들이 유지할 필요가 있는 마음의 자세를 나타낸다는 점을 인정하게 된다. 대화를 소개하면서, 우리는 레지오 에밀리아 시의 이스티튜찌오네 소속 영유아센터와 유아학교의 *페다고지스타*이며 대표인 클라우디아 주디치(Claudia Giudici)로부터 프로젝트의 배경을 듣게 된다.

다음 '막간의 이야기'는 라우라 루비찌(Laura Rubizzi)와 시모나 보닐라우리(Simona Bonilauri)가 자신들의 연구를 기술한 것이다.

클라우디아 주디치[1]: '부호(codes)', 특히 알파벳 부호에 접근한 것은 우리 경험에서 새로운 아이디어는 아닙니다. 상당 기간 동안 우리는 의도적으로 상징적 학습에 주목한 맥락과 책략을 준비해 왔기 때문입니다. 이 연구 프로젝트는 몇 년 전 모든 영유아센터와 유아학교에서 이루어졌습니다. 시작부터 우리가 공유했던 생각은 출생 시부터 어린이가 갖고 있는 상징 사용 능력을 발달시키는 것입니다. 심지어 언어가 출현하기 이전에 아주 어린 어린이가 자신의 신체와 사물을 상징적으로 사용하기 시작할 때, 우리는 그 역량을 접하게 됩니다. 그 다음 단계로, 어린이들은 그 상징이 지칭하는 사물들로부터 상징을 분리하여 사용하는 능력이 발달하고, 그것에 이어 어린이들은 알파벳과 숫자 코드를 사용하는 능력이 발달합니다.

이 탐구의 전제와 목표는 무엇인가요? 우리는 문자 언어, 즉 쓰기란 문화적으로 고안해 낸 것이라는 생각에서 출발하였습니다. 이것으로 지식을 전달할 수 있으려면 먼저 그 자체가 지식습득의 대상이 되어야만 합니다. 어린이들이 현실에서 이 '대상'을 이해하려고 애쓰는 과정에서, 어린이들은 이것을 또한 고안하기도 합니다. 즉, 어린이들은 개인 혹은 집단이 주도하여 그들만의 고유한 언어적 이론을 창출해 내면서 개인적이며 주관적으로 문자 언어를 재구성합니다.

어린이가 쓰기를 재고안한다는 말을 우리가 할 때 무엇을 의미하는지를 명확하게 밝히고자 합니다. 우선, 우리가 뜻하는 바는 어린이들이 글자를 재고안한다는 것이 아니라 오히려 그 코드의 규칙을 재구성한다는 것입니다. 쓰기 체계를 생산적으로 사용하려면, 어린이는 그것이 구성되는 과정과 산출 규칙을 이해해야만 합니다. 다른 말로 하면, 어린이는 쓰기를 구조적으로 해체하고 다시 구축합니다.

우리가 발견한 바에 따르면, 심지어 아주 어린 나이의 영유아센터 어린이들은 구체적인 초대나 요구를 받지 않아도, 알파벳 코드를 탐구하려고 하고 쓰기와 그리기를 구분하기 시작합니다. 오늘날 어린이들은 그 어느 때보다도 '시각적' 의사소통이 절대적으로 압도하는 사회에 몰입되어 있으므로, 이러한 시도들은 자발적으로 일어납니다. 우리는 어린이들의 이러한 첫 시도를 소중히 여기며 기록으로 남겨 왔습니다.

우리는 이 탐구를 시작하며 이론적으로 에밀리아 페레이로(Emilia Ferreiro)와 아나 테베로스키(Ana Teberosky)의 연구를 참조하였는데, 이 두 연구자는 크리스티나 쥬

케르말리오(Cristina Zucchermaglio)를 포함하여 이 연구를 더 발전시킨 연구 집단의 구성원입니다. 그들의 연구는 종단적이며 모든 문화에 걸친 연구입니다. 그들은 문어 구성의 기저를 이루는 과정을 강조하고, 만 4세까지의 어린이에 집중하고 있습니다.

우리는 이 연구들이 사회구성주의 접근에 기초하고 있기에 오랫동안 크게 주목해왔습니다.

- 그들은 지식 구축 과정에서 어린이들이 능동적이고 구성적 역할을 한다는 점을 인정한다. 어린이들은 단순히 맥락으로부터 정보를 받아 수용하는 것이 아니라, 그 정보를 이해하기 위해서 변환시킨다.
- 그들은 읽고 쓰기란 '일파벳 익히기' 보다 더 많은 것이 포함되며 '도구적' 기법을 배우는 것에 국한되지 않는다는 점을 인정한다.
- 그들은 문식성이란 단지 코드를 받아 적는 기법을 습득하는 것뿐만 아니라 그 코드가 어떤 규칙을 따르며 기능하는지를 발견하는 것이라고 주장한다.

그러므로 이 연구들은 운동–지각적 기술과 능력에 주로 기초를 둔 도구적 관점에서 점진적인 개념화가 존재한다는 점에 초점을 둔 개념적 관점으로, 쓰기의 개념을 이동시켰습니다. 교수적 차원에서도 이 연구들은 유용합니다. 우리가 어린이들을 어떻게 관찰해야 하는지를 안다면, 어린이들이 자신들의 학습 경로에서 활성화하고 참여하는 과정을 이해하여 그들의 성장과 발전을 가장 잘 지원하는 방식과 시점을 우리가 이해할 수 있을 것이라는 점을 우리는 탐사를 통해 확인한 바 있습니다.

영유아센터와 유아학교에서 이런 진술로 인해 느낄지도 모를 당혹감을 곧장 제거하는 것이 중요합니다. 우리는 이탈리아 초등학교에서 일어나는 읽기와 쓰기에 관한 형식적 교수가 기대하는 바를 말하려는 것이 아닙니다. 오히려 우리는 다른 질의 문식성의 방향을 생각하고자 합니다.

메시지에서 쓰기로

의사소통과 발현적 쓰기와 읽기에 관한 일반적 탐구의 부분으로, 레지오 교사들은 항상 *메시지 나누기(messaggerie)*, 즉 편지함을 이용하여 메시지를 교환하는 과정에 대해 많은 작업을 해왔다.

디아나 학교 만 4세 학급 교사들은 올해부터 편지함을 없애고 새로운 시도를 해 보기로 결정하였다. 교사들은 부모들과 만나서 그들의 의도를 설명하고 어린이들 사이에서 쓰기와 읽기가 발현되는 현상을 세밀하게 들여다보는 일에 동참해 달라고 부탁한다.

라우라 루비찌 교사가 쓰기를 하고 있는 만 4세 어린이를 관찰한다. "네 이름을 쓰고 싶은 거야? 어떻게 쓸 건데? 어떤 도움이 필요하지?"

"우리는 글자가 필요해요." 라고 어린이들이 말한다. 어린이들은 이제 자기 이름에 나오는 글자를 이야기하고 써본다. 그들은 특정 글자는 다른 펜과 종이를 사용해서 쓰려고 한다. 한 어린이가 A 글자를 쓰고 또 써본다.

다른 어린이가 조심스럽게 O자를 쓰는데, 이 글자는 그 어린이가 특별한 관심을 보여온 글자이다. "이게 진짜 O인가요?" 라고 어린이가 궁금해 한다.

어린이는 자신이 쓴 O를 친구와 나눈다. 어린이는 자신들이 하는 것을 토론하고 다양한 관점을 비교한다.

한 여자 어린이가 붙여져 있는 몇 글자를 읽으려고 일어서서, 하나씩 이름을 부르면서 손으로 가리키는데, 이 경우에 왼쪽에서 오른쪽으로 읽는다. 이 여자 어린이는 이전에 왼손으로 쓰는 모습을 보았던 어린이라는 점에 주목하라.

교사 집단이 정규 회의를 열고 자신들이 관찰하고 있는 내용과 다음에 어린이들과 무엇을 할 수 있을지를 토론한다.

어린이들은 작은 집단으로 모여서 단어를 쓰고 읽으며 진정으로 즐거워한다. 이런 방식으로 어린이들은 서로 의견을 묻고 도와줄 수 있다.

어린이들은 자기들이 좋아하는 글자나 단어를 포스트잇 위에 적는데, 이는 적힌 글자들을 나든 변 위에 놓을 수도 있고 쉽게 옮길 수도 있기 때문이다. 어느 날 많은 메모지에 엄마, 그리고, 아빠라는 3개 단어가 포함되어 있고, 이 단어들은 다양한 순서로 배치되어 있었다. 두 어린이(루카 지니와 안젤리카)는 자기 이름을 적어 넣었다.

몇 주에 걸쳐 기록작업이 모여지고 교육조정팀에 의해 연구된다. 티찌아나 필리삐니와 시모나 보닐라우리가 디아나 학교 교사들과 만나고 있다.

시간이 흘러감에 따라, 학교 전체에 걸쳐 높은 연령의 어린이들이 쓴 글자들은 점점 더 단어와 구절로 변해간다. 만 5세 어린이 학급에서, 한 여자 어린이가 커다란 칠판 위에 "고마워. 너는 진정한…."이라고 적혀 있는 종이 띠를 붙이고 있다.

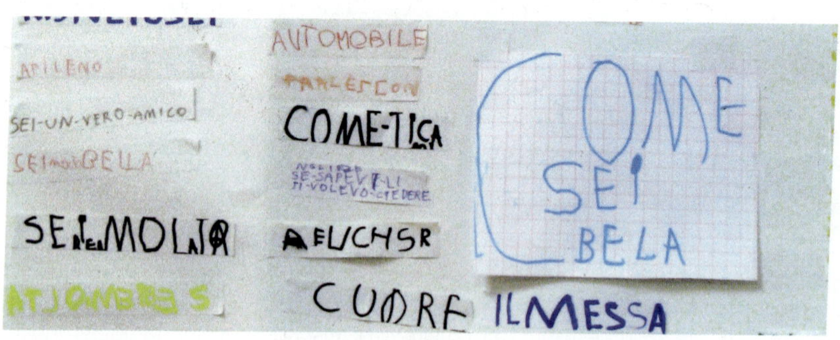

칠판 위에서 읽을 수 있는 다른 단어들로는 "생일 축하해.", "하트"가 있고, 선명하게 적혀 있기는 하지만 철자가 틀린 "너는 정말 아름다워."가 있는데, 그 문구의 C는 표현적으로 그 메시지를 감싸고 있다.

발현적 문식성은 모든 연령에 해당이 된다. 학교 전체가 만 5세 학급의 가게 개장 행사를 위해 모여 있다.

가게에는 많은 표지판이 있다. 창문 위에 적힌 한 표지판에는 "모두 다 사세요."라고 적혀 있다. 가게의 이름인 '푼토 임프론타(Punto Impronta)'를 보여주는 세 종류의 표지판이 있다.

우리의 작업 목표는 다음과 같습니다.

• 어린이들이 아직 어떤 형식적인 교수를 받기 전에 쓰기 코드를 그들만의 고유한 방식으로 어떻게 탐구하는지를 조사하기

• 어린이들이 알파벳 코드의 관습화에 접근해 감에 따라, 자신들의 이론을 변환시키는 데 있어 동반자의 도움이 가능하도록 만들기

라우라 루비찌: 우리는 그동안 *메시지 나누기*(메시지를 사용하는 과정을 말하며, 소통과 글쓰기의 일반적 탐구의 한 부분) 관련 작업을 많이 해왔습니다. 그렇지만 나는 어린이들이 문자화된 단어를 만나는 다른 방법을 탐구할 때가 되었다고 생각했습니다. 그래서 나는 의사소통의 많은 측면에 대해 생각했고, 또한 어린이들이 의사소통에 관심을 보일 때와 어린이들이 자신들 옆에 교사가 있을 때 어떤 일이 일어나는지에 대해 생각해 보았습니다.

작년(2009년 가을)에 나는 접근법을 바꾸어 어린이들에게 문자화된 단어를 소개하기 시작할 준비가 되었습니다. 만 3세 어린이 집단이 새로 입학하였고, 시모나 보닐라우리와 다른 *페다고지스타*들의 지원도 있었습니다. 지원에 힘입어 나는 항상 설치해 놓던 메시지 박스를 설치하거나 어린이들과 '메시지'에 대해 얘기를 의도적으로 하지 않았습니다. 대신 우리는 비디오를 이용해서 만 3세 어린이들이 어떻게 서로 집단 안에서 소통하는지를 기록하는 데 더 많은 시간을 쓰겠다고 결정하였습니다. 처음에 우리는 카메라를 이용하여 어린이들이 얼굴과 몸을 이용해서 어떻게 자신의 감정을 소통하는지를 관찰하기 시작했습니다.

사진을 찍어서 그 사진에 찍힌 어린이들에게 보여주고 "무엇을 소통하려고 했던 거야?"라는 질문을 했습니다. 우리는 어린이들에게 찍은 직후와 시간이 좀 경과한 후에 사진을 보여주었는데, 어린이들은 동일 사진을 다르게 해석하는 것을 알 수 있었습니다. 그리고 우리는 게임을 했는데, 어린이들이 서로 무엇을 소통하려고 했는지를 자기 친구들이 추측해 보도록 하는 것이었습니다. 우리는 사진을 더 많이 찍어서 '감정의 알파벳'을 형성하려 했고, 그 사진 안에서 어린이들은 자신의 눈, 입, 몸을 이용해서 '난 그게 좋아' 혹은 '웃긴다' 같이 서로 다른 것을 소통하려고 애썼습니다. 우리의 의도는 어린이들이 그저 말을 사용하는 것과 다른 방법으로 소통할 수 있는지를 알아보려는 것이었습니다.

통상적으로 우리 학교에서는 어린이들이 만 4세가 되면 이름을 써보도록 권유하는데, 어린이들은 그것이 자신을 나타내는 것, 사실 자신의 상징을 창출해 내는 것과 마찬가지이기 때문에 매우 열정적으로 이름 쓰기에 임하곤 합니다. 이런 현상은 어떤 나라 출신인지와 상관없이 모두에게 일어납니다. 어린이들은 자기 이름을 적을 수 있을 때 스스로 만족감을 느낍니다. 우리는 먼저 배운 어린이들은 자기 친구들이 이름을 쓰는 것을 도와주고 싶어 한다는 것을 볼 수 있었습니다.

이제 2010년 10월이 되었고, 작년에 내가 맡았던 만 3세 어린이들은 만 4세 학급이 되었습니다. 레지오에서 항상 그렇듯이, 나는 어린이들과 함께 만 4세 반으로 올라갔습니다.

우리 연구에 맞추어 어린이들이 글자 쓰기로 전환해 가는 과정을 연구하고자 했기 때문에, 새 학년도의 초기에 나는 부모들에게 어린이의 이름이나 다른 단어 쓰기를 가르치지 말고 기다려 달라고 부탁하였습니다. 또한 나는 어린이들이 교실에서 상징의 세계를 발견하고 글자와 이름 쓰기를 배울 때 일어나는 전이 과정을 우리가 연구하고 기록하고자 한다고 부모들에게 설명하였습니다.

그렇게 우리는 개별 어린이를 나타내주는 어떤 표시나 상징을 교실에 붙이지 않으려고 애썼고, 또한 어린이들은 자신의 부모가 데리러 오면 자신들이 했던 작업을 가져다가 부모들에게 보여주곤 한다는 것을 알게 되었습니다. 어린이들은 자신들이 하는 작업을 열정적으로 기록으로 남기고 알리고자 하는 것을 우리는 봐왔습니다. 어린이들은 지금 우리에게 자신만이 아니라 자기 친구들도 마찬가지로 개인의 작업과 공간을 분명하게 표시할 방법이 필요하다는 것을 보여주고 있었습니다. 그래서 그때 우리는 어린이들이 자기 이름을 쓰도록 도와주기 시작하였고, 몇 명의 어린이들은 이미 몇 가지 글자는 인식할 수 있다는 것을 알게 되었습니다.

이탈리아어는 철자 면에서 고도의 표음문자라는 장점이 있습니다. 어린이들은 자기 이름이나 친구 이름에서 첫 글자와 마지막 글자를 인식하는 것에서 시작합니다. 만 4세 교실 벽면에는 지난해 어린이들이 사용했던 의사소통센터의 흔적이 메시지 상자가 설치되어 있던 장소에 표시가 남아 있었습니다. 올해는 메시지 상자를 사용하지 않기로 했기 때문에, 우리는 각각의 상자 위에 *'안녕(Ciao)'* 이라고 써넣었는데, 이것이 *"안녕, 안녕, 안녕!"* 이라는 반겨주는 인사말이 되었습니다.

어린이들은 이 글씨를 보자, "와, 멋지네! 우리 이름을 써주었네요."라고 말했습니다.

"진짜 그렇게 보여?"라고 내가 물었습니다. "다 똑같아 보이니?"

"네."라고 어린이들은 답했습니다.

"너희는 모두 이름이 같아?"라고 내가 물었습니다. "너희 모두 다 같은 거야?"

"아니요."라고 어린이들이 말했습니다.

"너희 이름을 어떻게 쓸 수 있을까?"라고 내가 물었습니다.

시모나 보닐라우리: 어린이들로부터 호기심과 사고를 자극하여 끌어내는 것이 중요합니다.

라우라 루비찌: 이 시점에서 어린이들은 흥미를 느끼고 자기 이름을 써보고 싶어 했습니다. 이런 방식으로 진행하게 되면 어린이들이 이름을 쓰는 방식에 대해 생각하고 다른 소리가 나는 단어들은 다른 글자 혹은 연속된 글자들과 연결된다는 점을 고려하도록 우리가 도와주는 것이라고 생각합니다. 전반적으로 우리는 만 4세 어린이들에게 "네 이름을 쓰고 싶니? 어떻게 적을 건데? 무엇이 필요해?"라고 물어보곤 합니다.

보통 어린이들은 "우린 글자가 필요해요."라고 대답할 것입니다. (어린이들은 마치 이것이 쉬운 일인 것처럼 말합니다.) 그래서 내가 "너 해볼래?"라고 말합니다. 그러면 어린이들은 표식을 만들려고 애를 쓸 것이고, 그리고 나면 어린이들은 첫 난관과 갈등을 직면하게 됩니다. 만약 어린이들이 성공적으로 글자 하나, 혹은 O자처럼 거의 글자에 가까운 표식 하나를 적고 나면, 전형적으로 어린이들은 동일 표식이나 글자가 두 개의 이름에 쓰일 수 있다는 데 놀라기 시작합니다. 우리가 알아낸 것 중 하나는 어린이들은 자신의 이름에 대한 강한 소유욕이 있어서 한 개의 특정 글자가 하나의 이름이 아니라 여러 이름에서 발견될 수 있다는 점을 받아들이기 힘들어한다는 것입니다. 아니면 아마도 몇 어린이들에게는 서로 이처럼 다른 모습을 지닌 두 사람이 같아 보이는 이름을 가질 수 있다는 점이 전혀 이해되지 않는 것입니다.

어린이들이 글자 하나를 적으려고 할 때 어린이들은 그것을 올바르게 적었는지, 혹은 그들의 말을 따르자면 '진짜 글자'를 만들었는지에 관심이 많습니다.

시모나 보닐라우리: 우리는 이 점에 대해 제롬 브루너와 토론하면서 어린이들이 '진짜(vero)' 라는 단어를 사용하였다고 말해 주었습니다. 브루너는 진짜라는 단어는 '진실한' 이라는 의미가 아니고, 그 대신 '맞는(즉, 올바른)' 이라는 의미로 어린이들이 사용한 것이라고 말했습니다. 어린이들은 어떤 것이 맞는 'O(진짜 O)' 인지에 대해 합의하고 싶어 했습니다. 그들이 한 이 행동을 보며 우리는 이제 그들이 '사회적 규약(convention)' , 즉 글자 'O' 에 대한 공유된 공식을 받아들일 준비가 되어 있다고 생각하였습니다.

라우라 루비찌: 학급의 삶에서 볼 때, 그와 같은 발견의 순간은 한 해 혹은 그 이상의 시간을 함께해 온 어린이들이 공통의 규칙을 수립할 방법을 찾기 시작하는 시점입니다. 그러므로 이 순간에는 집단 규칙을 구성하는 일도 포함됩니다.

시모나 보닐라우리: 어린이들은 함께하기의 개인적 방식에서 공유된 방식으로 전이 중입니다.

라우라 루비찌: 어린이들은 규칙을 찾을 필요성을 느끼고 있습니다. *"학교에서는 이렇게 하는 거야!"* 같이 그들에게 강요되는 규칙이 아니라, *'맞는 방법을 찾아서'* 모두가 서로를 이해하면서 일을 제대로 해낼 수 있는 규칙을 말합니다. 이 일을 어떻게 할지에 대해 우리는 어떻게 합의를 이룰 수 있을까? 우리 공동체 안에서 이 규칙을 시도해 보자. 규칙을 바꿀 수도 있지만, 우리가 확실히 할 것은 모두 이 규칙을 준수하는 거야.

이는 어린이들의 성장에 있어서 매우 특별한 순간입니다. 그들이 어떤 것을 함께 결정하고, 선택하며, 동의하고자 하는 욕구와 즐거움을 발견하게 되는 발달 과정에 있어서 매우 특별한 순간입니다. 우리는 특히 쓰기와 관련되어 이런 현상이 일어나는 것을 목격하였고, 이는 모든 어린이가 소망하는 것이기 때문에 더욱 의미가 있습니다.

그리고 역시 어린이들은 모두 고안하기를 좋아합니다. 이 특정 집단의 어린이들과 이 연구작업을 해 온 지난 2년 동안 내게 특별히 놀라웠던 것은 그들의 강렬한 자율적 태도입니다. 어린이들은 내게 결코 그들 대신 무엇이든 써달라고 한 적이 없었습니다. 그들은 "선생님은 읽을 줄 알 텐데, 이걸 우리가 어떻게 써요?"라고 묻지 않았고, 대신 "잠시만요. 우리가 해 볼 거예요."라고 말합니다.

그러나 매년 만 4세 어린이들이 쓰기의 올바른 방법을 찾으려는 노력은 너무도 일관성이 있게 나타나는데, 학년 후반으로 옮겨가고 많은 어린이가 만 5세가 됨에 따라 어린이들은 단어 안에 'h' 자가 들어 있는 단어 혹은 주요 철자 문제가 있는 단어를 쓰려고 30분이나 시간을 투자하기도 합니다. 내가 보기에 어린이들은 한 집단으로서 소중한 시도를 하는 중입니다. 어린이들은 "우리 한 번 해보자. 아니…, 그건 맞지 않아."라고 말합니다. 어린이들의 목표는 점점 커져서 이야기를 적고 신문을 만들기도 합니다. 이들의 이런 태도는 결코 바뀐 적이 없고 항상 이와 같은 방식으로 작업합니다. 어린이들은 추후 초등학교로 떠나갈 때까지 계속 글을 쓰기 때문에, 어린이들의 이런 태도는 내게 매우 멋지게 보입니다. 그리고 나면 어린이들은 "선생님에 따르면…, 선생님이 보기에…."라는 말을 합니다. 혹은 자신이 앞으로 나아가려면 타인의 도움이 필요하다는 이 정도의 인식과 관심이 있기에 어린이들은 그룹 안에서 가장 유능해 보이는 여자 어린이에게 묻기도 합니다.

이제 이 특정 집단의 어린이들은 만 4세에 길고도 힘든 토론 과정을 겪었지만, 우리가 보기에 이들은 아직 임의적인 것과 사회적 협약에 의한 것을 구분하지 못하고 있습니다. 예를 들면, 어린이들은 오른쪽에서 왼쪽 혹은 왼쪽에서 오른쪽으로든 상관없이 씁니다. 노력은 하지만 읽어 나가는 정해진 순서는 없습니다.

그리고 이 토론에서 어린이들은 확실함에 도달할 수 없었습니다. 그렇지만 우리는 이 전환이 소중하다는 점을 이해했습니다. 어떤 것이 '맞는' 글자가 될까? 그래서 우리는 학급 모든 어린이가 참여하는 토론의 장을 열었습니다. 이것이 그처럼 큰 문제라면 각자 자신만의 '맞는' 글자를 써야만 합니다. 그래서 우리는 어린이들을 몇 집단으로 나누었고, 각자 자신의 '맞는' 글자를 써보라고 했습니다. 우리는 그들의 발전에 도움이 되는 방식으로 집단을 구성하기로 결정했습니다. 그들에게 중요한 것은 자신들이 직면한 문제를 우리가 이해하고 그들을 지원한다는 점을 깨닫는 것이였습니다.

어린이들은 어느 정도 비슷한 수준에서 연구하고 있었고, 교사는 어린이들에게는 우리 모두 함께 이 작업을 하고 있으니 성공할 수 있다는 것을 보여주는 것이 중요했습니다. 우리가 진전을 이루어감에 따라 교사와 함께 일하고 있는 어린이들은 일련의 규칙을 적어낼 것처럼 보였는데, 나는 이것을 우리만의 '규칙을 담은 도표들'이라 불렀습니다. 어린이들은 교사와 함께 서로를 지원할 수 있는 이와 같은 새로운 방식을 생각해 냈고, 곧 자신들이 교실 환경 안에서 다른 장소에 머물면서 이와 같은 방식으로 작업할 수 있다는 것을 깨달았고, 자신들만의 '맞는' 글자들을 쓰기 시작했습니다.

그 이후 어린이들은 조금 더 편안해졌습니다. 이전에 어린이들은 모든 글자를 하나씩 이어서 썼다면 이제는 단어들을 쓸 수 있었습니다.

그리고 어린이들 집단 안에서 단어 쓰기에 대한 그들의 첫 이론들이 생겨났는데, 이것은 서로 다른 다양한 이론들이 조합된 것이었습니다. 예를 들면, "어떤 어린이는 일련의 글자들을 쓰고 나서 그것을 복사하자고 제안했지만, 그렇게 하면 글자들이 너무 같아지는 것이 아닐까?"라는 의문이 제기되었습니다.

각 어린이는 자신의 아이디어를 보태고 싶어 했습니다. 그리고 새로운 과정이 나타났는데, 모든 어린이가 단어를 쓰고자 하면서도, 이제는 4명에서 5명의 어린이로 이루어진 집단 안에서 쓰는 것이었습니다. 그중 몇 집단 안에는 이보다 더 작은 규모의 하위 집단이 형성되거나 다른 방식으로 집단이 재형성되기도 하였습니다. 예를 들면, 두 명의 어린이가 함께 작업한 집단이 있는데, 이들은 자기들보다 더 유능하다고 생각되거나 특별한 무엇인가를 발견해 낸 친구의 도움을 찾아 나서기도 하였습니다.

우리가 가진 기록작업은 대부분 약 6명의 어린이가 함께 작업한 것에서 얻은 것입니다. 초반에 각 어린이는 매우 확신에 차 있고 자신감을 느끼는 듯 보입니다. 그럼에도 불구하고, 그들은 집단 안에서 작업하면서 서로의 작업을 들여다보고 서로 조언을 구하기도 합니다. 때로 한 아이가 "우리 이 글자가 필요해!" 혹은 "우리 이 글자를 넣었는데 이제 우리가 필요한 것은…."이라고 말하며 그 놓인 글자들을 소리 내어 읽어보려고 합니다. 그들은 심지어 모든 글자의 소리를 일지 못하지만, 읽어보려고 애씁니다.

시모나 보닐라우리: 그러나 어린이들은 글자를 이름으로 부릅니다. 적어도 이름을 아는 어린이들은 그렇게 합니다.

라우라 루비찌: 그렇습니다. 몇몇 어린이들은 알고 있고, 절대적으로 쓰고 싶어 하는 어린이들도 몇 명 있습니다. 예를 들면, 쓰고 싶다는 생각이 함께 확고해졌던 2명의 어린이가 있었는데 이 둘은 친척 아줌마나 엄마에게서 얻는 지식에 의지하여 엄청나게 많은 시간을 글자를 쓰며 보냈습니다. 교사의 지식에 관해서조차 의구심을 가지곤 했었던 다른 어린이들은 이 두 명을 자문위원으로 대우해 주었습니다!

첫 번째 녹화한 비디오에서 나는 어린이들에게 우리는 모두 같은 단어를 쓸 것인데, 그 단어는 동물 이름이라고 제안을 하였습니다. 내가 이 제안을 한 이유는 어린이들이 *아틀리에*를 변화시켜서 그곳을 동물 이름들로 가득 채우고자 했기 때문입니다. 그들이 세운 목표는 그들 스스로 그럴 능력이 되지 않는다는 것을 고려하면 정말 믿기 힘든 것이었습니다. 그렇지만 나는 "좋아. 어떤 동물 이름부터 시작할까?"라고 말했습니다.

나는 우리 디아나 학교의 상징인 '얼룩말'을 제안했고, 어린이들은 "싫어요, 그건 작은 이름이에요!"라고 말했습니다.

"그럼 어떤 게 큰 이름인데?"라고 내가 물었습니다. "그럼 다람쥐는?"

"네, 네, 그렇지만…."

그리고 이름의 크기와 동물의 크기에 대하여 긴 토론이 시작되었습니다. (어린이들은 종종 길이가 긴 사물은 이름도 길어야 하고, 짧은 사물은 짧은 이름을 가져야 한다고 생각한다. 그들은 아직 마음속에서 그리기와 쓰기를 혼합하고 있다.) 교사가 그 자리에 있으면서도 또 조금 뒤로 물러나서 지나치게 많이 밀어붙이지 않을 준비가 되어 있다는 것은 매우 민감한 문제입니다. 대신, 나는 어린이들이 구성해 나가고 있는 것에 존재하는 매듭이 무엇인지를 그들이 깨달을 수 있도록 돕고 싶습니다.

예를 들면, 나는 '얼룩말(ZEBRA)'이라고 썼고 어린이들은 그것을 따라 적었습니다.

"네가 얼룩말(ZEBRA)이라고 적은 것이 정말 확실해?"라고 내가 그들에게 물었습니다. "나를 설득시켜 봐."

한 어린이가 그 단어를 읽으며 '말-룩얼(AR-BEZ)'이라고 말했습니다.

"아닌데."라고 하며, "여기 얼룩말(ZEBRA)이라고 쓰여 있어."라고 나는 말했습니다.

"아니, 아니에요." 한 어린이가 단어 끝을 손으로 가리키며 "여기서부터 읽어야 한

단 말이에요!"라고 말했습니다.

"그렇지만 누구나 하고 싶은 대로, 한 번은 오른쪽에서 왼쪽으로, 다른 한 번은 왼쪽에서 오른쪽으로 읽을 수는 없어."라며 또 다른 어린이가 선언했습니다.

이런 것이 우리가 만났을 때 통상적으로 보이는 어조입니다.

꽤 유능한 두 어린이가 있는 다른 집단에서, 나는 "한 번 해보자. 네가 나한테 쓸 글자를 말해주면, 내가 받아 적을게."라고 말했습니다. 그리고 이 경우에 나는 의도적으로 실수를 하였고, 어린이들이 내게 틀린 것을 고쳐주었습니다. 그 경우는 매우 흥미로웠습니다!

한 가족 안에 초등학교 2학년의 매우 유능한 형이 있었습니다. 그 형이 우리 연구에 참여하였고 모든 어린이가 그에게 자문을 얻고자 했습니다. 내게는 전통적 유형의 교수법을 경험한 이 어린이를 관찰하는 것이 매우 흥미로웠습니다. 그 아이는 이미 모든 규칙을 알고 있었지만, 동생들과의 교류를 통해서 그 규칙들이 왜 그렇게 되어야만 하는지를 배웠습니다. 그 형은 그 규칙이 존재하는 이유는 이해하지 못한 채, 절차로서 규칙들을 배웠습니다. 그러므로 전통적 방식으로 쓰기를 배운 형들도 자신의 배움을 구성해 가고 있는 동생들로부터 배울 것이 많을지도 모른다는 생각이 나는 들었습니다.

내게는 이처럼 자율적 방식으로 쓰기를 배워가는 어린이들을 탐구하는 것이 흥미로웠고, 이것은 이전에 메시지 나누기를 사용하던 때는 탐구해 보지 않았던 것이었습니다. 과거에 중요한 메시지를 쓰고 싶을 때 어린이들은 우리에게 "나한테 메시지를 써주실래요? 그리고 나면 내가 따라 쓸게요."라고 말하곤 했습니다. 그런 상황에서는 어린이들이 단어가 어떻게 구성되는지에 대해 많이 배울 수 없었습니다. 어린이들은 메시지를 하나의 덩어리로 보고, 그 부분들–단어와 글자–에는 주목하지 않았습니다. 이번에 나는 어린이들이 다른 책략을 사용하여 자신의 쓰기와 읽기의 온전한 저자가 될 때 일어나는 학습 과정에 대해 더 많이 알아보고 싶었습니다.

더욱이 이 연구는 만 3세 어린이들부터 시작하는 것이 포함되어 있었습니다. 이와 대조적으로, 내가 예전에 사용하던 체제에서는 어린이들이 메시지를 따라 쓰곤 했는데, 만 4세가 되어야만 이것을 제대로 시작할 수 있었습니다. 동생인 만 3세 어린이들은 그들의 메시지 상자 안에 단지 사물을 나누기만 했었습니다. 이전 체제는 시작하기에 좋았고 작업 방식도 흥미로웠습니다. 그 체제는 만 3세 어린이들을 위해 규칙을 수립해 주는 교사에 의존하게 되었고, 교사는 메시지 상자 안에 무엇을 넣어도 되는지를–예를 들어, 사물과 장난감, 잘 포장된 자료, 신문에서 잘라낸 메시지, 혹은 어린이가 메시지를 녹음한 테이프 등은 넣어도 된다는 규칙을 수립해 주었습니다. 이전의 메시지 상자를 사용하는 방식은 무엇보다도 '선물(gift)' 주기라는 아이디어와 연결되어 있었습니다. 이런 방식은 어린이들에게 만족스러웠으며, 이들은 우정과 사랑을 나눌 수 있었습니다. 때로는 어린이들이 메시지를 보낸 사람을 특정하기 위해서 개인적 상징을 사용하는 과정도 포함되어 있었지만, 구체적으로 단어(words)가 포함된 것은 아니었습니다. 만 3세 어린이들에게 이것은 종이를 자르고 풀칠하면서 다른 사람을 위해 무엇인가 특별한 것을 생산해내는 작업이었습니다. 때로는 교사나 부모가 말로 어린이들의 산출물에 메시지를 덧붙일 수도 있지만, 주 초점은 선물이라는 데 있었던 것입니다.

나는 이 연구에서 주기(giving)보다는 만 3세 어린이들과 소통(communication)에 더 초점을 맞추고자 합니다.

시모나 보닐라우리: 이와 같은 새로운 초점을 갖는다면, 교사는 어린이들과 매우 다른 경험을 시작할 수 있습니다. 상황이 크게 변화합니다. 우리가 어린이들과 이전에 직면하였던 과제는 자료와 사물들을 풍성하게 제공해 주는 것이었습니다. 그러나 이 연구에서는 완전히 다른 요인이 있습니다. 이 초점은 작년에 만 3세 어린이가 타인의 얼굴 표현과 신체 움직임을 '읽어내기' 가 가능하다는 것을 발견한 것에서 시작되었습니다.

2004년에 어린이의 쓰기에 대한 지식을 다룬 또 다른 연구가 수행되었는데, 그 연구에서 우리는 유아학교에 들어온 첫 해의 만 3세 어린이들뿐 아니라, 이 어린이들이 영유아센터의 마지막 해인 만 2세 때도 들여다보았습니다. 어떤 연구라도 상황 정의에서 시작되는데, 우리가 이전 연구를 했을 때, 우리는 어린이의 초기 도식적 표현에 초점을 두었었습니다. (이 연구의 일부는 '학습의 경이로움: 어린이의 수많은 언어' 라는 전시에서 '쓰기의 매력' 이라는 주제로 포함되어 있다.) 사실, 이제 나는 우리가 이전과 다른 맥락을 생성하여 그 안에서 쓰기 발달을 들여다보고 있다고 이해합니다. 우리는 열린 자세가 되어 과거에 우리가 보았던 것과 다른 것들을 보게 되었고,

실제로 보기 시작했습니다. 이제, 이 현재 프로젝트 안에서 우리는 새로운 연구를 5년 전 시작되었던 연구와 종합해보려고 합니다. 우리는 초기 국면에도 기록작업을 했지만, 양질의 비디오 기록은 2008~2009 학사년도가 되어서야 수집하기 시작했습니다.

라우라 루비찌: 이 새 연구를 시작하게 된 것은 모데나-레지오 에밀리아 대학의 카텔라니 교수와 쟈코모 스텔라 교수의 지도를 받아 디아나 학교의 교직원을 위한 전문성 개발의 초기 단계부터였습니다. 그 과정의 일부로 우리 디아나 학교 교사들은 특정 순간들을 비디오에 담았고, 시모나의 지원을 받아 우리는 그 순간들을 연구하고 돌아보았습니다. 우리는 어떻게 어린이들과의 경험을 진전시켜 나가서 그들과 하는 쓰기와 관련된 우리 작업을 조정하고 다시 어린이들에게 되돌려줄 수 있을지를 토론하고 결정을 내리곤 하였습니다. 우리는 그 비디오를 편집했고, 이 비디오를 사용해서 함께 했던 교수들과 레지오의 다른 학교 교사교육에 사용하였습니다. 이런 방식으로 어린이들이 어떻게 배우는지에 대한 토론에, 다른 학교들도 우리와 함께 참여하게 되었습니다.

시모나 보닐라우리: 그 시기 동안 멘토 교사였던 라우라는 여기 디아나 학교에서 멘토링을 했습니다. 그 비디오에는 라우라가 함께 작업하는 어린이 집단을 바꾸고 또 책략의 세세한 부분을 수정하면서, 그 과정의 다양한 부분을 보여주는 중요한 경로가 포함되어 있습니다. 그렇지만 우리는 한 명의 여자 어린이와 한 명의 남자 어린이가 지낸 일 년 반 동안의 전체 여정을 관찰할 수 있습니다. 비디오 모음은 너무 방대해서 외부 교사들과 교사교육 시간에 나누기는 어렵지만, 나는 그중 몇 이야기를 뽑아내서 사용하였습니다. 이 연구에 참여했던 우리는 모두 그 내용에 대해 코멘트를 했는데, 노트들과 비디오 삽입 내용들을 함께 모아 보려고 노력하는 중입니다.

올해 디아나 학교에서는 쓰기 발현에 관한 탐구 맥락과 전 학교 차원의 초점의 부분으로, 많은 일이 일어났다는 점도 언급해야겠습니다. 예를 들면, 만 5세 학급이 가게를 열게 되었습니다. 어린이들은 도시에 있는 자기들이 좋아하는 가게들을 탐방하며 연구를 했고, 팔 물건들을 모아서 가격과 광고를 조직했습니다. 그 가게 이름은 *푼토 임프론타(Punto Impronta)*였는데, 그것은 손가락 지문, 발자국, 혹은 남겨진 다른 표식들과 같은 '인상적인 장소', '트랙', '흔적'이라는 의미가 있습니다. 흥미로운 은유 중 하나라고 생각되지 않는지요? 어린이들이 만든 표지판들에 자신들이 새롭게 얻은 쓰기 기술들을 많이 끌어다 썼는데, 또한 이 나이의 어린이들이 얼마나 자신들의 감정과 개념을 그들이 글자를 그리는 형상적인 방식에 연결 짓고 있는지를 보여줍니다. 전 유아학교는 *푼토 임프론타*의 성대한 개막식에 참여하였습니다.

마지막으로, '라 베라 오(La Vera O, 올바른 O)' 라고 우리가 부르는 이 경험은 소개할 가치가 있다고 보는데, 이는 '*우리가 어린이들을 가르칠 필요성을 느낄 때 배움이 시작되는 것은 아니다.*' 라는 중요한 원리를 포함하고 있기 때문입니다. 오히려 어린이가 이 의사소통을 사회적 협약에 의한 (공유 가능한)것으로 만들겠다는 필요성을 느낄 때, 어린이들은 아주 짧은 시간 안에 쓰기를 배울 준비가 됩니다. 어린이들은 스스로 (우리의 지원을 받아) 쓰기 코드에 관한 모든 규칙을 구성할 준비가 되어 있습니다. 우리는 상호호혜적으로 서로를 이해하는 것이 중요하기 때문에 이 점을 초등학교 교사들과 토론해 왔습니다. 두 차원에서 서로 다른 기능이 있지만, 어린이들이 여기서 기술한 유형의 경험을 한 다음에 초등 1학년이 되면 그들은 진심으로 쓰기 시작할 준비가 되어 있다는 것을 우리는 알고 있습니다. 우리는 또 주장하려는 목표가 우리 마음에 하나 있었습니다. 이 연구를 통해서 우리는 이탈리아에서 정기적으로 나타나곤 하는 주장, 즉 만 6세가 아니라 만 5세에 형식적 교육을 시작하자는 아이디어에 대항해서 싸울 수 있었습니다.

노트

1 클라우디아 주디치가 2005년 작성한 "글쓰기의 매력: 사인과 글쓰기 사이. 어린이들은 글자 코드를 어떻게 접근하는가(The enchantment of writing: Between signs and writing. How children approach the written codes)"라는 글의 내용으로, 이 글은 *Innovations in Early Education: The International Reggio Exchange*(2011, Spring Vol. 18(2), 1–4)에 출판되었고 허락을 받아 여기에 게재된 것이다.

3부

관찰, 반영, 소통의 통합된 절차로서의 기록작업

12

교육적 기록작업: 협상과 민주주의를 위한 실천

구닐라 달버그(Gunilla Dahlberg)

교육적 기록작업의 힘

지배적 담화에의 도전방법으로서의 교육적 기록작업

위험한 도전으로서의 교육적 기록작업

포럼 열기

교육적 기록작업의 힘

레지오 에밀리아의 작업을 관통하는 것은, 뒤이어 나올 장(챕터)에서도 마찬가지지만, 교육적 기록작업의 실천이다. 가장 간단하게 표현하자면, 교육적 기록작업(pedagogical documentation)은 교육적인 (혹은 다른) 작업을 가시화하고 대화, 해석, 논쟁 그리고 변형의 대상이 되게 하는 과정이다. 이는 관찰을 중립적으로 한다는 객관적인 시점은 존재하지 않는다는 주관성의 가치를 구체화한다. 기록작업을 통해 관점이 명백히 드러나게 하고 다른 사람과-그들이 어린이이건, 부모이건, 교육자이건, 정치인이건, 혹은 다른 시민이건 간에-논쟁할 수 있게 함으로써, 기록작업은 협상력을 기르기 위한 토대가 된다. 주관성의 가치는 또한 주체가 자신의 관점에 대해 책임져야 한다는 것을 의미한다. 추정되는 과학적 객관성이나 전문가가 제안하는 기준 뒤에 숨는 것은 있을 수 없다.

교육적인 기록작업은 나이가 어리거나 나이가 많은 시민들이 중요한 이슈들, 예를 들어 아동기, 유아기 보육과 교육 그리고 지식 등에 관여할 수 있도록 하여 학교가 민주적인 정치적 연습을 위한 장소라는 아이디어를 촉진한다. 이는 곧 *공적인 공간*을 개방하는 것인데, 공적인 공간은 시민 사회의 공공 광장으로서 지배적인 담화가 가시화되고 협상될 수 있는 장소이다.

레지오에서 사용하는 교육적인 기록작업은 *삶에 대한 특별한 태도*라고 이야기할 수 있다. 기록작업은 지금 여기에서 일어나는 상황에 대한 진지한 관여와 깊은 탐구심을 쌓아가는 듣기의 형태 즉, 경청에서 시작한다. 기록작업을 하는 동안 프랑스의 철학자 모리스 블랑쇼(Maurice Blanchot)가 이야기했듯, 자기 자신의 소리가 들릴 수 있도록 노력하는 것의 소리를 듣기 위해 우리는 노력해야 한다. 이는 양자택일적 측면에서 생각하려는 경향을 넘어설 수 있게 해주는 경청을 의미한다. 이는 가능한 반응들을 무한히 환영하고, 카를리나 리날디(Carlina Rinaldi, 2001, 2006; 본 서 제13장 참조)에 의해 매우 민감하고 사려 깊게 묘사된 신뢰할 수 있고 긍정적인 경청이다.

레지오 에밀리아의 유아교육 서비스에 영감을 받아 세계의 많은 교사들은 *만남의 원리(ethics of encounter)*라고 부를 수 있는(Dahlberg & Moss, 2005) '타인' 그리고 세계와

본 장 중 일부의 이전 버전은 Rinaldi, Carlina. In *Dialog with Reggio Emilia: Listening, researching and learning*(New York: Routledge, 2006)와 *Beyond quality in early childhood education: Postmodern perspectives* edited by Gunilla Dahlberg, Peter Moss, and Alan Pence(Philadelphia: Falmer Press, 1999)에 있다. Taylor & Francis Books, UK의 허가 하에 복제함

의 윤리적인 관계를 구성하기 위한 중요한 장치로 교육적 기록작업을 사용하기 시작하였다. 학교가 만남의 윤리를 위한 장소와 민주주의를 위한 장소가 될 수 있는지는 어린이와 실험하는 것에 개방적인 교사에 달려있다. 교사는 예상할 수 없고 예측할 수 없는 것에 개방적일 수 있는 용기가 있는가? 이러한 개방성은 시장논리나 순전히 계약적인 관계를 특징짓는 사고의 종류인 계획적이고 업무적인 정신에 기대지 않는 태도를 요구한다.

교육적 기록작업을 가시적으로 만들고 동시에 민주적이고 개방적인 토론의 대상이 되게 함으로써, 교육적인 기록작업은 유아교육이 사회에서 새로운 위신과 정통성을 얻을 수 있는 가능성을 제공한다. 그러나 대중이 마음속으로 유아교육이 제공하는 가치와 유아교육의 비용을 매우 긴밀히 연계하여 생각하지 않는다면, 우리는 이러한 정통성을 오늘날의 조건 하에서는 증가시킬 수 없다. 이를 위한 전제조건은 교육적인 실제와 목적이 영유아센터와 유아학교의 영역 밖에까지 보여져야 한다는 것이다. 즉, 공적인 인식과 담화의 일부가 되어야 하는 것이다. 이렇게 되기 위해서는 다양한 관련 집단의 참여와 부모, 교직원, 행정가 그리고 정치인 간의 참여와 협상을 기반으로 한 교육적인 실천이 요구된다(Dahlberg & Asén, 1994).

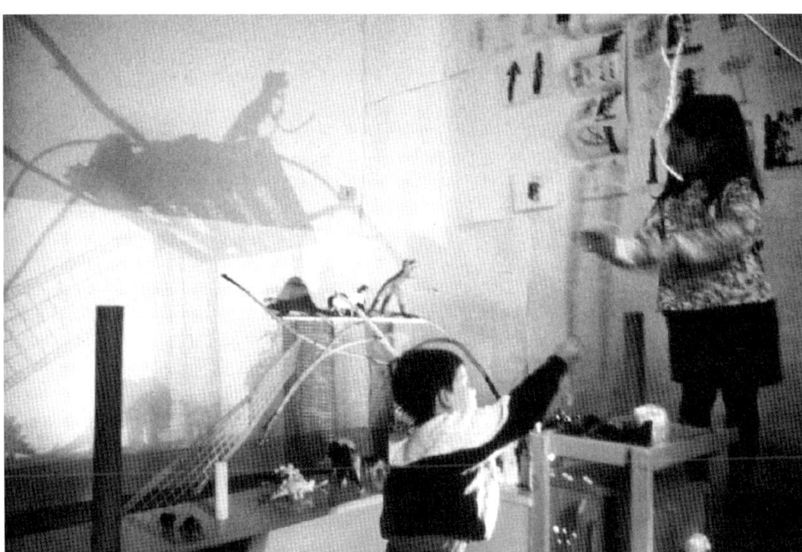

그림자의 언어는 유아에게 강렬하며, 그들을 위해 많은 경험들이 만들어질 수 있다.

교육적 기록작업은 다른 이유로도 중요하다. 기록작업은 의미 생성의 담화에서 핵심적인 역할을 한다. '질'에 대한 어떤 표준화된 척도에도 의존하지 않는 우리의 교육적 기록작업은 우리의 행위에 대한, 그리고 우리가 의미를 생성하는 방식에 대한 책임을 지게 한다. 'assessment'와 'evaluation'을 위한 도구로써의 교육적 기록작업은 겉보기에는 객관적이고 민주적이나, 그것을 사용할 사람이나 사용할 맥락은 고려하지 않고 만들어진 사정도구와 평가도구가 확산되는 것에 대한 매우 강력한 해독제를 상징한다. 일련의 준거에 대해 평가하는 (안정적이고, 한결 같으며, 객관적일 것으로 여겨지는) 평정 척도(rating scales)나 유사한 표준적 도구(normative tools)들은 하나의 '평가 언어', 즉 *표준과 책무성의 언어(languages of standards and accountability)*를 상징한다. 이런 종류의 언어는 고도의 관리적인 합리성, 사전 정의된 지식의 본체와 이미 결정된 결과를 전달하는 가장 좋은 방법과 절차를 모색하는 합리성 위에 세워진다. 가장 자주 사용하는 측정 기술은 객관적이고 보편적인 지식을 제공함으로써 통제, 예측 그리고 수행을 확보하는 것으로 여겨진다.

반면, 교육적 기록작업은 평가(evaluation)의 대안이 되는 언어, 즉 *'의미 생성'의 언어*를 상징한다(Dahlberg, Moss, & Pence, 2007). 이러한 종류의 언어는 우리가-항상 타인과 관계를 맺으면서 하는-우리의 행위와 실천에 대해 *생성 과정의 민주주의(a democracy in a process of becoming)* 행위의 일부로서 책임을 져야 한다는 것을 상정한다. 이러한 평가의 대안적인 언어는 어린이, 이미지, 지식과 학습 그리고 환경에 대한 논쟁할 만한 이미지를 가지고 있는 유아교육의 복잡한 과정을 검토의 대상이 되게 하거나 '문제화(problematizes)' 한다. 표준화된 도구를 사용하여 질을 평가하는 목적은 복잡함을 줄이는 것이지만 레지오에서는 복잡함을 가속하여 우리가 그것으로부터 작업하고 배울 수 있도록 한다.

지배적 담화에의 도전방법으로서의 교육적 기록작업

레지오 에밀리아의 교사는 특별한 지적 인식, 평온함 그리고 기록작업을 통해 어린이와 교사의 실험과 학습 전략을 따라갈 수 있는 방법을 그들의 업무에 가지고 들어온다.

* 역자 주: 국외 문헌에서는 'assessment'와 'evaluation'이 다른 의미로 사용되고, 국내 문헌에서도 개념적 차이를 서술하나 모두 '평가'라는 단어로 번역한다. 구별해서 단어를 사용하는 소수의 경우 'assessment'는 사정, 총평으로 번역하기도 한다. 이 책에서는 'assessment'를 평가로 번역하되, 'evaluation'과 비교해서 사용되는 경우는 번역하지 않고 원문을 사용하였다.

이런 정신의 습관은 그들이 개별적이고 협력적인 학습 과정을 따라갈 수 있게 해주고, 그 결과 그들이 우리의 전통적인 유아기, 지식, 학습 그리고 환경의 구성에 깊이 새겨진 일반적인 틀을 조사하고 '경계 넘나들기(border-cross)'를 할 수 있는 공간을 그들에게 열어준다. 교육적인 기록작업은 심지어 아동기에 관한 새로운 지평을 열어준다고도 할 수 있다. 교사가 이 새로운 영역으로 접어들면, 그들은 교사와 유아 모두를 학습자이자 연구자로 이해하는 아이디어의 중요성을 통해, 레지오가 그토록 중요하게 생각하는 전문성 신장에 참여하게 된다.

기록작업을 통해서 우리는 교육의 실제를 보다 쉽게 연구하고 질문할 수 있다. 우리는 어린이에 대해 어떠한 이미지를 지니고 있는가? 우리는 어떤 교수와 학습의 담화를 믿어 왔나? 우리의 유아교육 프로그램을 통해 어린이가 부여 받는 소리, 권리 그리고 존중은 이떠한 것들인가? 우리는 난순히 '유능한 아이', '창의성', '참여' 그리고 '반성적 실제'에 대해 *이야기*만 하는가, 아니면 이러한 아이디어가 실제로 우리의 *실천*에 스며들었는가?

논의의 출발점은 우리의 교수에 대해 더 잘 알수록, 우리가 대안적인 담화를 수립할 수 있는 새로운 공간을 구성하여 변화를 촉진할 수 있는 기회가 증가한다는 점이다. 이러한 과정 중에 교육적 기록작업은–레지오 교사에게 그렇게 했듯–우리가 친숙한 것을 낯설게 보도록, 비가시적인 가정과 가치를 보다 가시적으로 만들도록, 그리고 우리가 지배하고 지배받는 방식에서 암묵적이었던 사고를 명백하게 만들도록 우리를 격려할 것이다(Dean, 1999, p. 36). 우리는 다른 방식으로 보기, 말하기, 행동하기를 할 수 있는 가능성에 대한 통찰을 얻을 것이며, 따라서 경계를 넘어 구체적으로 말하자면 현대성의 전체적인 웅장한 프로젝트, 그리고 예정된 '진실'에 모든 인간의 삶을 배치하려는 그 편향을 넘을 수 있게 될 것이다. 이것은 교사든 어린이든, 자기 스스로의 생각과 실천에 대한 통제력을 가지게 되는 것에 관한 문제이다.

기록작업이 보관될 수 있고, 재방문될 수 있으며, 항상 교육적인 실제의 살아있는 기록으로 보여져야 하기 때문에, 교육적 기록작업을 하는 과정도 과거의 경험과 사건을 재방문하고 재조사할 수 있는 수단으로 기능할 수 있다. 그렇게 함으로써 기억의 기능뿐 아니라 과거에 일어났던 일에 대한 새로운 해석과 재구성의 기능도 하게 된다. 이러한 방식으로 교사는 기초가 튼튼한 경험을 발판으로 삼고 활용할 수 있으며, 동시에 기록작업을 바탕으로 어린이의 학습과 지식 구성에 관한 새로운 이론을 세우는 데 참여할 수 있다. 다른 말로 하면, 교사는 새로운 지식의 생산에 참여할 수 있다는 것이다. 그러나 이것은 교사가 다른 것을 초월하는 능력으로서 전문지식의 활용에 대한 지속적인 검증에 참여한다는 것을 전제로 한다. 이는 높은 수준의 전문성을 요구하지만, 또한 보다 깊은 관여를 위한 도전과 영감으로도 작용할 수 있다. 레지오 에밀리아의 교육자가 어린이들과 프로젝트를 시작하면 굉장한 창의성이 표출되고, 어린이의 탐험과 학습은 변형된다. 기록작업을 하는 과정은 교사가 어린이의 변형과 궤적을 따라갈 수 있도록 도와주고, 새로운 '생성(becomings)'이 생산되는 관계와 연결을 만들어낸다. 물론 로리스 말라구찌가 항상 우리에게 강조했듯이, 교사는 어린이와 그들의 잠재력에 의해 놀라고 경탄하는 데 능해야 한다.

위험한 도전으로서의 교육적 기록작업

교육적인 기록작업은 결코 순수한 활동이 될 수 없고, 항상 사회적이고 정치적인 의미와 결과가 함께 한다. 미셸 푸코(Michel Foucault, 1970)가 주장했듯이, 기록작업은 위험할 수 있고 어떤 것도 보장할 수 없다. 푸코는 형식적인 중립성과 공평성의 담화 위에 세워진 교육적인 시스템이 좋은 의도에도 불구하고, 여전히 권력과 통제의 잠재적인 행위로 비춰질 수도 있다는 사실에 우리가 주목하도록 했다. 기록과 실험에 관한 우리의 기술과 장치뿐 아니라 우리의 표상, 지각 그리고 인식 실천을 통해 명백하게 만든 것은 우리의 이론적이고 개념적인 틀을 벗어나서 존재하지 않는다. 이러한 개념적 틀은 우리의 교육적 실천에 대해 정보를 제공하고 구성하는 역할을 한다. 따라서 우리가 만일 기민하고 주의 깊지 않다면, 교육적 기록작업은 표준화와 감시의 과정을 통해 어린이를 더 효과적으로 '예측하고 통제'하려는 전략으로 휩쓸려 들어갈 수도 있다. 이 경우, 우리의 관찰 도구는 누구를 포함시키고 누구를 제외시킬 것인지 결정하는 도구로 기능할지도 모른다. 추상적인 분류 범주와 꼬리표 달기를 통해, 어린이는 너무나 쉽게 우리의 이해를 위한 단순한 '대상'이 될 수도 있는 것이다. 따라서 독특성과 새로움은 사라진다.

이러한 위험을 고려할 때, 우리는 항상 우리가 어린이의 행위를 해석하고 기록할 어떤 권리를 지니고 있는지, 그리고 무엇이 윤리적으로 정당한지에 관한 질문을 제기해야 한다. 우리는 기록작업이 자동적으로 권력과 지식의 결합에 저항하는 수단이 된다고 추정할 수는 없다. 기록작업 과정이 민주적인지의 여부는 적극적인 경청과 다각도의 관점 수용의 잠재력을 실현시키는가의 여부에 달려 있다. 만약에 이것이 다른 구조나 관점을 초대한다면, 기록작업은 지식이 우리의 학교에서 어떻게 구성되는지에 관한 구체적인 방법을 밝히고, 각 인간마다 행위를 할 때 가지게 되는 윤리적 책임을 위한 기반을 마련할 수 있는 잠재력을 지닌다.

포럼 열기

참여와 대화를 위한 포럼, 만남의 윤리를 위한 포럼이라는 어린이를 위한 서비스를 구성함으로써 교육자는 어린이와 가족을 눈에 보이게 가시화하고 포함한 것에 기초하여, 재구조화된 복지 상태와 민주화가 담긴 새로운 잠재력을 개시하는 데에 중요한 역할을 한다. 우리는 시민사회에서 어린이를 위한 서비스를 포럼으로 간주하며, 따라서 어린이와 성인이 함께 모여서 사회적, 문화적, 정치적 그리고 경제적인 의미를 지닌 프로젝트에 관여할 수 있는 기회를 제공할 수 있다. 이는 이러한 서비스에 커뮤니티라는 특별한 의미를 부여하는데, *커뮤니티*에서는 어린이의 생활과 작업이 특정한 지역뿐 아니라 보다 넓은 세계적인 맥락에 기여한다고 여겨진다. 이러한 관점에서, 어린이와 교사는 우리의 현재와 미래에 관한 가장 결정적인 질문들에 관여함으로써 세계시민으로서 역할을 할 수 있다(Kemp, 2010). 이러한 유아교육 서비스를 구성하는 데 있어 교육적 기록작업의 역할은 매우 중요하다. 기록작업은 유아교육 서비스에서 일어나고 있는 것을 개방하고 가시적으로 만들어줌으로써, 대화뿐 아니라 보다 넓은 커뮤니티에 대한 신뢰 및 적법성의 중요한 출발점이 된다.

교육적 기록작업 덕분에 각 유아, 교사 그리고 학교는 공적인 목소리와 가시적인 정체성을 얻을 수 있다. 기록된 것은 어린이의, 교사의 그리고 부모의 생활에 대한 내러티브로 보여질 수 있다. 우리의 사회에 대한 그리고 우리의 민주화 발전에 기여한 학교의 기여를 보여주는 내러티브 말이다. 카를리나 리날디(Carlina Rinaldi, 1995)의 말에 의하면:

기록작업은 어린이와 어른에게 똑같이 민주주의의 참된 순간들–대화를 통해 드러난 차이의 인식과 가시화에 기반한 민주주의를 제공할 수 있다. 이것이 *가치*와 *윤리*의 문제이다.

어린이들의 수많은 언어에 관한 아이디어와 결합하여, 교육적 기록작업은 삶에 대한 믿음을 바탕으로 *삶의 활성화(vitalization of life)*에 기여할 수 있다. 이는 우리의 삶을 로리스 말라구찌가 말하던 *미학적인 떨림(aesthetic vibration)*이 있는 강렬함의 고원(plateau)으로 세울 수 있도록 한다.

참고문헌

Dahlberg, G., & Åsén, G. (1994). Evaluation and regulation: A question of empowerment. In P. Moss, & A. Pence (Eds.), *Valuing quality in early childhood service: New approaches to valuing quality* (pp. 157-171). London: Paul Chapman.

Dahlberg, G., & Moss, P. (2005). *Ethics and politics in early childhood education*. London: Routledge.

Dahlberg, G., Moss, P., & Pence, A. (2007). *Beyond quality: Languages of evaluation*. London: Routledge.

Dean, M. (1999). *Governmentality: Power and rule in modern society*. London: Sage.

Foucault, M. (1970). *The order of things: An archeology of the human science*. New York: Random House.

Kemp, P. (2010). *Citizens of the world: Cosmopolitan ideals for the 21st century*. Amherst, NY: Promentheus Books.

Rinaldi, C. (1995, June). *Observation and documentation*. Paper presented at the Research Conference, Reggio Emilia, Italy.

Rinaldi, C. (2001). Documentation and assessment: What is the relationship? In C. Giudici, C. Rinaldi, & M. Kerchevsky (Eds.), *Making learning visible: Children as individual and group learners* (pp. 78-89). Reggio Emilia, Italy: Project Zero and Reggio Children.

Rinaldi, C. (2006). *In dialogue with Reggio Emilia: Listening, researching and learning*. New York: Routledge.

13

귀 기울임의 교육: 레지오 에밀리아로부터 시작된 귀 기울임의 관점

카를리나 리날디(Carlina Rinaldi)

귀 기울임과 의미 찾기

귀 기울임(listening)은 레지오 에밀리아에서 우리가 해 온 경험의 특징을 잘 표현해 주었던 목표, 즉 의미 찾기를 달성하는 데 중요한 역할을 한다.

교육자로서 우리 스스로 처음 갖는 질문 중 하나는 "어떻게 하면 어린이들이 행동하고, 만나고, 경험하는 것들의 의미를 찾도록 우리가 도와줄 수 있을까? 그리고 우리 스스로 이를 어떻게 해낼 수 있을까?"이다. 의미를 찾기 위해 우리는 "왜?", "어떻게?" 그리고 "무엇을?"이라는 질문을 해야만 한다. 이것은 어린이들이 학교 안에서나 밖에서 끊임없이 묻는 핵심적 질문들이다.

이것은 힘든 탐구로, 일상적 삶에서 가족, 텔레비전, 학교 그리고 그들이 자주 방문하는 사회적 장소들과 같이 참조할 것이 아주 많은 어린이에게 특히 힘든 탐구이다. 그렇지만 우리는 의미 없이 살아갈 수는 없다. 의미가 없다면 우리의 삶은 정체성, 희망, 혹은 미래에 대한 의식이 없을 것이기 때문이다. 어린이들은 자신들이 세상에 태어나는 순간 삶과 자신의 정체성을 찾아내려는 욕구와 능력을 지니고 있다는 것을 알고 있다. 이런 이유로 레지오에서는 어린이를 미리 결정되어 있고, 연약하며, 도움이 필요하고 무능한 존재가 아니라, 의미 찾는 일에 능동적이고 유능하며 강인하다고 바라본다.

성인이나 어린이 모두에게 이해한다는 것은 자신을 둘러싸고 있는 세상에 의미를 부여하는 해석적 이론을 발전시킬 수 있다는 것을 의미한다. 우리 레지오 교육자들에게 이 이론들은 어린이들이 어떻게 생각하고, 질문하며, 세상을 해석하고, 자신들과 세상의 관계를 해석하는지 밝혀내는 데 아주 중요하다. 우리의 이론을 타인에게 표출하는 행위는 본래 우리 것이 아니던 세상을 공유된 것으로 변화시킨다. 이론을 공유한다는 것은 불확실성에 대한 반응이다. 그래서 어떤 이론이라도 존재하기 위해서는, 표출되고

본 장의 일부는 초고 형태로 카를리나 리날디가 *Innovations in Early Education: The International Reggio Exchange*에서 발표한 바 있고, 이어서 미시간 주 디트로이트(Detroit)에 위치한 웨인 주립대학교 교육대학(Wayne State College of Education)에 의해 다음과 같이 출판된 바 있다: "The pedagogy of listening: The listening perspective from Reggio Emilia,"(2001, 8(4), 1–4); "The teacher as researcher"(2003, 10(2), 1–4); 그리고 "The relationship between documentation and assessment"(2004, 11(1), 1–4).

또 몇 삽입구의 출처는 다음과 같다.

Carolyn Edwards & Carla Rinaldi (Eds.), *The Diary of Laura: Perspectives on a Reggio Emilia Diary*. Copyright © 2009 the Municipality of Reggio Emilia–Istituzione Preschools and Infant–Toddler Centers, and Reggio Children, s.r.l. Reprinted with permission of Redleaf Press, St. Paul, MN; www.redleafpress.org

사진은 'The Hundred Languages of Children' 전시 및 카탈로그에 포함된 'Laura and the Watch' 경험에서 나온 것이다. 본 이야기는 아르코발레노 영유아센터(Arcobaleno Infant–Toddler Center)에서 1983년에 일어난 것으로, 당시 *페다고지스타*는 리날디였다.

소통되어야 하며 누군가 이에 귀를 기울여주어야만 한다. 레지오 에밀리아에서 이루어지는 작업을 다른 것과 구분 짓는 '관계와 귀 기울임의 교육' 의 근거가 여기에 있는 것이다. 상호 간에 귀를 기울이고 기대를 형성하는 능력은 의사소통과 대화를 가능하게 해주는 것으로, 어린이들이 소지하고 있는 인간의 정신과 지능의 한 질적 특성이다. 태어나는 순간부터 어린이들은 타인들의 정체성의 한 부분을 이루는 태도를 발달시킨다. 레지오 교육자들은 개별 학습과 집단 학습의 관계에 대해서 고찰해 볼 기회가 있었다. 그 결과 우리는 집합적이고 협력적이며 민주적인 배움의 가치를 깨닫게 되었다.

귀 기울임이란 무엇인가?

- 귀 기울임이란 우리와 다른 사람들을 연결 짓는 패턴에 민감해야 함이다. 우리가 이해하는 바와 우리 자신의 존재는 이 우주를 하나로 묶어주는 더 폭넓고 통합적인 지식의 한 부분이다.
- 귀 기울임이란 귀 기울이고 귀 기울임을 받고자 하는 필요성, 우리의 귀뿐만 아니라 모든 감각을 총동원해서 귀를 기울일 필요성에 열려 있고 민감해야 함을 의미한다.
- 귀 기울이려면 사람들이 자신을 표현하고 의사소통하는 데 사용하는 수많은 언어, 상징 그리고 코드들을 인식해야 한다.
- 우리 자신에게 귀를 기울이게 되는 '내적 귀 기울임' 은 우리가 타인에게 귀 기울이도록 해주지만, 결국 타인이 우리에게 귀를 기울여줄 때 생겨나는 일이다.
- 귀 기울임에는 시간이 필요하다. 진정 귀를 기울이면 대화와 내적 반영의 시간으로 들어가는 것으로, 내적 시간은 현재뿐 아니라 과거와 미래의 시간으로 이루어져 있으므로 연대순으로 이어지는 시간 흐름을 벗어나 있다. 이는 침묵으로 가득한 시간이다.
- 귀 기울임은 호기심, 욕구, 의문 그리고 불확실함이 있을 때 일어난다. 이는 불안함이 아니라 모든 '진실' 이란 우리가 그것의 한계와 그것이 언제라도 부인될 수 있다는 점을 충분히 인식하고 있을 때만 진실이 된다고 안심시키는 행위이다.

- 귀를 기울이면 답이 아니라 질문이 생겨난다.
- 귀 기울임은 감정이다. 감정에 의해 생성된다. 타인의 감정에 의해 영향을 받고 감정을 자극한다.
- 귀를 기울이려면 다름을 기꺼이 받아들이고 이에 열려 있어야 하며 타인들의 해석과 관점의 가치를 인식해야만 한다.
- 귀 기울이기란 능동적 동사로서, 그 안에는 해석하고 메시지에 의미를 부여하며 타인으로부터 귀 기울임을 받는 사람들을 소중히 생각하는 것이 포함된다.
- 귀를 기울인다는 것은 쉽지 않다. 우리의 판단과 편견에 대해 충분히 인식하고 이것들을 보류할 수 있어야 한다. 변화에 열려 있을 것이 요구된다. 미지의 것을 가치롭게 여기고 우리가 확신하던 것들에 의문이 생길 때 경험하는 공허함과 위태로움의 느낌을 극복해야만 한다.
- 귀를 기울이면 개인을 익명성에서 벗어나게 한다. 우리의 존재를 정당화하고 가시화시킨다(그리고 어린이들은 익명의 존재가 되면 안 된다.). 귀 기울임은 귀 기울이는 사람과 메시지를 산출하는 사람 모두를 풍요롭게 만든다.
- 귀 기울임은 모든 학습 관계의 근본이다. 학습은 행위와 반영을 통해 주체의 마음속에서 구체화되고, 표상과 교환을 통해 지식과 기술이 된다.
- 귀 기울임은 '귀 기울여주는 맥락' 안에서 일어나는데, 그 맥락 안에서 사람들은 귀 기울이고 서술하기를 배우며, 개개인은 상징과 이미지('백 가지 언어')를 사용하여 행위, 감정, 표현 그리고 표상을 통해 자신의 이론에 대한 해석을 당당하게 드러내고 제안할 수 있다고 느낀다. 이해와 인식은 나눔과 대화를 통해 생성된다.

이처럼 귀 기울임의 교육은 학교를 위한 교육학일 뿐 아니라 삶에 대한 태도이기도 하다. 하나의 도구일 수도 있지만, 그 이상의 무엇이 될 수도 있다. 우리가 나누고 있는 것에 대하여 책임을 진다는 의미이다. 우리에게 누군가가 귀 기울여주는 것이 필요하다면, 귀 기울임은 탄생의 순간부터 인간의 정체성에 있어 가장 중요한 태도 중 하나이다. 태어나기 전 우리는 엄마의 몸 안에서 9개월을 산다. 그러므로 우리는 대화에 둘러싸인 한 명의 청자로서 성장해 가고, 귀 기울이기는 우리를 다른 것들, 즉 학교에서 배울 필요가 있는 것뿐 아니라 우리의 삶을 살아가는 데 필요한 것들과 연결 지어주는 모든 것에 대해 민감성을 지닌 자연스러운 태도가 된다. 사실 시간이 있어야 귀를 기울이고 귀 기울임도 받을 수 있기에, 우리가 학교와 가정의 어린이들에게 줄 수 있는 가장 소중한 선물은 시간이다.

우리가 우리 자신에게, 우리는 누구이며 우리가 원하는 것은 무엇인지에 신중하게 귀를 기울여보는 것도 필수적이다. 우리는 때로 너무 신속하게 우리 삶을 거치면서 우리 자신을 대면할 용기를 잃기도 한다. 무엇을 하고 있는가? 어디로 가고 있나? 이런 것들에 귀 기울일 용기, 우리 안에 있는 것에 주목하기는 일종의 내적 경청이자 반영이다. 귀를 기울인다는 것은 다름에 개방적이고 다른 사람의 관점과 해석을 소중하게 생각하는 것을 의미한다. 이렇듯 귀 기울이기는 교육학적 책략뿐 아니라 생각하고 타인을 바라보는 방식이기도 하다. 귀 기울이기는 능동적 동사로서 타인의 시각에 의미와 가치를 부여하기를 포함하는데, 이는 형성 평가(assessment)의 한 형태이다. 이런 방식의 귀 기울임은 타인과 그들이 우리와 다른 점을 반기는 하나의 방식이며, 다른 이론과 시각을 반기는 하나의 방식이다.

우리 귀 기울임의 방식은 의문과 불확실함에 열려 있다는 것을 의미한다. 이러한 귀 기울임은 위기에 놓여 있는 것과 좌절을 받아들이는 것에 열려 있음을 의미한다. 내가 미국에 갔을 때, 수많은 교사들이 어린이가 위기에 처해 있다거나 아니면 자신들이 위기에 처해 있다고 염려하곤 했다. 위기에 놓여 있다는 것은 당신이 변화하고 있다는 의미이기 때문에 항상 나쁜 것만은 아니다. 문제는 당신이 위기에 처해 있지 않다면, 그것은 당신이 주변 사람들에게 진심으로 귀를 기울이지 않기 때문이라는 점이다. 타인에게 열려 있다는 것은 이 방에 들어와서 "반드시 내가 당신의 의견에 동의해서가 아니라 당신의 생각이 내가 달리 생각하도록 만들었기 때문에 나는 달라져서 나가길 바란다."는 말을 할 용기를 갖는 것을 의미한다. 이 점이 바로 기록작업을 나누는 것이 매우 멋지면서도 어려운 일인 이유이다. 가시적 귀 기울임이라고 할 수 있는 기록작업은 당신이 자신의 정체성을 이해하고 변화시키는 데 도움이 될 수 있다. 즉, 당신의 가치에 대해 반영해 보도록 만들 수 있다. 또한 귀 기울임은 불확실함과 근접발달 영역 안에서 살아가기를 받아들인다는 것을 의미한다. 내가 의구심을 가져야만 다른 사람들을 기꺼이 받아들일 수 있고 내가 믿고 있는 것은 진실이 아니라 단지 나의 관점일 뿐이라고 생각할 용기를 가질 수 있다. 내가 나의 관점을 확인하거나 변화시키려면 타인의 관점이 필요하다.

진정한 의미의 귀 기울임은 판단과 편견을 보류할 것을 요구한다. 평화와 편견 간의 관계는 좋은 경청자가 될 능력 혹은 무능력과 관련이 있다. 이 점에서 평화를 향한 교육이 출발한다. 귀 기울임의 교육과 연결되어 있다. 평화란 사고하고, 배우고, 타인에게 귀를 기울이는 방식의 하나이며, 다름을 분리가 아니라 연결의 한 요소로 바라보는 방식이다. 평화란 나의 관점이 최선이 아니므로 타인의 관점을 듣고 이해할 필요가 있다는 점을 기억하는 방식이다. 여기서 우리는 학교가 다름을 접할 수 있는 장소라는 점에서 참여의 근원을 찾는다. 우리는 나누고 서로 동의하지 않기로 동의할 용기가 필요하다. 귀 기울임은 전문성과 인간 발달의 기회를 제공해 준다.

'귀 기울임의 맥락'은 개인들이 자신의 이론을 드러내고 특정 질문에 대한 자신의 해석을 당당하게 제안할 자격이 있다고 느낄 때 형성되는 것이다. 하나의 집단으로서 학습할 때 타인에게 귀를 기울여 듣고 그들에게 열린 자세를 지니면서 우리의 지식과 주관성이 풍부해진다. 어린이들이 함께 작업할 때, 개개 어린이는 타인의 과정으로부터 배우면서 자신의 과정을 발전시켜 나간다. 타인이 당신의 학습, 정체성 그리고 지식의 근원이라고 믿는다면, 함께함의 기쁨을 느끼게 되는 중요한 문을 이미 연 것이다. 우리는 다름으로 인해 분리되는 것이 아니라 연결된다. 내가 다른 관점을 제안하기 때문에 나는 당신에게 쓸모가 있다. 한 집단으로 학습한다는 것은 타인의 학습으로부터 배운다는 의미이다. 타인으로부터의 배움은 기록작업이 있기 때문만 아니라 나의 이론이 다른 사람들과 공유되는 귀 기울임의 맥락이 존재하기 때문에 가시적으로 드러나는 것이다.

귀 기울이는 존재로서 어린이

귀 기울여 듣고 서로에게 기대할 수 있는 능력은 매우 중요한 자질로서, 의사소통과 대화를 가능하게 하며, 이해받고 지원받기가 요구된다. 사실, 어린이들은 이런 자질이 풍부하여 자신을 둘러싼 세상에 귀 기울이는 능력이 탁월하다. 어린이들은 모든 형태와 색을 지닌 생명체에 귀를 기울인다. 그들은 타인에게, 성인들과 또래들에게도 귀를 기울인다. 귀 기울임이 의사소통에 얼마나 필수적인지를 그들은 재빨리 직감한다.

처음부터 어린이들은 자신들이 목소리를 지니고 있고, 귀 기울이는 방법을 알며, 다른 사람들이 자신들에게 귀 기울여 줄 것을 바란다는 것을 보여준다. 어린이들에게 사교성은 배워서 생긴 것이 아니다. 그들은 자연적으로 사회적 존재이다. 어린이들은 우리 문화뿐 아니라 다른 사람들이 생산해낸 방식들, 즉 언어들(그리고 코드들)에 강렬하게 매료된다. 그러므로 귀 기울임은 출생하면서부터 타고난 성향으로 어린이들의 사회화 및 문화화 과정을 지원하는 것으로 보인다. 이 지점에서 학교가 논의될 필요가 있다. 학교는 무엇보다도 우선 '다원적 귀 기울임의 맥락' 이어야 하며, 교사와 어린이들은 개별적 및 집단으로 서로가 서로에게 귀를 기울여야 한다. 다원적 귀 기울임의 맥락이라는 개념은 전통적 교수-학습의 관계를 뒤집어 버린다. 이제 초점은 학습으로, 즉 어린이들의 자율적 학습과 어린이 집단과 성인이 함께 이루는 학습으로 옮겨 간다.

귀 기울이는 존재로서 교사: 기록작업의 과정

자신이 지닌 마음속 이미지나 이론을 타인에게 소통하는 과정에서, 어린이들은 자신 스스로에게도 그것을 표상하면서 좀 더 의식적인 영상을 발달시킨다. 이것이 바로 '내적 귀 기울임' 을 의미한다. 하나의 언어에서 다른 언어로, 하나의 경험 영역에서 다른 영역으로 옮겨가면서, 그리고 이 전환 과정들에 대해 돌아보면서, 어린이들은 자신들이 지닌 이론들을 수정하고 정교화시켜 나간다. 그렇지만 이런 일이 실제 일어나려면, 어린이들에게는 집단 맥락에서 타인들과 함께 이런 전환들을 경험할 기회가 있어야 하며, 귀 기울여 듣고 귀 기울임을 받고 그들 간의 다름을 표현하고 타인의 다름에 수용적일 기회가 있어야만 한다. 교육하는 사람들의 과제는 다름이 표현되도록 허용하는 것뿐 아니라 아이디어 교환과 비교를 통해 협상이 일어나고 풍요로워지는 것이 가능하도록 만들어주는 것이다. 이런 방식으로 하면 개별 어린이는 배우는 법을 배우게 되지만, 집단 구성원들은 자신들이 작업하고 있는 집단 자체가 '가르침이 일어나는 장소' 라는 것을 깨닫게 되고, 그 집단 안에서 언어들은 풍요로워지고, 증폭되며, 정교화되고, 생성되어서 서로 충돌하고 이종교배가 일어나면서 새로워진다.

어린이들에게 지원과 중재를 제공해 주는 것 이외에, 이 과정을 관찰하고 기록하며 해석할 줄 아는 교사는 이 경우 가르치는 법을 배우는 학습자로서 자신의 잠재력을 충분히 발휘하게 될 것이다. 기록작업은 가시적 귀 기울임으로 간주될 수 있는데, 귀 기울이고 타인에 의해 귀 기울임 받는 것을 보장해 준다. 기록작업은 노트, 슬라이드 그리고 비디오와 같은 흔적들을 산출해 내어 개인들과 집단이 배우는 방식을 가시화시켜 준다. 이것은 집단과 개별 어린이가 학습하는 동안 (과정이 진행되는 동안과 과정 후 모두) 외부인의 관점에서 자신을 관찰할 수 있도록 해준다.

다양한 유형의 기록작업(비디오, 테이프로 녹음한 것, 손으로 적은 노트 등)은 비록 부분적이고 주관적 방식이기는 하지만 개별 어린이가 사용한 책략과 학습 과정을 눈에 보이도록 가시화시켜 준다. 또한 이것은 이 행위들을 읽어내고, 재방문하고 그리고 평가하는 것이 지식구축 과정에서 중추적인 역할을 하도록 해준다. 마지막으로, 이는 상위인지적 과정(meta-cognitive process)과 어린이와 성인 모두를 이해하는 데 필수적인 것으로 보인다.

관찰, 기록작업 그리고 해석은 서로 엮여서, 내가 보기에 하나의 *나선형 움직임(spiral movement)*을 이루는데, 그 안에서는 어떤 행위도 다른 것으로부터 분리될 수 없다. 사실 관찰과 해석 없이 기록한다는 것은 불가능하다. 기록작업이라는 수단을 통해서, 기록자의 사고 혹은 해석이 손에 잡힐 듯 드러나고 해석의 대상이 될 수 있게 된다. 노트한 것, 녹음, 이미지 슬라이드 그리고 사진들은 기억의 조각들을 나타낸다. 각각의 조각에는 기록자의 주관성이 스며들어 있지만, 지식구축을 위한 집합적 과정의 한 부분으로 타인의 해석 대상이 되기도 한다. 이 조각들 안에는 과거만 있는 것이 아니라 미래도 있다(즉, "만약 ~한다면 어떤 다른 일이 일어날 수 있을까?"). 그 결과로 많은 이들의 기여를 통해 풍성하고, 공동–구성되며, 풍요로워진 지식이 생겨난다.

레지오에서 발달해 온 바에 따르면, 기록작업은 어린이들과의 경험이 마무리된 이후 수집하는 것이 아니라 이 경험이 일어나는 동안 수집하는 것을 의미한다. 전통적으로 기억을 기록하거나 읽어내는 것은 어떤 경험이 끝나고 일어나며 기록보관소의 한 부분이 될 것이다. 우리에게 기록작업은 우리 학교 일상의 한 부분이다. 우리 동료들과 어린이들 간의 관계와 경험을 유지하고 생성시키는 방식 중 하나이다. 우리는 기록작업을 돌봄의 행위, 사랑과 상호작용의 행위로 간주한다. 교사와 어린이들 모두가 학습자라고 우리는 믿는다. 우리 레지오 경험 안에서 기록작업은 어린이와 교사의 학습–교수 과정의 핵심적 부분이다. 기록작업을 통한 학습의 과정에서 우리는 학습과 학습의 가치를 인식하게 된다. 즉, 그것을 형성 평가하는 것이다. 그러므로 우리는 형성 평가 또한 학습–교수 과정의 필수적 부분이라고 생각한다. 형성 평가와 기록작업의 관계는 우리 경험의 근간이라고 믿는다. 이와 같은 믿음은 우리가 기록작업에 접근하는 법을 완전히 바꾸어 놓았고 동시에 기록작업과 시험(test)의 관계를 이해하는 데 도움이 되었다. 우리는 점점 더 시험 보기를 사정 평가의 도구로 간주하는 위험성을 접하게 된다. 사실, 시험은 어린이들의 진정한 학습을 사정 평가하는 것이 아니라, 단지 시험 내용에 대한 어린이들의 지식을 평가하는 것이다.

기록작업에 대한 우리의 해석은 교사나 교육자로서 우리가 자신에게 묻게 되는 근본적 질문에서 출발해 왔다. 인간 개개인의 마음 안에는 이유, 우리 주변 세상의 의미, 삶의 의미를 이해하고자 하는 욕구가 존재하기 때문에, 우리가 그들에게 "왜"라는 질문을 하도록 가르칠 필요가 없다. 어린이들의 질문들에 대해 생각해 보고 왜 그들이 "왜"라는 질문을 하는지를 이해하고자 노력하는 것이 중요하다고 우리는 생각한다. 그들의 연결점은 무엇인가? 그들은 무슨 생각을 하는가? 왜 그들은 "왜"라는 질문을 하는가? 어린이들은 "왜"를 직접 말할 때도 있지만 수많은 언어를 통해서도 묻는다. 그들이 질문하는 태도 안에는, 그들이 사물의 의미와 삶의 의미를 이해하려는 노력 안에는 실제적 관심과 철학적 관심이 혼재되어 있다.

그러나 어린이들은 "왜?"라는 질문만 하는 것이 아니다. 자신들의 "왜"라는 질문에 대한 답을 찾고 자신들만의 이론을 생성할 수도 있다. 우리 레지오 교육에서 왜 *이론*과 *이론의 구성*에 대해 말하는지가 궁금할 수도 있다. 많은 단어 중에 우리는 왜 *이론*이라는 단어를 선택했을까? 많은 사람들은 단지 갈릴레오나 아인슈타인과 같은 사람들이 일하는 과학 영역에서만 이론이라는 말을 한다. 어린이들이 이론을 구축할 수 있을까? 만약 우리가 인간으로서 우리를 둘러싼 세상의 의미를 찾는 것이 삶의 본질이라는 생각을 받아들인다면, 우리는 우리의 질문에 대한 답을 구축할 수 있다는 점을 받아들일 수 있다. 우리에게는 우리 안에 담겨 있는 질문들에 도움이 되는 만족할 만한 설명으로서 이론을 수립하는 경향이 있다. 우리는 독자 여러분이 어린이들에게서 나타나는 이 필수적 요소에 대해 생각해 보기를 원한다. 왜냐하면 어린이가 만족할 만한 설명으로서 자신의 이론을 구성할 때, 그들이야말로 우리가 인간임을 가장 잘 표현해 주는 존재이기 때문이다. 어린이들이 "왜"라는 질문을 할 때, 이것은 단순히 당신에게서 답을 듣고자 하는 것이 아니므로, 어린이들을 관찰하고 그들에게 귀를 기울여라. 그들은 가능한 답을 모두 찾고자 하는 용기를 요구하고 있다.

또한 어린이들은 타인과 하나의 관점으로서 공유할 수 있는 만족스러운 설명으로 이론을 더 잘 발달시킬 수 있다. 이론이란 하나의 아이디어 그 이상이다. 이론은 만족감을 주고 설득력이 있어야 한다. 쓸모가 있어야 하며 우리의 지적이고 심미적인 욕구를 충족시킬 수 있어야 한다. 이론은 사물과 삶에 대한 우리의 관점을 표현한 것이다. 이런 이유로 이론은 윤리적 관점을 획득하기 위해서만이 아니라 학습과 이해를 위한 필수적

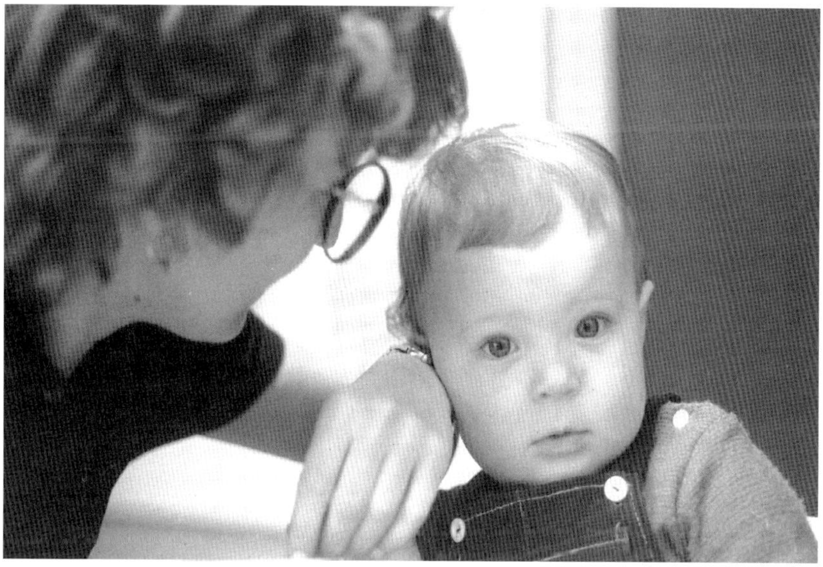

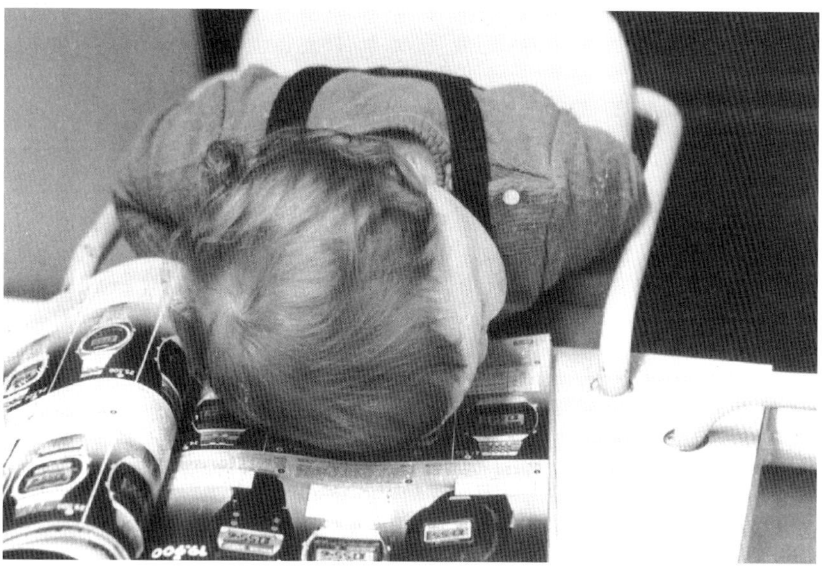

요소들을 접하기 위해서 타인들과 공유될 필요가 있다. 어린이들이 정교화시킬 수 있는 이론들은 존재를 위해서 우리가 아는 모든 언어를 사용하여 타인과 공유되고 소통되어야 한다. 이런 점들이 귀 기울임의 교육의 뿌리가 되며 가시적 귀 기울임으로서 기록작업의 뿌리가 되는데, 이것은 어린이들이 삶에 대한 설명인 이론들을 정교화시켜 나갈 수 있다는 생각에서 비롯된 것이다. 이와 같은 태도는 인간으로서 우리가 발달하는 데 필수적인 것으로 지켜져야만 한다.

어린이의 이러한 태도는 어린이가 진정한 연구자라는 것을 의미한다. 인간으로서 우리는 모두 삶의 의미에 대한 연구자이다. 그렇지만 우리가 빠른 답을 얻고 확실성을 느끼게 되면서 이러한 태도가 허물어질 수도 있다. 설명을 구성해 내려는 어린이의 태도를 우리는 어떻게 지원해서 유지시켜줄 것인가? 어린이가 "하느님이 울어서 비가 내리는 거야."라고 말한다면 우리는 사실 구름 때문에 비가 온다고 어린이에게 말해 주어서 그의 이론을 쉽게 무너뜨릴 수 있다. 어떻게 하면 이 어린이의 연구하고자 하는 의도를 양성할 것인가? 어떻게 우리는 설명으로서 이론을 생성하려는 용기를 북돋을 수 있을까? 이러한 유아기 태도에서 우리는 창의성의 근원, 철학의 근원, 과학의 근원, 호기심의 근원 그리고 윤리의 근원을 찾아볼 수 있다.

유아기의 이론을 구성할 수 있는 능력에서, 우리는 아이디어의 요소들을 모아서 창의적인 방식으로 조합할 자유를 관찰할 수 있다. 유아기의 답 찾기에서 우리는 철학적 태도의 근원을 발견한다. 이 유아기의 "왜"를 묻는 태도는 우리 삶에 필수적인 호기심을 유지하는 유일한 방법이다. 우리가 호기심을 가질 수 있는 능력을 발달시켜 왔기 때문에 인류가 존재하고 유지된다. 이유와 정보를 추구하는 것에 옳고 좋은 일을 행하는 것의 근원이 존재하는데, 이것이 윤리의 기초이다.

평가자로서 교사: 형성 평가(assessment)의 과정

우리 레지오에서 *귀 기울임의 가시화(making listening visible)*는 어린이들의 이론에 열려 있는 것을 의미한다. 관찰, 해석 그리고 기록작업의 요소들은 강력하게 연결되어 있다. 관찰은 주관적이기 때문에, 해석을 내리지 않은 채 관찰한다는 것은 불가능하다. 해석하지 않은 채 기록작업을 수행하는 것은 불가능하고, 반영해 보고 관찰하지 않은 채 해석한다는 것도 불가능하다. 무엇인가를 기록하려고 선택할 때, 하나의 경험을 사진 찍거나 비디오 촬영을 할 때, 당신은 이미 선택을 하는 것이다. 그것은 당신이 어린이들의 학습 과정에나 당신 자신의 학습 과정에도 의미가 있다고 이 경험에 가치를 부여하거나 평가하고 있다는 것을 의미한다. 기록작업을 할 때면 당신은 어린이들의 학습과 당신 자신의 학습–당신이 이해한 바, 당신의 관점 그리고 당신이 가치를 두는 것도 공유하는 것이다. '*평가*(evaluation)' 라는 단어 안에는 '*가치*(value)' 라는 단어가 들어 있다. 가치를 둔다는 것은 이 학습 맥락과 그 맥락 안에 있는 특정 경험과 상호작용에 가치를 부여함을 의미한다. 이런 것이 우리가 어린이의 학습 과정과 우리 동료들의 학습 과정에 제공하는 바이다.

내 견해에 의하면 여기에 *형성 평가*(assessment)의 기원이 있는데, 왜냐하면 당신은 기록작업을 산출해 내면서 가치라는 요소뿐 아니라 당신이 적용한 지침을 가시화하였고 공유할 수 있도록 만들었기 때문이다. 당신의 기록작업에서 어린이들은 그들이 거친 과정뿐 아니라 그들의 학습 과정에서 당신이 무엇을 의미 있다고 여기는지를 이해할 수 있다. 이로 인해 형성 평가는 좀 더 민주적이 된다. 이처럼 어린이들은 교사가 자신들의 작업 안에서 끌어낸 의미를 볼 수 있게 된다. 당신이 어린이들과 기록작업을 공유하게 되면 어린이들이 한 것이 의미 있고 가치가 있다는 것을 보여주는 것이다. 어린이들은 그들의 존재가 분명하며 익명성과 눈에 보이지 않는 상태에서 벗어날 수 있다는 것을 발견하게 된다. 어린이들은 자신들이 말하고 행동하는 것이 중요해서 들리고, 소중히 여겨지며, 공유되고, 인정받으며, 이해될 수 있다는 것을 알게 된다.

그러므로 형성 평가를 하지 않은 채 기록할 수는 없다. 당신 본인의 윤리를 이해하게 되고 당신의 선택과 가치를 보다 의식하게 됨에 따라, 형성 평가는 학습 과정의 일부가 된다. 우리 학교나 본인의 학교에 들어갈 때 아마도 거기서 보게 되는 기록 내용은 경험만이 아니라 가치들로, 다른 말로 하면, 학습 공동체의 구성원들이 중요하다고 평가한 것들이다. 예를 들어, 교수와 정보를 위한 학교가 아니라 교육을 위한 학교를 만들기를 원한다면, 평화 교육 역시 출생 시부터 시작될 것을 희망해 볼 수 있다. 평화 교육은 타인과 세상에 대해 사고하는 방식이며, 어린이들처럼 편견 없이 현실을 바라보는 방식이다. 어린이들은 모든 것을 기꺼이 받아들이므로 우리에게 가르침을 줄 수 있다. 어떻게 타인이나 다름에 대해 열린 태도를 견지할 것인지를 우리에게 가르칠 수 있다. 우리는 고유한 존재이고 각자 다르기에 우리는 특별하다는 것을 이해할 만큼 열려 있도록 가르쳐 줄 수 있다. 귀 기울임이란 만남과 대화의 은유이다. 우리는 귀 기울임의 교육이 옳다고 믿기 때문에, 레지오 경험은 인간의 그러한 표현에 귀를 기울여주는 방식으로 어린이를 존중해 주려고 한다. 아마도 귀 기울임의 교육은 인간은 변화할 수 있다는 희망을 지니고 살아가기를 지원하는 교육이 될 것이다.

우리가 자신의 말을 녹음하고, 전사하며, 그 의미에 대해 생각하는 것을 보며, 어린이들은 자신들의 말, 그리고 결국 자신들의 생각을 우리가 가치롭게 여긴다고 느낀다. 어린이들은 우리가 그들이 경험하고 있는 연구와 학습의 과정에 연관된 조짐을 찾아내려 한다는 것을 알고 있다. 무엇보다도 우리가 자신들의 생각을 소중하게 여김으로 인해서 중요한 것을 말하려는 고유한 개인들로 자신들을 소중히 여기고 있다고 어린이들은 느낀다. 즉, 그들은 우리에게 그들이 얼마나 중요한 존재인지를 느낀다. 아주 어릴 때부터 어린이들은 그리기는 단순히 시간을 보내는 방법이 아니라 사고와 감정을 나타내는 방식이고, 그들의 인식과 더 나아가 표현의 과정이 어떤 방향으로 진행되는지를 알려주는 방법이라는 것을 이해하고 있다. 교사가 어린이들의 그리기에 큰 가치를 두기 때문에 생기는 현상이다. 또한 어린이들은 사진이나 비디오 안에서 자신들을 알아보고, 행위나 감정 두 차원에서 어떤 일이 자신과 자기 친구들 집단에서 일어나고 있는지를 깨닫는다. 자신들 각자의 관점을 토론하는 데 투입된 노력도 인정하고 집단 안에서 협력이 지닌 가치도 이해한다. 그들은 자신들이 다양한 의견을 제안하고 있으며, 자신의 아이디어를 견지하면서도 동시에 공동의 결과를 구성해 내는 데 참여하고 있다는 것을 인식하게 된다. 따라서 어린이들은 개개인 모두 소중하고 유능하다고 느낀다. 동시에 그들이 함께 구성해 낸 지식은 공유된 결과이고 교육이 어떻게 공동체를 구축하는가에 연관된 심오한 의미를 포함하기 때문에 부가적 가치가 있다는 점을 어린이들은 인정한다.

자신들에 대해 느끼게 되는 것 이외에도, 귀 기울임의 과정을 통해서 어린이들은 그들의 학습과 발달 과정에 대한 모든 흔적이 환영받는다는 것을 깨닫기도 한다. 이런 일은 다양한 지식 영역에서 일어난다. 예를 들어, 어린이들이 그린 그림에 섞여서 나타난 최초의 글자, 부모들이 자신들에게 책상을 만들어주길 바라며 그 측정치를 나타내기 위해 쓴 최초의 숫자, 혹은 자신들이 구할 수 있는 도구를 이용해 음악을 만들어 낸 초기 시도들이 녹음되어서 추후 음악적 탐색이나 그들의 일상 활동의 배경으로서 들려지는 경우들이 그것이다. 각각 배움의 징후들은 소중한 것으로 환영받고, 이전 경험을 다시 반복하거나 새로운 맥락으로 경험을 확장하면서 의미 심화에 도움이 될 만한 새로운 자료나 활동들을 지원받기도 한다. 교사들이 글자, 숫자, 음악 그리고 다른 지식 영역들에 대한 학습 과정을 가치롭게 여기고 이것들을 일상적 교수 상황에서 가시화시키기 때문에, 무엇을 배우고 있는지가 그들에게 분명해진다.

어린이들은 감정을 느끼고 열정적으로 참여하는데, 자신들의 학습 과정을 보여주는 이미지가 교실에 전시되고, 모아서 출판되며, 비디오나 디지털 발표 형태로 조직된 것을 보면 자부심을 감추지 못한다. 이 결과물들은 다른 교사들이나 정기적 학급회의 때 부모들에게 소개되고 공유될 것이다. 자긍심과 타인의 인정, 이와 더불어 공동체의 중요한 부분이라는 자각은 단지 추상적인 목표로서 선언되어서만 아니라 일상의 공간과 시간 안에서 살아 숨 쉬고 분명히 드러나는 경험으로서 가치로운 것이 된다.

학습 공동체는 이처럼 형태를 갖춘다. 그 안에는 자신이 바라보는 방식이 가치를 부여한다는 것을 알게 되고, 깊은 책임감과 상호성을 발달시키게 되는 교사가 있어야 한다. 그러나 교사 이외에 부모도 개입되어 있다. 부모에게 자기 아들 혹은 딸은 한 어린이로서만이 아니라 특정 유형의 성격이나 특별한 학습 방식을 지닌 한 명의 개인으로서도 중요하다. 그 어린이는 최대한 자신에게 특화된 시간, 공간, 친구 그리고 자료와 책략이 필요하며 그것을 가질 권리가 있다. 그러나 부모들은 자기 아들이나 딸이 고유한 존재이기는 하지만 그 어린이 안에 그 공동체의 모든 어린이에 부여된 권리가 있다는 것을 발견한다. 부모들은 자기 아이를 위해서 하는 것은 모든 어린이를 위해 하는 일이 된다는 것을 배운다. '내 아들' 혹은 '내 딸' 이라는 개념에서 시작하여, 부모들은 쉽게 '우리 학교' 의 어린이들과 '그들의 권리' 라는 개념을 발달시킨다.

다른 부모들과 만나고 앎, 놀이, 다른 어린이와 함께하는 방식에 대해 고려해 보면서, 부모들은 공통적 문제를 다루는 다양한 방법과 각자 자기 아들과 딸에 관해 각자 개인이 채택한 비형식적 교육 스타일에 대해 마음을 열고 대화를 나눈다. 교육하는 공동체란 모두의 권리를 소중하게 여기는 공동체이다.

그러므로 학습 공동체는 윤리적이고 민주적인 공동체이다. 이 공동체는 지식과 가치를 공동으로 구성하는 민주주의 정신을 소지하고 있다. 여기서 가치는 지식에 영감을 주고 동기화시키며, 기록작업을 통해 학교가 자리하고 있는 더 넓은 공동체와 강력하게 소통하는 것이 가능하도록 한다.

그와 같은 기초에 의하여 어린이들을 위한 학교에서 시작된 기록작업은 그것을 넘어 옮겨가서 전시나 책의 형태로 진화하게 되며, 이로 인해 구술적 언어만이 아니라 이미지 언어와 다른 언어들로 진행되는 토론의 장을 열어준다. 우리는 '백 가지 언어' 를 주장하는데, 이를 통해 어린이들은 소통하고, 새롭고 예상할 수 없던 것, 교육이 요구하며 제안하는 용기로 나아가는 길을 찾는다. 이 용기란 우리가 어린이들과 함께 구성하려는 가치들, 현대적 삶이 주는 도전과 변화가 주는 풍요로움을 받아들이는 가치들로 이루어져 있다.

연구자로서 교사: 삶으로서의 교육

교사들이 귀 기울임과 기록작업을 실천의 핵심으로 받아들일 때, 그들은 *연구자*로 변화되는 것이다. 왜 '연구자로서 교사'라는 개념이 그처럼 중요한 것일까? 수없이 많은 가능성 중에 우리는 왜 '연구자'라는 자격을 강조하게 되는가? 연구라는 단어는 많은 의미를 지니고 있는데, 주로 실험실, 화학 공식 그리고 과학을 상기시킨다. 일반적으로 명확하고 인정받은 방법론을 나타내고 객관성을 시사한다. 연구라는 단어는 진지한 톤을 띠고 있으며, 이미 정립되고 관습적인 어떤 절차에 따라 작업하는 몇몇 사람들에게 국한되는 경향이 있다. 대학이나 전문화된 연구소에 속하는 개념이다. 도시의 길거리나 광장에서는 흔히 통용되지 않는 단어이다. 연구는 흔히 사용되는 단어는 아니고, 무엇보다도 우리가 통상적으로 일상적 삶 속에 실천하려고 고려하지 않는 개념이다.

학교에서 연구라는 단어는 보통 일련의 정보를 모으고 특정 제목에 관해 이미 알려진 것을 묶어내는 것을 의미한다. 호기심, 의문, 미지의 것, 실수, 위기, 이론, 혼돈과 같이 소위 과학적 연구를 특징짓는 감정과 경험들은 통상적으로 학교에서 일어나는 작업이나 일상적 삶의 부분이 아니다. 만약 이것이 학교의 삶이라는 맥락으로 들어온다면, 취약하고 깨지기 쉬우며 불확실한 순간들로 여겨져서 우리가 서둘러 극복해야만 하는 사항이 된다.

내가 보기에 이런 이유로 인해 진정한 혁신이라는 것은 받아들여지거나 환영받기 매우 어렵다. 이것은 세상을 새로운 눈으로 바라보도록 우리에게 강요하기 때문에 우리가 참조하던 틀을 흔들어 놓는다. 마음을 열어 이전과는 다른 것, 예상하지 못했던 것을 보도록 만든다. 너무나 흔히 우리 인간들은 비록 만족스럽지 않고 스트레스와 혼돈을 가져오며 희망 없어 보이더라도, 있는 그대로의 사물, 현재 상황, 우리가 알고 이미 시도해 본 것을 그대로 받아들이려는 경향이 있다. 이처럼 우리는 우리의 정상성, 우리에게 이미 익숙한 기준과 규칙이 새로운 것에 의해 손상되지 않도록 방어하려 한다. 그러나 탐사하고 연구하는 것만이 새로움을 향해 우리를 앞으로 나아가도록 보장해 준다. 이와 대조적으로 정상성을 지닌 현재 그대로의 상태는 매일 사용되는 접근에서 연구를 배제하고, 이로 인해 의문, 실수, 불확실성, 감탄, 놀람을 우리 삶에 있어 중요한 가치로 받아들이지 않는다. 현재 그대로의 상태를 선호한다면 정상성은 연구의 정반대가 된다. 그 대신 나는 '연구의 정상성'이라는 개념을 제안하고자 한다. 여기서 정의하는 연구란

학교 안뿐 아니라 학교 밖의 일상생활에서 하나의 태도이자 접근으로, 우리 스스로 사고하고 타인과 함께 사고하는 방식이고, 다른 사람들, 우리를 둘러싼 세상, 삶과 관계하는 방식이다.

어디서 그리고 어떻게 우리는 이 급진적인 변화를 이루어 낼 용기와 힘을 얻을 수 있을까? 우리는 다시 한 번 어린이에게서 시작해야만 한다. 어린이는 가장 최초의 위대한 연구자이다. 어린이는 태어나면서 삶의 의미, 타인 및 세상과의 관계 속 자신의 의미를 찾고 연구한다. 어린이들은 태어나면서부터 자신의 존재 의미를 추구하고, 우리가 가지고 있는 관례, 관습, 습관의 의미 그리고 우리가 제공하는 규칙과 답의 의미를 찾고자 한다.

"우리는 왜 태어났나요?"와 "우리는 왜 죽지요?"와 같은 어린이들의 질문과 어린이들의 답은 생성적이기 때문에 소중하다. 어린이들이 제시한 이론들은 ("바다는 엄마 파도에서 태어났어요."와 "사람이 죽으면 죽음의 배꼽 안으로 들어갔다가 나중에 다시 태어나.") 어린이와 인류의 정체성을 나타내는 가장 뚜렷한 특징, 즉 의미를 찾아내고 연구하기, 세상과 삶에서 일어나는 사건들의 의미를 함께 구성하고 나누기를 부각시킨다. 모든 어린이는 똑똑하고, 각자 다르며, 예측하기 어렵다. 우리가 어린이들의 말에 귀 기울일 줄 안다면 어린이들은 놀라움, 감탄, 의문 그리고 "왜"를 경험하는 즐거움을 우리에게 돌려줄 것이다. 어린이들은 미지의 것에 대한 *의문을 가질 힘*과 *실수할 용기*를 우리에게 준다. 탐사와 연구의 환희, 연구의 가치, 타인에 대한 개방성 그리고 타인과 만나 생성되는 새로운 모든 것에 대한 개방성을 우리에게 전파한다.

이런 개념들은 교육과 개인적 발달이 지속적인 연구 과정이어야 한다는 관념에 힘을 보태준다. 또한 이 개념들을 토대로 한 기록작업 및 귀 기울임의 가시화라는 가치는 쉽게 전달될 수 있는 하나의 테크닉이 아니라, 우리의 생각 안에 반영, 교환, 다른 관점 그리고 형성 평가 혹은 평가에서의 다름이 항상 포함되도록 확실히 하는 방법이다. 이 개념들은 교수 책략이자 우리의 세계관에 영감을 주는 가치들로 여겨진다. 우리가 사용하는 기록작업 자료들은 어린이에 관한 우리의 지식 경로와 더불어, 어린이와 인간다움 그리고 우리 자신에 대한 지식의 경로를 증언해 준다. 또한 교사는 연구자이고, 학교란 연구와 문화적 합성의 장소이며 가치와 의미를 함께 공유하는 과정을 거쳐 참여가 일어나는 장소라는 우리 생각을 증언해 준다. 연구가 행해지는 학교는 참여가 일어나는 학교이다.

더욱이 연구의 정상성이라는 개념은 이론과 실천의 관계라는 우리 경험의 특별한 측면이자 이 복합적인 시대에 가장 시사성 있는 '문화적 매듭들' 중 하나를 표현하기에 가장 적절하다고 믿는다. 이론과 실천은 이분법적인 것으로 여겨지며 학교 세상과 우리 문화를 강하게 짓눌러왔는데, 연구라는 개념 안에서 진정한 변증법적 통합을 찾을 수 있었다. 연구 안에서 이론은 실천을 생성해 내고, 실천은 다시 새로운 이론과 세상에 대한 새로운 시각을 생성해 낸다. 이론들은 실천에서 나오는 것이지만 실천을 인도하고 방향을 이끈다. 이론들이란 실천적인 사고들이다. 내 이론은 세상에 대한 나의 해석을 산출한다. 그래서 이론이 계속 검토되고 타인과의 교환 안에서 확인되어야만 하는 이유가 여기에 있다.

우리가 학교는 삶을 위한 준비가 아니라 *삶 자체*라고 말할 때, 이것은 *창의성*, *변화*, *혁신*, *실수*, *의문* 그리고 *불확실성*과 같은 단어들이 매일 사용되다면 진정 발달이 일어나고 현실이 될 수 있는 그런 맥락을 창출해 낼 책임을 맡는다는 것을 의미한다. 이것은 교수-학습 관계가 고도로 진화한 맥락을 창출하는 것을 의미하며, 그 맥락 안에서는 특정 문제에 대한 해결안이 새로운 질문, 새로운 기대 그리고 새로운 변화가 나타나도록 이끌게 된다. 또한 이것은 어린이들이 아주 어린 나이부터 이 세상에는 쉽게 해결되지 않고 아마도 답을 결코 구할 수 없는 문제가 있으며, 그 안에 '연구 정신'이 존재하기 때문에 이것들이 가장 멋진 문제라는 것을 발견하게 되는 맥락을 만드는 것을 의미한다. 어린이들이 아주 어리다 해도, 모든 질문마다 정답이 있다는 확신을 그들에게 전달해 주면 안 된다. 우리가 그렇게 한다면, 아마도 그들 눈에 우리가 좀 더 중요한 사람으로 보일 수도 있고 그들이 더 안정감을 느낄 수는 있지만, 그들은 이 안정감의 대가로 '연구의 즐거움', 즉 답을 찾아가고 타인의 도움을 받아 답을 구성해 가는 즐거움을 잃게 될 것이다. 어린이들은 우리가 확신이 없어 보이고 어떻게 답을 해야 할지 모르는 때에도 우리를 사랑하고 고마워할 만큼 유능하다. 어린이에게 중요한 것은 그들이 답을 구하는 상황에 어린이-연구자와 교사-연구자로서 우리가 바로 그들 곁에 있었다는 사실이기 때문이다. 이런 방식으로 해야만 어린이들은 인류 문화와 인간성의 문화를 구축해 가는 사람들 간에 온전한 권리를 가지고 돌아올 것이다. 이런 방식으로 해야만 어린이들은 그들의 경이감과 발견이 쓸모 있는 것이기 때문에 진심으로 인정받는다는 것을 느낄 것이다. 이런 방식으로 해야만 어린이들과 유아기는 그들이 지닌 인간 존엄성의 회복을 희망할 수 있고, 더는 '돌봄의 대상' 혹은 신체적으로나 윤리적으로 '잔인함과 학대의 대상'이 되지 않을 수 있다. 삶은 연구이다.

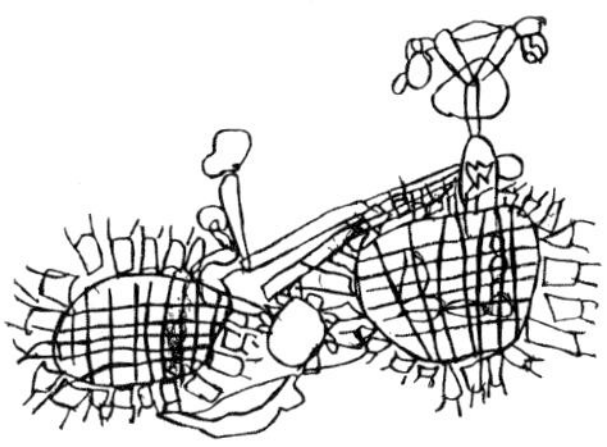

14

디자인, 기록작업 그리고 담화를 통한 협상적 학습

조지 포먼(George Forman)
브렌다 파이프(Brenda Fyfe)

협상적 학습의 세 가지 요소들

더 큰 이해를 향한 경로들

디자인, 기록작업, 담화 체제에 대한 요약

반영적 실천에 의한 교수는 잘 정립된 인식론을 기반으로 해야만 한다. 그런 기반 없이는 어디로 가야 할지 방향을 잃게 된다. 어떤 것이 효과적인 교수인가에 관한 기준을 세우기 위해서는 지식이 무엇인가에 대한 정의가 필요하다. 우리가 기반으로 하는 지식에 관한 이론은 구성주의로, 더 엄밀히 말하자면 드와즈, 뮤니와 뻬레 끌레몽(Doise, Mugny, & Perret-Clemont, 1975)의 연구에서 드러나는 사회적 구성주의와 버거와 루크만(Berger & Luckmann, 1966), 터찌와 윈터호프(Tudge & Winterhoff, 1993), 비고츠키(Vygotsky, 1986), 버취(Wertsch, 1985) 등의 연구에서 보이는 공동-구성주의이다. 지식은 서로에게 배우고, 서로 가지고 있는 지식에 대해 탐문적 자세를 취하며, 서로의 초기 시각들을 받아들이고 조율하려는 진지한 시도에 의해 점진적으로 사람들이 구성해 내는 것이라는 것이 우리의 주장이다(Jankowicz, 1995; Palincsar & Brown, 1984 참조). 더 나아가서 우리가 주장하는 것은 지식은 귀 기울여 듣거나 관찰만으로 확인될 수 있는 것이 아니라, "그것은 질문인가 아니면 사실의 진술인가?"의 경우처럼, 의사소통 과정 자체에 대한 협상적 분석을 통해서만 명료해진다는 것이다. 이런 분석은 필연적으로 추론적이며, 문자 그대로 '자료 안에 들어 있는' 것이 아닌 암묵적 지식을 포함한다(Bruner, 1957; Polyai, 1958/1998; von Glaserfeld, 1995).

일단 이 대전제를 받아들이면, 우리 교육 실천은 사실에 대한 연구에서 벗어나 어떻게 우리가 연구하며 사실에서 의미로 옮겨갈 수 있는지에 대한 공부로 급진적인 전환이 일어난다. 어린이를 교육한다는 것은 그들 자신의 의미창출 방식, 그들이 상징화(Gardner, 1983), 의사소통(Tharp & Gallimore, 1988), 이야기(Engel, 1995/1999; Taylor, 1993)와 은유(Bruner, 1990)의 맥락 안에서 서로 협상해 나가는 방식을 연구하도록 도와주는 것이라고 할 수 있다.

이 인식론의 원칙을 따르면 레지오 에밀리아에서 우리가 보아 온 것과 유사한 실천으로 이어지는데, 이를 우리는 협상적 학습(negotiated learning)이라 칭하고자 한다. 이 용어는 방금 언급된 사회적, 공동-구성적 원리의 중심적 역할을 잘 드러낸다. 협상적 학습에서 교사들은 물리적이고 사회적 세계가 작동하는 방식에 대한 어린이들의 신념, 가정, 혹은 이론을 밝혀내고자 애쓴다. 이는 단순히 어린이들의 흥미가 무엇인지를 밝혀내는 것을 넘어서는 것이다. 그들은 어린이들이 관심을 가지는 그 이면의 이유를 드러내는데, 절대 익숙한 것이 아니라 어떤 패러독스나 궁금증이 이야기거리로서 그들의 흥미를 끌어내는지를 분석을 통해서 밝혀낸다. 프로젝트가 시작되기 전 어린이들에게 알고 있는 것에 대해 말해보도록 격려한다. 이와 유사하게 아직 말로 표현하지 못하는 어린이들에게는 새로운 사물이나 자료를 탐색하도록 해서 어린이들의 책략을 관찰하고 있는 교사가 그 책략들을 근거로 어린이들의 이론은 무엇일까를 추측할 수 있다(Forman & Hall, 2005). 이 공동-구성주의적 교육과정에서 교사는 어린이, 부모 그리고 다른 교사들과 함께 학습 공동체를 형성한다(Rinaldi, 1996 참조).

그들이 말하는 것은 사회적이며 상징적 과정인데, 이를 통해 의미가 협상을 거쳐 어느 정도 공유된 이해에 도달한다. 이 교육과정은 아동-중심적도 아니고 교사-주도적인 것도 아니다. 이 교육과정은 어린이에게서 유래되고 교사가 윤곽을 잡아주는 것이다. 어린이들은 예를 들면 학교 놀이터에 찾아오는 새들에게 놀이 공원 만들어주기처럼, 많은 흥밋거리를 쏟아 놓는다. 교사들은 어떻게 새들이 집을 떠나 있어도 덜 불안하게 느끼도록 해줄 것인가처럼, 약간 더 보편적인 개념들로 목표를 새설정한다(Forman & Gandini, 1994 참조). 그리고 나면 구체적인 후속 활동들이 제안되고 어린이들과 함께, 그리고 더 일반적 차원에서 부모와 함께 협상이 이루어진다(Fyfe & Forman, 1996 참조).

다른 한편으로, 이 교육과정에서는 교사가 유발하고 어린이가 이에 몰입하는 것도 가능하다. 여기서 중요한 것은 교사가 제안한 주제가 어린이들의 마음과 흥미를 사로잡는 것이다. 예를 들면, 어떤 교사라도 소집단의 어린이들을 초대하여 교실 창문 밖에서 놀고 있는 다람쥐를(그 이전에는 전혀 주목하지 않던 것을) 자신과 함께 관찰하자고 할 수 있다. 어린이와 교사가 눈여겨본 것들에 대해 말하고 다람쥐가 무엇을 하기 좋아하는지에 대해 이야기를 나누게 되면서, 교사는 어린이들의 흥미를 이끄는 것이다. 교사는 어린이들의 마음을 사로잡기 위해, 생각을 유도하는 질문(예 "네 생각에 다람쥐는 이 나무를 왜 좋아할까?", "다람쥐는 지금 놀고 있는 것일까? 아니면 연구하는 것일까?")을 제기할 수도 있다. 일단 어린이들이 몰입하고 흥미를 갖게 되면, 교사는 어린이들이 앞으로 계속 관찰하고, 조사하거나 실험할 만한 가치가 있는 질문을 하도록 도움을 줄 수 있다. 그 시간 내내 교사는 지향하는 학습 목표(예 탐구 기술과 자연 세계에 대한 지식을 발달시키기)를 향해 나아가도록 어린이들을 인도하고 지원하는 것이다.

우리는 협상적 학습을 원인, 효과 그리고 역효과로 구성된 하나의 역동적 체제라고 정의해 주는 세 가지 요소를 설명하고자 한다. *디자인*, *기록작업* 그리고 *담화*가 그 요소들이다. 일반적으로 이 세 요소가 하나의 체제를 이루어서 의미 있는 문제 해결, 반영적 실천 그리고 구성원들 간 소통이라는 맥락 안에서 학문적 기술들이 다루어진다. 예를 들어, 교사가 어린이들의 작업을 기록하고 기록물을 그 어린이들과 검토하게 되면, 그 결과로 교사로서 자신의 역할에 대한 이미지가 달라진다. 어린이들에게 교과 내용을 가르치는 역할에서 어린이와 함께 연구하고 배우는 역할로 변화하는 것이다(Rinaldi, 1996 참조). 더욱이 어린이들에게 앞으로 자신들이 할 작업에 대해 디자인하라고 요구하게 되면, 자신들의 작업에 관하여 이야기하는 방식이 달라진다. 어린이들의 이야기는 예측과 설명이라는 담화의 성격을 띠게 되는 것이다.

협상적 학습의 세 가지 요소들

디자인(Design)이란 디자이너(어린이 혹은 성인)가 자신들의 계획이나 추구하는 해결책을 기록으로 남기는 활동을 지칭한다. 어떤 그림이 그려진 항목들을 구성하는 데 있어서 미래 독자를 안내하고자 혹은 독자에게 일련의 행위를 구체화시켜 주고자 하는 의도를 갖고 그려진 것이라면, 이 그림은 하나의 디자인이라 하겠다. 예를 들어, 레지오 에밀리아 '3월 8일 학교' 의 어린이들은 '손수건 떨어트리기 게임' 을 수행하는 전통적인 일련의 행위를 그려서 그 게임을 잘 모르는 어린이들이 그림들을 읽어보면 규칙을 배울 수 있도록 하고자 하였다. 레지오 에밀리아의 라 빌레타 학교 어린이들은 자신의 그림들이 자기 학교 야외 놀이터에 실제 놀이 공원을 구성하고 배치하는 데 사용될 것을 알고 있으면서 분수대와 놀이 공원의 탈것들을 그렸다. 디자인은 여러 다양한 매체로 이루어질 수 있다. 점토 분수대는 파이프와 호스로 이루어진 구조물을 만드는 데 도움이 되고, 철사로 만든 사람 모형은 다른 사람들이 무용 속 움직임을 배우도록 이끌어 준다. 디자인이란 추후 다른 사람의 행위를 안내해 줄 수 있도록 다시 들여다보게 될 것이기 때문에, 디자인은 읽힐 수 있도록 제작되어야 한다. 그러므로 디자이너는 그 표상이 얼마나 정확하고 실물에 가까운지와 오히려 반대로, 표상의 가독성을 고려해야만 한다. 사실 더 개략적인 표상이 종종 가장 소통이 잘 된다. 디자인의 교육적 가치는 디자이너가 갖는 특별한 태도, 즉 독자, 그리고 심지어 그 디자인을 나중에 다시 방문하는 독자로서의 본인과 관계를 수립해 가는 태도에서 나온다(Dunn & Larsen, 1990; Kafai & Harel, 1991).

*담화(Discourse)*는 상대방 말의 의미를 이해하고자 하는 심오한 욕구를 내포한다. 담화란 말로 이야기하기 이상이다. 담화는 말해진 것에 대한 더욱 반성적 탐구, 이해하려는 힘겨운 노력을 함축하고 있는데, 그 과정에서 화자들은 생산적으로 서로 맞서고, 갈등을 경험하며, 지속적으로 관점이 이동하는 와중에 나름의 입장을 세우고자 하는 것이다. 사실 담화는 의사소통에 대한 분석으로, 성장과 이해를 위해 의미를 다시 생각해 보는 상위 언어적 과정이다(Gee, 1990; Stubbs, 1983). 담화는 우리가 학교 교육과 학습을 위해 사용하는 목소리이다(Goodman, 1992). 디자인과 기록작업은 협상적 학습 과정에서 담화의 초점을 찾고, 담화를 지속시키며 담화를 개선시키는 데 도움이 된다.

*기록작업(Documentation)*은 기록된 행동을 다른 사람들이 이해하는 데 도움이 될 만큼 충분한 세부 내용이 담긴 수행 기록을 지칭한다. 디자인은 일종의 예측 혹은 계획을 나타내는 것이라면, 기록작업은 학습 상황에서의 수행과 그 수행에 대한 기록자의 해석을 기록으로 남긴다. 그러므로 어떤 어린이가 그린 그림 한 장은 그 수행에 대한 기록이 아니므로 기록작업으로 간주되지 않는다. 그러나 그 어린이가 그림 한 장을 그려내는 순간의 비디오 클립 혹은 최종 그림으로 변화해 간 과정을 보여주는 일련의 다시 그려진 부분은 기록작업으로 간주될 것이다. (기록으로 남겨지지 않은 행동을 묘사하고 이후 해석해 놓은 글이 첨부된 한 장의 사진은 기록작업으로 취급될 수 있지만, 깊은 이해를 얻기에는 덜 바람직한 방법이다.) 기록작업이 의도하는 것은 단순히 묘사하는 것이 아니라 설명하는 것이다. 기록작업은 '작업 샘플(work samples)' 이상이다. 기록작업은 설명을 담은 글이 수반된 사진들로 구성된 교실 벽 패널처럼, 공개적으로 전시될 수도 있고, 포트폴리오 안에 파일로 저장되어서 추후 하나의 묶음으로 연구될 수도 있다. 엄격히 말하면 기록작업은 개개인의 발전을 평가하는 한 형식이라기보다, 학교 구성원들에게 어린이들이 이루어낸 학습의 깊이와 교육과정 활동들의 교육적 근거를 설명하기 위한 형식 중 하나이다. 기록작업은 협상적 학습에 중추적인 것으로, 본 장 논의의 대부분은 기록작업과 다른 두 요소인 디자인 및 담화의 관계를 다루고 있다.

다음 내용은 디자인과 기록작업이 어떻게 다른지에 관한 것이다. 디자인은 알려주고자 하고, 기록작업은 설명하고자 한다. 디자인이 전망적이라면 기록작업은 소급적이다. 둘 다 물리적 기록 이상을 의미한다. 따라서 우리는 기록물(document)이라는 용어 대신에 기록작업(documentation)을 사용하고, 디자인들(designs) 대신에 디자인(design)이란 말을 사용해서 이 기록들의 교육적 기능을 드러내고자 한다.

■ 모든 관계를 보여주는 도해

이 교육적 체제에 대한 우리 논의를 수월하게 하도록 여기 다음과 같은 도해를 제공하였다. 이 도해는 세 가지 행위 요소들과 네 구성원(어린이, 교사, 부모, 지역사회)을 포함하고 있다. 우리는 의도적으로 네 구성원과 세 행위 요소를 상당히 느슨하게 연결하였다. 그렇지 않다면 이 도해는 마치 하나의 서로 얽힌 덩어리처럼 되어서 그 유용성이 없을 것이다. 본 장의 문맥 안에 구체적 관계들이 기술되어 있다.

디자인, 기록작업 그리고 담화라는 이 세 가지 요소들은 어느 방향으로도 상호호혜적 성격을 지니는 관계 체계를 형성한다. 디자인은 기록작업을 개선하는 데 쓰일 수 있다. 예를 들면 어린이들이 그려 놓은 디자인을 벽면 패널 안에 넣으면 학습 상황을 설명하는 데 도움이 될 수 있다. 기록작업은 반영적 교수를 위한 데이터베이스로 작용하면서 담화를 개선하는 데 사용될 수 있다. 담화를 기록해두면 다음 디자인 회의 내용을 개선하는 데 사용될 수 있다. 우리는 이 요소 간의 흐름을 이 장의 하위 부분들을 조직하기 위한 책략으로 사용하고 있다. (이 세 요소 간의 상호관계를 묘사하는 과정에서, 우리는 반드시 레지오 혹은 다른 어떤 곳에서 볼 수 없었던 것일지라도 실제적 제안을 해 보고자 한다.)

이 요소들은 어린이, 교사, 부모 그리고 일반 대중처럼 다양한 구성원들에게 해당된다. 어떻게 디자인이 어린이에게 도움이 되는지를 고려해 보자. 어린이들이 수립한 가정들 혹은 계획들에 대한 기록 중 발췌된 것은 분명 어린이들이 자신의 아이디어를 다시 방문해 보면서 그 개념의 적용을 심화하거나 확장하는 데 도움이 된다. 디자인은 교사들이 후속 활동들을 계획하는 데 도움을 준다. 디자인은 집에서도 어린이들이 연구를 계속하도록 지원하고 싶어 하는 부모들에게 도움을 주고, 일반 대중이 학교의 비전이나 목표를 이해하도록 돕는다.

구성원들과의 관계들은 단순하거나 일방적이지 않다. 구성원들은 종종 한 가지 요소를 중심으로 함께 일하며 다른 요소를 향상시킨다. 교사와 어린이들은 함께 디자인 활동에 몰입하고, 이로 인해서 자신들의 디자인을 연구할 때 나누는 담화의 수준이 향상된다. 디자인하는 모임 시간도 기록으로 남겨진다. 교사와 어린이는 이 기록물들을 재방문하고 그로 인해서 담화가 더욱 향상된다.

■ 도해 내부에서의 흐름

쓸모 있는 이론은 체제의 구성요소들을 명시하는 것뿐만 아니라 그 구성요소 간의 왕래에 대해서도 제안을 해준다. 이론은 하나의 경로를 선택하고 다른 길은 선택하지 않을 때 무엇을 기대할 수 있는지 알려준다. |그림 14-1|의 흐름도와 관련지어, 기록작업의 사용이 담화를 향상시킨다는 예를 보여주는 몇 가지 경로가 있다.

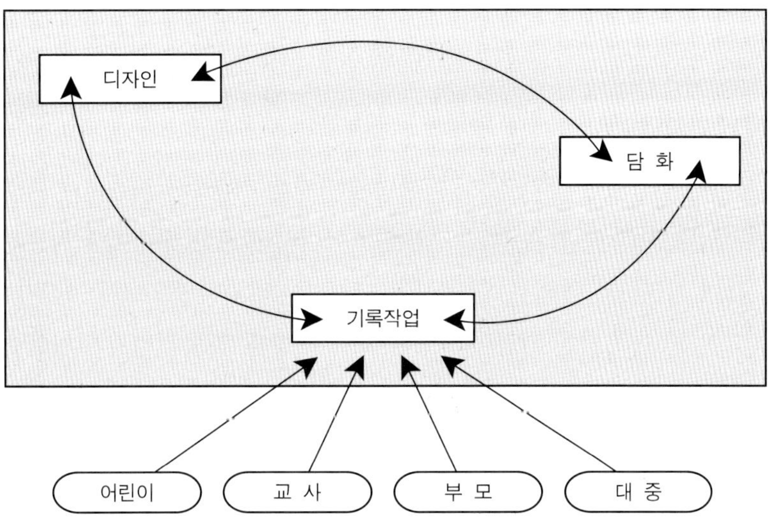

|그림 14-1| 협상적 학습의 요소들

네 명의 어린이들이 달에 마을을 짓기 위한 자신들의 계획을 그리는데, 그 안에는 끈적한 바퀴가 달린 자동차도 포함되어 있다*(디자인)*. 그리고 난 후 그 어린이들은 자신들의 그림을 이용해서 또래들에게 건물과 자동차에 관해 설명하고, 또래들은 명료화를 위한 질문들을 제기한다*(디자인이 담화에 영향을 준다.)*. 교사들은 이 설명을 녹음한 것을 토대로 달 위에서 사물들이 어떻게 작동하는지에 대한 어린이들의 생각을 연구해 본다*(어린이들의 담화가 기록으로 남겨진다.)*. 작은 집단으로 작업하면서, 교사들은 어린이들 대화를 녹음해 놓은 것을 공동으로 참조하여 어떤 코멘트를 전사하고 그들이 만들어 벽에 게시할 패널에서 일어난 일들을 어떻게 설명할 것인지를 논의한다*(교사들의 담화가 기록작업에 영향을 준다.)*.

더 큰 이해를 향한 경로들

이 도해는 협상적 학습의 원칙을 보여줄 수 있다. 우리는 교수 실천의 초기 이해에서 시작하여 더 포괄적인 이해로 옮겨가는 일련의 경로로서 이 원칙들을 제시하고 있다. 기술에서 디자인으로 옮겨 가는 경로부터 시작하겠는데, 이는 표상을 기록(record)으로 바라보는 좁은 시각에서부터 행위를 위한 제안서로 보는 넓은 시각으로 옮겨 가는 경로이다.

■ 기술에서 디자인으로

간단히 우리가 언급했던 바와 같이, 디자인에는 단순 기술(description) 이상의 교수적 의도가 들어 있다. 이 차이점은 단지 그림뿐만 아니라 다양한 매체에도 적용된다. 그러나 실례를 들어 설명하기 위해서, 한 물체를 그리기에서 디자인으로서 그리기로 이동하는 경로를 고려해 보자. 다른 사람이 그림을 보고 무엇을 그린 것인지 알아볼 수 있다면 잘 그린 그림으로 판단할 수 있다. 사실적인 그림이 공동의 참조물의 역할을 해주기 때문에 담화를 향상시킬 수 있다고 하자. 그렇지만 그런 그림은 다른 그 무엇을 그려 낸 것에 지나지 않는다.

반면, 디자인이란 무엇인가를 세우거나 아니면 다른 사람에게 무엇을 어떻게 할지를 알려주기 위해서 만들어진 것이다. 디자이너는 표식(marks) 안에 행위를 담고 있어야만 하고 새로운 독자가 이것이 의미하는 행위들을 분별해 내도록 도와주어야만 한다. 어쨌든 '독자'는 어떤 원하는 결과를 얻기 위해서 종이 위의 표식들을 일련의 행동들로 전환시켜야만 한다. 예를 들면, 장난감 나무 보트를 만드는 데 사용되는 그림에는 나무의 질감에 대한 세부사항은 별로 없고, 그 부품들이 조립되는 방식에 대한 세부정보가 더 많이 포함될 것이다. 보트를 조립하는 데 있어서, 두 가지 부품이 어떻게 서로 연결되어야 하는가는 나무의 질감에 관한 세부사항보다 더 많은 정보를 담고 있다. 디자인에는 행위와 연속적 절차에 관한 정보를 담은 표식이 포함되는데, 이 표식들은 정적인 물체들의 특징들을 정적으로 기록한 것 이상이다. 화살표, 숫자, 그리고 한 줄로 배열된 일련의 점진적 그림들은 행위를 표상하기 위해 흔히 사용되는 기법 중 몇 가지이다. 이처럼 세부사항을 시각적으로 분석하는 것에서 일련의 절차를 표상하는 것으로의 전이는 과학과 교육에서 볼 수 있는 아주 근본적인 전환인 셈이다(Piaget, 1970, 1978). 이와 동일한 전환이 협력적 학습에서 표상의 고차원적 활용의 기저가 된다. 게다가 어떤 것이 어떻게 이루어져야 하는지를 설명하고자 하는 어린이의 욕구는 청중이 있다는 것을 전제로 하는데, 청중은 지식의 공동구성에 대리로서 참여하고 있다(Vygotsky, 1986; Wertsch, 1985). 절차적 지식과 의사소통을 이중으로 강조하는 것은 협상적 학습 안에서 피아제와 비고츠키의 이론이 서로 만난다는 것을 의미한다.

다음은 기술에서 디자인으로 이동해 간 사례이다.

> 한 집단의 어린이들이 창문 밖에 있는 커다란 해바라기에 심취했다. 그 꽃송이가 그렇게 많은 씨를 그 안에 담고 있다는 것에 굉장히 놀라워했다. 교사는 이 풍요로운 꽃이 어린이들의 기억 속에 어떻게든 남겨졌으면 하는 생각이 들어서, 어린이들에게 이 꽃을 종이와 색연필을 이용해 그려 보라고 제인을 하였다. 환상적인 그림이 그려졌고, 거대한 꽃의 중앙에 있는 각각의 씨를 심혈을 기울여 그린 것으로 보였다. 교사나 어린이들 모두 그리기 활동을 통해 이런 세부적 사항들에 민감해졌다고 동의하였는데, 이런 것은 종이 위에 수고스럽게 그려 내지 않았더라면 주목하지 못했을 것들이었다.

다시 생각해 보니, 이 꽃 그리기 활동이 너무 제한적이라는 생각이 들었다. 우리는 어린이들에게 꽃송이 속의 씨들에 대해 왜 그렇게 신기하게 생각했는지 물어보았다. 어린이들은 6주 전에 자신들이 땅에 심은 씨앗을 기억하고 있는데, 지금 자신들이 심은 것하고 똑같이 생긴 씨들이 꽃송이 안에 있다는 이야기를 했다. 그래서 우리는 어린이들에게 이 씨들이 과연 어떻게 생겨났을지를 보여주는 그림을 그려보라고 했다. 즉, 그들이 볼 수 없는 것인 해바라기 안에서 씨가 만들어진 단계들을 생각해서 그려보도록 한 것이다. 궁극적으로 우리는 어린이들에게 씨 공장을 디자인하라고 요구한 것이었다.

그림들은 매우 다채로웠고, 지혜로웠으며, 많은 것을 드러내었다. 어린이들은 그들이 그린 그림들이 얼마나 사실적인지에는 그다지 관심을 쏟지 않았고, 오히려 해바라기 꽃송이 안의 씨들이 생산된 절차에 대한 자신들의 생각을 소통하는 데 더 관심을 보였다. 한 어린이가 그린 일련의 그림에서는 땅에 심었던 원래 씨가 위로 올라와서, 빨대처럼 생긴 해바라기 줄기 속을 통과하고, 마지막 그림에서는 같은 씨가 활짝 핀 꽃 속에서 튀어나오는 것이었다! 해바라기 자체를 기술적으로 묘사해 낸 그림 대신, 씨의 성장을 보여주는 디자인을 하도록 하면서, 교사는 어린이들이 자신들의 이론에 더욱 몰두하도록 만들 기회를 많이 찾을 수 있었다.

■ **전시에서 기록작업으로**

전시(display)에서 기록작업으로 나아가는 경로는 정보 알리기에서 교육하기로 옮겨가는 것이고, 이로 인해서 교사의 시각을 어린이 관찰에서 어린이 연구로 변화시킨다. 박물관, 특히 과학박물관에서는 정보를 제공하는 전시와 교육적 기능을 하는 기록작업의 두 가지 예를 모두 찾아볼 수 있다. 흔히 우리가 볼 수 있는 전시의 한 예로, 지난 십만 년에 걸쳐 인간의 두개골 옆모습에 일어난 변화를 보여주는 일련의 실루엣 사진들을 생각해 보자. 이 실루엣 전시는 그 자체로서 진화의 과정을 보여주는 기록작업은 아니다. 그 패널은 단지 진화를 보여주고, 우리에게 그 일이 일어났다는 것을 알려줄 뿐이다. 반면, 기록작업은 설명을 통해 함께 우리를 이끌고 가려는 명백한 시도를 할 것이다.

예를 들어, 이 일련의 두개골 실루엣들 아래에 "인간이 진화함에 따라 양미간의 두께가 줄어들고 뇌를 더 담을 수 있게 되었는데, 이것은 방어적 구조가 줄어들면서 뇌 크기가 늘어났음을 보여준다."와 같은 보충 설명을 넣을 수도 있다. 이제 그 일련의 실루엣들은 흥미로운 원리가 되어서 유사한 원리를 보여주는 특징들을 찾아내도록 연구될 수도 있다. 그렇다면 턱의 길이가 줄어든 것은 무슨 의미일까? 좋은 기록작업은 시각적 이미지들을 연구해 보도록 만든다. 시각적 이미지들을 그 자체의 특징보다 더 보편적인 어떤 것을 보여주는 사례로 접근하도록 글이 도와주기 때문이다.

협상적 학습에 적용되려면, 전시는 시각적 이미지들에 해석과 설명이 첨가되어 기록작업으로 전환되어야만 한다. 농장에 견학 갔을 때 찍은 일련의 사진들을 포스터 종이에 붙여놓으면 그것은 전시가 된다. 사진들 아래에 어린이들의 말이 첨가되었다고 해도, 그것은 역시 전시일 것이다. 패널이 기록작업으로 인정받기 위해서는 논평이 필요하다.

다음의 사진 모음들이 어린이 말들을 전시한 것과 함께 있다고 상상해 보자. 한 어린이가 12마리의 새끼 돼지들이 한 어미의 젖을 빨고 있는 것을 보고 말한다. "얘들은 모두 충분히 먹을 수 있나요?" 패널의 다른 곳에 어린이들이 어미 돼지 한 마리가 줄 수 있는 양과 12마리의 새끼들이 필요한 양의 관계에 대해 계속 이야기 나눈 내용이 글로 적혀 있다. 한 어린이가 "만약 얘(새끼)가 많이 먹으면, 엄마는 새끼 모두를 먹일 수가 없어."라고 덧붙였다. 기록작업은 어린이들의 말 이상을 담고 있다. 또한 기록작업은 한 마리의 어미가 새끼들을 잘 기를 수 없을지도 모른다는 두려움처럼, 암묵적으로 담겨있는 보편적 이슈에 대하여 생각하고 있다. 기록작업은 어린이들의 사고를 탐구하도록 만들고 효과적인 교수에 대한 예측도 끌어낸다. 사진과 어린이들의 말만 담은 패널은 기술할 수는 있어도 설명해 주지는 않는다. 좀 더 보편적이고 새로운 맥락에서도 적용될 수 있는 어떤 원칙의 예로서 그 자료를 바라보려면 교사의 논평이 필요하다. 전시는 즐거움과 만족감은 가져다줄지 모르지만, 가설을 끌어내려는 의도를 갖고 디자인된 것이 아니다. 기록작업은 하나의 연구보고서로, 과거의 어떤 사건을 단지 기록으로 남긴 것이라기보다는 담화를 향상시키는 데 사용된다.

이런 점은 협상적 학습에서의 기록작업과 현재 미국 학교에서 점점 더 인기를 얻어가는 포트폴리오와의 차이에 대해 생각하도록 만든다(Glazer & Brown, 1993; Tierney, 1991). 포트폴리오는 더 진정한 형성 평가(assessment)의 한 형태로 치켜세워지고 있는데, 그 주된 이유는 어린이들이 작업하면서 생산해 낸 실제 물건들을 담고 있으며, 그 안에는 그림, 도해, 수학 학습지, 사진들 그리고 심지어 비디오 테이프도 그 안에 포함될 수 있어서, 시간대별로 모든 질적인 세부사항들을 고려해 그것들을 검토해 보게 되면 개별 어린이 고유의 발전 경로를 제시해 준다는 것 때문이다.

우리가 여기서 의미하는 기록작업은 한 명의 어린이가 아니라 어린이들에 더 초점을 둔다. 기록작업에 한 어린이만 등장하더라도, 그 의도는 보는 사람들이 이 어린이를 대표성을 지닌 어린이로 간주하도록 만드는 것이다. 기록작업은 학교의 정신, 작동 중인 교수적 원리를 나타내는 것으로, 여기에서는 숀(Shawn)이라는 어린이가 주인공이고, 다른 곳에서는 레인(Rane)이 주인공이 될 수도 있다. 그 패널에 주인공으로 등장한 어린이 부모의 관심과 그 이외의 다른 부모들의 관심은 반비례할 수도 있다는 점을 명심하라. 다른 부모들에게는 누구에게나 다가갈 수 있는 메시지가 필요하다.

기록작업은 모든 개별적인 어린이들이 어떻게 발전했는지를 표시해 주기보다는, 어린이들의 사고와 교수 책략에 대해 질문을 불러일으키고자 노력한다. 보는 사람은 네 명의 어린이들에 대한 기록작업 안에서 보는 내용이 다른 상황에서 모든 어린이에게 일어났던 일이라 미루어 짐작해야 한다. 기록작업은 설명과 생각해 볼 점을 써 놓은 교사들의 지혜를 보여주지만, 기록작업 자체가 교수 행위에 대한 체계적 평가도구는 아니다. 평가가 성취 혹은 기술에 대해 어떤 기준을 적용하는 것을 의미하는 한, 평가(evaluation)와 기록작업이라는 두 가지 목표는 분리된 채로 남아 있어야 한다. 기록작업을 한다면, 기준을 말하는 어떤 책에도 담겨 있지 않은 사고 형식을 드러내는 독특한 이야기를 제시하는 데 망설여서는 안 된다.

■ 이야기하기에서 담화로

우리는 거의 항상 이야기한다. 때로는 더 깊이 이해하기 위해 우리 자신의 말이나 다른 사람들의 말에 귀를 기울인다. 이와 같은 이야기에 대한 상위 언어적 태도, 즉 연구 대상으로서 이야기하기가 학교 교육의 담화를 정의해 준다(E. A. Forman & McPhail, 1993; Palincsar & Brown, 1984; Isaacs, 1930).

다음에 나오는 몇 어린이 간의 대화를 예로 들어보자.

에리카: 이것 봐, 내 다리가 길어, 하지만 위까지 쭉 갈라져 있지는 않은데.

존: 그래, 그렇지만 네 손은 다섯 개의 손가락으로 갈라져 있잖아.

팀: 글쎄, 네 다리는 갈라진 게 아니고, 두 개잖아.

에리카: 뭐라고?

팀: 두 개만 있다고. 항상 두 개였어. 그럼 이렇게 말할 수 있어. "내 다리는 서로 떨어져 있어."

에리카: 그렇네.

팀(Tim)은 에리카(Erica)가 선택한 부사에 대해 생각해 보았다. '갈라진(split)' 이란 '한때는 함께였지만, 나중에 분리된' 을 의미한다. 팀은 분명 사람의 다리가 끝까지 갈라지는 과정에 대해서 생각하고 있지만, 또 사실을 어떻게 더 정확하게 말로 옮길까에 대해서도 생각하고 있었다. 우리는 이런 형식의 단어 의미 협상을 *담화(discourse)*라 부른다. 팀은 에리카 다리가 앞으로 어떻게 될지에 대해 그는 다르게 이해하고 있다는 것을 명확히 하기 위한 하나의 책략으로 다른 단어를 제안하고자 했다. 이것이 실제 사례일까? 유아교육(학령 전-초등 3학년까지)에서 일어나는 대화와는 거리가 멀어 보인다.

교사들은 팀으로 모여 이 대화의 전사록을 읽어볼 수 있다. 사실 앞선 문단에서 이 대화가 분석된 방식이 담화의 사례이다. 교사들은 서로 모여 이야기 나누며 어린이들의 이론, 추측, 잘못된 전제, 잘못 적용 사례, 현명한 유추를 알아내기 위해 대화 전사록을 연구할 수 있는데, 이 모든 애매한 것들은 조각들로서 교사 집단에 의해서 공유 의미가 형성되도록 협상이 일어나야만 하는 것들이다. 항상 교사들은 다음과 같이 말한다. "그렇다면 당신 말은 어린이들은 그런 일이 일어나리라는 것을 알고 있다는 것인가요?" 혹은 "그것이 협력이라고 할 수 있는지 잘 모르겠네요. 아마도 평행 놀이겠지요." 교사들

은 자신들이 관찰한 내용을 해석하는 데 사용하는 말들의 의미를 이해하고자 노력한다. 이와 같은 담화적 마음 자세는 부모들, 대중, 그리고 | 그림 14-1 | 의 하단에 열거된 모든 가능한 관계자들에게 교사들이 이야기 나눌 때도 적용된다.

디자인과 기록작업에 의해 영향을 받으면서 담화도 변화하며, 담화는 디자인과 기록작업을 변화시킨다. 어린이들의 디자인을 연구하고, 어린이들이 자신의 계획을 설명하는 것을 듣고, 이 프로젝트들에 대해 우리가 한 기록작업을 다시 방문하면서, 우리는 우리 연구 대상인 어린이들에 대해 예전과 다르게 이야기하기 시작한다. 우리는 어린이를 성장, 발달 그리고 위력의 전형적 예시라고 말하게 된다. 더욱이 우리가 어떤 식으로 다르게 말하는가를 분명히 알아채면 우리 자신의 전문성 발달이 이루어짐을 의식하게 된다. "어린이들이 그 활동을 좋아했어요."라고 말하는 대신, "어린이들은 새가 눈치 못 채게 관찰하는 것을 좋아했어요."라고 말한다. "내가 보니까 너는 연필로 진한 선을 만들었구나." 대신에 "너는 연필을 세게 눌러서 표식을 만들었구나."와 같이, 이제 우리는 '명사적 화법' 보다는 '동사적 화법' 을 더 많이 사용한다는 것을 알고 있다. 우리는 우리가 어린이들에게 말하는 패턴이 어떻게 변화하고 있는지를 생각해 본다. 이것들은 담화에서 사소한 차이거나 수사적인 차이들이 아니다. 이것들은 우리의 분석 수준과 우리의 학습 이론에 있어서 근본적인 전환을 강하게 드러내 준다(Solisken, Wilson, & Willette, 1993 참조).

■ 기억하기에서 재방문하기로

어린이를 가르치는 교사는 기억의 역할, 즉 어린이들이 재방문(revisit)해 볼 수 있는 경험의 기록으로서 역할을 할 수 있다. 이런 기능을 하려면 어린이들이 말하는 것을 적어서 추후 어린이들이 어떤 것에 대한 이해를 확장하고자 애쓸 때, 어린이들에게 그 말들을 다시 읽어줄 수 있다. 혹은 어떤 경험의 사진을 찍거나 비디오로 녹화한 것을 어린이들에게 보여주고 사진이나 비디오 안에서 보이는 행위들의 의도, 목적, 기대 그리고 추정들에 대해 돌이켜 보도록 교사가 요구할 수 있다. 정적인 사진과 비교할 때 비디오 녹화는 실제 일어난 행위의 기억을 녹화기에 '업로드(upload)' 해줌으로써, 어린이들이 목적과 의도, 행동의 '무엇' 이 아닌 '왜' 와 같이 눈에 보이지 않는 것들을 생각해 볼 수 있는 정신적 여유 공간을 사용하도록 해준다는 점에 주목하라.

사람이 무엇을 했는지를 기억해 내는 것과 그 경험을 재방문하는 것에는 차이가 있다. 기억하기 위해 어린이들은 "우리는 돼지를 보았고, 트랙터를 탔어요. 그리고 깊고 깊은 곡식 저장고 아래를 내려다 보았어요."처럼, 그들이 했던 것들의 단순 목록만 있으면 된다. 그러나 재방문한다는 것은 기억하기 이상을 의미한다. 재방문이란 문자 그대로 오랜 공백 이후에 자신의 고향에 돌아가는 경우처럼, 어떤 장소가 지닌 의미를 다시 수립하거나 발견할 목적으로 다시 그 장소로 돌아가는 것이다. 방문객이 되어 이제 그 경험을 외부인의 자격으로 들여다본다. 더는 그 경험 안에 머무는 것이 아니라 그 경험으로부터 새로운 의미와 새로운 느낌을 찾으려는 것이다. 비거주자로서 약간 거리감이 있지만 그렇다고 해서 그곳에 머물 마음이 없는 것은 아니다. 현재를 바라보는 새로운 시각으로 인해 과거가 재구성되는 것이다. 의미를 창출해 내기 위해 패턴을 찾아보고자 하며, 그 경험에 머물러 있을 당시에는 명료하지 않던 원인과 관계를 찾고자 하는 것이다.

교사가 대화록을 보며 "트랙터 위에 앉아 있던 남자가 커다란 바퀴 하나를 멈추면서 트랙터 방향을 바꾸었다고 네가 말한 것이 생각나는구나. 어떻게 멈추는 것이 다른 방향으로 움직이도록 만들까? 당시 무슨 생각이 들었는지 기억해 보면서 네가 무슨 뜻으로 그런 말을 했는지 알아보자."라고 말한다. 교사는 농장에서 어떻게 사물들이 작동하는지에 대해 어린이들이 가졌던 유추 혹은 설명을 재방문하도록 초대할 수 있다. 그림자 실험에 관해서는, 교사가 "여기 네가 땅 위에 비춘 네 그림자를 보며 깡충 뛰어올랐던 사진이 있단다. 너희들이 그림자 바로 위 공중에 떠 있을 때 무슨 생각을 하고 있었는지 얘기해 주렴."이라고 말할 수 있다. 교사는 두 여자 어린이들에게 자기 그림자가 항상 자기 발에 붙어 다니는지에 대한 이전에 갖고 있던 궁금증을 다루어보도록 권유하고 있다. 여기서 주목해야 할 것은 그 교사가 "사진을 좀 봐. 그리고 너희들 발이 정말로 그림자에 붙어 있는지 말해 봐."라고 말하지 않았다는 것이다. 어린이들의 생각을 기억해 내는 것에 초점을 두는 것이지, 답을 얻기 위해 사진 안에서 증거를 찾는 것이 아니다.

초기 질문은 생각이나 관찰한 것을 회상하는 것이 될 수 있지만, 그 교사는 섬세하게 기억들을 선택해서, 해결이 되지 않은 그 무엇이나 미완성된 행위에 관한 대화로 어린이들을 끌어들일 수 있도록 한다. 재방문하는 의도는 어린이들을 더 멀리 나가게 하는 것이지 그들이 방문했던 장소들을 단순히 나열하도록 하는 것이 아니다. 사진은 일어날 가능성이 있는 사건들의 세계로 들어가는 문으로서 간주되어야 하며, 어느 한 시점과 장소를 나타내는 창문으로 간주되어서는 안 된다(G. Forman, 1995). 비디오는 어린이가 어떤 책략을 합리적인 것으로 만드는 이론, 추론, 믿음 혹은 기대를 추출하고, 가능하면 그러한 이론, 추론, 믿음 그리고 기대들을 재구성하도록 동기를 부여하기에 충분한 불협화음을 만들어 내는 기회로 간주되어야 한다.

■ 상징에서 언어로 그리고 언어들로

우리가 어린이들에게 자기 생각을 표현하도록 요구하려면, 상징과 언어에 대한 개념을 이해하는 것이 중요하다. 우리는 종종 레지오 에밀리아로부터, 어린이들의 '백 가지 언어' 라는 문구를 듣는다. 이것은 무슨 의미인가? *다중 현실(multiple realities)* 혹은 *다중 관점(multiple perspectives)*이라는 문구에서 보듯이, 어린이들이 자신의 모국어를 사용하여 어떤 것에 대한 그들의 일반적 태도를 표현하는 백 가지의 다양한 방식을 뜻할 수 있다. 좀 더 문자 그대로 해석한다면, 언어라고 불리기에 충분한 체계성과 규범을 갖춘 백 가지의 상징체계가 있다는 의미일 수도 있는데, 이런 언어는 교실 문화가 받아들인다면 어린이들이 사용할 수 있다(Gardner, 1983 참조). 예를 들면, 몇몇 어린이들은 사자가 가젤을 사냥하는 이야기를 다시 풀어내기 위해 읽어낼 수 있는 몸짓을 사용하기로 선택한다. 다른 어린이들은 행위를 톤, 떨림 그리고 리듬으로 포착하여 드러내는 음악적 상징들을 사용하고, 또 다른 어린이들은 연속된 세 칸을 이용해서 웅크림, 도약 그리고 포획을 보여주기 위해 막대 인물을 그린다. 비록 어린이들이 백 가지 언어를 모두 쓸 수 있는 것이 아니라 해도, 어린이들은 분명 그들 모국어로 말하는 것보다는 더 많은 언어를 가지고 있다.

아마도 다중 관점에 대한 첫 번째 의미는 "그는 권위가 담긴 목소리로 말했다." 혹은 "그 여자는 경험에서 우러난 목소리로 말한다."에서처럼 *목소리(voice)*의 다름이라고 가장 잘 번역될 수 있다. 어린이들은 백 가지의 그런 목소리들을 지니고 있다. 우리는 의사소통 스타일에서 성별 차이를 드러내는 데 핵심이 목소리라는 것도 알고 있다(Tannen, 1982, 1989). 비록 목소리라는 개념은 중요하지만, *어린이들의 백 가지(수많은) 언어*라는 문구에서 함축된 의미와는 다른 것이다. 그렇다면 두 번째 의미인 다양한 상징체계들이라는 의미를 좀 더 자세히 들여다보자.

언어란 한 묶음의 상징들 이상이다. 의미를 전달하기 위해 언어는 이 상징들을 결합하는 규칙을 내포하고 있다. 따라서 어린이마다 각자의 정체성을 나타내는 작은 동물 도장 흔적이 찍힌 사진이 있는 패널은 언어가 아니다. 그러나 한 어린이 도장 뒤에 화살표가 따라 나오고 다른 어린이의 도장이 있다면 그것은 "에이미(Amy)는 조(Joe)를 좋아해."라는 의미를 나타낼 수 있다. 단순한 문법이 생겨나고, 그와 함께 어린이들이 고안하고 관계를 탐색할 수 있는 새로운 언어가 생겨난 것이다. 이와 마찬가지로 달리기하는 점토 인물은 하나의 상징이지만 그 자체로서 언어가 될 수는 없다. 그러나 다른 어린이들에게 '손수건 떨어트리기 게임' 방법을 알려주기 위해서 어린이 12명이 서로 다른 점토 인물을 만들어 냈다면, 이 점토 인형들은 원형적 언어의 요소들이 된다. 나무 잎사귀를 포스터 종이에 일렬로 늘어놓을 수가 있지만, 이것은 우리에게 아무런 의미를 말해주지 않으므로 잎사귀의 언어가 아니다. 그렇지만 만약 어린이들이 강한 바람이나 약한 바람이 불고 있다는 것을 보여주기 위해서 나뭇잎을 배치했다면, 잎사귀 간 관계는 원형적 문법이 될 것이고, 이 전체 작업은 어린이들이 잎사귀의 언어와 그 잎사귀들이 우리에게 무엇을 말해 줄 수 있는지를 생각하도록 만들 것이다. 이 다양한 매체들은 그 요소들이 조합을 이루어 이야기를 만들어 낼 때 백 가지의 언어를 이룬다.

요약하면, 우리는 어린이들이 상징을 만드는 수준을 넘어서 언어를 고안하는 수준으로, 단지 자신들의 모국어를 사용하는 태도에서 잎사귀, 몸짓, 고무도장, 점토 등의 많은 상징체계를 사용하는 것으로 옮겨 가도록 할 필요가 있다. 상징들 사이 관계의 본질에 따라 매체가 메시지로 변환된다. 그리고 의도하는 메시지가 있어야만 어린이들이 공유된 의미를 협상해 내고 지식을 공동구성할 동기를 부여받게 된다.

해티는 톰에게 "그렇게 하면 안돼, 그건 리자의 이름이란 말이야."라고 말한다.

■ 귀 기울이기에서 알아듣기로

우리는 어린이들의 말에 시간을 내어 귀 기울일 수 있다. 우리는 우리 교실이 아동 중심적이라고 말할 수 있다. 어린이들의 대화를 전사하고 그들의 말이 중요하다는 것을 다시금 확인할 수도 있다. 우리는 귀를 기울이겠지만 과연 무엇을 알아듣고 있는가?

협상적 학습에서 교사들은 제3의 귀를 동원해 귀를 기울여 어린이들 말에 함축된 의미들을 알아듣는 것이 필수적이다. 해티(Hattie)의 예를 들어보자. 해티는 톰(Tom)이 다른 선생님인 리자(Lisa)의 사진으로 만든 실물 크기 가면을 얼굴 위에 쓰고 있어서 당황했다. 해티는 톰에게, "그렇게 하면 안돼. 그건 리자의 이름이란 말이야."라고 말한다(G. Forman & Kuschner, 1986, p. 216). 우리는 해티가 한 정확한 말에 귀를 기울일 수 있고, 그 만남의 경험을 기록한 패널에 그 말들을 적어 넣을 수 있다. 그렇지만 해티가 한 불평의 심층 구조는 무엇일까? 그 아이가 한 말에서 우리는 무엇을 알아들었는가?

다른 만 4세 어린이들처럼, 해티는 아마도 사물을 지칭하는 단어들과 단어들을 지칭하는 단어들을 구분하는 것이 어려울지도 모른다. '*리자*'라는 단어는 최소한으로는 그 사람만의 고유한 얼굴, 즉 사물을 지칭한다. 그러나 *이름*이란 단어는 그 고유한 얼굴을 지칭하기 위해 우리가 사용하는 구어적 단어를 지칭한다. 해티는 단어를 사물을 지칭하는 상징으로 취급하기 쉽다. 그래서 이 어린이는 *얼굴*이라는 단어가 더 적절한 이 상황에서 *이름*이라고 말하는 것이 옳다고 생각한다. 그러나 여기서 벗어버릴 수 있는 얼굴(사진 가면)은 심리적으로 볼 때 이름의 개념과 얼굴의 개념의 중간쯤에 해당한다고 할 수 있다. 하지만 *이름*이라는 단어가 다른 단어인 *리자*를 지칭한다는 것은 만 4세 어린이들에게 약간 생각하기 어려울 것이다. 그래서 우리는 해티의 정확한 단어들에 귀를 기울이지만, 우리의 제3의 귀는 이 어린이가 더 어려운 참조 형태를 이해하려고 애쓰는 노력도 알아듣는다. 또한 우리가 알아듣는 것은 톰이 리자인 척하는 것에 반대하는 것이다. 왜 톰은 자기 얼굴 사진으로 된 가면을 쓰고 있지 않았나? 해티는 톰이 '잘못된' 가면을 쓰고 있는 장난을 보며 당황한 것인지 재미있게 느낀 것인지? 그 어린이 말에는 여러 의미가 있었고, 우리는 이 모든 의미를 알아들으려고 노력했다. 이처럼 이해하려는 시도를 통해서, 우리는 그녀가 자신의 추측에 대해 돌아보도록 지원해 주는 더 좋은 후속 질문을 발견하게 된다.

■ 이해에서 자극 제공으로

해티의 예를 계속 들자면, 우리가 이해한 것을 가지고 우리는 무엇을 할 수 있을까? 물론 협상적 교육과정을 운영하는 교사는 연구자가 된다는 것을 당연히 받아들이겠지만, 교사들은 이 어린이들의 연구를 교육을 위한 디자인으로 전환해야만 한다. 우리는 해티에게 "무슨 뜻이야?"라고 그저 물어볼 것인가? 우리는 해티에게 "너는 왜 *얼굴*이라고 말하지 않고 *이름*이라고 말했어?"라고 물어볼 것인가? 해티에게 그런 직접적인 질문을 던지는 것은 마치 영아들에게 왜 아기 의자 위에서 컵을 던지고 또 던지고 하느냐고 물어보는 것과 같다. 우리는 어린이들이 이 두 가지 개념, 즉 사물을 위한 상징과 단어를 위한 상징 간 차이점에 대해 몰입하여 탐구할 학습기회를 디자인해야만 한다.

사진 가면은 비록 의도한 것은 아니었지만 그런 학습기회 중 하나였다. 우리는 이 우연한 발견을 다양한 맥락 안으로 확장하여 협상적 학습을 구성한다. 이상적으로는 교사들이 팀으로 만나서 해티가 한 코멘트에 대해 토론해 보고, 기록 안에서 어린이들이 단어-단어 관계로의 전이를 다루는 다른 에피소드들을 찾아보며, 그 어린이들이 서로 다른 유형의 상징들에 대해 생각해 보도록 자극할 방법을 계획할 것이다. 교사들과 어린이들이 사진 가면 게임을 다시 해 보면서, 리자가 톰의 사진 가면을 쓰고 톰이 리자의 가면을 쓰도록 할 수도 있다. 어린이들과 함께 새로운 게임을 계획할 수도 있다. 아마도 어린이들은 자신들 사진으로 된 가면을 친구들 얼굴에 씌우고 싶어 할 수도 있고 인쇄된 '의자' 사인을 테이블에, '테이블' 사인을 의자에 붙일 수도 있다. 그 어린이들이 정체성을 나타내는 표식을 바꾸는 게임을 고안해 낸다면, 처음으로 어린이들은 단어들이 지칭하는 참조물의 범주에 대해 생각해 보도록 자극을 받을 것이고, 궁극적으로 *이름*이라는 단어는 하나의 물체(리자의 얼굴)가 아닌 한 단어(리자)를 지칭한다는 것을 생각하게 될 수도 있다.

■ 학습기회에서 탐사로

흥미로운 학습기회(learning encounter)는 교실의 일상적 순간들 안에 일어날 수 있다. 이 일상적 순간들에서 어린이들의 생각, 흥미, 성향 그리고 정서적 몰입에 대해 많은 것을 배울 수 있다. 가능한 경우, 순간적인 학습기회를 이해하게 되면 우리는 무엇이 가능할지를 계획할 수 있게 되는데, 이로 인해 즉흥적 학습기회가 장기적 탐사(investigation)로 확장되는 것이다. 여기에 사례 하나가 있다.

호놀룰루에서 한 집단의 만 4세 어린이들이 밖에서 놀고 있는데, 바람이 마당을 휩쓸고 지나갔다. "이건 센 바람이야."라고 한 어린이가 말했다. 교사는 "바람이 센 바람이라는 거지. 다른 종류의 바람도 있어?"라고 물었다. 곧 부드러운 바람이 그들의 얼굴을 스쳐 지나가자 다른 어린이가 말했다. "여기요. 이게 부드러운 바람이에요." 두 종류의 서로 다른 바람과 만난 짧은 기회에서 출발하여, 교사는 섬의 다른 쪽으로 현장학습을 마련했다. 결국, 어린이들은 괴물 바람에서 산바람에 이르기까지 19가지의 서로 다른 바람을 발견하고 이름을 지어주었으며, 그들을 구분 짓는 표식을 고안하였고 심지어 고등학교 학생들의 도움을 받아서 자신들의 바람 그림을 움직이는 그림으로 바꾸었다.

이 바람을 연구한 탐사는 많은 교육적 목표를 내포하고 있었다. 도식적이지만 그래도 읽어낼 수 있는 바람의 성격이 담긴 상징들 만들기, 바람 인물들에 대한 나름의 신화 창조하기, 두 종류의 서로 다른 바람이 교차하게 되면 무슨 일이 일어날지 생각하기, 토지 지형에 따라 달라지는 바람 흐름의 형태, 야외에서 하나의 바람과 다른 바람을 어떻게 알아보는지 배우기 등이 포함된다. 탐사는 원래 출발점이 된 학습기회를 사용하여, 다양한 학습기회들에 연결성을 확보하고 정서적 몰입의 수준을 높이 유지되도록 한다. 어린이들은 계속 새로운 학습기회를 재방문하면서 이것들을 원래의 학습기회와 계획된 가능성 두 가지 모두와 연결 짓는다.

교사들은 어린이들의 관심 안에서 개념들을 찾고 그 개념에 대한 어린이들의 생각을 지원하는 것이 중요하다. 흥미만으로는 충분하지 않다. 어린이들이 공룡에 관심을 보인다고 해서 우리는 단지 공룡 그림과 플라스틱 모형을 더 가져오지는 않는다. 학교라는 교육 현장의 교사들이라면 당연히 그 흥미의 원동력이 무엇이며, 흥미가 아니라 개념을 지원하는 것이 마땅하다. 어린이들이 공룡에 대해 더 많이 알아가는 것이 아니라 어린이들이 공룡에 관심을 갖도록 한 개념들에 대해 더 많이 배울 때 탐사가 제대로 진행된다고 할 수 있다. 예를 들어, 오늘 거대한 악어가 숲속에 걸어 들어온다면 나는 안전하다고 느낄까? 맹금류의 애완동물을 가질 수 있나? 공룡이 이제 더 존재하지 않는다면, 좀 지나면 우리도 사라질 것인가? 교사들이 표면적 흥미가 아니라 개념에 집중할 때, 탐사는 공룡과 전혀 관련 없는 방향으로 번져 나가서, 통나무 작업에서 조련사가 코끼리를 안내하는 모습 관찰이나 기후와 현재 거주 동물 간의 연관성 탐구로 이어질 수 있다. 교사는 두려움, 역설, 호기심, 흥미를 자아내는 변칙을 포착하고, 이것으로 인해 생겨난 정서적 몰입에서 에너지를 받아 탐사에 투자하도록 노력한다. 이것은 어린이들의 동기유발뿐 아니라 그들이 개인적으로 갖는 질문들을 다루기 위한 것이다.

가능하면 학습기회를 확장해서 탐사가 일어나도록 해야 하지만, 반드시 장기 프로젝트로 이어져야만 하는 것은 아니다. *탐사*는 학습기회보다는 길이가 길고, 주어진 한 묶음의 개념들이 야기되는 맥락들이 더 많으며, 그 안에 공동체 분위기가 있고, 점차 전진함에 따라 더 많은 어린이가 개입되며, 그 과정을 거치면서 더 복합적인 개념들로 나아간다. *프로젝트*는 탐사와 모든 특징이 같고, 그에 덧붙여 어린이들이 정서적으로 마음을 쏟는 몇 가지 핵심적 테마를 지니고 있다. 이것이 학습기회와 프로젝트 간의 가장 중요한 차이점이다.

협상적 학습에 근거한 교육과정에서 교사와 어린이들은 자신들이 하고 있는 것에 대해 흥분되어 있다. 자신들의 놀이터를 방문하는 새들을 위해 놀이 공원을 만들거나 학교 전체가 참여하는 올림픽 스타일의 멀리뛰기 대회와 같이, 그들은 거창하고 환상적이며 종종 야심찬 일을 한다. 그러나 이런 프로젝트들은 해티와 사진 가면 간에 일어난 학습기회와 같은 하나의 에피소드에서 발현될 수 있다.

한 학급 회의에서 어린이들과 교사들은 톰의 얼굴에 씌워진 리자 사진처럼, 잘못 배치된 그림들은 매우 혼돈을 가져올 수 있지만, 정확한 장소에 그림을 배치하면 도움이 되리라고 결정한다. 서서히 그리고 몇 차례에 걸친 회합을 거치면서, 교사와 어린이들은 밖에서 보게 되는 그림들을 연구해 보기로 한다. 한 어린이가 길에서 본 그림들을 언급하는데, 어린이가 놀고 있는 그림은 차에게 주의하라는 경고를 하기 위한 것이었다. 어린이들은 자신들 학급 전체와 놀이터에 그림을 붙여서, 사람들에게 무엇을 하고, 주의할 것이 무엇인지, 기본규칙 등에 대해 알려주기로 한다.

이 프로젝트의 약간 변형된 형태가 레지오 에밀리아의 3월 8일이란 명칭의 학교에서 실제로 수행된 적이 있다. 궁극적으로 어린이들은 용, 구멍 속의 뱀 그리고 탑에 갇혀 있는 공주에 관한 일련의 환상 이야기를 고안해 내었고, 공주를 구하러 가는 모든 기사에게 도움을 주는 길거리 사인이 필요해졌다. 이 프로젝트의 중세풍 모험이 어린이들로 하여금 이 상징들을 고안하도록 동기를 유발하였고, 그 과정에서 어떻게 상징이 의미를 전달하는지에 대한 고차원적 사고도 활발하게 일어났다. 사실, 이 어린이들은 하나의 삼각형 안에 그려진 어느 그림은 '위험'을 의미하고, 원 안에 그려진 그림은 모두 방향을 알려주는 것이라는 나름의 규약을 고안해 냈다.

■ 형성 평가에서 연구로

협상적 학습에 수반되는 형성 평가(assessment)에는 어린이들을 지속적으로 연구하는 것이 포함된다. 이 연구를 통해 교사들은 개인과 집단의 발달을 지원할 수 있는 반응적 교육과정을 계획할 수 있게 된다. 형성 평가는 어린이들을 비교하고, 프로그램에 넣거나 배치하기 위한 결정을 내리고, 딱지를 붙이거나 등급을 부여하기 위해 행해지는 것이 아니다. 어린이들을 이해하기 위해 하는 것인데, 즉 어린이들의 도식, 느낌, 관심, 성향 그리고 능력을 이해하기 위한 것이다. 이 지식은 어린이들에게 의미가 있으면서 동시에 도전이 되는 학습 경험을 교사가 계획할 수 있게 해 준다.

이런 성질을 지닌 평가는 어린이들이 무엇을 할 줄 모르는가에 초점을 두기보다는, 그들이 독립적으로, 도움을 받으며, 그리고 서로 다른 사회적 맥락 속에서 할 수 있는 것이 무엇인지에 초점을 둔다. 이는 역동적이며 유연한 과정이다. 어린이를 특정 시점에 동결시켜서 점수, 등급, 혹은 순위를 통해 성취나 발달을 양적으로 측정하는 것이 목적이 아니다. 이것은 살아있고 맥락적인 과정으로, 항상 변화하는 삶의 경험과 상황들 안에서 어린이들을 이해하는 것이 목적이다. 우리가 이미 기술한 바 있듯이, 이런 종류의 평가의 핵심에는 기록작업이 있다.

최근 학급 안에서 민주주의를 촉진하는 것, 학교 내 공동체 의식을 발달시키는 것, 협동학습에 많은 관심이 집중되어 왔다. 그러나 우리는 이런 종류 책략들이 주는 효과를 단지 개인 차원에서 평가해 보려는 듯하다. 그와 유사하게 우리가 부모와 함께 하는 작업에서도 집단이 아닌, 단지 그들의 어린이들에게만 초점을 둔다. 때때로 우리는 어린이가 집단 상황에서 할 수 있는 것을 제시하기도 하지만, 일반적으로 이 경우는 집단 속 어린이의 행동을 추출해서 집단이 아닌 그 개별 어린이를 특징짓기 위한 것이다.

레지오 에밀리아의 교육자들은 개별 어린이들의 발달뿐 아니라, 집단의 발달, 학습자 공동체 및 돌봄 공동체의 발달도 연구하고 평가한다. 그들은 어린이들이 어떻게 서로에게서 배우며 함께 배우는지를 찬양한다. 교사, 부모 그리고 어린이들은 집단 작업에 관한 기록작업을 제시하고 특정 어린이의 발전을 집단의 발전과 연결 지으면서 학습의 사회적 역학에 초점을 둔다. 협상적 학습을 통해 교육자들은 모든 어린이의 권리에 대한 사회적 의식을 발달시키기 위해 협력한다.

■ 부모 개입에서 지적 파트너 관계로

많은 교사들은 부모 개입(parent involvement)을 부모 교육으로 생각한다. 이렇게 되면 교사의 역할은 자신의 전문가적 지식을 부모들에게 나누어주는 것이라는 의미일 수 있다. 이런 관점에서 보면, 교사들이 기록작업 패널들을 조직하는 이유는 부모들에게 어린이들이 학습한 것에 대한 정보를 주기 위한 것으로 생각할 수 있다. 만약 부모들과의 관계에 있어서 교사 자신들의 역할에 대해 이와 같은 가정을 갖고 임한다면, 기록작업은 일방적 의사소통으로 사용되기 쉽다. 부모들은 디자이너로 간주되지 않고, 교사들과 담화에 참여하도록 초대받지도 않는다. 부모는 기록작업에 대해 질문을 할 수는 있으나 논쟁을 벌이거나 자신의 의견을 첨부하도록 격려 받지는 않는다. 부모들은 정보의 원천으로서 교사를 바라보게 된다.

반대로 우리가 부모와의 작업에 협상적 학습의 원리를 적용한다면, 어린이가 한 경험에 관한 기록작업은 교사가 상호작용적 의사소통을 지원하고 부모와의 담화에 초점을 제공하는 데 사용될 수 있다. 교사들이 사진, 녹음하기, 일화 기록, 메모, 비디오 혹은 어린이 작업물 수집하기 등을 통해 기록해 왔던 관찰내용은 공유되고 설명될 수 있으며, 더 깊이 있는 탐구, 토론 및 분석의 기초로 사용될 수 있다. 어린이들의 사고에 대해 새로운 깨달음으로 이끌어 주는 다중 관점을 얻기 위해 교사들이 서로 기록작업한 것을 나누듯이, 부모들과도 그렇게 할 수 있다. 부모들은 다른 유형의 통찰을 제공해 준다. 그들은 학교 밖에서 어린이들의 모습을 알고 있다. 부모들의 관찰이 교사들의 관찰과 합쳐지면, 어린이들의 사고, 느낌 그리고 성향들을 더 깊이 이해할 수 있다. 그러한 담화에 참여하면서, 부모와 교사는 기록된 학습에 대한 이해를 조율해 낼 수도 있다. 부모와 교사는 연구 파트너가 된다. 미래에 어떤 경험을 제공할 것인지에 대한 디자인은 이런 종류의 연구에서 자연스럽게 흘러나온다.

협상적 학습에서 교사들은 가능할 때마다 부모들을 초청하여, 어떻게 어린이들의 학습을 지원할 것인가 뿐만 아니라(Fyfe, Strange, & Hovey, 2004), 다른 부모들과 어떻게 잘 의사소통할 수 있는가에 대해 자신들과 함께 생각하도록 격려한다. 패널이나 다른 형태의 기록작업이 부모들을 위한 것이라면, 가독성을 시험해 보기 위해 부모 대표를 초대하여 그 과정에서 도움을 받는 것보다 더 좋은 방법은 없을 것이다.

부모 개입에서 지적 파트너로의 전이를 보여주는 또 다른 사례는 현장 견학에 부모가 참여하는 경우에서 발견할 수 있다. 이것은 부모 혹은 다른 성인을 초대하여 사진, 노트

남기기, 혹은 비디오 촬영을 통해 어린이들의 학습 과정을 관찰하고 기록으로 남기기에 완벽한 기회이다. 예를 들어, 농장 견학을 준비하면서 교사는 현장 견학에 참여하게 될 가족 구성원과 회합을 하거나 전화 통화할 수 있다. 그래서 교사와 어린이들이 견학 중 탐구하고자 기대하는 것이 무엇인지를 나누고, 어린이들이 학습과 경험에서 무엇을 가장 흥미로워 할 것이라고 부모나 자원한 성인들은 생각하는지를 물어볼 수 있다. 이런 대화를 통해, 어린이들이 농장에 가본 적이 있다면 어떤 경험을 하였는지가 드러날 수 있다. 어린이들이 만나게 되는 동물, 발견한 냄새, 농부들의 작업 등에 대해 생각해 보도록 성인이 물어볼 만한 질문들에 초점을 맞출 수 있다. 방문 전에 갖는 반영적 이야기 나누기는 가족 구성원들이 현장 견학 중 어린이들을 관찰하고 대화하는 것에 대해 계획(디자인)할 수 있도록 돕는다.

협상적 학습 과정의 결정적 부분은 현장 견학 이후 기록작업을 돌아보며 분석하는 것이다. 여기서도 교사는 부모나 가족 구성원을 만나거나 전화로 통화를 하고, 혹은 이메일을 주고받으면서, 돌아보도록 자극하고 기록작업을 분석하도록 할 수 있다. 이 과정은 항상 예상치 못한 것과 더불어 예상했던 학습을 들여다보기, 그리고 학습의 과정과 더불어 결과를 검토하기(예 현장 견학 동안 발달했거나 사용되었던 어휘, 어린이가 물은 질문, 어린이와 농부 간의 상호작용 등)에 열려 있다. 이미 강조된 바와 같이 경험 중 수집된 기록작업은 이와 같은 대화, 분석 그리고 반영(담화)을 지원하기 위한 토대로 활용되어야 한다. 최종적으로 가족 구성원은 다음에 무슨 일이 일어날 수 있을지, 즉 이 학습을 이어가려면 가정이나 학교에서 어떤 경험 혹은 대화가 계획되어야 할지와 같은 질문에 대해 교사와 함께 생각해 볼 수 있다. 이처럼 담화, 기록작업 그리고 디자인으로 이루어진 전 주기는 학습을 협상해 내고 어린이의 가족들과 지적 파트너 관계를 수립하는 데 사용된다.

부모 개입의 기록을 남기는 것은 가족들과의 동반자 관계를 촉진시킬 수 있다. 어떤 형태의 부모 개입(예 부모-교사 위원회 회합, 부모-교사 면담, 교실에 자료를 기부하고 정리해 주는 부모참여)이든 기록을 남겨두는 것이 중요하다. 기록은 사진, 사건의 서면 기술, 회의록, 가족 잔치나 현장 견학의 비디오, 또는 부모들의 질문과 코멘트의 서면 기록 등의 형태가 될 수 있다. 이 기록들은 추후 부모들과 함께 다시 검토하게 되면 기록작업으로 전환될 수 있는데, 이를 통해 협상적 학습에서 부모의 역할을 이해하게 된다. 그런 기록들은 담화의 공동 참조점을 제공하고, 다시 방문하지 않으면 잊히거나 달리 기억될지도 모를 경험이나 성취한 바에 대해 공동의 기억을 제공해 줄 수 있다. 지난해 현장 견학에 관한 일지를 읽는 것이 올해의 견학을 풍부하게 만들 수 있듯이, 단순 기록들을 기록작업으로 전환하는 것은 역설적으로 미래의 경험을 더 풍부하게 만든다. 지난해의 일지를 다시 읽어보지 않는다면, 올해의 견학은 그저 첫 번째 견학에서 경험했지만 잊었던 것을 다시 발견하는 것에 그치는 것으로 끝나버리며, 더 심하게는 우리의 섬세한 통찰을 새로운 경험에 일반화시키지 못하게 된다. 우리의 섬세한 통찰은 가장 쉽게 잊히는 것이기 때문에 경험을 통해 성장하려면 기록작업을 통한 지원이 필요하다.

부모 개입을 보여주는 기록작업은 학교 벽에 걸리는 패널이나 부모 공간에 놓여 있는 노트 형태로 전시될 수 있고, 학교 행사에서 슬라이드 발표로 사용될 수 있다. 이런 유형의 기록작업은 관람자로 하여금 부모들이 교육과정 지원에 있어 지적 파트너가 될 수 있는 다양하고 많은 기회가 있다는 것을 알아차리도록 만들 수 있다. 다시 강조하면 전시는 부모가 개입한 과정, 목적 그리고 가치를 알리는 주석이 포함될 때 부모의 개입이 일어났음을 진술하는 것 이상이 된다. 부모들의 질문이나 언급들을 패널에 추가하게 되면 그 경험에 대한 부모들의 시각을 소통할 수 있다. 교사들은 심지어 부모들이 어린이들과 함께 교실 안 패널을 보고 있는 사진을 게시할 수도 있다. 그런 순간들이 포착되고 전시되면, 어린이들의 작업에 대한 연구에 부모들이 참여한다는 것을 가시적으로 보여줄 수 있고 교사, 어린이 그리고 부모 간의 동반자적 관계와 이 삼위일체의 본질적이며 실질적 형태에 대해 명료한 메시지를 준다. 프로젝트를 담은 패널을 들여다보고 있는 부모들을 찍은 사진은 협력적 학습을 지원하는 담화를 규정짓는 '연구에 대한 연구'를 표현하고 있다.

부모 개입을 보여주는 기록작업은 뉴스레터, 전화 메시지, 정보 묶음 파일, 비디오 테이프, 혹은 학교 및 학급 웹사이트나 페이스북 페이지에 담을 내용 등 다른 많은 형태로 조직되고 퍼트려질 수 있다. 기록작업의 형태는 대상이 되는 사람들에게 적절해야만 한다. 부모들이 어린이들을 학교에 데리고 오고 정기적으로 교실을 자주 방문하는 학급의 예를 들어보자. 이 경우 인쇄된 벽 패널 혹은 비디오 패널은 매우 효율적인 의사소통의 수단이 될 수 있다. 반면, 부모들이 학교를 거의 방문하지 않거나 가끔 방문하는 경우에는 다른 형태의 기록작업이 의사소통과 부모 관여를 인정하는 데 더 효과적일 수 있다. 뉴스레터나 부모회합의 회의록을 가정으로 보내거나 웹사이트에 게시할 수도 있다. 학급 내외의 부모 개입에 관한 비디오 테이프나 멀티미디어 자료를 대여하는 도서관도 웹

사이트나 CD 형태로 운영해도 좋을 것이다. 가족 구성원들이 기록작업에 쉽게 접근할 수 있도록 해 주는 것은 중요하지만, 협상적 학습의 주기는 기록작업이 학습에 관한 반응과 대화를 끌어내는 방식으로 디자인되고 사용될 때만 완성될 것이다.

■ 협동에서 공동구성으로

디자인, 기록작업, 담화의 요소들은 교사-교사 관계를 변환시키고, 교수팀이 의례적인 협동(cooperation) 대신에 진정 생산적인 방식으로 새로운 지식을 공동구성(co-construction)하도록 만들 수 있는 위력이 있다. 첫 번째의 경우, 팀 구성원들은 각자의 전문성을 인정하고, 서로에게 물리적이며 심리적인 양면의 지원을 제공하면서 정해진 역할 안에 머무는 방식으로 협동할 수 있다. 그러나 이러한 협동의 특징은 공동구성을 통한 성장으로 연결되지 않을 수도 있다. 공동구성 과정에서는 각각의 구성원이 학습자임과 동시에 교사로 간주되고, 개개 구성원이 다른 구성원의 작업에 대해 서로 편안하게 제안을 한다. 협상의 역학에는 대립과 갈등을 창의적으로 활용하는 것이 포함된다.

계획수립 회의에서 기록작업을 집단으로 돌이켜 보고 분석하게 되면 더 조율된 계획이 수립되므로, 그 안에서 교수팀은 어떻게 자신과 자신들의 시간을 조직하고, 작업을 공유하면서도 소집단 프로젝트, 개별화된 활동, 혹은 대집단 학습 경험 안에서 어린이들의 다양한 욕구를 가장 잘 지원할 수 있도록 작업을 차별화할지에 대해 더 나은 결정을 내리게 된다.

교사들 간의 협력을 지원하는 조직의 다른 측면은 팀 토론과 팀 계획수립에 대해 기록작업 하는 것이다. 협상적 학습 상황에서 교사의 계획수립은 복합적이고 많은 시간이 필요하다. 이것은 어린이들의 말과 작업물을 함께 모여 연구를 하고, 어린이들의 현재 사고 구조에 연결되거나 도전이 되는 가능한 경험을 계획하는 것이다. 그러한 연구와 가능성에 대한 계획이 세워지면, 교수팀은 어린이들이 참여하고 싶어지도록 자신들의 계획을 제시하는 책략에 합의해야 한다. 교사들은 한 명 혹은 그 이상의 팀 구성원이 소집단 활동을 촉진하고, 다른 구성원은 나머지 어린이들의 활동을 지켜보는 역할을 어떻게 맡을지 결정해야만 한다. 그들은 지금 일어나고 있는 학습에 대한 관찰을 기록작업하기 위한 책략을 계획하고 시간을 할당해야 한다. 즉, 누가 적절한 기록작업 도구(예 사진기, 캠코더, 녹음기, 종이와 펜)를 준비할 책임을 맡을 것인지, 누가 그것들을 사용할 것인지를 결정해야 한다. 또 수집된 지속적 기록작업을 분석하고 기록작업과 담화를 통해 부모가 개입할 시간을 미리 정해 놓아야만 한다. 프로젝트가 진행되어 가면서, 어린이들의 흥미와 몰입을 지속하기 위해서 기록작업(예 사진, 슬라이드, 비디오 테이프, 어린이들 대화의 전사록 그리고 어린이들 선 그림, 글, 물감 그림, 조형물)을 어떻게 활용할 것인지를 검토해야만 한다.

회의록은 이러한 교사들의 협약에 대해 집단의 집합적 기억을 보존해 주며 팀 구성원들에게 어떻게 자신들의 일을 조율해 나갈지를 상기시켜 준다. 이런 종류의 기록작업 없이, 온전한 팀의 노력은 쉽게 와해될 수 있다. 미리 정해지고 고정된 교육과정 안에서 교사들의 작업을 단순히 나누어 갖는 것은 상대적으로 쉽지만, 협상적 학습 체제 안에서 작업의 흐름을 조율하려면 지속적인 의사소통과 협력적 계획수립이 필요한 일이다. 그러한 계획수립, 조직 그리고 목적과 가능성의 공동구성은 교사들이 어린이들에게 반응적인 방식 안에서 효율적이며 유연하게 기능할 수 있게 해준다.

■ 공동구성에서 옹호와 공동체 정신으로

다른 당사자들 경우에도 그렇듯이, 기록작업은 교육자들과 대중에게 학교 안에서 무슨 일이 일어나고 있는지에 관한 담화가 일어날 수 있는 공동의 장을 제공해 줄 수 있다. 일반 대중에게는 손에 잡히고, 가시적이며 접근 가능한 것을 제공한다. 잘 되기만 하면 교육자, 부모 그리고 대중들 간 대화가 일어나도록 한다. 이는 오래된 신념을 다루기에 더 적절한 사실들을 제공해 줄 수 있다. 교실 바닥에 느슨하게 놓여 있는 4피트 길이의 밧줄을 예로 들어보자. 이 밧줄은 레지오의 여러 유아학교에서 놀잇감으로 사용된다. 법규 준수를 중시하는 성향의 일반 대중들은 종종 밧줄이 어린이들의 자유 놀잇감으로 너무 위험하다는 초기 반응을 보인다. 그러나 어린이들이 어떻게 이 4피트짜리 밧줄을 가짜 소방호스로, 쌍방 전화줄로, 바닥에 적목 구성물을 세우기 위한 안내선으로, 테이블 다리에 묶어서 도르래 줄로, 그리고 감독받아 진행되는 줄다리기 게임에서 사용하고 있는지를 실제 사진들과 비디오를 통해 보게 되면, 꼬아 만든 면 밧줄이 위험한 자료라는 두려움은 없어질 것이다.

우리 학교를 바라보는 대중들의 견해를 바꾸고자 시도할 때 우리는 너무 자주 광범위한 일반화를 사용한다. 우리는 다음과 같이 소리쳐 주장한다.

- 어린이들은 소집단에서 제일 잘 배운다!
- 어린이들에게는 배움을 도와주는 직접 조작하는 자료가 필요하다!

- 교사들이 계획을 수립하고 돌이켜 보려면 시간이 더 필요하다!
- 환경은 제3의 교사이다!
- 어린이들에게는 기술의 반복 훈련이 아니라 의미가 있는 프로젝트가 필요하다!

우리는 학문적 연구로부터 나온 증거들로 이런 입장을 뒷받침할 수도 있다. 이런 입장들과 자원의 필요성을 매우 조리 있고 설득력 있게 의사소통해서 때때로 학교에 관한 특정 표결에서 표심을 흔드는 데 성공할지도 모른다. 그러나 그런 성취는 종종 오래가지 못한다. 대중의 견해는 누군가 혹은 어떤 집단에서 더 크고 강한 주장이 나오면 쉽게 바뀌기 때문이다.

지역사회의 지원을 얻으려는 우리의 노력에 협상적 학습의 원칙을 적용한다면, 우리는 지역사회에 주장을 제기하기보다는, 지역사회 구성원들을 교육적 이슈에 관한 담화로 끌어들이고 싶다. 우리는 흔히 지역사회가 우리가 하는 일의 세부사항에는 관심이 없다고 생각하고, 그들의 지원을 얻기 위해서 '~해야 한다'와 '~해야 마땅하다'라는 전면적인 주장을 제시하게 된다. 그러나 지역사회 구성원들이 우리 학급의 프로젝트를 너무 멀게 느낄 것이라고 우리가 추측하게 되면 그들은 그런 채로 남아 있게 될 것이다. 레지오 에밀리아로부터 우리는 기록작업이 시민을 반영적 담화에 참여시키는 데 아주 강력하고 효과적인 도구가 될 수 있다는 것을 배웠다(Rinaldi, 1996). 기록작업은 학교가 한 작업과 어린이들의 능력을 가시화시킨다. 기록된 학습의 실제 사례들은 어린이의 이미지와 좋은 교육을 받을 어린이들의 권리에 대해 대중들이 돌이켜 생각해 보고, 질문하며, 다시 생각하고 다시 구성하도록 힘을 실어주고 자극하는 특징적 종류의 지식을 제공한다.

레지오 에밀리아의 어린이들이 포도를 수확하는 과정에 대해 농부를 인터뷰하거나, 도시의 지하 배수 체계에 대해 도시 공무원에서 물어본다면, 이를 통해 어린이나 교사들은 지역사회 구성원들에게, 좋은 학교의 특징인 능동적 학습 과정을 직접 경험할 기회를 제공하는 것이다. 지역사회 기반 활동에 대한 기록작업은 작은 책자 형태로 지역사회 구성원들에게 되돌려질 수도 있다. 새집을 매다는 데 도움을 준 오듀본 협회(Audubon Society, 역자 주: 미국의 야생동물보호협회) 자원봉사자들이나, 프로젝트를 위해 새로운 물길을 건설하는 데 도움을 준 공공근로자들에게 책자를 보낼 수 있다. 시의 웹사이트에 올려지거나 지역 신문에 게재되도록 기사로 작성될 수도 있다. 이런 기록물은 어린이와 지역사회 성인들 간에 개인적인 유대감과 의미 있는 연결고리를 수립해 준다. 이런 작은 책자들로 인해 학교 공개 행사에 참석이 증가하기도 하고, 그 결과로 교육자, 부모 그리고 지역사회 구성원들 간의 담화가 일어날 기회가 생기기도 한다.

교육자들은 노력 봉사나 재정적 기여만이 아닌 지적 기여를 지역사회 구성원에게 요청하기 시작한다. 그들은 지역사회를 '지식의 보고' 로 간주한다(Moll, 1992). 이런 대접은 존중의 표현이며 공유된 경험을 통해서 연결을 수립하는 방법으로, 이는 존재와 소속감이라는 공유된 개념을 갖도록 한다. 이것은 서로를 아끼고 모든 구성원이 배우고 더 생산적인 삶을 사는 공동체의 '우리' 라는 정체성을 강화해 준다. 이런 것들이 효과적 옹호(advocacy)의 구성요소들이다.

우리가 주의해야 할 것은 모든 형태의 지역사회와의 접촉이 학교에 대한 지원을 끌어낼 것이고 본질적으로 좋은 것이라고 가정하지 않는 것이다. 학급 프로젝트에 관여하고 있는 지역사회 구성원들은 어린이들로부터 좋은 질문은 들을 필요가 있고, 현장 견학을 위해 교사들이 어린이들을 잘 준비시켰다는 느낌을 받을 필요가 있으며, 앞으로 몇 주 동안 교실에서 그 경험들이 어떻게 쓰일 것인지를 알 필요가 있다. 누구도 어린이들에게 단지 잠시 색다른 경험, 소방서로의 외출, 진정한 교육적 목표와는 유리된 정서적으로 고조된 경험, 추억 삼아 플라스틱 모자나 갖고 돌아간 잘 알려진 곳으로 갔던 방문의 기회를 제공했다는 느낌을 받고 싶은 사람을 아무도 없을 것이다.

다시 여기서는 디자인, 기록작업 그리고 담화의 요소들이 조합되면 지역사회 구성원들과의 생산적인 만남이 일어날 수 있다. 지역사회 구성원을 만나기에 앞서서 어린이들은 집단 회합에서 자신들이 기대하는 바를 토론할 것이다. 교사들의 도움을 받아, 어린이들은 목적, 일련의 질문들 그리고 견학 이유를 디자인할 것이다. 심지어 자신들이 무엇을 보게 될 것인지를 기대해서 그림을 그리고, 확인해 보기 위한 가설로서 그 그림을 가져갈 수도 있다. 그 경험을 기록하기 위해서 어린이들은 카메라나 녹음기를 가져갈 것이고, 그로 인해서 지역사회 구성원들은 어린이들에게 이 견학이 얼마나 진지한 것인지를 알게 될 것이다. 어떤 경우에는 스케치 패드를 가져갈 수도 있다. 앞서 언급된 바와 같이, 어린이들은 추후 일반인들의 관람을 위한 기록작업을 만들면서 지역사회 구성원들과 이 기록들을 공유할 것이다. 경험의 목적을 디자인하는 것에서 경험을 기록하는 것, 그리고 이 경험 중과 경험 이후에 지역사회를 담화에 참여시키는 것으로 이루어져 있는 바로 이 주기(cycle)는 현명한 옹호와 지역사회 지원을 이끌어 내는 데 필수적 요소들이다.

디자인, 기록작업, 담화 체제에 대한 요약

이 세 가지 요소들이 어떻게 서로에게 영향을 주는가를 요약하기 위해, [그림 14-1]을 이용해서 한 학급 활동의 흐름을 추적해 보도록 하겠다. 한 집단의 어린이들이 도시의 다른 학교와 함께 체커(checker, 서양장기) 토너먼트 경기하기를 원한다고 하자. 두 어린이는 체커를 제법 잘할 줄 알지만, 자신들이 지닌 기술을 다른 어린이에게 어떻게 설명해야 할지는 잘 모른다. 학급 전체가 이 두 어린이가 어떻게 체커 놀이하는지를 적어두겠다고 결정한다. 이 적은 기록들은 어린이들이 고안해 낸 표기체계로 쓰여 있다*(기록작업)*. 그러고 나서 이 표기들은 초보 어린이들을 위한 지침으로 요약되고 정리된다*(기록작업에서 도출된 디자인)*. 숙련자들은 그 지침을 이용해서 초보자들에게 다양한 장기판 배열을 하나씩 설명하며 살펴보도록 한다. 초보자들과 숙련자들은 그 기록된 것들 안에 담긴 근거를 토론한다*(디자인에서 도출된 담화)*. 교사는 그 수업을 비디오로 녹화해서*(디자인에서 도출된 기록작업)*, 학생들이 이 수업을 나중에 다시 방문해 볼 수 있도록 한다. 어린이들은 그 수업이 얼마나 효과적이었고 체커 책략들이 얼마나 잘 작동하는지를 토론한다*(기록작업에서 도출된 담화)*.

부모들은 기록작업을 연구해 보면서 어린이들이 얼마나 체커 놀이를 잘 하는지 뿐 아니라, 자신의 전문 지식을 다른 사람들에게 얼마나 잘 설명하며 또 초보자들은 자신들의 이해를 위해 무엇이 필요한지 얼마나 잘 설명하는지를 보며 감탄한다. 부모들은 기록으로 남겨진 비디오를 연구하면서 서로에게 귀를 기울여 듣고*(기록작업에서 도출된 담화)*, 다른 책략들을 어린이들이 배우도록 도와주려면 어떻게 해야 할지 계획을 세운다*(담화에서 도출된 디자인)*. 이 계획들을 어린이들에게 제시하면서 토론을 하도록 한다*(디자인에서 도출된 담화)*.

부모들에 의한 디자인 회의 및 더 숙련된 어린이들이 가르친 수업내용에 대한 기록물을 교사들이 다시 방문해 본다*(기록작업과 디자인에서 도출된 담화)*. 교사들은 기록으로 남겨진 활동들로부터 출력된 비디오 프린트와 인쇄된 말들을 사용해서 패널을 작성한다. 교사 자신들도 어린이들, 교사들 그리고 부모들이 이 경험들로부터 무엇을 배웠는가를 설명해 주는 주석을 패널에 첨가한다*(담화에서 도출된 기록작업)*. 그리고 나면 새로운 부모와 일반 대중들이 학교에 와서 이 패널을 읽는다. 이 패널들은 이 학교의 공동구성적 흐름을 지속시켜 주는 토론의 초점이 된다(*기록작업에서 도출된 담화, 그 다음으로 담화에서 도출된 디자인*).

이처럼 다양한 방식으로 학교 공동체는 다음의 결과를 산출해 낸다.

- 그림은 디자인의 기능을 한다.
- 기술(description)은 기록작업으로 전환된다.
- 이야기하기는 담화로 격상된다.
- 기억하기는 재방문을 지원한다.
- 상징들은 조합되어 언어들이 된다.
- 귀 기울임은 알아듣기를 포함한다.
- 이해는 자극 유발로 이어진다.
- 학습기회들은 프로젝트로 확장된다.
- 형성 평가는 연구로 대체된다.
- 부모 개입은 지적 동반자 관계로 발전되며, 협동의 아름다운 사례로서 일축될 수 있는 것이 공동구성의 생산적 사례가 되어, 학교 프로그램의 지속적 성공을 옹호해 줄 현명한 대중을 창출해 내는 특별한 결과로 이어진다.

참고문헌

Berger, P., & Luckmann, T. (1966). *The social construction of reality*. New York: Irvington.

Bruner, J. S. (1957). Going beyond the information given. In J. S. Bruner, E. Brunswik, L. Festinger, F. Heider, K. F. Muenzinger, C. E. Osgood, & D. Rapaport (Eds.). *Contemporary approached to cognition* (pp. 41-69). Cambridge, MA: Harvard University Press.

Bruner, J. (1990). *Acts of meaning*. Cambridge, MA: Harvard University Press.

Doise, W., Mugny, G., & Perret-Clemont, A. N. (1975). Social interaction and the development of cognitive operations. *European Journal of Social Psychology, 5*, 367-383.

Dunn, S., & Larsen, R. (1990). *Design technology*. New York: Falmer Press.

Engel, S. (1995/1999). *The stories children tell: Making sense of the narratives of childhood*. New York: W. H. Freeman.

Forman, E. A., & McPhail, J. (1993). Vygotskian perspective on children' s collaborative problem solving activities. In E. A. Forman, N. Minick, & C. A. Stone (Eds.), *Contexts for learning* (pp. 213-229). New York: Oxford University Press.

Forman, G. (1995). Constructivism and the project approach. In C. Fosnot (Ed.), *Constructivism: Theory, perspectives, and practice* (pp.172-181). New York: Teachers College Press.

Forman, G., & Gandidi, L. (1994). *An amusement park for birds* (90-minute VHS video). Amherst, MA: Performanetics.

Forman, G., & Hall, E. (2005). Wondering with children: The importance of observation in early education. *Early Childhood Education and Practice, 7*(2). Available at http://ecrp.uiuc.edu/v7n2/forman.html

Forman, G., & Kushner, D. (1986). *The child's construction of knowledge*. Washington, DC: NAEYC Publications.

Fyfe, B., & Forman, G. (1996). Negotiated curriculum. *Innovations in Early Education: The International Reggio Exchange, 3*(4), 4-7.

Fyfe, B., Strange, J., & Hovey, S. (2004). Thinking with parents about learning. In J. Hendricks (Ed.). *Next steps in teaching the Reggio way: Accepting the challenge to change* (pp. 96-105). Upper Saddle River, NJ: Merrill Palmer.

Gardner, H. (1983). *Frames of mind: The theory of multiple intelligences*. New York: Basic Books

Gee, J. (1990). *Social linguistics and literacies: Ideology in discourses*. New york: Falmer Press.

Glazer, S. M., & Brown, C. S. (1993). *Portfolios and beyond*. Norwood, MA: Christopher Gordon.

Goodman, K. (1992). Why whole language is today's agenda in education. *Language Arts, 69*, 354-363.

Isaacs, S. (1930). *Intellectual growth in young children* (with and appendix on children's "why" questions by Nathan Isaacs). London: Routledge & Kegan Paul.

Jankowicz, A. D. (1995). Negotiating shared meanings: A discourse in two voices. *The journal of constructivist Psychology, 8*, 341-348.

Kafai, Y., & Harel, I. (1991). Learning through design and teaching. In I. Harel, & S. Papert (Eds.), *Constructionism* (pp. 85-110). Norwood, NJ: Ablex.

Moll, L. (1992). Creating zones of possibilities: combining social contexts for instruction. In L. Moll (Ed.), *Vygotsky and education: Instructional implications and applications of sociohistorical psychology* (pp. 319-348). New York: Cambridge University Press.

Palincsar, A. S., & Brown, A. L. (1984). Reciprocal teaching. *Cognition and instruction, 1*, 117-175.

Piaget, J. (1970). *Science of education and the psychology of the child*. New York: Grossman.

Piaget, J. (1978). *The development of thought: Equilibration of cognitive structures*. London: Blackwell.

Polanyi, M. (1998). *Personal knowledge, Towards a post critical philosophy*. London: Routledge. (Original work published 1958.)

Rinaldi, C. (1996). Malaguzzi and the teachers. *Innovations in Early Education: The International Reggio Exchange, 3*(4), 1-3.

Solisken, J., Wilson, J., & Willette, J. (1993). Interweaving stories: Creating a multicultural classroom, through school/home/university collaboration. *Democracy and Education, 2*, 16-21.

Stubbs, M. (1983). *Discourse analysis: The sociolinguistic analysis of natural language*. Chicago:

University of Chicago Press.

Tannen, D. (1982). Ethnic style in male-female conversation. In J. J. Gumperz (Ed.), *Language and social identity* (pp. 217-231). New York: Cambridge University Press.

Tannen, D. (1989). *Talking voices: Repetition, dialogue, and imagery in conversational discourse.* New York: Cambridge University Press.

Taylor, P. (1993). Pluralism, and decolonization: Recent Caribbean literature. *College Literature, 20*(1), 78-89.

Tharp, R. G., & Gallimore, R. (1988). *Rousing minds to life: Teaching, learning, and schooling in social context.* Cambridge, MA: Harvard University Press.

Tierney, R. (1991). *Portfolio assessment in the reading-writing classroom.* Norwood, MA: Christopher Gordon.

Tudge, J., & Winterhoff, P. A. (1993). Vygotsky, Piaget, and Bandura: Perspectives on the relations between the social world and cognitive development. *Human Development, 36*, 61-81.

von Glaserfeld, E. (1995). *Radical constructivism: A way of knowing and learning.* London: Falmer.

Vygotsky, L. S. (1986). *Thought and language* (A. Kozuling, Trans.). Cambridge, MA: MIT Press. (Original work published 1934.)

Wertsch, J. V. (Ed.). (1985). *Culture, communication, and cognition.* New York: Cambridge University Press.

15 기록작업과 평가와의 관계

브렌다 파이프(Brenda Fyfe)

레지오의 기록작업의 개념과 평가(assessment)에 관한 전통적인 이해의 사이에는 어떤 관계가 있을까? 미국, 이탈리아 그리고 세계의 다른 지역에서는 평가라는 용어가 무엇을 의미할까? 레지오 에밀리아의 유아학교와 영유아센터에서 기록작업의 개념이 의미하는 것은 무엇일까?

미국의 박사이자 유아 교육의 사정에 관해 인용되는 저서(2004)의 저자인 도미니크 굴로(Dominic Gullo)는 평가의 개념을 "개별 유아가 어떤 특성을 어느 정도 보유하고 있는지를 결정하기 위한 절차이며, '측정(measurement)' 이라는 용어와 혼용된다."(p. 6)고 정의했다. 또한 그는 평가는 의사결정 도구라고 강조했다. 평가는 본질적으로 형식적일 수도 비형식적일 수도 있다. 형식적인 평가(formal assessment)에는 준비도 검사, 발달 선별 검사, 진단 검사 등이 포함된다. 비형식적인 평가(informal assessment)에는 대조적으로 직접 관찰, 인터뷰 활용, 일화기록, 체크리스트 그리고 유아의 작품을 수집하는 것이 포함된다.

레지오 에밀리아의 유아학교와 영유아센터에서 사용하는 기록작업의 개념은 학습을 가시화하는 것을 통해 의사결정을 위해 상기하고, 재방문하고, 재구성되고, 해석되고, 재해석될 수 있게 하는 절차이다. 기록작업은 유아의 기술과 지식(또는 특성)을 드러낼 수도 있지만, 레지오의 관점에서 더 중요하게 생각하는 것은, 깊이 있는 기록작업을 하면 어린이가 걷고 있는 학습 경로와 의미 탐색에서 사용하고 있는 과정을 알 수 있다는 것이다. 리날디(Rinaldi, 2001)가 이야기했듯이 "우리는 학습을 촉진하고 교수와 학습간의 관계를 조정하는 데 목표를 둔 절차의 통합된 부분으로서의 기록작업을 강조합니다"(p. 79). 기록작업은 교사와 어린이가 과거에 한 경험을 회상하게 돕는 도구이고, 서로의 생각, 이론, 통찰, 이해한 것에 귀를 기울이게 하는 도구이고, 추후의 학습 경로에 대해 함께 의사결정하게 하는 도구이다. 따라서 레지오의 관점에서는 기록작업이라는 용어를 측정이라는 용어와 같은 의미로 사용하지 않는다. 측정은 일반적으로 표준화된 측정 단위를 통해 측정한 후 양(quantity)을 알아내는 과학으로 본다. 기록작업은 '학습의 자취들' 로 구성될 수 있지만, 학습의 자취가 표준화된 측정 단위로만 해석되지는 않는다.

굴로(2004)가 묘사한 형식적 평가는 레지오의 기록작업 개념의 일부가 아니다. 그러

* 역자 주: 국외 문헌에서는 'assessment' 와 'evaluation' 이 다른 의미로 사용되고, 국내 문헌에서도 개념적 차이를 서술하나 모두 '평가' 라는 단어로 번역한다. 구별해서 단어를 사용하는 소수의 경우 'assessment' 는 사정, 총평으로 번역하기도 한다. 이 책에서는 'assessment' 를 평가로 번역하되, 'evaluation' 과 비교해서 사용되는 경우는 번역하지 않고 원문을 사용하였다.

나 그가 묘사한 몇몇 비형식적 평가(예 직접 관찰, 일화기록 그리고 유아의 작품)가 반성과 해석을 가능하게 해주는 '학습의 자취들' 을 모으기 위한 목적으로 사용된다면 기록작업의 일부가 될 수 있다.

그렇다고 레지오 에밀리아의 어린이를 위한 교육적 프로그램에 형식적 평가가 실행되지 않거나 사용되지 않는다는 것은 아니다. 그런 평가는 장애 유아의 현 상태와 진보를 진단하고 분석하기 위한 용도로 사용된다(Ivana Soncini 저술, 본 서 제11장 참조).

형성 평가와 기록작업

평가에 관련된 문헌에서는 두 가지 형태의 평가를 자주 언급한다. ① 교육적 경험을 하는 동안 하는 *형성 평가(formative assessment)*와 ② 교육적 경험을 하고 난 후 마지막에 하는 *총괄 평가(summative assessment)*이다. 카를리나 리날디가 그녀의 챕터 '경청의 교육학' (본 권)에서 표현한 아이디어를 생각해 보면, 우리는 교수와 학습에 정보를 제공하기 위해 교육적 경험을 하는 동안 사용되는 기록작업이 형성 평가와 관련 있다는 것은 쉽게 추측할 수 있다.

형성 평가와 레지오 에밀리아 기록작업의 개념 간의 관계에 대해 생각할 때, 학습에 대한 다양한 이론과 철학이 사회적 구성주의 이론 · 철학에서 생각하는 형성 평가와 행동주의나 경험주의 이론 · 철학에서 생각하는 형성 평가를 어떻게 구별하는지를 생각해 보는 것이 중요하다. 예를 들어, 행동주의나 경험주의 철학의 시각에서 보면 형성 평가는 평가적이고, 판단적이고, 교정적이고, 학습의 과정 내내 교사가 유아를 강화하는 피드백을 주는 형태가 된다. 반면 사회적 구성주의 철학의 시각에서 보면, 형성 평가는 학습자가 새롭고 보다 깊은 이해를 구성하거나 재구성할 수 있도록 자신의 학습을 보는 데 참여하도록 지원하는 것이다. 리날디가 설명하였듯이, 기록작업은 학습자가 '학습을 하는 동안 외부적인 관점에서 자신을 관찰할 수 있도록' (본 서 제13장 참조) 학습을 가시화하기 위해 행해진다. 메모, 전사본, 슬라이드, 사진 그리고 비디오 같은 학습의 흔적은 가르치는 팀과 부모가 검토하지만, 어린이도 학습의 흔적을 공유해서 자신의 작업, 경험, 활동 그리고 발언을 검토할 수 있게 한다. 교사는 이런 기록물에 대한 어린이들의

본 장의 사진들은 제니퍼 스트레인지(Jennifer Strange)가 찍었다. 저자는 여기에 서술된 작업에서 제니퍼 스트레인지와 조앤 포드(Joaane Ford)의 협력에 감사한다.

반성(reflection)을 깊이 있는 질문, 아이디어를 더 발전시키게 하는 격려, 자신의 생각과 행동을 다시 보게 하고 다른 사람을 위해 명확히 하도록 하는 격려를 통해 비계를 설정한다. 레지오 학교의 어린이는 자신의 작업이나 표현된 아이디어를 재방문하고 재숙고하는 데에 기록작업을 활용할 수 있는 능력이 있다. 궁극적으로 기록작업의 목표는 어린이들이 스스로를 평가(self-assess)할 수 있도록 돕는 것이다.

미주리 주 세인트 루이스(St. Louis, Missouri)에 있는 메이플우드-리치몬드 하이츠(Maplewood-Richmond Heights) 유아교육센터 내의 메시지센터

사회적 구성주의의 개념적 이론 틀은 학습자를 평가 과정의 적극적인 참여자로 인식하도록 교사를 안내하듯이, 학습자를 학습 과정의 적극적인 참여자로 인식하도록 교사를 안내한다. 대조적으로 학습자가 학습 과정 중에 평가적인, 교정적인, 혹은 강화적인 피드백을 받는다면 학습자는 지식의 소극적인 수취인-외부의 피드백에 의한 정보를 받기보다는, 외부 강화에 의해 행동이 형성되는 수취인으로 가정될(또는 최소한 그렇게 대우 받을) 가능성이 더 많다.

기록작업을 통해 학습을 가시적으로 만드는 것은 이 과정에서 자신의 언어와 작업이 가치 있게 여겨지는 것을 보게 되는 어린이에게 강화제가 될 수는 있다. 그러나 기록작업 사용의 목표는 어린이가 그러한 행동이나 작업을 반복하는 성향을 갖게 하는 것이 아니라 어린이가 경험을 회상하고 재방문하거나 자기 평가를 하도록 돕는 것이다. 재방문은 자신들의 이론을 이해하고 이해가 되지 않는 것에 대해서는 추가적인 조사로 가정을 다루려는 어린이의 시도를 지원할 수 있다.

다양한 종류의 피드백을 묘사하는 사례를 보자. 친구를 위한 메시지를 완성했다고 말하는 유아에 대한 반응으로, 교사는 "네가 메시지를 썼다는 것을 볼 수 있구나. 하지만 사인을 해야 해."(*평가적 · 교정적 피드백*)라고 말할 수 있다.

유아의 자화상 그리기를 위해 교사와 유아가 거울을 들여다본다.

또 다른 교사는 "메시지 쓰는 건 거의 다 끝났지만, 편지를 받는 사람이 그걸 네가 썼다는 것을 알 수 있으려면 그 밑에 네 이름을 써야 해."(*이는 비고츠키 관점에서 지식의 대출이라고 여겨질 수 있음*)라고 이야기할 수 있다. 또 교사는 어린이에게 "네가 이 편지를 처음 쓰기 시작했을 때 나한테 네 친구 샘(Sam)에게 쓰는 거라고 알려줬는데, 네가 이걸 샘의 우편함에 넣은 뒤에는 어떻게 너한테서 온 편지인지를 걔가 알 수 있을지 궁금해." (*유아가 했던 말을 사용해서 메시지가 정말 마무리되었는지를 유아가 반성하도록 도움*)라고 이야기할 수도 있다. 또한 교사는 유아에게 메시지센터에 전시된 메시지를 기록작업한 패널을 보여주고, 유아가 그것을 보고 그가 무엇을 알아차리는지 보며, "메시지를 받는 사람이 누가 보냈는지 알 수 있게 해주는 데 중요해 보이는 특징은 무엇인 것 같아?"(*다른 어린이들의 작업에 관한 시각적 기록작업을 이용하여 이 유아의 생각을 자극*)라고 물을 수도 있다. 교사의 반응 중 어떤 것은 형성 평가 과정에서 구성주의적 피드백을 제공하는

데 도움이 될 수 있지만, 어떤 교사의 반응이 유아가 메시지 작성이라는 개념에 대해 생각하고 또 생각하도록 격려해 줄 수 있을까? 어떤 것이 유아가 자신의 작업으로부터 거리를 두고, 질문하고 반성하며, 자기 평가(self-assess)를 할 수 있게 해 줄 수 있을까?

평가의 실제는 어린이의 의미 탐색을 제한할 수 있을까?

경청의 교육학을 갈망하는 우리는 경청이 의미탐색을 지원하며, 관찰, 해석 그리고 기록작업의 과정을 통해 의미가 가시화되고 가능화된다는 것에 대해 카를라 리날디(Carla Rinaldi)의 주장에 동의한다. 리날디가 이야기하듯 "기록작업은 보이는 경청으로 볼 수 있다: 기록작업은 듣는 것과 다른 사람이 듣게 하는 것을 보장한다…. 기록작업은 집단과 각 유아가 배우는 동안(배움 도중에 그리고 그 과정 후에도) 외부적인 관점으로 자신을 관찰할 수 있게 보장한다"(본 서 제13장 참조).

그러나 평가의 과정이 어떻게 의미 탐색을 지원할 수 있을까? 보다 구체적으로, 우리는 우리의 특정한 평가 과정이 어떻게 의미 탐색을 지원하는지에 대해 물어야 한다. 평가 과정이 의미 탐색을 지원하는가 혹은 가끔 억제하거나 제한하는가? 앞서 언급한 (다양한 철학적 관점에서 온) 다양한 교사 반응의 사례는 우리가 이 질문에 대해 반성하는 데 도움이 된다. 이 질문에 답하기 위해 취할 수 있는 다른 접근 방법으로는 커리큘럼과 발달적 기대에 대한 우리의 기존 이해가 어떻게 의미의 탐색을 억제하거나 제한하는지 보는 것이 있다.

좋은 평가에 관해 널리 공유된 원칙은 평가가 학습의 목표나 기준과 나란히 가야 한다는 점이다. 그러나 레지오의 교육자들은 미리 정해진 분석 틀을 사용하는 것을 삼가도록 주의를 주는데, 그 이유는 미리 정해진 분석 틀은 우리가 어린이와 기록작업을 해석하고 사용하는 방식에 제한을 주기 때문이다. 그들은 우리가 예상하거나 계획했을지 모르는 학습 너머를 바라보는 열린 마음을 유지하도록 그리고 교육과정 목표 너머까지 보도록 격려한다.

달버그, 모스 그리고 펜스(Dahlberg, Moss, & Pence, 1999)는 교육자가 너무 자주 예정된 틀을 기준으로 분류하고 구분하는 것에 대한 우려를 표했다.

> 그 결과, 우리가 아는 것이라곤 이 어린이 또는 저 어린이가 우리가 사용하는 지도에 새겨진 특정한 규준에 얼마나 도달하였는지의 여부이다. 어린이의 행동이나 사고 또는 세계에 대한 어린이의 가설이나 이론에 대한 구체적인 반성 대신, 우리는 어린이의 삶을 단순한 지도식 도표로 만들거나 '특정 연령의 어린이들은 이렇다' 식의 일반적인 분류로 귀결하곤 한다. 위와 같은 지도식 도표, 분류 그리고 미리 만들어둔 범주는 어린이가 살아낸 삶의 풍부함과 구체적인 경험의 필연적 복잡성을 대체해 버린다. (p. 36)

후에 저술한 책에서 달버그와 모스(Dahlberg & Moss, 2005)는 이러한 표준화에 대한 강조가 윤리적인 실제라고 볼 수 있는지에 대해 의문을 제기하였다. 그들은 설명하길,

> 오늘날의 사회에서 질의 개념은 미리 정해진 기준에의 적합성을 의미한다. 질은 적합성에 관한 특정한 답을 원한다는 점에서, 종종 숫자로 귀결되는 폐쇄성을 추구한다. 이에 반해 의미 생성의 담화에서 가장 중요한 것은 이해를 구성하고 심화하는 것이다…. 교육적 작업의 의미는 항상 다양한 해석에 개방적이라는 것을 가정한다. (p. 88)

『*배우는 학교들(Schools that Learn)*』에서 피터 센게와 동료들은 이렇게 기록하였다(Peter Senge et al., 2000, p. 281).

> 많은 주(州)는 표준을 제정하고 시험을 통해 학생을 측정하는 일에 몰두하게 된다. 교육자는 정책 결정자의 지시에 따르기 위해 자신의 주의를 기술과 전략에 집중하기 때문에 커리큘럼을 한정하고, 암기 학습에 대한 강조를 늘리는 결과를 낳는다.

그 결과, 교육과정과 관련해서 어린이가 갖는 생각은 덜 강조되거나 아예 강조되지 않게 되었고, 특히 어린이의 생각이 교수활동이 목표로 삼는 교육과정과 관련 없어 보일 경우 훨씬 더 했다.

오늘날의 많은 학교 시스템은 *기록작업(documentation)*, *담화(discourse)* 그리고 *디자인(design)*을 교수학습 과정의 중심에 두는 반응적인 교육과정과 합의된 학습에 대한 개념(본 서 제14장 참조)을 지지하지 않는다. 비록 유아학교 교사가 사전에 정의된 기준을 맞추거나 결과를 측정해야 하는 직접적인 명령을 따를 필요는 없으나, 교사는 다가올 심사와 검사에 대비해 준비시키는 데 도움이 될 것으로 보이는 절차적인 지식과 기술의 교육과정에 어린이를 서둘러 집어넣으라는 학부모, 초등학교 교사 그리고 크게는 커뮤니티로부터 간접적으로 오는 엄청난 압박을 경험한다. 이 압박을 느끼는 교사는 점점

교사-그리고 교육과정-중심이 된다. 그들은 어린이의 아이디어(특히 커리큘럼 목표와 동떨어져 있다고 보이는 아이디어)를 진지하게 취급하는 합의된 학습 과정이 이뤄지도록 지원할 시간이나 용기가 없다고 느낀다. 특히 학습이 평가적(assessment) 목적을 위해 측정되어야 할 경우에는 질문이나 불확실성을 위한 자리는 없다.

미국의 학교에서 평가는 어린이의 이론을 밝히거나 어린이의 의미형성 과정이나 성인이 의미 탐색을 지원할 수 있는 방법을 밝히는 것보다, 어린이의 능력 수준을 측정하는 데 주력한다. 이는 부모들과 자녀의 사고 과정에 대한 통찰을 얻도록 도와주기 위해서가 아니라 부모에게 그들의 자녀가 기준에 의하면, 다른 어린이와 비교해서 어떻게 수행하고 있는지에 대한 이해를 주기 위해 사용된다.

나는 미국에서 기록된 유아교육의 일부 모범 사례들도 어린이에 대한 우리의 이미지를 축소하고 제한하여, 학습에 대해 미리 정해진 기대치 안에 가두려는 경향이 있다는 점이 우려스럽다. 목표를 추구하는 교수법과 평가에 관한 지나친 강조는 어린이와 함께 미지의 영역으로 들어가는 개방성과 균형이 맞지 않는다. 『*유아교육 전문가 준비하기(Preparing Early Childhood Professionals)*』(Hyson, 2003)의 최종판에서 규준 #3은 어린이와 가족을 지원하기 위한 관찰, 기록작업 그리고 평가의 중요성을 이야기한다. 처음 읽을 때, 이 규준은 학습 과정에서 일어나는 기록작업과 평가의 지속적이고 총체적인 특성을 강조하는 레지오의 입장과 유사한 것으로 보였다. 전미유아교육협회(National Association for the Education of Young Children, NAEYC)는 이 규준을 이해한 교사라면 '평가와 관련된 활동을 커리큘럼과 일과에 끼워 넣어, 평가가 전문적인 삶의 습관적인 부분이 되도록' 한다고 강조하였다(p. 33).

위의 문서는 *조정(alignment)*을 강조한다. "좋은 평가는 어린이의 발달과 학습을 지원하고, 어린이와 가족을 위한 교육의 결과를 향상하는 긍정적인 도구이다"(p. 33). 이 문서에 묘사된 기본 개념은 매우 건전하지만, 나는 문서로 언급하지 않은 것에 대해 우려한다. 예를 들면, 어린이가 스스로를 평가하는 데 기록작업을 사용하는 것의 중요성에 대한 논의는 거의 없거나 전혀 없다. 어린이가 자신의 학습을 반성하거나 자신의 사고에 대해 생각하도록 하는 데 기록작업을 사용하는 것에 대한 언급은 전혀 없다. 어린이가 사는 세상에서 일어나는 사건이나 사물에 의미를 주는 이론을 어린이와 함께 발달시키기 위해 해석하고 재해석하는 것에 대한 언급도 없다. NAEYC 기록은 '각 어린이의 고유한 특성, 강점과 약점'(p. 33)을 찾아내기 위해 관찰하고 기록하는 것을 오히려 강조한다. 어린이의 생각, 현재의 사고 구조, 또는 이론을 알아내고 발전시키기 위해 기록작업을 사용하는 것에 대한 언급은 없다. 또 어린이가 좋은 질문(Forman, 1989)을 하도록 돕거나 어린이가 의미를 찾도록 지원하기 위해 기록작업을 어린이와 함께 활용하는 것에 대한 언급도 없다.

카를라 리날디가 묘사했던 사회적 구성주의적 접근법은 어린이의 특성, 장점, 단점 그리고 흥미를 찾는 것 이상을 하도록 우리를 격려한다. 레지오 에밀리아의 교사는 "현재 탐구하는 주제에 대한 어린이의 믿음을 밝히려 노력한다…. 교사의 분석은 어린이가 흥미를 보이는 이유, 어린이가 현재 가진 지식의 근원 그리고 상세한 부분에 대해 어린이가 설명하는 수준을 나타내준다."(Forman & Fyfe, 1998, p. 240; 또한 본 서 제14장 참조).

나는 표준과 목표가 매우 중시되고 평가가 필수로 여겨지는 미국이나 다른 나라에게 ① 표준화(규준 또는 발달적 지표)와 ② 규준과 지표를 넘어서게 하는 의미 만들기에 대한 개방성을 결합할 때는 균형이 필요하다는 것을 제안하기 위해 달버그, 모스와 펜스(1999; 또한 본 서 제12장 참조)의 선언을 다시 강조한다. 균형을 잡는 데는 어린이의 학습과 의미 만들기를 검토하기 위해 다양한 틀(교육과정 목표, 발달적 진보, 학습과 사고에 대한 개방적 질문)을 사용해야 한다.

교육적 경험의 끝과 과정 중에 기록작업을 위한 수집, 조직, 해석하기

레지오 에밀리아의 접근법을 처음 시도하는 교사는 종종 경험이나 프로젝트의 중간보다는 경험이나 프로젝트 종료 후에만 기록작업을 위한 자료를 모으고, 조직하고, 해석한다. '*학습을 가시화하기(Making Learning Visible)*'에서 하버드(Harvard) 대학의 프로젝트 제로(Project Zero)의 책임자인 스티븐 사이델(Steven Seidel, 2001)은 "미국에서 'assessment'를 'evaluation'과 동의어로 간주하고 특히, 'evaluation'에는 판단, 측정 그리고 한 사람의 수준을 다른 사람의 수준과 비교해서 위치시키는 것"(pp. 305-405)이란 의미가 포함된다고 하였다. 사이델의 설명을 들으면 어린이를 관찰하거나 작업 결과물을 수집하는 많은 미국의 교사가 그 자료를 왜 매일의 교수-학습 과정의 일부로 사용하지 않고 프로젝트나 경험의 마지막에 나오는 학습의 결과물을 해석하거나, 판단 또는 묘사하기 위해(마치 'evaluation' 자료인 것처럼) 기다리는지 알 수 있다.

일반적으로 'evaluation'은 평가의 형성적 특성보다는 총괄적 특성에 초점을 둔다. 'assessment'를 'evaluation'으로 보면, 'assessment'는 학생에게 성적을 주거나 비교하는 도구, 능력이나 발달의 수준을 결정하기 위해 척도로 학생을 평정하는 도구, 특수 서비스가 필요한지 학생을 분류하는 도구, 특정 학년에 학생을 유보시킬지 또는 다음 학년으로 진급시킬지를 결정하는 도구로 보여진다. 레지오 교육자가 묘사하고 실천하는 기록작업의 개념은 개인뿐만 아니라 집단의 학습 과정과 학습 결과에 대해 교사, 어린이, 부모가 반성적으로 생각하도록 하는 도구이다.

오늘날 레지오 접근법을 심도 있게 공부한 교사는 기록작업에 대한 해석을 교육적 경험의 종료 시점에만 한 번 하는 것이 아니라 매일의 업무로 한다. 심지어 단원이나 프로젝트의 끝이나 오랜만에 한 번 분석되는 경우라도, 기록작업의 가치는 있다. 어린이가 산출한 결과물, 말, 또는 행동 등의 실제 사례를 통해 학습이 가시화 될 때마다, 어린이가 생각하는 것과 그들의 가능성에 대한 통찰을 얻을 기회가 생긴다. 어린이 마음의 내적 관점을 부모에게 보여줄 기회, 즉 교사와 함께 학습에 대해 생각해 볼 수 있는 기회가 생긴다. 일련의 경험이 이루어지는 동안 형성적 의미에서(어린이, 부모, 교사와 함께) 기록작업을 사용하는 것보다는 얻을 수 있는 것이 적겠지만, 리날디가 묘사한 이런 종류의 기록작업은 언제라도 해석과 학습을 위한 풍부한 기초가 될 수 있다. 프로젝트나 장기 학습의 종료 시점에 하는 해석은 교사가 미래의 교수와 학습에 참고하는 데 사용할 수 있다는 의미에서 '형성적'으로 볼 수 있다. 기록작업을 한 것을 가지고 어린이와 부모와 함께 반성적으로 돌아보면, 학습자로서의 자신에 대한 이해를 돕고, 추후의 연구나 다른 상황에서의 적용을 위한 새로운 방향이나 아이디어를 생성하는 데 도움이 된다.

1년 동안 진행한 프로젝트의 기록작업을 축적해 놓는 것은 다른 해의 새로운 학습자를 위한 자극제가 될 수 있다. 또한 영유아센터와 유아학교 간의 다리, 유아학교와 1학년 간의 다리로 기록작업이 사용될 수 있다. 기록작업을 통해 학생과 교사를 과거의 학습과 경험에 다시 연결시킴으로써 어린이 경험과 학습의 역사가 한 해에서 다른 해로 연계되는 데 도움을 주는 나선형 교육과정과 의미의 문화적 입지를 생성해낼 수 있다(Bruner, 1977). 이런 종류의 기록작업은 교사를 더 깊이 있는 학습의 기초가 되는 과거의 경험과 직관적으로 가지고 있던 지식으로 다시 돌아가 보게 한다. 유아학교나 1학년 교사는 그들이 기반으로 삼아야 하는, 직전 학년에 진행된 깊이 있는 학습 경험과 연구에 대해 아무것도 알지 못한다. 학년 말에 진행된 기록작업은 이런 교사를 위한 다리 또는 연결체가 될 수 있다.

레지오 에밀리아에서 각 학교 또는 한 학급이 장기 조사, 연구, 또는 지역사회 프로젝트를 보여주는 책자를 만드는 것은 흔히 있는 일이다. 예를 들어, 마르티리 디 세쏘 유아학교(Martiri di Sesso Preschool)의 교사와 어린이들은 다양한 기록물(예 *Ippolito, Ascoltare con le mani…. Come in un Giardino, Gli Uccellini del Parco*)을 만들었다. 기록물의 내용은 프로젝트를 하는 동안 학습을 촉진하기 위해 다양한 방식으로 사용될 수 있지만, 학년 말에 조직되고 발표되면 다른 가치를 갖기도 한다. 이때의 기록물은 프로젝트의 전체 이야기와 학습에 대해 말해 준다. 기록물은 개인의 학습을 보여주기도 하지만, 더 중요하게는 집단의 학습도 보여준다. 교육적 경험을 학기 말에 조직하고 보여주는 방식이 기록작업은 학습자 집단의 성취를 축하한다는 점에서 무한한 가치를 갖는다. 이것은 그 경험에 협력하고 동참해 온 어린이, 부모, 교사 그리고 지역사회의 집단 지성과 성취에 가치를 부여한다.

매일의 실제의 일부분으로 기록작업 통합하기

교사가 기록작업을 교수와 학습의 핵심적인 것으로 보기 시작하면 사고방식에 몇 가지 변화가 전형적으로 일어난다(본 서 제14장 참조; Fyfe, 1998; Fyfe, Geismar-Ryan, & Strange, 2000). 변화 중 하나는 교수와 학습을 협동적 탐구의 과정, 지속되는 협동적 실행 연구로 보게 되는 것이다. 이것은 어린이, 부모, 동료 교사와 하는 새로운 패턴의 조직과 의사소통 방식을 찾아야 함을 요구한다. 협동적 실행 연구를 하려면 레지오 접근법(Gandini, 1993)의 기본 요소 중 하나인 조직과 협동 간의 상호의존성을 이해해야 한다. 협동적 작업 방식은 교사가 함께 생각하고, 계획하고, 일하고, 해석하도록 요구한다(Rinaldi, 1994).

협동적 탐구의 실제를 'assessment'의 개념에 적용하려면, 교사가 학습의 증거와 학습 과정에서 기록된 관찰물을 함께 살펴보는 것이 중요하다. 기록작업은 아직 해석된 적이 없는 일종의 원자료이다. 기록작업은 교수팀에게 학습에 대해 함께 생각해서 가능한 해석을 풍부하게 할 수 있는 다양한 관점을 이끌어 낼 공통의 플랫폼을 제공한다.

동료와 함께 하고 연구를 기반으로 하는 활동으로서의 교수를 바라보는 이 관점은 다음과 같은 것을 요구한다. "① 우리의 관찰을 가시화해서 동료와 공유할 수 있어야 하고, ② 각자의 관점을 대화, 토론, 협상을 통해 공유된 해석으로 간주할 수 있어야 하고, ③ 우리가 어린이에게 제안할 수도 있는 미래의 학습 경험에 대한 가정, 예측, 전망을 함께 구성할 수 있어야 하고, ④ 이런 동의의 관점에서 우리의 작업을 조직하고, 다양화하고, 조정해야 한다"(Fyfe, 1998, p. 21). 로리스 말라구찌(본 서 제2장 참조)는 이런 변화는 '교사를 전통적으로 내려온 전문적이고 문화적으로 외롭게 하거나 고립시키는 것으로부터의 신중한 탈출을 보여주는 것이다.' 라고 하였다. 말라구찌는 레지오 에밀리아 학교에서 오래 전에 일어났던 변화에 대해 말한 것이다. 이런 변화가 미국에서는 아직 작은 규모로도 일어나지 않았다. 마이크 슈머커(Mike Schmoker, 2006)는 미국에서의 교육은 여전히 그리고 대부분의 경우 고립된 실제라는 것을 증명하기 위해 수많은 연구를 언급했고, 고립은 향상의 적이라고 주장했다. 그는 다음과 같이 주장했다.

> 다른 전문직과 달리, 팀으로 일하는 것이 중요하다는 것에 대해 높은 수준의 동의가 있는 것과 달리, 교사는 팀으로 일하지 않는다. 교사는 수업과 평가를 함께 준비하지도 않고, 평가 결과에 근거해서 자신의 수업을 정기적으로 검토하거나 수정하지도 않는다. (p. 18)

유아학교 이전 단계에서는 보통 한 학급에 2명의 교사가 있기 때문에 학급 내에서 팀으로 일하는 것(학습 경험을 준비 또는 실행하거나, 학습의 효율성에 대해 숙고하는 과정에서)은 용이하다. 그러나 미국은 일반적으로 주 교사와 보조 교사가 있는데, 이것은 2명의 교사가 동등한 권한과 신임을 갖는 레지오 에밀리아의 학교와는 다르다. 불행히도 주 교사는 기록작업이나 평가를 위한 자료를 수집하고 분석하는 데 보조 교사가 참여하도록 초대하거나 지원하는 방식인 평등주의적 관계를 항상 보조 교사와 만들어가는 것은 아니다. 어떤 학교 지역의 구조(예 노동조합의 규칙, 시간과 보상 등과 관련한 구조)는 심지어 직접 또는 간접적으로 보조 교사가 이런 활동에 참여하는 것을 금지하기도 한다.

협동적 스타일의 지속적인 실행 연구로 이미 전환한 교육자는 교육적 기록작업을 사용해서 'assessment' 의 의미를 다시 생각하고, 무엇이 중요한 학습이고 무엇이 아닌지에 대한 자신의 확실성에 의문을 제기할 수 있다. 협동적 실행 연구는 그 본질적 특성으로 인해, 미리 결정된 목표를 'evaluation' 하게 하기보다는 새로운 질문을 하게 하고 새로운 학습의 방향을 제안하게 한다.

학습에 대한 협동적 반성과 분석을 위한 시간을 찾고 조직하기

팀워크와 협동적 실행 연구를 하는 데 주요 장애물로 가장 자주 언급되는 것은 매주 또는 격주로 기록물과 평가 자료를 찾고 조직하는 시간을 마련하는 것이다. 그러나 내가 관찰하기로는 일과 중 시간이 있을 때에도 시간을 비효율적으로 사용한다.

이런 특성의 시간은 너무 소중하기 때문에 최적의 생산성을 내도록 시간을 조직할 필요가 있다. 시간을 효율적으로 사용하기 위해서는 어떤 기록작업을 살펴볼 것인지와 누가 기록작업을 팀 전체가 검토하기 쉬운 형태(예 원고를 구성원 수만큼 준비하기, 필요하면 기록작업을 보기 위해 스마트 보드〈smart board〉나 컴퓨터 화면 같은 적절한 과학 기술 사용하기)로 만들어 올 것인지에 대해 팀 구성원이 동의하고 회의의 의제를 미리 정해야 한다. 회의 장소는 집중되고 심각한 토론이 가능하도록 산만하게 하는 일이 벌어지지 않는 공간이어야 한다. 회의에서는 복수의 관점과 해석이 격려되고 토의되어야 한다. 팀은 기록작업에서 드러나는 어린이의 생각, 흥미, 감정, 의견, 가정, 또는 만들어가고 있는 이론에 대해 집단적으로 반성하는 데 상당히 많은 시간을 할당해야 하다. 나는 많은 교사가 이 과정을 너무 빨리 끝내고 교수를 위한 시사점 찾기로 가길 원하는 것을 보아왔다. 기록작업이 보여주는 것이 무엇인지(어린이의 이론, 어린이가 이해한 것과 오해하고 있는 것)에 대해 상당한 분석을 한 후에야 교사는 어린이의 현재 생각과 연계성 있는 미래의 학습 경험–특정한 시간과 공간에 있는 특정한 어린이 집단에게 도전을 제공하고 참여하게 하는 경험–에 대한 가설, 예측, 예상을 할 수 있는 위치에 선다(Dewey, 1998). 마지막으로 교사는 해석과 예측 측면에서 자신들의 작업을 어떻게 조직하고 다양화할지에 대해 반드시 계획해야 한다(Fyfe, 1998).

교사가 정기적으로 기록작업과 평가를 학습 과정의 중심에 두는 것을 방해하는 다른 장애는 그렇게 하면 가르칠 시간이 없어진다고 걱정하는 것이다. 아멜리아 감베티(Amelia Gambetti)는 미국의 세인트 루이스(St. Louis)에 있는 교사들을 상담하러 갔을 때 우리는 이 시간을 '어린이를 위한' 시간으로 생각해야 한다고 말한 적이 있다. 성인이 관찰하고 기록한 후 기록작업을 해석하고 다시 해석하는 데 사용한 시간은 우리가 어린이와 함께 하는 시간을 더 의미 있고 반응적인 것으로 만든다. 또한 교사는 어린이와 함께 기록작업을 해석하고 재해석하는 가치에 대해 배워야 한다. 카를라(Carla)가 설명하였듯이, 이런 시간은 세상의 사건과 사물에 대해 의미를 부여하는 이론을 어린이와 함께 개발하기 위해서 필요하다(Rinaldi, 2006).

기록작업을 함께 검토하는 교수팀

협동적 탐구와 형성적 평가를 지원하는 레지오 에밀리아와 다른 위대한 학교 체계에서, 교사와 관리자는 시간의 원천을 다룰 수 있는 학교 구조를 고안한다. 협동적 탐구에 가치를 부여하는 학습 조직의 생존과 지속 가능성은 이런 구조에 달려 있다. 위긴스와 맥티그(Wiggins & McTigue, 2007)의 널리 칭송받는 작품인 '디자인하며 이해하기(understanding by design)' 도 협동적 탐구에 그 기반을 둔 것이다. 그들은 "일하는 집단이 함께 만날 수 있는 상당한 양의 시간을 새로 찾는 것은 물론 도전거리이다. 그렇게 하려면 창의적 사고와 정치적 기술('새' 시간을 찾는 것은 대부분의 경우 '오래된' 시간을 훔치는 것을 의미하기 때문에)이 요구된다."라고 말했다(p. 189). 그들은 학교와 일한 경험을 기반으로 여러 방법을 제안했다. 이것 중 몇 가지(Wiggins & McTigue, 2007)는 협동적 탐구와 형성적 평가 자료에 대해 집단적으로 반성하는 데 전념하는 미국 학교에서 내가 관찰한 것과 유사하다.

- 각 학년 또는 부서별로 구성된 팀은 매주 2시간을 확보하는데, 이 시간 동안 다른 팀, 관리자, 자원 교사, 교생, 또는 대체 교사가 그들의 업무를 대신 해 준다.

- 교사는 연장된 점심 시간과 자료를 찾는 시간이나 미리 계획된 회의 시간 동안 만난다.
- 모임이 있는 날 일할 대체 교사를 찾아서 학년 또는 부서별팀이 만날 시간을 확보한다.

어린이와의 상호적인 기대와 대화: 자신과 집단에 대한 평가를 위한 기반

경청의 교육을 이해하기 시작한 교사는 종종 중요한 통찰을 표현한다. 1992년 세인트루이스에 있던 우리는 레지오 접근법을 공부하기 위해 대학-학교 간 협동을 시작했다. 이때 레지오 접근법을 공부하기 시작한 교사와의 대화에서, *듣기 위해 속도를 늦추기*라는 말이 자주 언급되었다. 교사는 어린이의 의견을 묻고, 그들의 생각을 묻고, 어린이가 한 말의 의미를 궁금해 하고, 확인하기 위해 어린이에게 묻고, 어린이가 이해한 것을 교사가 이해했는지 확인하기 위해 속도를 늦췄을 때 그들이 어린이에 대해 배울 수 있는 것을 보고 지속적으로 놀라워했다. 교사는 자신들이 미리 정해시고 좁게 계획된 교육과정을 가지고 매 순간 어린이를 안내하고, 지시하고, 측정하는 데만 중점을 두었을 때는 어린이와 이런 종류의 상호작용을 하는 것은 불가능했다고 회상했다.

레지오 에밀리아의 기록작업과 경청의 교육에 대한 개념을 새로 접한 교사는 학습의 과정, 교사의 역할, 학생의 역할에 대해 자신들이 배웠던 것을 재구성하는 데 도움이 필요하다(Dahlberg et al., 1999; MacNaughton, 2005). 나는 교사는 평가의 목적과 과정에 대해 자신이 가진 개념을 해체해야 한다고 생각한다. 지속적인 전문성 발달 체계의 지원을 받아 세인트 루이스 집단에 속한 교사들은 어린이와의 상호작용에 영향을 미쳐온 과거의 가정을 해체할 수 있었다. 우리는 교사에게 자신이 지금까지 해 온 행동을 수정하는 모험(예 안내, 지시, 촉진하는 것에서 어린이가 하려는 것을 듣고 그들과 진솔한 대화를 나누기 위해 늦추는 것)을 하도록 격려했고, 동료와 이런 새로운 경험에 대해 숙고할 시간과 기회를 주었다(Fyfe, 1998). 그 결과 기대가 바뀌었다.

교사는 경청하는 것을 통해 어린이와 진실로 '함께 그 순간에' 있을 수 있었다. 경청을 통해 교사는 어린이가 스스로 자신의 생각을 더 잘 확장하도록 지원하거나 도전 거리를 제공할 수 있었다. 그러나 교사는 어떤 어린이와는 대화의 상호적 기대를 여러 번에 걸쳐 발전시켜야 한다는 것도 배웠다. 많은 어린이는 자신의 의견과 발현하는 이론을 이해하기를 원하는 교사에 익숙하지 않다. 어린이는 자신의 생각에 교사가 보이는 흥미는 자신의 생각에 대한 진솔한 흥미와 관심이 아니라 시험이라고 가정해서 교사의 동기를 믿지 못하기도 한다(Kaminsky & Gandini, 2002). 경청의 교육을 받아들인 교사는 어린이가 보이는 불신의 기간을 견뎌내야 한다. 내가 관찰한 바로는 어린이가 자신과 정기적으로 의미 있는 대화를 하는 성인과 상호 신뢰와 존중의 관계를 형성한 후에는, 교사뿐만 아니라 또래와의 대화에서도 상호적인 기대를 발달시킬 수 있다.

경청의 교육을 수용한 교사의 어린이에 대한 이미지는 경청할 가치가 있는 아이디어를 가진 사람, 코멘트나 의견이 경박하거나 귀여운 것이 아니라 이 세상을 이해하기 위해 지적인 노력을 하는 사람이다. 교사가 어린이 마음의 틀 안에 머무는 것은 어린이가 좋은 질문을 하도록 돕는 데 매우 중요하다는 것을 교사는 배운다(Forman, 1989). 교사가 경청의 교육에 대한 상호적 기대를 더 많이 발전시킬수록, 어린이에 대한 이미지가 교사, 어린이, 부모의 마음속에서 더 강하게 성장한다.

레지오 에밀리아 학교에서 상호적 기대는 어린이-교사 관계를 넘어선다. 집단 내에서 어린이들의 간주관성(intersubjectivity)과 효율적인 학습 지역사회로 기능할 수 있는 집단의 능력 또한 상호적 기대를 통해 고양된다. 또래는 서로의 학습을 지원할 것으로 기대된다. 집단 학습 경험을 통해 어린이들은 어떻게 지원할지 뿐만 아니라 서로의 학습에 책임을 가지게 된다는 것을 배운다.

레지오의 유아학교와 영유아센터에서는 학습 집단의 형태와 기능을 이해하는 데 많은 관심을 둔다. 프로젝트 제로(Project Zero)의 마라 크레체브스키(Mara Kreschevsky, 2001)는 레지오의 교육자가 밝힌 유아교육에서의 학습 집단에 대한 7개의 명제를 제시했다. 이 명제의 마지막 것은 학습 집단이 서로 지원하고 이해하는지를 알아보는 지표에 대한 것이다. 이 명제와 관련된 지표는 "평가와 자기-평가(self-assessment)가 학습 집단 내부에 강하게 존재하고 학습 과정을 안내하는 기능을 한다."이다(p. 247).

미국에서 어린이가 집단 내에서 기능하는 것을 배우는 것이 중요하다는 말은 많이 하지만, 학습 집단과 개인뿐만 아니라 집단 수준에서도 학습 결과가 중요함(평가와 연구를 통해서)에는 가치를 거의 두지 않는다. 개인 어린이가 또래와의 집단 토론에 어떻게 기여하고, 과업을 성취하기 위해 또래와 어떻게 협동했는지를 조사하고 평가할 수는 있으나, 학습 집단의 역동성, 성취, 맥락에 대해 배우는 것에 대해서는 거의 생각하지 않거나 가치를 두지 않는다. 레지오 에밀리아 학교에서는 어린이를 개인이자 집단 학습자로 본다(Giudici, Rinaldi, & Krechevsky, 2001). 교사와 어린이는 개인의 수행이나 집단에의 기여에 대해 숙고하고 평가할 뿐만 아니라, 집단이 목표를 달성하게 한 또는 달성하지 못하게 한 집단의 노력, 협력, 상호작용에 대해서도 숙고하고 평가한다. 레지오 에밀리아에서 우리가 보는 기록작업의 대부분은 의도적으로 학교 안의 학습자(어린이와 성인) 간의 관계, 주관성, 상호의존성에 초점을 맞추고 있다. 기록작업은 소위 학습자 집단의 분산된(distributed) 또는 상황적(situated) 인지(Kirshner & Whitson, 1997; Ross, 2007; Salomon, 1997; Woodhead & Light, 1991)라고 부르는 것을 드러내곤 한다. 기록작업은 어린이가 상호 학습에 참여할 능력과 서로가 서로의 학습에 책임이 있는 학습 공동체를 만들 능력이 있다는 것을 보여준다. 기록작업은 어떻게 참여의 문화와 '민주주의의 가치가…, 참여의 개념에 내포되어 있는지'를 보여준다(Giudici et al., 2001, p. 42).

미국에서의 평가 과정은 학습의 사회적이고 집단적인 측면에 거의 초점을 두지 않는다. 교사, 어린이, 부모는 평가에 대한 개념을 확장시킴으로써 혜택을 볼 수 있는데, 이것은 개인 학습자에게 초점을 두는 것(본 장의 도입 부분에서 굴로가 묘사했듯이)을 넘어 개인뿐만 아니라 집단 학습에도 초점을 두는 것을 의미한다.

결론

본 장에서 기록작업과 평가를 실제 현장에서 하는 것을 묘사하기 위해 사용한 이미지들은 메이플우드-리치우드 하이츠(Maplewood-Richmond Heights, MRH) 영유아센터(Early Childhood Center)에서 가져온 것이다. 이 학교는 미국의 미주리 주의 세인트 루이스 시에서 가까운 도시 학군에 있는데, 인종과 경제적으로 매우 다양한 가정에서 온 3세에서 초등학교 1학년까지의 학생들이 다닌다. 내가 재직중인 웹스터 대학교(Webster University)의 유아교육과 동료 교수들과 나는 지난 몇 년 동안 내재된 전문성 발달 모델을 기반으로 이 학군과 파트너로 일해 왔다. 웹스터 대학의 겸임교수(adjunct faculty member)인 제니퍼 스트레인지(Jennifer Strange)는 1주에 2~3회씩 학교의 교사와 교장과 밀접히 일하면서 멘토 역할을 하고, 레지오에서 하는 교육 실제의 모델을 보여주고, 관찰과 기록작업을 하는 과정을 지원해 왔다. 제니퍼는 수석교사로서 일해 온 20년이 넘는 경험과 MRH 교육자와 직접적으로 일하는 국가 컨설턴트 직을 수행한 경험과, 웹스터 대학의 사범대학 학생과 교수진을 전문성 개발 학교와 연계해 주면서 다음과 같은 것을 이끌어 낼 수 있었다. 나는 본 장을 제니퍼 스트레인지와 MRH 교사 중 하나인 조앤 포드(Joanne Ford)가 경청의 교육학과 기록작업의 힘을 이해하기 위해 함께 일한 첫 해에 전환점이라고 생각한 시점을 회고하는 것으로 마감하려 한다.

> 메이플우드-리치우드 하이츠(Maplewood-Richmond Heights, MRH) 영유아센터(Early Childhood Center)에서 일하는 유아학교와 1학년 교사는 오랫동안 레지오에서 영감 받은 학습에 대해 읽고 생각해 왔다. 2006년에 교사와 어린이와 함께 일하기 위해 *페다고지스타(pedagogista)*가 채용되었다. 레지오에서 영감 받은 교육이 진짜 시작되었다.
>
> 각 유아학교 학급 밖에 있는 게시판에 붙은 사진을 통해 학교 복도에서 어린이의 이미지가 보이기 시작했다. *페다고지스타*의 지원으로 어린이가 자신의 초상을 그리는 것이 시작되었다. 학급 담임 교사는 진행되는 이 작업에 흥미를 느끼고 재빨리 어린이를 지원하는 역할을 맡았다. 복도에 있는 게시판에 어린이 사진과 초상화가 붙자 학교 전체의 교사, 어린이, 가족 구성원이 게시판 앞에 멈춰 서서 각 어린이가 해낸 결과를 보고 탄복했다.
>
> 유아학교 교사는 초상화가 어린이와 어린이의 학습에 중요하다는 것을 깨닫기 시작했다. 한 교사는 "처음에는 초상화를 그리는 데 필요한 기술을 스케폴딩(scaffolding)해 주는 것이 어색했어요. 그런데 어린이의 글쓰기를 향상시키기 위해 글자 쓰는 것을 어떻게 지원할지를 생각해보니, 그리기에도 유사한 언어와 기술을 사용해 지원하는 것이 문제없다고 생각되었어요."라고 말했다. 어린이도 자신들이 한 일의 결과에 대해 느끼는 기쁨을 표현했다. 한 어린이는 "내가 이빨을 그렸는데, 이빨이 우리 아빠의 이빨 같아 보였어요…. 와!"라고 말했다. 교육자는 이런 반응을 기록하면서도 그들은 초상화가 이런 새로운 방식의 사고와 행위가 다른 사람과 깊이 의사소통하는 도구가 되리라는 것을 완전히 예상하지는 못했다. 어느 날 아침, *페다고지스타*가 복도로 나왔을 때, 한 부모가 어린이들이 그린 초상화를 사진 찍고 있는 것을 보았다. *페다고지스타*는 아버지가 보이는 흥미에 기뻐하면서, 왜 사진을 찍고 있는지 궁금해서 물었다. 아버지는 "어린이들의 그림이 너무 훌륭해서 사진을 찍어서 거실에 걸어 놓으려 해요."라고 답했다. *페다고지스타*는 매우 감격했다. 모든 교육자는 초상화가 불러일으킨 가족 구성원의 흥미를 점차 느끼게 되었다.
>
> 부모와의 가을 면담을 준비하는 협력 회의에서 교사는 초상화를 대화의 핵심으로 사용하기로 결정했다. 초상화를 그리는 과정을 묘사해 주는 것을 듣고 부모는 교사와 어린이가 이 의미 있는 작업을 협력해서 하면서 어떻게 관계가 형성되었는지에 대한 통찰을 얻을 수 있었다. 어린이의 발달하는 관찰, 표현, 반성 기술이 이 면담에서 이뤄진 대화의 핵심이었다. 이 면담은 체크리스트나 표준화된 평가를 주로 다뤘던 그 전의 면담과 매우 달랐다. 부모와 교사 모두 어린이가 해낸 작업에 대한 인정과 앞으로 올 나날에서 이뤄낼 수 있는 것에 대한 흥분으로 면담을 마쳤다.

나는 위의 이야기가 기록작업을 평가의 개념으로 보려는 교사의 노력을 잘 묘사했다고 믿는다. 이 교육자들은 평가의 의미를 엄격히 총괄 평가의 의미로 보았던 과거 자신

한 아버지가 어린이들이 그린 초상화를 보고 감탄하며 사진을 찍고 있다.

들이 가진 개념을 해체했다. 교육자들은 기록작업에서 본 것, 질문한 것, 해석한 것을 교환함으로써 부모가 서로에게 그리고 교사에게 배운다는 것을 알게 되었다. 이런 회고를 통해 나는 제니퍼와 조앤이 어린이의 학습을 가시화함으로써 평가를 지식의 사회적 구성으로 보게 되었다는 것을 확신한다. 이것은 그들이 더 이상 체크리스트나 표준화된 평가를 사용하지 않는다는 것을 의미하는 것이 아니다. 교육자가 부모와 어린이를 단순히 평가에 대한 정보를 수령하는 사람으로 취급하기보다, 의미를 만들어가는 과정에 참여시킬 필요가 있다는 것을 믿고 경험하게 되었다는 것을 의미한다. 교육자는 평가를 의미 만들기로 보고, 좋은 기록작업은 학습의 과정을 지원할 수 있다는 것을 이제 안다. 교육자는 어린이가 자신과 타인의 아이디어를 숙고하도록 돕고 서로의 아이디어와 집단에의 기여를 평가하도록 돕는다.

유아학교에서 1학년까지의 2년 동안 같은 어린이를 지도해 온 헤더 베일리(Heather Bailey) 같은 MRH의 1학년 교사는 현재 어린이와 작업하고, 부모와 의사소통하면서 평가와 관련지어 기록작업을 하고 있다. 헤더는 교사-부모 면담에서 어린이의 이야기가 생성되고, 기록되고, 편집되는 과정에 대한 기록작업을 공유한 결과, 새로운 수준의 부모 참여가 나타났다고 최근 보고하였다. 예를 들어, 고학년을 가르치고 있는 한 부모는 이것에서 영감을 얻어, 자신이 가르치는 고학년 학생과 1학년 학생 간의 지속적인 교류를 시작했다. 다른 부모는 어린이의 생각과 경험을 볼 수 있는 창을 얻었고, 그 창은 자녀의 진보를 보는 새롭고 향상된 의미를 주었다고 감사를 표현했다. 1학년 교사가 담당한 어린이는 자신의 작업과 학습 경험에 대한 기록을 함께 비평하면서 자신과 서로에 대한 기대를 높게 잡은 성향을 발달시켰다.

교사, 어린이, 부모 모두에게 기록작업은 반응적인 교육과정을 만들고 개인과 집단 학습을 촉진하고 평가하는 필수적인 추진체가 되었다. 그들은 형식적인 평가 자료를 보완하는 것으로 기록작업을 사용하는 의미 있는 방법-교수와 학습에 대해 더 잘 알려주는 방법을 찾았다.

참고문헌

Bruner, J. (1977). *The Process of education*. Cambridge, MA: Harvard University Press.

Dahlberg, G., & Moss, P. (2005). *Ethics and politics in early childhood education*. London: Falmer Press.

Dahlberg, G., Moss, P., & Pence, A. (1999). *Beyond quality in early childhood education and care: Postmodern perspectives*. London: Routledge-Falmer.

Dewey, J. (1998). *Experience and education: The 60th anniversary edition*. West Lafayette, IN: Kappa Delta Pi.

Forman, G. (1989). Helping children ask good questions. In B. Neugebauer (Ed.), *The wonder of it: Exploring how the world works* (pp. 21-24). Redmond, WA: Exchange Press.

Forman, G., & Fyfe, B. (1998). Negotiated learning through documentation, discourse and design. In C. Edwards, L. Gandini, & G. Forman (Eds.), *The hundred languages of children: The Reggio Emilia approach to early childhood education* (2nd ed., pp. 239-260). Norwood, NJ: Ablex.

Fyfe, B. (1998). Questions for collaboration: Lessons from Reggio Emilia. *Canadian Children, 23*(1), 20-24.

Fyfe, B., Geismar-Ryan, L., & Strange, J. (2000). The potential of collaborative inquiry. *Innovations in Early Education: The International Reggio Exchange, 7*(40), 7-19.

Gandini, L. (1993). Fundamentals of the Reggio approach to early childhood education. *Young Children, 49*, 4-8.

Giudici, C., Rinaldi, C., & Krechevsky, M. (Eds.). (2001). *Making learning visible: Children as individual and group learner*. Reggio Emila, Italy: Project Zero and Reggio Children.

Gullo, D. F. (2004). *Understanding assessment and evaluation in early childhood education*. New York: Teachers College Press.

Hyson, M. (Ed.). (2003). *Preparing early childhood professionals: NAEYC's standards for programs*. Washington, DC: National Association for the Education of Young Children.

Kaminsky, J. A., & Gandini, L. (2002). The role of culture and community in children' s learning and development: An interview with Barbara Bowman. *Innovations in Early Education: The International Reggio Exchange, 9*(3), 4-12.

Kirshner, D., & Whitson, J. A. (Eds.). (1997). *Situated cognition: Social semiotic, and psychological perspectives*. London: Psychology Press.

Krechevsky, M. (2001). Form, function, and understanding in learning groups: Proposition from the Reggio classrooms. In C. Giudici, C. Rinaldi, & M. Krechevsky (Eds.), *Making learning visible: Children as individual and group learners* (pp. 246-269). Reggio Emilia, Italy: Project Zero and Reggio Children.

MacNaughton, G. (2005). *Doing Foucault in early childhood studies: Applying postructural ideas*. London: Routledge.

Rinaldi, C. (1994). Staff development in Reggio Emilia. In L. Katz, & B. Cesarone (Eds.), *Reflections on the Reggio Emilia approach* (pp. 55-60). Urbana, IL: ERIC Clearinghouse on Elementary and Early Childhood Education.

Rinaldi, C. (2001). Documentation and assessment: ,What is the relationship? In C. Giudici, C. Rinaldi, & M. Kerchevsky (Eds.), *Making learning visible: Children as individual and group learners* (pp. 78-89). Reggio Emilia, Italy: Project Zero and Reggio Children.

Rinaldi, C. (2006). *In dialogue with Reggio Emilia: Listening, researching and learning*. New York: Routledge.

Ross, D. (2007). *Distributed cognition and the will: Individual volition and social context*. Cambridge, MA: MIT Press.

Salomon, G. (1997). *Distributed cognitions: Psychological and educational considerations*. New York: Cambridge University Press.

Schmoker, M. (2006). *Results now: How we can achieve unprecedented improvements in teaching and learning*. Alexandria, VA: Association for Supervision and Curriculum Development.

Seidel, S. (2001). Understanding documentation starts at home. In C. Giudici, C. Rinaldi, & M. Krechevsky (Eds.), *Making learning visible: Children as individual and group learners* (pp. 304-311). Reggio Emilia, Italy: Project Zero and Reggio Children.

Senge, P., Cambron-McCabe, N., Lucas, L., Smith, B., Dutton, J., & Kleiner, A. (2000). *Schools that learn: A fifth discipline fieldbook for educators, parents, and everyone who cares about education*. New York: Doubleday.

Wiggins, G., & McTigue, J. (2007). *Schooling by design*. Alexandria, VA: Association for Supervision and Curriculum Development.

Woodhead, M., & Light, P. (1991). *Learning to think*. New York: Routledge.

4부

어린이들의 수많은 언어에 관한 개념과 그 진화

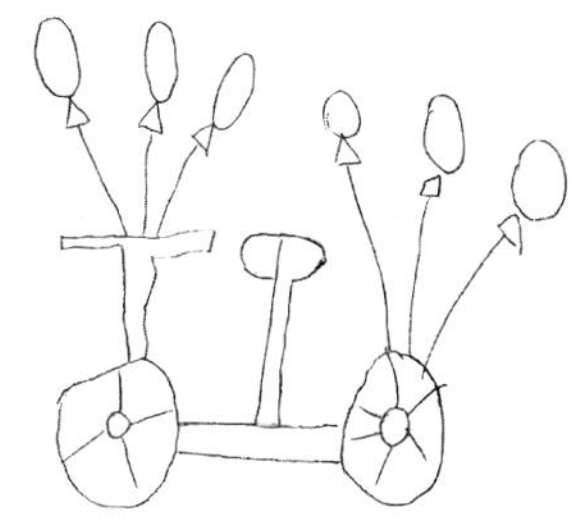

16

아름다움이 앎의 방식일까?

마지 쿠퍼(Margie Cooper)

만일 우리가 학습과 교수 간의 관계에 대한 우리의 이해 패러다임이 전환되는 시대에 살고 있는 것이라면 어떨까? 우리가 그것을 인지할까? 우리가 그것을 환영할까? 우리가 그것을 교육자로서 우리의 역할에 보다 많은 통찰과 견해를 얻기 위한 우리의 책임으로 받아들일까?

우리 분야에서 마지막 *주요* 전환은 인간이 학습과 의미를 쌓아올리는 측면에서 *타인*(또래이건 성인이건)의 중대하고 본질적인 영향에 관한 우리의 관점을 진보시켰던 사회적 구성주의 이론가들의 기여가 일으켰다고 주장할 수 있다. 우리 분야는 인간의 학습에 가장 긍정적인 조건을 구성하는 데 책임이 있는 분야이기 때문에, 만일 우리가 학습에 있어 중대하고 본질적인 요인이나 조건을 놓치고 있었거나 오해하고 있었다면 어떨까?

레지오 에밀리아의 교육자가 제안한 수많은 언어의 이론은, 스스로 이해를 구성하고 발달시키는 총명함과 유능함의 관점에서 어린이를 보도록 제안했다. 50년 가까이 실제 학교 안에서 어린이와 성인을 가까이 관찰한 것, 이러한 관찰과 경험을 비판적이고 사회적으로 해석한 것, 어린이와 성인이 행한 학습 과정에 대한 세부적인 기록작업을 한 것은 모두 자신의 고유한 발달 과정을 촉구하거나 만족시키는 중요한 인간 자질을 잘 보여준다.

이러한 자질이나 감성은 미학적인 차원으로 불리울 수 있으며, 인간이 만든 다른 시설과 관련해서 발달시킬 수 있는 공간과 시간이 주어진다면, 인간의 경험 과정을 따라 학습을 진행시키고 연결시킬 수 있는 강력한 도구가 된다. 지금까지 '미학'은 그 분야의 주제에 관한 광범위한 문헌에 의해 입증되듯 철학과 예술이 그 권리를 주장한 분야였다. 이러한 학문 분야의 주요 출간물에서 "미학은 학술적인 연구 분야로 번성하고 있으며, 여러 대학에서 미학과 관련된 과목에 대한 수요는 철학과 관련된 과목에 대한 수요와 같거나 능가한다."라고 명시한 점은 흥미롭다(Gaut & Lopes, 2005, p. xviii).

부수적으로 50년간의 경험을 통해 레지오 에밀리아의 교육자는 겸손한 자신감으로, 인간 발달에 관한 관찰과 이론을 미학적 차원의 존재와 기여에 관련시켜서 보다 명백하게 인식하고 보다 잘 관련지을 수 있게 되었다. 다음의 것은 레지오 에밀리아에서 2009년 4월에 1주일간 있었던 학습 경험에서 나온 아이디어에 대한 논의다. 그 한 주는 햇살, 긴 하루들 그리고 도전적인 생각들로 가득 찼다. 나는 특히 디아나 학교에서 30년간 *아뜰리에리스타*로 일했던 베아 베키(Vea Vecchi)의 공헌에 매료되었다. 2000년에 은

퇴한 이후에도 베아(Vea)는 특히 출판, 전시, 연구 프로젝트, *아틀리에*에 관한 개념 그리고 수많은 언어의 이론 영역에서 계속해서 레지오의 어린이와 협력한다. 1주일에 걸친 그녀의 공헌은 비단 그녀의 언어를 통해서 뿐 아니라 그녀의 열정, 영성, 즐거움 그리고 긍정적인 에너지를 통한 것이었다. 그녀가 그 주의 첫머리에 던진 문장은 우리가 조우할 복잡함에 관해 엿볼 수 있게 하였다.

> 우리가 교육의 문화에 대한 배경적인 논의를 하지 않는다면 *아틀리에*에 관한 논의를 할 수 없어요. 그리고 우리에게 시학, 미학, 인식론, 윤리학이 없다면 *아틀리에*에 관해 논의할 수 없을 거라고도 생각해요. 이것들은 어려운 개념이지만, 이것들 없이는 *아틀리에*가 질적으로 저하되게 되는, *아틀리에*에 관한 아이디어의 개념적인 틀이에요. 우려는 *아틀리에*가 단순히 활동을 위한 공간이 되는 거에요. 우리는 여러 가지 기술과 재료를 꽤 잘 사용합니다. 우려는 우리의 제스처가 어린이 뿐 아니라 어른에 의해서도 재촉되고 서둘러진다는 점이에요. 우리는 우리가 하고 있는 것과의 관련성을 잃게 되죠. 우리가 *아틀리에*에서 수행하는 우리의 행위에 의미를 부여할 수 있을 때에만 우리는 우리의 일에서 중요한 고양감을 얻게 됩니다. 의미 부여가 핵심이에요….
>
> 이번 주에 우리가 가지고 다녀야 할 질문은 '학교 문화가 시적인 언어와 미학적인 차원을 지식 형성에 중요한 요인으로 환영한다면, 학습과 교수의 과정이 어떻게, 그리고 어떠한 방식으로 조정되고 풍부해졌을까?' 입니다. 이것은 추상적인 개념이 아니에요. 이 지역의 영유아센터와 유아학교에서 이미 실현되었어요.

나는 그 주에 *아틀리에*의 개념에 대해 논의하면서 '혁신을 위한 연구' 에 기본이 되는 헌신을 더없이 강력하게 느꼈다.

디아나 학교 근처 공원 입구

어린이였을 때 디아나 학교에 다녔던, 오랫동안 일한 *페다고지스타* 클라우디아 주디치(Claudia Giudici)는 *아틀리에*의 물리적 공간과 *아틀리에리스타*의 프로필 모두를 소개하는 것의 기반이 되는 초창기의 사고를 회상하였다: "우리의 이론적인 직관은 작업을 보다 복합적인 것으로 만들고, 어린이가 자신을 둘러싼 세계를 이해하는 복잡한 방식을 조우하는 데 학교에서 필요한 새로운 요소를 제안하였습니다."

말라구찌와 동료들이 경험 초기에 이미 있었던 문화적 자원 중 학교 안으로 가지고 들어와야 할 것으로 표현 언어를 꼽았었던 것은 분명한 사실이다. 그러나 새로운 교육적인 패러다임의 혁신을 위한 핵심 에너지는 열망인데, 주디치가 제안하였듯 어린이에게 가치 있는 교육적 접근을 보다 잘 만들기 위해 '어린이를 둘러싼 세계에서 어린이의 복잡한 앎의 방식들' 을 깊이 있게 이해하기 위한 열망이다. 이것은 우리가 때로 *아틀리에*의 역할을 단순히 미술 활동을 하거나 공예를 복제하는 장소로, *아틀리에리스타*의 역할을 단순히 외부적인 관점에서 표현적인 재료를 공급하고 기술을 가르치는 미술 선생님으로 잘못 해석하는 방식과 대조될 것이다. *아틀리에*의 역할에 대한 보다 강력한 해석은 풍부하고 설비가 잘 갖춰진 연구 환경으로 해석하는 것이고, *아틀리에리스타*의 역할은 어린이와 어른의 앎의 방식을 사려 깊고 능숙하게 연구하는 연구자임과 동시에 어린이, 가족, 동료와 함께 진행하는 경험에서는 명랑하고 지원하는 동반자로 해석하는 것이다. 이 해석을 기반으로 우리는 학교 전체를 *아틀리에*로 은유적으로 생각해서 *아틀리에*의 개념에 학교 전체 환경을 포함시켜야 한다.

말라구찌는 *아틀리에*를 '표현적인 교육(expressive education)을 한계적이고 부차적인 역할로 보는 것에 대한 반박…. [그리고] 주로 말과 단순사고적인 연습을 통해 어린이를 교육시키는 교육 개념에 대한 반박' 으로 표현하였다(Gandini, Hill, Cadwell, & Schwall, 2005, p. 7). *아틀리에*의 선택은 교육의 '천연 섬유로서' 의 표현, 창의성 그리고 미학에 부과된 중요성에 대한 강력한 선언이었고, 이해와 의미에 대한 광범위한 인간 연구임을 강력히 선언한 것이다.

학교가 어린이 *그리고* 어른의 학습을 지원하고, 확장하고, 창조하는 문화적인 장소이기 때문에, 레지오 에밀리아의 영유아센터와 유아학교 안에서의 *아틀리에*의 존재는 처음부터 학습의 본성에 관한 집단 이해를 발전시켰으며, 지식의 기원에 대한 우리 분야의 지속적인 호기심에 상당한 기여를 했다.

관찰, 해석 그리고 기록작업의 지속적인 순환에 깊이 근거한 굉장히 직접적인 방법으로, 레지오 교육자는 어린이가 최초의 기원부터 배운다는 것과 미국의 특수 교육 분야에서 차용한 개념인 가장 덜 *제한적인 환경(least restrictive environment)*에서 가장 잘 배운다는 것을 목격해 왔다. 이 경우, 최소한의 제한적인 환경은 '무엇이든 괜찮다.' 라는 혼돈을 의미하는 것이 아니라, 어린이의 복합적인 발달을 실수로 방해하거나 불필요하게 분석하는 잘못된 경계와 외부적인 경고로부터 해방된 환경을 말한다. 대조적으로 레지오 영유아센터와 유아학교의 전체 학교 환경은 *아틀리에*의 존재로부터 긍정적인 영향을 받는다. 교사는 의미를 찾으려는 어린이의 타고난 성향, 자신과 다른 사람에게 질문을 제기하려는 타고난 성향 그리고 그들 자신의 삶의 현상을 해석하려는 타고난 성향을 지속적으로 자극하고자 노력한다.

1930년대 초반에 존 듀이(John Dewey)는 핵심적인 기초 토대(말라구찌와 동료들에 의해 나중에 해석된 토대)의 마련에 현저히 공헌하였다. 교육과 사회의 여러 측면에 관해 다작을 했지만, 말라구찌와 동료들이 전통적인 교육적 접근에 대한 그들의 반박에 함께 엮어 넣을 수 있는 다른 관점을 제안한 것은 듀이의 영향력 있는 저서인 『*경험으로서의 예술(Art as Experience)*』이었다. 인간의 경험이 매일의 평범한 경험과 교감하는 공간의 중요성을 논의할 때, 듀이의 독창성은 미학의 개념을 경험과 융합시킨다.

> 궁극적이고 입증된 형태로서 미학을 **이해**[원서에서 강조]하기 위해, 가공하지 않은 그대로에서 출발해야 한다. 사람의 흥미를 불러일으키고, 보고 들을 때 즐거움을 주거나 눈과 귀의 관심을 잡는 사건과 장면들…. 불타는 장작에 막대를 찔렀던 사람은 불이 더 잘 타게 하기 위해 그렇게 했다고 말할 것이다. 그러나 그럼에도 그는 자신의 눈앞에서 상연되는 다채로운 변화의 드라마에 매혹되어 상상력을 구사하며 참여하는 것이다. (Dewey, 1934, p. 3)

종종 레지오 에밀리아의 교육자는 그들이 지속적으로 열망하는 물리적, 사회적, 정서적 그리고 인지적인 환경을 묘사하기 위해 '*풍부한 정상 상태(rich normality)*' 라는 어구를 사용하면서 일상적인 순간에 주의를 기울일 것을 요구한다. 시간이 흐름에 따라 인간의 삶에 궁극적으로 모양과 질을 제공하는 것이 일상적인 순간의 결합이듯이, 영유아센터나 유아학교의 모양과 질을 궁극적으로 결정하는 것 역시 일상적인 것들 간의 결합이다. 모든 곳에 있는 교육자는 어린이나 가족과 하루를 함께 꾸리는 것에 대한 전문적인 수요와 좋은 유아기를 구성하는 데 필요한 매일과 매해를 결합시키는 것에 대한 기하급수적인 수요를 매순간 깊이 인식하고 있다. 레지오 에밀리아의 어린이와 교육자가 실시한 매력적이고 매혹적인 장기 프로젝트가 우리의 주의를 끌지만, 우리의 상상과 감정을 사로잡은 장기 프로젝트 여정의 주변과 안 그리고 그 여정을 시작하게 한 매일의 삶의 스타일에 더 주의를 기울이고 연구하기 전까지는 장기 프로젝트를 완전히 이해할 수 없을 것이다.

우리는 북미의 유아를 위한 프로그램 안에 있는 일상적인 순간에 얼마나 많은 긍정적인 주의를 기울이는가? 예를 들어, 어린이가 일상의 마주침에서 자연스럽게 표현하는 운동능력–담벼락을 따라 손가락 끝을 움직이는 것, 개방된 공간에서 빙글 돌고 돌진하는 것, 자연 세계의 향을 깊이 들이 쉬는 것, 모든 각도에서 보기 위해 사물을 돌려보는 것–은 어린이가 *'다중 감각적으로'* – 즉, 그들의 모든 감각을 사용해 세상을 연구하는 본성을 통해 이해하는 다양한 방식들이다. 어린이의 이러한 자연스러운 방식 안에 미학적인 영역이 존재하며, 주디치는 이것을 인식론적으로 존재하는 '사랑스러움에 대한, 조화에 대한, 균형, 평형, 평정 그리고 관계의 감성에 대한 추구' 로 묘사하였다. 듀이와 말라구찌가 결론 내렸듯이 미학은 경험의 독립적인 차원이 아니라 오히려 경험의 요소 중 하나라고 주장할 수 있다.

듀이(1934, p. 2)는 이러한 개념적인 전체성을 전달하기 위해 산을 은유로 사용하였다.

> 산봉우리는 허공에 떠있지 않다; 산봉우리는 땅 위에 놓여 있는 것도 아니다. 산봉우리는 지표의 분명한 작용 중 하나이다. 이 사실을 다양한 시사점 측면에서 명백히 하는 것은 지구의 이론에 관련된 사람들, 지리학자와 지질학자가 할 일이다.

이처럼 인식론(역자 주: 인식 · 지식의 기원 · 구조 · 범위 · 방법 등을 탐구하는 학문)의 '분명한 작용' 을 명백히 하는 것은 인식론의 지리학자와 지질학자인 레지오 에밀리아의 교육자가 할 일이다. '혁신을 위한 연구' 라는 차원에서 레지오 에밀리아의 어린이와 성인의 본래적인 기여는 학습 과정과 지식 쌓기와 관련해서 미학, 다양성, 복합성을 강조하는 어린이의 수많은 언어라는 새 이론을 탄생시킨 것이다.

저명한 현대 물리학자 스티븐 호킹(Stephen Hawking, 2005, p. 3)은 "우리는 이상하고 놀라운 우주에 산다. 우주의 나이, 크기, 폭력성과 아름다움을 감상하기 위해서는 엄청난 상상력이 필요하다."고 하였다. 그의 관점은 과학적인 사고와 상상력은 분리된 정신적 작용이 아니고, 우주에 대한 지식을 쌓는 것뿐 아니라 우리의 삶의 정체성과 의미를 쌓기 위한 인간 지능의 복합성 내에 있는 서로 다른 지점이라는 듀이와 말라구찌의 관점을 지지한다.

브루노 무나리 유아학교(Bruno Munari Preschool)의 외부에서 진행된 연구 투어

듀이(1934, p. 14)는 예술가와 과학자는 세계에 접근하는 스타일에서만 차이가 있다고 하였다: "미학적인 것과 지적인 것의 차이는 생물이 주변 환경과의 상호작용을 보여주는 지속적인 리듬 안에서 강조되는 지점 중 하나이다."

여기 나를 가장 감동시킨, 그리고 내가 아직도 깊이 생각하게 되는 베아 베키의 인용들이 있다. 많은 부분은 그녀의 새로운 저서에도 실려 있다(Vecchi, 2010).

> [미]학적 차원이라는 것이 무엇을 의미하는지 간단히 말하기는 꽤 어렵다. 미학적 차원은 우리를 둘러싼 것에 대한 공감의 태도인데, 이에 앞서 저 작품이 아니고 이 작품을, 저 음악이 아니고 이 음악을, 저 음식이 아니고 이 음식을 선택하게 만드는 품질에 대한 열망이 생길 것이다. 미학적 차원은 사물에 대한 관심과 주의인데, 이것은 더 복합적인 다른 것들과 결부되어 있다. 따라서 미학적인 차원은 무관심이나 순응주의와 반대 개념으로 정의될 수도 있고, 참여와 관심 부족과 반대 개념으로 정의될 수도 있다. 결국 미학적인 차원의 존재와 이에 대한 의식적인 인식은 학습 과정의 질을 향상시킬 것이다.
>
> 우리 인간은 전체 우주의 일부이다. 우리가 모든 것의 일부라는 것과 다른 모든 것들과 연결되어 있다는 감각을 잃는다면, 우리는 우리 경험에 매우 중요한 것을 잃게 되는 것이다. 각 언어(비단 예술뿐이 아니라 *모든* 언어)는 합리성과 상상력으로 만들어져 있다. 다양한 학문을 분리시키는 교육적인 문화는 결합의 의미를 잃게 한다.
>
> 우리는 복합적인 방식으로 생각하도록 생물학적으로 타고 났다. 만약 그 복합성이 인식되지 않으면, 우리의 사고 방식과 학습 절차는 황폐화될 것이다. 상상력은 인식과 합리성을 지닌다. 모든 학습 절차에서 이 요소들은 계속 연결된다. 그것은 쉬운 과제가 아니고, 항상 그렇게 할 수는 없지

만, 그것이 우리의 목표가 되어야 한다.

아름다운 결과물은 아름다운 과정의 증거다. 아름다움과 사랑스러움의 추구는 우리 모두의 일부분이다. 과거 시대를 돌아보면, 꼭 예술품만이 아니라 병, 보석, 옷 같은 일상의 사물들—가장 단순한, 모든 시대와 문화를 통틀어 가장 일상적인 사물들—을 보면 우리는 사물의 모양과 형태에 대한 사랑스러움과 관심을 추구했다는 것을 발견할 수 있을 것이다. 나는 아름다움이 남성과 여성을 구원한다고 계속 믿는다. 나는 그것이 인류의 필요보다는 권리로 간주되어야 한다고 믿는다.

미학은 우리가 규정하듯—관계, 연결, 감성, 자유 그리고 표현의 촉진제로서—윤리 가까이에 있는 것이 자연스럽다. 교육에 관한 한, 우리는 미학과 윤리를 함께 불러 모으는 것을 포기할 수 없다. 미학과 윤리가 함께 자리하면 폭력과 억압을 막는 가장 좋은 장벽 중 하나가 된다. 미학적인 경험은 사고의 자유다. 아방가르드 연구가 항상 독재정권에서 억압되었다는 것은 우연이 아니다. 미학적인 감각은 가시적인 언어의 경계를 넘어 모든 다른 학문 속으로 들어간다. 과거에 어느 수학자가 말하기를 "하느님이 노래를 불렀을 때, 대수학으로 불렀다."고 하였다. 이 의견은 숫자가 아름다운 것임을 알린다. 아름다움은 수를 연구하는 엄격함이나 인식을 결코 감소시키지 않는다.

수많은 언어 이론의 중요한 오리엔테이션의 출입구에서, 이 이론이 지속적으로 만들어져가고 있는 인식론적 통찰의 본체에 하는 공헌을 깨닫는 것이 가능하다. 우리는 관계, 연결, 수많음, 차이 그리고 표현에 관한 그들의 성향이 카를리나 리날디(Carlina Rinaldi)가 '지식의 예술'이라고 부르는 새로운 관점을 불러 일으켰다는 것을 관찰할 수 있다. 우리는 리날디가 그녀의 강의에서 이야기했듯 '예술'을 학문이 아닌 '학습 경험의 융합적[통합적]인 부분'으로 볼 수 있다. 이러한 방식으로 모든 곳의 교육자는 어린이를 위한 프로그램에서의 경험을 강화시키는 새로운 가능성을 부여 받는다.

4월의 연구 주간 경험을 정신적으로 재방문하고 기억함으로써, 나는 다시 한 번 레지오 에밀리아의 동료가 함께 웃고, 서로를 놀리고, 대화를 하면서 진지한 비판과 제안을 서로에게 하던 방식이 사소한 디테일이 아니라는 것을 깨닫는다. 이것은 어린이의 권리를 방어하고 촉진하기 위해 자기 자신과 자신의 경력을 헌신한 교육자의 표현이다. 이 길을 따라 그들은 아름다움을 인간 경험의 중심에 두는 지식의 형태를 포용하기 위한 교육의 권리를 연구하고 방어하고, 지키고 촉진하였다. 그들의 영유아센터와 유아학교를 방문하는 것은 이러한 접근법의 관대함을 목격하는 것이다.

늘 그렇듯 레지오 에밀리아의 교육적인 프로젝트에 대해 생각하면 북미의 교육적인 프로젝트에 대해 생각하고 궁금해 하게 된다. 나는 레지오의 시립 영유아센터와 유아학교에서 진행 중인 경험의 의미에 대해 긴 대화를 오래 유지시키려는 헌신, 결단, 진지함, 유쾌함 그리고 의지; 생각하고 창조하며 투영하는 능력; 그리고 레지오 에밀리아팀이 전시하는 예술과 과학의 역사적이고 현대적인 문헌과의 친숙함의 순수한 깊이에 항상 깊은 인상을 받는다.

나는 우리 북미의 어린이 옹호자들이 기술이나 사례보다는 레지오 에밀리아의 *성향*과 *태도*를 더 많이 빌려올수록 어린이, 가족 그리고 교육자를 위한 비전 측면에서 더 많은 지원을 받을 수 있다고 믿게 되었다. 내가 이 한 주 간의 연구를 통해 목격한 깊은 메시지는 아름다움이 학습자로서의 우리에게 주는 약속이었다. 어려운 사고 안에는 인간의 경험을 보상하고 지지하는 즐거움, 조화, 그리고 평형이 있다. 나는 우리 모두가, 교육에 더 많은 우수함과 질을 부여하려는 지속적인 여정에서, 베아 베키가 우리에게 질문했듯 우리 자신에게 질문을 던지며, 경이로움, 윤리, 아름다움, 즐거움 그리고 엄밀함–그저 이 중에 선호하는 몇 개뿐만 아니라, 이 모두를 포함하는 교수와 학습을 할 수는 없는지 묻기를 바란다.

참고문헌

Dewey, J. (1934). *Art as experience*. New York: Berkley Publishing Group.

Gandini, L., Hill, L., Cadwell, L., & Schwall, C. (Eds.). (2005). *In the spirit of the studio: Learning from the atelier of Reggio Emilia*. New York: Teachers College Press.

Gaut, B., & Lopes, D. (Eds.). (2005). *The Routledge companion to aesthetics* (2nd ed.). New York: Routledge.

Hawking, S. (2005). *A brief history of time*. New York: Bantam Dell.

Vecchi, V. (2010). *Art and creativity in Reggio Emilia: Exploring the role and potential of ateliers in early childhood education*. New York: Routledge.

17

아틀리에: 베아 베키(Vea Vecchi)와의 대화

렐라 간디니(Lella Gandini)

간디니: 어떻게 *아틀리에(atelier)*가 시작되었는지 말해 주십시오.

베 키: 1960년대 로리스 말라구찌가 레지오 에밀리아 시의 모든 유아학교에 *아틀리에*와 더불어 예술적 배경을 지닌 교사 한 명을 소개하였습니다. 이것은 특이하지만 매우 용감한 선택이었습니다. 지금이나 마찬가지로 당시에도, 이것은 발달과 지식구축이라는 교육적 과정에 있어서 상상력, 창의성 그리고 표현력을 중요시한다는 것을 보여주는 강하고도 실질적인 주장이기 때문입니다. 말라구찌는 다음과 같이 이야기하였습니다.

베아 베키와 카를라 리날디가 디아나 학교의 *아틀리에*에서 함께 이야기하고 있다.

우리에게 *아틀리에*는 복합적 계획의 부분이자, 동시에 시각예술의 실천을 통해 탐구하고, 더 나아가 손과 마음으로 파헤치고, 우리 자신의 눈을 정교화시키기 위한 추가적 공간이 되어야 했다. *아틀리에*는 우리의 취향, 미적 감각을 민감하게 해주는 장소, 학교 안의 여러 교실 안에서 준비된 경험과 연관된 프로젝트를 위해 개인적으로 탐사를 하는 장소가 되어야 한다. *아틀리에*는 끼적이기부터 시작해서 어린이들의 이론과 동기를 연구하는 장소, 작업에 활용하는 도구, 기법 그리고 자료의 다채로움을 탐구하는 장소가 되어야 한다. 어린이들의 논리적이고 창의적인 여정을 선호하는 장소, 구술적 및 비구술적 언어의 유사성과 차이점에 친숙해지는 장소가 되어야만 한다(Gandini, 2005, p. 7).

본 장은 『*어린이들의 수많은 언어*』(C. Edwards, L, Gandini, & G. Forman, Eds.)의 영어(1993, 1998) 및 이탈리아어(1995) 출판본에 게재된 렐라 간디니의 베아 베키 인터뷰 내용; 『*어린이, 예술, 예술가: 어린이의 표현적 언어들, 알베르토 부리의 예술적 언어*』(Claudia Giudici & Vea Vecchi, Eds, Reggio Children, Reggio Emilia, Italy, 2004) 안에 게재된 '폭력에 대항하는 수단으로서 시적 언어'(pp. 137–143)라는 베키의 소논문; 2009년과 2010년 10월에 렐라 간디니의 베아 베키 인터뷰 2편의 내용에 근거한 것이다.

간디니: *아틀리에*의 목적은 무엇이고 *아틀리에리스타*는 학교에서 어떤 일을 합니까?

베 키: *아틀리에*는 두 가지 기능을 합니다. 첫째, 어린이들이 흥미롭고 매력적인 맥락들을 만날 수 있는 공간으로, 풍부하고 다채로운 자료뿐 아니라 표현적이며 결합의 가능성을 지닌 기법들을 탐구할 수 있는 공간입니다. 둘째로, *아틀리에*는 성인이 어린이들의 학습 과정은 어떠한지를 이해하는 데 도움이 됩니다. 어린이들이 어떻게 표현적 자유, 인지적 자유, 상징적 자유 그리고 의사소통으로 가는 길을 위한 자율적 도구를 고안하는지를 교사들이 이해하도록 도와줍니다. *아틀리에*는 교수에 관한 구시대적 관념을 흔들어 놓습니다. 로리스 말라구찌는 본 서의 제2장에서 이 부분을 이야기하며 우리의 견해를 표출한 바 있습니다.

나와 같은 *아틀리에리스타*가 각자의 학교에서 교사들과 매일 어떻게 일하는지를 말해보겠습니다. 나는 하루에 여러 차례 교사들과 만납니다. 매일 아침 각 교실을 한 번씩 돌아봅니다. 특히 나는 진행 중인 큰 프로젝트와 독립적으로 일어나는 작은 활동 모두와 관련해, 하루의 시작점에 어떤 일이 일어나고 있는지에 관심이 있습니다. 나는 특정한 일을 어린이들에게 어떤 방식으로 소개할 것이고 무엇을 예측하며 그리고 그에 대해 무엇을 할 것인지를 교사들과 간단하게 이야기를 나눕니다. 때로는 특정 자료를 사용하라고 제안하기도 합니다. 종종 오전 중에 한 번 더 교실을 돌아보기도 하는데, 특히 흥미로운 일이 일어날 것 같았던 곳은 놓치지 않고 가봅니다. 아니면 가끔 교사가 조언을 구하러 오거나 보러 와 달라고 요청하기도 합니다. 그리고 매일 아침이 끝나갈 즈음, 교사 한 사람과 15분 정도의 상담 시간을 갖습니다. 종종 함께 집단으로 모여 토론하기도 합니다.

내 역할의 중요한 부분은 교사들 사이에서 아이디어가 순환되도록 하는 것입니다. 나는 진정 그들의 지속적인 상담자입니다. 나의 학업과 배경으로 인해, 나는 교사들에게는 드러나 보이지 않는 주제와 프로젝트들의 시각적 가능성을 그들이 볼 수 있도록 돕습니다. 때로는 어린이들과의 작업에 직접 개입하여 다른 사람들에게는 일어나지 않았던 가능성을 창출해 낼 수도 있습니다.

예를 하나 들어보겠습니다. 학교에는 아주 많은 귀한 자료들이 있어서, 이를 통해 우리가 어린이들의 일련의 반응을 관찰하고, 주도하며, 그리고 기록하는 방식을 해석하고 드러낼 수 있습니다. 성인의 도발과 어린이의 반응을 담은 두 개의 작은 이야기를 다음에 소개합니다.

성인이 작은 종이 새를 커다란 유리 창문에 테이프로 붙였는데, 우리는 모두 아침이 되면 해가 밝게 비춘다는 것을 알고 있었습니다. 이틀 후 세 살짜리 어린이 몇 명이 바닥에 새 그림자를 알아챕니다. 교사는 어린이들에게 분필을 이용해서 그림자를 따라 그려 보라고 제안했습니다. 그리고 어린이들은 놀러 밖으로 나갔습니다. 어린이들이 돌아왔을 때 작은 새 그림자는 그들이 그려 놓았던 분필의 윤곽선이 있는 영역을 벗어나 버렸습니다. 어린이들이 세운 가설은 교사가 실수했거나 아니면 작은 새가 움직여 가고 싶었다는 것입니다.

이제 어린이들은 그 새를 멈춰서 그들과 함께 있도록 만들고자 합니다. 그러므로 어린이들은 열정적으로 연구하기 시작하였고, 그 문제를 해결하고자 하는 풍부한 시도를 했습니다. 처음 어린이들은 테이프를 가져다 바닥에 새장을 만들고자 했지만, 작은 그림자 새는 어린이들이 새장을 만들고 있는 중에도 계속 움직여서 새장을 벗어나 버렸습니다. 다음에 어린이들은 새가 머물도록 빵가루를 주면서 유인을 하였지만, 새들은 포기하지 않고 계속 움직였습니다. 어린이들은 벽돌과 블록으로 집을 만들었고, 심지어 좋아할 만한 장난감을 그 집 안에 넣어주기까지 했습니다. 그렇지만 그림자 새는 집 안으로 들어가기는커녕 벽을 타고 올라갔습니다.

해볼 만한 다른 방법을 찾지 못한 세 살짜리 어린이들은 네 살짜리 어린이들의 교실로 찾아갔습니다. 그 어린이들도 여러 가지 가설을 내놓았지만 확실한 해결책이 없어서 문제는 해결되지 않은 채로 남겨졌습니다. 다음 날, 세 살짜리 어린이들이 새의 그림자가 그 전날 움직인 것과 같은 경로를 따라 움직인다는 것을 발견하였고, 다시 네 살짜리 어린이들과 그 문제를 토론하게 되었습니다.

알란(Alan, 4년 1개월): 난 이게 왜 항상 같은 길로 가는지 알아.

베로니카(Veronica, 3년 6개월): 그러고 싶어서야.

다니엘라(Daniela, 3년 8개월): 해가 거기 자신을 비추도록 도와주는 거야.

알 란: 해가 자기 반사 빛을 새한테 겨누어. 우리가 우리 집으로 가는 길을 아는 것처럼 새 그림자는 이 길을 알거든. 아침 일찍, 그림자는 아직 자고 있어. 그러면 그림자는 해 안으로 들어가고 해는 그의 빛을 쏘아서 우리가 그 새 그림자를 보게 되는 거야. 다음 날 해가 올라오면, 빛은 전에 갔던 것과 똑같은 길로 가야 한다는 것을 알고 있어.

다니엘라: 아! 운전대를 잡고 운전하는 건 해란 말이야.

다른 상황에서 나는 해가 창문 밖 나무 한 그루 뒤에서 빛나고 있으면서 유리 위에 잎사귀 그림자를 드리우는 것을 발견했습니다. 나는 투명한 흰색 종이 한 장을 유리창 위에 테이프로 붙였습니다. 그날 아침 어린이들이 오자, 종이 위에 그려진 그림자를 보며 놀라움과 즐거움의 탄성을 질렀습니다. 그 후 다른 날, 우연히 두 명의 여섯 살짜리 여자 어린이들이 멈추어 서서 유리 창문을 보며 서로에게 말했습니다.

> 아녜세(Agnese): 이건 조금의 햇빛으로 그린 그림이야.
>
> 체칠리아(Cecilia): 저것들은 해의 조그만 잎사귀 같아 보여.
>
> 아 녜 세: 저건 반사된 나뭇잎 그림자야.
>
> 체칠리아: 그렇지만, 저건 해가 그린 그림이야, 아니면 그림자가 그린 그림이야?
>
> 아 녜 세: 저건 시계와 같아. 어제도 그리고 다른 날도 난 보았거든. 저 그림이 위로 올라갈 때면(두명 종이 위에 사인늘 가리키며), 점심 먹으러 갈 시간이야.

이것은 예술일까요? 과학일까요? 어린이들은 지혜로와서 현실을 탐구하면서 서로 분리된 방으로 나누지 않습니다. 관찰과 기록작업은 문화적 활력소 혹은 더 깊은 해석과 심화를 향한 단계가 됩니다. 이처럼 연구적 태도는 시간이 감에 따라 새로운 유형의 교사와 *아틀리에리스타*를 만들어내는 데 계속해서 도움이 됩니다.

물론, 나는 핵심 프로젝트와 장기 프로젝트들을 매우 밀접하게 추적합니다. 항상 우리가 현재 작업하고 있는 프로젝트가 나에게는 가장 흥미롭고 멋진 것입니다. 그 이유는 매번의 프로젝트마다 우리는 더 배우고 발전해서 어린이들과 더 좋은 작업을 할 수 있다고 보기 때문입니다. 예를 들어, 우리는 그림자가 특별한 교육적 가능성을 제공해 준다는 것을 알아냈습니다. 그림자에 대한 프로젝트는 우리 책 『*모든 것에 그림자가 있어요, 개미만 빼고*』(Sturloni & Vecchi, 1999) 안에 기술되어 있는데, 시각적 표상과 과학적 가설 검증 행위가 통합되어 있습니다. 여러 해 전 내가 일을 시작할 당시에는 심미적 표현과 지각적 탐색에 중점을 두었는데, 이 프로젝트는 그 이상을 다루고 있습니다.

간디니: 학교의 기능에 있어서 *아틀리에*는 어떤 영향을 주었나요?

베 키: 내 생각에는 학교 안에 *아틀리에*가 포함되면 어린이들의 교육적 과정과 학습 경험이 더 온전해지고 완결성을 지닐 수 있다고 봅니다. 표현적 언어들은 학문적 영

역 못지않게 필수적이며, 선택사항이나 부수적인 것으로 취급되면 안 됩니다. 이제 내가 더 확신하는 것은 *아틀리에*에서 사용되는 표현적 언어(시각적, 음악적 그리고 기타)의 구체적 구조는 감정 및 공감과 합리성 및 인지를 자연스럽고 가를 수 없는 방식으로 함께 엮어낸다는 것입니다. 결과적으로 이 함께 엮어내기는 상상을 구성하고 현실에 풍요로운 방식으로 접근할 가능성을 높이고, 배움에 관해 광범위하고 더 정교한 시각을 형성하도록 만들 수 있을 것입니다. 이 개념들은 더 심도 있는 고찰을 위한 기초를 이루는 핵심적 부분이라고 생각합니다.

창문에 붙어 있는 종이 새는 바닥에 있는 그림자 새와 무슨 상관이 있을까?

서로 다른 학문 영역들이 *아틀리에* 언어들과 결합되고 엮이게 되면, 우리 프로젝트 안에서는 미리 수립된 관점이 종종 전환되고 더 복합적으로 문제에 접근하게 되는데, 그 과정은 어떤 영역이나 구체적 문제 안에 내재되어 있는 표현적, 공감적 그리고 심미적 요소를 드러냅니다. 그러므로 레지오 에밀리아 학교들에서 디지털 기술을 통합시킨 것이 다른 대부분 학교와 비교할 때 다른 영향력을 행사한다는 것은 놀랄 일은 아닙니다. 이 경험은 상상력을 풍부하게 했고, 사회화에 자극이 되었으며, 즐거움으로 가득하였습니다.

학교에 *아틀리에*와 *아틀리에리스타*를 도입하는 것으로 충분하다고 가정하고 그렇게 하면 모든 것이 자동적으로 변환되고 풍요로워질 것이라고 기대하는 것은 너무 순진해 보인다는 것을 나도 잘 알고 있습니다. 전체 교육 프로그램이 풍부하고 생동감 있는 학습과 교수의 터전을 근거로 할 때만, 이와 같은 변환이 일어날 수 있다고 나는 생각합니다. 더 나아가 오늘날 *아틀리에*가 자체의 역할을 효율적으로 수행해 내려면, 작업은 네 가지 영역에서 신중하게 이루어져야 한다고 믿습니다.

첫째, 예술 세계는 종종 자극의 기능을 한다는 점을 고려해야 합니다. 예술 세계는 시적, 비수렴적 시각과 현실의 비전통적 해석을 우리에게 제공하면서, 새로운 개념을 탐구하고 정교화할 것을 제안합니다. 그러므로 어린이들과 청년들이 자신들의 개인적 여정에서 주역으로 남을 수 있도록 우리가 보장하는 한, 예술 세계는 학교에서 계속 탐문과 영감의 수요 근원이 되어야 한다고 믿습니다. 수준 높은 문화와 밀리 떨어진 맥락에서부터 발현되는 복합적인 예술적 사건과 관련하여, 우리는 어린이들이 문화적으로 주변적인 지위에 머물게 하고 싶지 않습니다. 여기서는 흔히 하듯이 예술 작품의 형식적 부분만을 흡수하지 않는 것이 중요하며, 대신 아이디어를 중심으로 작업하고 예술 작품의 출발점이 된 개념에 주의를 집중시키는 것이 중요합니다.

둘째, 우리는 관찰과 기록작업을 통해서, 앎의 인지적이고 상상적인 방식이 활발하게 엮이는 현상을 명백히 드러나 보이도록 만들어야 합니다. 또 우리는 모든 표상의 한 부분을 차지하는 개인적 요소와 사회적 요소도 드러내어야 하는데, 이 표상을 지원해 주는 것은 활발한 교수 학습입니다. 동시에 *아틀리에*는 기록작업을 통해 문학, 수학, 과학 등과 같은 타 지식 영역에서 이루어지는 프로젝트의 전개를 지원해 준다는 점이 더 잘 드러나도록 하는 게 필요합니다. 셋째, 아직 어린이들과 거의 탐구한 바 없는 디지털 매체를 통한 학습의 과정에 좀 더 주의를 기울여야 합니다. 디지털 경험은 종종 기능적이고 기술적 형태로만 소진되어 버립니다. 그러나 기술적 측면 이외에도 창의적이고 상상력이 풍부한 방식으로 사용될 수 있다면, 디지털 매체는 높은 수준의 표현적, 인지적, 사회적 잠재력뿐 아니라 더 발전할 가능성을 보여줍니다. 이해의 과정에서 디지털 언어가 소개하는 변화에 대해 반영해 보고 더 잘 파악하는 것이 필요합니다. 우리는 이 매체가 오늘날의 학습에 무엇을 보태주고, 빼어가며, 수정할 수 있는지 잘 의식하고 있어야 합니다. 과거 수년에 걸쳐 우리 학교 안에서 일어났던 다른 경험들이 보여주듯이, 디지털 자료의 탐색과 접근에 있어서 *아틀리에*의 존재와 기여하는 바는 놀라울만큼 혁신적입니다.

넷째, 마지막으로 고려할 점은 학교와 시의 관계입니다. *아틀리에*의 의사소통적 구조는 유아기와 학령기 어린이들의 문화와 관련된 대화, 가시성, 지식의 맥락을 구성해 내면서 이 관계를 강력하게 지원할 수 있습니다. 정확하게 받아들여지고 인정되기만 한다면, 이것은 보통 생각하는 것보다 더 많이, 도시에 대해 급진적으로 다시 생각해 보고 삶의 질을 개선하는 데 도움을 주는 문화입니다. 기록작업은 학교 안에서 일어나는 일을 알리고, 공유하며 토론할 수 있는 민주적 방법이었고, 교육의 가치와 중요성을 상기시키는 요소로 작용합니다.

간디니: 그리고 모든 것을 종합해 볼 때, 당신에게는 삶과 공간의 분위기가 바뀌고 있다고 보입니까?

베 키: 무엇보다도 *아틀리에*는 학습 과정에 예상치 못한 것과 흔치 않은 것이 만들어내는 강점과 환희를 가져다줍니다. 이것은 일상적 현실을 시적 렌즈를 통해 보면서 생겨나는 개념적 변화를 지지해 줍니다. 이런 식으로 바라보는 것을 몇몇 사람들은 '심미적 프로젝트'라고 정의하지만, 사실 이것은 명백히 우리 인류에게 고유한 생물학적 과정입니다. 이 과정은 많은 평범한 사건과 진부함을 뒤엎을 수 있고, 대다수 학교와 학교 문화가 종종 충분히 중요하게 여기지 않는 삶과 사고의 측면을 중요하고 상관있는 것으로 다시 되돌릴 수 있습니다. 그런 측면들은 쉽게 측정이나 통제되지 않는 예측이 불가능한 과정에 연관된 것이기 때문에 중요하게 여겨지지 않았습니다. 그렇지만 이 측면들은 문화적 사건의 탄생에 필수적임을 드러내는데, 이러한 문화적 사건들은 우리를 성장시키고 앞으로 나아가게 해주며 그것 없이는 우리 삶이 덜 충만하고 덜 흥미로울 것입니다.

비록 우리 *아틀리에리스타*들이 기대된 바에 항상 부응해 왔는지는 확실치 않지만, 모든 유아학교에 *아틀리에*가 있다는 것은 적어도 우리 체제의 서서히 발현되는 교육적 정체성에 큰 영향을 끼쳤다고 확신합니다. 분명 기본철학은 변함이 없지만, *아틀리에* 자체는 시간이 흐르면서 변화해 왔습니다. 그리고 물론 개개인 *아틀리에리스타*의 성격과 스타일이 각 *아틀리에*를 다른 장소로 만듭니다. 함께 일하고 어린이들의 프로젝트에 동반하면서, 교사들과 나는 마주 보며-마치 거울에서 자신을 보듯이-서로에게 배우고 어린이들로부터 함께 배우고 있다는 것을 반복적으로 깨닫게 됩니다. 이런 방식으로 우리는 새로운 교육적 접근으로 향하는 경로를 생성하도록 노력해 왔는데, 이것은 분명 이전에는 시도되었던 것이 아니며, 그 안에서 시각적 언어는 다른 언어들로 해석되고 연결이 되어서, 그로 인해 모든 의미를 얻게 됩니다.

디아나 학교 *아틀리에*에서 그림을 그리고 있는 어린이들

간디니: *아틀리에* 작업이 당신의 사고와 작업에 가져온 변화가 있습니까?

베 키: 시간이 경과 되면서 점차 학습 과정의 분석과 어린이들의 서로 다른 생각들, 경험들, 표상들 사이의 상호 연결로 우리의 관심이 옮겨가기 시작했습니다. 상황에 대해 적힌 기술, 어린이들 말의 전사록, 사진 그리고 비디오 테이프와 같은 모든 기록작업은 매일 우리가 살아가는 경험과 우리가 탐구하는 프로젝트를 비평적으로 '읽어내고' 반영하는 데 개인적으로나 집합적으로 사용하는 필수불가결한 자료의 근원이 됩니다. 이로 인해 우리가 구성해 내는 이론들과 가설들은 어린이들에게 임의적이거나 인위적으로 강요되는 것이 아닐 수 있습니다. 그러나 이 작업 과정은 시간도 많이 들고 결코 쉬운 일이 아닙니다.

간디니: 어린이, 예술, 예술가에 대해, 내가 알기에 당신은 그 상호관계에 대해 깊이 있게 생각해 온 것으로 압니다.

베 키: 그렇습니다. 사람들은 흔히 어린이의 예술 작업과 성인의 예술 작업 사이의 관계를 물어봅니다. 어린이가 하는 일을 검토하는 방식은 성인의 예술 작업 평가하기와 매우 다릅니다. 흔히 몇 가지 어린이의 산물이 너무나 독특해서 사람들은 이것들

을 유명한 예술가의 작업과 비교해 보고자 합니다. 그러나 그런 종류의 비교는 위험하고 특히 집요하게 비교하려고 할 경우에는 온통 애매해집니다. 어린이들의 행동은 타고난대로 전개된다거나 혹은 과정보다 결과가 더 중요하다는 것과 같은 잘못된 결론에 도달하게 됩니다. 장난스럽게 단순한 유사점을 찾아보는 것 이상의 비교를 한다면 이는 어린이나 예술가 둘 중 하나에 대한 이해가 얼마나 부족한지를 보여주는 것입니다.

반면에, 나는 예술가가 이룬 개념적 혁신과 같은 예술적 발견은 우리 모두 거기에서 배울 수 있으므로, 우리 학교에서 일하는 성인들 사이에서 널리 알려져야 한다고 봅니다. 이것들 모두가 매우 흥미로우며 우리가 어린이들과 함께하는 새로운 경로를 탐색하는 데 도움이 됩니다.

간디니: 사회구성주의(socioconstructivist) 교육을 택한다면 *아틀리에*의 역할은 무엇입니까?

베 키: 이 모든 자료는 어린이들이 다양한 지식 영역을 탐구하면서 개인과 집단이 탐구한 내용을 어린이들이 읽어내고 다시 읽어내도록 해주는 데 필수적입니다. 또 작업의 이론과 가설을 구성하도록 해주는데, 이 이론과 가설들은 흥미롭기도 하고 어린이들의 생각을 왜곡시키지 않으면서 어린이들의 관점과 시간을 고려하려고 합니다.

학교 내 *아틀리에*의 존재는 지식 구축 과정의 복잡성을 옹호해 주는 수단인데, 그 취지는 상상력을 서로 다른 활동들을 하나로 묶어주는 요소로 사용하려는 것이며, 우리 안에 깊이 뿌리박혀 있고 사고 패턴과 시각적 이미지들 사이에서 선택하도록 이끌어 주는 동력으로 '심미적 지식'(말라구찌는 '심미적 떨림(aesthetic vibration)'이라고 말한다.)을 바라보고자 하는 것입니다. 내 생각과 작업에 큰 영향을 끼쳤던 그레고리 베이슨(Gregory Bateson)은 우리를 둘러싸고 있는 사물 간 관계의 복잡성을 검토한 바 있습니다. 그는 현실 요소의 중요하고 의미심장한 연결고리로서 심미적 접근의 중요성에 대해 고찰하고 있는데, 심미성에 대한 나의 견해에 가까우면서도 아름다운 정의를 내린 바 있어서 여기에 글 그대로 소개하고자 합니다. "나에게 미학은 연결짓는 패턴에 반응하는 것을 의미한다"(Bateson, 1979, p. 8). 이 명확한 진술과 접근이 우리를 도와서 현실의 숨겨진 패턴을 조사하고 드러내며, 논리적이고 정서적인 과정을 결합할 수 있는 새로운 지도를 형성하고, 풍부한 표현과 테크닉을 연결짓는데, 이 풍부한 표현은 학습의 훌륭한 배경이자 학교와 교육에서 항상 살려두어야만 하는 목표이기도 합니다.

레지오 에밀리아 시립 영유아센터와 유아학교 *아틀리에*는 별도의 학문 영역으로서 전통적인 활동에 투입되는 시각 언어를 선택한 것이 아니라, 오히려 세상을 탐구하고 조사하는 수단으로 시각 언어에 집중해 왔습니다. *아틀리에*는 서로 다른 경험과 언어 사이에 다리를 놓고 관계를 수립하며, 인지적이고 표현적 과정 간 서로 밀접한 관계를 유지하기 위한 것으로, 다양한 지식 영역들을 분리하기보다 연결하기 위한 작업을 추구하는 교육적 접근과 지속적인 대화를 나누고 있습니다.

나의 초점은 항상 어린이에게 있습니다. 공간이 허락한다면 내 생각을 가장 명확히 하기 위해, 어린이들이 혼자서 혹은 집단 안에서 작업해 낼 때 채택하는 과정들을 기술하고자 하는데, 이 과정은 교사들과 *아틀리에리스타*가 그처럼 예리하게 관찰하고 섬세하게 기록으로 남긴 것입니다. 사실, 나는 항상 토론 주제와 상관없이 모든 컨퍼런스 발표의 필수적 시작점으로 이 과정들을 묘사하고 토론하곤 합니다. 이 기록자료는 청중을 항상 놀라게 하는데, 그 이유는 가장 다양한 상황들을 다루는 데 있어 어린이들이 보여주는 예리함과 이에 못지않게 장애를 극복하기 위해 어린이들이 찾아낸 다양하고 전에는 본 적도 없는-때로는 상상조차 할 수 없는-해결책 때문입니다. 우리 주변의 문화적이고 사회적 상황은 항상 변화하고 있다는 점을 강조할 필요가 있습니다. 더 나아가 어린이와 어린이의 정신적 이미지는-그들의 지각, 이론 그리고 산출물-결코 시간상 동결되어 변함없는 것이 아니며 다른 맥락 안에서 살아 움직이고 진화한다는 점을 깨달아야만 합니다. 시각 언어는 형식 언어가 되기에 앞서 개념적이고 문화적입니다.

우리는 이와 같은 탐구와 기록작업을 통해 우리가 어린이들이 사용하는 책략에 대해 얼마나 아는 것이 없는지, 그리고 어린이에 대한 우리의 지식은 계속 확장되고 수정되며 갱신되어야 한다는 것을 깨닫게 됩니다. 지금 우리 제안의 결정적 출발점은 항상 어린이여야만 합니다.

시각 언어가 유지할 수 있는 과정 및 시각 언어가 다른 언어에 도움을 주는 가치만 아니라, 시각 언어 자체가 타인과의 대화로 인해 수정되고 풍요로워질 수 있다는 사실을 우리는 항상 의식해야만 합니다. 이런 것들이 우리 작업에서 특별히 그리고 계속 우리가 집중하는 연결고리이며, 이런 접근이 전통적으로 학교 환경에서 '예술교육' 이라고 불리는 것과 우리의 접근을 구분해 준다고 느낍니다.

교사로서 우리의 핵심 과제는 창의적 과정들이 실험되고, 성장하고, 진화하는 그런 상황을 창조해 내는 것입니다. 이는 곧 생성적 맥락을 고안하고 실행에 옮기기, 절차에 주목하기, 우리가 유지하고 자극하려는 창의적 과정의 결실이 생겨나기에 적절한 조건을 만들기를 의미합니다.

간디니: 그렇다면 어린이들은?

베 키: 이 모든 것은 항상 정신적 이미지와 탐색적 책략을 지닌 어린이와 어린이 집단에서 출발하게 될 것입니다. 어린이들이 탐색에 사용하는 책략들을 관찰하고 기록하면서 우리가 시도하는 것은, 어린이들의 지식 구축 및 표현적 과정에 대한 우리의 이해를 넓히고, 교육적 상황의 창출을 촉진하며, 자료와의 만남을 제안하기 위한 것입니다. 그런데 자료와의 만남은 가능한 한 어린이들의 존재 방식과 어울리도록 해서, 결과적으로는 더 높은 수준의 참여, 흥미 그리고 질을 생산해 낼 수 있는 방식이어야 합니다. 몇몇 사람들은 이 과정들이 눈에 보이지 않는다고 말하지만, 우리가 포착하고 기록해 낼 수 있는 조각들이 얼마나 소중하고 이 조각들이 우리를 어린이들에게 얼마나 가깝게 다가가며 어린이들의 지능과 감성에 대해 더 존중하도록 도와주었는지를 우리는 오래 전부터 알고 있었습니다. 이런 과정이 우리가 하는 제안들이 더 심사숙고되고 논의되도록 해 주며, 아마도 확실성은 적어도 어린이들을 덜 배반하게 되리라 희망합니다. 죠셉 브로즈키(Joseph Brodsky, 1995, p. 300)는 "외부에서 볼 때 창의성은 매혹 혹은 부러움의 대상이다. 내부에서 볼 때 이것은 끝없는 불확실성의 실천이자 불안정을 향한 엄청난 훈련소이다." 라고 쓴 바 있습니다.

우리는 교사들이 어린이들의 책략에 깊이 귀 기울이는 것에 중점을 두고자 합니다. 귀 기울이지 않는다면, 타인의 아이디어에 반응을 보이지 않는다면, 학습도 교수도 일어날 수 없습니다.

자료와 만남의 순간

간디니: 최근 북미에 순회 중인 '학습의 경이로움: 어린이들의 수많은 언어' 신판 전시에 관해 이야기를 나눈 적이 있습니다. 여기서 항상 분명하게 드러나지 않는 한 측면을 강조하려고 합니다. 레지오 에밀리아의 교육적 기록작업, 즉 문자 언어와 이미지 언어의 두 언어를 사용하는 기록작업이 발달한 과정에는 *아틀리에*가 공헌한 바가 있다는 점입니다.

베 키: '학습의 경이로움'에서 우리가 보는 것과 같은 기록작업은 교육 분야에서는 흔히 발견되지 않은 특별한 의사소통 구조의 한 부분입니다. 카를라 리날디와 나는 그것을 *시각적 귀 기울임(visual listening)*이라고 규정해 왔습니다. *아틀리에*는 학교 안에 시각적 문화를 생산해 냅니다. 교사들이 수행하는 기록작업의 과정은 레지오 교육철학에서 심미적 차원, 혹은 제롬 브루너가 정의하는 *시적 차원(poestic dimension)*과 같은 정도로 주목받는데, 이 시적 차원은 성인의 학습에서만큼 어린이들의 학습에서도 중요합니다. 영유아센터와 유아학교의 관점에서 교사의 기록작업은 항상 어린이 작업에 더 깊은 의미를 부여해 주고 동시에 어린이와 성인의 작업에 만족감을 주는 증거를 제공해 왔습니다. 이는 학교에서 일어나는 일을 알리고 공유하고 토론하는 민주적 방식이었고, 교육의 중요성과 가치를 상기시켜 줍니다.

다른 주제와 마찬가지로, 기록작업은 다양한 방식으로 논의될 수 있습니다. 우리는 교사의 성장과 발달은 토론과 나눔을 통해서만 가능하고, 기록작업은 반영적으로 사고하기에 가장 풍부한 토양을 제공해 준다고 확신합니다. 물론 우리가 함께 반영해 보려면, 기록 여정에서 생겨난 기록물(예를 들어, 관찰 메모, 이미지 그리고 어린이 작업 샘플)은 관찰이 일어나는 동안 그 자리에 없던 사람도 이해하거나 조언할 수 있는 방식으로 이루어져야만 합니다. 교사가 어떤 작업 도구(한 가지의 미리 정립된 모델은 존재하지 않습니다.)를 사용하거나 어떤 유형의 기록물을 수집하고 준비하든지, 이러한 작업 구조의 근본 목적은 항상 작업이 입증될 수 있어야 한다는 것입니다. 서로 다른 관점들 사이에 아이디어의 교환이나 비교가 일어날 수 있어야 합니다. 만약 처음부터 이런 목적을 분명히 한다면, 시간이 경과 되면서 기록작업은 중요하고도 소중한 재정교화 과정을 거칠 것입니다.

'학습의 경이로움' 전시의 가장 혁신적 부분 중 하나는 그 전시의 의사소통적 구조를 심화하기 위해서 우리가 새로운 작업을 했다는 것입니다. 의사소통적 구조에 대해 작업한다는 것은 원래 수행되었던 작업의 의미를 인정하고 심화한다는 것을 의미합니다. 우리가 이 신판 전시에서 확실하게 소통하고자 해 온 것은 *현시대적(contemporary)* 어린이 이미지입니다. '현시대'란 용어를 사용하여, 나는 미래를 염두에 두고 투사된 이미지를 전달하고자 합니다. 그저 '최신(modern)' 이미지 혹은 '실제적' 이미지를 이야기하고자 하는 것이 아닙니다. 오늘날 의사소통의 양상을 고려한다면, 그 의미는 지금 당장 일어나고 있는 어떤 것만이 아니라 미래를 향해 투사된 복합성을 지니는 것에 해당합니다. 예를 들어, '학습의 경이로움' 전시는 융통성이 있어서, 그것이 전시될 다양한 공간이나 맥락에 맞춰 조정될 수 있습니다. 그 안에 담긴 특정 개념은 단순하게 전달되는 것이 아니라 맥락에 따라 다르게 이해되고 해석될 수도 있습니다. 예를 들어, 다양한 장소에는 교육에 관해 서로 다른 견해가 존재하고, 다른 유형의 사회적, 정치적, 혹은 경제적 조건들이 존재하여서 그 전시가 설치되고 공개되는 방식을 수정할 필요가 있을지도 모릅니다. 우리 레지오 에밀리아 교육자들로서는 이러한 융통성을 허용하는 것이 매우 중요합니다. 그것이 바로 우리가 원하는 바입니다. 우리는 전시회가 하나의 *광장(piazza)* 역할을 하여, 레지오 에밀리아에서 멀리 떨어진 중국, 인도 그리고 일본처럼 우리와 다른 현실 안에서 아이디어들이 토론될 수 있기를 바랍니다. 우리는 복합적인 어린이 이미지가 다양한 현실 세계 안에서 소통이 되고, 그 결과로 머나면 현실과 장소들이 우리가 이전에 몰랐던 것들을 우리에게 소통해 주기를 바랍니다.

간디니: 당신과 나는 '아리아드네의 실(Ariadne's thread)' 전시를 함께 둘러보았는데, 그 전시는 1981년에서 2008년까지 레지오 영유아센터와 유아학교에서 이루어진 기록작업을 다시 방문해 보는 것으로, 말라구찌 국제센터에 전시되어 있었습니다. 그 전시의 명칭은 그리스의 신화에서 가져온 것입니다. 영웅 테세우스(Theseus)가 아리아드네(Ariadne) 공주의 도움을 받아 미노타우로스(Minotaur)를 살해하였는데, 그 공주는 테세우스에게 검과 빨간 실뭉치를 주어서 테세우스가 미노타우로스의 미로에서 빠져나올 수 있도록 해 주었지요.

베 키: 나도 그 전시에 관한 이야기와 더불어, 그 전시가 우리의 사고와 경험이 어떻게 발달해 갔는지를 보여주고 있다는 이야기를 하고 싶습니다. 그 전시 안에는 '군중'과 '비 오는 도시' 프로젝트 일부가 담겨 있는데, 그 프로젝트들은 어린이들과 함께 1980년대에 연이어 수행했던 것입니다. 그 당시 우리는 이미 아주 작은 사건도 거대한 사건처럼 대단한 복합성을 지니고 있다는 방식으로 생각하기 시작했습니다. 한 사건은 한 도시만큼의 복합성을 지닐 수 있습니다. '*작다*' 혹은 '*크다*'라는 범주는 복합성이라는 연속선 상의 양 끝을 보여주는 것이 아닙니다. 그 대신 두 범주 모두 복합적입니다. 어느 날 학교 안에서 토론하는 동안 우리에게 갑자기 이런 생각이 들었던 것을 나는 생생하게 기억하고 있습니다.

'아리아드네의 실' 전시의 또 다른 부분은 어린이들의 플라타너스 잎사귀 연구에 관한 것입니다('플라타너스 잎사귀를 찾아서', 레지오 에밀리아 시 영유아센터와 유아학교, Reggio Children, 1996, pp. 94-97). 사실, 플라타너스 잎사귀 탐색이라는 아이디어를 고려하던 당시 나는 이미 잎사귀 자체가 (마치 도시처럼) 고도의 복합성을 가지고 있으며, 탐색과 자료 사용에 있어서 대단한 가능성을 내포하고 있다는 생각을 했습니다. 그러한 개요를 염두에 두고 출발하였던 나는 그리기를 학문적 방식으로 접근하기를 거부하면서, 어떻게 하면 그와 같은 복합성이 생겨나고 어린이와 함께 이를 재해석할 수 있을지를 고민했습니다. 형태로서, 배경으로서, 시스템으로서 탐구하기 위해 세밀하게 들여다보았습니다.

나는 의식적이며 의도적으로 신중한 선택을 하였고, 나의 이론적 연구와 깊이 생각해 본 것이 어린이들에게 의미 있는 경험을 구성하는 데 도움이 되는지 알아보고자 하였습니다. 우리는 이미 손, 눈, 귀 그리고 입과 같은 몸의 부분들이 세부사항과 복합성을 검토해 볼 수 있는 요소라고 보았으며, 이것들을 사진과 그림을 이용하여 어린이들과 탐구했던 경험이 있습니다. 그리고 우리는 플라타너스 잎사귀를 탐구하기 시작했습니다. 오늘날은 생태계에 대한 의식이 더욱 강화되어 있으므로, 잎사귀를 들여다보며 나무와의 연관성도 고려할 수 있을 것입니다. 이 초창기 기록작업을 우리가 널리 알리려는 것은 지금 모든 것을 같은 방식으로 다시 하겠다고 제안하려는 의도는 아닙니다. 오히려 우리의 의도는 현시점의 교사들에게 우리 역사의 흔적들을 제시하여서, 우리의 모든 경험 층과 모든 수준의 인식을 토대로 이 흔적들을 다시 검토해 보고자 하는 것입니다. 우리는 다음과 같은 질문을 던질 수 있습니다. 지금의 당신은 어떻게 나무를 탐구하겠습니까? 당신이 한다면 우리가 이전에 했던 것과 같은 것은 무엇이며 다른 것은 무엇일까요? 유아학교 교사와 초등학교 교사 모두 이런 토론에 포함시킬 수 있습니다.

1980년대에 기록작업을 생성할 당시, 우리는 어린이들의 말을 그 안에 인용해 넣지 않았습니다. 그래서 당시 중요한 무엇인가를 놓치고 있었다는 것을 우리는 나중에 깨달았습니다. 그러나 한 가지 매우 중요한 측면은 어린이들이 잎사귀의 *삶*에 대해 관찰하였다는 것입니다(어린이들은 또 다른 생명체로서 잎사귀 안에 상상을 통해 몰입하였습니다.). 또한 그 탐구 안에는 어린이들의 잎사귀에 대한 지각과 개념의 은유적 토대가 포함되었습니다. 우리는 자료를 선택하며 탐구 준비를 하였고, 어린이들은 우리가 조직해 놓은 선택들 안에서 자유롭게 움직였습니다. 어린이들은 잎사귀 한 장의 삶, 즉, 살아있는 한 존재의 삶에 대해서 비구상적이고 추상적인 방식으로 생각해 보았습니다. 이와 유사하게 어린이들은 잎사귀를 위한 해석적 은유도 창출해 냈습니다. 우리 성인들은 어린이들이 사용하는 도구, 자료 그리고 기법을 선택해 주었고, 어린이들은 빛과 함께하는 실험을 통해서, 혹은 빛을 받아 유리창 위에 그림을 그리면서 탐구하였으며, 비가 오거나 햇빛 날 때의 젖거나 말린 잎사귀처럼 다양한 맥락 안에서 탐구를 하였습니다.

이전과 달리 오늘날 우리는 어린이들에게 이러한 다양한 변형들을 처리할 시간을 더 주며 어린이들이 사용하는 표현적 매체에서 더 많은 선택을 제공하고 있습니다. 우리는 도구나 기법을 선택하는 어린이들의 능력에 대해 이전과 다른 차원으로 신뢰하고 있습니다. 이 변화는 한 번에 조금씩 서서히 일어났습니다. 내 관점에서 볼 때, 관찰과 기록작업 때문에 우리는 어린이들의 능력에 대해 더 의식하게 된 것일지 모릅니다. 이제 우리는 어린이들에 대해 이전보다 더 확신하며 신뢰하게 되었습니다.

자신의 몸을 이용하여 플라타너스 잎사귀 형태를 만드는 어린이들

우리가 어린이 그리고 어린이와 함께 하는 방법에 대해 지금 말하고 있는 내용은 서서히 형성된 것입니다. 초기에 나는 어린이들의 과정 안에 교사들이 깊숙이 들어갈 가능성을 어떻게 확장시켜 줄지 몰랐습니다. 전문성 개발 과정을 통해 우리는 앞으로 나아가게 되었습니다. 말라구찌가 우리를 이 길로 들어서도록 해 주었지만, 앞으로 나아가려면 여전히 그의 지원과 격려가 필요했습니다. 우리 두 사람 모두 어린이들이 어떻게 놀이하고 은유를 통해 표상할 수 있는지에 놀랐습니다. 순전히 자발적으로 생겨났던 한 사건에서 여섯 명의 어린이가 *광장* 바닥에 자신들의 다리와 몸통을 배치하여서, 다섯 개의 뾰족한 모서리와 긴 줄기를 가진 잎사귀의 윤곽을 만들어 내었습니다. 그들은 "우리가 잎사귀를 만들었어요!"라고 소리를 질렀습니다. 그 이후 우리는 그들이 자기 몸을 이용하여 잎사귀 형태를 더 탐구할 방법들을 고안해 내었습니다.

'비 오는 도시' 프로젝트는 처음 디아나 학교에서 시작된 탐구였습니다('비 오는 도시', 레지오 에밀리아 시 영유아센터와 유아학교, Reggio Children, 1996, pp. 78-87). 잎사귀 탐구와 마찬가지로, 말라구찌는 이 주제가 소리를 포함해서 감각적이며 지각적 탐색이 일어날 많은 가능성이 있다는 것을 깨달았습니다. 그래서 그는 라 빌레타, 네루다, 안나 프랭크 유아학교에도 같은 주제를 제안했습니다. 우리 몇 명은 다른 학교에 사진을 찍으러 갔고, 우리는 비와 물웅덩이에 고인 물을 가지고 놀이하는 어린이들의 환희를 포착해 보려고 애썼습니다. 우리는 항상 장난기 가득한 탐색이 이런 과정에 포함되도록 해야 합니다. 아마 물웅덩이도 우리가 어린이들의 표현력을 더 잘 지원했더라면 한 프로젝트의 중요한 주제가 될 수 있었을 것입니다.

다른 학교에서도 이와 비슷하고 평행적인 몇 가지 일들이 생겨났는데, 이것이 우리가 어린이들의 이론을 검토하고 비교하기 시작한 첫 사례입니다. 많은 학교가 함께 한다는 것은 마치 합창처럼 매우 아름답고 의미 깊은 일인데, 최근 도시 전체가 함께 참여한 '레지오 전체(Reggio Tutta)' 라는 프로젝트(Bonilauri & Filippini, 2000) 안에서도 이와 같은 일이 일어났습니다. 이 시점에 학교들 사이에 끈끈한 관계가 수립되었고 타인에게 소통하고자 하는 욕구도 있었습니다.

여러 면에서 볼 때 그 당시에도 우리는 어린이들의 존재를 매우 의식하고 있었지만, 그때는 언제 그리고 어떻게 물러나야 하는지를 몰랐습니다. 어린이들의 주체성을 살리기 위해 충분한 여지를 주려면 어떻게 해야 하는지, 그리고 어린이들의 주관적 사고를 어떻게 기록으로 남길지도 몰랐습니다. 우리는 기록작업을 준비하였지만, 학습이 일어나는 과정에 대해서는 충분히 기록하지 못했습니다. 그렇지만 최근의 연구 경험을 통해 우리 스스로 설정한 목표는, 제임스 힐만(James Hillman, 1999)의 말을 옮기자면, 세상의 사물에 색과 맛, 소리와 구조를 돌려주는 것이었습니다. 우리가 만나는 사물들을 '보도록' 해주고, 경이감과 우리 주변 사물들과 공감적 관계 수립을 통해 그 사물들을 새롭게 (그리고 우리 자신을 새롭게) 해 주는 발휘된 상상력이나 긴장감이 없다면, 우리는 일상적 삶에 의해 무감각해진 우리의 감각과 마음으로 민감한 세상에 반응하게 될 수 있는 위험성이 있습니다. 기회를 충분히 활용하여 도움을 얻으려면 우리의 감각 그리고 우리의 호기심, 기대, 흥미가 계속 살아있도록 확실히 해두어야 할 필요가 우리에게 있습니다.

참고문헌

Bateson, G. (1979). *Mind and nature: A necessary unit*. New York: E. P. Dutton.

Bonilauri, S., & Filippini, T. (Eds.). (2000). *Reggio Tutta: A guide to the city by the children*. Reggio Emilia, Italy: Reggio Children.

Brodsky, J. (1995). *On grief and reason: Essays*. New York: Farrar, Straus & Giroux.

Gandini, L. (2005). From the beginning of the atelier to materials as languages: Conversations from Reggio Emilia. In L. Gandini, L. Hill, L. Cadwell, & C. Schwall (Eds.), *In the spirit of the studio: Learning from the atelier of Reggio Emila* (pp. 6-15). New York: Teachers College Press.

Hillman, J. (1999). *Politica della bellezza [The politics of beauty]*. Bergamo, Italy: Morettie Vitali.

Municipality of Reggio Emilia Infant-Toddler Centers and Preschools (1996). *The hundred languages of children: Narrative of the possible*. Catalog of "The Hundred Languages of Children" exhibit. Reggio Emila, Italy: Reggio Children.

Sturloni, S., & Vecchi, V. (Eds.). (1999). *Everything has a shadow, except ants*. Reggio Emila, Italy: Reggio Children.

18

돌봄과 학습의 장소를 통해 연결하기

렐라 간디니(Lella Gandini)

교육학과 건축학

교육적이고 배려하는 공간

다음은 장소의 감각에 대한 어린이의 아이디어들이다.

- 장소는 여기에요. (베네데타〈Benedetta〉, 연령 2년 3개월)
- 공기 때문에 장소를 알아차릴 수 있어요. (마테오〈Matteo〉, 연령 5세)
- 장소는 도시인데 거기에서 내가 새들을 놀라게 했고, 가짜 사자 동상이 있는 곳이에요. (사라〈Sara〉, 연령 3년 9개월)
- 장소 안으로 들어가요…. 그리고 그 다음에 몸이 그걸 받아들일지 말지 결정해요. (피에트로〈Pietro〉, 연령 4세)
- 거기 뭐가 있는지 발견하기 위해서 조금 돌아다녀요. (가브리엘〈Gabriel〉, 언령 5세)
- 장소는 우리 엄마에요. (피에트로, 연령 2년 7개월)
- 장소에서 나는 소리를 들을 수 있어요; (예를 들어서) 나무는 우리한테 바람에 대해 이야기해줘요. (피에트로, 연령 4세)
- [장소의 소리를] 들으려면 뇌를 불러야 해요. (루치아〈Lucia〉, 연령 4세)
- 내가 진짜 큰 고요함을 만들면, 나는 고요함을 들을 수 있어요. (오마르〈Omar〉, 연령 4세)

(Vecchi, Filippini, & Giudici, 2008, pp. 14–15에서 인용)

교육학과 건축학

■ 교육적 접근에서 필수적인 요소로서 장소와 공간

유아를 위한 기관을 방문하는 사람은 그 프로그램의 기초를 형성하는 돌봄의 질과 교육적 선택에 대해 공간이 주는 메시지를 자세히 보려는 경향이 있다. 우리 모두는 환경을 알아차리고, 개인적 경험과 우리가 아동 발달에 대해 습득한 지식을 바탕으로 그 메시지나 의미를 '읽으려고' 한다. 그리고 이 모든 것이 아동기에 대한 우리의 아이디어를 형성한다.

그러나 우리가 거기에 있는 모든 사람이 편안해 하는 정도와 각 사람이 그 공간을 어떻게 사용하는지 관찰할 수 있다면, 의미의 깊은 층까지 분석하는 우리의 능력을 향상시킬 수 있다. 우리는 그 곳에서 시간을 보내는 어린이와 어른 간 관계의 가치와 의미를 더 배울 수 있다.

레지오 에밀리아 학교의 입구에서부터 우리는 이미 의사소통과 정보의 개방성에 부여된 가치를 알아차릴 수 있다. 거기에는 학교의 정체성을 가시화하려는 의도가 있다. 때로는 학교의 역사가 먼저 제시되고, (만 3, 4, 5세 유아를 가르치는) 교사 두 명으로 구성된 각 팀의 사진이 함께 제시된다. 그리고 *아틀리에리스타*, 요리사 그리고 보조 교직원의 사진이 그들의 이름과 환영의 미소와 함께 제시된다. 같은 벽면에 행사 스케줄도 게시되어 있다: 전문성 신장 연수, 각 연령별 부모 모임, 전체 학교 모임, 다른 학교와의 만남, 현장학습, 축하행사 등도 제시된다.

또 다른 벽에는 그들의 권리에 대한 어린이의 이야기가 적혀 있다: "우리는 권리가 있어야만 해요. 안 그러면 우리는 슬플 거에요." 또는 시적인 은유 같은 관찰 기록이 있을 수도 있다: "나뭇잎은 떨어져요. 왜냐하면 한 손으로만 매달려 있으니까요." 다른 상징적 언어를 통한 어린이의 말과 표현 외에도, 어린이의 사진이 전시되는 방식이 그들의 정체성과 소속감에 영향을 준다는 것을 우리는 배운다.

또한 우리는 학교의 공간이 주는 이러한 메시지들이 특히 오전과 오후에 학교를 드나드는 부모에게 전달된다는 것을 인다. 입구에서 너 이동하면 탐험하고 관계를 맺으라고 우리를 초대하는 빛으로 가득 찬 넓은 중앙 공간을 발견하게 된다.

세월이 흐르는 동안 레지오 에밀리아의 교육자는 어린이, 교사, 부모, 교육적 협력자 그리고 지역사회 간의 파트너십에 기반한 철학을 발전시켜 왔다. 이탈리아의 다른 도시들이 국가적인 정부 프로그램을 실시하느라 그들만의 지방자치 프로그램을 포기했지만, 레지오의 교육자는 출생에서 만 6세까지의 어린이를 위한 프로그램 개발에 성공하였다. 기금과 에너지의 부족 때문에, 몇몇 도시는 공적 기금과 지역적 지지를 얻기 위해 했던 노력과 정치적 행동을 통해 만들었던 시립 학교를 잃었다.

레지오 교육 프로그램 개발 초기부터, 이 협력체 안의 모든 참여자는 공간의 교육적 중요성을 인식하고 공간에 대해 생각하고 계획하는 데 많은 에너지를 투자하였다. 레지오 에밀리아의 교육자는 교육과 건축 간의 관계를 연결하는 원리로서의 미학의 힘에 점점 더 주의를 기울여 왔다. 그들은 계속해서 이런 이론적 관점을 고려하면서 학교의 공간 조직을 새로운 방식으로 발달시켜 왔다.

구조, 재료의 선택 그리고 교육자가 어린이에게 매력적인 방법으로 세팅한 것은 탐험을 위한 열린 초대장이 된다. 가능한 연결과 구조의 네트워크 안에서 사람과 사람 사이의 교환, 사람과 사물 사이의 상호작용뿐 아니라 의사소통이 창조되게 하는 의도를 가지고 교육자는 모든 것을 신중하게 선택하고 배치한다. 이 과정을 통해 모든 사람을 대화에 참여하게 하고, 공간의 조직과 관련된 도구, 재료, 전략을 제공하여 아이디어를 확장시키거나 다시 시작하게 하고, 아이디어를 결합하거나 변형시킬 수 있게 한다.

어린이 또한 어른이 자신들과 함께 발견하고 학습하기 위한 공간을 조직하고 활용하는 것을 보면서 어른을 지원자로 본다. 동시에 보다 광의의 조직(예 전체 교직원 협력 시스템, *페다고지스타*, 부모 그리고 커뮤니티)은 직 · 간접적으로 학교 환경 안과 주변에서 교사를 지지한다. 이렇게 해서 모두는 높은 수준의 참여 상태에서 일할 수 있게 된다.

미국의 교육자도 환경의 중요성에 대해 잘 알고 있다. 이 같은 사실은 미국 교사가 실외 공간을 창의적으로 활용하는 것을 보면 잘 알 수 있다. 고도의 도시적인 도시 환경에서 주로 일하는 이탈리아 교사는 미국의 강점인 이와 같은 환경을 쉽게 접할 수도 활용하기도 어렵다. 그러나 미국 교사는 직면한 자금의 부족으로 인해 실내 공간과 관련해서는 종종 타협을 해왔을 것이다. 많은 영유아센터와 유아를 위한 학교에서 볼 수 있듯이, 그 불행한 결과는 낙담할 만한 물리적 환경 조건으로 나타나는데, 특히 자연 채광의 부족과 아무 것도 없는 공간 측면에서 그렇다.

> 신경과학과 사회과학 연구는 우리의 정체성이 우리의 유전적 역사뿐 아니라 환경에서의 경험을 통해서도 발달된다는 점을 확인시켜 준다. 우리는 감각과 인지적 능력을 환경과의 상호작용을 통해 발달시킨다. 어린이는 하나의 감각이 다른 감각을 활성화시키는 감각의 실험실이다…. 따라서 어린이의 환경을 단지 학습 맥락이나 활동을 위한 소극적 세팅으로만 보아서는 안 된다. 환경은 학습에 필수적인 부분이고 그들이 정체성을 정의하도록 도와준다. (Zini, 2005, p. 22).

■ 건축학적으로 계획된 공간과 학교 주변, 도시, 그 너머로 확장된 공간들

레지오 교육 프로그램의 철학과 선택의 역동적인 측면을 더 명확히 만들고 표현하는 과정에서, 레지오의 교육자는 공간의 구조와 배치에 대해 계획하고 작업하였다. 어린이를 교육한다는 것은 지역사회의 관심과 책임이라는 아이디어에 따라 어린이를 위한 센터도 당연히 도시 계획의 통합된 일부가 되었다. 게다가 도시에는 새롭게 설계해서 세운 학교, 아파트 건물을 변형시켜 만든 학교, 복원된 낡은 학교, 심지어 빌라에 이르기까지 다양한 학교가 존재한다. 이 학교를 이웃 모두가 잘 볼 수 있는 곳에 배치해서, 어린이와 교사의 생활이 지역사회의 가시적인 기준점이 되게 했다. 지역사회에 학교가 존재한다는 것은 모든 어린이와 가족에 대한 존중의 선언이다. 이는 저소득 가정, 근로자, 이민자가 거주하는 도시 주변 지역에 건축을 하기로 한 선택에 의해 가시화되고 강조된 선언이다. 이들 중에는 닐데 이오티(Nilde Iotti, 역자 주: 영유아센터와 유아학교가 결합된 것)와 로카텔리(Locatelli) 치즈 공장과 창고 복원지(여기에 말라구찌 국제센터〈Malaguzzi International Center〉와 유아학교와 초등 저학년 교실이 입주해 있음)가 있다.

건물을 완전히 새로 지었건 또는 기존 건물을 리모델링했건 간에, 모든 건물은 교육학적 협력자, 교사 그리고 부모가 건축가를 만나 계획한 후 지어졌다. 그곳에서 오랫동안 일하거나 지낼 사람은 모든 선택에 참여했다. 너무 높은 벽이나 부족한 파티션은 파트너십과 상호작용이 가장 중요한 교육적 접근에서 상호작용의 가능성이나 질을 변형시킬 수 있다.

티찌아나 필리뻬니(Tiziana Filippini)가 지적했듯이, 레지오 에밀리아의 교육자는 공간을 사회적 상호작용, 탐험 그리고 학습을 선호하는 '컨테이너'라고 부른다. 하지만 그들은 공간이 교육적인 '내용'을 가지고 있다고도 본다. 즉, 교육적 메시지를 담으면서도 상호작용적 경험과 구성주의적 학습을 위한 자극으로 채워진다는 것이다(Filippini, 1990). 따라서 실내 공간의 구조는 레지오 에밀리아의 교육 프로그램에 관한 다른 모든 것과 함께 진화해 간다.

로리스 말라구찌는 1992년에 베아 베키(Vea Vecchi)와 디아나 학교에 대해 인터뷰를 하던 중에 다음과 같이 이야기하였다.

> 1970년에 우리는 아직 완전히 해결하지 못한 여러 가지를 처리하고 있었다. 물론 투명한 벽, 넘치는 빛, 실내와 실외 공간 사이의 지속성 같은 것은 이미 자리를 잡았다. 우리에게 이미 *피아짜(piazza)*가 있었지만, 우리가 그 안에서 지내보기 전까지는 중요성을 완전히 알아차리지 못하였다. *피아짜*는 교실을 확장시키는 것 이상이었다. 왜냐하면 그곳은 많은 서로 다른 만남과 활동을 격려하고, 우리가 그곳에 다른 목적을 부여하기도 하기 때문이다. 우리에게 있어 그곳은 사람이 만나고, 서로 이야기를 나누고, 정치를 논의하고 관여하며, 사업을 진행하고, 길거리 공연을 하고, 시위를 벌이는 이탈리아 도시의 메인 광장을 상징한다. *피아짜*는 어린이나 어른 간 교환의 질이 점차 강력해지는 지속적인 통로이다. 더 많은 만남이 있을수록 더 많은 아이디어가 성인과 어린이 사이를 순환한다. 우리는 *피아짜*를 아이디어가 도착하고 떠나는 곳이라고 말할 수 있다.

인터뷰를 하는 도중에 베아 베키는 전통적인 학교들도 넓은 중앙 공간이 있었지만, 문제는 단순히 공간이 있는가가 아니라 그 공간을 어떻게 사용하는가라고 말하였다.

> **말라구찌:** 맞습니다. 전통적인 학교는 이 넓은 공간을 휴식이나 '오락(recreation)'을 위해 사용했습니다. 10시에서 10시 30분 사이에는 휴식 시간이 있는데, 이 시간 동안은 어떤 목표도, 구조도, 심지어 어떤 목적도 없었어요. 단지 어린이에게 공간을 제공해 주어서 30분 동안 하고 싶은 것을 할 수 있게 해 준다는 위선적이고 무지한 목적 말고는요.

베　　키: 제가 짚어내고 싶었던 게 바로 이거에요. 우리가 중앙 공간을 *피아짜*라고 부른다면, 그것은 우리가 그 공간을 어떻게 활용할지에 대한 이론을 가지고 있다는 것을 의미해요. 공간은 서로 어느 정도 비슷해 보일 수는 있지만, 공간이 문화의 일부이고, 교육적인 숙고를 반영해서 공간을 활용하는 것이라면, 그 중요성은 완전히 바뀝니다. 여기 디아나 학교의 공간에 있는 사물과 구조물은 다양한 조우를 위해 의도적으로 존재하는 것입니다.

말라구찌: *피아짜*는 또한 통로이기도 합니다. 그 안에 있는 사물에 의해 중앙 공간이 구조화되기도 하지만, 그곳에는 어린이도 존재합니다. 따라서 그 공간은 어린이가 흘러 다니고, 걷고, 원하는 만큼 한가로이 머무를 수 있게 합니다. 환경이 어린이의 정서적인, 인지적인, 언어적인 획득에 얼마나 많은 영향을 미치는지를 염두에 둘 필요가 있습니다. 환경은 개인의 일부가 되어, 환경과 환경의 특성은 우리가 어린이에게 하는 요구나 어린이가 성인에게 하는 요구에 대한 모든 반응을 촉진하거나 방해합니다. 일반적으로 건축가는 이런 질문을 합니다: "학생이 몇 명이죠? 20명, 30명? 책상을 놓을 자리는요?" 우리는 건축가가 학교를 앉아서 배우는 장소라고 생각한다는 것을 이미 압니다. 어린이가 일어서서 돌아다니면서 배우는 학교에는 그들의 측정방식이 소용없습니다. 우리는 각 어린이가 유기적인 단위이고, 자기 고유의 개인적인 방식으로 행동하고 움직이기 위한 개인적인 공간이 필요하다는 것을 고려해야 합니다. 그리고 우리는 건축에 그 사실을 반영해야 합니다. 줄자를 사용할 수는 없다는 거죠.

베　　키: 건축가와 *페다고지스타*도 아름다운 학교를 지을 수 있지만, 거기에서 일하는 교사가 공간에서 생활한다는 것의 의미를 깊게 이해할 준비가 안 되었거나 반성적으로 사고하지 않는다면 아무 일도 일어나지 않습니다. 공간에 대한 선택을 결정할 때 가졌던 최초의 아이디어로 회귀해야 합니다. 예를 들어, 어린이를 존중하는 철학적 선택과 일관성 있는 공간을 만들려면, 단순히 위생만 강조하는 것에서 진실된 돌봄으로 변화시켜야 하고, 사물과의 상호작용에서 의사소통으로 변화시켜야 합니다. 공간에서 지내는 교육적 경험에 의미를 부여하는 철학적 바탕이 없다면, 공간의 정체성은 떠오를 수 없을 것입니다: 공간과 분리된 경험을 하는 것은 위험한 일입니다. 사람들은 종종 유아를 위한 학교로 잘 지어진 건물로 걸어 들어갔을 때, 그 공간 자체의 중요한 긍정적인 기능과는 상반된 여러 가지가 있어서 불협화음과 분열을 만드는 것을 보게 됩니다.

(말라구찌와 베키〈Malaguzzi & Vecchi〉 인터뷰, 1992)

또한 교사는 학교를 둘러싼 공간을 확장된 교실 공간으로 여기고 그 공간의 특별함을 가치 있게 생각한다. 교사가 어린이와 함께하는 일에는 어린이를 데리고 이웃이나 도시의 랜드마크를 탐험하는 것이 포함된다. 학교를 확장한 한 가지 사례는 수개월간 라 빌레타 유아학교(La Villetta Preschool)를 포함한 여러 학교가 했던 프로젝트다. 그 기간 동안 어린이는 폭풍우가 내릴 때 도시가 어떻게 변화하는지 탐험하기 위해 밖으로 나섰다. 이 프로젝트에서 어린이와 교사는 먼저 비가 오지 않는 도시는 어떤지 탐험하기 위해 익숙한 장소와 덜 익숙한 장소를 사진 찍은 후, 비가 오면 어떻게 변할지에 대한 가설을 세웠다. 그 해에는 비가 유난히 늦게 내렸기 때문에 어린이는 비가 오기 전까지 수 주 동안 비에 대한 모든 것을 관찰하고, 수집하고, 측정하고, 사진 찍고, 녹화할 수 있게 도와줄 수 있는 도구와 장비를 준비할 수 있었다. 그동안 어린이의 기대도 엄청나게 높아졌다. 매일 교사와 어린이는 학교 옥상으로 올라가 기대에 찬 눈길로 하늘을 바라보며, 구름의 형성과 바람의 방향에 대한 지식을 많이 습득할 수 있었다.

디아나 학교의 *피아짜*(*Piazza* of Diana Preschool)

드디어 적합한 폭풍우가 도착했을 때 어린이는 열광적이고 흥분되는 경험을 했다. 어린이는 사람이 걸을 때 속도와 자세를 어떻게 바꾸는지, 물웅덩이의 반짝이는 반사와 물 튀는 것이 길을 어떻게 변화시키는지, 빗방울이 떨어지는 장소가 보도인지, 자동차 후드인지, 나무의 잎사귀 위인지에 따라 소리가 어떻게 달라지는지 알아차렸다. 폭풍우를 경험한 후에 레지오 에밀리아의 관례적인 절차에 따라 어린이는 폭풍우의 여러 측면을 표상하는 일에 몰입하였다. 그 결과는 보다 많은 질문, 가설 그리고 탐험으로 이어졌는데 교사와 *아틀리에리스타*가 세세하게 기록으로 남겼다. 전체 탐험은 최종적으로 '어린이들의 수많은 언어(The Hundred Languages of Children)' 전시에 '도시와 비(The City and the Rain)' 라는 부분에 기록되어 우리에게 도시의 익숙한 공간이 활동과 구성주의적 경험을 위한 무대와 주제가 될 수 있는 많은 방법을 알려준다(Municipality of Reggio Emilia Infant-Toddler Centers and Preschools, 1996).

최근 몇 년 간 교육학과 건축학 간의 긴밀한 논의가 있어 왔고, 이는 레지오 에밀리아의 시립 영유아센터와 유아학교의 교육적 풍경 안의 유아를 위한 공간에 관한 생각과 디자인에 우리가 관심을 갖게 하였다. 이런 논의에 교사, *페다고지스타*, 디자이너, 건축가가 참여했는데, 논의는 어린이 공간의 정체성을 풍부하게 함으로써 어린이의 권리를 존중하는 문화에 기여하였다. 이는 관계와 참여를 통해 학습하는 것이 교육의 핵심이라고 생각하는 것을 의미한다. *페다고지스타*인 파올라 카바쪼니(Paola Cavazzoni, 2007)는 "매일의 환경은 모든 주인공-어린이, 교사 그리고 부모-이 탐색하고 연구한 결과로 활성화되거나 수정되는데, 사건의 흔적과 사회적이고 개인적인 이야기로 표시된 환경은 공감적인 장소, 학습의 장소, 행위와 변화를 제안하는 장소가 된다."고 하였다.

교육학과 건축학 간의 논의에서 나타난 핵심적인 결과는 도시 전반에 걸친 활발한 참여와 작업을 통해 맺어진 레지오 지방자치 정부와 건축가 커뮤니티 간의 관계이다. 이 관계는 레지오 에밀리아에서 출생에서 만 6세까지의 유아를 위해 짓는 건설현장의 건축과 디자인의 개발에 중요한 요소이다. 특히 지방자치 정부는 가족이 영유아센터와 유아학교에 자녀를 위한 자리를 늘려달라고 하는 요구, 제공 가능한 자리의 수, 증가하는 출생률(이탈리아에서는 흔치 않음), 그리고 많은 이민자의 유입(이 또한 이탈리아에서는 흔치 않음) 때문에 생긴 긴 대기자 목록의 문제를 해결하기로 선택하였다.

레지오 시립 영유아센터의 건축학적인 디자인에는 함께 배우고 적극적으로 참여하는 가족 구성원을 환영함과 동시에 어린이와 교사의 웰빙을 보장하기 위한 장소를 창조하기 위해 들인 신중한 노력이 반영되어 있다. 로리스 말라구찌는 이 장소들을 *마음을 끄는 장소들(amiable places)*로 특징 지었으며, 1970년대와 1980년대에 새로운 건물이 레지오 에밀리아의 다양한 동네에 생기기 시작했다. 이 건물들은 지역사회 내에서 가족과 시민의 다양한 만남을 위한 장소가 되었다.

*페다고지스타*팀, 교사, *아틀리에리스타*가 세월이 흐르는 동안 건축학적인 특성의 기본 전제와 건물을 상세히 묘사하는 것을 함께 정교화했고, 이 내용은 레지오 칠드런(Reggio Children)과 도무스 아카데미(Domus Academy)에 의해 『*어린이, 공간, 관계: 유아를 위한 환경에 관한 메타 프로젝트(Children, Spaces, Relations: Metaproject for an Environment for Young Children)*』(Ceppi & Zini, 1998)라는 책으로 출판되었다. 이 책은 함께 일한 교사와 건축가가 발달시켜 온, 서로 연관된 일련의 설명과 용어(핵심 단어와 은유)를 분석한 것을 담고 있다. 레지오 에밀리아의 학교에서 일어나는 경험에 대

한 핵심적인 검토는 어린이를 위한 환경의 바람직한 특성과 질을 알려주는 일반적인 기준과 상황을 만드는 데 도움이 된다. 뒤이은 문단에 묘사된 이런 아이디어는 관찰과 경청을 통해 관계를 추구하고 교육적인 경험을 구성한다는 근본적인 원칙에 기반한다.

- **전반적인 부드러움:** 은유로서의 부드러움은 공간의 심리적인 질과 상냥한, 즉 살만하고 고요한 장소의 창조를 의미한다. 전통적으로 유아를 위한 공간은 다소 경직된 방식으로 조직되어 있어서, 학교 전반에 걸쳐 특정 활동을 위한 특정 공간이 있는 방식으로 분리되어 있다. 이 고의적인 분리는 교실과 교사의 자율성을 보호하기 위한 의도로 행해졌지만, 의사소통을 제한할 수 있다는 위험이 있다. 그러므로 선택은 기능적이면서도 다양한 차원과 관계가 공존하고 관련된 사람이 함께 의사소통하고 일할 수 있음(예를 들어, 영아와 유아학교 어린이가 공간을 공유)을 인식하는 환경을 만드는 것이다. 이 일이 어떻게 가능한가? 이는 협력, 조직 그리고 경청과 환영의 전략을 통해 실현될 수 있다. 대화와 교류를 위해 초대한 타인에게 개방적으로 주의를 기울여야 한다(이것이 레지오 에밀리아의 철학에 깃든 가치 중 하나이다.). 공감의 맥락을 창조하는 것이 목표인데, 그 맥락 안에서는 경청이 어린이의 다양한 표현(심지어 침묵도)을 존중하는 방식일 뿐 아니라 관련된 성인의 아이디어와 의도를 존중하는 방식이기도 하다.
- **관계적인 공간:** 관계와 의사소통의 네트워크는 창의적인 아이디어와 전략을 공유하는 것을 통해, 성인 간이나 어린이와의 많은 전문적인 탐구, 질문 그리고 구성을 가능하게 한다. 성인과 어린이의 서로 다른 정체성은 관계 및 학교에서 일어나는 일에 대한 해석을 통해 조화를 찾을 수 있다. 이러한 연결은 함께 학습하고 탐구해갈 새로운 여정에 관한 관점과 아이디어를 교환하는 것을 통해 관계의 가치와 유쾌한 미학적 감각에 대한 의식을 창조하는 데 공헌한다.
- **주변 환경과 사회적 커넥션의 연속성:** 사람 간의 관계는 사물의 세계와의 대화로 확장될 수 있다(예를 들어, 사물은 그 모양이나 어디에 놓였는지를 통해 '말을 한다.'). 나아가 관계는 학교 공간 안과 밖에 있는 모든 것과 연속성을 창조하게 한다(당신의 외부 공간의 영향에 대해 생각해 보라.). 학교와 사회적으로 연결된 모든 것은 학교에 스며들기도 하지만 학교 자체의 가치와 교육적 철학(부모와 미리 공유된 철학)에 의해 여과

된다. 커뮤니티, 어린이를 위한 다른 기관이나 조직, 도서관, 정원, 도시의 표지물 등과 풍부한 관계를 조성하는 것은 중요하다.

- **다중 감각 경험**: 영아와 어린 유아는 감각 경험을 통해 현실을 발견하고, 이를 통해 지식과 기억을 구성한다. 세상을 경험하는 이런 개인적인 방식은 집단 탐구로 확장될 수 있다.

  이것을 어떻게 지원할 수 있을까? 다양한 특징을 만들고, 지각을 자극하고, 어린이가 스스로에 대해 의식할 수 있도록 도움으로써, 감각 경험을 초대하는 환경은 어린이의 의미 있는 감각 경험을 지원할 수 있다. 이런 지원은 어린이를 인지적 발견으로 이끄는 연결고리를 만들도록 도울 수 있다. 어린이와의 교류나 대화가 결정적인 것이 이 대목이다. 공간(또는 환경)의 질이 많은 요인의 영향을 받는다는 것을 적시하는 것이 중요하다: 미셸 지니(Michele Zini, 2005)는 크기와 모양, 기능적 조직, 감각 경험, 색, 빛 그리고 재료를 제안한다.

> 지금까지 발견된 디자인 절차는 색, 빛, 소리 그리고 냄새를 활용하는 것이다. 그 이유는 이것들이 유아의 인지적인 과정에 부응하기 때문이다. 그러므로 영유아센터의 이미지는 단지 공간과 가구의 배치뿐만 아니라 자료의 감각적인 풍부함에서 생성된다.
>
> **색**: 색은 다양한 채도가 있는 여러 색채를 사용할 필요가 있다. 이는 성인이 어린이한테 어울릴 것이라고 생각하는 평범하고 단순한 빨강, 노랑, 파란색 시스템과는 아주 거리가 먼 것이다. 우리의 목표는 어린이에게 다양한 색이 있는 보다 미묘한 색채 도식(color scheme)을 제공하는 것이다.
>
> **빛**: 백열, 형광, 증기, 할로겐 등 가능한 모든 것을 최적화해서 활용하기 위해, 다양한 원천으로부터 빛을 받은 환경을 제공하여야 한다. 조명은 그림자를 만들어낼 수 있어야 한다. 이는 형광등이 아닌 백열등을 활용할 때 가능하다. 조명은 산란광뿐만 아니라 집중 조명 그리고 따뜻한 흰색, 시원한 흰색, 장미 흰색 같은 다른 색채 '온도'를 제공해야 한다.
>
> **재료**: 사용하는 재료는 풍부하고 다양해야 한다. 재료는 부드럽고 거친, 습하고 건조한, 불투명한, 밝은, 반투명한, 투명한 표면의 다중감각적 세팅을 창조할 수 있어야 한다. 이것은 세월의 흐름에 따라 변화하거나(예 나무, 돌, 꽃, 천), 변화하지 않은 채 유지되는(예 유리, 금속) 다양한 특징을 지녀야 한다(p. 24).

그러나 각 개인의 임계점은 모두 다르기 때문에 이러한 요소를 결합시키는 유일하거나 최적의 해결책이 있는 것이 아니다. 과잉 자극은 피하는 것이 좋고, 누구든 동의할 수 있는 적소를 찾을 수 있도록 온건한 톤과 다양한 감각적 가능성을 선택하는 것이 좋다.

실외 공간은 *아틀리에*가 될 수 있다.

- **융통성과 적응:** 학습을 위한 공간은 융통성 있게 적응 가능해서, 공간 안에서 매일 생활하는 어린이가 성인에게 수정할 필요성에 대해 신호를 보내거나 스스로 수정할 수 있어야 한다. 이러한 융통성은 유아가 기존의 교육 환경 안에서 활동을 통해 변화를 함께 구성함으로써 집단 학습에 기여한다. 모든 어린이를 존중하는 것과 교사의 의도를 존중하는 것이 어떻게 유지될 수 있는가? 학교 커뮤니티의 동기와 욕구를 이해하기 위해 학교에서 일하는 성인은 어린이, 교사와 적극적인 대화를 유지할 책임을 공유해야 한다. 질문, 반응 그리고 협상은 어린이가 학습하는 데 중요한 전략들이다.
- **커뮤니티와 참여:** 관계, 존중 그리고 참여에 영감을 받은 학교 내부 커뮤니티의 중심은 학생, 교사 그리고 부모다. 교육적인 설계와 학교의 생활을 창출하는 데 모두 참여한다. 공간의 질은 소속감과 학습 경험의 일부가 된다는 기쁨을 구성원이 느끼게 함으로써 대화, 상호성 그리고 교류에 조력한다.
- **사회적 구성주의:** 학교는 지식이 계속적으로 구성되는 작업장이나 실험실이다–선형적 또는 진보적인 방식이 아니라 역동적이고, 활동적이고 그리고 종종 사회적인 맥락 안에서 구성된다. 개인적인 지식은 타인과의 교류–성인 간, 성인과 어린이 간, 어린이 간–를 통해 공동 구성된다. 공유된 경험과 교류를 통해, 지식, 기술 그리고

전략의 측면이 조정되고, 부인되며, 공고화되고, 통합되고, 연계되고, 서로 연결되며, 정교화되고, 개정된다. 교사는-어린이를 관찰한 것을 기반으로-탐험과 발견의 자원으로 활용할 수 있는 다양한 재료와 도구를 공급할 책임뿐 아니라 창의성의 책임도 있다. 이러한 경험은 교사의 비계설정과 함께 공유된 학습의 자원이 된다.

- **내레이션**: 제롬 브루너(Jerome Bruner, 1991, 2004)는 우리가 자신의 경험에 대해 이야기하지 않으면 우리는 존재하지 않는다고 하였다. 우리가 논의하고 있는 철학적 맥락에서는 학교가 추구해야 할 두 가지 층의 내레이션을 고려한다. 의사소통은 필수적이며, 공간은 학교에 출입하는 사람이 교사가 유아의 웰빙과 학습에 대해, 교사 자신의 전문성에 대해, 그리고 부모의 참여에 대해 가지고 있는 관심을 알 수 있게 한다. 이것이 학교에서 발견할 수 있는 내러티브의 한 단층이다. 학급의 투명성은 그 공간에서 무엇이 일어나고 있는지를 반영한다. 그러나 기록작업을 통해서 어린이와 교사의 연구와 활동 과정을 볼 수 있다. 다양한 방식으로 기록작업이 이뤄질 수 있다. 말, 그림, 재료, 색, 사물은 어린이의 목소리와 사고를 전할 수 있고 그들이 없을 때도 그들에 대해 알려준다. 이것이 교실과 학교에서의 내러티브의 두 번째 단층이다.
- **매일의 질은 풍부함**: 우리가 매일 어린이를 관찰하고 귀 기울이면, 학교라는 작은 세상 안과 그 주변에서 어린이가 만들어 내는 놀라운 발명과 발견을 기록할 수 있다. 체계적이고 심사숙고해서 준비한 환경 안에서는 배움의 기회가 너무나 많다. 웰빙의 감각은 하모니, 평형 그리고 다른 요소 간의 긍정적인 상호작용에서 온다. 어떤 의미로 이것은 교향악이다. 풍부하고, 집중적이고, 너그럽고, 흥미로운 정상 상태는 서로 다른 많은 요소가 잘 균형 잡힌 결과로 나타날 수 있다. '태양의 백색광이 스펙트럼 안의 모든 색깔의 총합이듯이' (Cappi & Zini, 1998, p. 27).

『*어린이, 공간, 관계: 유아를 위한 환경에 관한 메타 프로젝트(Children, Spaces, Relations: Metaproject for an Environment for Young Children)*』의 출간은 레지오 에밀리아 시립 유아학교와 영유아센터가 다년간의 경험을 통해 발달시켜 온 사려 깊은 교육학과 미학적 선택 간의 오래된 연결고리를 형식화한 업적이었다. 새롭게 형성되어 이제는 대중적이 된 관점은, 레지오 에밀리아 시의 사적 및 공적 영역에 있는 다른 사람의 참여(새로운 사업을 창조하려는 노력 포함)가 증가하면서, 공적인 공간에서도 볼 수 있는 도시의 다양한 프로젝트와 활동의 발달에 대한 결정에 영향을 미쳤다.

어린이를 위한 학교와 도시의 관계는 몇몇 선물에 의해 더 풍부해졌는데, 여기에는 로리스 말라구찌 국제센터의 복원과 수리를 포함한 건축학적인 프로젝트도 포함된다. 예를 들어, 빌라 쎄사 유아학교(Villa Sessa Preschool)는 안나(Anna)와 지안니 이오티(Gianni Iotti)의 선물이다. 다른 사례는 마라모티 재단(Maramotti Foundation)의 2005년 선물로, 레지오 에밀리아 지방자치 정부와 시립 유아학교 그리고 영유아센터가 동의하고, 레지오 칠드런(Reggio Children)의 조직과 지원을 얻어 영유아센터를 지은 것이다. 공적인 영역과 사적인 영역 간의 이러한 시너지는 출생률과 이민률의 영향으로 증가하는 인구를 지닌 도시의 다양한 요구에 화답한 듯하였다.

■ 하나의 새로운 영유아센터가 탄생하다

마라모티 재단에서 준 선물은 예술과 조형 역사와 여성복 제조에 모범적인 인물이었던 줄리아 마라모티(Giulia Maramotti)를 기념하고자 만들어졌다. 그녀가 개발하고 가르친 드레스 제작 방법은 니사인 브랜드 막스 마라(Max Mara)의 기원이 되었다.

2004년에 마라모티 재단은 레지오 에밀리아 건축가 조합의 후원을 받고 레지오 칠드런과 협력해서, 줄리아 마라모티의 이름을 딴 신설 영유아센터의 실현을 위해 공모전을 선언했다. 공모전은 만 35세 미만의 건축가와 엔지니어를 대상으로 하였다. 이들을 대상으로 한 이유는 에밀리아 로마냐(Emilia Romagna) 주의 젊은 전문가에게 어린이를 위한 교육적인 공간 즉, 높은 수준의 교육학적 그리고 건축학적 기준과 가치가 반영된 공간을 디자인할 수 있는 기회를 제공하기 위해서였다.

마라모티 영유아센터와 관련된 건축학적인 활동을 추적하고 지원했던 *페다고지스타* 파올라 카바쪼니(Paola Cavazzoni)와 카를로 마르지니(Carlo Margini)를 2009년 9월 우리가 함께 학교를 방문한 이후 인터뷰했다. 그들이 묘사한 것은 다음과 같다.

카바쪼니: 최종적으로 건축가 프란체스카 파바(Francesca Fava)와 카를로 마르지니가 출품한 프로젝트가 뽑혔어요. 그들의 프로젝트는 아주 어린 유아의 경험에 굉장한 주의를 기울였음을 증명했어요. 그들은 이동 가능한 *아틀리에*를 포함해서 실외 공

유아가 그들의 새로운 영유아센터, 줄리아 마라모티를 바라보고 있다.

간으로 개방된 공간을 디자인했는데, 이 공간은 겨울철에는 건물 가까이에 배치되고 여름철에는 운동장을 향해 더 멀리 배치될 수 있었죠. 레지오 에밀리아의 가치 중 하나인 공간에 관한 아이디어와 일치했기 때문에 뽑힌 것이지요. 그들의 제안서는 '환경을 위한 메타 프로젝트(metaproject for environment)'와 일관성 있는 핵심 개념, 즉 이동성, 투명성 그리고 변형을 담고 있는 건물에 관한 것이었어요. 물론 맥락과 물리적이고 문화적인 공간에도 주의를 기울이면서 말이지요. 우리는 카를로 마르지니와 프란체스카 파바의 작품이 우리의 기본 가치 중 하나인 관계를 중시했기 때문에 그걸 선택했어요. 또한 우리는 실내 공간과 실외 공간 사이의 연속성을 둔 설계가 그 제안서의 긍정적인 측면이라고 생각했습니다. 그들의 설계 안에는 색깔과 향기가 명시되고 가시화될 수 있도록 한 꽃밭이 있었는데, 이 환경은 교육적인 커뮤니티 안의 어린이와 성인에게 제공될 수 있는 것이었죠. 부모와 함께 심을 수 있는 채소밭도 그들의 디자인에 포함되어 있었습니다.

간 디 니: 오늘 짧은 시간동안 교사들이 하는 이야기를 듣고 관찰하니, 그들이 마치 이 공간이 새롭고 특별해서 매우 섬세한 방식으로 특별한 배려를 가지고 다루어야 할 것처럼 생활하는 것을 보는 것이 제게는 흥미로웠습니다.

카비쪼니: 교사들은 다 매우 젊고, 이 영유아센터에서 근무하는 것을 굉장한 모험이라

고 생각합니다.

간 디 니: 저는 교사들이 "우리가 공간에 이것이나 저것을 더하면, 공간이 어떻게 변할까?"라고 스스로 질문하는 것을 들었습니다. 그들에게 이것이 매우 신선한 경험이라는 것이 명백하네요.

마르지니: 사실 기본 전제는 계속되는 변화라는 아이디어입니다. 그것이 우리 프로젝트의 기본적인 요점 중의 하나였죠. 움직일 수 있는 부분을 이용해서 지속적으로 변신하는 공간을 창조하는 것. 우리의 생각은 그때도 그렇고 지금도 그런데, 변신은 공간을 매일 사용하고 사는 것을 통해 가능해야 합니다. 당신이 관찰하셨다시피, 우리는 지금도 실험 중이에요. 우리는 안정감을 주고 익숙한 공간과 어린이와 교사의 활동과 흥미에 따라 변화할 수 있는 공간 사이에는 정교한 균형이 있어야 한다는 점을 잘 알고 있습니다.

간 디 니: 어린이가 다양한 형태로 구성하는 것과 교사가 그 과정을 어떻게 기록하는지 관찰할 기회가 있었나요? 어린이가 구성한 것은 아름다우면서 복합적인데, 그들은 긴밀하게 협력하며 작업하는 듯이 보입니다.

마르지니: 어린이는 건물 구조의 영향을 받는 듯이 보여요. 어린이가 공간을 어떻게 사용하는지 보는 것은 너무나 흥미롭습니다. 큰 유리창과 관련해서 일어날 수 있는 일을 예로 들면, 빛과 그림자를 가지고 놀거나 날씨 변화가 매우 분명할 때 빗방울을 잡으려고 하는 것이 있습니다. 어린이가 공간을 어떻게 사용하는가가 저희에게는 중요합니다. 우리가 많은 가능성을 생각하는 것은 사실이지만, 그것이 활동으로 나타나는 것을 보는 것은 너무나 아름답습니다.

간 디 니: 교사가 제공하는 재료는 어린이를 둘러싼 공간과 관계를 형성합니다. 파올라, 어떻게 다양한 구성의 발달이 시작되었나요? 교사들 사이의 대화의 결과였나요? 아니면 새로 건축된 공간 안에서 어린이로부터 자발적으로 나타났나요?

카비쪼니: 교사는 건축에 적합한 재료의 선택에 대해 미리 생각했습니다. 그리고 부모님께 영유아센터로 다양한 건축 재료를 가지고 올 것을 요청하였습니다. 어린이는 성인이 재료를 중시하는 것을 인식하는데, 그것은 어린이가 이런 재료에 대해

이야기하는 것에서 드러납니다. 이는 어린이에게는 명백한 초대입니다.

간 디 니: 건축에 대한 어린이의 흥미가 우연은 아니었네요. 어린이는 이 건물이 얼마나 새롭고 놀라운지 알아요. 센터의 기록실에 사진이 있는데, 어린이가 멀리서 건물과 그 구조를 향해 가리키고 있어요. 그들에게는 블록이나 장난감으로 짓고 있는 것처럼 보일 수 있겠어요.

마르지니: 건물의 구조는 실제로 장난감 같아요.

카비쪼니: 거기에서 일어난 일은 우리의 가치를 보여주는 역할을 합니다. 한 장소에서 다른 장소로 건축학적인 프로젝트를 옮기려고 하는 것은 우리의 의도가 아닙니다. 그것은 모든 프로젝트의 일부가 되는 가치의 문제입니다.

카를로 마르지니와 프란체스카 파바, 두 명 모두와 진행한 후속 인터뷰(2009. 12.)에서 이 개념들이 정교화되었다.

간 디 니: 카를로, 당신은 이 프로젝트가 당신 두 사람의 일부가 되어서 종종 영유아센터를 보러 돌아올 필요가 있다고 느낀다고 했잖아요. 어린이와 교사가 함께 사용한 공간이나 변형 중에 어떤 것이 두 사람을 가장 놀라게 하나요? 혹은 놀라게 했나요?

마르지니: 어린이가 색깔과 따뜻함으로 해석한 공간은 공간에 변화와 지속가능한 변형을 제공합니다. 수많은 방문을 통해 새로운 해석을 발견하는 것이 진심으로 만족스럽고, 제가 생각하기에 이것이 프란체스카와 제가 건축가로 일하는 가장 중요한 이유 중 하나인 것 같습니다. 우리의 프로젝트 중 모든 디테일이 영유아센터 안에 몇 개의 양상으로 살아 있어요. 우리는 이것이 경청에 집중한 건축의 결과라고 생각합니다. 공간에 대한 경청 그리고 어린이의 공간에서 현재 또는 과거에 살아왔던 사람에 대한 경청. 이러한 방식으로 경청하는 것은 *페다고지스타*, 교사 그리고 어린이와 우리의 관계를 지속시킵니다. 프로젝트를 준비하고 영유아센터를 건설하면서, 어쩌면 프란체스카와 저는 어린이처럼 놀았던 것 같아요. 다시 한 번 아이가 되어서요.

파 바: 최근 방문했을 때, 공간의 투명성 때문에 카를로는 한 소녀와 미소를 주고받

을 수 있었어요. 처음에 그 아이는 부끄러워서 숨었지만 잠시 후 그들은 숨바꼭질 놀이를 했어요. 둘은 그곳에 있다는 감정과 그곳에 더 이상 없다는 감정을 느꼈고, 아름다운 웃음을 나누며 마무리했죠. 공간은 진화, 변형과 더불어 접촉을 만들어 내는 요소입니다(Gandini, 2010).

교육적이고 배려하는 공간

■ 여러 층의 문화를 반영하는 것으로서의 환경 공간

우리가 앞서 보았듯이, 레지오 에밀리아의 유아를 위한 학교에 들어서면 그 사람은 즉각적으로 환영받는 느낌과 발견과 평온의 분위기를 느낀다. 나아가 그는 성인의 전문적인 기준과 배려의 수준이 높을 뿐만 아니라 어린이가 하는 활동의 질과 형태가 풍부하다는 전반적인 인상을 받는다. 이러한 인상은 그 환경이 사려 깊게 조직되는 방식에서, 특히 어린이, 교사 그리고 가족이 학교 안에서 어떻게 움직이는가를 보는 데에서 온다. 그럼에도 어떻게 이 모든 것이 일어나는가? 로리스 말라구찌는 이야기하였다(인터뷰, 1990. 6.).

> 확실히 우리의 학교는 우리가 한 작업 중 가장 가시적인 결과물입니다. 나는 학교가 다양한 직관과 메시지를 줄 것이라고 믿습니다. 건물에는 수십 년간의 경험이 스며있고, 여러 세대의 교사가 일하는 것을 보아왔어요. 각 영유아센터와 유아학교는 그 자체의 과거와 진화를 가지고 있고, 그 자신의 경험의 단층, 그리고 그 자신의 독특한 스타일의 결합과 문화 수준을 지니고 있습니다. 우리가 보기에 모든 학교를 모두 똑같이 만들려고 하는 요구는 전혀 존재한 적도 없습니다.

다양한 공간은 그것을 창조한 사람의 문화를 반영하는데, 자세히 들여다보면 문화적 영향의 독특한 단층을 볼 수 있다. 우선 학교는 아름다움과 디자인의 하모니에 주의를 기울인다. 이는 종종 교사와 학부모가 함께 발명하고 만든 기능적이고 만족스러운 가구 배치에서 명백히 드러난다. 또한 벽면의 색깔, 큰 창을 통해 들어오는 태양광, 건강한 녹색 식물 그리고 공간의 섬세한 관리 같은 다른 여러 가지 디테일을 통해서도 명백히 드러난다. 환경의 미학적인 외관에 대한 특별한 주의와 가정(home)의 생활환경에 대한 체계적인 관리 그리고 사회적인 상호작용을 선호하는 공간 디자인은 이탈리아 문화의

브루노 무나리 유아학교(Bruno Munari Preschool) 만 4세 학급의 교사와 어린이

필수적인 요소이다.

활동과 일상생활을 위한 환경의 조직에 내포된 것은 협동에 유리한 소집단 활동을 위한 공간이다. 협동은 1세기 이상 지속되고 아직도 번성하고 있는 생산자와 소비자 협동조합이 있는 에밀리아 로마냐(Emilia Romagna) 지역의 강한 사회적, 정치적 가치이기도 하다. 지역적인 특색은 사용하는 언어, 유용한 재료나 도구 그리고 어린이의 즐거움을 위해 요리사가 준비하는 대표 음식에서 볼 수 있다. 도시의 문화는 벽에 기록된 나들이와 활동에 대한 공지에서도 느낄 수 있는데, 이 기록에는 도시의 랜드마크와 사람도 포함된다. 한 예는 도시의 시장 광장에서 어린이를 기다리며 영원히 앉아 있는 사자 석상을 방문한 유명한 사례이다.

다음 단층은 각 학교의 문화이다. 학교 자체는 학교에 직 · 간접적으로 참여했던 모든 사람의 기여를 통해 형성된다. 예를 들면, 그 건물이 선택되고 설계되고 건축된 때의 기여, 각 어린이와 가정이 집에서 가지고 오는 경험이 한 기여, 부모가 학교생활에 한 기여 등이 문화를 형성한다. 이 모든 것은 특별한 행사와 매일의 관습을 공유하는 것과 함께 독특한 문화를 건설하는 것에 기여한다. 레지오 에밀리아에서는 학교의 환경이 환영적인 것 외에도 3년이라는 주기 동안 교실에서 많은 시간을 보내는 어린이의 흔적을 보여주는 것을 특히 의미 있게 여긴다. 조심스럽게 기록된 개인과 그룹의 역사가 있으며,

관여된 모두의 삶에 의미 있는 디딤돌인 매일의 일과가 있다. 이 모든 것은 함께 정교화하고 구성해서 종국에는 공통의 담화가 되는 상징과 은유의 창조에 기여한다.

유아와 가족이 학교로 가져오는 재료는 특별한 문화를 창조하는 데 기여한다. 일부는 자연물인데, 예를 들면 크기, 모양, 색에 따라 준비된 솔방울, 조개, 자갈 등이다. 투명한 상자에는 특별한 견학이나 학교 주변의 정원을 탐색하면서 수집한 보물을 담아둔다. 집에서 가져온 것 중에는 부엌이나 바느질 상자 또는 도구 상자에서 가져온 도구나 물건도 있다. 어린이가 이러한 사물이나 재료를 학교로 가지고 올 때, 부모가 가정 → 학교 → 다시 가정으로 보내지는 투명 비닐 팩에 담아줌으로써 학교와 가정의 연결고리가 생긴다.

나아가 어린이의 행동은 공간을 특별한 방식으로 구성하는 데 기여한다. 과거에 다녔던 어린이의 역사는 특별한 특징을 만들어내지만, 성인은 굉장한 유연성과 지속적으로 갱신하는 데 흥미가 있다. 환경을 보면 새로운 아이디어를 가져오고 학교의 삶을 계속해서 풍요롭게 하는 새로운 관계를 알 수 있다.

이 모든 것은 각 학교마다 다른, 특별한 문화를 만드는 데 기여한다. 어린이와 가족이 낸 창의적인 해결책, 환경에 대한 관심, 디테일에 대한 관심 그리고 현실에 대한 반영이 이 시스템에서는 흔한 요소이며, 그것이 각 학교마다의 독특한 흔적을 남긴다.

■ 공간과 시간

환경은 살아서 변화하는 시스템이다. 환경에는 물리적인 공간뿐만 아니라 시간이 구성된 방식과 우리에게 기대되는 역할도 포함된다. 환경은 우리가 어떻게 느끼고, 생각하고, 행동하는지에 영향을 주고, 궁극적으로는 우리의 삶의 질에 지대한 영향을 준다. 환경은 우리의 삶에 긍정적이거나 부정적인 방식으로 영향을 준다(Greenman, 1988, p. 5).

레지오 에밀리아의 학교에서 어린이와 어른을 관찰하면, 시간과 공간 사이에 특별한 연결이 있으며, 환경이 정말 영향을 미친다는 것을 잘 느낄 수 있다. 어린이의 욕구와 리듬에 대한 고려가 공간과 물리적 환경의 배치에 영향을 주고, 이것은 다시 신중히 준비된 공간에서 어린이의 속도에 맞춰 시간을 원하는 대로 사용하는 것과 즐기는 것을 가능하게 한다. 사실 레지오 에밀리아 접근법에서 시간이 고려되는 방식은 최소한 세 가지 요소의 영향을 받는다. 첫째, 그들의 경험은 1963년 첫 번째 시립 학교가 설립되었을 때부터 확장되어 왔는데, 이 시립 학교의 기원은 제2차 세계대전 직후에 운영된 부모운영 학교이다. 따라서 공간의 배치에서 우리가 지금 보는 것은 긴 경험을 통한 많은 변화와 학습의 산물이다. 따라서 교육자는 즉각적인 결과를 내라는 압력을 가하지 않는다.

둘째, 많은 부모가 자녀를 만 1세가 되기 전부터 영유아센터에 보내기 때문에, 부모와 어린이는 프로그램과 오랜 신뢰관계를 형성한다. 만 3세가 되면 어린이들은 만 3~6세가 다니는 시립 유아학교로 옮겨간다. 시스템은 어린이가 만 3세에 입학한 후부터 졸업할 때까지 3년간 같은 교사가 지도하는 것을 허용한다. 같은 집단의 어린이, 부모 그리고 교사가 오랜 시간 같이 지내며 맺은 관계는 그들에게 익숙하고, 아주 편한 자리가 된다. 학년 말에 헤어지지 않기 때문에 새로운 관계에 적응해야 하는 시기도 없고, 특정 목표를 달성하거나 그 해의 일을 마치고 새로운 상태에서 새 학년을 시작해야 한다는 압박도 덜하다.

셋째, 유아를 위한 이탈리아의 공립 프로그램은 교육과 보육으로 나뉘지 않았다. 프로그램들은 서로 다르지 않지만, 서비스를 제공하는 연령만 다르다. 교육과 보육 모두 보호와 교육을 제공해야 한다. 프로그램은 융통적인 스케줄을 가진 사회적 서비스로 간주된다. 대부분의 어린이는 시립센터에서 오전 8시 반부터 오후 4시까지 생활한다. 그러나 오전 7시 반 같은 이른 시간부터 오후 6시 20분 같은 늦은 시간까지 자녀를 맡겨야 하는 부모도 있고, 점심 시간 직후인 오후 12시 반이나 1시에 데려가는 것을 선호하는 부모도 있다. 대부분의 어린이는 집단 체제에서 많은 시간을 보내고 있다. 따라서 교육자는 서두르지 않는 속도로 진행되는 식사를 위한 여유 있는 사회적 세팅, 낮잠을 위한 조용하고 보호적인 환경, 그리고 활동을 위한 굉장히 흥미롭고 매력적인 제안으로 가득한 여러 영역을 제공한다. 환경은 어린이에게 안정감, 자아 존중감 그리고 함께 문제를 해결할 기회를 제공한다. 로리스 말라구찌는 "우리는 성숙의 시간, 발달의 시간, 직접 행동하고 이해하기 위한 도구의 시간, 어린이의 능력이 완전히, 천천히, 기발하게, 뚜렷하게 그리고 지속적으로 변화하면서 발현할 시간을 존중해야 한다. 이것이 문화적이고 생물학적인 지혜의 척도다."라고 하였다(본 서 제2장 참조).

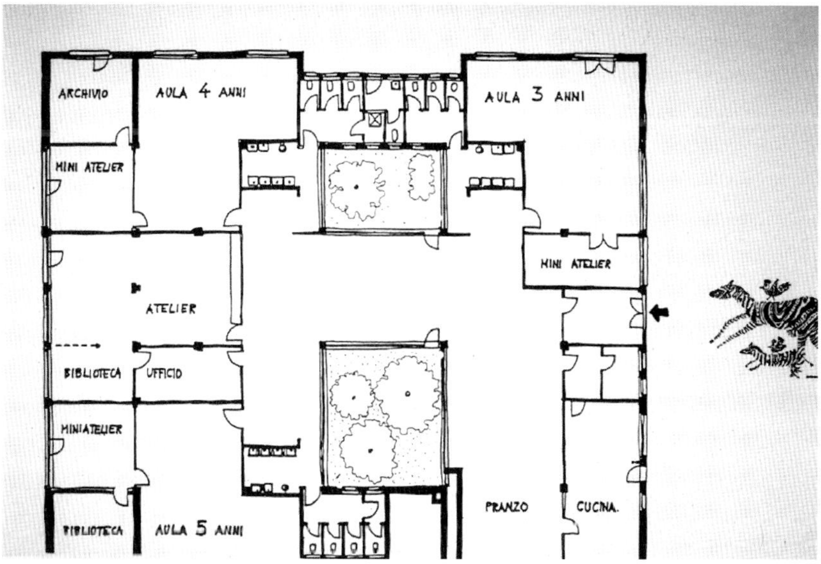

디아나 학교의 평면도

■ 사회적 공간, 활동적인 공간 그리고 손과 마음을 위한 공간

레지오 에밀리아의 교육자는 사회적 상호작용을 학습의 필수 요소라고 본다. 활동, 의사소통, 협동, 심지어는 갈등까지 공유함으로써 어린이는 다른 또래의 아이디어를 발전시키거나 아직 탐구하지 않은 것을 탐구하기 위해 자신의 아이디어를 제공하면서 세상에 대한 지식을 공동 구성한다. 사회성 발달과 인지 발달은 본질적으로 밀접한 관련이 있으므로 공간을 어린이 간의 만남, 상호작용 그리고 교류를 촉진시킬 수 있도록 설계하고 배치한다. 공간은 각 개인 유아와 전체인 집단의 안녕을 보장해야 한다. 동시에 공간은 교사, 교직원 그리고 부모 간의 상호작용과 어린와의 상호작용이 일어날 수 있게 배치되어야 한다. 예를 들면, 성인은 소집단이나 대집단으로 교내에 모여 문제를 논의하거나 함께 식사를 할 수 있다. 학교에서 일하는 성인의 복지, 일하러 가기 전에 학교에 자녀를 맡기는 부모의 신뢰는 교육의 필수 요소이다. 로리스 말라구찌는 다음과 같이 이야기했다(인터뷰, 1990. 6.).

> 우리는 언제나 일과 연구 간의 연계성, 교직원과 가족 간의 건전한 협력, 어린이의 잠재력과 능력에 대한 믿음 그리고 마지막으로 우리가 하고 있는 것에 대해 기꺼이 생각해 보고 토론할 준비를 계속하려고 노력해 왔다.

디아나 학교(p. 435 사진 참조)에도 도시 광장에 붙여진 이름(*piazza, 피아짜*)과 같은 *피아짜*가 있는데, 만 3, 4, 5세 어린이를 위한 모든 교실은 *피아짜*를 향해 열려 있다. 각 교실은 2~3개의 작은 공간으로 나뉘는데, 이렇게 한 이유는 작은 공간이 있으면 어린이가 소집단으로 함께 일하고, 말하거나 타인이 말하는 것을 듣고, 따라서 의사소통할 기회가 더 많이 생긴다고 교사가 믿기 때문이다. 이렇게 배치함으로써 교사도 역시 건설적 탐색과 행동을 야기하는 상황을 만들 기회를 가질 수 있다.

디아나 학교의 *피아짜*를 향해 개방된 내부 공간으로는 큰 도서관인 *아틀리에(atelier)*가 있는데 이곳에는 컴퓨터, 기록 보관소, 자료를 둘 수 있는 공간이 있다. 학교의 모든 어린이와 성인은 *아틀리에*(작업실 또는 스튜디오)를 이용한다. *아틀리에*를 책임지는 교사는 *아틀리에리스타(atelierista)*인데, 그는 미술교육 또는 다양한 차원의 표현예술, 예를 들어 무용, 음악 그리고 디자인에 대한 준비가 되어 있다. *아틀리에리스타*는 어린이와 교사의 경험을 함께 조직하고, 학교에서 이루어지는 기록작업의 편집자이자 디자이너로 일한다. 각 연령 집단별로 교실(큰 방)이 있고, 그 옆에는 *아틀리에*의 도구와 활동을 학교 전체로 배포하는 *미니 아틀리에*가 있다.

학교를 참관하면 부엌을 보게 되는데, 부엌은 요리사와 조수가 어린이와 함께 음식을 준비하는 중요한 공간이다. 최근에는 맛과 음식에 관한 '언어' 에 대한 관심과 어린이가 돌아가며 식탁을 준비하는 것에 대한 관심이 커지고 있는데, 이것은 어린이의 수학적 이해와 미학적 이해에 도움이 된다(Cavallini & Tedeschi, 2007). 식당은 씻기와 물놀이를 위한 세면대가 있는 화장실이나 욕실과 마찬가지로 관계에 매우 중요한 공간인데, 모두 효율적이고 산뜻하게 배치되어 있다. 중요하지 않다고 생각되는 공간은 하나도 없다. 예를 들면, 어린이가 자신의 모습을 장난스럽게 볼 수 있도록 하기 위해 세면실과 화장실의 거울을 다양한 모양으로 잘랐다. 천장에는 어린이가 다양한 재료로 만든 다양한 모양의 모빌을 교사가 설치하는데, 이것들은 대부분 투명하고, 색이 있고, 독특한 재료로 만든 것이다. 또한 실내 · 외 정원 사이의 연계성을 높이기 위해 만든 유리벽이 있다. 유리벽은 자연 채광에 도움이 되고, 어린이에게 투명성과 반사의 성질을 이용한 놀이를 할 기회를 제공한다. 공동체 의식을 창조하기 위해 유리벽으로 작업 공간을 분리하기도 한다. 그러나 만약 누군가 혼자 있거나 일하고 싶을 때 또는 친구와 수다를 떨고 싶을 때 사용할 *미니 아틀리에*나 편한 작은 공간도 있다.

라 빌레타 유아학교(La Villetta Preschool)의 *미니 아틀리에*

하루의 조직과 활동적 공간의 조직을 보면 개인과 집단의 어린이 모두에게 관심을 기울이고 있다는 것을 알 수 있다. 매일 아침 9시경 모두 어린이가 유아학교에 오면 각 학급별로 모임을 갖는다. 어떤 유아학교에서는 간이 노천극장 같은 곳에서 모임을 갖는다. 어린이가 준비된 활동 중에서 하나를 선택하거나 하고 있던 프로젝트를 계속하기로 결정하면, 필요한 재료와 도구는 테이블, 라이트 테이블, 이젤 등에 준비되어 있거나 쉽게 찾을 수 있게 편리한 장소에 준비되어 있다. 어린이가 필요한 것은 무엇이나 재생, 비재생 물품으로 가득 찬 개방된 선반에서 찾을 수 있다. 이런 재료는 교사의 도움을 받아 미리 선택해서 투명 용기에 담아 놓은 것이다.

활동, 자료의 건설적 탐색 또는 프로젝트나 특정 주제에 관한 작업을 위해 공간을 배열하고 사용하는 것은 매우 중요하다. 로리스 말라구찌는 다음과 같이 말했다.

> 학교에서 실제 일어나고 있는 것이 교사에게는 기본적 시험이다. 우리에게 가장 중요한 것은 계속 진행되는 활동이며, 이 활동은 우리의 흥미를 계속 유지시켜 주고 우리의 생각과 행동을 활발히 유지(듀이의 말)시키는 데 기여한다. 나는 우리 유아학교의 움직임, 독립성, 상호작용을 극대화하기 위해 교육 프로젝트와 일의 조직, 건축적 · 기능적 세팅을 위한 계획을 통합시키려는 시도를 보여주었다고 생각한다. (말라구찌〈Malaguzzi〉 대담, 1992)

자극적이고 의미 있는 활동센터로서의 공간 배치를 강조하기 위해 말라구찌가 사용하는 이미지 중의 하나는 고객이 마음에 드는 그릇을 찾고, 선택하고, 활기찬 상호작용에 참여하는 시장의 '상품 진열대'이다.

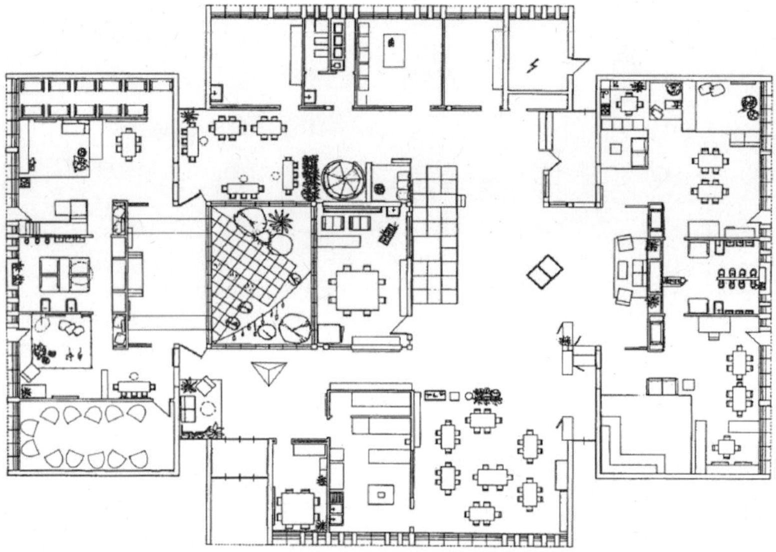

아르코발레노(Arcobaleno) 영유아센터의 평면도

■ **다른 연령과 발달 수준에 적합한 공간**

영유아센터의 물리적 환경은 아주 어린 영아의 친밀감과 보호적인 상호작용에 대한 욕구를 수용해야 하므로 매우 중요하다. 출입구 오른쪽의 안락한 등가구 의자는 부모가 어린 자녀와 잠시 쉬고, 다른 부모와 만나고, 교사와 이야기하는 데 사용된다. 또한 카펫이 깔리고 쿠션과 베개가 많이 있는 방에서는 어린이가 안전하게 기거나 교사와 함께 푹 파묻혀서 이야기를 듣거나 그림책을 볼 수 있다. 동작 활동에 적절한 교구를 갖춘 더 큰 방도 있는데, 이곳에는 경사로나 부모가 만들어 주어서 어린이가 들어가거나 밀 수 있는 끌차 같은 것이 있다. 가장 어린 영아 교실 사이에는 용변, 세면, 기저귀 교환을 위한 공간이 있다. 기저귀를 가는 동안 영아의 참여를 독려하기 위해 포함된 하나의 디테일은 기저귀 교환대 위에 달린 거울이다. *아틀리에*에서는 어린이가 물감, 사인펜, 밀가루, 진흙 등을 탐색한다. 유리로 방을 나누는 것은 격리 불안을 많이 느끼는 어린 영아가 다니는 영유아센터에서 많이 이용한다. 유리벽을 통해서 부엌이나 또래가 옷을 갈아입는 방을 보거나 다른 연령의 어린이가 노는 방을 들여다 볼 수도 있다. 또는 다른 연령 집단의 어린이가 놀이하는 교실 사이를 왔다 갔다 하며 볼 수 있게 해준다. 아주 어린 영아가 전체 영유아센터에 대한 소속감을 가지게 되는 방법은 아르코발레노 영유아센터의 평면도와 '라우라(Laura)와 시계'에 대한 유명한 상황이 함께 수록된 책에 묘사되어 있다(Edwards & Rinaldi, 2009).

유사하게 가장 어린 영아가 있는 학급에는 블록, 레고, 장난감 동물, 재활용 물품 같은 비구조적인 재료를 가지고 놀 수 있도록 넓은 공간이 준비되어 있다. 영아가 바닥에서 놀 수 있도록 많은 부분에 카펫을 깔아 놓았다. 소꿉놀이 공간은 넓고 집에서 흔히 볼 수 있는 그릇이나 유리그릇의 모형, 다양한 크기의 파스타와 다양한 색의 콩이 담긴 병들로 가득 차 있다. 늦가을쯤에 *미니 아틀리에*에 들어서면 어린이가 진흙, 종이, 철사의 특성을 탐색하는 것을 볼 수 있다. 어린이는 이런 물체를 몇 주간 가지고 논다. 몇 달 후에 교사와 어린이는 기술과 이해의 수준을 높이기 위해 이 물체를 다시 사용한다. 1년 동안 어린이의 자신감이 높아짐에 따라 큰 *아틀리에*에서도 여러 가지 탐사와 프로젝트를 해 본다.

■ 기록하는 공간

로리스 말라구찌에 따르면, "우리 학교의 벽은 말하고 기록한다. 벽은 어린이와 어른이 만든 전시물을 일시적 또는 영구적으로 보관하는 장소로 이용된다"(본 서 제2장 참조).

방문객이 공간에 대해 받는 충격 중 하나는 학교의 모든 곳에 전시되어 있는 어린이 작품의 질과 양이 방대하다는 것이다. 이것이 교사와 어린이가 학교의 공간을 만들고 그 학교의 문화를 구성하는 데 기여하는 다양한 방법 중 하나이다. 이것은 교사와 특히 전시물을 아주 신중하게 선택하고 준비하는 *아틀리에스타*의 도움으로 이루어진다. 대부분의 경우 어린이의 작품 옆에는 과정을 말해주는 사진이 활동의 여러 단계와 변화에 대한 설명과 함께 전시되어 있다. 설명에는 이 활동을 할 때 어린이가 자신의 경험을 말한 것이나 대화를 글로 옮긴 것을 포함하여 적기도 한다. 그러므로 전시가 잘 구성되고 공간을 아름답게 하는 데 기여한 것 이외에도 전시물은 특정 활동, 교육적 접근, 활동의 여러 단계에 대한 기록을 제공한다.

관찰, 다양한 기록물 수집, 해석을 통해 협동적으로 이루어지는 기록 과정 그 자체는 무엇보다도 교사가 내용을 잘 아는 상황에서 교육과정을 결정하고 어린이의 활동 과정과 결과를 평가할 가능성을 높인다. 물론 어린이에게도 어른이 자신들에 대해 관심을 갖고 있다는 것을 알 수 있게 해 준다. 마지막으로 교육적 과정을 기록하는 것은 부모, 동료 교사, 방문자가 어린이의 잠재력, 발전해 나가는 능력 그리고 학교에서 어떤 일이 일어나는지를 알게 해 주는 방법이기도 하다.

말라구찌는 기록작업에 대해 다음과 같이 이야기하였다.

> 현재 우리는 다른 종류의 공간이 필요하다. 어린이에 대해 적극적이고 생산적인 이미지를 가지고 있다면, 공간의 형태, 배분, 크기, 조직도 그 이미지를 고려해서 정해야 한다. 그것이 드러나는 학교도 있고 드러나지 않는 학교도 있다. 만약 드러나는 학교라면 우리는 그것을 고려해서 더 잘 드러나도록 도와주어야 한다. 우리는 부모가 머무르면서 시간을 가지고 천천히 볼 수 있는 기록이 있는 공간을 창조해야 한다. 나는 특별한 공간-편한 의자가 있고 부모가 쉬면서 그곳에 있는 메시지의 흐름을 느낄 수 있으며 전시물이 끊임없이 바뀌는 공간을 만들고 싶다. 우리는 부모, 방문객 그리고 교사가 함께 이야기하고 생각과 아이디어를 나눌 수 있게 공간을 조직해야 한다. 자료 보관소는 우리가 한 작업 중 특기할 만한 요소가 되었다. 자료 보관소는 기록작업이 필요했기 때문에 생긴 결과물이다. 그러나 만약 기록한다면 누구를 위해 기록하는가? 나는 가족을 포함한 조직이 있어야지만 기록할 가치가 있다고 생각한다. 그렇지 않다면 기록이 전하는 메시지가 튕겨나갈 것이다. 내가 말하려 하는 것은 기록 보관실과 기록작업이 학교 안에 있는 모든 사람의 전문적 위상을 완전히 바꾸어 놓는다는 것이다. 이런 완전한 변화는 기록작업을 하기 위해서는 기록뿐만 아니라 예측도 해야 하기 때문에 생긴다. 즉, 무엇을 기록할지와 왜 저것이 아니라 이것을 기록하는지에 대해 신중히 생각해야 한다. 우리 학교는 물리적으로는 땅 위에 서있지만 이미지로는 움직이는 배여야 한다. 이것은 부모가 항상 우리와 함께 승선하여 다른 경치, 변형, 현상 등을 함께 봐야 한다는 것을 의미한다. 이것은 어린이의 흥미를 따라 갈 때만 볼 수 있는 것이다. 어린이가 신체적으로 뿐만 아니라 그들의 언어가 그렇듯이 마음과 사회적 상호작용도 끊임없이 움직이기 때문에 부모는 움직이는 학교에 대한 이미지를 가져야 한다. 우리는 학교에 대해 이런 개방된 시각을 가져야 한다. (말라구찌와 베키〈Malaguzzi & Vecchi〉 인터뷰, 1992)

■ 가르치는 공간

이곳에서는 환경이 어린이를 교육하는 것으로 여겨진다. 즉, 두 명이 한 팀인 교사와 함께 환경은 '제3의 교사'로 여겨진다.

어린이의 '교육자'로서의 역할을 하기 위해 환경은 융통성이 있어야 한다. 어린이의 요구에 반응하고 어린이가 지식을 구성해 가는 데 도움을 주기 위해 교사와 어린이는 환경을 자주 수정해야 한다. 유아학교에 있는 사람을 둘러싼 모든 것과 사람이 쓰는 모든 것(물체, 재료, 구조물)은 수동적인 요소로 여겨지지 않고 그 환경에서 적극적으로 움직이는 어린이와 어른의 행동을 조정하고, 행동에 의해 조정받기도 하는 요소로 생각된다. 로리스 말라구찌의 말을 빌려보자(개인적인 대담, 1984).

우리는 모든 연령 사람 간의 좋은 관계를 촉진시키고, 좋은 환경을 창조하고, 변화를 제공하고, 선택과 활동을 촉진할 수 있는 힘과 모든 종류의 사회 · 정서 · 인지적 학습을 야기하는 잠재력 때문에 공간을 중요시한다. 이 모든 것은 어린이가 안녕과 안정감을 느끼게 하는 데 기여한다. 또한 우리는 환경은 그 속에서 살고 있는 사람의 아이디어와 가치와 태도와 문화를 반영해 줄 수 있는 수족관이 되어야 한다고 생각한다.

지안니와 안나 이오티의 선물인 새로운 유아학교 마르티리 디 세쏘 유아학교(Martiri di Sesso Preschool)의 *피아짜*로부터 *아틀리에*를 들여다보는 전망

레지오 에밀리아에 있는 유아학교 어느 것도 다른 곳에서 그대로 따라 할 수 있는 모델로 사용될 수 없다. 그러나 이 학교들은 다른 곳에서도 고려할 수 있는 공통된 특징이 있다. 각 학교의 독특한 모양의 정원, 벽, 긴 창문, 멋있는 가구는 다음과 같이 선언한다. "이곳은 성인이 환경의 질에 대해 생각해 온 장소이다." 각 학교는 빛, 다양함, 기쁨이 가득하다. 각 학교는 어떻게 함께 일하고 즐기는 교사, 부모, 어린이가 자신들의 삶과 학교의 역사와 다양한 문화와 충분히 고려한 선택이 반영되는 독특한 공간을 창조했는지를 보여준다.

우리를 둘러싼 환경에 대한 민감한 접근이 참여와 타인이나 우리를 둘러싼 것과의 의식적인 연대에 필요한 긍정적인 요소, 즉 민주주의와 인류애의 미래를 위해 필수 불가결한 태도를 형성할 것이라는 것이 우리의 희망입니다. (Vecchi, Filippini, & Giudici, 2008, p. 11)

참고문헌

Bruner, J. (1991). The narrative construction of reality. *Critical Inquiry, 18*(1), 1-21.

Bruner, J. (2004). Life as narrative. *Social Research, 71*, 691-710.

Cavallini, I., & Tedeschi, M. (Eds.). (2007). *The languages of food: Recipes, experiences and thoughts*. Reggio Emilia, Italy: Reggio Children.

Cavazzoni, P. (2007, April). *Pedagogy and architecture encounters*. Lecture at the University of Modena and Reggio Emilia.

Ceppi, G., & Zini, M. (Eds.). (1998). *Children, spaces, relations: Metaproject for an environment for young children*. Reggio Emilia, Italy: Reggio Children and Domus Academy Research Center.

Edwards, C. P., & Rinaldi, C. (2008). *The diary of Laura: Perspectives on a Reggio Emilia diary*. From a project originally by Arcobaleno Municipal Infant-Toddler Center, Reggio Emilia, Italy, in collaboration with Reggio Children. Minneapolis, MN: Redleaf Press.

Filippini, T. (1990, November). *Introduction to the Reggio Emilia approach*. Paper presented at the annual meeting of the National Association for the Education of Young Children, Washington, DC.

Gandini, L. (2010). The relationship between architecture and pedagogy in the experience of the Reggio municipal infant-toddler centers and preschools: Innovations in Early Education. *The International Reggio Exchange, 17*(1), 1-11.

Greenman, J. (1988). *Caring spaces, learning spaces: Children's environments that work*. Redmond, WA: Exchange Press.

Municipality of Reggio Emilia Infant-Toddler Centers and Preschools (1996). *The hundred languages of children: Narrative of the possible* (catalog of "The Hundred Languages of Children" exhibit). Reggio Emilia, Italy: Reggio Children.

Vecchi, V., Filippini, T., & Giudici, C. (Eds.). (2008). *Dialogues with places* (catalog of the exhibit). Reggio Emilia, Italy: Reggio Children.

Zini, M. (2005, April). See, hear, touch, taste, smell and love. *Children in Europe, 8*, 22-24.

19

레지오 에밀리아에서 사용되는 디지털 매체

조지 포먼(George Forman)

디지털 매체와 어린이

디지털 매체와 교사들

레지오 에밀리아 유아학교에서 우리는 디지털 매체의 최신 사용방식을 볼 수 있는데, 이는 우리를 즐겁고 놀라게 하며 유아교육 및 어린이들의 유능함에 대한 우리의 이해를 높여준다. 본인은 여기서 이들의 혁신적 시도에 대해 논할 예정이지만, 우선 그들이 현재 디지털 매체를 사용하는 익숙한 방식을 다루게 될 것이다. 때때로 본인은 지금 디지털 매체를 통해 이루어지는 것과 포토샵 중첩(Photoshop overlays) 대신 아세테이트 용지를 사용하여 이전에 디지털 매체 없이 하던 것을 비교해 볼 것이다. 이렇게 하면서 우리는 변화해야 하는 이유를 토론해 볼 수 있고 디지털 매체로 옮겨가면서 얻게 되는 것과 잃게 되는 것을 생각해 볼 수 있다.

본인이 말하는 디지털 매체란 컴퓨터에 존재하는 모든 유형의 파일을 의미하며, 추후 종이에 인쇄되거나 비디오 테이프에 녹화된 것을 포함한다. 디지털 형식은 내용 자산이 분배, 저장, 편집, 회수, 혼합되는 방식 그리고 비디오가 포함된 텍스트 혹은 동영상 그래픽과 함께 가는 사진처럼 다른 상징들과 중첩되는 방식에 있어서 큰 유연성을 제공해 준다.

우리는 레지오 순회 전시 안에서도 디지털 매체가 통상적으로 사용되는 방향으로 변화해 가는 것을 보아 왔다. 재생산이 어렵고 커다란 크기의 벽에 거는 패널에서 디지털 형태로 저장되어 있어서 언제라도 복사물 출력이 가능한 그래픽이 담긴 가볍고 홀로 설 수 있는 기둥으로 전시 방향이 옮겨가고 있다. '학습의 경이로움: 어린이들의 수많은 언어' (Reggio Children, 2011)라는 가장 최근의 순회 전시에는 일곱 개 혹은 여덟 개의 모니터와 DVD가 포함되어 있어서 이것을 반복적으로 상영하거나 방문객이 조종할 수 있다. 그간 우리는 컴퓨터를 사용하여 학교 벽을 멋지게 만드는 이미지와 기록작업을 인쇄해 내는 경우가 증가하는 것을 보았으며, 가족에게 졸업 선물을 집으로 보내는데 CD를 점점 더 많이 사용하는 모습을 보아 왔다.

집에 있는 가족에게 보낸 CD 안에는 글이 담긴 파일, 어린이의 목소리가 담긴 녹음 파일, 비디오 파일, 그리고 지난 3년을 담은 자산을 살펴보는 방법이 담겨 있다. 이 CD들은 학교에서 있던 경험의 실제 과정을 담은 것으로, 지난해의 노트, 사진 그리고 그림들로 채워진 포트폴리오를 어린이들에게 주던 이전의 실천에서는 불가능했던 방식이다. 디지털 형식으로 된 사진들은 거대한 기록에서 나오는 것으로, 이 사진을 사용하고 재사용해서 벽에 붙이는 기록작업 패널을 만들 수 있다. 이제 사진이 디지털 형식으로 되어 있다는 사실로 인해 어린이, 부모 그리고 방문객들은 이전보다 더 큰 데이터베이스에 쉽게 접근할 수 있으며, 과거 벽에 걸리는 거대 패널이 선반에 쌓여서 보관될 때와 비교해 훨씬 덜 거추장스럽다.

많은 *아틀리에*에는 프린터, 스캐너, 비디오 모니터 그리고 비디오 프로젝터 등이 있다. 어린이는 이 장비의 사용법을 배워서 종이 위 이미지 그리고 컴퓨터 스크린 위 이미지, 동영상과 비디오 클립을 생산해낸다. 몇 개의 집단은 빛, 소리 그리고 물리적 장애물에 반응하도록 프로그램화될 수 있는 레고 마인드스톰(Lego Mindstorm) 블록(컴퓨터화된 모듈)을 사용해 왔다.

또는 나는 어린이들이 비디오를 사용하여 경험을 되돌아보고, 성인들은 특정 프로젝트나 조사를 연구하는 데 디지털 비디오를 사용하는 경우가 증가하는 것을 보아 왔다. 예를 들면, 기록작업과 평가(assessment)를 주제로 다룬 심화연구 주간(2009. 10.)에 *아틀리에리스다*, 교사, 멘토 교사로 이루어진 작업 집단이 국제 연수단에게 20분짜리 비디오를 보여주었는데, 그 비디오 안에서 세 명의 남자 어린이들은 협력해서 자신들이 먼저 만들어 놓았던 점토 테이블과 같은 규모로 미니어처 점토 의자를 만들었다. 분명히, '학습의 경이로움' 전시에 담긴 사례 외에 수많은 시간 분량의 비디오 영상자료가 있었나. 이 자료는 편집실 바닥에 저절로 떨어진 것이 아니라 디지털 데이터베이스로 존재하여 교사들이 어린이들과의 작업을 돌아보고, 평가하며, 계획하고, 전파하는 데 쓰이기 위한 것이다.

디지털 매체와 어린이

■ 레지오 에밀리아 교사들의 고유한 특징

디지털 매체의 사용은 최근의 일처럼 들리지만 유별난 것은 아니다. 그렇지만, 그들이 이 매체를 어떻게 사용하는지를 찾아가 자세히 들어보자. 여러분이 여기서 디지털 매체의 통상적 사용방식과 시난 30년간의 레지오 작업을 규정짓던 교육학적 원리 간 접점을 볼 수 있으리라고 본인은 생각한다. 예를 들면, 교사들은 종종 '관계'를 그들의 주요 핵심 목표로 삼는다. 그러면 컴퓨터화된 블록을 활용한 라 빌레타(La Villetta) 학교의 한 프로젝트가 어떻게 이 원리를 뒷받침할 수 있을지 궁금할 것이다. 조반니 피아짜(Giovanni Piazza)와 엘레나 쟈코피니(Elena Giacopini)가 어떻게 이것이 이루어졌는지를 소개한 바 있다. 마당에 있는 나무 한 그루가 지난 밤 폭풍으로 인해 커다란 가지 하나를 잃게 되었다. 어린이들은 이 나뭇가지를 학교 테라스 안으로 가져와서는 그 나뭇가지('아이')가 나무('엄마')를 그리워하지 않을지 걱정하였다. 어린이들은 레고(Lego)에서 개발한 마인드스톰(Mindstorm) 블록을 사용하여 나무가 나뭇가지에 인사하는 방법을 생각해 내었다. 이 블록들 안에는 빛에 반응하여 다른 스위치를 작동시켜 주는 감지장치가 들어 있다. 아침에 해가 떠오르면 햇빛이 나무 위에 설치된 거울에 반사되어서, 어린이들이 나뭇가지에 설치해 놓은 빛 감지장치를 건드린다. 이 시점에서 빛 감지장치가 사운드 트랙을 작동시켜서 "안녕, 엄마."라고 말한다.

본인에게 중요했던 것은 이 사례가 얼마나 멋지게 레지오 교육자들의 전형을 보여주고 있는가였다. 대다수 교사라면 모터가 달려 있어서 손뼉을 치면 멈추고 의자 다리에 부딪히면 뒤로 물러나도록 하는 블록을 이용하여 어린이들과 작업했을 것이다. 본인이 전형적인 레지오 특징이라고 생각했던 점은 이 로봇 세계를 사회적 세계와 통합시킬 방법을 찾았다는 것으로, 컴퓨터화된 블록의 지능을 나무와 부러진 나뭇가지 사이에서 사랑으로 가득한 관계를 되찾는 데 사용한 것이었다. 이처럼 컴퓨터화된 블록을 감정이입의 관점에서 재구성한 것이 나를 미소 짓도록 만든 것이다.

■ 옛것이 디지털로 바뀌다

『*새들을 위한 놀이 공원(the Amusement Part for Birds)*』 비디오(Reggio Children, 1992)를 제작하는 동안, 나는 어떤 사물의 내부 혹은 성장에 대해 어린이들이 생각하도록 도와주기 위해 교사들이 선 그림 위에 아세테이트지를 여러 겹 놓아주는 장면을 목격했었다. 한 경우에, 어린이는 해바라기 성장 단계를 여러 겹의 아세테이트지 위에 그려서 해바라기의 형태가 변화하는 모습을 보여주었다. 다른 경우, 어린이들은 먼저 자신들 눈에 보이는 대로 분수대를 사전에 그려 놓은 그림 위에 아세테이트지를 올려놓고, 분수를 통해 물이 이동해 가는 경로를 그려 넣었다. 밑그림이 보이는 채 여러 겹을 겹쳐 놓고 그림을 그리는 방법은 컴퓨터에서 신기술의 발달로 인해 포토샵이나 다른 그래픽 앱을 사용하면 가능하다. 그렇지만 왜 우리는 이렇게 하려고 할까?

물론 교직원 회의에서 그 이유가 논의되었다. 새로운 매체가 예전 매체보다 본질적으로 더 좋은 매체라고 전제하지 않는다. 레지오 교육에서 모든 결정은 반드시 어린이들의 학습 방법과 매체의 유용성에 대한 이해에서 도출된 이유가 있어야만 한다. 다음의 몇 사례는 이전의 기법이 디지털 기술을 통해 어떻게 수정되었는지를 보여준다.

'학습의 경이로움' 이라는 신판 전시에는 로리스 말라구찌 국제센터 안의 커다란 비어 있는 공간에 대해 어린이들이 탐구한 사례를 볼 수 있다. 한때 유명한 파르미지아노 레지아노(Parmigiano Regiano) 치즈를 생산하는 커다란 공장이자 창고였던 공간을 새로 꾸며서 센터로 만들기 시작한 시점이었기 때문에 그 공간이 비어 있었다. 어린이들은 기둥들이 들어차 있는 거대한 비어 있는 공간을 보자 곧 기둥들 사이를 뛰어다니기 시작했고, 그 공간을 다양한 방식으로 돌아다닐 수 있다는 점을 흥미롭게 느꼈다. 어린이들은 기둥들이 천장의 구멍 속으로 사라져버린다는 것을 발견하였고, 한 생물체, 사실 무당벌레가 거기 살면서 이 거대한 공간으로 나와 자유롭게 탐색하고 길을 잃기도 하며 다시 길을 찾아갈 것이라는 상상을 했다.

레시오 교사는 무당벌레를 중심으로 전개되는 이야기가 앞으로 수주에 걸쳐 프로젝트를 동기화시키고 조정해 내리라는 것을 알고 있었다. 그 프로젝트 안에는 무당벌레의 여정을 실제 공간 안에 노란색 털실로 배치해 보고, 그 공간을 드러내는 모형을 만들어 경로를 나타내고, 마지막으로 포토샵 알파 채널을 이용해서 그 공간 안에서 무당벌레의 움직임과 무당벌레 비행의 역동성을 동영상으로 전환하는 것이 포함되었다.

"그래, 하지만 컴퓨터도 우리가 어떻게 말하는지를 알아야 해.
그리고 우리가 원하는 것을 컴퓨터가 해 주어야 해."

디아나 학교 어린이들의 글과 그림

무당벌레와 무당벌레가 지닌 습관에 대한 개인적이며 길게 이어진 이야기는 교사들에 의해 풍성해졌다. 우리가 디아나 학교 식당에 얼룩말이 들어왔다거나, 라 빌레타 학교 뒷마당에 1m 사방의 땅을 막아놓고 그 안에서 사는 개미와 벌레들을 몇 주에 걸쳐서 연구한 내용을 처음 읽었던 이래 우리가 계속 레지오에서 행해진 것을 봐온 것과 같은 동일 방식에 따라 이 이야기도 이루어졌다. 그 어린이들은 자신 이야기의 주인공들과 깊은 관계를 맺고 있었기 때문에 새로운 매체를 사용해 어린이들이 만들어 낸 결과물은 놀라울만큼 독창적이고 미묘하며 다채로웠다. 어린이들은 무당벌레가 날아다니고, 일시적으로 납작하게 눌리며, 전기에 감전되고, 다시 살아나는 모습을 포토샵을 이용해서 표현해 냈다. 그 결과는 예사롭지 않았는데, 그 이유는 어린이들의 기교적 기술이 탁월해서가 아니다. 어린이들은 말하고자 하는 게 있었고, 무당벌레가 커다란 공간에서 자신을 숨길 필요가 있거나 길을 찾기 위해 안테나가 있어야 하는 것처럼 어린이들이 처음 그 거대한 공간에서 압도당했던 느낌을 무당벌레에 투사하였기 때문이다. 어린이들에게는 무당벌레에 대해 모든 것이 갖춰진 완전한 이야기가 있었다. 어린이들의 흥미를 불러일으킨 거대한 방에 대한 모든 것이 이야기 안에 스며들어 있었다. 다시금, 레지오 교육자들은 주제에 대해 개인적으로 맺은 관계가 이야기를 구성해 내는 동력이라는 점을 우리에게 말해 주고 있다.

포토샵을 사용하면 마커, 종이 그리고 실을 사용할 때에는 어린이들이 만들어 내기 어려운 미묘한 차이를 만들어 내는 데 도움이 된다. 예를 들어, 방 안에 무당벌레가 움직인 경로를 색실로 배치해 놓은 사진 한 장이 컴퓨터 화면 위에 이미지로 제시되었다. 그리고 어린이들은 포토샵을 이용해서 사진에 찍힌 팽팽하게 당겨진 실 위에 구불구불한 경로를 겹쳐 그려 넣었다. 어린이들은 또 무당벌레의 여정이 전개됨에 따라 전기에 감전되고, 눌리고, 다시 살아나고, 날개를 퍼덕이고, 돌아다니는 다양한 모습으로 손쉽게 바꿀 수 있었다.

■ 가상과 현실

교사들은 가상, 현실 그리고 표상적 코드를 계속 겹쳐 놓는다. 무당벌레의 여정 중에 어린이들은 컴퓨터의 디지털 사진 위에 무당벌레의 경로를 그릴 수 있도록 그래픽 태블릿과 터치 펜을 사용했다. 이 이미지들은 저장되어 있던 일반적 사진이 아니라 어린이들이 오렌지 색실로 여정을 표시하면서 실제로 직접 찍은 사진이다. 이처럼 개인적인 사진들은 어린이들이 이전에 실을 배치하면서 있었던 모든 감정, 대화 그리고 농담을 기억하도록 도와준다. 컴퓨터 작업을 하면서 어린이들은 기억해 내기도 하고 고안하기도 한다.

이처럼 어린이들의 현실 세계를 가상 세계 안에 투입하는 책략에는 큰 장점이 있다. 우리가 본 바에 따르면, 어린이들이 찍은 공원 분수대 사진을 확대한 이미지를 투사하고 그 안으로 어린이들이 '들어가도록' 지원하는 것처럼(Forman & Gandini, 1992; Piazza, 1995), 레지오 교육자들은 디지털 매체를 사용하기 이전부터 이러한 책략을 사용해 왔다. 슬라이드 프로젝터가 어린이 위에 분수 이미지를 투사하면, 어린이들은 그 안에서 분수대가 되기도 하고, 아니면 분수대 물을 마시고 분수대가 뿜어내는 물을 피하는 척하기도 한다. 가상과 현실을 압축하게 되면 양측 모두에 새로운 의미가 생겨난다.

어린이들은 기둥이 있는 공간과 다른 지형지물의 디지털 사진을 찍는다. 교사는 "이 사진을 찍었을 때, 넌 어디에 서 있었니?"라고 묻는다. 이런 질문은 가상과 현실을 연결 짓는 방식으로 사진을 '읽어내도록' 어린이들을 격려한다. 그렇지만 주목할 것은 교사가 "사진에 있는 사물을 방 안에서 찾아볼래?"라고 하지 않는다는 점이다. 관점에 대한 질문은 앎의 주체(the knower)와 앎의 내용(the known), 그리고 사진 찍는 각도를 선택하는 사람과 사진 간의 관계를 나타내기 때문에 더욱 흥미롭다. 가상과 현실 간의 관계는 어린이들이 차이점을 이해하도록 돕는다. '현실'이란 관점의 문제로 사람이 한 경험 혹은 경험 전체를 어떻게 바라보는가에 따라 달라진다. 동일 기둥들이라도 어린이가 어느 지점에 서 있는지에 따라 가득 차 보이기도, 여유가 있어 보이기도, 숨겨지기도 한다.

무당벌레 이미지를 동영상으로 만들어서 움직이는 날개의 역동성을 포착하고자 할 때도 어린이들은 가상과 현실의 통합을 이루었는데, 여기서는 움직임 시뮬레이션을 위해 연속적으로 이어지는 포토샵 그래픽 층(graphic layer)을 사용하였다. 첫 단계로, 어린이들은 종이를 오려서 무당벌레를 만들었고, 토론하고 종이를 자르고 다듬고 접으면서 비행을 연속해서 보여줄 나머지 자세들을 구성해 내었다. 다음 단계로, 오려낸 종이들을 포토샵을 이용해 스캔하여 각각의 장에 번호를 붙였고, 적절한 순서로 조직하였으며, 크기와 방향을 조정하여 한 마리의 무당벌레가 날아가는 모습을 표현하였다. 종이 모델들을 번호에 따라 정확하게 배치된 하나의 연속된 장면으루 전환해 보는 경험은 어린이들에게 움직임에 대해 더 보편적 지식을 갖도록 해 주었다. 움직임은 표준화된 간격에 따라 분절되고 순서를 보여주는 일련의 자세들의 묶음으로 이해될 수 있는데, 이것은 대수의 기본이 되는 개념이다. 그래도 이 표상의 출처인 종이 모델들을 보면 직관적으로 이해가 되기 때문에 표상이 다소 추상적이라도 부분적으로는 "수용된다."

어린이들은 첫 단계로 종이를 오려서 무당벌레를 만들었고, 토론하고 종이를 자르며 다듬고 접으면서 비행을 연속적으로 보여줄 나머지 자세들을 구성해 내었다. 다음 단계로, 오려낸 종이들을 포토샵을 이용해 스캔하고 각각의 장에 번호를 붙였다.

■ 경험을 조직화하기 위한 코드 만들기

우리는 '비 오는 도시'('어린이들의 수많은 언어' 전시 중 한 주제; Reggio Children, 1987/1996/ 2005)를 떠올려 볼 수 있다. 이 프로젝트에서 어린이들은 빗방울이 자동차 지붕, 물웅덩이, 옥외 노면에 떨어지는 소리와 젖은 도로 위에 자동차가 지나가는 소리를 녹음하였다. 어린이들은 이 녹음된 소리의 질적 특성과 리듬에 따라 소리를 표식(marks), 일련의 점, 몇 개의 말린 회오리 모양으로 번역해 냈다. 이와 같은 교차양식으로 표상하기는 디지털 매체로도 이어졌다. 어린이들은 컴퓨터에다 말을 하고 스크린(분광사진) 위에 나타난 소리의 크기와 빈도를 나타내는 표상을 보게 된다. 실시간으로 기계가 만들어 내는 자신들의 목소리 표상을 토대로 어린이들은 종이와 펜으로 작업하며 새로운 부류의 표식을 만들어 낸다. 다음은 『*장소와의 대화(Dialogues With Places)*』(Vecchi, Filippini, & Giudici, 2008, p. 118)에서 인용한 것이다.

> 어린이들은 서로 다른 언어 간 관계를 만들어 내면서 세상에 대해 배운다. 이와 같은 연구에서 언어(분광사진을 의미하는 것으로 생각된다)는 어린이들이 '소리의 문법'을 자신의 것으로 만들도록(더 잘 이해하도록) 도와주는 것으로 보인다…. 리듬은 모든 언어에서 본질적 부분이고, 가득 차 있고 비어 있으며 소리와 침묵으로 이루어진 놀이이다. 우리는 어린이들이 우연히 만들어 낸 소리와 연구를 통해 만들어 낸 소리를 이어주는 통로가 여기에 있다고 느낀다.

달리 말하면, 날 것의 경험 세계는 리듬 모티프, 진행 그리고 반복을 축으로 정리되고 이해되어 하나의 작품이 된다. 처음에 컴퓨터는 아날로그(인간 목소리)와 디지털(분광사진)을 대응시킨다. 그리고 나면 어린이들은 종이와 연필을 써서 소리를 표식으로 표상하기 위해 이런 규칙성을 재고안해 낸다. 어린이들은 코드를 고안하면서 자신들이 그 소리의 미묘한 차이를 '발견하도록' 도움을 받고 있다. 고안하기라는 요소가 없다면, 컴퓨터 그래픽을 아무리 면밀하게 연구하더라도 디지털 코드와 아날로그적 경험은 통합되지 않을 것이다. 여기에 레지오 에밀리아의 구성주의 교육학의 위대한 사례가 있다. 이해한다는 것은 고안하는 것이다(Piaget, 1973).

어린이들은 서로 다른 언어 간 관계를 만들어 내면서 세상에 대해 배운다. 이와 같은 연구에서 언어(분광사진을 의미하는 것으로 생각된다.)는 어린이들이 '소리의 문법'을 자신의 것으로 만들도록 (더 잘 이해하도록) 도와주는 것으로 보인다.

■ 현실을 이해하기 위해 왜곡시키기

아마도 디지털 매체는 다른 어떤 매체보다 우리가 완전히 새로운 현실을 창조하도록 만드는데, 이것이 곧 현실의 표상이다. 그리기는 한 사람을 반 염소로 그려 낼 수 있지만, 컴퓨터는 우리가 몇 초에 걸친 변환 과정을 지켜보는 가운데 마테오(Mateo) 얼굴이 조지아(Georgia) 얼굴로 점진적 형태의 변형이 일어나도록 만들 수 있다. 디아나 학교 어린이들은 이 변형 기술을 실험해 왔다. 사람이 단계에 따라 점점 배경에 있는 나무처럼 보일 수 있다. 보다 전통적 개념에서 위장은 정도를 달리하며 투명인간이 되어가는 것이다. 디지털 매체를 사용하면 '나'에서 시작하여, '위장된 나', '투명인간인 나'로 이어지는 점진적 변화의 과정을 어린이가 더 많이 통제할 수 있다. 물론 마지막 단계(투명인간인 나)는 식별할 수 있는 자극이 아니라 유추에 의한 결론이다. 마지막 단계가 '나'라는 것을 알아볼 수 있는 것은 우리가 그 진행 과정을 목격했기 때문이다. 디지털 매체는 이처럼 멋지다.

디지털 매체는 현실을 왜곡시킬 방법을 어린이들의 손에 건네어 준다. 다른 곳에서 이미 언급한 것처럼(Forman & Hill, 2010), 조작행위, 즉 변화 방법에 대한 어린이의 이해는 물리적이며 사회적 세계를 온전하게 이해하기 위한 토대가 된다. 내가 어떤 작업을 해야만 나의 이미지가 나무와 잘 섞여서 계속 '그 작업'을 하면 나의 형태가 아주 감지하기 어려워질 수 있을까? 비록 나만이 알아볼 수 있는 흔적을 어디에서 찾아야 하는지 나는 알고 있더라도, 어떻게 해야 지나가는 사람들은 나를 전혀 보지 못하도록 만들 수 있을까? 내 얼굴을 그저 초록빛으로 만드는 것만으로는 안 된다. 내 몸의 윤곽을 그냥 사라지게 한다고 되는 일이 아니다. 지각을 담당하는 눈이 어떻게 작용하는지에 대해, 어떻게 눈이 패턴의 불연속성을 찾아내어 한 사물과 다른 사물과 분리하는지에 대해 더 구체적으로 생각해야만 한다. 그러므로 컴퓨터를 이용하여 현실을 왜곡시키면서 사실 나는 현실이 어떻게 작동하는지를 알아가는 것이다. 동시에 어떻게 이전에는 별개의 범주(전면 모습, 위장, 투명)로 보였던 것이 사실상 변화를 위한 하나의 조작행위에 대한 변주인지를 알아가고 있다.

■ 디지털 매체의 유용성(affordance)

물감, 연필, 콜라주, 점토, 컴퓨터 그래픽, 디지털 비디오처럼 이야기와 설명에 사용되는 각기 다른 매체는 적어도 다른 매체와 비교해 볼 때 그 매체가 쉽고 명확하게 표현해 낼 수 있는 하나의 참조 범위를 갖고 있다(Forman, 1994). 한 어린이가 군중에 대해 자신이 아는 것을 다른 사람에게 말하려고 그림을 그린다면 연필로는 얼굴의 익명성 측면을 나타낼 수 있다. 이 인물 형상을 오려내어 분리된 사물로 만들면 군중 안에서 사람들이 오고 가는 방향을 어린이가 쉽게 바꿀 기회가 제공된다(바꾸는 데 유용하다.)(Rinaldi, 1998, pp. 122-125). 사실, 종이 오린 것들의 모음은 방향을 다양하게 해 보라고 어린이에게 말해 주는 듯하다. 레지오 에밀리아 교사들은 다양한 매체의 유용성에 매우 주의를 기울여 왔고, 어린이들이 어떤 매체가 자신들이 표현하고자 하는 것을 나타내기에 가장 유용한지 토론할 기회를 자주 만든다.

포토샵의 그래픽 특성을 이용하여 어린이들은 로리스 말라구찌 국제센터 안에 있는 자신들이 방문했던 공간을 찍은 네 장의 사진 위에 무당벌레 한 마리가 움직여 간 경로를 그려 넣는다. 이 디지털 매체는 어린이들이 방문했을 때 비어 있던 구석진 곳, 기둥, 계단에 목적과 이야기를 덧붙일 수 있게 해 준다.

유용성 측면에서 디지털 매체를 다른 매체와 비교해 볼 수 있다. 종이 오린 것은 방향을 바꾸게 할 수 있지만, 컴퓨터를 이용하면 스스로 움직이도록 할 수 있다. 종이 오린 것을 그냥 손으로 움직이는 것과 어떻게 다른가? 이전에 키보드를 누르거나 혹은 마우스를 움직여 컴퓨터 화면 위에서 움직이라고 아이콘에게 '지시를 내릴' 때, 어린이들은 다음에 이어지는 움직임을 하나의 형태, 즉 사건 형태로 지켜보게 된다. 컴퓨터가 생성해 내는 움직임은 사건을 코딩하도록 허용해 준다(코딩하기에 유용하다.). 코드화된 사건은 (예를 들어 '약간 위로, 아래로 그리고는 수평을 맞추고') '도식화' 되는데, 이것은 인지심리학자인 제롬 브루너(Bruner, 1986)가 즐겨 사용하는 용어이다. 경험을 도식화해 놓으면 그 경험을 미래에 쓰기 위해 인출할 수 있고, 좋은 점은 남기고 나쁜 점은 수정하는 방식으로 편집할 수 있다(예를 들어, "조만간 수평을 유지해야 한다.").

디지털 매체는 동일 현상의 약간 다른 측면을 표현하기 위해 복수의 상징체계를 중첩하여 사용하기에 유용하다. 사실 '다중매체(multimedia)'와 '디지털 매체(digital media)'는 동의어로 취급된다. 어린이들이 무당벌레의 비행을 동영상으로 전환했던 경험을 상기해 보면, 글은 동영상 이미지가 밝혀주지 않는 것을 설명하고, 동영상은 글이 다루지 못한 정보의 공백 부분을 메워줄 수 있다. 글은 목적과 실패를 알리는 데 유용하다. 동영상화된 이미지는 시점과 변화를 알리기에 유용하다. 하나의 상징 형태를 다른 상징 형태로 밀착 매핑(mapping)을 하게 되면 이론과 실천 간의 관계를 이해하는 우리 능력이 향상된다. 글에 비디오 팝업창(pop-up window)이 포함되었을 때 갖게 되는 설명의 위력을 상상해 보라. 중첩된 매체를 사용하면, 이론적 원칙과 이론을 사례로 풀어내고 맥락에 적합하게 맞춘 마이크로 클립(micro-clip)을 일대일로 연결 지어주는 '원칙에서 사례로'의 보기를 제시해 줄 수 있다. 글의 의미는 한 집단의 독자들에 의해 드러나고, 그로 인해 공유되며, 심지어 토론에 부쳐질 수 있다. 우리는 하나의 읽고 시청하는 경험 안에 보편성을 제시해 주는 글의 위력과 구체성을 제시하는 비디오의 위력을 모두 갖고 있다. '무엇을 해야만 하는지'와 '어떻게 하는지'가 섞여 있다. 이러한 밀착 매핑은 우리가 놀이의 교육적 가치, 점차 발전적으로 복잡해져 가는 어린이들의 사고, 혹은 자신의 환희를 억제하고 있을 수도 있는 집단 내 미묘한 역학을 이해하는 데 도움이 된다. 교육자들이 글로 적힌 설명과 디지털 비디오를 병치하기 위해 디지털 프레젠테이션 형식을 사용할 수 있는 방법은 많이 있다(예 Forman & Hall, 2005).

디지털 매체와 교사들

■ 기록작업의 민주화

수년 동안 우리는 집중적 탐사의 순간과 학교 행사에 도시로 나온 기쁨에 찬 모습들을 포함하여, 장기 프로젝트에 몰입해 있는 레지오 에밀리아 학교 어린이들을 드러내 주는 사진들을 보아 왔다. 우리는 어린이들의 적힌 말은 보지만 그들의 목소리를 진짜 들을 수는 없다. 그리고 적합한 도구, 격려의 말, 혹은 어린이들의 하루를 풍요롭게 해 주는 자극을 제공해 주는 능숙한 교사들이 무엇을 했는지는 이보다 더욱 잘 모른다. 그간 몇 개의 비디오가 있었지만, 전반적으로 순회 전시, 기록작업의 벽 패널 그리고 레지오 칠드런(Reggio Children)에서 출판된 많은 도서들은 정적인 인쇄물이다.

우리는 점점 더 비디오를 공유하는 경우가 늘어나는 현상을 보게 되는데, 이는 부분적으로 컴퓨터에 디지털 비디오를 배포하기 쉬워졌기 때문이다. 이렇게 도입이 천천히 이루어지는 것은 다른 무엇보다 교육자들이 어떤 도구를 사용하는 데 신중하다는 것과 연관되어 있다. 그러나 비디오 기록작업으로의 전환이 일어남에 따라 외부인으로서 얻게 되는 유리한 점이 많다. 하나는, 어린이들의 완성된 산물을 더 잘 이해할 수 있다는 점이다. 만 3세 어린이가 소리의 은유를 포착해서 표식을 만들어 낼 수 있다는 것에 단지 놀라는 것을 넘어, 이제는 교수를 촉진하고 주제에 어린이가 공감하도록 도우면서 어떻게 교사들이 이런 방식의 사고를 지원할 수 있는지에 대해 알 수 있다. 또 다른 것은 귀 기울임의 교육, 재방문, 혹은 코드에 관해 앞서 인용되었던 구성적 연구와 같이, 그들이 사용하는 용어들을 우리가 이해할 수 있다는 점이다. 우리가 과거에 겪었던 혼돈의 상당 부분은, 얼마나 정확한지도 모르면서 그들의 용어에 우리만의 '감동적 이미지'를 불어넣어서 생겨난 것이다. 세 번째 이점은, 우리가 이제 충분히 깊이 있는 사례와 세부적 내용을 가지고 레지오 에밀리아와 대화할 수 있다는 것이다. 이를 통해 우리가 보는 것에 놀라고, 비디오로 공유된 참조내용 안에서 같이 보고 있는 행동의 근거를 물어보며, 공동 참여자로서 서로 논쟁을 벌일 수도 있다.

디지털 비디오를 통한 기록작업의 민주화는 비록 다른 문화 안에 적용되어 실천되더라도 확실히 양질의 실천을 구성하는 일에 속도를 더해 줄 것이다. 아마도 우리의 이탈리아 친구들이 즐겨하듯이 '상황에 따라 다르다'고 답할 때, 우리는 이제 다름을 불러오는 상황이 어떤 상황인지를 비디오 안에서 볼 수 있다.

세 명의 남자 어린이들이 점토 의자를 만드는 비디오로 돌아가서, 나는 이 비디오를 돌려본 시점이 실제 그 사건이 일어난 지 하루 뒤였다는 점을 말하고자 한다. 우리는 거기에서 20개 국가에서 온 교육자 70명이 모여 어린이들의 의도를 고려해 보고 의미를 찾기 위해 함께 작업하고 있었고, 심지어 그 지역 교육자들이 작업하기도 전 그 자리에서 우리는 지역 교육자들과 같이 실제 작업을 하고 있었다(이 사건은 Edwards, 본서 제9장을 참조하시오.). 비디오는 이전에 실제 교실을 방문하거나 심지어 등교한 모든 어린이와 같이 하루를 보내더라도 가질 수 없던 기회를 우리에게 제공하였다. 비디오는 우리에게 어린이들 간 상호교류와 교사들이 준비해 놓은 상황을 살펴보고, 재방문하고 재상영하도록 해 주었다. 세 그룹이 동일 부분을 들여다보았고, 모두 모여 우리 분석에 대해 세 개의 독립된 발표를 하였다. 몇 사람은 한 어린이가 점토 테이블 아래 의자가 잘 들어가는지 확실히 하기 위해 사용한 책략에 주목하였다. 어떤 사람들은 남자 어린이들이 문제를 정의하고 해결책을 제안하기 위해 선택한 말들이 얼마나 지혜로운지에 관심을 두었다. 다른 사람들은 세 남자 어린이가 점토 세우기 과제를 수행하는 90분 동안 프로젝트의 에너지가 줄어들 때 무엇이 그들의 흥미에 다시 불을 붙이게 되었는지를 알아챘다. 그 비디오는 정보로 가득한 공유 참조점을 우리에게 제공해 주었고, 우리는 이탈리아 동료들과 테이블에 둘러앉아서 의미를 공동 구성해 낼 수 있었다. 진정 멋진 하루였다.

■ 디지털 비디오의 이야기 위력

본 장은 디지털 매체에 대한 것이므로 본인이 일반적 비디오와 대비되는 디지털 비디오에 대해 말하는 것인지 궁금해 할 수도 있다. 그렇다. 도구로서 디지털 비디오는 아날로그 비디오가 갖고 있지 않은 장점이 있다. 디지털 비디오 클립은 손쉽게 다듬고 편집할 수 있고 집에 있는 부모에게 보낼 수 있다. 안정적인 웹사이트에 게재하고, 추후 인출을 위해 꼬리표를 붙여 데이터베이스에 저장하며, 무한대로 복제하고, 단순히 사례를 제시하기보다는 그 사례를 설명하는 텍스트 페이지 안에 쉽게 삽입하는 것이 가능하다. 이런 것들은 사소한 차이점이 아니다. 만약 어린이와 교사가 작업하고 놀이하는 모습을 담은 비디오 클립을 색인작업해 둘 때, 어떤 한 학교가 만든 역사와 그들이 남겨줄 수 있는 지식 자원을 상상해 보라. 몇 년 전 우리가 어린이들과 군중이라는 소재에 대해 나눈 훌륭한 대화를 접할 수 있다면 그 위력이 얼마나 대단할까? 로리스 말라구찌 국제센터 소재 기록작업팀이 좋은 실천과 그리 좋지 않은 실천 모두를 담은 비디오 데이터 창고를 만든다면 얼마나 유용할 것인가? 기록작업과 교육연구센터에서 그런 시도가 시작된 것을 알고 있다. 우리는 아직 세세한 것은 모르지만, 색인작업을 활용하여 역사적 기록 남기기와 미래 고안하기를 하는 전 세계적 현상을 그들도 복제하며 발전해가리라 생각한다.

전문성의 토대가 되는 것은 두 가지 요소, 즉 내용-중심 경험으로 이루어진 대형 자원과 적용 상황에서 필요한 관련 사실과 책략을 검색하는 기능이라는 점을 우리는 알고 있다. 하드 드라이브에 저장된 비디오는 경험을 나타낼 수 있지만, 그것이 지식으로 전환되려면 비디오 색인작업이 이루어져야 하고, 물리적 세계와 사회적 세계라는 질감이 살아 있는 맥락 안에서 실천을 인도하기 위해서는 그 지표들이 어느 정도 현명하게 사용되어야만 한다. 우리는 오랫동안 레지오의 프로젝트 제목이나 미니 스토리 제목을 이용하여 레지오 실천에 대한 우리의 이해를 '색인작업' 해 왔다. 생각나는 사례들로는, 한 살짜리 영아가 손목시계 사진에 귀를 대보는 '라우라 이야기' (Edwards & Rinaldi, 2009); 들판에 나가기 전과 후에 양귀비를 그린 경험(Reggio Children, 1987/1996/2005); 1990년대 초에 라 빌레타 학교에서 1m 사방의 땅을 탐구한 '게미와 새의 눈으로 보는 것'; '새들을 위한 놀이 공원' 프로젝트 안에서 있었던 시모네와 조지아의 대 논쟁(Forman & Gandini, 1992); 그리고 멀리뛰기 프로젝트 안에서 여자애들은 일반 출발선보다 더 가까운 거리에서 도움닫기를 시작해야 하는지를 다룬 '멀리뛰기 선수의 핸디캡' 에피소드(Forman, 1993년에 소개된 이야기) 등이 있다. 이 사례들은 암기 기법이 아니라 우리가 기억해서 참조점으로 사용하고 싶은 몇 가지 핵심을 담은 짤막한 글들이다. 그리고 이것들은 이야기들이고, 다른 방향으로 진행될 수 있었거나 갈지도 모를 서술 구조를 지니고 있다는 바로 그 이유로 인해 우리는 이것들을 적용해서 암기 기법으로 사용할 것 같지는 않다. 연속적으로 녹화된 비디오 안에 담긴 이야기 구조는 경험을 더 쓸모 있는 방법으로 색인작업하도록 돕는다. 지표는 우리가 이야기를 기억하기에 도움이 되고, 이야기는 탈맥락적인 어떤 실천 원리나 조밀하게 말로 정리된 수행기준보다 우리에게 더 나은 적용 가능성을 보여준다. 그러므로 이런 의미에서 색인작업이 이루어진 디지털 비디오는 관련 경험을 맥락적인 형태로 인출할 수 있도록 해 주어서, 우리가 현재 관찰하고 있는 것의 잠재성을 열어주고 우리가 그간 수립해 온 실제 교실 문화를 발견하게 해 준다.

■ 디지털 매체의 배포 위력

오래 전 어린이들은 1학년에 입학할 나이가 되기 전까지는 부모, 아니면 적어도 엄마와 함께 머물렀다. 현재 양질의 유아교육의 필요성 혹은 욕구가 증가함으로써 우리의 상실감도 동시에 증가하고 있다. 우리 자신의 어린이들과 지내는 개인적 시간을 잃어가고 있어서, 우리는 그들이 어떻게 하루를 지내는지를 알려고 하는 마음이 절실하다.

이러한 상실감은 미국 대중들이 '레지오 접근법' 의 특징으로 기록작업에 집중하게 만든 가장 큰 이유라고 생각된다. 벽에 붙은 패널, 집으로 가져가는 인쇄물 소식지가 자신의 자녀가 무엇을 하고 지내는지를 몰라서 생기는 공허함을 채워준다. 그러나 레지오 교사들은 있었던 일을 기술하는 것을 넘어 설명한다. 이런 기록물들에 사진과 비디오가 포함된다면 부모들이 얼마나 더 만족하게 될지 생각해 보라.

북미 교사들은 첫 시도로 인터넷 블로그를 사용하여 부모들에게 최근 소식을 알려왔고, 부모들이 참여하고 반응을 나누며, 학교에서 이루어진 일이 집에서 어떻게 이어졌는지에 대해 정보를 나누도록 격려해 왔다. 그렇지만 이러한 혁신들은 초기 단계에 머물러 있고, 배움의 순간들에 대한 평가나 집단 차원의 분석 혹은 분산된 분석으로까지 확장되지는 않았다. 그러나 모든 구성원에게 배포가 가능한 디지털 매체의 위력은 공동체 의식이 강한 농경 지역인 에밀리아 로마냐(Emilia Romagna) 주 안에서는 분명 중추적 위치를 찾게 될 것이다.

참고문헌

Bruner, J. (1986). *Actual minds, possible worlds*. Cambridge, MA: Harvard University Press.

Edwards, C., & Rinaldi, C. (Eds.). (2009). *The diary of Laura: Perspectives on a Reggio Emilia diary*. St. Paul, MN: Redleaf Press.

Forman, G. E. (1993). Multiple symbolization in the Long Jump project. In C. Edwards, L. Gandini, & G. Forman (Eds.), *The hundred languages of children: The Reggio Emilia approach to early childhood education* (pp.171-188). Norwood, NJ: Ablex.

Forman, G. E. (1994). Different media, different languages. In L. G. Katz, & B. Cesarone (Eds.), *Reflections on the Reggio Emilia approach* (pp.41-54). Urbana, IL: ERIC Clearinghouse on Elementary and Early Childhood Education.

Forman, G. E. (2010). Documentation and accountability: The shift from numbers to indexed narratives. *Theory Into Practice, 4*, 29-35.

Forman, G. E., & Gandini, L. (1992). *The Amusement Park for Birds* (DVD video). Amherst, MA: Performanetics Press.

Forman, G. E., & Hall, F. (2005). Wondering with children: The importance of observation in early education. *Early Childhood Research and Practice, 7*(2). Available at http://ecrp.uiuc.edu/v7n2/forman/html

Forman, G. E., & Hall, F. (2010). *Constructive play: Applying Piaget in the classroom.* Amherst, MA: Videatives. (Available as and e-book at www.videatives.com)

Piaget, J. (1973). *To understand is to invent: A structural foundation for tomorrow's education.* New York: Grossman.

Piazza, G. (Ed.). (1995). *The fountains.* Reggio Emilia, Italy: Reggio Children.

Reggio Children (1987/1996/2005). *The hundred languages of children: Narrative of the possible* (exhibit catalog). Reggio Emilia, Italy: Preschools and Infant-Toddler Centers, Istituzione of the Municipality of Reggio Emilia and Reggio Children.

Reggio Children (2011). *The wonder of learning: The hundred languages of children* (exhibit catalog). Reggio Emilia, Italy: Preschools and Infant-Toddler Centers, Istituzione of the Municipality of Reggio Emilia and Reggio Children.

Rinaldi, C. (1998). Projected curriculum and documentation. In C. Edwards, L. Gandini, & G. Forman (Eds.), *The hundred languages of children.* The Reggio Emilia approach advanced reflections (2nd ed., pp. 123-126). Greenwich, CT: Ablex.

Vecchi, V. (2010). *Art and creativity in Reggio Emilia: exploring the role and potential of ateliers in early childhood education.* New York: Routledge.

Vecchi, V., Filippini, T., & Giudici, C. (Eds.). (2008). *Dialogues with places* (catalog of the exhibit). Reggio Emilia, Italy: Reggio Children.

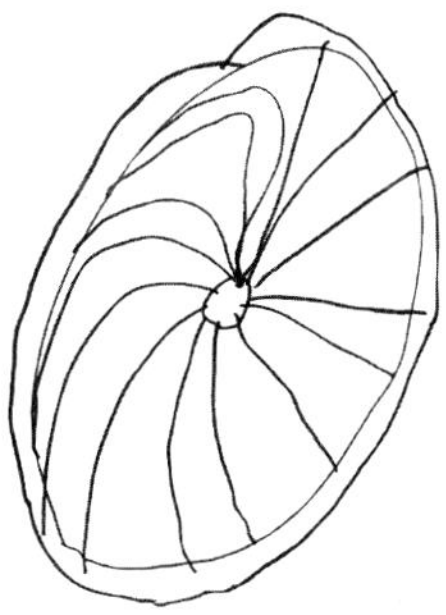

20 로리스 말라구찌 국제센터

카를리나 리날디(Carlina Rinaldi)
산드라 피치니니(Sandra Piccinini)

우리는 늘 변화하고 요동치는…, 우리의 예측을 넘어서는, 어려운 시절에 일하고 있다. 왜냐하면 미래는 점점 더 다스리기 어려워지기 때문에.

나는 오늘날 어린이가 직면한 도전은…, 어떻게 상호연결(interconnect)을 할 것인가에 대해 생각하는 것이라고 믿는다. 상호연결은 현재와 미래를 위한 표어이자, 우리가 깊이 이해할 필요가 있으며 그 모든 형태를 이해해야 할 단어이다. 우리는 독립된 섬들이 아니라 우리가 보지 못할 때에도 간섭, 상호작용 그리고 상호의존이 지속적으로 존재하는 다도해에 속한 네트워크로 이루어진 세계에 살고 있다는 점을 염두에 두고 그렇게 해야 한다…. 이 은유에는 어린이 생각의 구성과 우리의 생각의 구성까지 포함된다. (Loris Malaguzzi, 1993)[1)]

아이디어의 탄생

어린이, 부모, 교사의 문화와 창조성에 가치를 부여하기 위해 레지오 에밀리아에 국제센터를 만드는 것에 대한 아이디어는 로리스 말라구찌(Loris Malaguzzi)의 제안으로 시작되었다. 아이디어는 다양한 이해관계자들과의 회의에서 논의되었으며, 1990년대에 레지오 에밀리아 지방자치 행정부*(Comune)*가 센터에 대해 약속을 하고, 광범위한 대중 참여를 위해 대중에게 알리는 시도를 하면서 형태를 갖추기 시작하였다.

로리스 말라구찌 국제센터

그 시기에 레지오의 교육 서비스에 대한 국제적인 인정이 시작되었는데, 잡지 『*뉴스위크*』(1991)와 허브 콜 교육재단(Herb Khol Educational Foundation, Inc)에서 운영하는 '콜 프라이즈(Kohl Prize, 1993)' 등이 그 예이다. 디아나 학교(Diana preschool)가 레지오의 전체 교육 시스템을 대표하는 질 높고 혁신적인 교육 프로젝트의 상징으로 선정되었다.

그 순간부터 우리는 레지오 에밀리아가 국제적인 반향에 대처할 수 있는 유기체가 되도록 생명을 불어 넣는 작업을 해왔다. 레지오 칠드런(Reggio Children)은 1994년에 시민, 부모, 근로자 그리고 레지오 에밀리아 주민자치공동체로 이루어진 단체의 바람으로 창설되었으며, 우리의 교육적인 경험을 적합한 방식으로 계속해서 홍보하고 평가하는 과제를 위임 받았다.

이 경험은 연구에 강하게 기반한다는 특성과 어린이의 생각과 작업을 관찰하고 기록한다는 특성으로 인해 다른 것과 구별된다. 우리는 공동연구 과제를 통해 국가적 및 국제적 관계와 교류를 더 발전시킬 것을 희망한다. 이런 이유로 같은 기간 동안 연구와 미래의 전략 발달을 주관하는 국제센터(international center)에 대한 아이디어도 무르익었다.

국제센터의 건축학적 그리고 문화적인 프로젝트

우리는 레지오 에밀리아에서 창조되고 발전된 교육학 경험을 가치롭게 하기 위해 로리스 말라구찌 국제센터를 설립하였다. 우리는 연구의 중심에 필수적인 일송의 문화적 자극을 제시하고 싶었다.

국제센터의 계획은 유아기에 초점을 맞출 것이지만, 또한 더 나이 많은 아동이나 청소년에게도 초점을 둘 것이다. 국제센터 프로젝트는 '수많은 언어' 를 강조하고, 학교와 교육에 관한 혁신적인 아이디어를 지속적으로 제안하기 위해 설계되었다. 우리는 국제센터가 사회경제적 발달을 창출해 낼 문화적 투자라고 믿는다.

이 센터에서 어린이와 젊은이는 놀이의 가치와 고도의 교육적 경험을 통합하는 환경 안에서 탐색과 조사를 통해 학습할 수 있다. 센터는 가족, 어린이와 젊은이 그리고 연구자와 학자, 행정가 간의 만남을 위한 공간이기도 하다. 센터는 레지오 에밀리아, 우리 주와 지역, 이탈리아 전역 그리고 해외에서 온 어린이와 가족에게도 개방되어 있다. 이탈리아와 세계의 공공 및 민간 기업 및 조직의 관리자들과 마찬가지로 교육계의 학생들, 교사들, 전문가들도 센터의 전문성 발달 계획에 참여할 수 있다. 대학과 연구기관의 학자와 연구자가 센터에서 동료와 대화에 참여하고 연구할 기회를 가진다.

또한 이 프로젝트는 레지오 에밀리아 시의 중요한 지역을 혁신하고 변형할 특별한 기회이기도 했다. 신설된 국제센터는 산타 크로체(Santa Croce)에 있는데, 이곳은 시의 북부 지역으로 20세기 초반에 개발된 첫 산업 지역이다. 1998년 자치정부는 국제센터로 사용하기 위해, 1924년에 지어진 로카텔리(Locatelli) 빌딩을 구입하였다. 한 때 치즈 공장이었던 로카텔리 빌딩은 산업적 건축물의 좋은 사례이다. 빌딩은 보수가 거의 끝난 단계이고, 기차역에 가까이 위치하고 있기 때문에 열차나 지하도로 시내 중심까지 쉽게 접근할 수 있다.

산타 크로체는 레지오 에밀리아 시의 진화를 잘 보여주는 지역사회이다. 한 때 그 곳은 산업 지역이었다. 이제 그 곳은 시의 전체 인구 평균보다 연령이 낮고 이민자(주로 모로코, 중국, 가나에서 온) 비율이 높은 이민자 가족의 주거지이다. 변화하는 이 지역 사회는 새로운 정체성을 찾는 과정 중에 있다. 많은 건물은 보수되었으며, 새로운 방식으로 사용되고 있다. 예를 들어, 한때 빌라였던 건물은 이제 공공 도서관이다.

로리스 말라구찌 국제센터의 건축학적인 프로젝트는 툴리오 지니(Tullio Zini)와 그의 동료가 설계했다. 센터에는 멀티미디어 활동을 위한 창의적인 공간, 연구와 학교에서 생산된 교육학적인 연구물을 전파하기 위한 센터, 전문성 신장을 위한 장소 그리고 유아학교 부지가 포함된다. 센터에는 초등학교 교실뿐 아니라 만 3~6세 연령의 유아를 위한 유아학교가 포함된다. 국제센터 안에는 작업실, *아틀리에*/ 실험실 그리고 놀이 공간과 전시 공간이 있고, 기록작업과 교육연구센터(Documentation and Educational Research Center)가 있다. 또한 안내센터, 서점, 레스토랑, 카페테리아 그리고 강당도 있다.

국제센터는 이 지역사회와 레지오 에밀리아의 정체성을 보여주는 장소가 되었다. 시는 과거의 기억을 존중함과 동시에 미래를 위한 계획을 계속한다. 급격한 변화와 미래에 대한 두려움을 가진 이 시대에 로리스 말라구찌의 메시지는 더욱 중요하다. "어린이는 권리가 있다. 어린이는 문화를 이끌어낸다. 이것을 전제로 우리는 각 개인의 시민권을 높일 수 있다."

로리스 말라구찌 국제센터: 메타 프로젝트

로리스 말라구찌 국제센터의 개관은 공사 과정의 첫 단계가 완성된 2006년을 시작으로 단계적으로 이루어졌고, 최종 개관은 2009년 2월 23일에 이루어졌다. 영유아센터와 유아학교, 레지오 에밀리아 시, 로리스 말라구찌에게 헌정되는 국제센터를 염원해서 아이디어를 제공하거나 행동을 함으로써 건립에 도움을 주었던 이탈리아와 세계 각지의 모든 사람에게 센터의 최종 개관은 매우 기념비적인 것이었다.

센터는 레지오의 교육 경험에서 영감을 받는 곳임과 동시에 미래를 보는 곳이기도 하면서 처음부터 있었던 국제적, 다문화적 차원을 고양하는 곳이기도 하다.

나, 카를리나 리날디(Carlina Rinaldi)는 처음부터 이런 교육 경험을 따라갈 수 있었고 국제성(internationality)이란 개념을 접할 수 있었던 행운과 혜택을 받은 사람 중 하나이다. 레지오 에밀리아의 경험은 이론 측면에서도 국제적이었다. 시작부터 우리는 아가찌(Agazzi), 몬테소리(Montessori) 그리고 다른 이탈리아 학자들의 영향을 받은 동시에 피아제(Piaget), 듀이(Dewey) 그리고 비고츠키(Vygotsky)의 영향도 받았다. 그 당시에 우리와 같이 하지 않았던 여러분(일부는 아직 가르치는 위치에 있지 않았거나 아직 태어나지도 않았을 수 있음)은 1960년대에 위와 같은 학자의 이름을 인용하는 것이 믿을 수 없을 정도로 혁신적이었다는 것을 알 필요가 있다. 그 전에는 그렇게 하는 것이 금지가 되어 있었기 때문에 피아제는 1950년에야 이탈리아어로 번역이 되었다.

이 학자들의 이름을 보면 국제적인 문화와 국제적인 사고–비단 교육학뿐 아니라 다른 영역도–가 정교하게 만들어낸 최선의 것을 어린이에게 제공하려는 목표를 가지고 즉각적인 연결과 교류를 했다는 우리의 의도를 분명하게 보여준다. 내가 말했듯이 이 경험은 이론에서도 국제적으로 탄생하였고 그 활동과 관계에서도 국제적으로 탄생하였다. 나는 공식적으로는 1963년 *공동의(communal)*, 지방자치의 경험으로 거슬러 올라가는 우리의 경험이 어떻게 1966년에 첫 국제 컨퍼런스를 개최할 수 있었는지 독자에게 상기시키고 싶다. 게다가 '수많은 언어(The Hundred Language)' 전시는 모두 알다시피 1980년대에 시작하였고, 우리가 당시에는 '대표단(deligations)', 오늘날에는 '스터디 그룹(study group)'이라고 부르는 것의 시작은 교류와 상호 대화에 관한 의도를 가졌던 1970년대로 거슬러 올라간다.

이 경험은 무엇보다도 열망 측면에서 국제적으로 탄생하였다. 광범위하게 생각하고, 크게 생각하고, 우리 자신을 교육학적인 관점에서 뿐 아니라 문화적인 경험으로서, 문화의 생산지로서, 지역적, 국가적, 국제적인 정치 활동으로 생각하면서 일을 해 나갔다. 처음부터 우리는 이 도시에서 만들어지는 모든 제스처와 모든 선택이 세계의 다른 지역에서 만들어지거나 만들어지지 않을 다른 선택과 제스처에 영향과 시사점을 제공할 것

마르코 제라(Marco Gerra) 전시장 (역자 주: 전시장 이름)

이라는 책임을 느꼈다.

이러한 책임을 느끼는 것은 우리 역사의 필수불가결한 부분이다. 우리의 역사에 갚아야 할 몫이며, 센터가 우리이고 우리 자신인 이유다. 사실 센터는 전문적인 과정을 수강하거나 회의를 위해 방문하는 물리적인 장소만이 아니다. 센터는 '추가적인' 것, 보이는 창문 또는 작업과 생각을 더 해야 하는 이유가 아니다. 센터는 우리가 생각을 더 잘하고, 다르게 생각할 수 있도록 도와주는 도구다.

그것은 우리의 교수에 변화를 창조하는 도구이자 도시나 세계 시민으로서 우리가 해야 할 것을 생각하는 데 도움을 주는 도구이다. 센터는 우리가 개념화하는 방식이나 관계를 만들어가는 방식에 있어서 패러다임을 변화시키는 데 필요한 조건을 창조하기 위한 도구이다. 내 생각에는 이것은 내 생각만은 아니지만, 센터는 우리가 무엇인지, 우리가 무엇이었는지, 그리고 우리가 무엇을 원하거나 무엇이 되고 싶은지에 대한 큰 은유이다. 이것이 우리가 자신을 다르게 생각하는 방식이다. 이것은 *메타 프로젝트*[2)]다. 내 생각에 센터는 수많은 언어(the hundred languages)의 이론을 성숙과 성취로 이끈다. 이렇게 되는 이유는 우리가 센터 내에서, 센터와 함께, 센터 덕분에 이 이론을 더 깊이 탐색할 수 있게 되기를 희망하기 때문이 아니다. 오히려 수많은 언어의 이론은 심리학이나 교육학에만 적절한 것이 아니고 정치적이고 문화적인 이론에도 적절하기 때문이다. 정치적이고 문화적인 이론은 다수와 다원주의의 이론을 가치있게 생각하고, 차이를 가치있게 생각하고, 다름 간의 대화를 가치있게 생각하는 이론이다. 즉, 질과 민주주의에 관한 모든 논의의 전제로서의 다원주의를 말한다.

이 이론이 태동한 시기는 소수의 언어가 다른 언어에 대해 문화적인 우세에 있던 시기이고, 따라서 소수의 권력이 다른 권력에 비해 우세했던 시기라는 것은 우연이 아님을 기억해야 한다.

수많은 언어로 이야기를 한다는 것은 하나의 언어도 갖지 못했다고 여겨지는 사람에게 목소리와 언어를 줄 권리에 대해 이야기하는 것이다. 내 관점에서 그 이론은 자유와 동의어인데, 자유란 연구를 보장하는 자유, 즉 연구만이 보장할 수 있는 자유를 의미한다.

연구는 국제센터와 학교, 센터와 도시, 센터와 이탈리아, 센터와 세계를 연결하는 세포이다. 우리가 과거에 했던 것에 더해 올해 숙고할 수 있는 분야는 *연구(research)* 그 자체에 대한 생각이다. 연구란 단어는 남용되어 왔고 대화에서 쉽게 사용되지만, 그렇기 때문에 많은 오해를 불러일으킨다. 우리는 연구를 어린이와 인류가 가진 실존적 태도로서의 *부식질(humus, 腐植)*의 의미로 사용한다. 또한 누구와 어떤 분야에서 어떤 유형의 연구를 하는지도 이해할 필요가 있다. 우리는 지금까지 많은 연구 프로젝트를 해왔고, 다른 연구도 찾아서 할 필요가 있다. 우리의 연구는 도시, 세계 그리고 인류의 과학에 기여할 것이다. 또한 우리는 연구, 교육 그리고 국제적 네트워크로서의 우리와 관련된 윤리적 이슈에 대해서도 자주 숙고해야 한다. 우리는 대학, 경제, 어린이와 가족(우리의 학교에 다니는 가족뿐만 아니라)과 우리의 관계를 어떻게 규정하는지에 대해서도 숙고할 필요가 있다.

과거에도 그랬고 미래에도 더 잘하기 위해서 우리는 우리 자신을 만드는 내러티브에 대해서도 생각해야 한다. 즉, 이런 내러티브의 교환을 통해 우리는 우리의 이야기를 어떻게 하고, 더 풍부하게 성장하고, 더 풍요롭게 하는지 생각해야 한다. 우리는 유엔이 0~18세라고 정의한 아동기의 개념, 아동기의 위치, 아동기의 언어 그리고 그 밖의 것에 대해 더 숙고할 수 있다.

다시 말하건대, 센터는 우리가 아니라면 아무것도 아니다. 센터는 우리이자 우리 자신인데, '우리(us)' 라 함은 우리 도시와 전 세계만큼 큰 우리이다.

노트

1 로리스 말라구찌(Loris Malaguzzi)를 인용한 것은 렐라 간디니(Lella Gandini)가 번역하고 『*RECHILD: Reggio Child Newsletter*』(2005년 12월, p. 1)에 게재된 것이다. '아이디어가 어떻게 탄생했나(How the Idea Was Born)'는 같은 이슈의 p. 2에 게재된 것이다. '국제센터의 건축학적 문화적 프로젝트(The Architectural and Cultural Project of the International Center)'는 『*The International Reggio Exchange*』의 12권 4호, pp. 7–9에 산드라 피치니니(Sandra Piccinini)가 '유아교육에서의 혁신(Innovations in Early Childhood)'이란 제목으로 기고한 글에서 가지고 온 것이다. 메타 프로젝트로서의 국제센터의 마지막 부분은 카를리나 리날디(Carlina Rinaldi)가 2006~2007 학기를 시작하면서 레지오 에밀리아 시의 유아학교와 영유아센터의 직원과 시와 유아교육 위원회 멤버를 대상으로 한 회의의 서두에 한 연설에서 가져왔고 이 내용은 『*RECHILD: Reggio Child Newsletter*』(2007년 4월, pp. 5–7)에 게재되었다.

2 메타 프로젝트(meta project)는 핵심 프로젝트 또는 여러 개의 프로젝트를 담고 있는 과업이다.

5부

맺음말

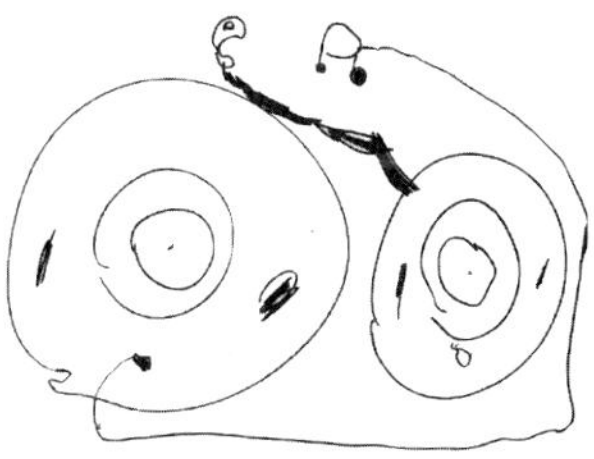

21

마지막 고찰과 도움 될만한 교수 책략

캐롤린 에드워즈(Carolyn Edwards)
렐라 간디니(Lella Gandini)
조지 포먼(George Forman)

협업과 소통의 가치

간학문성의 추구

새로운 질문과 방향

교수를 위한 지도 책략

본 서는 레지오 에밀리아의 유아교육 경험에 대한 소개와 개요를 제시하고 있다. 교육자들의 말에 따르면, 이 전반적 교육 프로젝트의 목적은 모든 표현적, 의사소통적, 인지적 언어들을 합성하여 자신의 사고 위력들을 구축해 나갈 수 있는 *재통합된 어린이(reintegrated child)*를 길러내는 것이다. 그러나 재통합된 어린이는 외로운 탐구자가 아니다. 그와 반대로 어린이의 감각과 정신은 아름다움, 질서, 선량함을 감지하고 사람, 아이디어, 사물들로 이루어진 새로운 연결의 의미를 알아내는 데 있어서 타인의 도움이 필요하다. 모든 어린이는 성장과 발달이라는 자신들만의 공동체 무대 위에 선 주인공이자 영웅적 배우이다.

협업과 소통의 가치

레지오 에밀리아 체제 자체와 마찬가지로, 이 책은 수많은 생산적 협업의 산물이다. 이것은 현재 진행 중이며 점점 가속되어가는 국제적 교류 과정에서 나온 하나의 작은 결과이자 징후이다. 오늘날 로리스 말라구찌 국제센터는 자신들의 장기 목표인 '모든 어린이의 권리와 잠재력을 수호하고 촉진하기' (본 서 제20장 참조)라는 레지오 칠드런(Reggio Children)의 국제적 열망을 담는 물리적이자 제도적 전형이다. 스터디 투어 및 다른 기회들을 통해 전 세계의 실천가와 정책 입안자뿐만 아니라, 학자, 교사교육자 그리고 대학과 연구소의 학생들이 찾아와서 세심하게 구성된 교육적 경험을 한다. 레지오 국제 네트워크(Reggio Children International Networks) 안에는 유럽, 북미, 남미, 아시아 그리고 오세아니아에 소재한 연계 집단들이 포함되어 있다.

그러나 국제 네트워크의 가장 가시적인 작업은 각각의 맥락 안에서 일어나는데, 각 지역 리더들은 교육의 기회를 조직하고 어린이와 성인들과 함께 일상의 작업 안에서 변화와 혁신을 촉진하고 있다. 이 혁신들은 점차 범위, 중요성 그리고 질의 차원에서 증가하고 있으며, 이는 많은 국가로부터 산출된 자료를 찾아보면 확인할 수 있다: 『*라우라의 일지: 레지오 에밀리아 일지에 대한 관점들*』(Edwards & Rinaldi, 2009) 저서 안에 실린 호주의 잰 밀리칸(Jan Millikan); 한국의 오문자; 스코트랜드의 팻 와튼(Pat Wharton); 스웨덴의 해롤드 갓슨(Harold Göthson); 그리고 미국의 로날드 랠리(Ronald Lally)의 글이 이를 보여준다. 국제적 협업을 보여주는 다른 이야기들은 『*Innovations in Early*

Education』(예 2008 가을호, 15(4); 2007 가을호, 14(4); 2003 가을호, 10(4); 1999 겨울호, 6(4)) 발간물에 게재되어 있다. 스터디 투어를 계기로 시작된 협업은 특히 장기적 관계와 교사의 성장 및 변화 탐구를 위한 강력한 출발점이다(예 Fu, Stremmel, & Hill, 2002).

더 나아가 실천가들과의 작업을 넘어 국제적 협력자들과의 연구 프로그램은 레지오 칠드런의 에너지를 점점 더 끌어들이고 있다. 하나의 강력한 사례로 하버드 대학의 프로젝트 제로(Project Zero) 팀과 협력하여 수행한 어린이들 간 개인과 집단 학습에 대한 연구(Giudici, Rinaldi, & Krechevsky, 2001)가 있다.

국제적 대화가 확장되고 더 많은 사람이 합류함에 따라, 제기되는 질문들은 점점 더 복잡해지고, 대화들은 더 많고 다양한 유형의 배경과 상황 안으로 깊숙이 들어와 반향을 불러일으키며, 아이디어가 퍼지고 흘러가는 과정은 자체적인 동력을 가지게 되었다. 데이빗 호킨스(David Hawkinds, 본 서 제3장 참조)가 우리에게 상기시키고 있듯이, 외국 모델을 통째로 수입해 들여서는 결코 성공한 적이 없다. 각 사회는 나름의 문제들을 풀어내야만 한다. 교육적 혁신들은 광범위한 번안과 적용의 과정 없이는 결코 한 나라에서 다른 나라로 옮겨 심어질 수가 없다는 것을 우리는 알고 있다. 그러나 프로그램들이 있는 그대로 이식될 수 없다는 사실은, 교육적 개념과 실천이 '문화적 확산'(인류학자들이 아이디어와 산물의 교환과 흐름을 이렇게 부르는 것처럼)을 통해 전파되고 퍼질 수 없다는 것을 의미하는 것은 아니다. 다행스럽게도 문화적 확산은 인류 역사 초창기부터 있었고, 사실 서로 다른 집단의 인간들이 서로 접촉하게 될 때마다, 방향성 혹은 사전적 의도 혹은 전문가의 통제 없이도 계속 일어나고 있다. 무역물자, 도구와 기술, 과학적 발견, 언어적 패턴, 음악, 게임, 옷 그리고 모든 다른 유형의 문화적 실천은 항상 움직이고 있다. 이 확산 과정은 가장 평범하지만 동시에 끝없는 인간적 생동감과 문화적 진보의 특별한 근원이기도 하다.

그러므로 레지오 에밀리아로부터 솟아난 경험들과 통찰의 경우, 그것이 타인들에게 유용하고 그들 자신의 문제와 이슈에 도움이 된다고 판단되는 한, 그 아이디어들의 흐름은 계속 일어날 것이라 기대할 수 있다. 레지오 에밀리아 교육자들이 선호하는 언어를 따르면, 우리는 그들의 *경험* (그들의 *방법* 혹은 *모델*이 아니라) 그리고 다른 맥락의 교육자들과 그들의 경험 간 *대화 나누기* (*가르치기*, *개선하기*, *알려주기*가 아니라)에 대해 쓰고 말하고 있다. 이러한 유형의 언어는 레지오 에밀리아 밖에 살면서 그곳 교육자들의 실천에 *영감을 받은* (그들의 실천을 *따르기* 혹은 그들처럼 *하기*와 달리) 우리 교육자들이 지닌 의미 체계 안에 내재된 지식, 지혜 그리고 문화적 정체성을 향한 진지한 동반자 관계와 존중감을 가장 잘 드러내 준다는 점에 우리는 동의한다.

라 빌레타 학교 어린이들이 자신들이 만들고 있는 새들을 위한 놀이 공원을 어디에 놓을지 결정하기 위해 지도를 보며 학교 마당을 살펴보고 있다.

아마도 먼 거리 이동, 번역의 수고로움, 있을지도 모를 실수와 잘못된 해석과 같은 모든 것을 감수할 만큼 국제적 대화와 교류가 가치 있을까 하는 질문이 생길 수 있다. 그 점에 대한 우리의 대답은 신중한 준비가 필수적이지만 문화가 섞이는 이런 유형의 교류는 기대감과 보상으로 충만한 듯 보인다는 점에서 가치가 있다는 것이다. '내부자'(한 장소 안에서 성장하고 하나의 문화적 공동체의 구성원인 사람들) 대 '외부자'(또 다른 공동체의 부분으로 다른 곳에서 성장해온 사람들) 구도에서 행위들, 말들, 사건들 그리고 아이디어들이 지닌 의미에 대해 함께 이야기를 나누면서(예 Edwards & Weisner, 2010; Tobin, Hsueh, & Karasawa, 2009), 그들이 각자 가져온 서로 다른 관점들이 만나게 된 결과로 그 교류 경험은 풍요롭고 다층적일 수 있다. 문화적 내부자와 외부자 모두 소중하고 유용한 관점들–상호보완적 해석들–을 제공해 주는데, 그 관점들이 함께 제시되면 레지오 에밀리아 경험이 다른 맥락에 주는 의미와 중요성에 관해 좀 더 온전한 '현시적 진리'가 드러난다.

간학문성의 추구

협업과 소통 이외에, 이 책은 우리 편집자들이 장려하고자 하는 두 번째 가치를 나타낸다. 즉, 학문 영역들(예술, 인문학 그리고 과학)이 상호침투 혹은 융합을 거쳐 유아교육이라는 전문 영역 안으로 들어온 것이다. 예술, 인문학, 과학에 대한 지식 기반이 유아 학교 교실에서는 흔히 피상적이고 진부한 방식으로 활용되는 것으로 보이는데, 이는 아마도 교사 자신들이 이 영역들에 대해 충분히 준비되지 않았다거나 '잘 모른다' 고 느끼기 때문일 것이다. 이와 대조적으로 레지오 에밀리아 경험은 기록작업과 팀 작업을 통해 교사들이 어린이들을 둘러싸고 있는 자연과 문화의 아름답고 질서 정연한 세상을 어린이들이 인식하고, 연구하고, 표현하는 힘을 어린이들 안에서 일깨워 주기 위해 학교 환경과 활동들을 어떻게 준비할 수 있는지를 보여주고 있다.

말라구찌는 "태초부터 호기심과 배움은 단순하고 분절된 것을 부인한다. 어린이들은 복합적 상황들의 정도와 관계를 발견해 내기를 열망한다."고 말했다(레지오 에밀리아 시 영유아센터와 유아학교, 1996, p. 30). 최근 레지오 교육자들은 어린이들 앎의 방식이며 유아교육 환경의 필수 요건으로서, 아름다움, 조화로움 그리고 질서의 심미적 가치에 전념한다는 것을 이전 어느 때보다 더 강력하게 소통해 왔다(예 Ceppi & Zini, 1998; Vecchi, 2002, 2010; Vecchi & Giudici, 2004). 이 강조점은 북미와 다른 곳에서 중대한 효과를 끼치고 있다(예 Curtis & Carter, 2003; Gandini, Etheredge, & Hill, 2008; Gandini, Hill, Cadwell, & Schwall, 2005; Cooper, 본 서 제16장 참조). 그 결과 어린이들은 유도된 탐색, 놀이, 자기표현 등을 통해 성인들의 지식 체계와 중요한 상징들을 적절한 방식으로 소개받고 있으며, 그 안에서 미학뿐 아니라 과학, 수학 그리고 다른 학문 영역에 관련된 가치들을 흡수하고 있다. 어린이들은 일찍이 자신들의 역사, 유산 그리고 문화적 전통에 대해 심오한 감각을 획득하는 것이다.

마르티리 디 세쏘 유아학교(Martiri di Sesso Preschool) 어린이들이 학교 공원 안의 식물들을 그린 그림

새로운 질문과 방향

그러면 우리가 이 책의 초판과 두 번째 판의 마지막에 물었던 것처럼, 지금도 세 번째 판의 마무리에서 여기서 이제 어디로 가야 하는지라는 질문을 다시 한 번 할 필요가 있다. 레지오 에밀리아 경험은 요소들의 독창적인 조합을 보여주지만, 그 기본이 되는 교수 학습에 관한 철학과 전제는 전 세계의 유아 교육자들이 익숙하게 느끼고 동조해 왔던 것들이다. 예를 들면, 미국에서는 지율성과 개인주의의 가치를 매우 강조하고 있음에도 불구하고, 미국인들 다수는 협동, 공동체 그리고 민주적 참여를 더욱 조장하고자 노력하며, 우리 고유의 문화적 장점인 혁신과 변화에 열려 있고 문제 해결을 위해 기꺼이 연대를 이루고 자발적 조직을 만들고자 한다. 비록 미국 교육자들은 어떤 상황에서는 순차적이나 행동주의적 접근을 사용하고 싶어 하지만, 우리는 여전히 기본적으로 아동-중심적이고 총체적 접근을 지향한다. 우리와 유럽은 과거의 위대한 철학자, 심리학자 그리고 교육개혁자들에게서 물려받은 공통의 지적 유산이 있기에, 대서양의 양쪽 모두에서 많은 동일 이슈에 대해 공감하고 있으며, 같은 희망과 기본적 목표로 인해 유아 교육, 보육 그리고 가족지원 시스템에서 같은 유형의 많은 실험이 이어지게 되었다.

추구할 만한 가치가 있는 것 중 하나는 레지오 에밀리아에서 진행되고 있는 교육적 작업을 계속해서 심도 있게 연구하고 비평적으로 분석하는 것이 될 것이다. 이 책이 분명하게 밝히고 있듯이, 우리는 레지오 교사들이 행정가, 부모, 시민, 그리고 어린이들과 함께 일하는 방식을 이해하기 시작했다. 그럼에도 불구하고 우리가 이 책에서 제기하고 다루었지만, 여전히 비평적으로 검토할 가치가 있는 논의거리들에 관한 추가적 연구가 필요하다. 그에 해당하는 것들은 다음과 같다.

- 교육 서비스에 대한 대중의 수요와 요구를 충족시킬 수 있는 시의 능력
- 이민자 어린이와 가족의 센터와 학교로의 통합(integration)
- 특수 교육의 요구가 있는 어린이들의 포함(inclusion)
- 신입 교사의 멘토링 방식과 지속적 전문성 개발
- 새로운 형태의 가족과 시민 참여
- 어린이들의 전이 과정(예 영유아센터에서 유아학교로, 그리고 유아학교에서 초등학교로)
- 변화하는 도시 안에서 교육 프로젝트의 지속가능성

레지오 에밀리아 경험에 관해 미국인들이 가장 자주 물어보는 몇 가지 질문("이 어린이들이 초등학교에 가면 어떤 일이 일어나는지요?", "레지오 에밀리아 경험이 어린이들에게 주는 장기적 효과에 관한 연구는 무엇을 말해 주나요?")은 실증적 자료에 근거한 답을 줄 수는 없다. 이탈리아에서는 교육적 책무성에 대해 미국과는 다른 개념이 지배적이다. 이탈리아 사회와 달리, 미국 사회에서는 데이터를 토대로 교육 분야의 결정이 이루어지며, 문제를 연구 가능한 가설로 정의하고 통계적 분석을 통해 이 가설을 인정하거나 부인하는데, 이 결과에 따라 발전 여부가 결정된다는 믿음을 갖고 있다.

그러나 레지오 교육자들은 더 높은 연령의 어린이들과 자신들의 작업을 이어나가기 위한 교수와 학습 연구의 심화에 관심이 있다. 예를 들면, 말라구찌 국제센터 안에는 새로운 유아학교도 있지만 1, 2, 3학년을 위한 초등학교도 있다. 이 학급들은 레지오 교육자들이 더 낮은 연령의 어린이들과 가졌던 경험이 더 높은 연령의 어린이들에게로 어떻게 확장될 수 있는지를 알아내기 위한 실험을 대변한다. 교사들은 이 어린이들의 개인으로서와 집단 안에서의 학습을 면밀히 추적하고 기록으로 남기고 있다. 더욱이 유아학교 어린이들이 시립 초등학교로 올라가는 전이 과정은 *페다고지스타*팀이 토론하고 연구해 온 교육 체제 전체의 초점이 되었다.

이처럼 레지오 교육자들은 영유아센터와 유아학교를 다닌 것의 '가법적 혜택'을 측정하기 위해 시험 점수를 사용하지 않을지도 모르지만, 그들은 자신들의 경험이 개인 수준이 아니라 지역사회 수준에서 지속 가능한 영향력이 있는지를 실용적 차원에서 평가하는 일에 매우 적극적이다. 그 도시의 삶의 질에 감지할 만한 효과를 내고자 하는 목표를 갖고 있다. 진정 레지오 교육자들은 자신들의 작업이 지역사회에서 느껴지기를 추구하며, 그들이 관심을 두는 영역은 지역사회 전역을 포괄하고 있는데, 모든 연령과 배경을 지닌 시민들을 염두에 둔 다양한 행사들을 통해서 이런 일이 이루어지고 있다. 레지오 칠드런(Reggio Children)은 지역사회를 격려하여-교육과 연관되거나 아니거나-행사를 말라구찌 국제센터에서 개최하도록 한다. 레지오 에밀리아 시 교육청은 레미다 데이(ReMida Day)와 같이 광범위한 지역사회에 영향을 주는 행사를 지원한다. 이러한 노력은 모든 유형의 시민 집단으로 확장되고, 유아 관련 서비스의 잠재적 효과를 확장하거나 증폭시키는 하나의 공적 헌신을 암시한다. 이러한 노력이 인정받거나 지속이 될 수 있는지가 중요한 결과를 가늠할 수 있는 하나의 척도일 것이다.

레지오 에밀리아 유아 서비스의 질과 영향력을 계속해서 면밀히 조사하는 것을 넘어,

우리는 국외로 눈을 돌려 다른 이탈리아와 세계적인 교육의 성공사례들을 살펴보아야 한다(Corsaro & Molinari, 2005; Gandini & Edwards, 2001; New & Cochran, 2007). 물론 레지오 에밀리아가 이탈리아 안에서나 심지어 유럽 안에서 유일한 혁신 현장은 아니다. 아시아 지역의 사회들은 유아교육 체제 안에서 급격한 변화를 겪고 있으며, 예술, 일상 운동, 발현적 수학 그리고 다른 과목을 어린이들에게 소개하는 성공적이며 차별적인 책략을 보여주고 있다. 서유럽 사회는 북미 사회보다 공적 지원을 받은 사회 서비스와 국가 차원의 가족 정책 측면에서 훨씬 앞서 나갔기 때문에, 북미 사람들은 다른 나라의 경험에 대해 좀 더 알아볼 필요가 있다. 우리는 '유아교육과 보육을 공공 재원으로 지원할 것인가? 한다면 어떻게 지원할 것인가?' 에 대해 토론을 하고, 성인들의 역할을 정하고 참여를 구축해 가면서 환경 디자인과 교육과정 수립, 어린이들 집단을 구성하는 다양한 모델들과 같은 중요한 논의거리를 고려해야만 한다. 이를 위한 자원은 많이 있다. 예를 들면, 『*Children in Europe*』(Children in Scotland에서 발간하는 학술지)은 어린이들의 정치적 권리, 이민자와 소외 집단을 위한 서비스, 어린이와 과학 그리고 유아 노동력과 같은 주제에 대해 유럽 안에서 오고 가는 중요한 대화를 추적하고 있다. 『*Young Children*』, 『*Childhood Education International*』 그리고 다른 유아교육 학술지 등은 정기적으로 국제적 차원의 발전에 대해 알려준다.

'고향으로 들여오기' 를 통해 우리가 레지오 에밀리아 경험을 연구하는 작업을 가치롭게 만들 수 있는 방향은 많이 있다. 레지오에 영감을 받은 몇 명의 선도적인 교육자들은 자신들의 맥락 속에서 공감을 얻을 수 있는 방식으로 레지오 이론과 실천에 대해 자신들의 지식을 번안해 내었고, 이것이 전반적인 방향성을 제공해 줄 수 있다(예 미국의 경우, Cadwell, 2003; 캐나다의 경우, Fraser & Gestwicki, 2000; 호주의 경우, Millikan, 2003). 보육교사, 학급 교사 그리고 어린이와 일하는 다른 실천가들에게 관찰과 기록작업 실천을 전파하는 데 특화된 서적들이 도움이 된다. 특화된 청중을 위한 사려 깊은 접근들이 생겨났고 풍부해져서 레지오에 영감 받은 책략들이 다음과 같은 맥락에서 사용되고 있다.

- 초등학교(예 Wein, 2008)
- 영유아센터(예 Raikes & Edwards, 2009; Smith & Goldhaber, 2004)
- 헤드 스타트 교실(예 Scheinfeld, Haigh, & Scheinfeld, 2008)
- 고아원(예 Cotton, Edwards, Zhao, & Gelabert, 2007)

각각의 경우 교육자들은 각 연령 집단의 특정 학업적 요구에 반응하여 진보적이고 아동-중심적 비전을 맞춰 넣어야만 한다는 것을 발견한다. 초등 수준에서는 과목별 필수 내용을 고려해야 하고, 영유아센터 수준에서는 애착 욕구를 고려해야 하며, 빈곤층 아동의 학업 실패나 유기된 고아들의 심각한 발달 지체와 같은 각각의 위험 범주 집단이 지닌 취약점도 고려해야 한다. 이것은 레지오 에밀리아가 지닌 전문 지식은 다층적인 교육과 양육 접근의 한 부분일 뿐이라는 것을 의미한다. 그렇지만 발전 가능성이 있는 새로운 방향들이 있는데, 다음과 같은 경우들이 포함된다.

- 발현적 교육과정과 예술이 학령기 아동을 위한 학습과 성취에 대한 엄밀한 기대와 결합이 이루어지는 경우
- 관계를 기초로 한 돌봄이 영유아센터에서 연속성, 소속감 그리고 연결된 학습을 촉진하는 경우
- 놀이가 도시 빈곤층 대상 학령 전 교실에서 자기-조절에 초점 두기와 문해, 수학 그리고 다른 취학 준비 요소들과 통합되는 경우
- 일상적 기록작업이 복시시설 어린이들의 자전적 기억과 자아 의식 구축을 돕기 위해 그들의 메모리 북에 포함되는 경우

이와 마찬가지로, 교사교육자들은 젊은 교사 지망생들에게 구성주의적 탐구와 관찰 및 기록작업 실천을 촉진하는 예비교사 교육 프로그램을 만들어 내는 방향으로 진지하게 나아가고 있다. (예 Broderick & Hong, 2005; Cox & Suarez, 2006; Edwards et al., 2007; Hong & Trepanier-Street, 2004; Kaminsky, 2009; Kline, 2008; 그리고 Moran & Tegano, 2005를 참조하시오.) 이 중 많은 시도가 어린이들의 학습 과정을 기록으로 남기기 위해 디지털 테크놀로지 도구와 그래픽 기술을 잘 사용할 수 있도록 예비교사들을 지원하는 것에 집중되어 있다. 다른 주요 측면은 학생들을 협업 집단으로 끌어들이는 것과 성인과 어린이 모두에게 탐문과 지적 작업을 하는 문화를 양성하는 것과 연관되어 있다 (Goldhaber & Goldhaber, 2007).

사회정의와 반편견 시도에 집중했던 교육자들 역시 레지오 에밀리아 경험과 공동 토대가 있음을 언급해 왔다. 레지오 교육자들이 민주적 참여의 원리와 교사가 사회변화의 주체라는 이미지에 우리 모두 민감성을 지니도록 해주었다는 것이 그들의 생각이다

(Pelo, 2006). 교육적 기록작업은 거의 필연적으로 성인들이 어린이의 권리에 주목하고 어린이의 목소리에 귀 기울이는 역량을 증진시키며, 이로 인해 공정성과 권력과 같은 이슈를 어린이들의 관점에서 탐구하도록 이끌어 준다(Hall & Rudkin, 2011).

한 가지 이슈는 대체로 정리되었다. 우리는 레지오 에밀리아에서 들었던 아이디어들 혹은 발견했던 책략들에 반응하고 받아들이는 '최선의' 방법이 있는지에 대해서 더는 고민하지 않게 되었다. 그 아이디어들이 좋은 것이라면 교환과 확산을 통해 퍼져나갈 것이다. 물론 몇몇 교육자들이 공식적으로 접근하여, 레지오 에밀리아 경험의 중요한 핵심 전제들 모두를 가능한 한 유사하게 담아낸 학교 혹은 학급을 설치하고, 그 국가 차원의 맥락에 레지오 경험을 적용하는 방법을 배우고자 하는 다른 사람들에게 '참조할 만한 기관' 으로 진정 인정받는 것은 가치가 있다. 그러나 다른 교육자들이 비공식적으로 진행하면서, 당시 어떤 교육 상황이나 수준에 있더라도 레지오 경험을 접하면서 얼핏 얻게 된 한 가지 혹은 두 가지 통찰을 자신이 진행 중인 시도 안에 결합하려고 애쓴다면, 이 또한 생산적이다. 두 가지 접근 모두 매우 유익할 수 있다.

사실 타인의 아이디어나 접근법을 받아들이려는 모든 시도는 편파적이고 불완전하게 되기 마련이다. 아무리 원하는 만큼의 돈과 자유와 필요한 자원이 있다고 해도, 누구도 모든 것을 새롭게 하거나 레지오에서 하는 것을 똑같이 가져올 수 없으며, 그렇게 하고 싶지 않을 것이다. 결국 레지오 에밀리아의 30곳이 넘는 시립 영유아센터와 유아학교, 그리고 그 이외에도 제휴를 맺고 있는 협동조합을 살펴보면 각각은 오랜 기간에 걸쳐 발달해 온 고유의 개성을 지니고 있는데 모델로 삼을 만한 하나의 정적인 '그것' 이라는 게 없다. 그렇다면 질문은 그저 본인이 감당할 수 있는 프로젝트가 얼마나 야심차고, 복합적이며, 원대한지가 된다. 즉, 이해 당사자들과 동료들로부터 어떤 자원과 지원을 받을 수 있는지, 현재 프로그램이나 시스템의 어떤 부분에서의 변화가 가장 절실한지 그리고 몇 가지 차원을 동시에 고려하려고 하는지 등이 중요하다. 모든 경우에서 가장 최선이자 지속 가능한 변화 과정은 서서히, 조심스럽게 그리고 무엇보다 협력적으로 일어나는 것이며, 한 가지 교육 유행에서 다른 것으로 급격하고 거친 요동침 대신 천천히 가지만 안정적으로 일어나는 동화와 조절의 과정이다.

레지오 에밀리아 경험에서 얻은 통찰과 지식이 더 많은 다른 교육자들과 공유됨에 따라, 그들 안과 국경을 넘어 대화가 일어남에 따라, 그들의 의미와 중요성에 대한 논쟁이 줄어들기보다는 더 늘어날 것이고, 레지오 에밀리아 경험을 이루고 있는 것이 무엇이고 어떻게 이론에서 실천으로 전환할지에 대해 동의하는 바가 늘어나기보다 줄어들 것이라 우리는 예상한다.

따라서 "여기서 이제 어디로 갈 것인가?"라는 질문은 무한의 가능성을 불러일으킨다. 우리는 여러분의 모험이 혼돈과 깨달음의 순간들, 갈등과 진전의 순간들로 가득하기를 기대한다.

교수를 위한 지도 책략

여기에서 우리는 교사-어린이 상호작용을 위한 지도 제안들의 목록을 제시하고 있는데, 이는 물론 불완전하고 아마도 과도하게 단순화된 것이기는 하지만 독자들에게 도움이 될 수 있도록 농축되고 종합된 것이다.

- 그리기: 교사는 우선 양귀비가 있는 들판으로 나가는 견학, 거울 속 자신을 들여다보기, 혹은 로리스 말라구찌 센터의 비어 있는 공간을 가로질러 달리기처럼, 그리기의 대상이 되는 사물이나 사건과 어린이들이 관계를 수립하도록 돕는다. 그럴 경우에 그 그림은 단지 보이는 것을 관찰하여 그린 것이 아니라, 어린이와 사물 혹은 사건 간의 관계를 표현한 것이다. 이 관계는 작은 구획의 땅 안에 있는 개미들, 말라구찌 센터에 사는 무당벌레, 놀이 공원 안의 새, 혹은 엄마 나무를 그리워하는 부러진 나뭇가지와 같은 작은 생물체에 의해 종종 중재되기도 한다.
- 예술 매체 사용의 기법: 어릴 때부터 어린이들이 매체와 자료들을 탐구할 기회가 많이 있다. 그리고 교사가 필요하다고 판단할 때는 붓에 작은 양의 물감 묻히기 혹은 점토로 뱀을 만들기 위해 손을 움직이는 방법과 같이, 예술 도구를 사용하는 방법을 직접 가르치기도 한다. 예술 자료를 사용하는 데 주의를 기울이는 태도는 베아 베키가 심미성을 공감과 민감성의 한 형태로 강조한 것에서 시작된 것이다.
- 매체를 활용하여 해결책 고안: 기본적 기법에 숙달된 높은 연령대의 어린이들은 해결책을 고안해 내도록 격려 받는다. 교사는 어린이들의 해결책을 기록하며 그 안에 일어나는 사고가 그 활동을 하는 목적이라고 간주한다. 한 사례에서, 교사는 처음에는 너무 연약해서 나뭇가지를 지탱할 수 없었던 점토로 세운 나무에 네 가지의 공학적 해결책을 찾아내었다.

• 재방문과 공동구성: 교사는 어린이들에게 정답이나 가장 효율적인 절차를 가르쳐주는 것보다 그들이 한 선택과 가정에 대해 의식하도록 도와주는 것에 더 관심을 둔다. 이러한 태도로 인해 또래 간 토론과 지식의 공동구성이 가능한 학급 문화가 생성된다.

• 특수 교육: 학습 장애가 있는 어린이를 가르치려면, 정확한 동사 형태를 습득하거나 다른 어린이 이름을 기억하기처럼 새로운 것을 숙련해 가는 초기에는 특별한 비계 설정이 필수적이라고 알고 있다. 이와 같은 교수적 순간들이 최대한 자주 사회적 맥락 안에 일어나도록 한다. 장기적 목표는 어린이가 자율적으로 기능하고 개선된 사회적 책략을 사용하게 되는 것이다.

• 다음 날: 오늘 수업의 출발점으로 교사들은 포괄적 활동이 담긴 책이나 교본을 참조하는 것과 반대로 그 전날의 기록작업을 통해 남겨진 에피소드를 사용하는 경우가 많다. 그러나 그 에피소드가 사용되기 전, 적어도 두 명의 성인이 그 에피소드의 기저를 이루는 큰 개념(big idea)에 대해 협의하고 동의한다.

• 은유의 역할: 교사들은 어린이들의 은유적 발화에 주목하며 그것을 '귀엽다' 라고만 생각하며 간과하지 않는다. 교사는 은유가 진정한 세계관에서 도출된 것으로 가정한다. 움직이는 그림자를 '도둑' 이라고 하거나 부드러운 바람을 '게으르다' 하는 것 같은 은유적 발화는 어린이들이 복합적인 관계에 대해 고안해 낸 구성물이므로 분석하고, 재방문하며, 확장해 줄 가치가 있는 것으로 간주한다.

• 강화 대 반영: 교사는 '바람직한 행동' 을 강화하기보다 어린이들이 자신들의 관점, 이론, 가정 그리고 규칙에 대해 더 의식하도록 만들고자 노력한다. 이를 위해 어린이에게 (그림, 오디오와 비디오 녹음, 어린이들 대화의 전사본을 통해) 자신의 사고를 재방문할 방법을 제공해 준다. 이 마음 자세는 어린이가 자신의 가정이 맞지 않는 경우 재구성해 낼 능력이 있다고 크게 믿는다는 것을 나타낸다.

• 유용성: 교사들은 어린이들이 동일 아이디어를 다양한 매체(종이, 철사, 점토, 나무)를 통해 표현할 기회를 제공해 주어서 각 매체의 서로 다른 유용성–그 아이디어의 특정 측면을 포착하는 데 한 매체보다 다른 매체를 사용하는 것의 특별한 이점–을 어린이들이 알아차리도록 한다. 사랑을 예로 들어보자. 끈은 사랑이 얼마나 얽혀진 것인지를 포착해 주지만 접힌 종이는 사랑에서 놀라움이라는 측면을 포착해 낼지

도 모른다.

- **빛의 중요성**: 교사들은 환경을 준비하면서 교실 안에 빛이 들어오도록 하고, 빛이 밑에서 올라와 라이트테이블 위에 놓인 사물을 통과해서 온통 넘쳐나도록 하며, OHP로 바닥이나 벽에 그림자를 만들기도 한다. 이처럼 빛을 강조하게 된 것은 빛에 대한 심오한 이해에서 나온 것인데, 빛은 색, 형태, 움직임이 달라지고, 개인적 시각이며, 어디에나 있으면서 별개의 사물도 멋지게 연결 지어 통합시키는 원천이라는 점에 우리가 주목하도록 해 준다.
- **집합체 안의 개별성**: 교사들은 어린이들이 어느 한쪽도 놓치지 않으면서 다수 안에 한 개체를 받아들이고 싶어 한다는 점을 알고 있다. 어린이들은 한 세트의 맨 기둥을 각기 다르게 꾸미고 나면, 그 기둥들을 하나의 집단으로 취급하면서 그 사이를 헤집고 뛰어다닌다. '군중' 프로젝트에서 어린이들은 마치 진시황 무덤의 점토 병사들처럼 각기 다른 얼굴들을 가진 점토 인물들을 만들었지만, 이 점토 인물들을 비규칙적인 밀도로 배치를 하여 군중임을 나타낸다. 도시 안에서 찾은 무수히 많은 비 오는 소리가 개별적인 그림들로 표현되었지만, 그 표상들은 비의 모든 측면을 나타낸다. 교사들은 어린이들을 도와서, 개별적 요소들이 모인 묶음과 교차적 관계를 지닌 구성원들이 이루는 집단 간의 차이점을 알아가도록 한다.
- **산출 전의 계획안**: 교사들은 수일과 수주에 걸쳐 어린이들이 성취하고자 하는 것에 대한 계획안을 만들어 내도록 도와준다. 어린이들은 자신들의 방을 꾸미기 전에 종이판 모형을 만들 수도 있다. 집단 안에서 변화를 잘 조율하기 위해 게임 규칙이나 춤 스텝을 커다란 그림으로 그릴 수도 있다. 컴퓨터 그래픽을 사용하여 장애물 코스를 그려 내어서 그 복잡성을 확인해 볼지도 모른다. 이렇게 만들어진 계획안은 수정 가능한 실수가 드러나게 해줄 뿐만 아니라, 집단 토론을 할 수 있는 공유 플랫폼을 제공해 주기도 한다.
- **사고 대 기술**: 교사는 성취 이정표에 맞춰 작업하기보다 유능한 어린이라는 이미지에 부합되도록 작업한다. 어떤 프로젝트가 그림자 탐구에서 벗어나 어둠 속에서 길 찾기로 옮겨가더라도 어린이가 고차원의 사고를 하고, 세심하게 만들어진 표상물을 산출하며, 질 높은 재방문을 이어가고, 새로운 아이디어를 정착시켜 나간다면 올바른 방향으로 가고 있는 것이라 하겠다.

- 궁금해 하기: 교사는 내용이 어린이의 진정한 우려와 궁금증에서 흘러나와야 한다는 것을 깨닫는다. 질문이 미처 만들어지기 전에 답이 나온다면, 그 답은 의미가 없다. 출발선에서 명확한 궁금함이 없다면, 사실들은 증거, 해결안, 혹은 설명이 되지 못하고 그저 사실들로만 남을 뿐이다.
- 공동구성의 비계 설정하기: 교사는 어린이들이 언급한 코멘트를 적어 흔적을 남기며 흥미로운 논쟁을 끌어낼 수 있는 반론 거리를 찾을 것이다. 교사는 두 가지 상반된 코멘트를 모두 어린이들에게 읽으며 되돌려주고 그 모순점에 대해 궁금하다고 말로 표현할 수도 있다. 교사는 논쟁과 갈등이란 내용에 대한 더 완성도 높은 이해를 공동구성하도록 해주는 변증법적 요소라고 간주한다.
- 시험 제안하기: 교사는 어린이들의 추측에 귀를 기울이고 지지해 준다. 하나의 가설이 나타나면, 교사는 "그 예측이 맞는지 우리는 어떻게 알아?"라는 질문을 제기할 수도 있다. 예를 들면, 교사의 안내에 따라 어린이들이 계속 달라지는 햇살 조각을 연속적인 분필 윤곽선으로 그려서 규칙적으로 움직여 나아간다는 것을 표시하고, 그림자가 돌을 올려놓으면 멈추는지를 시험해 보며, 혹은 종이 인형들을 잘라내어 배치한 것이 군중처럼 보일 때까지 그 인형들을 움직여 볼 수도 있다.
- 익숙한 것을 재구조화하기: 교사는 때때로 익숙한 것을 도발적으로 재구조화(reframe)하면서 프로젝트나 탐사를 시작할 수 있다. 예를 들면, 교사가 특정 건물에 '선물'을 주어야 한다고 제안하고, 무당벌레의 무작위적 움직임이 '길을 잃은 것'의 징후라고 하며, 도시의 소음이 '음악'이라고 하고, 혹은 땅에서 파낸 나무가 바닥에 놓여 있는 것을 보며 나무의 위와 아래에서 모두 '나뭇가지'가 나온다고 제안할 수도 있다.
- 오개념의 가치: 교사는 어린이가 지닌 오개념은 총체적으로 대체되어야만 하는 것이라고 간주하기보다는 오히려 그럼직하고 흥미로운 논리에서 나온 것으로 우리가 이해해야만 하는 것이라고 받아들인다. 교사는 어린이와 함께 궁금해 하며 일종의 공모에 참여하는데, 이는 그들에게 귀를 기울이고 주관적 관계를 형성하는 과정을 통해 어린이와 같이 의미를 찾아가기 위한 것이다.
- 집단 대화: 교사는 학급 일과를 마련하고, 가구를 배치하며, 정서적 흥분감을 수립하고, 어린이들이 자신들끼리 이야기 나누도록 격려하는 소집단을 구성한다. 교사는

작업하면서 자신이 대화의 중심이 되지 않도록 한다. 심지어 교사는 이미 그런 재능이 있다는 것이 알려진 어떤 어린이를 리더로 제안할 수도 있다. 교사는 집단을 도와 집단이 유능한 청자이자 표현력이 강한 사고자들이 되도록 한다. 집단 대화는 기록으로 남겨져서 탐구를 다른 방식으로 다시 제안하거나 새로운 경험을 시작하는 출발점이 될 수도 있다.

- 집단 구성: 교사들은 어떤 학생이 *아틀리에* 작업을 할지의 순서를 확실하게 정해 놓지 않는다. 누가 *아틀리에*에서 작업하게 될지는 프로젝트 진전 상황에 의해 결정된다.

- 감정과 지식: 교사는 연구하는 주제에 대한 감정적 관계가 단지 노력에 힘을 실어주는 동기 유발 요소 이상이라는 점을 이해한다. 감정은 탐구를 위한 맥락을 형성해야만 하는 암묵적 실문을 나타낸다. 환희, 두려움, 놀람 그리고 혐오는 사회적 세계와 물리적 세계에 대한 어린이들의 이론을 구성하는 요소들과 다르지 않다. 교사는 감정이 나타내는 암묵적 가정들을 프로젝트 및 그 해결책 안에서 통합해 내도록 애쓴다. 어떻게 하면 어린이들의 해결책이 더 많은 환희와 더 적은 두려움을 불러오고, 혐오를 변화시키거나 놀라움을 설명해 줄 수 있을까?

참고문헌

Broderick, J. T., & Hong, S. B. (2005). Inquiry in early childhood teacher education: Reflections on practice. *The Constructivist, 16*(1). Available at http://www.odu.edu/educ/act/journal/vol16no1/index.html

Cadwell, L. (2003). *Bringing learning to life: The Reggio approach to early childhood education.* New York: Teachers College Press.

Ceppi, G., & Zini, M. (Eds.). (1998). *Children, spaces, relations: Metaproject for an environment for young children.* Reggio Emilia, Italy: Reggio Children.

Corsaro, W. A., & Molinari, L. (2005). *I compagni: Understanding children's transition from preschool to elementary school.* New York: Teachers College Press.

Cotton, J., Edwards, C. P., Zhao, W., & Gelabert, J. M. (2007). Nurturing care for China's orphaned children. *Young Children, 62*(6), 58-62. Available at *Young Children: Beyond the Journal* at http://journal.naeyc.org/btj/200711/pdf/BTJEdwards.pdf

Cox Suarez, S. (2006). Making learning visible through documentation: Creating a culture of inquiry among pre-service teachers. *The New Education, 2*, 33-55.

Curtis, D., & Carter, M. (2003). *Designs for living and learning: Transforming early childhood environments*. ST. Paul, MN: Redleaf Press.

Edwards, C. P., Churchill, S., Gabriel, M., Heaton, R., Jones-Branch, J., Marvin, C., & Rupiper, M. (2007). Students learn about documentation throughout their training program. *Early Childhood Research and Practice, 10*(2). Available at http://ecrp.uiuc.edu/v9n2/edwards.html

Edwards, C. P., & Rinaldi, C. (2009). *The diary of Laura: Perspectives on a Reggio Emilia diary*. From a project originally by Arcobaleno Municipal Infant-Toddler Center, Reggio Emilia, Italy, in collaboration with Reggio Children. St. Paul, MN: Redleaf Press.

Edwards, C. P., & Weisner, T. (Guest Eds.). (2010, July). *Journal of Cross Cultural Psychology* (special issue), "The Legacy of Beatrice and John Whiting for Cross Cultural Research," *41*(4).

Fraser, S., & Gestwicki, C. (2000). *Authentic childhood: Experiencing Reggio Emilia in the classroom*. Albany, NY: Delmar.

Fu, V. R., Stremmel, A. J., & Hill, L. T. (2002). *Teaching and learning: Collaborative exploration of the Reggio Emilia approach*. Upper Saddle River, NJ: Merrill Prentice-Hall.

Gandini, L., & Edwards, C. P. (Eds.) (2001). *Bambini: The Italian approach to Infant/Toddler Care*. New York: Teachers College Press.

Gandini, L., & Etheredge, S., & Hill, L. (Eds.). (2008). *Insights and inspirations from Reggio Emilia: Stories of teachers and children from North America*. Worcester, MA: Davis.

Gandini, L., Hill, L., Cadwell, L., & Schwall, C. (Eds.). (2005) *In the spirit of the studio: Learning from the atelier of Reggio Emilia*. New York: Teachers College Press.

Giudici, C., Rinaldi, C., & Krechevsky, M. (2001). *Making learning visible: Children as individual and group learners*. Reggio Emilia, Italy: Reggio Children and Harvard Project Zero.

Goldhaber, D., & Goldhaber, J. (2007). Reggio-inspired teacher education. In R. S. New, & M. Cochran (Eds.), *Early childhood education: An international encyclopedia* (Vol. 3, pp. 700-702). Westport, CT: Praeger.

Hall, E. L., & Rudkin, J. K. (2011). *Seen and heard: Children's rights in early childhood education*. New York: Teachers College Press.

Hong, S. B., & Trepanier-Street, M. (2004). Technology: A tool for knowledge construction in a Reggio Emilia inspired teacher education program. *Early Childhood Education Journal, 32*, 87-94.

Kaminsky, J. (2009). Transformation and challenge in Reggio-inspired teacher education programs: An interview with Carol Bersani, John Nimmo, and Andrew Stremmel. *Innovations in Early Education: The International Reggio Exchange*, Part I, 16(2), 10-18, Part II, 16(3), 10-19.

Kline, L. S. (2008). Documentation panel: The "Making Learning Visible" project. *Journal of Early Childhood Teacher Education, 29*(1), 70-80.

Millikan, J. (2003). *Reflections: Reggio Emilia principles within Australian contexts*. Castle Hill, Australia: Pademelon Press.

Moran, M. J., & Tegano, D. W. (2005, Spring). Moving toward visual literacy: Photography as a language of teacher inquiry. *Early Childhood Research and Practice, 7*(1). Available at http://ecrp.uiuc.edu/v7n1/moran.html

Municipality of Reggio Emilia Infant-Toddler Centers and Preschools (1996). *The hundred languages of children: Narrative of the possible* (catalog of "The Hundred Languages of Children" exhibit). Reggio Emilia, Italy: Reggio Children.

New, R., & Cochran, M. (Eds.). (2007). *Early childhood education: An international encyclopedia, Volume 4: The countries.* Westport, CT: Praeger.

Pelo, A. (2006). At the crossroads: Pedagogical documentation and social justice. In A. Fleet, C. Patterson, & J. Robertson (Eds.), *Insights: Behind early childhood pedagogical documentation* (pp. 173-190). Castle Hill, Australia: Pademelon Press.

Raikes, H., & Edwards, C. P. (2009). *Extending the dance in infant and toddler caregiving: Enhancing attachment and relationships.* Baltimore: Paul H. Brookes.

Reggio Children (2011). *The wonder of learning* (catalog of the exhibit). Reggio Emilia, Italy: Author.

Scheinfeld, D. R., Haigh, K. M., & Scheinfeld, S. (2008). *We are all explorers: Learning and teaching with Reggio principles in urban settings.* New York: Teachers College Press.

Smith, D., & Goldhaber, J. (2004). *Poking, pinching, and pretending: Documenting toddlers' explorations with clay.* St. Paul, MN: Redleaf Press.

Tobin, J., Hsueh, Y., & Karasawa, M. (2009). *Preschool in three cultures revisited: China, Japan and the United States.* Chicago: University of Chicago Press.

Vecchi, V. (Ed.). (2002). *Theater curtain: The ring of transformations.* Reggio Emilia, Italy: Reggio Children.

Vecchi, V. (2010). *Art and creativity in Reggio Emilia: Exploring the role and potential of ateliers in early childhood education.* New York: Routledge.

Vecchi, V., & Giudici, C. (Eds.). (2004). *Children, art artists: The expressive languages of children, the artistic language of Alberto Burri.* Reggio Emilia, Italy: Reggio Children.

Wein, C. A. (2008). *Emergent curriculum in the primary classroom: Interpreting the Reggio Emilia approach in schools.* New York: Teachers College Press.

Asilo Nido, or Nido
영유아센터: 3개월에서 만 3세 어린이들에게 교육과 돌봄을 제공하는 종일 프로그램

Assessore
시장 밑에서 일하는 관리로 시의 모든 공교육을 담당한다.

Associazione International Amici di Reggio Children
레지오 칠드런 친구들의 국제 연합. 자원봉사자의 작업에 의존하는 비영리 단체로 영유아센터와 유아학교 그리고 Reggio Children과 연계하여 많은 행사를 진행하고 협력한다.

Atelier
워크숍을 지칭하는 프랑스어에서 유래한 단어로 역사적으로 예술가들이 사용해 왔다. 로리스 말라구찌는 다양한 자료를 갖추고 있어서 학교 안의 모든 어린이와 성인들이 사용하게 되는 학교 워크숍이나 스튜디오를 지칭하기 위해 이 용어를 선택하였다. *미니 아틀리에*는 각 교실 안 혹은 교실 바로 옆에 설치된 공간으로, 중앙 *아틀리에*와 동일한 유형이거나 다른 자료들이 있어서 어린이들을 끌어들인다. *미니 아틀리에* 안에서는 소집단의 어린이들이 함께 작업하며 교사와 더불어 혹은 교사 없이 자료들을 탐색하는 것이 가능하다.

Atelierista
시각 예술 혹은 표현 예술의 교육적 배경을 지닌 교육자이다. *아틀리에*를 담당하며, 교육과정을 개발하고 기록작업에서 교사를 지원한다. 지식 구성의 복합적 과정의 부분으로서 어린이와 성인의 표현적 언어를 지원하고 발달시킨다.

Centro Internazionale Loris Malaguzzi
로리스 말라구찌 국제센터는 레지오 에밀리아 시에 위치하며, 전문가(세계 어디에서나 찾아오는), 어린이, 청년 그리고 가족들이 배우고 훈련받고 연구하고 공부할 기회를 접하도록 한다. 그 안에는 강당, 전시 공간, 기록작업과 연구센터, *아틀리에*, 연구와 혁신을 위한 공간, 한 개의 유아학교와 초등학교, 카페테리아, 서점, 레지오 칠드런 사무실이 자리 잡고 있다.

Comune
municipio, 시(市)라고도 불리는데, 시 당국과 시 당국이 위치한 건물을 말한다.

Consigli Infanzia Citta
시와 아동 위원회. 부모, 시민 그리고 유아학교나 영유아센터에서 근무하는 교육자 중 선출된 사람들로 이루어진 자문위원회이다. 이 위원회에서는 대표를 뽑아 *상호자문위원회(L' interconsiglio Cittadio)*에 보낸다.

Cooperative Early Childhood Program

유아 서비스를 제공하기 위해 사적 집단이 만든 법적으로 인정받는 정당한 공식 조직이다.

Direttore

시립 영유아센터와 유아학교 담당관. 전문직 시 공무원으로 시립 영유아센터와 유아학교 시스템 전체를 관장하고 어린이와 가정에 제공되는 교육 서비스의 질과 총체성을 보장하는 역할을 한다.

Educatore

영유아센터나 유아학교의 교사

Federazione Italiana Scuole Materne(FISM)

이탈리아의 로마 가톨릭 교회가 운영하는 유아원 연맹

Foundation Reggio Children–Loris Malaguzzi Center

2011년 9월 이탈리아 레지오 에밀리아 시에 세워진 비영리 재단. 이 재단은 교육이란 사회적 발달과 모든 어린이와 성인의 잠재력과 권리를 촉진할 기회라는 이념에 근거하여 세워졌다. 이 재단은 전 세계에 질 높은 교육의 확산을 지원하며 연구와 탐구를 위한 국제적 센터 역할을 한다.

Gestione Sociale

지역사회 운영의 관리 체제로서 지역 공동체의 서로 다른 부분들이 대표가 참여하는데, 레지오 에밀리아 시립 유아교육체제는 이 방식을 사용한다.

Istituzione Preschools and Infant–Toddler Centers of the Municipality of Reggio Emilia

레지오 에밀리아 시 조직으로 시립 영유아센터와 유아학교를 직접 운영하고 있다. 또한 연계 학교들(예를 들어, 공적-사적 협동조합), FISM(이탈리아 가톨릭 유아원 연맹) 소속 학교들, 국립 유아학교들과의 관계를 담당하고 있다.

Officina Educativa

교육 포럼으로, 모든 연령층과 부분을 대상으로 교육을 제공하는 모든 주체를 포함하여 레지오 에밀리아 시가 조직하는 행사이며, 교육적으로 중요한 이슈들을 토론하고 협력하기 위한 계획을 세우는 모임이다.

Pedagogista

영유아센터와 유아학교에 컨설턴트, 자원 제공자 그리고 교육과정 조정자의 역할을 하는 교육조정관으로, 교사의 작업을 돕고, 교사들의 전문성 개발을 지원하며, 교사와 가족의 관계를 지원하고, 교사와 행정가 및 다른 이해 당사자들 간의 연결을 지원하고 촉진한다. 레지오에서는 *페다고지스타* 집단이 하나의 교육조정팀으로 함께 기능하면서 시립 영유아센터와 유아학교의 서비스의 질을 보장하고 이론과 실천 간의 일관성 있는 통합이 일어나도록 한다.

Progettazione

이탈리아어 단어인 '*progettare*' 에서 파생된 것으로, 디자인하고, 계획 세우고, 고안해 내고 혹은 기술 공학적 의미로 투사하는 것을 의미한다. 그 명사형인 '*progettazione*' 는 교육적 맥락에서 사용되어 융통성 있는 계획을 의미하는데, 그 계획에 따라 학급 내 작업에 대한 (그 외에 교직원 교육과 부모 및 지역사회와의 관계에 대해서도) 초기 가설이 세워지지만 실제 작업이 진행되어 감에 따라 그 방향이 수정되고 변화될 수 있다. 레지오에서 이 용어는 미리 정해진 교육과정, 프로그램, 혹은 단계를 근거로 계획 세우기를 의미하는 '*programmazione*' 에 반대되는 용어로 사용된다.

Reggio Children

모든 어린이의 권리와 잠재력을 방어하고 촉진하기 위한 국제적 센터로서, 로리스 말라구찌가 세웠던 계획에 따라 1994년에 설립된 조직이다. 'Reggio Children' 은 레지오 시 정부와 에밀리아 로마냐 주가 과반의 주식을 소지하고 있으며, 그 이외에 공적 및 사적 주주(부모와 교사 포함)들이 지지하고 있다. 목표는 레지오 에밀리아 철학에 대한 연구와 탐구를 세미나, 컨퍼런스, 스터디 투어를 통해 촉진하고, 이 주제에 대한 서적, 비디오와 다른 매체를 보급하는 것이며, 전 세계적으로 교육자들과 다른 기관들과의 소통 채널을 열어두는 것이다.

ReMida

'마이다스 왕' 창의적 재활용 센터로 시 정부가 지원하고 레지오 칠드런 친구들의 국제 연합으로부터 자원봉사자를 받아 운영된다. 이 센터는 사업체와 산업체에서 폐기되는 자료들을 모아서 영유아센터와 유아학교, 놀이센터, 장애인을 위한 보호 작업장 등에서 사용할 수 있도록 해준다. 이 센터는 다양한 영향력-문화, 학교 그리고 산업의 세계들-간에 관계를 만들어 내어 새로운 자원을 산출해 내는 상생적 만남이 일어나도록 하는 것을 목표로 한다.

Scuola dell'Infanzia Municipale

시립 유아학교로, 만 3세에서 의무교육이 시작되는 나이인 만 6세까지(미국 학교의 유치부를 포함)의 어린이들에게 교육과 돌봄을 제공하는 종일제 프로그램이다.

Scuola dell' Infanzia Statale

공립(국립) 유아학교로, 만 2.5세에서 의무교육이 시작되는 나이인 만 6세까지(미국 학교의 유치부를 포함)의 어린이들에게 교육과 돌봄을 제공한다.

Books •••

Cadwell, L. (1997). *Bringing Reggio Emilia home: An innovative approach to early childhood education.* New York: Teachers College Press.

Cadwell, L. (2002). *Bringing learning to life: The Reggio approach to early childhood education.* New York: Teachers College Press.

Dahlberg, G., & Moss, P. (2005). *Ethics and politics in early childhood education.* London: Routledge.

Dahlberg, G., Moss, P., & Pence, A. (1999). *Beyond quality in early childhood education and care: Postmodern perspectives.* London: Falmer Press.

Edwards, C., Gandini, L., & Forman, G. (Eds.). (1993). *The hundred languages of children: The Reggio Emilia approach to early childhood education.* Norwood, NJ: Ablex.

Edwards, C., Gandini, L., & Forman, G. (Eds.). (1998). *The hundred languages of children: The Reggio Emilia approach, advanced reflections* (2nd ed.). Greenwich, CT: Ablex.

Edwards, C., & Rinaldi, C. (Eds.). (2009). *The diary of Laura: Perspectives on a Reggio Emila diary.* St. Paul, MN: Redleaf Press.

Fleet, A., Patterson, C., & Rebertson, J. (Eds.). (2006). *Insights: Behind early childhood pedagogical documentation.* Castle Hill, Australia: Pademelon Press.

Fraser, S. (2000). *Authentic childhood: Experiencing Reggio Emilia in the classroom.* Scarborough, Canada: Nelson Thomas Learning.

Fu, V., Hill L., & Stremmel, A. (2001). *Teaching and learning: Collaborative exploration of the Reggio Emila approach.* Upper Saddle River, NJ: Prentice Hall.

Gandini, L., & Edwards, C. P. (Eds.). (2001). *Bambini: The Italian approach to infant/toddler care.* New York: Teachers college Press. (with accompanying video, available through Learning Materials Workshop.)

Gandini, L., Etheredge, S., & Hill, L. (Eds.). (2008). *Insights and inspirations: Stories of teachers and children from North America.* Worcester, MA: Davis.

Gandini, L., Hill, L., Cadwell, L., & Schwall, C. (Eds.). (2005). *In the spirit of the studio: Learning from the atelier of Reggio Emilia.* New York: Teachers College Press.

Hall, E. L., & Rudkin, J. K. (2011). *Seen and heard: Children' s rights in early childhood education.* New york: Teachers College Press.

Hall, K., Horgan, M., Cunningham, D., Ridgway, A., & Murphy, R. (2010). *Loris Malaguzzi and the Reggio Emilia experience.* New York: Continuum International Group.

Hendrick, J. (Ed.). (1997). *First steps toward teaching the Reggio way.* Upper Saddle River, NJ: Prentice Hall.

Hendrick, J. (Ed.). (2003). *Next steps in teaching the Reggio way: Accepting the challenge to change* (2nd ed.). Upper Saddle River, NJ: Pearson Merrill/Prentice Hall.

Hill, L., Stremmel, A., & Fu, V. (2005). *Teaching as inquiry: Rethinking curriculum in early childhood education*. Columbus, OH: Allyn and Bacon.

Katz, L., & Cesarone, B. (Eds.). (1994). *Reflections on the Reggio Emilia approach*. Urbana, IL: ERIC Clearinghouse on Elementary and Early Childhood Education.

Kinney, L., & Wharton, P. (2007). *An encounter with Reggio Emilia: Children's early learning made visible*. London: Routledge.

Lewin, A. (2005). *Possible schools: The Reggio approach to urban education*. New York: Teachers College Press.

Lewin, A. (2008). *Powerful children: Understanding how to tcach and learn using the Reggio approach*. New York: Teachers College Press.

Malaguzzi, L. (1995). *Volpino, last of the chicken thieves*. Bergamo, Italy: Edizioni Junior.

Milliken, J. (2003). *Reflections: Reggio Emila principles within Australian contexts*. Castle Hill, Australia: Pademelon Press.

Pelo, A. (2007). *The language of art: Inquiry-based studio practices in early childhood settings*. St. Paul, MN: Redleaf Press.

Rinaldi, C. (2006). *In dialogue with Reggio Emilia: Listening, researching and learning*. New York: Routledge.

Scheinfeld, D. R., Haigh, K. M., & Scheinfeld, J. P. (2008). *We are all explorers: Learning and teaching with Reggio principles in urban settings*. New York: Teachers College Press.

Smith, D., & Goldhaber, J. (2004). *Poking, pinching and pretending: Documenting toddlers' explorations with clay*. St. Paul, MN: Redleaf Press.

Thornton, L., & Brunton, P. (2007). *Understanding the Reggio approach: Early years education in practice*. London: Routledge.

Vecchi, V. (2010). *Art and creativity in Reggio Emilia: Exploring the role and potential of ateliers in early childhood education*. New York: Routledge.

Wien, C. A. (2008). *Emergent curriculum in the primary classroom*. New York: Teachers College Press.

BOOKS AND AUDIO-VISUAL MATERIALS FROM REGGIO CHILDREN

Many resources for educators are published by Reggio Children: International Center for the Defense and Promotion of the Rights of all children, Reggio Emilia, Italy: http://zerosei.comune.re.it/inter/rc_publications.htm

They are also distributed by Learning Materials Workshop, Burlington, VT: http://learningmaterialswork.com/index.php

Audio-Visual Materials

The Amusement Park for Birds (1992). DVD.

A Message from Loris Malaguzzi (1993). VHS.

Not Just Anyplace (2008). DVD and VHS.

Landscapes (2009). CD of slide images of infant-toddler centers and preschools.

Books and Print Resources

The hundred languages of children: Narrative of the possible (catalog of "The Hundred Languages of Children" exhibit) (1987/1996/2005).

Children, spaces, relations: Metaproject for an environment for young children (1998).

Everything has a shadow, except ants (1999).

Brick by brick: The history of "XXV Aprile" People's Nursery School of Villa Cella (2000).

Reggio Tutta: A guide to the city by the children (2000).

The future is a lovely day (2001).

Making learning visible: Children as individual and group learners (2001).

Along the levee road (2002).

Theater curtain: The ring of transformations (2002).

Charter of the City and Childhood Councils (2003).

Children, art, artists: The expressive languages of children, the artistic language of Alberto Burri (2004).

REMIDA Day muta . . . menti (edited by the International Association Friends of Loris Malaguzzi) (2005).

Dialogues with places (catalog of the exhibit) (2008).

The languages of food: Recipes, experiences and thoughts (2008).

Browsing through ideas (2009).

The black rubber column (2009).

Indications Preschools and Infant-Toddler Centers of the Municipality of Reggio Emilia (2010).

The Municipal Infant-Toddler Centers and Preschools of Reggio Emila: Historical notes and general information (2010/2000).

Bikes-lots: An educational, ecological, urbanistic project dedicated to the bicycle (graphic design from the installation Bicitante [Bikes-lots]) (2011).

One city, many children: Memories of a present history (catalog of the exhibit) (2011).

The wonder of learning: The hundred languages of children (catalog of the exhibit) (2011).

Books in the unheard Voice of Children Series

The fountains (1995).
A journey into the rights of children (1995).
Tenderness (1995).
The little ones of silent movies (1996).
Shoe and meter (1997).
Advisories (2002).

Books in the Coriandoli Series

The park is . . . (2008).
We write shapes that look like a book (2008).

I Other Resources •••

The North American Reggio Emilia Alliance (NAREA) contains much information on their website (http://www.reggioalliance.org/index.php) about resources for educators, including information about professional development resources and opportunities for educators interested in the Reggio Emilia philosophy of education. The **Innovations Periodical** pages include information on acquiring CDs of back issues as well as summaries of issues published since 2003 of NAREA' s journal, *Innovations in Early Education: The International Reggio Exchange*. In the **Print & Video Resources** section, there is an Articles page and a Buy Now page that list recommended articles, book chapters, and books related to the Reggio Emilia philosophy. The **Schools & Organizations Map** includes information about NAREA member school, centers, universities, and programs in North America. The **Fundamental Workshops and Conferences & Initiatives** pages list professional development initiatives related to the Reggio Emilia philosophy in various contexts throughout North America. The **Study Groups** pages include information about opportunities for North American educators to participate in study tours to the municipal infant-toddler centers and preschools in Reggio Emilia, Italy. The **Related Links** page includes a growing list of professional organizations that may be of interest to early childhood educators and teacher educators.

The editors and publisher gratefully acknowledge permission for use of the following material:

13 Preschools and Infant-Toddler Centers—Istituzione of the Municipality of Reggio Emilia
19 Preschools and Infant-Toddler Centers—Istituzione of the Municipality of Reggio Emilia
26–27 Preschools and Infant-Toddler Centers—Istituzione of the Municipality of Reggio Emilia
29 Eva Tarini and Lynn White
30 Map Resources
32 Preschools and Infant-Toddler Centers—Istituzione of the Municipality of Reggio Emilia
32 Preschools and Infant-Toddler Centers—Istituzione of the Municipality of Reggio Emilia
33 Preschools and Infant-Toddler Centers—Istituzione of the Municipality of Reggio Emilia
39 Giovanni Piazza
41 Lella Gandini
55 Preschools and Infant-Toddler Centers—Istituzione of the Municipality of Reggio Emilia
59 Preschools and Infant-Toddler Centers—Istituzione of the Municipality of Reggio Emilia
69 Preschools and Infant-Toddler Centers—Istituzione of the Municipality of Reggio Emilia
75 Preschools and Infant-Toddler Centers—Istituzione of the Municipality of Reggio Emilia
82 Giovanni Piazza
93 Preschools and Infant-Toddler Centers—Istituzione of the Municipality of Reggio Emilia
100 Carolyn Edwards
104 Lella Gandini
113 University of Massachusetts-Amherst
115 Preschools and Infant-Toddler Centers—Istituzione of the Municipality of Reggio Emilia
117 REMIDA—Creative Recycling Centre, Reggio Emilia
119 Preschools and Infant-Toddler Centers—Istituzione of the Municipality of Reggio Emilia
123 Lella Gandini and Ellen Hall
127 REMIDA—Creative Recycling Centre, Reggio Emilia
130 Lella Gandini
133 Lella Gandini
137 Preschools and Infant-Toddler Centers—Istituzione of the Municipality of Reggio Emilia
140 Margie Cooper
145 Preschools and Infant-Toddler Centers—Istituzione of the Municipality of Reggio Emilia
151 REMIDA—Creative Recycling Centr, Reggio Emilia
156 Preschools and Infant-Toddler Centers—Istituzione of the Municipality of Reggio Emilia
169 Preschools and Infant-Toddler Centers—Istituzione of the Municipality of Reggio Emilia
177 Preschools and Infant-Toddler Centers—Istituzione of the Municipality of Reggio Emilia

179 Preschools and Infant-Toddler Centers—Istituzione of the Municipality of Reggio Emilia
187 REMIDA—Creative Recycling Centre, Reggio Emilia
193 Preschools and Infant-Toddler Centers—Istituzione of the Municipality of Reggio Emilia
197 Preschools and Infant-Toddler Centers—Istituzione of the Municipality of Reggio Emilia
201 REMIDA—Creative Recycling Centre, Reggio Emilia
204 Preschools and Infant-Toddler Centers—Istituzione of the Municipality of Reggio Emilia
207 Preschools and Infant-Toddler Centers—Istituzione of the Municipality of Reggio Emilia
212 Preschools and Infant-Toddler Centers—Istituzione of the Municipality of Reggio Emilia
219 Preschools and Infant-Toddler Centers—Istituzione of the Municipality of Reggio Emilia
223 Carolyn Edwards
223 Carolyn Edwards
226 Preschools and Infant-Toddler Centers—Istituzione of the Municipality of Reggio Emilia
231 REMIDA—Creative Recycling Centre, Reggio Emilia
235 Preschools and Infant-Toddler Centers—Istituzione of the Municipality of Reggio Emilia
240 Preschools and Infant-Toddler Centers—Istituzione of the Municipality of Reggio Emilia
249 Preschools and Infant-Toddler Centers—Istituzione of the Municipality of Reggio Emilia
254 Preschools and Infant-Toddler Centers—Istituzione of the Municipality of Reggio Emilia
254 Preschools and Infant-Toddler Centers—Istituzione of the Municipality of Reggio Emilia
257 Cathleen Smith
268 Cathleen Smith
303 REMIDA—Creative Recycling Centr, Reggio Emilia
305 Preschools and Infant-Toddler Centers—Istituzione of the Municipality of Reggio Emilia
311 Preschools and Infant-Toddler Centers—Istituzione of the Municipality of Reggio Emilia
320 Preschools and Infant-Toddler Centers—Istituzione of the Municipality of Reggio Emilia
320 Preschools and Infant-Toddler Centers—Istituzione of the Municipality of Reggio Emilia
321 Preschools and Infant-Toddler Centers—Istituzione of the Municipality of Reggio Emilia
321 Preschools and Infant-Toddler Centers—Istituzione of the Municipality of Reggio Emilia
329 Eva Tarini and Lynn White
335 George Forman
344 George Forman
361 REMIDA—Creative Recycling Centre, Reggio Emilia
364 Jennifer Strange
365 Jennifer Strange
374 Jennifer Strange
379 Jennifer Strange
385 REMIDA—Creative Recycling Centre, Reggio Emilia
387 Margie Cooper
391 Margie Cooper
395 Preschools and Infant-Toddler Centers—Istituzione of the Municipality of Reggio Emilia

396 Carolyn Edwards
400 Preschools and Infant-Toddler Centers—Istituzione of the Municipality of Reggio Emilia
403 Preschools and Infant-Toddler Centers—Istituzione of the Municipality of Reggio Emilia
407 Preschools and Infant-Toddler Centers—Istituzione of the Municipality of Reggio Emilia
411 Preschools and Infant-Toddler Centers—Istituzione of the Municipality of Reggio Emilia
415 REMIDA—Creative Recycling Centre, Reggio Emilia
421 Preschools and Infant-Toddler Centers—Istituzione of the Municipality of Reggio Emilia
425 Preschools and Infant-Toddler Centers—Istituzione of the Municipality of Reggio Emilia
428 Lapis Studio
432 Preschools and Infant-Toddler Centers—Istituzione of the Municipality of Reggio Emilia
435 Preschools and Infant-Toddler Centers—Istituzione of the Municipality of Reggio Emilia
437 Preschools and Infant-Toddler Centers—Istituzione of the Municipality of Reggio Emilia
438 Preschools and Infant-Toddler Centers—Istituzione of the Municipality of Reggio Emilia
441 Preschools and Infant-Toddler Centers—Istituzione of the Municipality of Reggio Emilia
443 REMIDA—Creative Recycling Centre, Reggio Emilia
447 Preschools and Infant-Toddler Centers—Istituzione of the Municipality of Reggio Emilia
450 Preschools and Infant-Toddler Centers—Istituzione of the Municipality of Reggio Emilia
451 Preschools and Infant-Toddler Centers—Istituzione of the Municipality of Reggio Emilia
453 Preschools and Infant-Toddler Centers—Istituzione of the Municipality of Reggio Emilia
461 REMIDA—Creative Recycling Centre, Reggio Emilia
462 Preschools and Infant-Toddler Centers—Istituzione of the Municipality of Reggio Emilia
466 Reggio Children
471 REMIDA—Creative Recycling Centre, Reggio Emilia
474 Lella Gandini
475 Preschools and Infant-Toddler Centers—Istituzione of the Municipality of Reggio Emilia

Colored photo essay follow page 282-289. All photos courtesy Preschools and Infant-Toddler centers—Instituzione of the Municipality of Reggio Emilia.

오 문 자

University of Massachusetts at Amherst 유아교육전공 박사
삼성복지재단 어린이개발센터 소장
숙명여자대학교 생활과학대학 아동복지학부 교수
현, 한솔어린이보육재단 대표, KCCT 대표

김 희 진

Purdue University 유아교육전공 박사
이화여자대학교 사범대학 부속 이화유치원 교사
이화여자대학교 이화어린이연구원 원장
현, 이화여자대학교 사범대학 유아교육과 교수

제3판 **어린이들의 수많은 언어** - 변환 중인 레지오 에밀리아 경험

초판 1쇄 인쇄 2020년 12월 10일
초판 2쇄 발행 2023년 8월 1일

편 집_ Carolyn Edwards · Lella Gandini · George Forman
옮 김_ 오문자 · 김희진
펴낸이_ 황호철
펴낸곳_ 도서출판 파란마음

주소_ 10097 경기도 김포시 김포대로926번길 88-27, 227동 1401호
전화_ (031) 992-7679 | 팩스_ 0508-900-2212
홈페이지_ http://paranmaum.co.kr/

등 록_ 2006년 4월 24일 · 제409-3020000251002006000024호

ISBN 979-11-90935-10-4 93370
값 25,000원